唐律新探
（第六版）

王立民 著

北京大学出版社
PEKING UNIVERSITY PRESS

华东政法大学70周年校庆丛书
编委会

主 任
郭为禄　叶　青　何勤华

副主任
张明军　王　迁

委 员
（以姓氏笔画为序）

马长山	朱应平	刘宪权	刘　伟	孙万怀
陆宇峰	杜　涛	杜志淳	杨忠孝	李　峰
李秀清	肖国兴	何益忠	冷　静	沈福俊
张　栋	陈晶莹	陈金钊	林燕萍	范玉吉
金可可	屈文生	贺小勇	胡玉鸿	徐家林
高　汉	高奇琦	高富平	唐　波	

以心血和智慧服务法治中国建设

——华东政法大学70周年校庆丛书总序

华东政法大学成立70周年了! 70年来,我国社会主义法治建设取得一系列伟大成就;华政70年,缘法而行、尚法而为,秉承着"笃行致知,明德崇法"的校训精神,与共和国法治同频共振、与改革开放辉煌同行,用心血和智慧服务共和国法治建设。

执政兴国,离不开法治支撑;社会发展,离不开法治护航。习近平总书记强调,没有正确的法治理论引领,就不可能有正确的法治实践。高校作为法治人才培养的第一阵地,要充分利用学科齐全、人才密集的优势,加强法治及其相关领域基础性问题的研究,对复杂现实进行深入分析、作出科学总结,提炼规律性认识,为完善中国特色社会主义法治体系、建设社会主义法治国家提供理论支撑。

厚积薄发七十载,华政坚定承担起培养法治人才、创新学术价值、服务经济社会发展的重要职责,为构建具有中国特色的法学学科体系、学术体系、话语体系,推进国家治理体系和治理能力现代化提供学理支撑、智力支持和人才保障。砥砺前行新时代,华政坚定扎根中国大地,发挥学科专业独特优势,向世界讲好"中国之治"背后的法治故事,推进中国特色法治文明与世界优秀法治文明成果交流互鉴。

"宛如初升的太阳,闪耀着绮丽的光芒"——1952年11月15日,华东政法学院成立之日,魏文伯院长深情赋诗,"在这美好的园地上,让我们做一个善良的园工,勤劳地耕作培养,用美满的收获来酬答人民的期望"。1956 年 6 月,以"创造性地提出我们的政治和法律科学上的成就"为创刊词,第一本法学专业理论性刊物——《华东政法学报》创刊,并以独到的思想观点和理论功力,成为当时中国法学研究领域最重要的刊物之一。1957 年 2 月,更名为《法学》,坚持"解放思想、不断进步"的治学宗旨,紧贴时代发展脉搏、跟踪社会发展前沿、及时回应热点难点问题,不断提升法学研究在我国政治体制改革中的贡献度,发表了一大批高水平的作品。对我国立法、执法和司法实践形成了重要理论支持,在学术界乃至全社会产生了巨大影响。

1978 年 12 月,党的十一届三中全会确定了社会主义法制建设基本方针,法学教育、法学研究重新启航。1979 年 3 月,华东政法学院复校。华政人勇立改革开放的潮头,积极投身到社会主义法制建设的伟大实践中。围绕"八二"宪法制定修订、土地出租问题等积极建言献策;为确立社会主义市场经济体制、加入 WTO(世界贸易组织)等提供重要理论支撑;第一位走入中南海讲课的法学家,第一位 WTO 争端解决机构专家组中国成员,联合国预防犯罪和控制犯罪委员会委员等,都闪耀着华政人的身影。

进入新世纪,在老一辈华政学人奠定的深厚基础上,新一代华政人砥砺深耕,传承中华优秀传统法律文化,积极借鉴国外法治有益成果,为中国特色社会主义法治建设贡献智慧。16 卷本《法律文明史》陆续问世,推动了中华优秀传统法律文化在新时代的创造性转化和创新性发展,在中国人民代表大会制度、互联网法治理论、社会治理法治化、自贸区法治建设,以及公共管理、新闻传播学等领域持续发力,华政的学术影响力、社会影响力持续提升。

党的十八大以来,学校坚持以习近平新时代中国特色社会主义思想为指导,全面贯彻党的教育方针,落实立德树人根本任务,推进习近平法治思想的学习研究宣传阐释,抓住上海市高水平地方高校建设契机,强化"法科一流、多科融合"办学格局,提升对国家和上海发展战略的服务能级和贡献水平。在理论法学和实践法学等方面形成了一批"立足中国经验,构建中国理论,形成中国学派"的原创性、引领性成果,为全面推进依法治国,建设社会主义法治国家贡献华政智慧。

建校70周年,是华政在"十四五"时期全面推进一流政法大学建设,对接国家重大战略,助力经济社会高质量发展的历史新起点。今年,学校将以"勇担时代使命、繁荣法治文化"为主题举办"学术校庆"系列活动,出版"校庆文丛"即是其重要组成部分。学校将携手商务印书馆、法律出版社、上海人民出版社、北京大学出版社等,出版70余部著作。这些著作包括法学、政治学、经济学、新闻学、管理学、文学等多学科的高质量科研成果,有的深入发掘中国传统法治文化、当代法学基础理论,有的创新开拓国家安全法学、人工智能法学、教育法治等前沿交叉领域,有的全面关注"人类命运共同体",有的重点聚焦青少年、老年人、城市外来人口等特殊群体。

这些著作记录了几代华政人的心路历程,既是总结华政70年来的学术成就、展示华政"创新、务实、开放"的学术文化;也是激励更多后学以更高政治站位、更强政治自觉、更大实务作为,服务国家发展大局;更是展现华政这所大学应有的胸怀、气度、眼界和格局。我们串珠成链,把一颗颗学术成果,汇编成一部华政70年的学术鸿篇巨作,讲述华政自己的"一千零一夜学术故事",更富特色地打造社会主义法治文化引领、传承、发展的思想智库、育人平台和传播高地,更高水准地持续服务国家治理体系和治理能力现代化进程,更加鲜明地展现一流政法大学在服务国际一流大都市发展、服务长三角一体化、服务法治中国建设过程中的新作为、新担当、新气象,向学校70年筚路蓝缕的风雨征程献礼,向所有关心支持华政发展的广大师生、校友和关心学校发展的社会贤达致敬!

七秩薪传,续谱新篇。70年来,华政人矢志不渝地捍卫法治精神,无怨无悔地厚植家国情怀,在共和国法治历史长卷中留下了浓墨重彩。值此校庆之际,诚祝华政在建设一流政法大学的进程中,在建设法治中国、实现中华民族伟大复兴中国梦的征途中,乘风而上,再谱新章!

郭为禄

叶 青

2022年5月4日

序

　　本书的作者王立民同志是我的九三届博士生。在学期间,他在完成学业的同时,还对唐律作了新的探索和研究,提出了一些新的论点和见解,著就了《唐律新探》一书,并得到了上海社会科学院出版社负责同志和查建国同志的关注、帮助,及时排印,不日问世。此书的出版,将为法制史学的学术园地又增添一朵鲜花,是件值得庆幸的事。

　　鉴于唐律在中外法制史中的重要地位,自二十世纪三十年代以来,甚至更早些,便受到不少中外学者的重视,对其进行了卓有成效的研究,发表和出版了一些具有学术价值的论文和专著,为世人所瞩目。作者多年来潜心于唐律的研究,在前人研究的基础上,并受当前时代和形势的启示,把唐律的研究又推上了一个新台阶。书中的内容,自多新意。

　　在论点方面有新意。作者在第四章里,提出了唐律、令、格、式都属刑法的新论点,而且还作了认真、具体的论证。作者指出唐律是一部刑法典,同时根据记载,有关规定,令、格、式的逻辑结构,实施情况等多方面的综合,认为违反了令、格、式都要依据唐律论断。也就是说,违反了它们都要受到刑罚的处罚。没有不用刑罚的刑法,也没有刑法不用刑罚。这就决定了唐令、格、式都是刑法的一部分,而不属其他部门法。这一论点,前人没有提出,更无详证,作者做到了。另外,在关于唐律的制裁方式等方面,作者也阐明了自己的新论点。

　　在研究方法方面也有新意。研究方法在任何学科的研究中都至关重要。前人在研究唐律时,较少运用比较方法。作者注意运用比较方法体现唐律的特点、作用和地位等,不再就唐律而论唐律。这种比较的面较宽,有与唐前法律的比较,有与唐后法律的比较,也有与国外立法的比较等,使唐律研究开拓了一个新的天地。在第二章里,作者从"疏议"的发展历史着手,经过比较,突出了唐律中"疏议"的作用和特点。在第十三章里,作者把唐律与以后的宋刑统、大明律和大清律例在体例、一般原则、罪名和法定刑四个方面作了比较,并以此表现唐律对后世的影响。在最后一章里,作者把唐律与《法国民法典》作了简要比较,从一个侧面揭示了中华与大陆两大法系的区别。其他一些章、节也都广泛地使用了这一方法。

由于作者的努力,现在展现在我们面前的这本专著,已不再注重对唐律本身内容面面俱到的叙述,而有其自身的特色。它抓住一些重要专题,逐个深入钻研。在第六章里,作者对加役流、上请、反坐和立法审核等制度作了较为深刻的论述,使读者更易把握这些制度。还有,第七章也是如此。它不再拘泥于唐律本身,而是侧重于唐律与相关方面的关系,并从这些关系中反映唐律。第九章把唐律与当时较为重要的另一法律形式——制敕联系起来,对它们进行了专门考察,从中揭示了它们间的联系与区别。它还重点发掘唐律内容间的内在联系,从中表现其内在规律。在第三章里,作者深入探索了唐律律条的协调问题,其中包括协调的内容、核心、背景等诸方面,显示了律条的内在联系。还有,第十章同样如此。

现在要把唐律研究出新意来确有一定的难度。它要求研究者有较扎实的理论基础;有较丰富的历史知识,特别是法制史知识;要熟悉唐律研究领域的情况,尤其是新成果;还需要有正确的研究方法等。作者具有这样的素养,所以他能取得现在的成绩。我们面前的这本专著有深度、有新意,不负"新探"之名。

学无止境,学术研究也是如此。希望作者在法制史园地里仍能不懈地耕耘,培育出更多的鲜花,为法制史学科的进一步繁荣做出更多贡献。

吴 泽

一九九三年四月十二日于上海

绪 论 六

在《唐律新探》(第五版)出版的五年后,再有机会出版《唐律新探》(第六版)是件高兴之事。至少可以说,我对唐律的研究没有停步,仍在进行。

二〇一一年一月,我从管理岗位上退下来,成为一位全职教授。二〇一九年一月,我办理了退休手续,开始进入返聘阶段。二〇二〇年四月,年满七十周岁,返聘结束。自二〇一一年一月以后,可以有较多时间与精力从事学术研究,哪知二〇一六年四月学校全面启动《华东政法大学志》编纂工作,还让我担任负责日常编纂事务的校志编纂委员会秘书长与校志编纂工作组组长,不得不花费很多时间与精力从事校志编纂工作。这一工作在二〇二一年六月基本完成,志稿交至出版社出版,前后历经五年时间。

在这五年中,我还中标了国家社科基金重大招标项目"中国租界法制文献整理与研究"(19ZDA153),成为首席专家,目前正在进行中。尽管校志编纂与科研任务有点忙,但仍没有放弃唐律研究,牢牢守住这块开拓了三十余年的学术根据地。先后在《政治与法律》《法学》《当代法学》《江海学刊》《南京社会科学》和《解放日报》《文汇报》发表了八篇论文。另外,还为刘晓林教授的大作《唐律立法语言、立法技术及法典体例研究》(商务印书馆二〇二〇年版)一书作了序,题为"世界级的唐律与世界性的唐律研究"。这次就把这九篇已公开发表的文章编进《唐律新探》(第六版),使其内容得到扩充,变得更厚实一点。其中,六篇在期刊上发表的论文,每篇为一章;两篇在报纸上发表的论文均为四千多字,再加上为刘晓林教授大作写的序,单独成一章,取名"唐律与唐律研究"。这样,《唐律新探》(第六版)就比《唐律新探》(第五版)多了七章。不过,在编入此版时,出于对著作整体效果的考虑,对原先的文章作了必要的改动,避免使读者产生异样感。

《唐律新探》(第六版)新增的七章分别是:第二章"中国唐律研究七十年的三个重要问题";第八章"唐律前言'疏议'透视";第十六章"唐律'化外人相犯'条属于国际私法的质疑";第十七章"唐律涉外犯罪的规定与启示";第二十一章"唐律与丝绸之路";第二十九章"唐律规定的官吏言论犯罪"和第三十四章"唐律与唐律研究"。其中涉及四个领域。第二章属于中国法制史学史领域,是对唐律研究七十年中一些重要问题的回顾与展望,为以后进一步研究唐律作了铺垫、提供了依据。第二十一章属于唐律与外部社会的关系领域,突出与唐代丝绸之路的关系,重点深挖唐律的背景。第八章属于唐律结构领域,聚焦于前言"疏议"的一些重要问题。第十六、十七、二十九、三十四章都属于唐律的一些具体内容领域,是对这些内容所进行的学术研究,特别是第十六章属于一种学术争鸣,挑战国际私法的传统观点,提出了一些质疑。这新增的七章内容都有创新,而非泛泛之谈。

第三十四章由三个部分组成,分别是在《解放日报》《文汇报》发表的两篇论文与《唐律立法语言、立法技术及法典体例研究》的序。它们被取名为"唐律、中华法系与丝绸之路如何联动""沈家本的疏忽"和"世界级的唐律与世界性的唐律研究"。这一章虽与其他章有所不同,但仍自成体系,也都以研究唐律为内容,没有偏离这一主线。"唐律、中华法系与丝绸之路如何联动"专门论述唐律为丝绸之路保驾护航,还是中华法系的代表作;中华法系依托唐律建立起来;丝绸之路是联系唐律与中华法系的纽带等。这可以从更广阔的视野去看待唐律,而非就唐律而论唐律。"沈家本的疏忽"从《清史稿·刑法二》沈家本的奏折中发现了他在运用唐律内容的过程中存在的问题而展开,指出了其中存在的问题并将原因归纳为他的"疏忽"。"世界级的唐律与世界性的唐律研究"从唐律在世界法制史上的地位与唐律在世界范围内的研究两个视角来突出唐律的地位、价值等。

原来的附录依然保存,只是把《唐律新探》(第五版)以后我新发表的九篇论文目录再续上,使其也"与事俱进"。

《唐律新探》(第六版)是原来版本的升级版,篇幅也有增加,希望读者能够接受与喜欢。

二〇二二年一月

绪 论 五

这是《唐律新探》的第五版,它再次获得"新生"。与第四版相比,此版最大的差异是增加了六章和三个小专题。这六章分别是:"中国唐律研究三十年""唐律的补充条款""唐律的法律伦理""唐律与《贞观政要》的吏治""唐律与犯罪学"和"唐律的律文解释与《中华民国新刑法判解汇编》的法条解释之比较"。这三个小专题是:"刑事附带离婚制度""唐律与'反恐'问题"和"唐律的疑罪与有罪推定原则问题"。它们都曾公开发表。新增六章原是六篇论文,发表于《法学研究》《现代法学》《政法论坛》《法制与社会发展》和《犯罪研究》。新增三个小专题发表于《法学杂志》和《法制日报》(现为《法治日报》)。不过,在入书前,对它们都作了必要的改动,以保持全书的面貌和整体性效果。另外,书中诸章的排列也作了调整,使其逻辑性更强。即从学说史开始,直到唐律与其他法律形式的关系、唐律的结构和内容、唐律的拓展性研究、唐律的实施,最后是唐律在唐后的变革等。这样的逻辑易被人接受,也比较清晰。

新增的六章涉及的六篇论文均发表于二〇一一年以后。那年一月,笔者正式从副校长岗位上退下来,彻底完成"交权"过程,变成了一名全职教授,有更多时间可以受自己支配,有更充裕时间可以从事科研。校园内的"教授工作室"成了主要工作场所,它离家不远,走过去只需一两分钟时间,"两点一线"成了自己生活的"主旋律"。自那以后,笔者在中国租界法制、中国法制史学史和唐律研究中投入了较多精力和时间:前两者的研究都与项目联系在一起,二〇一一年完成了一个司法部项目"中国租界的现代法制研究——以上海现代化法制为主要视角"(09SFB5006),二〇一四年又申请到了一个国家社科基金一般项目"租界法制与中国法制近代化研究"(14BFX019);二〇一二年,还申请到一个司法部项目"中国法制史学的演进与思考"(12SFB5008)。它们都有助于进行中国租界法制和中国法制史学史的研究,为研究提供了很多便利,科研成果也随之产生。笔者在《中国法学》《法学》《比较法研究》《政治与法律》《学术月刊》等刊物上发表了关于中国租界法制的论文十余篇,在《法学研究》《中外法学》《当代法学》等刊物上发表了关于中国法制史学史的论文三篇。

笔者把自己的这些研究与指导有些研究生的论文结合起来,他们的毕业论文主题也定位在中国租界法制和中国法制史学史上。这里仅以博士研究生的学位论文为例,姚远的《上海公共租界特区法院研究》、张彬的《上海英租界巡捕房制度及其运作研究(1854—1863)》都是关于中国租界法制的,分别于二〇一一年和二〇一三年在上海人民出版社出版。另外,笔者指导的博士研究生张维新、周会蕾都以中国法制史学史为其毕业论文的选题,也都顺利通过答辩并以专著形式出版。张维新的《中国古代法制史学研究——以历代古籍为中心》、周会蕾的《中国近代法制史学史研究》分别于二〇一二年和二〇一三年在上海人民出版社出版。看到自己和自己学生的研究成果纷纷面世,既有点成就感,也由衷地感到高兴。

唐律研究已是笔者学术研究三十年来的"根据地"。笔者的硕士学位论文以唐律为主题。一九八五年硕士毕业留校任教以后,唐律研究没有停止,陆续有成果推出,《唐律新探》一书也从第一版拓展到现在的第五版。二〇一一年以后,笔者的唐律研究有了些新动向。一是涉足唐律的学说史研究。唐律研究中应该包括其学说史研究。这一研究很有意义,它可以较为全面地反映唐律研究的历史与现状、取得的成就与不足,从而较为科学地指明以后唐律研究的方向。这些都为深入研究唐律所不可或缺。"中国唐律研究三十年"属于这样的研究成果。二是涉足唐律的拓展性研究。中国针对唐律本身内容的研究已很充分,成果已很丰硕,而对唐律的拓展性研究则有所不足,成果较少,是个值得开发的领域。通过对唐律的拓展性研究,有助于扩大唐律研究的视野,创新唐律研究的成果,提升唐律研究的水准。"唐律的法律伦理""唐律与《贞观政要》的吏治""唐律与犯罪学""唐律的律文解释与《中华民国新刑法判解汇编》的法条解释之比较"属于此类成果。"唐律的法律伦理"把唐律研究与法律伦理联系起来,将研究扩展到了法律伦理领域。"唐律与《贞观政要》的吏治"把唐律与中国古代的政治性传世文献结合起来研究,使这一研究拓展到中国古代的这类传世文献。"唐律与犯罪学"把唐律研究拓展到犯罪学领域,与犯罪学结合起来研究。"唐律的律文解释与《中华民国新刑法判解汇编》的法条解释之比较"把唐律研究与中华民国新刑法及其解释结合起来研究,把研究领域拓展到中国近代刑法典及其解释。这两个新动向折射出笔者近五年来唐律研究的新走向。今后,仍将坚持这一走向,作进一步研究,以期产生一些新成果,再为唐律研究添砖加瓦。

虽然有新的论文与小专题加入了本书,但是其总体面目没有改变,每章内容的相对独立性仍然很强,都是对一个或几个问题的专题研究,面不宽,却有深度,避免了对唐律内容面面俱到的阐述。同时,这些新加入内容的主题原来少有人问津,成果鲜见,使本书的创新性得到一定体现,希望读者能从中受到启发。也因为每章的独立性较强,所以在资料的采用上,难免有所重复。少量资料会在不同章内出现,起到不同论据的作用,还望读者见谅。

　　近三十余年来,中国出版唐律研究的著作已近二十部,发表论文四百余篇,成果非常丰富。然而,与其他唐律研究的著作相比,本书有其特殊的一面。其一,它的内容不断扩展,总以新面目与大家见面。当它于一九九三年出版第一版时,书中仅有十四章,字数仅十七余万。它现在已是第五版,增加到三十一章,字数已达四十余万。在唐律研究的同类成果中,它是唯一一部出版了五版的著作。它从常新中获得了"新生"。其二,在韩国友人任大熙教授的帮助和支持下,它于几年前被翻译成韩文,在韩国出版,产生了对外影响。这也许是中国第一部全文被翻译成外文并在国外出版的唐律研究著作,它跨越国界,在国外也找到了"生存之处"。这也可以说是本书的两个主要特色吧。

　　《唐律新探》出版到第五版,书中的错误之处逐渐减少,但还是不能保证一点错都没有。若读者发现书中的不足甚至错误之处,还望指正,以便今后改正,使其更完美一些。多谢各位读者!

二〇一六年元旦

绪 论 四

唐律研究是笔者的一个学术"根据地"。笔者的硕士论文以唐律为主题,以后便"一发不可收拾",不仅为博士生、硕士生开设了有关唐律研究的课程,而且还用研究唐律的成果"应付"一些学术会议,于是关于唐律的论文便可以陆续问世,与同仁们交流了。笔者也钟情于这个"根据地",希望它能不断壮大,不断扩大影响,这就更依托于《唐律新探》一书了。笔者通过把新发表的论文以专著形式不断编入此书,增加它的篇幅,以便"根据地"壮大。这次出版的《唐律新探》已是第四版了,前三版分别在一九九三年、二〇〇一年和二〇〇七年出版,字数也不断增多,已从最初的十七余万字增加到现在的近三十万字了。

本版与第三版的主要区别在于新增了五章,即最后的五章,分别是:"唐律的连坐制度""唐律与唐朝的身份等级关系""《寄簃文存》的唐律研究""唐律与中国传统法制"和"唐律与唐朝的刑事司法制度"。这五章分别对其中的一个问题进行专门的研究,是专题研究的成果。这一成果又可以分为三种情况:第一种情况是对唐律中某个问题的专题研究。"唐律的连坐制度"和"唐律与唐朝的身份等级关系"属于此种情况。"唐律的连坐制度"是对唐律中连坐制度的研究,"唐律与唐朝的身份等级关系"则是对唐朝的身份等级关系的研究。第二种情况是反映他人对唐律的研究。"《寄簃文存》的唐律研究"即是如此。它从《寄簃文存》一书的角度,反映沈家本对唐律的研究状况。第三种情况是对唐律交叉问题的研究。"唐律与中国传统法制"和"唐律与唐朝的刑事司法制度"就是这样。它们分别把唐律与中国传统法制、唐朝的刑事司法制度交叉起来研究。总之,这新增的五章均有自己的特色和学术价值。

本版中新增的五章是五篇独立的论文,已分别在《社会科学》《浙江社会科学》《华东政法大学学报》和一些论文集中发表。由于考虑到整体效果,在编入此书时,笔者对这五篇论文作了非实质性的修改。又由于它们是独立的论文,难免在史料的使用等方面会与其他章中有少量交叉或重复,还望读者、同仁见谅。

二〇一〇年一月

绪 论 三

这已是《唐律新探》一书的第三版了。这一版与第二版的最大差别是增加了两章,即"唐律的一些问题(下)"和"唐律的法律与历史融合"两章。这两章属于对两类不同问题的探研。"唐律的一些问题(下)"探研的是五个唐律中的微观问题,涉及的内容有换刑、化外人相犯处理制度、过失犯罪、奴婢在法律关系中的地位、预防犯罪的法定诀窍等。"唐律的法律与历史融合"则从宏观上探研唐律中法律与历史的结合问题,内容涉及这一结合的内容、意义、原因等。这两章的"加入",使《唐律新探》的内容更加丰满了。

新增两章的内容都已公开发表,只是想"合并同类项",把它们也归入本书。考虑到本书的整体效果,所以在编入时,对原先的内容作了相应的调整,其中包括标题、结构、用词等一些方面,以使它们能在风格上与原来的体例和内容保持一致。另外,因为新增的两章原来都是独立的论文,其少量的内容不可避免地会与书中原来已有章节中的一些内容发生交叉或重复,还望读者见谅。

增加了两章以后,书中的内容更加充实和丰富了,同时也更能全面地反映笔者探研唐律的成果。尽管这已是《唐律新探》的第三版了,但其基本结构和风格仍与第一、二版相吻合,整体性仍得到保留。希望读者在阅读时还会感觉到它的一体性,不会有不适合或异样的感觉。

二〇〇七年二月

绪 论 二

《唐律新探》的第二版与大家见面了。这一版与第一版的最大区别在于,增加了最后的四章,即"唐律与唐令、格、式性质中的三个问题""唐律的条标""唐律中的《论语》"和"唐律的内容密而不漏"。这四章内容大致可概括为以下三种情况:

第一种情况是研究了有关唐律的一些新问题。唐律的条标是个值得研究的问题。它不仅反映了唐律的体例,而且还折射出唐律的内容,是唐律中的一个重要组成部分。可是,长期以来,人们对它不太关心。"唐律的条标"一章对这一问题进行了较为深入的研究,填补了唐律研究中的一个空白。"唐律中的《论语》"一章也类似这一种情况。

第二种情况是研究了有关唐律与传统观点不同的问题。由于唐律在中国法制史和中华法系中的重要地位,唐律中的许多问题已被前人研究,而且还形成了一些传统观点。"唐律的内容密而不漏"一章对传统观点提出挑战,认为唐律的内容不是疏而不漏,相反却是密而不漏,并依据事实进行了充分的论证,把对这个问题的研究又向前推进了一步。

第三种情况是研究了有关唐律探研中需要进一步补充的问题。在过去探研唐律的过程中,笔者提出了一些自己的观点,也进行了论证。然而,随着时间的推移和研究的进一步深入,笔者对这些观点有了新的认识,值得进一步论述。这种论述可补充原来的新观点,使其更为完善。"唐律与唐令、格、式性质中的三个问题"一章对原来"唐律、令、格、式都是刑法"的观点进行了补充,使这一观点更为完整。

增加了这四章以后,书中的内容更丰富、更完整了,同时也更为全面地反映了笔者探研唐律的成果。这也可以说是出版此书第二版的一个重要原因。

新增的四章原都是独立的论文,多已公开发表。这次新编入书后,在体例和内容上都有改动,以便与原书的文章保持一致。也因为这四章原是独立的论文,所以有些内容会和前十四章的内容有交叉甚至重复,但考虑到每章内容的完整性,这次没作大的删改,基本保持了原来的面貌。

本书的前十四章是书中的主干,这次重版后只是对其中的个别错字作了改正,其他的都基本没变,因此原书的风格仍存。愿读者在重温本书时,不会产生异样的感觉。

二〇〇一年三月

绪　论　一

　　唐律是中国乃至世界法制史上的瑰宝。它在中国古代的法典中，无论是体例结构，还是具体内容，都居领先地位，被认为是中国古代立法中的最善者。清代法学哲人薛允升通过对唐明律的比较，对唐律作了具有总结性的评价。他在《唐明律合编·序》中说，在中国历代法典中，"唐律为最善"。唐律的"最善"之名受之无愧。一是因为它汇唐前立法之精华，集唐前立法之大成，是史无前例的杰作。《明史·刑法志》载有明初参与立法的丞相李善长的一句十分中肯的话，他说："历代之律，皆以汉《九章》为宗，至唐始集其成。"二是因为唐后各封建朝代无不以它为蓝本，订立本代法律，虽有损益，仍不变其宗，它成了唐后这些朝代立法的楷模。如同清末民初的法学大师沈家本在《历代刑法考·刑制总考四》中所言，唐律在"宋以后皆遵用，虽间有轻重，其大段固体本于唐也"。三是因为它还对当时的一些亚洲国家，如蒙古、朝鲜、日本、越南等的立法产生了很大影响，被这些国家效仿，成了中华法系的典型法典。一些外国学者也这样认为。日本学者仁井田陞在《唐令拾遗·后跋》中把唐律誉为"东方法制史枢轴"。由于中华法系在世界法系中的特殊地位，唐律还成了世界封建法的代表作，与奴隶制时期的罗马法、资本主义初期的《法国民法典》并列为世界法制史上的三大著名法典。因此，可以这样认为，把握了唐律就可知晓中国古代法特别是封建法的总貌、中华法系的大概和世界封建法的精髓。它在世界法制史上的地位令人瞩目。

慕于唐律的盛名和它在世界法制史上的显赫地位,古今中外的一些专家、学者都对它进行了研究,也取得了可喜的成果。但是,探无止境,随着时间的推移,对唐律的探研也会不断进取,本书便是对这种探研的尝试。全书共十四章,大致可分为五个部分:

第一章为第一部分。此部分专门考察了唐律的法律思想。统治者的法律思想与法典的产生有一种因果关系。唐律的法律思想体现了唐统治者的法律思想,这对了解唐朝的法律思想是不可多得的。同时,唐律的法律思想还对其中的内容具有指导意义,要完整地掌握唐律,正确理解它的内容,不可不知晓它的法律思想。此章对唐律的法律思想中的主要部分一一作了介绍,包括以礼为本,礼法并用,法律需统一、稳定和简约,严格治吏,依法断狱,慎重行刑思想等。最后,此章还归纳了唐律的法律思想的四大突出方面,即完整性、现实性、伦理性和一致性。这样,唐律的法律思想便从具体内容中跃然纸上,一目了然。

第二章至第四章为第二部分。此部分专门考察了与唐律结构有关的一些问题。"疏议"是唐律的一个重要组成部分。第二章在回顾了唐以前对法律条文的解释和补充状况后,重点阐述了唐律中"疏议"的作用,明确了它存在的意义。第三章论述了唐律律条之间的协调问题。现存唐律有五百零二条,如果互相不协调,前后矛盾、参差,整部法典就会"千疮百孔",丧失它应有的作用。唐律通过多种协调途径,把律条安排得井井有条,使自己成为一部结构严谨的法典。第四章根据"疏议"中引用的令、格、式的特点,叙述了律与它们的关系。此章首先强调它们都属刑法,它们的关系是刑法不同表现形式之间的关系,这与传统观点有较大的区别。在此基础上,它们形成了自己的联系:违反唐令、格、式一断于律,唐令、格、式补充律。此部分通过对唐律一些结构的考察,反映了它在安排结构中的成功之处,可帮助人们加深对唐律外部结构的认识。

第五章至第八章为第三部分。此部分重点考察了唐律的一些具体内容,其中含有礼法关系、一些具体制度和问题、制裁方式等。儒家思想是唐朝的统治思想,集中体现这一思想的礼必定会反映在唐律的内容中。对于礼与法呈一种什么关系,第五章作了介绍,主要是:礼是立法的依据,法是维护礼的武器。同时,此章还不回避它们之间存在的矛盾,并介绍了唐律在解决这类矛盾时所使用的方法,把它们的关系揭示得淋漓尽致。第六、七章详细考证了唐律中的一些制度和问题。在考证中,大多先溯及源流,然后重点突出唐律的贡献,这不仅可使读者对唐律的一些具体内容有进一步的了解,还可从法制史的角度体会到唐律的成就。第八章专题研究了唐律中的制裁方式。唐律虽为刑律,但规定的制裁方式不少,除了刑事的以外,还有民事的、行政的等。对于它们是如何同存于一部法典之中,各自的作用又如何,此章作了较为深入的研究。综合以上各章的内容,读者将会对唐律的内容有更深刻的了解。

第九章至第十二章为第四部分。此部分考察了与唐律实施有关的一些问题,包括它与制敕的关系、对唐政治和经济的影响、在唐朝的实施概况等。第九章全面叙述了唐律与制敕的关系。制敕是一种单行法规,直接体现皇帝的意志,它与实施中的唐律是一种什么关系,有了唐律为什么还要制敕,此章对这些问题都有论述。第十、十一章从唐律对唐的专制统治和唐前期经济发展的作用两个方面,反映了唐律实施后对唐政治和经济产生的影响。第十二章在述及唐朝以格断狱的情况后,重点分析了唐律在唐朝的实施总况及其发展过程和阶段。整个部分从动态的视角,客观地再现了唐律在现实社会生活中的影响和作用,乃至唐朝法制的许多侧面,有它独到的地方。

第十三章和第十四章为第五部分。此部分考察了唐后一些封建朝代对唐律的变革以及唐律与《法国民法典》的比较结果。这部分使用了比较。在第十三章中,通过唐律与《宋刑统》《大明律》和《大清律例》的比较,显示了它们之间的区别;在第十四章中,通过唐律与《法国民法典》的比较,展现了它们之间的相似点和不同点。经过这样的比较,读者可知唐后虽对唐律有所变革,但仍大量使用它的内容,不变其宗。这从另一个角度证实了唐律对后世的巨大影响。另外,读者还可知中华法系与大陆法系这两大法系的一些区别点,加深理解世界法系。

　　本书在论述以上内容时,考虑到了它们之间的内在联系。以上五个部分依次组合,形成了一个从唐律的法律思想到结构、内容、实施、后世对它的变革以及与外国法典的比较等的整体系列,前后又有一定的逻辑关系,具有自己的独特之处。同时,本书还力图求新,不仅对唐律内一些前人较少专门研究的具体问题作了较为深入的探究,还注意扩大视野,在大环境中考察与唐律有关的一些问题,跳出了仅注意探求唐律本身内容的框框,拓宽了研究思路。此外,本书还特别重视用比较方法,把唐律与唐前的有关制度、唐后的法典、国外法典等都作了比较,具体表现了唐律的特点。总之,本书不负"新探"之意。

一九九二年十月

目　录

第一章　中国唐律研究三十年 ………………………………… 1
　一、唐律研究成果的三大类别 ………………………………… 1
　二、唐律研究涉及的内容 ……………………………………… 7
　三、唐律研究取得的主要成就及其成因 …………………… 15
　四、唐律研究中存在的主要问题和解决途径 ……………… 21
　五、结语 ……………………………………………………… 29

第二章　中国唐律研究七十年的三个重要问题 …………… 31
　一、七十年来中国学者对唐律的重要性有了进一步的认识 … 31
　二、七十年中国唐律研究的四个阶段 ……………………… 41
　三、七十年后中国唐律研究的前瞻 ………………………… 53

第三章　唐律与唐令、格、式 ………………………………… 60
　一、唐律、令、格、式都是刑法 ……………………………… 60
　二、唐律、令、格、式的各自特点 …………………………… 62
　三、违反唐令、格、式一断于唐律 …………………………… 67
　四、唐令、格、式补充唐律 …………………………………… 70

第四章　唐律与唐令、格、式性质中的三个问题 …… 77
一、关于《新唐书·刑法志》中"刑书"的真正含义问题 …… 77
二、关于唐朝除了刑法以外有无其他部门法的问题 …… 81
三、关于对《唐律疏议·杂律》"违令"条及其"疏议"的理解和相关的一些问题 …… 86

第五章　唐律与制敕 …… 92
一、唐律与制敕的区别 …… 92
二、唐律与制敕的联系 …… 95
三、唐朝需要制敕的历史原因 …… 100

第六章　唐律的条标 …… 105
一、唐律条标的排列形式 …… 105
二、唐律条标的类型 …… 107
三、唐律条标所含的内容 …… 109
四、唐律条标的功用 …… 112
五、唐律条标对后世和东亚一些国家立法的影响 …… 114

第七章　唐律的"疏议"作用 …… 117
一、唐前对法律条文的解释和补充 …… 117
二、唐律的"疏议"作用 …… 123
三、"疏议"对国内外立法的影响 …… 129

第八章　唐律前言"疏议"透视 …… 131
一、唐律前言"疏议"的篇幅很小 …… 131

二、唐律《名例》前言"疏议"的五大内容 ……………… 133
三、唐律其他 11 篇前言"疏议"的三大内容 …………… 136
四、与唐律前言"疏议"关联的一些问题……………… 142

第九章 唐律律条的协调 …………………………… 150
一、协调内容 ……………………………………… 150
二、协调核心 ……………………………………… 155
三、协调背景 ……………………………………… 158
四、协调的作用、影响和局限 …………………………… 163

第十章 唐律的补充条款 …………………………… 167
一、补充条款的种类 ………………………………… 167
二、补充条款的功能 ………………………………… 172
三、与补充条款相关的几个问题 ……………………… 178

第十一章 唐律的法律思想 …………………………… 183
一、以礼为本的思想 ………………………………… 183
二、礼法并用的思想 ………………………………… 187
三、法律内容须统一、稳定和简约的思想 ……………… 188
四、严格治吏的思想 ………………………………… 190
五、依法断狱的思想 ………………………………… 192
六、慎重行刑的思想 ………………………………… 195
七、唐律法律思想的突出方面 …………………………… 198

第十二章　唐律的连坐制度 …… 202

　　一、适用连坐的原则 …… 202

　　二、连坐的种类 …… 206

　　三、适用连坐的犯罪 …… 210

　　四、与连坐制度相关的几个问题 …… 212

第十三章　唐律的一些制度 …… 216

　　一、加役流制度 …… 216

　　二、上请制度 …… 221

　　三、反坐制度 …… 227

　　四、立法审核制度 …… 232

　　五、刑事附带离婚制度 …… 236

第十四章　唐律的一些问题（上）…… 247

　　一、佛、道教问题 …… 247

　　二、阴阳五行问题 …… 255

　　三、青少年犯罪和保护青少年问题 …… 261

　　四、扩大罪刑适用问题 …… 267

　　五、唐律与"反恐"问题 …… 273

　　六、唐律的疑罪与有罪推定原则问题 …… 277

第十五章　唐律的一些问题（下）…… 281

　　一、换刑制度问题 …… 281

　　二、化外人相犯处理制度问题 …… 285

　　三、过失犯罪问题 …… 287

四、奴婢在法律关系中的地位问题 …………………………… 290
　　五、预防犯罪的法定诀窍问题 ………………………………… 295

第十六章　唐律"化外人相犯"条属于国际私法的质疑 ………… 299
　　一、唐律是唐朝的一部刑法典而非诸法合体的法典，
　　　　其内容与国际私法无关 ……………………………………… 300
　　二、违反唐律后被适用的是刑事司法而非民事司法 ………… 306
　　三、古今中外的主流观点都认为唐律是刑法典，因此不该
　　　　有国际私法的内容 ………………………………………… 314
　　四、"化外人相犯"条是唐律的刑法原则，不属于国际私法 … 324

第十七章　唐律涉外犯罪的规定与启示 ……………………………… 331
　　一、唐律规定的外国、外国人、外国罪犯与涉外犯罪规定的
　　　　分布情况 …………………………………………………… 331
　　二、对唐律涉外犯罪规定的分析 ……………………………… 335
　　三、唐朝涉外犯罪案件的处理 ………………………………… 339
　　四、从唐律涉外犯罪规定中所得到的启示 …………………… 342

第十八章　唐律的制裁方式 ……………………………………………… 346
　　一、刑事制裁方式 ……………………………………………… 346
　　二、民事制裁方式 ……………………………………………… 357
　　三、行政制裁方式 ……………………………………………… 364
　　四、制裁方式的特点 …………………………………………… 368

第十九章 唐律的内容密而不漏 375
一、唐律制裁违反令、格、式的行为 375
二、唐律制裁违反礼、理而不违反律的行为 379
三、唐律用比附打击犯罪 383
四、唐律加密法网的原因 386

第二十章 唐律的礼与法 390
一、礼是立法的依据 390
二、法是维护礼的武器 393
三、礼与法的矛盾及解决 396
四、礼法结合的历史条件 399

第二十一章 唐律与丝绸之路 402
一、唐律在丝绸之路中的作用 402
二、唐律在丝绸之路中的优势 407
三、唐律与丝绸之路的一些思考 410

第二十二章 唐律与专制统治 418
一、唐律对专制统治的维护 418
二、与唐前后之律及同期外国法典的比较 423
三、产生唐律中专制内容的历史根源 430

第二十三章 唐律与唐朝的身份等级关系 435
一、反映身份等级关系的主要途径 435
二、身份等级关系的主要内容 440

三、与其他东方法中身份等级规定的比较 …………………… 444

第二十四章　唐律与中国传统法制 ………………………………… 449
　　一、唐律中中国成熟传统法制的表现 …………………………… 449
　　二、唐律中中国传统法制发展的历史 …………………………… 454
　　三、唐律中中国传统法制突出的方面 …………………………… 459

第二十五章　唐律与唐朝的刑事司法制度 ………………………… 463
　　一、唐律是唐朝的刑事司法制度的体现者、规范者和
　　　　捍卫者 ………………………………………………………… 463
　　二、成为体现者、规范者和捍卫者的主要历史原因 ………… 470
　　三、唐律与唐朝刑事司法制度相关的一些问题 ……………… 476

第二十六章　唐律中的《论语》 …………………………………… 483
　　一、《论语》十分强调的礼是唐律的指导思想 ……………… 483
　　二、《论语》的思想演变成唐律的规定 ………………………… 485
　　三、《论语》对唐律产生影响的历史背景 ……………………… 487

第二十七章　唐律的法律伦理 ……………………………………… 490
　　一、唐律中法律伦理的具体表现 ………………………………… 490
　　二、唐律中法律伦理形成的条件 ………………………………… 493
　　三、值得关注的一些问题 ………………………………………… 499

第二十八章　唐律与《贞观政要》的吏治 ………………………… 505
　　一、唐律的吏治规定对《贞观政要》的吏治内容产生过
　　　　影响 …………………………………………………………… 505

二、《贞观政要》的吏治内容也对唐律的吏治规定产生过
影响 …………………………………………………………… 509
三、唐律与《贞观政要》的吏治中值得关注的一些问题 ……… 514

第二十九章　唐律规定的官吏言论犯罪 …………………………… 520
一、唐律对官吏言论犯罪作了明确规定 ………………………… 520
二、唐律的官吏言论犯罪大致可以分为六大类 ………………… 525
三、唐律官吏言论犯罪的三个重要侧面 ………………………… 530
四、唐律中的"疏议"对官吏言论犯罪的正确认定起了重要的
解释作用 …………………………………………………… 537
五、唐律官吏言论犯罪的规定得到了一定程度上的实施 …… 542
六、唐律官吏言论犯罪所给予的启示 …………………………… 545

第三十章　《寄簃文存》的唐律研究 ……………………………… 558
一、用唐律论证自己的观点 ……………………………………… 558
二、对唐律研究突破之处 ………………………………………… 561
三、形成突破的原因 ……………………………………………… 565

第三十一章　唐律的法律与历史结合 ……………………………… 569
一、法律与历史结合的内容 ……………………………………… 569
二、法律与历史结合的意义 ……………………………………… 573
三、法律与历史结合的原因 ……………………………………… 579

第三十二章　唐律的律文解释与《中华民国新刑法判解汇编》的法条解释之比较 ········· 583
　　一、相似之处 ·················· 584
　　二、相异之处 ·················· 593
　　三、形成相似、相异之处的原因 ·················· 599

第三十三章　唐律与犯罪学 ·················· 606
　　一、关于犯罪行为和犯罪原因的理论 ·················· 606
　　二、关于犯罪类型和犯罪对策的理论 ·················· 612
　　三、与现代犯罪学相比较 ·················· 618
　　四、其他一些相关问题 ·················· 623

第三十四章　唐律与唐律研究 ·················· 627
　　一、唐律、中华法系与丝绸之路如何联动 ·················· 627
　　二、沈家本的疏忽 ·················· 634
　　三、世界级的唐律与世界性的唐律研究 ·················· 642

第三十五章　唐律与《法国民法典》比较 ·················· 655
　　一、唐律与《法国民法典》的相似点 ·················· 656
　　二、唐律与《法国民法典》的不同点 ·················· 661
　　三、形成唐律与《法国民法典》似异点的原因 ·················· 665

第三十六章　唐律在发展唐前期经济中的作用与特点 ·················· 669
　　一、作用 ·················· 669
　　二、特点 ·················· 673

第三十七章 唐律的实施 ············· 677
一、以格断狱 ················· 677
二、唐前、后期实施唐律的概况 ········ 680

第三十八章 唐律在唐后的变革 ·········· 685
一、体例的变革 ················ 685
二、一般原则的变革 ·············· 689
三、罪名的变革 ················ 692
四、法定刑的变革 ··············· 696
五、变革的原因 ················ 700

附录 王立民发表的主要唐律研究论文 ······ 704

后记一 ···················· 707

后记二 ···················· 709

后记三 ···················· 711

后记四 ···················· 712

后记五 ···················· 713

后记六 ···················· 715

第一章
中国唐律研究三十年①

三十年来,中国的唐律研究队伍逐渐壮大,成果颇丰,影响不小,超过对中国古代任何其他法典的研究。本章对唐律研究的主要学术成果作一回眸和前瞻,以期总结其经验,探求其不足,寻找打开研究新局面的方向。

一、唐律研究成果的三大类别

三十年来,中国公开出版、刊发了不少专门研究唐律的学术成果,包括著作十九部、论文四百七十六篇。② 如果加上其他著作中论及唐律的内容,数量就更多。这些成果分别从不同视角、深度对唐律进行了

---

① 本文是司法部立项课题"中国法制史学的演进与思考"(项目编号:12SFB5008)的成果之一,这里所说的"唐律研究三十年"是指改革开放后三十年,2014年发表时将研究唐律的学术成果统计时间拓展至2014年,但标题及文中表述仍保留"三十年"这一说法,特此说明。
② 笔者于2014年2月8日在"中国知网"数据库,以"唐律"为篇名关键词进行搜索,在这三十年中,期刊上公开发表的唐律研究论文已达四百七十六篇。

梳理、解读和论述，大致可分为以下三大类：

1. 对唐律条文的注释

这类成果以专著为主。它们以注释唐律条文中的相关字、词、句为己任，帮助读者作现代汉语的解读，使大家能够正确理解唐律的原意。没有这种研究，许多人或许看不懂唐律的原意，或产生歧义。这些著作又可分为三种：第一，对唐律中律条的解释，不涉及唐律中的"疏议"，如《唐律译注》[①]。第二，对唐律中"疏议"的解释，不针对唐律中的律条，如《唐律疏议译注》[②]和《唐律疏议笺解》[③]。第三，对唐律中的律条和"疏议"都作解释，如《唐律疏义新注》[④]。这三种著作都注重对唐律本身内容的注释，其中《唐律译注》《唐律疏议译注》和《唐律疏义新注》除了对相关的字、词和句子作解释外，还有对照原文的现代汉语译文，《唐律疏议笺解》则没有这种译文。另外，《唐律译注》和《唐律疏议译注》更侧重对唐律原文的注释，扩展的内容很少，《唐律疏议笺解》和《唐律疏义新注》则有不少扩展的内容。《唐律疏议笺解》的"内容有四：分析律意；考订渊源；叙述演变；补充案例。前一项内容为主"[⑤]，后三项都有扩展的性质。《唐律疏义新注》则针对一些存有争议的内容提出了自己供商榷的看法，如对《唐律疏议·擅兴》"乏军兴及不供军事"条中"随身七事"的理解。[⑥] 尽管如此，对唐律原意的解释仍是这类著作的主要内容，也是它们的共同点。

[①] 钱大群：《唐律译注》，江苏古籍出版社1988年版。
[②] 曹漫之主编：《唐律疏议译注》，吉林人民出版社1989年版。
[③] 刘俊文：《唐律疏议笺解》，中华书局1996年版。
[④] 钱大群：《唐律疏义新注》，南京师范大学出版社2007年版。
[⑤] 刘俊文：《唐律疏议笺解》，中华书局1996年版。
[⑥] 参见钱大群：《唐律疏义新注》，南京师范大学出版社2007年版。

2. 对唐律整体内容的系统阐述

这类成果对唐律的整体内容按照作者自己归纳的标准,重新编排唐律的律条及其"疏议",较系统地阐述唐律的内容。这些内容经过作者的处理,着重用现代汉语进行表达,律文与"疏议"大多作为资料引用。这类成果中的著作对唐律的内容作了较为系统的阐述,使读者能较为全面地了解唐律的基本内容。如《唐律研究》(钱版)"引言"所言:"要让他们即使手头没有《唐律疏议》,通过阅读本书,对唐律的内容也能有个较完整的印象。"[①]《唐律研究》(乔版)[②]、《唐律论析》[③]也均是这类著作。但是,这三部著作的内容编排并不相同。《唐律研究》(乔版)在《唐律概说》[④]的基础上,把唐律的内容分为上、下两编。上编是"总论",包括唐律的产生与形成、"五刑""十恶""八议"和各项原则,大量的内容属于刑法总则的内容。下编则分述了八种犯罪和民事规范、诉讼程序,大量的内容属于刑法分则的内容。《唐律论析》共十一章,前三章分别阐述初唐的政治经济制度和统治者的法律思想、唐律的制定与篇章结构、唐律中的刑法原则与刑法制度,最后一章是关于唐律对中国及亚洲国家封建法制的影响,中间的七章内容均为唐律所维护的各种客体或对象。《唐律研究》(钱版)则分为四编,分别是立法研究、刑罚及刑罚运用研究、犯罪研究、刑律的任务与特点研究。另外,这类成果中还有少量论文,用有限的文字,精练地综论了唐律中的一些内容。

---

① 钱大群:《唐律研究》,法律出版社2000年版,第8页。乔伟、钱大群和杨廷福均撰写、出版过以《唐律研究》为名的著作。为了作区别,本书将之分为《唐律研究》(乔版)、《唐律研究》(钱版)和《唐律研究》(杨版)。
② 乔伟:《唐律研究》,山东人民出版社1985年版。
③ 钱大群、钱元凯等:《唐律论析》,南京大学出版社1989年版。
④ 乔伟:《唐律概说》,吉林大学出版社1982年版。

如《试论〈唐律疏议〉》[①],此文从巩固地主阶级专政、维护父权和夫权为中心的封建伦理关系、庇护等级特权制度、保护封建剥削的经济基础等方面,对唐律进行了综论。

3. 对唐律相关问题的专题研究

这类成果以专门研究唐律中的一些问题为其主要内容,尽管不是面面俱到,但论述更有深度。《唐律与中国现行刑法比较论》[②]《唐律新探》[③]《唐律与唐朝吏治》[④]《法典之王——〈唐律疏议〉与中国文化》[⑤]《唐律"七杀"研究》[⑥]《古代法律词汇语义系统研究——以〈唐律疏议〉为例》[⑦]《唐律与唐朝法制考辨》[⑧]等都属于此类著作。

从研究专题的角度来看,它们又可分为两小类:一是论述集中在一个专题上,如《唐律与中国现行刑法比较论》《唐律与唐朝吏治》《法典之王——〈唐律疏议〉与中国文化》《唐律"七杀"研究》《古代法律词汇语义系统研究——以〈唐律疏议〉为例》等。此类研究涉及的专题一般比较大。《唐律与中国现行刑法比较论》集中论述唐律与中国现行刑法的比较,《唐律与唐朝吏治》集中论述唐律与唐朝吏治,《法典之王——〈唐律疏议〉与中国文化》集中论述唐律与中国文化,《唐律"七

[①] 叶孝信:《试论〈唐律疏议〉》,载中国法制史学会《法律史论丛》编委会:《法律史论丛》(一),中国社会科学出版社1981年版,第179页以下。
[②] 钱大群、夏锦文:《唐律与中国现行刑法比较论》,江苏人民出版社1991年版。
[③] 笔者所著《唐律新探》共出版过四版,其中上海社会科学院出版社于1993年和2001年分别出版了第一、二版,北京大学出版社于2007年和2010年分别出版了第三、四版。
[④] 钱大群、郭成伟:《唐律与唐朝吏治》,中国政法大学出版社1994年版。
[⑤] 徐永康、吉霁光、郑取:《法典之王——〈唐律疏议〉与中国文化》,河南大学出版社2005年版。
[⑥] 刘晓林:《唐律"七杀"研究》,商务印书馆2012年版。
[⑦] 王东海:《古代法律词汇语义系统研究——以〈唐律疏议〉为例》,中国社会科学出版社2007年版。
[⑧] 钱大群:《唐律与唐朝法制考辨》,社会科学文献出版社2013年版。

杀"研究》集中论述唐律中的"七杀",《古代法律词汇语义系统研究:以〈唐律疏议〉为例》则集中论述唐律中法律词汇的语义系统。二是一本著作的论述分散在多个专题上,如《唐律新探》和《唐律与唐朝法制考辨》。《唐律新探》论述的每一章即是一个专题,随着版次的增加,专题也随之增加,一本著作中容纳了三十一个专题。《唐律与唐朝法制考辨》涉及的专题也达到三十一个。

再从论文来看,许多研究唐律的论文都属于这一类,依据其内容而论,可分为三小类:其一,集中阐述一个较小的专题,作较为深入的论述。例如,《唐律与礼的关系试析》[1]《〈唐律〉债法初探》[2]《〈唐律疏议〉与中国古代法律文化》[3]《试论唐律对唐前期寺院经济的制约》[4]《略论唐律中的服制原则与亲属相犯》[5]《唐律所体现的古代立法经验》[6]《〈唐律〉别籍异财之禁探析》[7]《论唐律的补充条款》[8]《唐律误杀考》[9]《为什么说〈唐律疏议〉是一部优秀的法典》[10]等。其二,一篇论文进行某个方面比较的专题,内容既有唐律与中国其他朝代法律的比较,也有唐律与外国法律的比较。例如,《唐律与明律立法技术比较研

---

[1] 刘文俊:《唐律与礼的关系试析》,载《北京大学学报》1983年第5期。
[2] 何勤华:《〈唐律〉债法初探》,载《江海学刊》1984年第6期。
[3] 高绍先:《〈唐律疏议〉与中国古代法律文化》,载《现代法学》1997年第2期。
[4] 郑显文、于鹏翔:《试论唐律对唐前期寺院经济的制约》,载《中国经济史研究》1999年第3期。
[5] 郑定、马建兴:《略论唐律中的服制原则与亲属相犯》,载《法学家》2003年第5期。
[6] 马小红:《唐律所体现的古代立法经验》,载《南京大学法律评论》2008年春秋合卷。
[7] 艾永明、郭寅枫:《〈唐律〉别籍异财之禁探析》,载《法学研究》2010年第5期。
[8] 王立民:《论唐律的补充条款》,载《现代法学》2011年第1期。
[9] 刘晓林:《唐律误杀考》,载《法学研究》2012年第5期。
[10] 张中秋:《为什么说〈唐律疏议〉是一部优秀的法典》,载《政法论坛》2013年第4期。

究》①《汉唐律中反映的和谐理念——以汉简〈二年律令〉与〈唐律〉为例》②等属于前者,《〈唐律疏议〉与〈法国民法典〉》③《唐律与日耳曼法刑讯制度比较研究》④等则属于后者。其三,与以往观点商榷的专题,包括质疑、辨正等。例如,《唐律内容疏而不漏的质疑》⑤《唐律"一准乎礼"辨正》⑥等。这类成果除照顾到唐律研究内容的广度外,更注重它的深度,也有其特色。

专题研究类的成果中还包括一些论文集,综合了作者的各篇论文。例如,《唐律初探》《唐律研究》(杨版)、《唐律与唐朝法律体系研究》和《古今之平:唐律与当代刑法》等。⑦ 由于每篇论文各有体系,内容的相对独立性较强。有的论文在出版著作前已公开发表,有的论文则是在著作中第一次发表。如《唐律初探》一书,"把有关《唐律》初步探索的六篇拙文和《我国古代法制建设的一些借鉴》汇为一集","其中四篇已分别在国内学术性期刊发表过"。⑧《唐律研究》(杨版)在《唐律初探》中七篇论文的基础上,又增加了一篇《〈唐律〉的特色》。《唐律与唐朝法律体系研究》⑨也是一本研究唐律的论文集,其中共有十篇论文,四篇论文已公开发表过。

---

① 侯欣一:《唐律与明律立法技术比较研究》,载《法律科学》1996年第2期。
② 崔永东:《汉唐律中反映的和谐理念——以汉简〈二年律令〉与〈唐律〉为例》,载《政法论坛》2009年第1期。
③ 王立民:《〈唐律疏议〉与〈法国民法典〉》,载《世界法学》1989年第1期。
④ 蒋铁初:《唐律与日尔曼法刑讯制度比较研究》,载《西南科技大学学报》(哲学社会科学版)2008年第5期。
⑤ 王立民:《唐律内容疏而不漏的质疑》,载《南京大学法律评论》1998年秋季号。
⑥ 苏亦工:《唐律"一准乎礼"辨正》,载《政法论坛》2006年第3期。
⑦ 杨廷福:《唐律初探》,天津人民出版社1982年版;杨廷福:《唐律研究》,上海古籍出版社2012年版;钱大群:《唐律与唐朝法律体系研究》,南京大学出版社1996年版;赵晓耕主编:《古今之平:唐律与当代刑法》,社会科学文献出版社2012年版。
⑧ 参见杨廷福:《唐律初探》,天津人民出版社1982年版,第1页。
⑨ 钱大群:《唐律与唐朝法律体系研究》,南京大学出版社1996年版。

论文集中,论文的相对独立性较强,但并不影响其整体性。《唐律初探》的论文"虽各自成篇,但每篇又互有联系,形成一个较系统的整体,大致反映了《唐律》的基本面貌"①。《唐律研究》(杨版)也是如此。《唐律与唐朝法律体系研究》的十篇论文组合成"几个意义板块"②,通过这些板块的组合体现它的整体联系。《古今之平:唐律与当代刑法》由十九篇独立的论文组合而成,重点反映唐律与当代刑法的比较与关联。

以上三大类成果只是通过其论述结构而作的基本分类。它们的内容也互相渗透和联系,不能绝对切割。有的系统阐述类著作中,也以论文为铺垫,以前期成果为依托,如《唐律研究》(钱版);有的专题研究类著作中,其内容也以公开发表的论文为基础,只是在编入著作时作了调整编排,如《唐律新探》。总体而言,三十年来,中国已公开出版、发表的专门研究唐律的专著、论文数量颇丰,唐律研究已经取得了可观的成绩。

二、唐律研究涉及的内容

回眸三十年来唐律研究的成果,不仅数量很多,而且涉及的研究领域也有了一定的广度和深度,其中以下内容成果尤丰,最值得关注:

---

① 杨廷福:《唐律初探》,天津人民出版社1982年版,第1页。
② 钱大群:《唐律与唐朝法律体系研究》,南京大学出版社1996年版。

1. 关于《唐律疏议》制作年代的研究

20世纪初,日本学者首先对《唐律疏议》的制作年代提出异议。佐藤诚实的《律令考》通过对《唐律疏议》中避讳内容的考证,对《唐律疏议》是《永徽律疏》提出异议。其后,仁井田陞与牧野巽合著长达14万字的《故〈唐律疏议〉制作年代考》,通过更为详细的考证,根据七项主要论据,提出《唐律疏议》就是唐玄宗开元二十五年(737年)颁行的《开元律疏》。① 这在当时的国际史学界、法律史学界都引起轰动。由于中国学术界没有及时应对这一结论并提出有说服力的辨正,以至于《唐律疏议》制作于开元年间似乎成了定论。1979年以后,这一问题引起了中国法律史学界的关注,杨廷福的《〈唐律疏议〉制作年代考》②和蒲坚的《试论〈唐律疏议〉的制作年代问题》③两文首先从不同角度,对《唐律疏议》的制作年代进行了研究,并对日本学者提出的结论进行了辨正。杨廷福较注重唐律内容本身的考证,蒲坚则更重视唐律内容与社会经济、政治制度间的关系。两者不仅论证有力,而且殊途同归,都认为现传《唐律疏议》的制作年代就是《永徽律疏》的制作年代。近年来,郑显文和岳纯之从不同角度,又对《唐律疏议》的制作年代进行了研究,阐明各自的观点。④ 郑显文的基本观点是:《唐律疏议》就是《永

---

① 参见〔日〕仁井田陞、牧野巽:《故〈唐律疏议〉制作年代考》,程维荣等译,载杨一凡总主编:《中国法制史考证》丙编第2卷,中国社会科学出版社2003年版。
② 杨廷福:《〈唐律疏议〉制作年代考》,载《文史》1979年第5期。
③ 蒲坚:《试论〈唐律疏议〉的制作年代问题》,载中国法律史学会《法律史论丛》编委会:《法律史论丛》(二),中国社会科学出版社1982年版。
④ 参见郑显文:《唐开元二十五年〈律〉为日本〈养老律〉蓝本之新证——以敦煌吐鲁番发现的唐律、律疏残卷为中心》,载中南财经政法大学法律文化研究院编:《中西法律传统》第7卷,北京大学出版社2009年版;郑显文:《现存的〈唐律疏议〉为〈永徽律疏〉之新证——以敦煌吐鲁番出土的唐律、律疏残卷为中心》,载《华东政法大学学报》2009年第6期;岳纯之:《所谓现存〈唐律疏议〉为〈永徽律疏〉的新证——与郑显文先生商榷》,载《敦煌研究》2011年第4期。

徽律疏》。岳纯之的观点则相反,认为《唐律疏议》是《开元律疏》。他们的争论、商榷有很强的学术性,值得进一步深入探索。

2. 关于唐律法律性质的研究

关于唐律法律性质问题的一种传统说法是:唐律是一部"以刑为主,诸法合体"的综合性的封建法典。① 可是,随着唐律研究的深入进行,唐律是一部刑法典的观点为更多人所接受。笔者和张中秋、钱大群等人都持这一观点。笔者从唐律的刑罚、其他制裁方式和实施情况等方面进行研究,论证了唐律是一部刑法典,而不是诸法合体的法典。② 张中秋则从中国刑律的发展、《大唐六典》对律的定位、陈寅恪的相关论述等方面,论证唐律是一部刑法典。③ 钱大群从篇目结构、法律条款制定的形式、罪名、罪状及法定刑等多个视角进行论述,同样认为唐律是一部刑法典。④ 我们三人都认为唐律是一部刑法典,只是论述的角度不尽相同。

3. 关于唐律的制定背景、特点、影响和历史地位的研究

唐律的制定背景、特点、影响和历史地位,也是三十年来许多法律史学者所研究的内容。

关于唐律制定的背景,乔伟将研究重点聚焦在唐初的政治、经济、

---

① 参见肖永清主编:《中国法制史教程》,法律出版社1987年版,第185页。
② 参见王立民:《论唐律令格式都是刑法》,载《法学研究》1989年第4期。
③ 参见张中秋:《中西法律文化比较研究》,南京大学出版社1991年版,第82—83页。
④ 参见钱大群:《唐律与唐朝法律体系研究》,南京大学出版社1996年版,第102—104页。

立法指导思想和总结唐以前立法等一些方面。① 比如,关于政治背景,他认为,唐朝是在隋末农民大起义以后,窃取了农民大起义胜利果实而建立起来的一个封建朝代。唐初的统治者认真地总结并吸取了隋亡的历史教训,提出了"安人宁国"的方针。唐律的制定就是这一方针的体现。

唐律的特点也得到了研究。杨廷福认为,唐律的特色有四项:为伦常立法的礼教法律观,其核心是尊尊、亲亲、贵贵,即尊君、孝亲、崇官;维护唐朝的经济制度;具有一般预防主义和罪行主义倾向;法官责任制度和伤害罪的保辜等。② 他分别对各项特色进行了充分阐述。

唐律的影响很大,也吸引了法律史学界的关注,主要从两个方面进行研究:一是对唐朝以后中国封建立法的影响,二是对当时一些东亚国家的影响。钱大群在《唐律译注》的前言中,用精练的语言概括了唐律的影响。他认为,唐律上承战国秦汉,下启宋元明清,同时给东亚诸国封建刑律以决定性的影响,成为中华法系的代表性法典。③ 这是广大唐律研究者的共同观点。唐律的历史地位也是许多学者论述的内容。李光灿从世界法制史的角度,将《唐律疏议》同罗马法、《拿破仑法典》作了比较分析,认为它们浓缩了人类社会发展的三个私有制的历史时代的精华。在发达的简单商品经济基础上产生的罗马法,代表了西欧奴隶私有制高度发展的时代;在发达的自然经济基础上产生的《唐律疏议》,代表了中国封建私有制高度发展的时代;在发达的资本主义商品经济基础上产生的《拿破仑法典》,代表了西欧资本主义私有制高度

---

① 参见乔伟:《唐律研究》,山东人民出版社1985年版,第26页。
② 参见杨廷福:《唐律研究》,上海古籍出版社2012年版,第217—232页。
③ 参见钱大群:《唐律译注》,江苏古籍出版社1988年版,第1页。

发展的时代。① 他把唐律作为世界法制史上三大代表性法典之一,与罗马法、《拿破仑法典》相提并论,论证了其在世界法制史上的重要地位。

4. 关于唐律的法律思想和体例的研究

法律思想和体例都是唐律的重要组成部分,也都是被研究的对象。笔者在《唐律新探》(第四版)中,从整体上对唐律的法律思想作了研究。笔者认为,这一法律思想主要包括这样一些方面:以礼为本的思想;礼法并用的思想;法律内容须统一、稳定和简约的思想;严格治吏的思想;依法断狱的思想;慎重行刑的思想等。笔者还指出,唐律中的法律思想有四点特别突出:完整性、现实性、伦理性和一致性。②

还有一些学者研究了唐律中某个方面的法律思想,如任映艳关于《唐律疏议》中孝亲思想的研究③、俞荣根和王祖志关于《唐律疏议》中伦理法思想的研究④等。

唐律的体例也引起了一些学者的重视。钱大群和钱元凯在研究了《唐律疏议》的体例后认为,唐律篇目设置、体例安排基本仿照《开皇律》,把类似于现代刑法总则的名例律置于律首,把类似于现代刑法分则的有关具体犯罪及其惩罚的其他十一篇律置于其后。这十二篇体例中的内容分工十分明确。⑤ 此外,关于唐律的体例还有其他一些研究成果。杨廷福经研究认为,现存《唐律疏议》为五百零二条,而与古籍

---

① 参见曹漫之主编:《唐律疏议译注》,吉林人民出版社1989年版,第7页。
② 参见王立民:《唐律新探》(第四版),北京大学出版社2010年版,第1—16页。
③ 参见任映艳:《从〈唐律疏议〉看中国古代的孝亲思想》,载《兰州交通大学学报》(社会科学版)2007年第2期。
④ 参见俞荣根、王祖志:《试论〈唐律疏议〉的伦理法思想》,载《现代法学》1986年第4期。
⑤ 参见钱大群、钱元凯:《唐律论析》,南京大学出版社1989年版,第40页。

记载的五百条略有差异,"可能是传抄或刊版时把一条误歧为二条"。这两条是职制律中的"大祀在散斋吊丧"条和斗讼律中的"殴兄姊妹"条。① 霍存福认为,唐律的体例中还有"义疏",其"法律功能"主要有四方面:"义疏"贯通相关律文,使松散的律文之间形成了严密的网络;"义疏"参引令、格、式去疏解律文,沟通了不同法律形式之间的联系,在多种法律形式并存的情况下,方便了法律的适用;"义疏"援礼入律,礼与法得到融汇,充分表现了律对于礼的依赖性;"义疏"比类相附,限定扩张,拾遗补阙,并设置问答,互相辩语,解释疑难等。②

5. 关于唐律规定的原则和制度的研究

唐律中的原则和制度都是唐律内容的核心部分,非常重要。要正确认识唐律的内容,必须准确掌握其中的原则和制度。不少学者都对此进行了研究。

乔伟第一次在中国出版的唐律研究著作中全面梳理和研究了唐律的原则。在《唐律研究》(乔版)的第五章中,他逐一对这些原则进行了论述,包括刑事责任年龄、区分故意与过失、划分公罪与私罪、共同犯罪、同居相隐不为罪、再犯与累犯、并合论罪、自首减免刑罚、类推和对涉外案件的处理等十项原则。③ 乔伟的这一研究有相当的深度和广度,为以后的进一步研究创造了条件。

钱大群对唐律的刑罚制度进行研究后认为,唐律中的主刑就是律中明文规定的"五刑",即笞、杖、徒、流、死。其中,流刑中又有加役流。此"五刑"互相衔接,共有二十等。在论述了"五刑"加减的计算规则以

---

① 参见杨廷福:《唐律初探》,天津人民出版社1982年版,第30页。
② 参见霍存福:《论〈唐律〉"义疏"的法律功能》,载《吉林大学社会科学学报》1987年第4期。
③ 参见乔伟:《唐律研究》,山东人民出版社1985年版,第120—149页。

后,他还专门论及"五刑"的附加刑,其中包括附加行政处罚、没收财产、经济处罚、限制某些权利等。然后,他还论述了"五刑"的替代和交易。"五刑"替代刑的形式主要有以赎刑赎"五刑"和以官当的处罚替代徒、流刑两种。"五刑"的交易刑包括:流和徒刑判决的改换、流和徒刑执行期中改易赎刑、征赃或赎金执行的交易和反坐罪刑罚执行中的交易等。①

6. 关于唐律规定的犯罪的研究

唐律中的大量内容都与相关的犯罪有关,这是唐律研究中不可忽略的组成部分。乔伟在其《唐律研究》一书中,第一次在中国以唐律研究专著的形式对唐律所规定的犯罪作了较为全面、系统的梳理。他把唐律中规定的犯罪分为八大类:反对和侵犯皇帝罪、危害人身安全罪、侵犯官私财产罪、危害公共安全罪、妨害管理秩序罪、职务上的犯罪、军事上的犯罪和审判上的犯罪。每大类下面还分小类,如在侵犯官私财产罪下,分强盗和窃盗、毁损财物、勒索财物、诈骗财物、侵害官私田、侵占财物六小类。八大类犯罪中,总计三十八小类。每小类之下还有具体犯罪,总计一百八十九种具体犯罪。②

还有些学者用考证与论述的形式研究唐律中的犯罪。例如,刘俊文专门研究了"十恶"犯罪,认为"十恶"之名定于隋朝的《开皇律》,最初尝试则是《北齐律》的"重罪十条";隋唐以后的各代律典都在名例律的律首即开列"十恶"之目。同时,他对"十恶"中的每项罪名都作了考证,内容涉及起源、发展、唐律的规定等几方面内容。③ 更多的学者论

---

① 参见钱大群:《唐律研究》,法律出版社2000年版,第113—130页。
② 参见乔伟:《唐律研究》,山东人民出版社1985年版,第155—367页。
③ 参见刘俊文:《唐律疏议笺解》,中华书局1996年版,第56—65页。

述了唐律中的犯罪。钱大群和郭成伟的《唐律与唐朝吏治》一书,以专章论述了唐律处置官吏犯罪的司法特点。① 此外,还有些论文也属于此类研究。如徐显明的《唐律中官吏犯罪初探》②、袁继勇的《唐律规定的官吏失职行为的种类及其惩治的原则与特点》③等,对唐律中的一些犯罪作了专题研究,也取得了可喜的成果。

7. 关于其他一些问题的研究

还有不少成果是对唐律其他一些问题的研究,主要涉及唐律所体现的中国古代的立法经验、唐律的实施、从出土竹简视角进行的研究、与其他律的比较、与中国古代法律文化的关系等。例如,马小红的《唐律所体现的古代立法经验》一文专门对唐律所反映出来的立法经验进行了研究。她从修律的指导思想、律的历史沿革和律典的体例条文分析等方面,集中阐述了唐律所体现的立法经验。④ 笔者的《唐律实施问题探究》一文对唐律的实施情况作了专题论述。这一论述从以格断狱、以制敕断狱和唐律允许不依律中罪名断狱等方面作了详细论证,反映出唐律实施中一些较为重要的侧面。⑤ 闫晓君的《竹简秦汉律与唐律》是一篇从出土竹简视角研究唐律的成果,他把出土的《睡虎地秦墓竹简》和《张家山汉墓竹简》中显示的秦、汉律与唐律作了比较。⑥ 侯欣一的《唐律与明律立法技术比较研究》一文则是从比较的角度研究唐

---

① 参见钱大群、郭成伟:《唐律与唐朝吏治》,中国政法大学出版社1994年版,第269—351页。
② 徐显明:《唐律中官吏犯罪初探》,载《东岳论丛》1985年第1期。
③ 袁继勇:《唐律规定的官吏失职行为的种类及其惩治的原则与特点》,载《中南政法学院学报》1991年第5期。
④ 参见马小红:《唐律所体现的古代立法经验》,载《南京大学法律评论》2008年春秋合卷。
⑤ 参见王立民:《唐律实施问题探究》,载《法学》1990年第10期。
⑥ 参见闫晓君:《竹简秦汉律与唐律》,载《学术月刊》2005年第9期。

律,主题是立法技术。他认为,只要将唐律与明律稍加对比,就可以发现尽管两者渊源关系极为明显,但又有许多不同。他从总体风格、文字、篇章结构、法条等方面论述了这些不同。① 高绍先的《〈唐律疏议〉与中国古代法律文化》一文聚焦于唐律与中国古代法律文化的关系,从唐律的制定人、文字和美学价值、儒家思想、语言风格等角度,重点研究了唐律中蕴含的法律文化。② 另外,《古代法律词汇语义系统研究:以〈唐律疏议〉为例》一书从训诂学原理出发,结合现代的结构语义学、认知语义学理论,对《唐律疏议》中的法律词汇语义系统进行了系统研究,分析了其中的种类、方法等一系列问题。

相对而言,唐律的比较研究和联系文化的研究成果很少,研究深度有限,是可以进一步开发的领域。如唐律与日本、朝鲜、越南等国同期或稍后律典的关系,目前的研究尚未超过杨鸿烈《中国法律对东亚诸国之影响》③一书的水平。此外,唐律相关内容受到佛教等影响的研究也有待进一步加深。

三、唐律研究取得的主要成就及其成因

三十年来,唐律研究已取得相当丰硕的成果,研究队伍不断壮大,成果的影响也逐渐凸显。在取得这些成就的背后,存在一定的原因。

---

① 参见侯欣一:《唐律与明律立法技术比较研究》,载《法律科学》1996年第2期。
② 参见高绍先:《〈唐律疏议〉与中国古代法律文化》,载《现代法学》1997年第2期。
③ 杨鸿烈:《中国法律对东亚诸国之影响》,中国政法大学出版社1999年版。

1. 主要成就

三十年来,中国唐律研究主要取得以下三大成就:

第一,研究成果丰硕。这三十年中,唐律研究的成果大大超过中华人民共和国成立后前三十年的成果。那时,没有公开出版过唐律研究的著作,相关论文数量也很少,只有戴克光、刘海年等学者撰写的几篇文章。① 与此相比,三十年来,中国唐律研究的学术成果明显具有优势。首先,全面梳理了唐律的内容。唐律是唐朝前期制定的一部刑法典,其体例结构和内容安排都与现代刑法典有很大差异,再加上古汉语的文字、语法等,使今天的读者阅读、学习有不少困难。为了便于大家阅读、学习唐律,掌握唐律的内容,为今后的进一步研究打下基础,这三十年中的大量唐律研究成果对唐律的内容作了全面梳理。其次,针对相关问题展开学术争鸣。争鸣是学术的生命,唐律研究也是如此。这一研究的争鸣主要体现在对前人、同行的观点提出辨正、商榷上。例如,苏亦工的《唐律"一准乎礼"辨正》对前人提出的唐律"一准乎礼"的观点进行了辨正,认为祝总斌、瞿同祖、陈寅恪等虽都提出唐律"一准乎礼",但仍可"加以辨正地认识",唐律所融入的礼确切而言是"唐礼"。② 此外,还出现了一些扩展性的成果,把唐律与相关方面联系起来研究,有把唐律与中国古代的立法经验联系起来研究的《唐律所体现古代立法经验》,有把唐律与出土竹简联系起来研究的《竹简秦汉律与唐律》等。这些研究拓展了唐律研究的领域,丰富了唐律研究的学

---

① 参见戴克光:《试论唐律是中国封建社会的标准法典》,载《政法教学》1958年第1期;戴克光:《论唐律与中国封建社会的"四种权力"的问题》,载《政法研究》1963年第1期;刘海年:《唐律的阶级实质》,载《历史教学》1966年第3期。

② 参见苏亦工:《唐律"一准乎礼"辨正》,载《政法论坛》2006年第3期。

术园地。

第二,研究队伍壮大。三十年来,唐律研究的队伍逐渐壮大。从著作作者看,前十年中,仅有杨廷福、乔伟和钱大群三位作者。后二十年中,作者大量增加,超过二十位。《唐律论析》由钱大群、钱元凯、夏锦文等六位作者共同撰写;《唐律疏议译注》则有曹漫之、王召堂、辛子牛等九位作者共同参与。再从论文作者看,前十年中,仅有李光灿、杨廷福、刘俊文、何勤华、徐显明、马长林、蒲坚、俞荣根、霍存福及笔者等近四十位作者。后二十年中,研究队伍迅速增大,涌现出许多新人,撰写、发表过唐律研究论文的作者达三百余人,①而且不断有"新鲜血液"输入,形成了一个由老、中、青结合的研究队伍,其中不乏执着研究唐律、成果不断的专家。钱大群是其中的代表。他的研究成果不断问世,仅唐律研究的著作就有八本之多,2013年还出版了《唐律与唐朝法制考辨》一书,并发表了《唐律的使用及〈律疏〉体制内外"法例"的运作》②一文。他把唐律研究作为自己的事业,视为自己的学术生命中一个最重要的组成部分。③ 这支研究队伍的壮大,为唐律研究成果的产生和质量的提高奠定了基础,是三十年来取得成就的重要原因。

第三,研究影响凸显。在国内,这种影响表现在教学、学术交流等方面。《唐律研究》(乔版)一书是乔伟把自己研究唐律的成果奉献给本科生的一本著作,正如他在此书"自序"中所说:"这部《唐律研究》是作者在学习和研究《唐律疏议》的基础上,根据大学法律系的教学计划

---

① 本项数据以"中国知网"数据库收录的以唐律为主题的论文的作者数量为主要依据。
② 钱大群:《唐律的使用及〈律疏〉体制内外"法例"的运作》,载《北方法学》2013年第1期。
③ 参见何勤华主编:《中国法学家访谈录》(第一卷),北京大学出版社2010年版,第298页。

及初学法制史者的需要编写而成的。"①《唐律论析》也是一本对学生产生影响的著作,作者在研究唐律的基础上,把研究成果以选修课的形式传授给在校学生。② 也有学者以自己的研究成果在学术会议上进行交流,与同行们切磋。特别是在中国法律史学界,唐律研究成果通过学术研讨会得以交流,并汇编于论文集。1998 年由中国法律史学会召开的以"中国历史上的法制变革"为主题的年会论文集中,有周东平的《关于中国古代赃罪的若干问题——以唐律为中心》一文③;2000 年由中国法律史学会召开的以"中国法律史学的世纪回顾与展望"为主题的年会论文集中,有周少元的《〈唐律疏议〉的律学成就》一文④;2001 年由中国法律史学会和儒学与法文化研究会联合召开的以"走向 21 世纪的中国法文化"为主题的年会论文集中,有笔者的《唐律与唐朝的身份等级关系》一文⑤;2007 年由中国法律史学会召开的以"理性与智慧:中国法律传统再探讨"为主题的年会论文集中,有南玉泉的《论汉唐律的罪数与处罚》一文⑥;2010 年由中国法律史学会召开的以"吏治与传统法文化"为主题的年会论文集中,有张姗姗的《唐律契约之债的类型化分析》一文⑦等。另外,中国三十年来的唐律研究还对国外产生了影响,包括相关的学术交流。一些著作的部分内容被翻译成外文在国外发

---

① 乔伟:《唐律研究》,山东人民出版社 1985 年版,第 2 页。
② 参见钱大群、钱元凯:《唐律论析》,南京大学出版社 1989 年版,第 375 页。
③ 收录于徐显明、徐民主编:《中国历史上的法制改革与改革家的法律思想》,山东大学出版社 1999 年版,第 183—198 页。
④ 收录于汪汉卿、王源扩、王继忠主编:《中国法律史学的世纪回顾与展望》,法律出版社 2001 年版,第 430—439 页。
⑤ 收录于陈鹏生、王立民、丁凌华主编:《走向二十一世纪的中国法文化》,上海社会科学院出版社 2002 年版,第 253—265 页。
⑥ 收录于张中秋主编:《礼法与智慧:中国法律传统再探讨》,中国政法大学出版社 2008 年版,第 234—244 页。
⑦ 收录于汪世荣、闫晓君、陈涛主编:《吏治与中国传统法文化》,法律出版社 2011 年版,第 501—511 页。

表,也有著作全文被翻译成外文在国外出版,与国外同行进行交流。《唐律初探》由七篇论文合成,"其中四篇已分别在国内学术性期刊发表过,有的已译成日文,在国外刊行"①。《唐律新探》的全文已被翻译成韩文,在韩国出版,成为研究生教材。这些成果从不同角度在国外产生了不同程度的影响。

2. 主要原因

三十年来,唐律研究取得可观成就的原因主要有以下三方面:

首先,唐律在唐朝、中国古代、东亚、世界法制史上均具有十分重要的地位。关于这一点,中国古代的学者已有一些论述。② 三十年来,中国的法律史学者、专家也有深刻的体会,并达成了一些共识。如张晋藩认为,唐律在中国与世界法制史上都具有重要价值,"反映唐朝法制所达到的水平的则莫如唐律。唐律上揽秦汉魏晋法律已有之大成,下开宋元明清法律发展之先河。的确是承先启后,继往开来,鸿纤备举,义疏精审,在中国法制史与法律文化史上具有极为重要的价值"③。"唐律的影响还超出中华大地,成为相邻的东亚国家制定封建刑律的依据。以至治中国法制史的外国学者,或以唐律为主攻对象,或将唐律与罗马法相提并论进行比较研究,论著纷呈,蔚为大观。"④

其次,法学教育的大发展,是唐律研究队伍壮大的直接原因之一。三十年来,中国的法学教育有了前所未有的大发展,"中国法制史"是法学本科教育的核心课程之一,是每个法学专业本科生必须学习的课程。法学专业的学生越多,从事中国法制史教学与研究的教师就越多。

---

① 杨廷福:《唐律新探》,天津人民出版社1982年版,第1页。
② 参见王立民:《唐律新探》(第三版),北京大学出版社2007年版,第1页。
③ 钱大群、钱元凯主编:《唐律论析》,南京大学出版社1989年版,第1页。
④ 同上。

1979年,法学专业的在校学生人数为3008;1998年,这一数字上升为85565。① 21世纪以后,随着高等学校的扩招,法学专业的在校学生人数有了进一步的增加,2001年为236551,2005年为449295。② 目前,全国的法学院、系超过六百三十所,在校学生人数超过四十万。这些学生中的本科生都要学"中国法制史",法学院、系也需要聘用相关的教师,加上史学队伍中教授和研究"中国法制史"的人员,总数可至数百。同时,中国法制史方向的研究生也成倍增长。如笔者所在的华东政法大学,1982年仅招收中国法制史方向的硕士研究生二名,2012年则招收硕士、博士研究生超过了二十名。从事"中国法制史"教学与研究的教师、研究生队伍的扩大,为唐律研究队伍的壮大奠定了人才基础。

最后,唐律研究的可观成就得益于思想的解放和学术环境的宽松。近三十年,既是改革开放的三十年,也是民主法治建设的三十年。在这一大背景下,中国学术研究的严冬过去了,学术环境比较宽松,学者们的思想得到了解放,有利于形成学术研究大发展和百家争鸣的局面。如有学者所言:"思想解放使法学工作者勇于打破禁区,全方位地开展法学研究;思想解放也使法学工作者能够以科学的态度面对现实和理论研究中存在的问题,理性地思考解决问题的方法。思想解放更为广大法学工作者营造了一个从事法学研究的宽松环境,而这正是中国法学能够顺利发展的养分所在。"③宽松的学术环境同样给唐律研究带来了生机,相关研究著作、论文不断出版、发表,数量史无前例。有的著作多版印行,如《唐律新探》已印行五版。没有这种宽松的学术环境,不

---

① 参见霍宪丹:《中国法学教育的发展与转型》,法律出版社2004年版,第326页。
② 参见朱景文主编:《中国法律发展报告》,中国人民大学出版社2007年版,第523页。
③ 同上书,第595—596页。

可能产生这么多唐律研究的成果。

近三十年唐律研究的辉煌,改变了世界唐律研究的格局,唐律研究中心又回到了中国。早在古代,学人已重视对唐律的研究,出现了《唐明律合编》等优秀成果,唐律研究中心在中国。近代以来,由于各种原因,唐律研究的中心逐渐外移,日本出现了不少研究成果,在数量和质量上均超过了中国。近三十年来,日本在这一时期的唐律研究也不景气。据统计,前二十年,日本公开出版的唐律研究著作只有两本,公开发表的唐律研究论文为三十篇。① 后十年的此类成果更少。在中国,唐律研究的情况则是另一番景象。可以说,世界唐律研究的中心又回到了中国,这是一件值得庆幸之事。

四、唐律研究中存在的主要问题和解决途径

当然,近三十年的唐律研究中,还存在一些问题。这些问题的解决将有利于推进唐律研究,提高研究的水准。

1. 进一步加强唐律文本的研究

三十年来的唐律研究中,对唐律文本的研究十分欠缺,这是较为突出的问题。唐律文本的研究是唐律研究的基础。对唐律体例、内容等的研究都以唐律文本为依据。只有文本正确了,唐律研究的成果才会正确;文本错误了,唐律研究的成果难免出错。1985 年以前,刘俊文曾

---

① 参见俞荣根、胡攀、俞江:《中国法制史研究在日本》,重庆出版社 2002 年版,第 308—408 页。

对敦煌、吐鲁番发现的唐律文本残卷进行了卓有成效的研究,其中涉及《贞观律》《永徽律》《垂拱律》《开元律》等的一些残片。他"以录文展示其全貌,以简介叙述其外观,以考证鉴定其性质,以校补修正其缺讹,以笺释辨析其内容和探讨其价值"①。此后已难觅唐律文本研究的成果,这一研究明显滞后。值得注意的是,1985 年以后,唐律文本仍有新发现。在海外,英、法等国学者在 20 世纪初从敦煌掠走的古代文书陆续面世。在国内,20 世纪 70 年代中期,吐鲁番出土的唐朝法律文书也陆续被整理出版。这些文书中,载有唐律条文,有进一步挖掘的价值。新发现的唐律文本有进一步研究的价值,其研究成果也会有利于对现有唐律文本的认识,弥补其不足。期望有学者重视这一研究,下功夫钻研各种唐律文本,产出新成果。

2. 进一步加强唐律的比较研究

三十年来,唐律研究中的比较研究明显不足。在此期间,有一些唐律比较研究的成果面世,如《唐律与中国现行刑法比较论》一书,以及《唐律与日尔曼法刑讯制度比较研究》等论文。然而,从总体上看,唐律比较研究的范围还是欠宽,成果不多,深度不足。从法律文明传播的角度来看,唐律的比较研究有重要的学术意义,不仅可以进一步认识唐律的特点,加深对唐律的理解,还可以开阔视野,认识比较对象及其相关情况,包括比较对象所处的时代、国家的法制、社会的经济和文化状况等。这种比较虽然从体例、内容等方面开始,但是往往会不同程度地涉及它们的背景,拓展至一些深层次问题。这是将唐律研究引向深入的一条通道。这种比较研究可以包括国内与国外两个方面。国内方

---

① 刘俊文:《敦煌吐鲁番唐朝法制文书考释》,中华书局 1989 年版,第 2 页。

面,进一步加强唐律与国内不同朝代、时期法典的比较研究,包括《宋刑统》《大明律》《大清律例》等法典的多方位比较研究;也可以关注与一些新发现的法典的比较研究,如与《晋律》中部分律的比较研究。① 国外方面,进一步加强唐律与国外不同朝代、时期法典的比较研究,可以是东方国家,也可以是西方国家,比较的角度也可以多元化。例如,唐律与德国中古著名习惯法汇编《萨克森法典》和后来制定的《加洛林纳法典》的比较研究等。要通过比较研究进一步拓展唐律研究的视野,进一步推动唐律研究。

3. 进一步加强唐律联系文化的研究

三十年来,唐律与文化史研究严重不足。这一研究十分必要,任何法典、法律都是一定社会的产物,它们都植根于社会,不会是无根之木。唐律制定于唐朝前期,是包括唐朝前期文化在内的社会培育了唐律,使它成为一部闻名遐迩的法典。唐律与当时的文化有着千丝万缕的联系。这里的"文化"既包括物质文化,也包括精神文化,而与唐律关系比较大的是精神文化,其中又有思想、观念、理论、宗教、伦理、习惯等。此外,唐律作为唐朝法制的重要组成部分,还对当时的文化进行了规制,也对其产生过影响。把唐律与文化史联系起来研究,可以开辟出唐律研究的更大天地。三十年的唐律研究成果中,有少量的这类成果,《法典之王——〈唐律疏议〉与中国文化》一书和《〈唐律疏议〉与中国古代法律文化》等论文都是如此。从整体来看,这类成果不多,涉及的领域不宽,研究的深度有限。解决这一问题可以从两方面切入:一方

---

① 据报道,甘肃省考古研究所2002年在玉门市花海乡毕家滩葬墓群的考古发掘中,发现了《晋律》中的诸侯律、捕亡律和系讯律,共五千余字,其中既有律文也有注释。参见周明、罗成荣:《玉门葬墓考古发现〈晋律〉》,载《法制日报》2002年9月1日。

面,深入研究唐朝前期文化对唐律的影响。唐朝是中国帝制社会的全盛时期,文化充分发展,唐律又是礼法结合过程完成的结晶,新儒学对其影响不小。史学界有观点把先秦时期的儒学称为"原始儒学",把先秦以后的儒学称为"新儒学"。① 新儒学相对原始儒学而言,是一种既提倡儒学,又不拘泥于儒学的经义训诂,强调依据国家社会的需要,利用、改造和发展原始儒学的儒家学说。从这种观点出发,唐朝前期的儒学已属于新儒学的范畴,新儒学对唐律的影响这一主题有研究的空间。另一方面,深入研究唐律对唐朝文化的影响。唐律内容丰富,规制的范围很大,涉及社会生活的各个领域,其中亦包含文化。唐律对文化规范的手段、范围、特点等都可归入研究之列。另外,唐律对唐朝以后的封建朝代立法产生过较大影响,对这些朝代的文化有一定影响,这也是一个可以关注的命题。把唐律与文化进一步联系起来研究,唐律研究会豁然开朗,展现出全新的空间。

4. 进一步加强唐律的实证研究

实证研究是三十年来唐律研究中的弱项。对唐律也需进行实证研究,特别是有关唐律与其他法律形式的关系、唐律适用情况等的研究。通过这一研究,可以较为客观、深刻地反映唐律的地位、作用以及对社会生活的实际影响,以便对唐律有更为科学的认识。唐朝的法律形式除唐律以外,还有令、格、式和制敕等。其中,制敕是单行法规,与唐律是法典与单行法规的关系。这是法律形式中非常重要的一对关系。从制敕的角度考量,对有多少制敕是补律,多少制敕是破律,补律、破律的领域和程度等,都可作实证研究,在此基础上再作进一步的探研,以清

---

① 参见宇培峰:《新儒家新儒学及其政治法律思想研究》,中国政法大学出版社2006年版,第1页。

晰反映出唐律与制敕各自的地位和作用。另外,对唐律所规定的制度的适用情况也可作实证研究,比如"五刑""十恶""八议""上请""官当"等制度的适用情况。通过这一研究,可以对唐律的适用情况有较全面、真实的掌握,折射出其对社会生活的实际影响。要作这样的实证研究,需全面掌握相关资料。[①] 这一研究应建立在正确把握史实的基础上,尽量避免疏漏。当然,在进行这一研究的过程中,还必须熟练掌握和运用实证的方法,这样才能使这一研究顺利开展,取得新的研究成果,开辟唐律研究的新天地。

5. 进一步加强唐律实施的研究

制定法律是为了使其在现实社会中发挥作用,体现其应有的价值,这就与法律的实施联系在一起。唐律也是如此。唐朝的立法者制定唐律是为了使它在当时得到实施,发挥其应有的作用,体现其存在价值,包括稳定社会、巩固统治、发展经济、繁荣文化、开展对外交流以及防御外来入侵等。在此意义上讲,唐律的实施比其制定更为重要,也更有意义。三十年来,中国有些学者已经注意到唐律的实施问题,作过一些有益的尝试,间有成果问世,如《唐律实施问题探究》等论文。但是,专门研究唐律实施问题的成果实在太少,与唐律内容的研究相比呈不对称状态,而且其研究的面太窄,研究的深度有限,留下的可以研究的空间很大。对唐律实施研究的不足,也是当前唐律研究中的缺憾,有必要及时加以弥补。因此,进一步加强对唐律实施的研究也是当前深入研究唐律的途径之一。今后在这一方向的研究中,可以关注以下一些研究

---

① 相关资料主要有:综合类的《旧唐书》《新唐书》《贞观政要》《大唐新语》《全唐文》等;典制类的《大唐六典》《唐会要》等;法令类的《唐大诏令集》等;狱政类的《折狱龟鉴》《龙筋凤髓判》《疑狱集》等。

领域:首先,唐律实施的阶段性研究。自武德七年(624年)颁行《武德律》始,以后又颁布过《贞观律》《永徽律》及其律疏等,而且在唐朝被长期实施。在这一实施历程中,肯定存在着若干不同阶段。每个阶段都有一定的时间区间与时间节点、实施的基本情况与特点、存在问题与解决途径、可以总结的经验与教训等。通过这种阶段性的研究,可以大致反映出唐律实施的整体情况,掌握唐律实施的演变与走向,甚至可以从中摸索出唐律实施的一些规律。其次,中央与地方实施唐律情况的研究。唐朝的司法机构也分层次,有中央司法机构,也有地方司法机构。大理寺、刑部、御史台都是中央司法机构。地方的州、县也设有自己的司法机构。它们都被赋予实施唐律的职责。但是,中央、地方司法机构中的司法官对唐律的理解、实施方法等都会有所区别。中央司法官可能会对唐律的理解更全面、深刻一些,审判违反唐律的重大案件多一些,审判过程中皇帝与中央官吏对案件审理的干预度也会大一些。地方司法官则有所不同,他们除了对唐律要了然于心以外,还需要知晓当地其他的一些通用规范。比如,风俗习惯、乡约民规,甚至是少数民族内部的特殊规则等。它们也可能会成为审判中的依据。地方司法官在判决中可以适用的刑罚都属于较轻的,以笞、杖、徒为多;审判违反唐律的一般犯罪案件多一些;审判中受到地方绅士、官僚的影响会大一些等。这些都可以在唐律实施的研究中予以关注。再次,唐律实施中与礼、理、制、敕等其他规范的关系的研究。在唐朝,唐律固然是一部重要法典,可是还有其他一些行为规范,它们同样会成为司法中的依据,并对唐律的实施产生影响。礼、理、制、敕都是如此。比如,唐朝制定过唐礼,违礼不违律的行为有可能受到制裁。[①] 唐朝的理是一种情理,违理

---

① 参见《唐律疏议·名例》"老小及疾有犯"条。

不违律的行为也会因违理行为的严重程度不同而受到不同的处罚。①唐朝的制、敕都是皇帝发布的单行规范,其法律效力往往高于律,甚至破律。这些问题都可在研究者的关注视野中。最后,唐律实施后对唐朝社会影响的研究。唐律的实施会对唐朝社会产生影响,而且这种影响往往是动态的、丰富多彩的,涉及的领域也比较广泛,经济、政治、文化等都在其中。为了使这一研究有深度,可以分类进行,各个突破,推出成果。这一研究与法社会学的关系较大,研究者要学习法社会学的专业知识,作为前期的技术铺垫。当然,值得关注的问题还远远不止这些,此处只是为说明问题进行举例而已。

6. 进一步加强唐律的史学史研究

唐律的史学史研究是近三十年来唐律研究中的"软肋",其成果极为匮乏。唐律研究是中国法律史学史中的一个重要组成部分,应该有其自己的史学史,包括唐律研究产生、变化、发展的历史。这些内容包括:唐律研究的过程、阶段及其表现、特点;研究人员与研究成果的联系、特色;唐律研究中的重大事件及其缘由、结果、影响;唐律研究与社会各个方面的相互关系;唐律研究呈现的规律等。研究中还会涉及许多问题,如唐律研究中形成的学派及其主要观点和特点;直接或间接影响唐律研究的历史现象、思想及思潮;唐律研究与其他领域的关系等。从史学史角度研究唐律,有利于回顾和反思唐律研究的队伍和成就,总结唐律研究的成功经验和不足,前瞻唐律研究的方向和目标。目前,已有一些中国法律史学史的成果,如张晋藩主编的《中华法系的回顾与

---

① 参见《唐律疏议·杂律》"不应得为"条。

前瞻》①、韩秀桃撰写的《中国法律史学史——一个学科史问题的透视》②等。但是,对唐律的史学史研究的全面、系统成果却鲜见。应在思想上重视这一史学史的研究,培养研究人员的史学史研究素质,拓宽其研究视野,以产出高质量的研究成果。

7. 进一步加强海外唐律研究

中国的海外唐律研究成果较少,是三十年来中国唐律研究中存在的主要问题之一。唐律是世界法制史上的一部著名法典,海外学者对其加以关注和研究亦在情理之中。海外也确实有唐律研究的成果,除了日本学者有此类成果外,英、美等国的学者也有一些此类成果。以下仅以三十年来由中国学者翻译的相关论文为例。英国学者崔瑞德(Denis C. Twitchett)曾发表过《初唐法律论》一文,他在文中对唐律的刑法性质、法律的实施等一些内容作了论述。③ 美国学者马伯良(Brian E. McKnight)发表过《〈唐律〉与后世的律:连续性的根基》一文,他在文中对唐律规定的犯罪、唐律对中国后世封建朝代的影响、唐律在地方的实施情况等一系列内容都作了论述。④ 他们在唐律研究中有一些自己的特色,研究方法和角度等与中国学者的研究不尽一致。对这些海外唐律研究成果的吸收,应成为中国唐律研究的组成部分。这可以帮助中国学者更全面、深刻地了解和认识世界上唐律研究的状况,并发现海外唐律研究的领域、角度、方法和成就,从中取长短补,避免重复研

---

① 张晋藩主编:《中华法系的回顾与前瞻》,中国政法大学出版社2007年版。
② 收录于倪正茂主编:《法史思辨——2002年中国法史年会论文集》,法律出版社2004年版,第160—173页。
③ 参见张中秋编:《中国法律形象的另一面——外国人眼中的中国法》,法律出版社2002年版,第188—208页。
④ 参见高道蕴、高鸿钧、贺卫方编:《美国学者论中国法律传统.》,清华大学出版社2004年版,第287—309页。

究。海外学者接受的教育和文化背景都与中国学者有所不同,研究思路和方法也不尽相同,这会导致研究成果的多样性。这种多样性正好也反映出唐律研究成果的丰富性。当然,要解决海外唐律研究的问题,先需具备专业外语知识,这样才能研究其成果,掌握其研究情况和趋势。通晓一门外语往往还不够,根据不同国家的研究成果,运用不同国家的语言,组织一个精通多种语言的研究团队,不失为一种好方法。这一任务虽然艰巨,但是不容忽视,它是唐律研究中不可缺少的组成部分。

这七种研究虽相对独立,但也会有交叉,把它们结合起来进行研究更好,即将两种以上的研究方法聚焦于同一个领域内存在的问题。比如,在唐律比较研究中,可以结合使用联系文化、实证的研究。在对海外唐律研究成果的吸收中,也可以同时进行实证、比较、联系文化的研究。用双管、多管齐下的方式,去解决唐律研究中存在的问题,将会收到更好的效果,产出更高质量的成果,唐律研究便会向纵深发展。

五、结　　语

唐律是一部值得深入研究的中国古代法典,这是由其在唐朝、中国古代、东亚乃至世界法制史上的地位和作用所决定的。在唐朝的律、令、格、式等法律形式中,律处于中心地位,违反令、格、式都要一断于律。在中国古代,唐律起到了承前启后的作用,上承唐以前朝代的立法,集前代之大成,下启唐以后朝代的立法,成为它们的楷模,是中国古代立法的巅峰。唐律在东亚地区占有极其重要的地位,对朝鲜、日本、越南等国家的立法均产生过重大影响,是中华法系的代表作。在世界法制史上,唐律同样占有重要席位,与罗马法、《拿破仑法典》齐名,是封建时期世界立法史上的巅峰之作。唐律研究有利于弘扬中华优秀传统法律文化,有利于为今天的法治建设提供借鉴。三十年来,中国唐律研究逐渐繁荣,大量的成果出版、发表,质量亦逐步提高,在世界唐律研究中名列前茅。三十年来,中国的法治建设不断推进,法学教育迅速跟进,唐律研究队伍日益壮大,思想解放和学术研究环境宽松等,为唐律研究营造了良好的氛围,推动唐律研究不断进步。为使唐律研究持续、健康地发展,有必要找准存在的问题,找到解决问题的办法。时下,在唐律的文本研究、比较研究、文化研究、实证研究、实施研究、史学史研究以及对海外唐律研究成果的吸收等方面,都不同程度地存在不足,有较大的拓展空间。若在这几个方面下大功夫,中国的唐律研究定会更新气象,创造更大的辉煌。

第二章
中国唐律研究七十年的三个重要问题

中华人民共和国已成立七十年,中国的唐律研究也走过了七十年的路程。在这七十年中,中国的唐律研究不是一帆风顺,而是经历过曲折;改革开放以后,唐律研究才迎来了真正的春天。在中国唐律研究的七十年里,有些重要问题值得认真梳理,作必要的分析,总结经验,摸索规律,以资往后的进一步研究,把唐律研究推向一个新的高度。本文就中华人民共和国成立以来唐律研究中的三个重要问题发表个人之管见。

一、七十年来中国学者对唐律的重要性有了进一步的认识

七十年前,中国学者,主要是民国时期的学者对唐律的重要性已有一些认识。七十年来,中国学者对唐律的重要性有了进一步认识。这成为七十年来,特别是改革开放以来,中国学者更重视唐律研究的一个

重要原因。

1. 进一步认识到唐律是唐朝最为重要的法典

唐律是唐朝的刑法典,历经《武德律》《贞观律》《永徽律》《永徽律疏》《开元律疏》等几部律的发展。唐朝虽有律、令、格、式等,但最为重要的还是唐律。在律、令、格、式体系中,唐律最为重要,特别是在唐前期,因为违反了唐令、格、式,要一断于唐律。这正如《新唐书·刑法志》所言:"唐之刑书有四,曰:律、令、格、式。令者,尊卑贵贱之等数,国家之制度也;格者,百官有司之所常行之事也;式者,其所常守之法也。凡邦国之政,必从事于此三者。其有所违及人之为恶而入于罪戾者,一断以律。"可见,唐令、格、式均依赖于唐律,如果没有唐律,就如釜底抽薪,这一体系也不复存在了。

唐律的重要性还体现在它的实施方面。从现存案例来看,唐朝的法律实施也主要是以唐律为核心的法律实施,特别是在唐朝的前期。大量的案例都是刑事案例,多与实施唐律相关。《新唐书·刑法志》中提及的张蕴古、周兴、来俊臣、史思明、高秀岩、高玉、上官兴、刘辟等案件都是如此,无一不是刑事案例。另外,从唐朝的社会情况,特别是贞观、开元等时期的社会情况来看,也都与以唐律为核心法制的实施密切相关。贞观时期,已是社会治安情况良好,百姓生活安定,丰衣足食。"商旅野次,无复盗贼,囹圄常空,马牛布野,外户不闭";"徭役不兴,年谷丰稔,百姓安乐。"[①]贞观四年(630年),全国被判死刑者只有29人。"(贞观)四年,天下断死罪二十九人。"[②]到了开元时期,社会又进一步发展,人民生活富足,犯罪现象罕见,社会十分太平。《新唐书·刑法

---

① 《贞观政要·政体第二》。
② 《新唐书·刑法志》。

志》记载,开元时期,"号称治平,衣食富足,人罕犯法。是岁刑部所断天下死罪五十八人,往时大理狱,相传鸟雀不栖,至是鹊巢其庭树,群臣称贺,以为几致刑措"。因此,开元时期便有开元盛世之称。在这其中,唐律功不可没。唐律在唐朝的地位为其他法典所不可比拟,无愧是唐朝最重要的法典。

基于以上的事实,七十年前的中国学者已认识到唐律在唐朝的重要性,但其注意力大多定格在唐律与唐令、格、式的关系与实际作用上。郁嶷在述及唐律时,引用了《新唐书·刑法志》中记载的关于违反唐令、格、式而"一断以律"的内容,来说明唐律与唐令、格、式之间的关系。①贺圣鼐则注意到了唐律的实施情况,还作了简要的阐述。"《唐律》以今日之中国社会论之,当有所指摘,然其在有唐时代,切乎事实,合乎国情,法尊而治。此《唐律》之所以为后世学者备极推崇。"②可见,只是一般地反映唐律在唐朝法律体系与实施中的情况,没有作进一步提升,凸现唐律在唐朝的重要地位,没有论述唐律的高度。

七十年来,中国学者在前人研究的基础上,更重视对唐律在宏观、微观上的研究,进一步认识到唐律在唐朝的重要性,并提出了自己的观点。乔伟考察了唐朝的整个立法活动与法制建设情况,认为唐律是唐朝立法与法制建设的"最大成就与集中代表"。"综观唐朝的立法活动与法制建设,其最大成就与集中代表就是《永徽律疏》,后世称之为《唐律疏议》。"③张晋藩把唐律与唐朝的经济、政治、文化结合起来研究,认为唐律也与它们一样,达到了法制的最高水平。"唐朝是中国历史上

---

① 参见郁嶷:《中国法制史》,载李秀清、陈颐主编:《朝阳法科讲义》(第一卷),上海人民出版社2013年版,第178页。
② 贺圣鼐:《未遂罪在〈唐律〉及〈刑法〉之比较观》,载方潇主编:《东吴法学先贤文录》(法律史卷),中国政法大学出版社2015年版,第267页。
③ 乔伟:《唐律研究》,山东人民出版社1985年版,"自序"第1页。

著名强盛的封建王朝,无论经济、政治、文化都得到了高度发展,唐代法制也与之相适应成为封建法制的完备形态和中华法系成熟的标志。而反映唐代法制所达到的水平的则莫如唐律。"①他们都通过自己的研究,并作了提炼,把唐律在唐朝的实际地位提升到新的高度,更能体现它的客观性与重要性。

2. 进一步认识到唐律是中国古代最具影响力的法典

中国古代制定的法典不少,然而最具影响力者还是唐律。唐律能最具影响力,与其内容有直接关系。

首先,唐律的内容是对唐朝立法的总结。唐律的内容并非凭空臆想,也非一蹴而就,而有一个总结前人立法的过程。经去伪存真、去粗取精以后,才产生了唐律的内容。唐律的定本《贞观律》就花费了整整十一年的时间才制定出来。唐太宗即位后,就开始修订《武德律》,到了"贞观十一年(637年)正月,颁下之"②。在这十一年中,修订的内容都很关键,仅刑罚减重为轻者就有不少,其中包括:"议绞刑之属五十条,免死罪,断其右趾";以后,"又除断趾法,改为加役流三千里,居作二年";接着再缩小了缘坐适用死刑的范围,"祖孙与兄弟缘坐,俱配没。其以恶言犯法不能为害者,情状稍轻,兄弟免死,配流为允"等。其结果是:"自是比古死刑,殆除其半。"③《贞观律》的内容比《武德律》进步多了。

---

① 张晋藩:《〈唐律论析〉序》,载钱大群、钱元凯:《唐律论析》,南京大学出版社1989年版,第1页。
② 《旧唐书·刑法志》。
③ 同上。

其次,唐律的内容完善了唐前的一些规定。唐律完善了唐前立法中的一些规定,这些规定可以追溯到先秦时期。战国时期,秦国商鞅变法的一个重要内容是规定了连坐制度。《汉书·刑法志》记载:"秦用商鞅,连相坐之法,造参夷之诛。"以后,连坐被秦后各朝所使用。唐律在总结以往连坐法的基础上作了改进,使其更为完善。唐律对连坐的原则、连坐的种类、连坐适用的犯罪等都有详尽、明确的规定,史无前例。这里以连坐适用的犯罪为例。唐律的连坐只适用于那些重大的犯罪,主要是:危害国家安全、严重损害人身安全、严重侵犯财产权的犯罪和职务犯罪。[1] 唐律通过完善的连坐制度来增强惩治的力度,提高法律的震慑力。

另外,唐律同样总结、完善了先秦以后的不少规定。比如,汉朝的上请、亲亲得相首匿、秋冬行刑规定;魏晋两朝的八议、准五服以制罪规定;南北朝的"重罪十条"、官当等规定都是如此。这里以"重罪十条"为例。北齐律在总结以往一些重大犯罪的基础上,作出了"重罪十条"的规定。唐律在传承"重罪十条"的同时,还把其发展为"十恶",使这一规定更为完善。完善之处主要有以下三点。第一,调整了"重罪十条"中的一些罪名。这种调整包括了:把"反逆"调整为"谋反"与"谋大逆";把"降"调整为"谋叛";新增了"不睦"等。第二,明确了"十恶"中每个罪名的内涵。"重罪十条"没有对每个罪名的内涵作出规定,"十恶"则对每个罪名的内涵都作了明确的规定。比如,"谋反"的内涵就是"谋危社稷"。[2] 第三,规定了犯有"十恶"以后所丧失的一些特权。为了显示对"十恶"的严惩,唐律规定了犯有"十恶"后,在适用时,会丧失一些犯其他罪所不会丧失的特权。比如,"八议"者犯了"十恶"罪

---

[1] 参见王立民:《唐律新探》(第五版),北京大学出版社2016年版,第141—143页。
[2] 《唐律疏议·名例》"十恶"条。

以后,就不再享有"议"的特权,即"其犯十恶者,不用此律"①。可见,"十恶"虽然从"重罪十条"中蜕变而来,但却在称谓、内涵和适用上都得到完善。经过唐律的规定,使先秦以后发展起来的一些规定更为完善了。

最后,唐律的内容对唐后封建朝代的立法产生过深刻影响。唐律较为完善的内容为唐律以后各封建朝代的立法者所青睐、借鉴,使其影响力进一步扩大。这正如《四库全书总目·唐律疏议提要》的记载:"论者谓唐律一准乎礼,以为出入得古今之平,故宋世多采用之。元时断狱,亦每引为据。明洪武初,命儒臣同刑官进讲唐律。后命刘惟谦等详定明律,其篇目一准于唐";清朝则"折衷往制,垂宪万年,钦定大清律例,明简公平;实永为协中弼教之盛轨"。可见,在唐后的一些封建法典中,不同程度地体现了唐律的内容,无论是《宋刑统》《大元通制》,还是《大明律》《大清律例》都是如此。② 唐律的影响力确实很大。

七十年前的中国学者已肯定了唐律的影响力并作了一些叙述。陈顾远认为,唐律既集中国唐前立法之大成,又启后世立法之先河。他说:"唐则增损隋律,并集历代之大成,以立其范。于是,五代、宋、辽、金、元、明、清皆莫远离唐律之范围。"③杨鸿烈考察了唐律与唐后封建朝代的法典,认为唐律对它们产生了很大影响,是中国古代立法的"模型"。他说:"我们试拿此后编纂并流传到现在的整部法典,如宋刑统、元史刑法志或元典章的一部分,明律集解、大清律例等书一看,就觉得内容虽有差异繁简之分,但体制却相去并不甚远。所以,由此可明白,

---

① 《唐律疏议·名例》"八议者(议章)"条。
② 张晋藩:《中华法制文明史》(古代卷),法律出版社2013年版,第341—342页。
③ 陈顾远:《中国法制史》,中国书店1988年版,第13页。

唐律是中国现存历代法典的模型了。"①可见,七十年前的中国学者已认识到唐律对唐后封建朝代立法的影响力。

七十年来,中国学者在认识到唐律对唐后中国封建立法影响的同时,还进一步认识到唐律由此而树立的崇高地位。刘俊文研究了唐律以后认为,唐律是中国法律文化的优秀代表。他说:"唐律是我国现存最古老、最成熟、最完备的封建法典,是中华法律文化的优秀代表。"②钱大群研究了唐律与中国古代法制史以后,深感唐律在中国古代法制中的崇高地位。他先认为,唐律的地位之高,以致中国古代无其他法律文献可与其比拟。他说:"唐律是我国古代著名的一部封建法典。它在古代法制史上的地位,没有任何一部法律文献可以与之相匹。"③之后,钱大群又用"主峰"来形容唐律所具有的崇高地位。他说:"唐律——中华传世法典巍峨高山的主峰。"④可见,七十年来的中国学者,不仅对唐律的影响力有认识,还从这种影响力中提升了它在中国古代法制史中的崇高地位,认识有进一步提高。

3. 进一步认识到唐律还是世界上著名的法典

唐律不仅是唐朝最为重要的法典、中国古代最具影响力的法典,还是世界上著名的法典。这突出表现在两个方面:第一方面,唐律是世界五大法系之一中华法系的代表作。世界上曾产生过不少法系,楔形文字法系、希伯来法希、埃及法系、斯拉夫法系等。⑤ 然而,较为著名的则

---

① 杨鸿烈:《中国法律发达史》(上册),商务印书馆1930年版,第343—344页。
② 刘俊文:《唐律疏议笺解》(上册),中华书局1996年版,"序论"第1页。
③ 钱大群译注:《唐律译注》,江苏古籍出版社1988年版,"前言"第1页。
④ 钱大群:《唐律研究》,法律出版社2000年版,"引言"第9页。
⑤ 〔美〕约翰·H.威格摩尔:《世界法系概览》(上),何勤华等译,上海人民出版社2004年版,"译者序"第2页。

是英美法系、大陆法系、伊斯兰法系、印度法系和中华法系。① 这五大法系中的任何一个法系都是世界著名法系,中华法系便是如此。唐律作为中华法系的代表作,直接反映了中华法系的水准,并依托中华法系成为世界上著名的法典。

第二方面,唐律是世界中世纪的著名法典。欧洲的中世纪曾被认为是黑暗时期,天主教与教会法盛行,世俗的民主、科学受到压制、打击,世俗法典的制定遭到抑制,无法制定出可与唐律比肩的法典。亚洲中世纪中的西亚与南亚地区都建立了政教合一的政权,推行宗教法,即伊斯兰法与印度法。它们的法律原则、内容大量集中于宗教典籍之中,没必要也没有制定出达到像唐律那样水准的法典。可见,在整个中世纪,唐律都具有独尊地位,其他法典都不可与之同日而语。

唐律作为中华法系的代表作与在世界中世纪法制史上的独尊地位,都使唐律成为一部世界著名的法典。七十年前的中国学者已经认识到这一点,并有一些论述。欧阳谿在《法学通论》中,专设"法系之概略"一章,阐述了印度、犹太、罗马、日耳曼、斯拉夫与中华等法系。在"中华法系"部分提及了唐律的影响,特别强调"唐律为日本法律之渊源",以此来凸显唐律在中华法系中的重要地位。② 杨鸿烈的视野更宽,他把研究目标扩大到中国古代法律对包括日本在内的一些东亚国家的影响,其中专门提及唐律的影响。在他的《中国法律在东亚诸国之影响》一书中,引用了朝鲜、日本、越南等国的史料,来证明包括唐律在内的中国古代法律对其的影响。此书的"模仿唐宋元明律时代——黎太祖(利)一朝"部分中,把越南黎朝法律与唐律的规定作了比较,得

---

① 张晋藩、林中:《法史钩沉话智库》,中国法制出版社2016年版,第3页。
② 欧阳谿:《法学通论》,陈颐勘校,中国方正出版社2004年版,第47页。

出了其法律"大体同《唐律》"的结论。① 杨鸿烈通过详尽的考证来表明,中华法系形成的状况,从而突出了唐律在中华法系形成过程中的重要作用。不过,七十年前的中国学者的注意力主要集中于唐律在中华法系中的作用与地位,还没有上升到世界法制史的层次。

七十年中的中国学者在前人研究的基础上,进一步拓展了自己的研究范围,从世界法制史的高度来论述唐律,对其有了新的论断。乔伟把唐律与罗马法、《法国民法典》(又称《拿破仑法典》)齐名,认为它们是世界三大历史阶段的法典代表并加以论述。他指出:"如果说《罗马法》是奴隶制法典的典型代表,《拿破仑法典》是资产阶级法典的典型代表,那么,我国的《唐律》作为封建专制主义法典的典型代表是当之无愧的。"②李光灿则把罗马法、唐律与《法国民法典》作为人类社会发展的三个私有制历史时代的代表性法典来加以论述。他说:"在发达的简单商品经济基础上产生的罗马法,代表了西欧奴隶私有制高度发展的时代;在发达的自然经济基础上产生的《唐律疏议》,代表了中国封建私有制高度发展的时代;在发达的资本主义商品经济上产生的拿破仑法典,代表了西欧资本主义私有制高度发展的时代。"③总之,七十年来中国学者都认为、认可唐律在世界法制史上具有重要地位,不愧是一部世界著名的法典。这是他们对唐律研究后得出的一个新结论,是一种认识上的飞跃。

4. 进一步认识到唐律研究具有当代价值

七十年前的中国学者没有认识到唐律研究还具有当代价值,也找

---

① 杨鸿烈:《中国法律在东亚诸国之影响》,商务印书馆2015年版,第499页。
② 乔伟:《唐律研究》,山东人民出版社1985年版,"自序"第1—2页。
③ 李光灿:《序言》,载曹漫之主编:《唐律疏议译注》,吉林人民出版社1989年版,第7页。

不到那时较为经典的论述。七十年来中国学者进一步认识到唐律研究还具有当代价值,可为当今中国的建设助以一臂之力。这种当代价值又突出体现在法学教育、为法治建设提供借鉴等一些方面。

在法学教育方面。中国的法学教育中设有中国法制史课程,而且还列入核心课程。法学专业的学生都要学习这一课程。唐律是中国法制史课程中的一个重要组成部分,特别是在研究生教育中,唐律研究还可作为一个学习、研究的方向列入教学计划。有的法学院、系也确实开展了唐律研究的教学。乔伟的《唐律研究》就是针对唐律研究的教学要求所撰写。"这部《唐律研究》是作者(乔伟)在学习和研究《唐律疏议》的基础上,根据大学法律系的教学计划及初学法制史者的需要编写而成。"①无独有偶,钱大群、钱元凯合著的《唐律论析》也是应法学教育的需要而撰写。"1984 年,高教部于武汉召开了法律专业教学大纲讨论会所拟的讨论方案中,曾规定有条件的学校可以开设'唐律讲座'及'秦律讲座'选修课。1985 年春,我在南京大学开设了'唐律讲课'课,1987 年,我为中国法制史方向的研究生讲授'唐律研究'课。"《唐律论析》一书就是以此课程的讲稿为基础而撰成的。② 要在法学教育中发挥作用,不进行唐律研究是种缺憾。

在为现今的法治建设提供借鉴方面。唐律作为一部在唐朝、中国古代和世界法制史上都具有崇高地位与影响力的法典,其内容中有不少优秀传统法文化的成分,可在今天的法治建设中起借鉴作用,助力于中国当代的法治建设。事实也是如此,有些中国学者在七十年的唐律研究中,已注意到这种借鉴作用并贯穿在自己的研究中。笔者在《唐律涉外犯罪之研究》一文中,在研究了唐律关于涉外犯罪的规定后,还

---

① 乔伟:《唐律研究》,山东人民出版社 1985 年版,"自序"第 2 页。
② 参见钱大群、钱元凯:《唐律论析》,南京大学出版社 1989 年版,第 375 页。

专门论述了它的借鉴价值,认为中国在改革开放以后,涉外犯罪显上升趋势,为了有效防范与打击这类犯罪,当前有必要多管齐下,特别是要重视涉外犯罪的刑事立法,完善相关规定,并重视这些规定的实施。[①] 同时,唐律还可为完善今天的法律体系提供借鉴。蒋楠楠关注了这个问题,并在《传统法典中的法理及其现代价值——以〈唐律疏议〉为研究中心》一文中,专门论述了唐律的这一当代借鉴价值。此文认为,《唐律疏议》中的法理可为当代法律体系的修订与完善提供新思路。[②]

七十年来,特别是改革开放以来,中国学者对唐律的这些新认识,成为研究唐律的强劲动力,使唐律研究在中国不断向前推进,在世界唐律研究领域里达到一个新的高度。

二、七十年中国唐律研究的四个阶段

七十年来,中国的唐律研究的过程跌宕起伏,呈现了不同的阶段,每个阶段还有自己的特别之处。

1. 唐律研究的起步阶段(1949—1965)

1949年10月中华人民共和国成立,百废待兴,法学研究也是如此。1949年前后法学研究有很明显的不同:1949年后的法学研究是在废除国民政府的《六法全书》的前提下,在摒弃旧法观念基础上,引入

---

① 参见王立民:《唐律涉外犯罪之研究》,载《政治与法律》2016年第3期。
② 参见蒋楠楠:《传统法典中的法理及其现代价值——以〈唐律疏议〉为研究中心》,载《法制与社会发展》2018年第5期。

苏联的法学研究方法与模式，以马克思主义为指导而开展的法学研究。① 这样的法学研究重点研究中华人民共和国成立后的法律，以促进法制的逐步建立与发展。唐律研究是一种中国法制史的研究，也在这样的大背景下起步，开展起来了。

在这个阶段中，中国经历了"反右""四清"等一些运动，法学研究受到了不小的冲击，对唐律研究的负面影响也客观存在。可是，由于学者们的努力，唐律研究的成果还是有发表，只是数量上少了一些。这个阶段关于唐律研究的成果主要是三篇论文。它们是：戴克光的《试论唐律是中国封建社会的标准法典》②、《试论唐律与中国封建社会的"四种权利"问题（提纲）》③，以及叶孝信的《唐〈律疏〉系据〈永徽律〉考》④。这三篇论文分别从唐律的内容、考证与实质方面进行论述。

这三篇论文分属两位作者。其中，戴克光年长一些，在 1949 年前就从大学毕业并走上工作岗位，曾任江苏学院的院长。叶孝信在 1949 年后才大学毕业，参加工作，从事中国法制史的教学与研究，是新中国自己培养起来的学者。他们都有一个共同点，即都在法学教育、研究战线。发表论文时，戴克光在北京政法学院（现中国政法大学）任教，叶孝信在华东政法学院（现华东政法大学）工作。⑤ 他们的工作都与中国法制史相关，撰写唐律研究论文顺理成章，也得心应手。

这十六年是中国的唐律研究在中华人民共和国成立后开始起步的

---

① 参见朱景文主编：《中国人民大学 中国法律发展报告 2013：法学教育与研究》，中国人民大学出版社 2014 年版，第 425—426 页。
② 戴克光：《试论唐律是中国封建社会的标准法典》，载《政法教学》1985 年第 1 期。
③ 戴克光：《论唐律与中国封建社会的"四种权力"问题（提纲）》，载《政法研究》1963 年第 1 期。
④ 叶孝信：《唐〈律疏〉系据〈永徽律〉考》，载《复旦法学》1963 年 2 月，上海社会科学院政法研究所油印本原稿刊发。
⑤ 参见何勤华主编：《中国法学家访谈录》（第二卷），北京大学出版社 2010 年版，第 16 页。

阶段,其在以下三个方面表现得比较突出:第一,研究唐律的人数较少。尽管戴克光、叶孝信是研究唐律人员中的代表,但是那时研究人员也不多,研究队伍比较弱小。第二,研究唐律的成果较少。主要的成果也就是戴克光、叶孝信三篇研究唐律的论文。① 如果按照十六年时间平均计算,要每五年多一点时间才发表一篇,数量较少。第三,研究唐律领域的面比较窄。研究唐律成果涉及的领域仅为唐律的内容、考证,其他的很多领域都没有涉足。从这三个方面可以看出,在这一阶段中,唐律研究才刚刚起步,发展不快,在研究主体、研究成果与研究领域都留有较大的研究空间。

2. 唐律研究的停滞阶段(1966—1977)

在中国唐律研究七十年中,前十六年是起步阶段。在这一阶段中,唐律研究发展缓慢,留有很大的研究空间,给后一个阶段的大力发展创造了机会。可是,事与愿违。1966 年"文化大革命"爆发,全国以阶级斗争为纲。法学研究受到极大冲击,几乎处于停滞状态。法学研究的支撑几乎被摧毁。首先,国家的立法、行政执法、司法等法制部门处于停顿、瘫痪状态。在"砸烂公、检、法"的口号之下,公安、检察、法院等机关的工作也处于瘫痪状态,全国的法制部门大多已停摆。② 其次,法学教育几乎为零。那时,除了北京大学与吉林大学还招收少量法学专业的学生外,其他政法院校、系全部撤销。另外,北京大学与吉林大学

---

① 参见赵九燕、杨一凡编:《百年中国法律史学论文著作目录》(上册),社会科学文献出版社 2014 年版,第 275 页。
② 参见朱景文主编:《中国人民大学 中国法律发展报告 2013:法学教育与研究》,中国人民大学出版社 2014 年版,第 429 页。

的法学专业也"常年没有招生,可以说是名存实亡"。① 没有了法学教育,就中断了法学研究人员的生产与再生产。最后,法学研究机构遭到毁灭性打击。作为法学研究重要的研究主体法学研究机构停止工作,许多研究人员遭到迫害。② 法学研究失去了这些支撑,便直接导致这一阶段法学研究停滞不前。此外,1977年开始拨乱反正,法学研究的春天没有真正到来。

在这一背景之下,中国的唐律研究也受到很大冲击,几乎处在停滞阶段。这又突出表现在这样一些方面:首先,仅有个别唐律研究成果得到发表。中国唐律研究的停滞直接的表象是几乎没有研究成果出版、发表。唐律研究起步阶段还出现过少量的研究成果,但到了这一阶段出现了断崖式的下降,只有个别论文发表。有资料显示,这十年中,仅有1966年刘海年的《唐律的阶级实质》一文发表,③此后再无唐律研究的成果发表。④ 唐律研究只有个别论文发表,产生不了什么影响,这一研究便沉寂下去了。其次,唐律研究人员无法研究唐律。在这一阶段,法学教育几乎为零,新的唐律研究人员无法产生,新生力量得不到补充,只有依靠原有的唐律研究力量。可是,原有的唐律研究人员又不同程度地受到冲击、迫害,根本无法从事唐律研究。其中,叶孝信待过"牛棚",并不停检讨、被批判。⑤ 即便是发表过唐律研究论文的刘海年在所在单位的日子也不好过。他所在的中国社会科学院经常要进行

---

① 参见朱景文主编:《中国法律发展报告:数据库和指标体系》,中国人民大学出版社2007年版,第595页。
② 参见朱景文主编:《中国人民大学 中国法律发展报告2013:法学教育与研究》,中国人民大学出版社2014年版,第429页。
③ 参见刘海年:《唐律的阶级实质》,载《历史教学》1966年第3期。
④ 参见赵九燕、杨一凡:《百年中国法律史学论文著作目录》(上册),社会科学文献出版社2014年版,第276页。
⑤ 参见何勤华主编:《中国法学家访谈录》(第二卷),北京大学出版社2010年版,第19—20页。

"斗私批修"等,①他也没法进一步研究唐律。唐律研究人员无法研究唐律,唐律研究成果几乎为零也就不足为怪了。

唐律研究是法学研究中的一个组成部分,需在良好的研究环境中才能发挥其应有的作用。在这一阶段中,社会动荡,唐律研究人员受到冲击、迫害,根本无法开展正常的唐律研究。不过,中国唐律研究的潜力还是存在的,只要出现转机,法学研究的春天到来,唐律研究还是会蓬勃开展起来的。

3. 唐律研究的恢复、发展阶段(1978—1999)

1978年十一届三中全会的召开为中国的发展开辟了一个新的起点,民主与法制建设开始启动,社会面貌也逐渐焕然一新。中国大地的复苏重振法学研究,法学研究的春天来到了。唐律研究也蓄势待发,很快得到了恢复与发展,开始呈现一片欣欣向荣的景象。这又突出表现在以下这些方面:

首先,唐律研究的成果开始大量涌现。

在这一阶段中,唐律研究的成果大量涌现,处于一种井喷状态。其中既有著作,也有论文。主要的著作达十部,它们是:杨廷福的《唐律初探》②,乔伟的《唐律概说》③、《唐律研究》④,钱大群的《唐律译注》⑤、《唐律与唐代法律体系研究》⑥,曹漫之主编的《唐律疏议译注》⑦,钱大

---

① 参见何勤华主编:《中国法学家访谈录》(第二卷),北京大学出版社2010年版,第70页。
② 杨廷福:《唐律初探》,天津人民出版社1982年版。
③ 乔伟:《唐律概说》,吉林大学出版社1982年版。
④ 乔伟:《唐律研究》,山东人民出版社1985年版。
⑤ 钱大群译注:《唐律译注》,江苏古籍出版社1988年版。
⑥ 钱大群:《唐律与唐代法律体系研究》,南京大学出版社1996年版。
⑦ 曹漫之主编:《唐律疏议译注》,吉林人民出版社1989年版。

群与钱元凯的《唐律论析》[①],钱大群与夏锦文的《唐律与中国现行刑法比较论》[②],王立民的《唐律新探》[③],钱大群与郭成伟的《唐律与唐代吏治》[④],刘俊文的《唐律疏议笺解》[⑤]等。另外,还有研究唐律的论文百余篇,其中包括:杨廷福的《〈唐律〉对亚洲古代各国封建法典的影响》[⑥]、《〈唐律疏议〉制作年代考》[⑦],王永兴的《关于〈唐律疏议〉中三条律疏的修改——读唐律札记》[⑧],叶孝信的《试论〈唐律疏议〉》[⑨],蒲坚的《试论〈唐律疏议〉的制作年代问题》[⑩],刘俊文的《唐律与礼的关系试析》[⑪],何勤华的《〈唐律〉债法初探》[⑫],徐显明的《唐律中官吏犯罪初探》[⑬],马长林的《〈唐律〉实施问题辨析》[⑭],王召棠、殷啸虎的《论〈唐律〉和〈唐律疏议〉的价值》[⑮],霍存福的《论〈唐律〉"义疏"的法律功能》[⑯],王立民的《论唐律与专制统治》[⑰],张梓太的《论〈唐律〉与唐初政

[①] 钱大群、钱元凯:《唐律论析》,南京大学出版社1989年版。
[②] 钱大群、夏锦文:《唐律与中国现行刑法比较论》,江苏人民出版社1991年版。
[③] 王立民:《唐律新探》,上海社会科学院出版社1993年版。
[④] 钱大群、郭成伟:《唐律与唐代吏治》,中国政法大学出版社1994年版。
[⑤] 刘俊文:《唐律疏议笺解》,中华书局1996年版。
[⑥] 杨廷福:《〈唐律〉对亚洲古代各国封建法典的影响》,载《社会科学战线》1978年创刊号。
[⑦] 杨廷福:《〈唐律疏议〉制作年代考》,载《文史》(第5辑),中华书局1978年版。
[⑧] 王永兴:《关于〈唐律疏议〉中三条律疏的修改——读唐律札记》,载《文史》(第8辑),中华书局1980年版。
[⑨] 叶孝信:《试论〈唐律疏议〉》,载《法律史论丛(一)》,中国社会科学出版社1981年版。
[⑩] 蒲坚:《试论〈唐律疏议〉的制作年代问题》,载《法律史论丛(二)》,中国社会科学出版社1982年版。
[⑪] 刘俊文:《唐律与礼的关系试析》,载《北京大学学报》(哲学社会科学版)1983年第5期。
[⑫] 何勤华:《〈唐律〉债法初探》,载《江海学刊》1984年第6期。
[⑬] 徐显明:《唐律中官吏犯罪初探》,载《东岳论丛》1985年第1期。
[⑭] 马长林:《〈唐律〉实施问题辨析》,载《学术月刊》1985年第5期。
[⑮] 王召棠、殷啸虎:《论〈唐律〉和〈唐律疏议〉的价值》,载《法学》1985年第11期。
[⑯] 霍存福:《论〈唐律〉"义疏"的法律功能》,载《吉林大学社会科学学报》1987年第4期。
[⑰] 王立民:《论唐律与专制统治》,载《比较法研究》1991年第1期。

治上社会的协调性》①,钱大群的《论唐律对官吏罪责追究的制度》②,张生的《唐律中"法定刑省略技术"论析》③,俞鹿年的《〈唐律·职制〉与唐代文官制度》④,周东平的《关于唐律的赃与赃罪的若干问题》⑤等。可见,在这一阶段的十二年中,唐律研究的成果大量问世,与前两个阶段的成果形成鲜明的对比,也是前两个阶段所不可比拟。

从这些成果的内容来看,比以往两个阶段所研究的内容更为丰富,而且还有突破,具体表现在以下三个方面:

第一,对唐律的文本进行了译注。唐律以古汉语为表现形式,要读懂唐律,对不少当代人来说会有困难,因此对唐律进行译注也就十分有必要了。这个阶段的《唐律译注》和《唐律疏议译注》两部著作都对唐律的文本进行了译注,只是在译注的范围上有所区别。《唐律译注》是仅为唐律的律文进行了译注,而《唐律疏议译注》则是专门对唐律中的"疏议"文作了译注。把这两部著作结合起来,唐律的律文与"疏议"文都有译注,唐律就是由律文与"疏议"文构成,它们都被译注,看懂唐律文本也就不那么困难了。

第二,对唐律的内容作了梳理。唐律是唐朝的一部刑法典,按照十二个律来排列其中的内容。这种内容的排列与当代中国刑法典的排列有差异。为了便于人们学习与研究,对唐律内容的重新梳理也就非常必要了。《唐律研究》一书参照中国当代刑法典的结构,对唐律的内容作了梳理,为人们提供了阅读的便利。

---

① 张梓太:《论〈唐律〉与唐初政治上社会的协调性》,载《江海学刊》1991年第3期。
② 钱大群:《论唐律对官吏罪责追究的制度》,载《江苏社会科学》1992年第3期。
③ 张生:《唐律中"法定刑省略技术"论析》,载《天津政法》1998年第4期。
④ 俞鹿年:《〈唐律·职制〉与唐代文官制度》,载韩延龙主编:《法律史论集》(第1卷),法律出版社1998年版。
⑤ 周东平:《关于唐律的赃与赃罪的若干问题》,载《法门寺文化研究通讯》1998年第12期。

第三,对唐律进行专题研究。这一专题研究的范围比较广泛。有的研究成果对唐律的制定时间作了研究。对唐律制定的时间有不同认识,在这一阶段的研究成果中就有所反应。《〈唐律疏议〉制作年代考》和《试论〈唐律疏议〉的制作年代问题》分别对《唐律疏议》制定的时间进行论述。另外,有的研究成果对唐律的体例作了研究。唐律有自己的体例,对这一体例的研究是这一阶段的研究内容。《论〈唐律〉"义疏"的法律功能》就是这样的研究成果。更多的研究成果则聚焦于唐律中的内容。唐律的内容是唐律研究的核心,也是大家最为关心的一个方面。唐律的内容既包括了制度,也包含一些具体规定。这些都是这个阶段重点研究的内容。《论唐律与专制统治》集中研究了唐律中的专制制度;《〈唐律〉与唐代文官制度》专门研究了唐律中的文官制度;《〈唐律〉债法初探》系统阐述了唐律中有关债法的规定;《唐律中官吏犯罪初探》较为全面论述了唐律对官吏犯罪的一些规定。这一阶段中出版的有些著作把已研究、公开发表的一些论文成果汇集成册,以文集形式出版。《唐律初探》《唐律新探》《唐律与唐代法律体系研究》等都是这样的成果。

其次,唐律的研究队伍开始壮大。

这一阶段唐律研究成果井喷的背后是唐律研究队伍的壮大。第一,在前两个阶段中从事唐律研究的人员继续活跃在本阶段的唐律研究舞台上。叶孝信就是如此。他在这一阶段中发表了《试论〈唐律疏议〉》等论文,继续为唐律研究添砖加瓦。

第二,更多中国史学的教研人员加入了唐律研究的队伍。王永兴、杨廷福、刘俊文、马长林等都是如此,而且都有唐律研究成果发表。他们加盟唐律研究队伍以后,使唐律研究队伍发生了变化,即既有法学人员在研究唐律,也有中国史学人员参与研究唐律。他们具有不同的研究方法与风格,使唐律研究更为多样化了。这在前两个阶段中并不明显,是这一阶段的创新之处。

第三,新中国培养的第一批唐律研究人员为唐律研究提供了高质量的成果。这批研究人员在中华人民共和国成立后接受过高等教育,随后又在高校从事教研工作。他们是唐律研究的中坚力量,为唐律研究提供了高质量的研究成果。除了叶孝信以外,还有王召棠、乔伟、蒲坚等都在其中。

第四,大量新一代的教研人员涉足唐律研究。这里的新一代研究人员是指改革开放以后,中国自己培养的唐律研究人员。他们多为改革开放以后研究生毕业、留校工作的人员。徐显明、何勤华、霍存福、张生、殷啸虎、张梓太和王立民等都是这样的人员。尽管此时的他们都比较年轻,但他们涉足唐律研究以后,使唐律研究队伍更具活力与潜力。

由这四类唐律研究人员的组成,唐律研究队伍比以往任何时期都更为壮大。由他们支撑唐律研究,相关成果也就大量出现,势如井喷了。

在这一阶段中,唐律研究成果丰硕、唐律研究队伍壮大是基本面,也是其与以前两个阶段唐律研究的最大区别。这一阶段的唐律研究为下一个阶段的唐律研究提供了良好的基础,使其会有一个更高水平的发展。

4. 唐律研究的高潮阶段(2000—2019)

进入21世纪以后,中国改革与开放的力度都在加大,社会的文明程度进一步提高,法学研究的水准有了较大的提升,中国唐律研究的势头也有增无减。在这一阶段中,唐律研究出现了一些以往所不具备的状况。

首先,出现了标杆性的唐律研究著作。

在这个阶段,共出版过唐律研究的著作近十部。他们是:钱大群的《唐律研究》(钱版)[①];王立民的《唐律新探》(第二版至第五版)[②];徐永康、吉霁光、郑取的《法典之王——〈唐律疏议〉与中国文化》[③];钱大群的《唐律疏义新注》[④];王东海的《古代法律词汇语义系统研究——以〈唐律疏议〉为例》[⑤];刘晓林的《唐律"七杀"研究》[⑥];赵晓耕主编的《古今之平:唐律与当代刑法》[⑦];杨廷福的《唐律研究》(杨版)[⑧];钱大群的《唐律与唐代法制考辨》[⑨]等。在这些唐律研究的著作成果中,《唐律疏义新注》特别引人注目,是一部标杆性著作。此著作的字数为一千七百多万字,比较厚实。另外,它在体例与内容上都有所创新。在体例上,此著作把《唐律疏议》的原文与译文并列排列,阅读起来非常方便,以往则没有这样的排列方式。内容上,把《唐律疏议》中的律条与"疏议"的译文都一起包容进来,不再把其分作两部著作;除了译注文以外,还加入了作者的一些学术观点。比如,在《唐律疏议·杂律》"违令及别式"条中,除了对该律条作了译注以外,还对唐令、式的法律性质

[①] 钱大群:《唐律研究》(钱版),法律出版社2000年版。为了区别于其他作者的《唐律研究》,把钱大群的《唐律研究》称为《唐律研究》(钱版)。
[②] 王立民:《唐律新探》(第二版),上海社会科学院出版社2001年版;《唐律新探》(第三版),北京大学出版社2007年版;《唐律新探》(第四版),北京大学出版社2010年版;《唐律新探》(第五版),北京大学出版社2016年版。
[③] 徐永康、吉霁光、郑取:《法典之王——〈唐律疏议〉与中国文化》,河南大学出版社2005年版。
[④] 钱大群:《唐律疏义新注》,南京师范大学出版社2007年版。
[⑤] 王东海:《古代法律词汇语义系统研究——以〈唐律疏议〉为例》,中国社会科学出版社2007年版。
[⑥] 刘晓林:《唐律"七杀"研究》,商务印书馆2012年版。
[⑦] 赵晓耕主编:《古今之平:唐律与当代刑法》,社会科学文献出版社2012年版。
[⑧] 杨廷福:《唐律研究》(杨版),上海古籍出版社2012年版。
[⑨] 钱大群:《唐律与唐代法制考辨》,社会科学文献出版社2013年版。

提出了自己的观点,认为唐式"自然没有定罪判刑的性质",而一部分唐令则可"作为刑律立法的照应对象"①。这一观点与有些学者的观点不尽相同,具有明显的学术性。②《唐律疏义新注》的印行标志着唐律研究站在了一个新的制高点上,意义非凡。

其次,产生了一大批唐律研究的论文。

论文的学术含量较高,水分较少,是衡量学术水平的一个重要依据。唐律研究也是如此。在这一阶段中,产生了一大批唐律研究的论文,数量上前所未有。据统计,这一阶段中的唐律研究论文数达600余篇。③ 其中,不乏一些较高学术水平的唐律研究论文。比如,闫晓君的《竹简秦汉律与唐律》④、苏亦工的《唐律"一准乎礼"辨正》⑤、马小红的《唐律所体现的古代立法经验》⑥、艾永明、郭寅枫的《〈唐律〉别籍异财之禁探析》⑦、刘晓林的《唐律误杀考》⑧、张中秋的《为什么说〈唐律疏议〉是一部优秀的法典》⑨、王立民的《唐律与丝绸之路》⑩等。这些论文从不同视角研究唐律,而且学术性都比较强。

在这一阶段发表的大批论文中,还有一些学术争鸣的论文。比如,郑显文与岳纯之关于《唐律疏议》制定年代的争鸣就是如此。郑显文认为,《唐律疏议》就是《永徽律疏》,并在《现存的〈唐律疏议〉为〈永徽

---

① 钱大群:《唐律疏义新注》,南京师范大学出版社2007年版,第917页。
② 王立民:《论唐律令格式都是刑法》,载《法学研究》1989年第4期。
③ 2019年4月2日以"唐律"为篇名在"中国知网"上搜索所得到的这一阶段发表的论文数达600多篇。
④ 闫晓君:《竹简秦汉律与唐律》,载《学术月刊》2005年第9期。
⑤ 苏亦工:《唐律"一准乎礼"辨正》,载《政法论坛》2006年第3期。
⑥ 马小红:《唐律所体现的古代立法经验》,载《南京大学法律评论》2008年Z1期。
⑦ 艾永明、郭寅枫:《〈唐律〉别籍异财之禁探析》,载《法学研究》2010年第5期。
⑧ 刘晓林:《唐律误杀考》,载《法学研究》2012年第5期。
⑨ 张中秋:《为什么说〈唐律疏议〉是一部优秀的法典》,载《政法论坛》2013年第3期。
⑩ 王立民:《唐律与丝绸之路》,载《江海学刊》2019年第1期。

律疏〉之新证——以敦煌吐鲁番出土的唐律、律疏残卷为中心》等论文中作了阐述。① 岳纯之则认为,《唐律疏议》是《开元律疏》,不是《永徽律疏》,并在《所谓现存〈唐律疏议〉为〈永徽律疏〉的新证——与郑显文先生商榷》等论文中作了叙述。② 关于唐律的学术争鸣,既活跃了唐律研究的学术气氛,也提升了唐律研究的水平。

再次,出现了唐律研究学术史的研究成果。

在这一阶段中,出现了唐律研究学术史的研究成果,这是以往阶段所没有的。这一成果主要是张维新的《近三十年来唐律研究成果的法制史学史考察——以中国内地的部分专著为考评对象》③和王立民的《中国唐律研究三十年》④等。《近三十年来唐律研究成果的法制史学史考察——以中国内地的部分专著为考评对象》一文以《唐律新探》《唐律与唐代吏治》《唐律研究》等著作为样本,对改革开放三十年来的唐律研究的作者、作品与原因作了回顾与分析。《中国唐律研究三十年》则把改革开放三十年来公开出版、发表的唐律研究成果作为研究对象,作了更为全面的回顾、分析,还对往后的这一研究提出了展望。它们以学术史的角度对中国唐律研究作了归纳与总结,还前瞻了以后的研究,在唐律研究上也有创新。当然,这一学术史研究的前提是唐律研究成果的数量有了一定的积累,达到可以进行学术史研究的程度,这种条件在以往还不具备,只是到了这一阶段才具有,其成果也就应运而生了。

---

① 郑显文:《现存的〈唐律疏议〉为〈永徽律疏〉之新证——以敦煌吐鲁番出土的唐律、律疏残卷为中心》,载《华东政法大学学报》2009年第6期。
② 岳纯之:《所谓现存〈唐律疏议〉为〈永徽律疏〉的新证——与郑显文先生商榷》,载《敦煌研究》2011年第4期。
③ 张维新:《近三十年来唐律研究成果的法制史学史考察——以中国内地的部分专著为考评对象》,载《前沿》2011年第11期。
④ 王立民:《中国唐律研究三十年》,载《法学研究》2014年第5期。

最后,形成了老、中、青相结合的研究队伍。

在这一阶段中,不仅研究人员大幅增加,而且还形成了一支老、中、青相结合的研究队伍。在这一阶段的后期,有些老年研究人员还坚守在唐律研究的岗位上,甚至还产出唐律研究的成果,张晋藩、钱大群、王立民等都是如此。更多的中年研究人员正在唐律研究的第一线冲锋陷阵,张生、苏亦工、张中秋、闫晓军、郑显文、岳纯之、马小红等都是其中的佼佼者。一些青年研究人员崭露头角,连续出版、发表了唐律研究的力作,刘晓林是其中的代表。在这一老、中、青相结合的唐律研究队伍中,老年与青年研究人员都为少数,中年研究人员则是多数,是这一队伍中的主力军。青年研究人员的加入,使唐律研究更具生机,也预示着中国的唐律研究后继有人,是这一研究得以持续的希望。

总之,唐律研究的这一阶段是中国唐律研究七十年中的高潮阶段,史无前例,也为以往任何阶段所不可比拟。

中国唐律研究的这四个阶段各不相同,但又前后衔接,展示了中华人民共和国成立七十年来这一研究的整个过程与整体面貌,是中国唐律研究绕不开的一个问题,十分重要。

三、七十年后中国唐律研究的前瞻

往后,中国的唐律研究还会继续开展,不会中断。为了使这一研究能够取得更大成绩,有必要作些前瞻,正视存在的问题,指明解决问题的路径,把中国的唐律研究提升到一个新的高度。

1. 要更加重视研究队伍的建设

经过七十年的努力,特别是改革开放以后,中国唐律研究队伍的规模从小到大,研究人员从少到多,而且还形成了老、中、青相结合的格局,实不容易。然而,这一队伍并非十全十美,还是有进一步建设的空间,需要特别加以重视。

从目前情况来看,老年研究人员坚守唐律研究岗位的人数很少,而且随着年龄的增长,都将逐渐退出这一岗位。青年研究人员虽能崭露头角,潜力很大,但人数太少。中国的唐律研究不仅需要后继有人,而且还需要后继有更多优秀的人。青年研究人员是唐律研究的希望所在,而依据目前的人数,离这一研究的可持续发展还有差距。中年研究人员是唐律研究的主力军,但其中有不少人都会在数年内就迈入老年。总之,中国的唐律研究队伍还是存在一定危机,不容乐观。

为使中国唐律研究的队伍进一步优化,摆脱危机,有必要动员更多的志同道合者加入唐律研究的队伍,特别是青年人员。这是上策。其中,首先可以在培养方面下功夫。引导青年人员在研究生阶段就有志于从事唐律研究,培养对唐律研究的兴趣,加深对唐律的了解,树立唐律研究的自信。走上工作岗位后,鼓励他们不要放弃对唐律的研究,在学术研究等方面,继续加以开拓,不断产出新的研究成果,逐渐成长为一个唐律研究的学者、专家。

当前,中国唐律研究的队伍虽然已经形成规模,总体人数也不少,但多数人只是产出过唐律研究的成果,不是不断产出这一成果。这就意味着,这些人员没有持续研究唐律,只是在某一阶段研究过唐律。中国的唐律研究需要这样的人员,但更需要把唐律研究作为学术事业、坚持研究唐律并不断有新的研究成果面世的人员。这是中国唐律研究的基本、核心力量。这样的人员越多,中国的唐律研究才会经久不衰,日益繁荣。

充分发挥唐律研究会的作用是一条加强唐律研究队伍建设的可取路径。唐律研究会是组织、进行唐律研究的群众性学术团体。现在,西安市法学会就下设唐律研究会,各地也可根据本地研究的需要,建立自己的唐律研究会。这一研究会可以定期、不定期开展唐律研究的活动,其中既可以研读唐律,也可以交流唐律研究的经验。总之,以学术研究来吸引、组织大家,促进唐律研究。在唐律研究会的活动中,逐渐提高唐律研究的水平,组织、凝聚研究会成员,通过以老带新、共同提高的方法,重点培养唐律研究新人。可以相信,只要唐律研究会努力工作,培养一批新人,必定会有利于中国唐律研究队伍的建设,使其人强马壮。

2. 要更加重视研究领域的拓展

七十年来,虽然中国唐律研究已扩展到诸多领域,但发展还是很不平衡,有些领域的成果很少,可以拓展的余地很大。往后,这些领域应更加重视,重点加以拓展。其中,包括了唐律的比较研究、唐律的扩展性研究、唐律的学术史研究、海外唐律的研究等一些领域。

关于唐律的比较研究。这是指一种把唐律与古今中外的法典、相关制度作比较的研究。这一研究很重要,是唐律研究中一个不可或缺的组成部分。通过这种研究,不仅可以反映唐律的特色,进一步理解唐律本身,还可扩大视野,加深对比较对象的认识。比较对象可以是古今中外的法典,也可以是古今中外的相关制度等。只要有可比性,都可考虑归入比较的范围。七十年来,已有少量唐律研究的此类成果出版、发表,比如有著作《唐律与中国现行刑法比较论》①,有论文《唐律与日耳曼法刑讯制度比较研究》②等。但是,这类成果数量太少,比较研究的面也太窄,明显弱于其他许多方面的研究,是个可以加大力度研究的领域。比如,可以进一步把唐律与《宋刑统》《大元通制》《大明律》《大清律例》等法典及其相关制度作比较研究;也可以把唐律中的某些制度与中国现行刑法中的相关制度作比较研究;还可以把唐律与国外的有些法典作比较研究等。这一比较研究的范围很宽广,只要加以重视,潜心研究,定可产出有质量的研究成果,丰富唐律研究的内涵。

关于唐律的扩展性研究。这是指一种突破对唐律本身内容的研究。当前,中国唐律研究的绝大多数成果均集中于唐律本身,包括对唐律的制定年代、体例、原则、制度、律条、疏议、条标、语言、立法技术等的研究。这些研究确实需要,否则无法对唐律有精准的认识,但仅停留在这一研究层面远远不够,因为唐律绝不是孤立地存在,而与社会的方方面面都有千丝万缕的联系。只有把唐律放在当时的社会大环境中进行研究,才会对唐律有全面、深刻的认知。这种扩展性可以延伸至唐律的实施、唐律与中国文化等一些领域。通过对唐律实施的研究,可以进一步体现唐律的价值;通过唐律与中国文化的研究,可以进一步发掘唐律的文化性特征。这七十年中,已有少量这类成果发表、出版。比如,有论文《〈唐律〉实施问题辨析》③与《唐律实施问题探究》④,有著作《法典之王——〈唐律疏议〉与中国文化》等。然而,这类成果太少,远不如唐律研究其他许多领域的成果,是个可以大力挖掘的"富矿"。只要重视

---

① 钱大群、夏锦文:《唐律与中国现行刑法比较论》,江苏人民出版社1991年版。
② 蒋铁初:《唐律与日耳曼法刑讯制度比较研究》,载《西南科技大学学报》(哲学社会科学版)2008年第5期。
③ 马长林:《〈唐律〉实施问题辨析》,载《学术月刊》1985年第5期。
④ 王立民:《唐律实施问题探究》,载《法学》1990年第10期。

这一领域的研究,就可有一大批创新成果问世。

关于唐律的学术史研究。这是指一种对唐律研究成果所作的研究。唐律的学术史研究就是唐律的史学史研究,实际上就是对唐律研究所作的学术史评估。中华人民共和国成立七十年来,特别是改革开放以来,唐律研究成果大量涌现。有学者作过统计,自2000年后,中国平均每年公开发表的论文就达三十篇左右。[①] 这就需要作学术史研究。通过这一研究,明了以往唐律研究的状况,总结研究的经验,发现研究的不足,明确以后的研究方向,避免重复研究与低水平研究。这为唐律研究所不可缺少。缺少了这一研究,唐律研究难免带有盲目性,冲击创新性,实为这一研究之大忌。七十年来,中国已发表了个别唐律学术史研究的成果,《近三十年来唐律研究的成果的法制史学史考察——以中国内地的部分专著为考评对象》和《中国唐律研究三十年》都是这样的成果。但是,这种成果还是太少,不足以长期支撑唐律的高质量研究。这也是今后唐律研究中可以重视开拓的一个领域。如果中国唐律研究的成果还是以当前的速度增长,那么每五年左右就可以作一次学术史的研究,及时对唐律研究作出评估,为往后的研究提供学术依据,使唐律研究有的放矢。

关于研究海外的唐律研究。这是指一种专门对海外唐律研究成果进行的研究。鉴于唐律在唐朝、中国古代、世界法制史中的重要地位,七十年中的一些海外学者也十分关注唐律的研究,甚至参与唐律的研究,还产出了一些唐律研究的成果。比如,日本滋贺秀三的《唐律中的共

---

① 袁物蕴:《关于唐律研究的回顾与思考——以2000—2011年论文为例》,载《法律文献信息与研究》2012年第2期。

犯》①,美国马伯良的《〈唐律〉与后世的律:连续性根基》等。② 然而,我们对海外唐律研究的情况知之甚少,深入研究更为欠缺。其实,研究海外唐律研究的成果十分重要,是中国唐律研究中的一个重要组成部分。只有充分开展这一研究,才能做到知己知彼,避免重复研究,取长补短,推进自己的研究。当然,要深入研究海外的唐律研究成果,专业外语是必备的研究要件。这就需要研究人员具备较好的专业外语基础,能够熟练阅读海外的唐律研究成果。目前,中国这样的研究人员较少,是个可以重点培养、突破的领域。

以上这些领域的研究是今后应该重视的研究领域,也是这七十年来中国唐律研究的弱项。如果能在这些领域的研究上有明显突破,产生一批高质量研究成果,中国唐律研究的面貌将会焕然一新,让人刮目相看。

3. 要更加重视研究方法的改进

七十年的唐律研究中,特别是改革开放后的唐律研究中,研究方法已有很大的改进,已不再拘泥于史学、法学中的一些传统研究方法,而是有所突破,比如,运用了实证研究方法、信息化方法等。然而,从唐律研究中的一些弱项与需重视、加强的研究领域来看,要进一步推进唐律研究,还需不断改进研究方法,使其在今后的唐律研究中发挥更大作用。研究方法的改进是往后唐律研究中的一项重要任务。

从目前情况来审视,有必要首先重视运用比较研究方法、系统论研究方法与学术史研究方法等。通过运用比较研究方法,广泛开展唐律

---

① 俞荣根、胡攀、俞江:《中国法律史研究在日本》,重庆出版社2002年版,第397页。
② 高道蕴、高鸿均、贺卫方编:《美国学者论中国法律传统》(增订版),清华大学出版社2004年版,第287—309页。

的比较研究,使这一研究覆盖古今中外相关法典、制度等各领域,尽快弥补七十年来中国唐律研究中比较研究不足的现状。通过运用系统论研究方法,把唐律放在中国古代的大系统中进行研究,大力开展唐律的扩展性研究,其中可先集中于唐律实施、唐律与文化的研究,然后再扩展至系统中其他方面的研究。总之,要在唐律的扩展性研究中有大的突破,改变七十年中这一研究不足的格局。通过运用学术史研究方法,不断开展唐律的学术史研究,不断对唐律研究作出科学评估,指导进行新的唐律研究,不断开拓唐律研究。这一研究方法也可运用于研究海外的唐律研究,只是要重视、运用专业翻译的方法,使海外唐律研究的成果得到精确的中文表达,让广大中国的唐律研究人员从中受益。

当然,随着时代的发展,还会有新的研究方法产生,只要对唐律研究有利,都在可考虑运用范围之内。可以相信,只要改进研究方法,唐律研究定会事半功倍,产生一批新成果,闯出一片新天地。

在唐律研究七十年中,对唐律研究重要性的认识、唐律研究四个发展阶段、七十年后唐律研究的前瞻三个问题,都是唐律研究中的重要问题。它们虽然相互独立,但又有一种内在联系,形成一种理论上的逻辑。对唐律研究重要性的认识是唐律研究不断进行的动力,缺乏这一动力,这一研究不可能会持续七十年。唐律研究四个发展阶段是七十年里唐律研究的发展过程,展现了这种研究的整体面目,并在一定程度上反映了唐律研究的发展规律。七十年后唐律研究的前瞻则是对往后唐律研究的期待,是一种努力方向的展示。这三者正好是从唐律研究的动力到过去的唐律研究、将来的唐律研究的联结,也是一种内在联系,形成了自己的逻辑。十分希望,中国的唐律研究在七十年后有个更大的发展与突破,为中国的法治与法治文化建设再贡献智慧与力量。

第三章
唐律与唐令、格、式

唐律自从有了"疏议"后,律条就与一些令、格、式条共存于一部法典,因为"疏议"中引用了大量令、格、式的内容。那么,它们是怎么并存的?

一、唐律、令、格、式都是刑法

唐律、令、格、式属于什么法律?传统的说法大致是:唐律是诸法合体、民刑不分、以刑为主的法典,即多种法律部门共存,并以刑法为主的法典;唐令、格、式是对国家的一些制度、办事程式和细则等方面的规定,大抵属于行政法范畴等。其实不然。

刑法有狭义和广义两种理解。狭义刑法,仅指刑法典。广义刑法,除了指刑法典外,还指散见于其他法律部门中有关刑事方面的规定。人们现称"刑法",主要是指后者。刑法与其他法的最大区别之一是制裁方式。刑罚是刑法唯一拥有的制裁方式。没有不用刑罚的刑法,也没有刑法不用刑罚。换言之,是否使用刑罚就成了区别刑法与其他法的一个重要标志。

在唐律的律条中,除一般原则等的规定外,大多数律条都由两部分组成,前一部分是罪状,后一部分是法定刑。例如,《唐律疏议·卫禁》"宫殿作罢不出"条规定:"诸在宫殿内作罢而不出者,宫内,徒一年;殿内,徒二年;御在所者,绞。不觉及迷悟者,上请。将领主司知者,与同罪;不知者,各减一等。若于辟仗内误遣兵仗者,杖一百。"这个律条虽长,也涉及几个罪状,但均无例外。有的律条虽也使用了民事和行政制裁方式,但都属附带和辅助性质,刑罚仍是主要制裁方式。这将在"唐律的制裁方式"一章中详述,此处不再赘述。从律条的内容组成可见,唐律不是一部以刑法为主的综合性法典,而是刑法典。

此外,唐人自己也把唐律作为定罪量刑的依据,即刑法。《唐六典·刑部》载:"律以正刑定罪。"从史籍记载的实例看,违反唐律的,也以唐律问罪。此举一例证之。《旧唐书·柳浑传》载,德宗贞元二年(786年),"时上命玉工为带",完成后其中一块掉落摔坏,玉工到市场上买了一块补上。"乃献,上诘曰:'此玉何不相类?'工人伏罪,上命决死。诏至中书,浑执曰:'陛下若便杀则已,若下有司,即须议谳。且方春行刑,容臣条奏定罪。'以误伤乘舆器服,杖六十,余工释放,诏从之。"此判决的依据就是《唐律疏议·职制》"乘舆服御物持护修整不如法"条。

唐令、格、式与唐律的一个重要区别在于它们的逻辑结构。唐律有完整的逻辑结构,含有假定、处理和制裁三个组成部分。唐令、格、式则仅有假定和处理两部分,大多没有制裁(除少量格外,如刑部格)。这样,违反了令、格、式就要到律中寻找相应的制裁部分的内容。事实也是如此。《新唐书·刑法志》载,凡邦国之政,必从事于令、格、式。"其有所违及人之为恶而入于罪戾者,一断以律。"违反令、格、式而以唐律断之的具体内容在这里不再详述,下文会叙。

唐律的律条有限，为了不使任何违反令、格、式的行为逃脱法网，立法者还把一些在律中无明文规定的违反令、格、式的行为认定为犯罪，并处以刑罚。例如，《唐律疏议·杂律》"违令"条规定："诸违令者，笞五十；谓令有禁制律而无罪名者，别式，减一等。"此条"疏议"还作了解释："'令有禁制'谓仪制令'行路，贱避贵，去避来'之类，此是'令有禁制，律无罪名'，违者，得笞五十。'别式，减一等'，谓礼部式'五品以上服紫，六品以下服朱'之类，违式文而著服色者，笞四十，是名'别式，减一等'。"这一规定表明，凡违反唐令和式并能在唐律中找到相应罪名和法定刑的，按唐律的有关规定定罪量刑；凡违反唐令和式而又不能在唐律中找到相应规定的，一律按违令或违式处罚，即"笞五十"或"笞四十"。既然违反唐令、格、式都要受到刑罚制裁，那么它们自然也就属于刑法了。

综上所述，唐律、令、格、式都是刑法。它们的并存是不同形式的刑法内容的并存，而不是刑法与其他部门法的并存。

二、唐律、令、格、式的各自特点

《新唐书·刑法志》称："唐之刑书有四，曰：律、令、格、式。"它们有各自的特点，基本情况如下：

1. 唐律

自从商鞅改法为律以后，律便成为各代的主要法典。在唐前，秦有秦律，汉有汉律，魏有曹魏律，晋有晋律，南北朝有宋律、齐律、梁律、陈律和北魏律、北齐律、北周律,隋有隋律等。唐在总结前代撰律的基础上制定了唐律。

唐前曾对律作过不少解释,以反映其特性。首先,律是法。《尔雅·释诂》说:"律,常也,法也。"郝氏《文疏》说得更明确:"律者,与法则同意。"其他史籍也有类似记载。《汉书·律历志》说:"律,法也。"其次,律有广泛的适用范围。《说文解字》说:"律,均布也。"段注:"律者所以范天下之不一而归于一,故曰均布也。"再次,律是相对稳定的法律。《尔雅·释诂》郝氏《义疏》说,律"俱一定而不可变,是有常意"。最后,律是调整人们行为的一种规范。《管子·七臣七主篇》说:"律者所以定分止争也。"《释名》说:"律者,累也,累人心使不放肆也。"正因如此,故律应具有公平、划一的性质。《说文解字》说:"法,刑也。平之如水,从水。"

唐律对律含义的解释更侧重于以下三个方面:一是强调它的规范作用。《唐律疏议·名例》前言说,律"譬权衡之知轻重,若规矩之得方圆"。把律比作权衡和规矩,说明它具有衡量和规范人们行为的作用。二是强调它的刑法内容。《唐律疏议·名例》"称日年及众谋"条"疏议"说:"律以定刑立制。""八议者"条"疏议"说:"定刑之律。"它们都把律作为定刑的法律,即刑法。自从李悝制定《法经》以后,刑就逐渐失去法的含义。至唐,刑多用于刑法和刑罚。这里是指刑法。三是强调它的指导思想。《唐律疏议·名例》前言说:"依义制律",把"义"作为制律的依据,即指导思想。由于唐朝之"义"生于礼,故最终还是以礼为指导。

唐朝先后颁行的律主要有:《武德律》《贞观律》《永徽律》《永徽律疏》《开元律》等。其中,《贞观律》为定本,其后改动甚少;《永徽律疏》对后世影响最大,现存《唐律疏议》即为其翻本。"唐律"实为集合概念,是以上各律的总称,并不具体指哪一部律。但是,由于现在广泛流传《唐律疏议》,故现称"唐律"实指现存《唐律疏议》。

2. 唐令

令也是一种在唐前就有的法律形式。早在战国时期,商鞅就广泛使用令,颁布过垦草令、开阡陌令和分户令等。秦统一中国后,令与律都作为基本的法律形式。《史记·李斯列传》载:"明法度,定律令。"汉令非常繁杂,有甲、乙、丙之分。魏晋南北朝各代也有令。隋有开皇令、大业令等。

唐前对令的说法主要有三:首先,令是最高统治者发布的命令。《贾子·等齐篇》说:"天子之言曰令。"《管子·法法篇》说:"令者,人主之大宝也。"其次,令的作用侧重于教化、导民。《盐铁论·刑德》说:"令者,所以教民也。又诏圣令者,教也。所以导民。"最后,令常对律文进行解释和补充。《史记·杜周列传》载:"前主所是著为律,后主所是疏为令。"

唐朝赋予令更具体的内涵。首先,令以规定国家具体的制度等为主要内容。《新唐书·刑法志》说:"令者,尊卑贵贱之等数,国家之制度也。"《唐六典·刑部》说:"令以设范立制。"其次,令的法律地位比律低,司法官需以律科刑。《唐律疏议·名例》"称日年及众谋"条"疏议"说,律、令义殊,"不可破律从令"。

唐朝先后颁布过武德令、贞观令、永徽令、开元令等。从内容上看,令为数不少,有几十卷。在《唐律疏议》中出现的令有二十一种:官品令、祠令、户令、选举令、封爵令、禄令、官卫令、军防令、衣服令、仪制令、卤簿令、公式令、田令、赋役令、厩牧令、关市令、捕亡令、狱官令、营缮令、丧葬令和杂令。由于完整的唐令现已无存,只有零星记载,故要见其全貌困难较大。

3. 唐格

格的产生晚于律、令。最早的格要属东魏孝静帝兴和三年(541年)制定的麟趾格。《魏书·孝静纪》载:兴和三年冬十月癸卯,孝静帝"诏文襄王与群臣于麟趾阁议定新制。甲寅,颁于天下"。此"新制"即为麟趾格。以后,格被北齐等朝沿用,直至唐。

关于格的性质,唐前记载甚少,只有笼统的说法。《隋书·刑法志》载:"后平秦王高归彦谋反,须有约罪,律无正条,于是遂有别条权格,与律并行。"《唐六典·刑部》中亦有类似记载。它仅告诉人们,格是一种与律并用,以补充律之不足为目的的法律形式。

唐朝第一次对格作了较为详尽的规定。第一,格的作用主要在于打击犯罪。《唐六典·刑部》说:"格以禁违正邪。"第二,格的地位常比律高。《唐律疏议·名例》"彼此俱罪之赃"条"疏议"规定:"其铸钱见有别格,从格断。余条有别格见行破律者,并准此。"除铸钱外,在其他方面,格与律相违时,格都是优先被适用。《唐律疏议·名例》"犯时未老疾"条"疏议"引用"狱官令"的规定说:"犯罪逢格改者,若格轻,听从轻。"第三,格分为两种不同类型:留司格与散颁格,两者有不同的使用范围。《旧唐书·刑法志》说:"分格为两部:曹司常务为留司格,天下所共者为散颁格。其散颁格下州县,留司格但留本司行用焉。"第四,格是经过删定的敕的汇编。《新唐书·刑法志》说,贞观时,曾"删武德以来敕三千余条为七百条,以为格"。

唐朝先后颁行过武德格、贞观格、永徽格、垂拱格、开元格、开元后格及格式律令事类、元和格敕、开成详定格等一些主要格。格的篇目按国家机构名分类。例如,贞观格分为:吏部、司封、司勋、考功、户部、度支、金部、仓部、礼部、祠部、膳部、主客、兵部、职方、驾部、库部、刑部、都官、比部、司门、工部、屯田、虞部和水部等。

4. 唐式

早在秦时就有式,《睡虎地秦墓竹简》中的封诊式即是一例。它是对一些诉讼程序和公文程式等的具体规定。式作为一种主要的法律被适用是在西魏,那时颁行了《大统式》。《唐六典·刑部》载:"魏大统十年,命尚书苏绰总三十六条,更损益为五卷,谓之《大统式》。"北齐在司法实践中也广泛使用式。隋明确把式与律、令、格并用。唐沿隋制。

唐前关于式的含义的记载很少,唐朝第一次较为明确和完整地叙述了式。首先,式是广泛、经常被适用的法律。《新唐书·刑法志》说:"式者,其所常守之法也。"其次,式是对一些办公程序、公文表册格式等的具体规定。《唐六典·刑部》说:"式,以轨物程事。"最后,式的法律地位不及令高。这可从唐律对违式与违令的处罚窥见。《唐律疏议·杂律》"违令"条规定,律所不载的违令行为要"笞五十",而违式的只要"笞四十"。

唐朝先后颁行过武德式、贞观式、永徽式、垂拱式、神龙式、开元格式律令事类等。式的数量比律、令和格多,如贞观式有三十三卷,而律只有十二卷,令才三十卷,格是十八卷。在《唐律疏议》中出现过的式有:刑部式、监门式、主客式、职方式、驾部式、太仆式、库部式、兵部式和户部式等。

三、违反唐令、格、式一断于唐律

这是唐律、令、格、式关系中的基本一面。唐律中有关违反令、格、式而据律断之的例子比比皆是。唐律中所要制裁的犯罪行为很多是违反令、格、式的行为。这里仅举三例证之：

例一，以律断违令行为。《唐律疏议·户婚》"里正授田课农桑违法"条"疏议"引田令的规定："应收授之田，每年起十月一日，里正预校勘造簿，县令总集应退应受之人，对共给授。"如违反此令，就要受到唐律的追究。此条律条规定："其里正皆须依令造簿通送及课农桑。若应合受田而不授，应合公而不收，应合课田农而不课，应课植桑、枣而不植，如此事类违法者，每一事有失，合笞四十。"

例二，以律断违格行为。《唐律疏议·诈伪》"妄认良人为奴婢部曲"条"疏议"引唐格的规定："随身与他人相犯，并同部曲法。"即违反此格的规定也要依律处断。此条律条规定："其妄认随身为部曲者，随身之与部曲，色目略同，亦同妄认部曲之罪"，即要"流三千里"。

例三，以律断违式行为。《唐律疏议·卫禁》"烽候不警"条"疏议"引职方式的规定："放烽讫而前火烽不举者，即差脚力往告之。"违反这一规定同样要受到律的处罚。此条律条规定："不即告者，亦徒二年。"

对违令、格、式行为处罚的严厉程度，在很大程度上取决于违令、格、式的程度。对令、格、式的侵害越严重，唐律对这些行为的制裁就越严厉。《唐律疏议·职制》"置官过限及不应置而置"条"疏议"说："内外百司，杂任以上，在令各有员数。"即唐令对国家机关的编制人数都有规定,如果违反规定,超编置官,超编的人数越多,唐律的用刑就越重。此条律条规定:"诸官有员数,而署置过限及不应置而置,一人杖一百,三人加一等,十人徒二年。"

同时,唐律还区别对待故意与过失违反令、格、式的行为,对故意行为的制裁严于过失行为。《唐律疏议·职制》"贡举非其人"条"疏议"引唐令的规定:"诸州岁别贡人。"贡举失错或应贡举而不贡举的,虽都要受到唐律的追究,但处罚不同,过失的轻于故意的。此条律条规定:"诸贡举非其人及应贡举而不贡举者,一人徒一年,二人加一等,罪止徒三年。""失者,各减三等。"

从史籍中也能发现违反唐令、格、式受到唐律制裁的实例。唐朝各级官吏的俸禄在唐令中有明确规定。"应食禄者,具在禄令。"[①]官吏违反此令,非法谋利,就要依律按赃论处。《旧唐书·李朝隐传》载,开元十年(722年),"武强令裴景仙犯乞取赃积五千匹,事发逃走。上大怒,令集众杀之"。当时任大理卿的李朝隐认为处刑过重,并据律以争,说:"有断自天,处之极法,生杀之柄,人主合专,轻重有条,臣下当守。枉法者,枉理自取,十五匹便抵死刑;乞取者,因乞为赃,数千匹止当流坐。今若乞取得罪,便处斩刑,后有枉法当科,欲加何辟?所以为国惜法,期守律文,非敢以法随人,曲矜仙命。"最后,唐玄宗听取了他的意见,照律免死,处罚为决杖一百,流岭南恶处。此案确认犯赃的依据是唐令,而科刑的依据则是唐律。

违反唐令、格、式要依唐律科刑作为一个原则被唐律确认,违反了要受到刑事制裁。《唐律疏议·断狱》"断罪不具引律令格式"条"疏议"说:"断狱之法,须凭正文。"这里的"正文"是指律、令、格和式文。

---

① 《唐律疏议·职制》"监主受财枉法"条"疏议"。

如有违犯,要处笞刑。此条律条规定:"诸断罪皆须具引律、令、格、式正文,违者笞三十。"但是,科刑还须据律,就是制敕也不可随便作为后比。《唐律疏议·断狱》"辄引制敕断罪"条规定:"诸制敕断罪,临时处分,不为永格者,不得引为后比。若辄引,致罪有出入者,以故失论。"唐律的这些规定为一断于律提供了法律保障,使其能得到切实执行。

一断于律的产生有其法制原因。唐朝的刑法内容主要分布在律、令、格、式中。《新唐书·刑法志》把律、令、格、式都称为"刑书",唐律又明确规定"刑谓定罪"①。如果把这四者都作为定罪量刑的依据,内容势必太多太杂,易造成适用上的混乱。因此,唐朝的立法者对它们作了分工,将唐令、格、式均规定为详细、具体的内容,唐律为刑法典。较为严重的违反唐令、格、式的行为分别在唐律中作出规定,设立罪名及相应的制裁手段;较为轻微的违反唐令、格、式的行为则按一般违令、违格、违式行为处罚。立法者的这一意图集中体现在一断于律上,这是协调四者关系和便于司法的理想途径。

一断于律对司法有极其重要的作用。法律繁杂,科刑依据有多种,不仅会使百姓难以掌握,而且还会在司法中出现一罪多科的情况,造成司法混乱,甚至被奸吏利用,故意滥刑,破坏法制。这在唐前并不少见。秦时,法律"繁于秋荼,而网密于凝脂"②。司法官乘机弄法,纷纷用重刑,国家也以"杀人众者为忠臣",以致滥刑,形成了"刑者相半于道,而死人日成积于市"的局面,法制遭到严重破坏。结果,农民大起义爆发,参加人数之多,竟达"天下之半"③,秦王朝寿终正寝。汉代也出现过类似情况。武帝时,律令文书堆积如山。"律令凡三百五十九章,大

---

① 《唐律疏议·职制》"大祀在散斋吊丧问疾"条"疏议"。
② 《盐铁论·刑德》。
③ 《史记·李斯传》。

辟四百九条,千八百八十二事,死罪决事比万三千四百七十二事。文书盈于阁,典者不能遍睹。"①东汉时,这种情况仍未改变,"凡数罪所由当用者,合二万六千二百七十二条,七百七十三万二千二百言",以致"言数益繁,览者益难"②。汉初,法制被破坏殆尽,阶级矛盾日益激化。唐初的统治者以前朝之覆为鉴,一方面指出法律要简约,另一方面又强调司法要依律,杜绝一罪多科的情况。唐律多次阐明了这一立场。《唐律疏议·名例》"称日年及众谋"条"疏议"说:"刑名事重,止可据籍书",还明示不可破律从令,妄加颠倒。《唐律疏议·贼盗》"谋反大逆"条"疏议"从依律科断的重要性出发,说:"刑法慎于开塞,一律不可两科。"一断于律在司法上适用后产生了积极效果,克服了过去一罪几科的弊端,加强了法制。

四、唐令、格、式补充唐律

这是唐令、格、式与唐律关系的另一个重要方面,补充表现在以下几方面:

1. 犯罪主体方面的补充

犯罪主体是指犯罪者,与刑事责任的承担有直接关系。犯罪主体不明确,追究刑事责任就会发生偏差,造成错案。因此,唐律很重视用其他法律形式补充律条中有关犯罪主体的规定。

---

① 《汉书·刑法志》。
② 《晋书·刑法志》。

第一,对犯罪主体概念的补充。唐律律条简约,不可能也没必要对律条中的所有主体概念都作解释。有些概念与司法关系较大,就由唐令等补充,并对一些较为重要的概念作出规定和解释。例如,《唐律疏议·名例》"八议"条规定,凡"八议"者构成犯罪主体的,可以享有司法特权,即"轻重不在刑书"。其中,对"议贵"的范围规定为三品以上职事官和二品以上散官等。但是,对何为职事官和散官,律条没有解释。此条"疏议"引唐令作了规定:"有执掌者为职事官,无执掌者为散官。"把有无执掌者作为这两者的主要区别,以便于司法官掌握。

第二,对犯罪主体的范围作了补充。这种补充包括以下两个方面:包括范围的补充和不包括范围的补充。《唐律疏议·诈伪》"非正嫡诈承袭"条中的"封爵令"对主体的包括范围作了补充。此条规定:"非子孙而诈承袭者,从诈假官法。"但是,此律条未对哪些范围内的子孙可享有承袭权利作出规定,而这些范围内的人又是构成此罪的主体。此条"疏议"引"封爵令"中的规定作了补充:"王、公、侯、伯、子、男,皆子孙承嫡者传袭。"即只有这些贵族才可能成为此罪的主体。《唐律疏议·户婚》"相冒合户"条中的"赋役令"对主体的不包括范围作了补充。此条规定:"诸冒相合户者,徒二年;无课役者,减二等。"由于有些官僚贵族属免课役对象,故此条"疏议"引"赋役令"对免课役者作了补充:"文武职事官三品以上若郡王期亲及同居大功亲,五品以上及国公同居期亲,并免课役。"可见,这部分人不属此罪的犯罪主体范围。

2. 犯罪主观方面的补充

犯罪主观方面包括罪过形式、动机和目的等,是犯罪构成中的一个重要方面。唐律的律条本身对这些内容一般都有明确规定,因此唐令、格、式对这方面的补充较少。《唐律疏议·户婚》"奴娶良人为妾"条中的"户令"对犯罪者的"知情"和"不知情"及其与后果的关系作了说明。此条规定:"诸与奴娶良人女为妻者,徒一年半;离之。其奴自娶者,亦如之。""户令"补充说,对犯罪者所生的孩子,犯罪者"不知情者,从良;知情者,从贱"。即主观方面不同,后果亦不同。

3. 犯罪客体方面的补充

犯罪客体是被犯罪行为侵害的客体,是犯罪构成中的基本要件。唐令、格、式对犯罪客体的补充主要表现在以下三个方面:

首先,对犯罪客体概念的补充。唐律律条中规定的有些犯罪客体的概念,通过唐令等的补充才更明确。例如,《唐律疏议·职制》"大祀不预申期及不如法"条规定:"诸大祀不预申期及不颁所司者,杖六十;以故废事者,徒二年。"但是,此律条未对作为犯罪客体的"大祀"概念作任何说明。此条"疏议"引唐令作了补充:"大祀,谓天地、宗庙、神州等为大祀。"这才明确了这一概念。

其次,对犯罪客体范围的补充。有些犯罪客体所含的内容较多,律条不可能全部罗列,而且有些已在唐令等其他形式中有规定,故唐律就引用这些规定补充其范围。例如,《唐律疏议·户婚》"差科赋役违法"条规定:"诸差科赋役违法及不均平,杖六十。"但是,此律条未对作为客体的赋役的范围作出规定。此条"疏议"引"赋役令"作了说明:"每丁,租二石;调托绝,绢二丈,绵三两,布输二丈五尺,麻三斤;丁役二十日。"违反此令而差科的,就要按律条制裁。

最后,对犯罪客体的一些情况作了补充。唐律中的犯罪客体有些比较简单,有些比较复杂。对那些较为复杂的客体,唐令等作了具体解释,以补充律条的不足。《唐律疏议·名例》"除免比徒"条规定:"诬告道士、女官应还俗者,比徒一年;其应苦使者,十日比笞十。"但是,此律条没有对较为复杂的道士的情况作更多的说明。此条"疏议"引唐格作了补充:"道士等辄著俗服者,还俗""道士等有历门教化者,百日苦使"等,从而使有关道士的情况较为详尽。

4. 犯罪客观方面的补充

犯罪客观方面是指一些与犯罪行为有关的客观事实特征。由于犯罪行为多种多样,故犯罪客观方面的表现也各种各样。唐令、格、式对唐律规定的犯罪客观方面的补充主要涉及以下几方面:

第一,有关时间的规定。《唐律疏议·杂律》"犯夜"条规定:"诸犯夜者,笞二十",但未提及犯夜时间。此条"疏议"引"宫卫令"说:"击六百椎,坊门皆闭,禁人行。"即在此后仍行者,属犯夜,要被"笞二十"。这是以某一点作为时间限度,还有以一般时间为时间范围的,超过这一范围同样构成犯罪。《唐律疏议·擅兴》"遣番代违限"条规定:"若得逃亡奴婢,不送官而卖者,以和诱论",但未言送官时间。此条"疏议"引唐令"五日内合送官司"说,如果在五天内不送官而卖者,就构成和诱奴婢罪。

第二,有关地点的规定。《唐律疏议·卫禁》"无著籍入宫殿"条规定,凡入宫殿者,必须按规定的地方入门;若违反,要依阑入罪减刑处罚,"籍在东门而从西门入者,又减二等"。此条"疏议"引唐令从总体上对入门的地点作了补充:"非应从正门入者,各从便门著籍。"若违反,要依律处罚。

第三,有关程序的规定。《唐律疏议·户婚》"立嫡违法"条规定:"诸立嫡违法者,徒一年。"此条"疏议"引唐令对立嫡的程序作了补充:"无嫡子及有罪疾,立嫡孙;无嫡孙,以次立嫡子同母弟;无母弟,立庶子;无庶子,立嫡孙同母弟;无母弟,立庶孙。"违反这一程序就属立嫡违法,要被徒一年。

第四,有关行为的规定。唐令等对行为的补充分两类:作为和不作为。《唐律疏议·卫禁》"赍禁物私度关"条规定:"私家之物,禁约不合度关而私度者",减坐赃三等科罪。此条"疏议"引"关市令"补充说明律条所说的这一行为是犯罪行为。此令规定,凡丝织品及金、银、铁等金属"不得度西边、北边诸关及至缘边诸州与易"。违反此令而进行贸易,即构成此罪。《唐律疏议·卫禁》"奉敕夜开宫殿门"条规定:"开门出钥迟,又各递减进钥一等。"此条"疏议"引"监门式"证明律条所说的犯罪行为是一种不作为。此条规定:"宫城门及皇城门,四更二点出钥开门。京城门,四更一点出钥开门。"到时间不开门,就构成了犯罪。

第五,有关工具的规定。《唐律疏议·职制》"增乘驿马"条规定:"诸增乘驿马者,一匹徒一年,一匹加一等。应乘驿驴而乘马者减一等。"此条"疏议"引"驾部式"对这些工具作了补充:"六品以下前官、散官、卫官,省司差使急速者,给马。使回及余使,并给驴。"换乘就等于把交通工具变成了犯罪工具,要按律条科刑。

第六,有关后果的规定。《唐律疏议·斗讼》"妻妾殴詈夫父母"条规定:"殴子孙之妇,令废疾者,杖一百;笃疾者,加一等。"此条"疏议"引"户令"对作为后果的"废疾"和"笃疾"作了补充:"腰脊折,一支废,为废疾。""两目盲,二支废,为笃疾。"后果不同,处罚也不同,后者重于前者。

5. 适用法律、诉讼程序和执行方面的补充

唐令、格、式除了对犯罪构成中的一些内容作了补充外,还对适用法律、诉讼程序和执行方面的律文进行了补充。

首先,对适用法律的补充。《唐律疏议·诈伪》"妄认良人为奴婢部曲"条"疏议"引格的规定"随身与他人相犯,并同部曲法",说明对"随身"应适用的法律,解决了"妄认良人为随身,妄认随身为部曲"的问题。

其次,对诉讼程序的补充。《唐律疏议·名例》"八议者"条"疏议"引唐令对"八议"的程序作了补充:"依令,都堂集议,议定奏裁。"

最后,对执行的补充。《唐律疏议·名例》"除免官当叙法"条"疏议"引唐令对应除名罪犯的执行作了如下补充说明:"除名未叙人,免役输庸,并不在杂徭及征防之限。"

唐令、格、式对律条补充的前提是:律条所规定的犯罪行为是一种直接违反令、格、式的行为,必须能在令、格、式中找到相应的规定。否则,这种补充就如空中楼阁、无源之水,在唐律中不可能出现。

唐令、格、式对律条的补充大多是一种形式、一条条文补充一条律条,也有少数情况是一种形式、多条条文或多种形式补充一条律条。例如,《唐律疏议·卫禁》"奉敕夜开宫殿门"用三条"监门式"条文补充一条律条;《唐律疏议·杂律》"从征从行身死不送还乡"条用"军防令""丧葬令"和"兵部式"三条条文补充一条律条。可见,一条律条规定的犯罪行为大多是违反一种法律形式中某一方面的行为,也有少数律条是一条律条中规定的内容同时违反两种或两种以上法律形式所规定的内容。

唐令、格、式主要补充一些律条中较为重要的内容。其中,有些是律条中没有明文规定,如不补充会影响对律文含义的理解,故需通过补充明确律义,上文对"议贵"范围、传袭爵位人等的补充就是如此;有些是律文中规定的内容易混淆,经过补充可以加以区别,明辨彼此,上文对废疾与笃疾、散官与职事官等的补充就属此类;更多的是律条中虽有规定,但不详尽,通过补充可以使律文更为具体,避免偏颇,以上大多数补充都属此类。

经过补充,原来被认为是四种法律形式的律、令、格、式就融为一体,统一起来,使唐立法者的立法意图得到充分体现;同时,也使这四方面刑法内容得到协调,既互相渗透,又互相弥补。这样,不仅有利于百姓掌握唐朝法律的主要内容,也有利于司法官依法司法,避免错案。

第四章
唐律与唐令、格、式性质中的三个问题

探研唐律、令、格、式的性质问题,至今仍有较高的学术价值,因为这对于正确理解和认识唐朝法律乃至整个唐朝法制都有重要的意义。本章就有关唐律、令、格、式性质的三个问题,发表个人之管见。

一、关于《新唐书·刑法志》中"刑书"的真正含义问题

《新唐书·刑法志》对唐律、令、格、式的法律性质有一个十分精辟的阐述:"唐之刑书有四,曰:律、令、格、式。"这句话中的"刑书"就是指刑法之书,而不是指其他部门法之书。那么,为什么这里的"刑书"只是指刑法之书?理由如下:

其一,从"刑"字的发展及其本意看。"刑"字的含义在中国古代有个变化、发展的过程。在汉朝以前,"刑"字主要有以下几种含义:第一,"刑"具有"刑法""刑罚"的含义。《商君书·去强》中"以刑去刑"

和《韩非子》中"刑过不避大臣,赏善不遗匹夫"中的"刑"字即是如此。第二,"刑"字具有"杀戮"的含义。《战国策·魏策》中"刑白马以盟于洹水之上"中的"刑"字就是这样。第三,"刑"字具有"治理"的含义。《周礼·秋官》中"刑新国用轻典""刑平国用中典""刑乱国用重典"中的"刑"字即是如此。第四,"刑"字具有"法律"的含义。《左传·昭公六年》中"夏有乱政,而作禹刑"中的"刑"就是这样。另外,"刑"字还具有"典范""模型"等其他一些含义。可见,汉朝以前,"刑"字的含义很多。可是,汉朝以后,"刑"字的含义逐渐规范和减少;到了唐朝,只剩"刑书"和"刑罚"两种含义;清末以后,连"刑书"的含义也没有了,只剩"刑罚"一种含义。这一点已为中国一些著名学者所认同。蔡枢衡在《中国刑法史》一书中说,"刑"字"隶写虽仍有荆和刑之分,楷书一概作刑。刑既指刑书,也指刑罚,仍然一字二义。清末输入三权分立意识,法律与法令异其性质。刑书一义遂被淘汰。这就是刑字的历史"①。

上述《新唐书·刑法志》那句话中的"刑书"就是指刑法之书,它的主要内容就是规定罪和刑的问题。蔡枢衡在《中国刑法史》一书中又说:"刑书的主要内容是罪名、刑名和罪刑联系(即何罪处何刑)。"②

另外,从唐律、令、格、式的具体内容看,所涉及的范围已超出刑罚的范围,而在刑书的范畴之内。所以,这句话中的"刑书"取"刑法之书"之意较为科学和贴切。

其二,从"刑书"在《新唐书》中的位置看。"刑书"在《新唐书·刑法志》中。这一志所记载的就是与刑法有关的内容。古人设此志的目的就是要记载和反映一个朝代的刑法内容及其发展,而不是其他部门

---

① 蔡枢衡:《中国刑法史》,广西人民出版社1983年版,第102页。
② 同上书,第105页。

法。关于这一点,史学界已有定论。《二十六史述略》明确说:"(新唐书)《刑法志》一卷,记载了唐朝刑法制度及其演变情况。"① 此话是正确的。

笔者细阅《新唐书·刑法志》所有的内容以后,所得出的结论与《二十六史述略》中的说法完全一致。此志共有四十二个自然段,分为七个部分。第一部分有四个自然段,简要记述了前人用刑的得失、唐朝的四种刑书、"五刑"及其源流、"五刑"的刑等等一些内容。第二部分含五个自然段,主要阐述了自唐高祖至唐太宗时期刑法的制定情况,其中包括"约法十二条""新格五十三条",以及一些刑法诏令中的有关规定,如"加役流"等。第三部分有十一个自然段,专门记录了有关唐朝刑法实施的情况,涉及死刑的施行时间、刑具等一系列问题。第四部分有四个自然段,集中载录了唐太宗执政时期刑法制度改革的一些具体情况,突出了以宽仁治天下的思想。第五部分含八个自然段,叙述了自唐玄宗至唐宣宗间的主要刑事立法活动及其成果,主要是格和格后敕的编纂情况。第六部分有九个自然段,主要记述了自唐高宗至唐武宗时期各个皇帝实施刑法的概况,包括武则天时的"刑滥"、唐玄宗时的"几致刑措"等。第七部分仅一个自然段,对整个唐朝适用刑法的得失作了一个总结。综观全文,都在论述一个与刑法有关的问题,而"刑书"则是其中的一个组成部分。因此,这里的"刑书"解释为"刑法之书"完全顺理成章,而如果理解为"治书"或"法律典册",则与《新唐书·刑法志》的撰写本意和实际内容都不相吻合。如果把"刑书"理解为"治书"或"法律典册",那么唐朝的"治书"和"法律典册"仅有律、令、格、式吗?显然不是。

---

① 刘春升等主编:《二十六史述略》,辽宁大学出版社1986年版,第277页。

其三,从《新唐书》撰修者的情况看。从这一侧面也能证明上述"刑书"即是指刑法之书。第一,《新唐书》中包括刑法志在内的各志都由具有专长的权威人士撰写,他们均有丰富的专业知识和功底。例如,吕夏卿"学长于史,贯穿唐事,博采传记杂说数百家,折衷整比。又通谱学,创为世系诸表,于《新唐书》最有功云"①;刘羲叟"精算术,兼通《大衍》诸历,及修唐史,令专修《律历》《天文》《五行志》"②。撰写刑法志的人也是如此。欧阳修对这种安排及其取得的实际效果十分满意,他曾在《辞转礼部侍郎札子》中说:"范镇、王畴、宋敏求、吕夏卿、刘羲叟并从初置局,便编纂故事,分成卷草,用功最多。"③他们的才智都在撰写《新唐书》的各志中得到了充分的发挥,因而《新唐书》的撰修质量比较高,弥补了《旧唐书》中的许多不足。后人对《旧唐书》多不满意,认为它"纪次无法,详略失中,文采不明,事实零落"。《新唐书》对《旧唐书》进行了必要的修改和补充,而且文法不繁,有"其事则增于前,其文则省于旧"之称。④ 书成以后,宋仁宗十分满意,认为它"闳富精复,度越诸了矣,校仇有功,朕将据古鉴今,以立时治"⑤。今人也认为:"《新唐书》较《旧唐书》更具有一定的科学性。"⑥这样一部传世精品的作者难道会把"刑书"与"治书"或"法律典册"混为一谈吗?显然不会。第二,撰修《新唐书》的负责人欧阳修具有丰富的法学知识和司法经验。欧阳修的文学才华毋庸置疑,他的法学知识也不可忽视,同样需要肯定。据《宋史·欧阳修传》记载,欧阳修十岁时便考中进士甲科,以

---

① 《宋史·吕夏卿传》。
② 《宋史·刘羲叟传》。
③ 《欧阳文忠公集·卷九十一》。
④ 参见刘春升等主编:《二十六史述略》,辽宁大学出版社1986年版,第285页。
⑤ 《通考·经籍考》。
⑥ 刘春升等主编:《二十六史述略》,辽宁大学出版社1986年版,第286页。

后历任谏官、翰林学士、枢密副使、刑部尚书、知亳州等许多职位,还参加过范仲淹领导的"庆历新政"运动。这些职位和运动都要求他熟知法律,否则将无法行使职权。事实上,欧阳修也确实谙知法律。在《欧阳文忠公集》中,有多目与法制相切,《纵囚论》至今仍是研究纵囚问题的重要参考资料。同时,欧阳修还有丰富的司法经验。《宋史·欧阳修传》称赞欧阳修"论事切直",并记载了他任河北都运使时处理的一个刑事案件:"大将李昭亮、通判冯博文私纳妇女。修捕博文系狱,昭亮惧,立出所纳妇。"欧阳修依法对私纳妇女的犯罪嫌疑人冯博文进行了处理,并较为顺利地了结了此案。具有丰富法学知识和司法经验的欧阳修会允许在《刑法志》中把"刑书"当作"治书"或"法律典册"使用吗?他是不会允许的。

由此可见,《新唐书·刑法志》中"唐之刑书有四"这句话中的"刑书"就是指刑法之书,而不是其他什么书籍、典籍。刑法之书所载明的内容当然是刑法的内容,因此唐律、令、格、式都属于刑法部门,它们所规定的内容也是刑法的内容,而不可能是其他部门的内容。这既与史实相一致,也与法理无二致。

二、关于唐朝除了刑法以外有无其他部门法的问题

唐律、令、格、式都属刑法,那么会不会产生这样一个问题:唐朝只有刑法一个部门法了?只要细阅《唐六典》《唐大诏令集》和《通典》等一些古籍,这个问题便可迎刃而解。这些古籍记载了大量唐朝除刑法

以外的其他部门法的规定,其中包括组织法、行政法、经济法、民法、诉讼法等。下面逐一举例证之。

1. 组织法

唐朝有自己的组织法。唐朝组织法的内容包括各国家机关的名称、人数和职掌等,这些都是组织法所应规定的内容。《唐六典》记载了唐朝组织法的内容,既涉及中央机关,又包括地方机关,可以说无一遗漏。这里仅以中央吏部和地方机关的部门法为例。

《唐六典·吏部》对中央吏部的名称、人数和职掌等都作了具体的规定:"吏部。吏部尚书、侍郎之职,掌天下官吏选授、勋、封、考课之政令。凡职官铨综之典,封爵策勋之制,权衡殿最之法,悉以咨之。其属有四:一曰吏部,二曰司封,三曰司勋,四曰考功。尚书侍郎总其职务,而奉行其制命。郎中一人,掌考天下之吏之班秩品命。郎中一个,掌小选。员外郎一人,掌选院,谓之南曹。员外郎一人,掌曹务。司封郎中、员外郎,掌邦之封爵。司勋郎中、员外郎,掌邦国官人之勋级。考功郎中之职,掌内外文武官吏之考课。员外郎,掌天下贡举之职。"

《唐六典·县官吏》对全国诸州所属县的官吏人数、官品、职掌等都作了规定。唐朝的县分为上、中、下县,其中的官吏人数等不尽相同。这里仅以上县为例:"诸州上县令一人,从六品上。丞一人,从八品下。主簿一人,正九品下。尉二人,从九品下。录事二人。史三人。司户佐四人。史七人。司法佐四人。吏八人。市令一人。佐一人,史一人,帅二人,仓督二人。博士一人。助教一人。学生四十人。"

《唐六典·县官吏》还对县官吏的职掌作了如下规定:"京、畿及天下诸县令之职,皆掌导扬风化,抚字黎氓,敦四人之业,崇五土之祠,养鳏寡,恤孤穷,审察冤屈,躬亲狱讼,务知百姓之疾苦。所管之产,量其资产,类其强弱,定为九等。其户皆三年一定,以入籍账。若五九、三疾及中、丁多少,贫富强弱,虫、霜、旱、涝、年收耗实,过貌形状及差科。簿皆亲自注定,务均齐焉。若应收、授之田,皆起十月,里正勘造簿历,十一月县令亲自给授,十二月内毕。至于课役之先后,诉讼之曲直,必尽其情理。每岁季冬之月,行乡饮酒之礼:六十以上坐堂上,五十以下立侍于堂下,使人知尊卑长幼之节。若籍账、传驿、仓库、盗贼、河堤、道路,虽有专当官,皆县令兼综焉。县丞为之式。主簿掌付事勾稽,省署抄目,纠正非违,监印,给纸笔杂用之事。录事赏受事发辰,检勾稽失。县尉亲理庶务,分判众曹,割断追征,收率课调。博士专以经术教授诸生,二分之月,释奠于先圣先师。"

2. 行政法

唐朝颁行过自己的行政法,数量不算少,主要规定了行政机关和行政官吏的行政行为等。在唐朝皇帝颁布的诏敕等形式中有不少行政法的内容,仅在《旧唐书·太宗本纪》中就记载了多个唐太宗以诏敕等形式所颁布的行政法的规定。这里列举三例:

贞观二年(628年)四月,唐太宗第一次颁布了一个要求全国州、县都必须设置"义库"以备急用的规定:"初诏天下州县并置义库。"

贞观四年(630年)七月,唐太宗颁布了一个要求各级官吏及时上报不适时诏敕的规定:"令有司:'诏敕不便于时,即宜执奏,不得顺旨施行。'"

贞观十四年(640年)正月,唐太宗又颁布了一个要求各级官吏阅读时令的规定:"命有司读时令。"

3. 经济法

唐朝也有自己的经济法,数量不少,其主要内容包括租赋、劳役、赈贷等一些方面。《旧唐书》同样记载了有关经济法的一些规定,多在皇帝的诏敕内。这里也列举三例:

《旧唐书·太宗本纪》记载了贞观元年(627年)六月唐太宗颁布的一个诏令,内容是有关免除山东地区租赋的问题:"山东诸州大旱,令所在赈恤,无出今年租赋。"

《旧唐书·高宗本纪》记载了贞观二十三年(649年)六月唐高宗颁布的一个诏令,内容涉及在军内服劳役的问题:"雍州及诸州比年供军劳役尤甚之处,并给复一年。"

《旧唐书·高宗本纪》记载了永徽二年(651年)正月唐高宗发布的一个诏令,内容是有关向全国受灾地区赈贷的问题:"去岁关辅之地,颇弊蝗螟,天下诸州,或遭水旱,百姓之间,致有罄乏。此由朕之不德,兆庶何辜?矜物罪己,载深忧惕。今献岁肇春,东作方始,粮廪或空,事资赈给。其遭虫水处有贪乏者,得以正、义仓赈贷。"

4. 民法

唐朝也有一些关于民法的内容,涉及的领域包括所有权、债权和继承权等。《通典》等史籍中有这些领域内容的记载。这里也举三例:

《通典·食货·田制下》记载了一个开元二十五年(737年)颁布的关于土地所有权的规定:"诸永业田,皆传子孙,不在收授之限,即子除犯除名者,所承之地,亦不追。每亩课种桑五十根以上,榆枣各十根以上,三年种毕。乡土不宜者,任以所宜树充。所给五品以上永业田,皆不得狭乡受,任于宽乡隔越射无主荒地充。其六品以下永业,即听本乡取还公田充,愿于宽乡取者亦听。"

《通典·食货·田制下》还记载了一个唐朝关于土地买卖的规定:"诸买地者,不得过本制。虽居狭乡,亦听依宽制。其卖者不得更清。"

《宋刑统·户婚律》"户绝资产"条记载了唐开成元年(836年)发布的敕令中关于出嫁女继承权的规定:"自今后,如有百姓及诸色人死绝无男,空有女,已出嫁者,令文合得资产。"

5. 诉讼法

唐朝的诉讼法比较发达,内容也不少,仅在《唐大诏令集·政事·恩宥》中关于赦宥的规定就有三十余条,内容包括"曲赦""大赦""宥"等数种。这里也选录三例证之:

《唐大诏令集·政事·恩宥一》记载了一个贞观九年(635年)三月大赦的诏令,这个诏令规定:"自贞观九年三月十六日昧爽以前,大辟罪以下,皆赦除之。其常赦不免者,不在赦例。鳏寡孤独不能自存者,所在官司量加振恤。"

《唐太诏令集·政事·恩宥一》还记载了一个开元八年(720年)九月公布的"宥京城罪人敕",这个敕规定:"其京城内犯罪等人,昨令按覆,其中造伪头首及谋杀人断死者,杖一百配岭南恶处。杂断死罪,决一顿免死者,配流远处;杂犯流移者,各减一年。杖罪以下并免。"

《唐大诏令集·政事·恩宥四》记载了一个大和八年(834年)十二月颁行的"曲赦京畿德音",它规定:"应京百司及畿内诸县见禁囚徒,应犯死罪,特降从流;流以下者,递减一等。如欠负官钱,情非巨蠹,责保填纳,不要禁系。惟故杀人者,及官典犯赃,不在此限。"

以上列举的史料可以证明,唐朝还有组织法、行政法、经济法、民法和诉讼法等一些部门法,它们都有自己调整的社会关系和独特内容,而且都不在唐律、令、格、式之中。可见,唐朝是一个具有多个部门法而不是单一刑法的朝代。唐朝绝不会因为律、令、格、式的内容都属刑法而只剩下刑法,不存在其他部门法。当然,与以上这些部门法相比,唐朝的刑法更为发达,无论在体系还是内容方面,都更为系统和完善。可以认为,唐朝的刑法占据各部门法之首,这亦与整个中国古代重刑轻民的状况相符合。

三、关于对《唐律疏议·杂律》"违令"条及其"疏议"的理解和相关的一些问题

正确理解《唐律疏议·杂律》"违令"条及其"疏议"很重要,因为它直接关系到唐令、式的法律性质等许多问题。

先看此条的律条。《唐律疏议·杂律》"违令"条规定:"诸违令者,笞五十(注曰:谓令有禁制而律无罪名者);别式,减一等。"

关于这一律条有这样三个问题值得注意,不可误解:第一,律条中的"诸",应理解为"凡是"或者"所有",具有"包含全部"的意思。第二,律条所指的"违令"行为,是指那些唐令规定为禁止而在唐律中无明文规定的行为,不是指所有的违令行为,更不是指那些在唐律中有明文规定的违令行为。第三,律条所言的"别式",是指违反唐式的行为,同样是那些唐式规定为禁止而在唐律中无明文规定的行为。因此,这一律条的正确解释应是:"凡违令的(指令所禁止做而律上又无罪名的

情况),处笞打五十,违式的,比违令减轻一等处罚。"①

再看此律条的"疏议"。《唐律疏议·杂律》"违令"条"疏议"对律条中的有关问题作了以下解释:"疏议曰:'令有禁制',谓仪制令'行路','贱避贵,去避来'这类,此是'令有禁制,律无罪名',违者,得笞五十。'别式减一等',谓礼部式'五品以上服紫,六品以下服朱'之类,违式文而著服色者,笞四十,是名'别式减一等'。物仍没官。"

需要特别注意的是,这段"疏议"中引用的仪制令和礼部式中的两段规定列举的都是一种例子,是要说明在唐令、式中有许多像这两段规定中那样的情况,即在唐令、式中"有禁制"而"律无罪名"。对于这类情况,都要以违令或违式加以处罚,即笞五十或笞四十。因此,绝不能理解为:只有这两段规定才适用违令或违式的规定,其他唐令、式中有禁制而律无罪名的情况都不适用违令或违式的规定。笔者认为,关于这个问题,如下解释是比较正确的:"疏议说:'法令有所禁止制约'是说《仪制令》有规定'在路上行走,卑贱的人应避让来的人'等这一类。这叫作'法令上有禁止制约,而法律无罪名',违令的,应予处笞刑五十小板。'对别的式文违反,减轻一等',是说按《礼部式》规定'五品以上官员穿紫色公服的,六品以下官员穿红色公服'等这一类,违犯这类式文规定穿着服色的,判处笞刑四十小板,这叫作违犯'别的式文规定,减轻一等'。对于所用的不合规定的服色衣物,仍旧没收归公。"②

事实上,也确有许多违反了唐令、式而律无罪名规定的行为,都要按上述违令、式的规定,受到笞五十、笞四十的处罚,而不仅仅是《仪制令》和《礼部式》中的两段规定。《唐律疏议》中另有多条按违令、式处

---

① 钱大群:《唐律译注》,江苏古籍出版社1988年版,第357页。
② 曹漫之主编:《唐律疏议译注》,吉林人民出版社1989年版,第937—938页。

罚的规定,下面各摘录两段以观之:

《唐律疏议·擅兴》"私有禁兵器"条规定,凡是得到他人遗失的禁兵器、盔甲和朝服并在三十日内不上交官府的,要按私有禁兵器的规定进行处罚,即"得阑遗,过三十日不送官者,同私有法",其量刑幅度在徒和绞之间。可是,此律条并没有规定三十日内不交要如何处置。不过,此条"疏议"援引了军防令中的规定,认为应以违令处罚:"'即得阑遗,过三十日不送官',谓得阑遗禁兵器以下,三十一日不送官者,同私有法。既称过三十日,即三十日内不合此罪。又,依军防令:'阑得甲仗,皆即输官。'不送输者,从'违令',笞五十。"

《唐律疏议·斗讼》"越诉"条规定,凡是越诉的和受理越诉的,都要被判刑,幅度在笞、杖之间。此律条也没有规定对"请状上诉,不给状"的行为如何处置。然而,此条"疏议"作了说明,认为应以违令科罪:"若越过州诉,受词官人判付县勘当者,不坐。请状上诉,不给状,科'违令',笞五十。"

《唐律疏议·擅兴》"校阅违期"条专门打击在大集校阅时违期不到位的行为,其量刑幅度在杖、徒之间。此律条同样没有规定对不参加折冲府举行校阅的行为如何处置。此条"疏议"作了解释,认为这是一种违式行为,应按违式进行处罚,即被笞四十:"其折冲府校阅,在式有文,不到者,各准'违式'之罪。"

《唐律疏议·擅兴》"乏军兴"条禁止耽误军事征调的行为,处刑是绞或杖。此律条也没有提及在尚未从军征讨时寻求行军用具等是不是一种违律行为。不过,此条"疏议"作了规定,认定这是一种违式行为,应被笞四十:"随身七事及火幕、行具细小之物,临军征讨,有所缺之,一事不充,即杖一百。注云'谓临军征讨',亦据临战,不及别求。若未从军,尚容求觅,即从'违式'法。"

事实上,这种以违令、式形式制裁的违唐令、式而不违唐律的犯罪行为数量很多。可以这样认为,用违令、式形式制裁的犯罪行为数量要大大超过唐律中所规定的犯罪行为,因为唐令、式数量很多,规定在唐律中而未列罪状的只是极少数。依据《唐六典·刑部》的记载,唐令"分为三十卷","大凡一千五百四十有六条焉";[①]唐式也有"三十有三篇"。唐律除名例律外,只有四百四十三条(或四百四十五条)、十一篇,根本不可能规定大多数违唐令、式的犯罪行为。因此,《唐律疏议·杂律》"违令"条要惩处大多数违令、式的犯罪行为,这些犯罪行为只违反了唐令、式的规定,而在唐律中又无明文规定。从中亦可见,此"违令"条在打击犯罪和维护唐朝统治秩序中的作用和地位不可低估,应引起足够的重视。

能不能因为在唐令和式的令条和式条中没有法定刑的内容而否认其刑法性质?不能。法学理论告诉我们,法律规范通常由三个部分组成,即假设、处理和制裁。从具体法条看,往往会缺少其中的某一部分,这个缺少的部分规定在其他法条中。刑法分则的法条也是如此。这种法条通常由罪状和法定刑两部分组成,罪状部分相当于假设和处理部分,法定刑部分相当于制裁部分。如果在一个刑法分则的法条中没有规定法定刑部分,那么肯定会在其他法条中规定,因为法定刑是刑法分则法条中不可缺少的组成部分。唐朝刑法分则的法条也是如此。违反了唐令、式的行为都要受到刑罚的处罚,有关法定刑的规定大致可分为两大类:一类是违反了唐令、式并能在唐律中找到具体的相应条款,按

[①] 据《旧唐书·刑法志》记载,唐太宗贞观十一年(637年)刊定的唐令有三十卷、一千五百九十条,略多于《唐六典·刑部》记载的数字。

唐律的相应规定进行处罚。例如，田令规定："应收授之田，每年起十月一日，里正预校勘造簿，县令总集应退应受之人，对其给授。"①违反这一规定的，唐律便要追究其刑事责任。《唐律疏议·户婚》"里正授田课农桑违法"条规定："若应受而不授，应还而收，应课而不课，如此事类违法者，失一事，笞四十。"又如，职方式规定："放烽讫而前火烽不举者，即差脚力往告之。"②违反这一规定的，也要被唐律追究刑事责任。《唐律疏议·卫禁》"烽候不警"条规定："诸烽候不警，令寇贼犯边；及应举烽燧而不举，应放多烽而放少烽者：各徒三年；若放烽已讫，而前烽不举，不即往告者，罪亦如之。"另一类是违反了唐令、式并不能在唐律中找到具体的相应条款，按唐律"违令"条的规定追究刑事责任，法定刑是笞五十或笞四十。这类情况很多，如上所述。总之，违反了唐令、式都要被追究刑事责任，受到刑罚处罚，只是法定刑不同而已。刑法学理论告诉我们，只有对违反了刑法规定的犯罪行为才能施以刑罚。违反了唐令、式的行为都要被处以刑罚，它们的刑法性质从而也就确定无疑了。

最后，还要提及的是，刑法与其他部门法有多个明显的区别，其中之一是它所调整的社会关系特别广泛，所要制裁的犯罪行为是那些严重危害各部门所调整的社会关系的行为。除刑法以外的各部门法都调整自己特有的某一类社会关系，并用自己特定的制裁方式（当然是非刑事制裁方式）制裁一些违反了本部门法规定的行为。然而，当这些行为严重危害本部门法所调整的社会关系并达到犯罪程度的时候，这些行为就不再由本部门法调整，而由刑法调整并用刑罚进行处罚。这

---

① 《唐律疏议·户婚》"里正授田课农桑违法"条"疏议"。
② 《唐律疏议·卫禁》"烽候不警"条"疏议"。

样,刑法所调整的社会关系就特别广泛,涵盖了其他部门法所调整的社会关系。因此,尽管"令者,尊卑贵贱之等数,国家之制度也;格者,百官有司之所常行之事也;式者,其所常守之法也"①,所调整的社会关系不同,但这并不妨碍它们的刑法性质。唐朝刑法所调整的范围本身就十分广泛,包括了唐令、格、式所调整的对象。关于这一点,《新唐书·刑法志》早已作了回答:"凡邦国之政,必从于此(令、格、式——引者注)三者。其有所违反人之为恶而入于罪戾者,一断以律。"此话没有讲错。

---

① 《新唐书·刑法志》。

第五章
唐律与制敕

唐律与制敕都是唐朝立法中的一个重要方面,它们的关系如何?此处作一初探。

一、唐律与制敕的区别

在唐朝,唐律与制敕都是重要的法律形式,但亦有区别。唐律是比较稳定、适用范围较为广泛的刑法典。"律以正刑定罪。"[1]制敕则是皇帝就特定的人或事发布的命令。唐玄宗时,明确"命曰制、敕"[2]。制敕(特别是在唐玄宗前)常与诏令具有同等意义。唐律与制敕主要有以下区别:

第一,在颁行的时间方面。唐律与制敕在颁行的时间上有先后。据《旧唐书·刑法志》所载,唐朝第一部律即《武德律》开始制定于唐高

---

① 《唐六典·刑部》。
② 《资治通鉴·玄宗开元元年》。

祖武德元年(618年)十一月,颁行于武德七年。"武德七年五月奏上","于是颁行天下"。在此以前,唐高祖已通过制敕形式先后颁布了"宽大之令""约法十二条"和"五十三条格"等。唐律颁行在后,制敕颁行在前,有个"时间差",这是区别之一。

第二,在反映的意志方面。唐律与制敕都是唐朝法律的组成部分,也都是唐地主阶级意志的反映,但各有侧重。唐律侧重反映唐地主阶级的整体意志,制敕侧重反映唐皇帝的个人意志。这可从制定者的组成和制定时间两个方面看。唐律通常由各方面官吏制定,而且制定时间较长。据《旧唐书·刑法志》和《进律疏表》记载,《武德律》《贞观律》《永徽律》《永徽律疏》等的制定,都有十余人参加,其中包括行政官、立法官、司法官、监察官和律博士等;花费时间较长,如《武德律》用了近七年,《贞观律》用了十余年。参加人员较多,制定时间较长,有利于总结前人的立法经验和教训,充分考虑律的内容,正确反映整个地主阶级的意志和愿望。制敕的制定通常在较短时间内完成,参加人员也较少。在现保存在唐太宗昭陵博物馆库房里的一块给临川公主爵号的诏书石碑上,落款只有中书和门下两省的负责人,前后只用了两天。在时间短的情况下,立法者首先考虑的是反映皇帝的意志,满足皇帝的要求。唐皇帝虽是唐地主阶级的总代表,但他的意志要受到各种条件的限制,有时难免会与唐地主阶级的整体意志不尽一致。这就与唐律反映的意志有些差异,这是区别之二。

第三,在规定的内容方面。唐律是唐朝的主要法典,也是刑法典,有体系,而且内容较完整,共分为十二篇。前一篇为一般原则,如"五刑""十恶""八议"等。后十一篇为各种犯罪,律条结构分为罪状和法定刑两部分,类似于现行刑法典的法条。例如,《唐律疏议·户婚》"里正不觉脱漏增减"条规定:"诸里正不觉脱漏增减者,一口笞四十,二口加一等,过杖一百,十口加一等,罪止徒二年。"前部为罪状,后部为法定刑。制敕是皇帝随人或事发布的命令,内容一般比较简单。唐玄宗时,宇文融犯了罪,唐玄宗就"制穷治其事,融坐流岩州"①。同时,制敕大多是一些皇帝指定某机关或官吏去办某事的命令,涉及刑法的较少。据统计,在《贞观政要》中所载的六十三个制敕中,仅有四个与刑法有关。在《资治通鉴》记载的唐玄宗开元前十一年所颁布的六十一个制敕中,也只有十个与刑法有关。概言之,唐律是有体系的刑法典,而制敕较为简单,内容与刑法有关的也不多,这是区别之三。

第四,在适用范围方面。唐律是全国定罪量刑的主要依据,适用范围极广。《新唐书·刑法志》载,凡违反了唐令、格、式"而入于罪戾者,一断以律"。唐律也是这样认为的。《唐律疏议·名例》前言把唐律比作"权衡之知轻重,若规矩之得方圆",说是"同符画一者矣"。制敕的适用范围比较狭窄,仅适用于制敕中所指的人或事,而对其他人或事无效。司法官也不得擅自引用制敕去断其他案件,否则将构成犯罪,并要受到处罚。唐律的适用范围较广,制敕则较窄,这是区别之四。

第五,在作用方面。唐律与制敕对社会的作用也随着时间的推移而有所不同。一般来讲,唐律在唐玄宗前是司法官定罪量刑的主要依据。唐玄宗后,制敕的地位日益提高,甚至可以代律、破律,司法官以制敕而不以律断狱的情况越来越普遍。这种情况还得到了朝廷的许可。唐穆宗在长庆三年(823 年)规定:"自今以后,两司检详文法,一切取最向后敕为定。"②唐律与制敕作用的变化还可从它们的撰修情况看。唐玄宗前,分别在武德元年、贞观元年、永徽二年和三年(652 年)、垂拱元年(685 年)、开元二十二年(734 年)、天宝四年(745 年)七次撰修唐

---

① 《资治通鉴·玄宗十一年》。
② 《宋刑统·断狱》"断罪引律令格式"门。

律。撰修律是当时主要的立法活动,律发挥着应有的作用。但是,在唐玄宗后,情况为之一变,先后在贞元元年(785年)、元和二年(807年)、元和十三年(818年)、太和七年(833年)、开成四年(839年)、大中五年(851年)、大中七年(853年)进行的七次主要立法活动中,每次都与编纂制敕有关,而与唐律无关。唐律的实际地位下降,不为社会所重视,取而代之的是制敕。可见,唐律在唐前期的司法活动中起主要作用,后期则让位于制敕,这是区别之五。

此外,唐律与制敕在制定程序、数量等方面也不尽相同,这里就不再一一展开。

二、唐律与制敕的联系

唐律与制敕有区别的一面,也有互相联系、互为影响的一面,主要表现在:

第一,唐律吸收了制敕中的某些原则和内容。即在撰修唐律的过程中,把制敕中的某些原则或内容体现于或收入唐律,使其成为唐律的一个组成部分。

制敕是唐皇帝根据统治需要而制定的,它的产生和存在具有一定的现实性和合理性,有的还有一些普遍意义,直接有助于维护唐地主阶级的统治秩序。因此,在撰修唐律的过程中,把那些行之有效的制敕原则或内容融合在唐律中也就十分必要。可以说,这是唐地主阶级的本能。《贞观律》是唐律的定本,颁行于贞观十一年(637年)正月,不少在此前颁行的制敕的原则或内容就成了唐律的组成部分。

一是唐律吸收了制敕的一些原则,并在律文中得到具体反映。唐太宗执政时,针对原有法律中的不合理部分提出了自己的看法,并在制敕中作了原则的规定,以后的立法者使其具体化。《贞观律》中体现的用法宽简的原则就属此种情况。唐太宗即位后,曾对侍臣们说:"前代不行肉刑久矣,今忽断人右趾,意甚不忍。"他主张用刑要宽简。从这一原则出发,唐太宗"令参掌删改之"①。在以后颁行的《贞观律》中,这个原则确实得到了充分体现。《旧唐书·刑法志》载,《贞观律》与隋代旧律相比,削烦去蠹,变重为轻者,不可胜纪。

二是唐律直接引入制敕中的内容。这适用于制敕的内容具有普遍意义、不经大的变动就可为唐律所用的情况。唐太宗时期制敕中规定的春夏时不得执行死刑的制度被引入唐律就是典型的一例。《旧唐书·刑法志》载,唐太宗曾"制在京见禁囚,刑部每月一奏,从立春至秋分,不得奏死刑。其大祭祀及致斋、朔望、上下弦、二十四气、雨未晴、夜未明、断屠日月及假日,并不得奏死刑"。这些内容都为唐律所吸取。《唐律疏议·断狱》"立春后秋分前不决死刑"条规定:"诸立春之后、秋分以前决死刑者,徒一年";"若于断屠月及禁杀日而决者,各杖六十"。此条"疏议"还作了进一步解释:"大祭祀及致斋、朔望、上下弦、二十四气、雨未晴、夜未明、断屠月日及假日,并不得奏决死刑。"②

三是唐律采纳了经修改后的制敕的内容。这适用于制敕的内容在总体上能被广泛使用只是个别地方需修正的情况。父兄缘坐问题就属此种情况。《新唐书·刑法志》载,旧律规定:"兄弟分居,荫不相及,而连坐则俱死。"唐太宗在一次录囚时发现"同州人房强以弟谋反当从坐",并为之"动容",说:"反逆有二:兴师动众一也,恶言犯法二也。轻

---

① 《旧唐书·刑法志》。
② 《新唐书·刑法志》。

重固异,而钧谓之反,连坐皆死,岂定法耶?"他于是下令:"反逆者,祖孙与兄弟缘坐,皆配没;恶言犯法者,兄弟配流而已。"遵照这一敕令,"玄龄等遂与法司增损隋律",并将其纳入唐律,从而"降大辟为流者九十二,流为徒者七十一"。但是,入律后的内容与原制敕不完全相同。重点缘坐的是"兴师动众"者兄弟,没有过分追究"恶言犯法"者兄弟。《唐律疏议·贼盗》"谋反大逆"条是这样规定的:诸谋反及大逆者的兄弟"没官",而虽谋反但"词理不能动众,威力不足率人者"的父子、母女、妻妾"并流三千里",未言兄弟。

第二,唐制敕重申、补充或破唐律。唐统治者还利用制敕的特点,发挥唐律所起不到的作用。

一是唐制敕重申唐律的规定。唐律虽是司法官定罪量刑的主要依据,但由于受到各种因素的干扰,司法官也会偏律断狱。为了维护唐律的尊严,唐皇帝用制敕重申律的内容,纠正错断倾向。这在唐太宗时就已存在。贞观五年(631年),唐太宗杀了张蕴古后,"法官以失出为诫,有失入者,又不加罪,自是吏法稍密"。唐太宗发现后,就问大理卿刘德成造成此状况的原因。刘德成认为:"律,失入减三等,失出减五等。今失入无辜,而失出为大罪,故吏皆深文。"唐太宗听后很吃惊,遂命"失出入者皆如律"。此命令后来收到了较好的效果,"自此吏亦持平"[①]。

二是唐制敕补充唐律。补充唐律是制敕的一大功能,具体又分为以下几种:

首先,制敕在程序上补充唐律。例如,《武德律》没对死刑的集议作过规定,为了防止产生冤狱,唐太宗认为朝廷大臣应负起此职,"古者断,讯于三槐、九棘"。他在贞观元年(627年)下诏:"死罪,中书、门

---

① 《新唐书·刑法志》。

下五品以上及尚书等平议之。"①

其次,制敕在罪名上补充唐律。例如,唐律只规定私铸钱是犯罪行为,但未言及私销和私贮钱的行为。《唐律疏议·杂律》"私铸钱"条只规定:"诸私铸钱者,流三千里。"以后的制敕对此作了补充,认为私销和私贮钱也是犯罪行为,同样要受到处罚。宝历元年(825年)八月的敕规定:"销铸见钱为佛像者,同盗铸钱论。"②元和十二年(817年)正月的敕则规定:"所有私贮见钱,并不得过五千贯。如有过此,许从敕出后,限一月内,任将市别物收贮。……如限满后有违犯者,白身人等,宜付所司,决痛杖一顿处死,其文武官及公主等并委有司闻奏,当重科贬。"

最后,制敕在刑罚上补充唐律。这种补充形式是多方面的,主要有:其一,增加新刑种。唐律规定的刑罚主要是"五刑",制敕却规定了"五刑"以外的刑罚,杖杀就是一种。建中三年(782年)八月二十七日的敕规定:"其十恶中恶逆以上四等罪,请准律用刑。其余应合处绞、斩刑,自今以后,并决重杖一顿处死,以代极法。"③其二,合并用刑。唐律规定以一罪一刑为原则,而制敕却有合并用刑,出现不少一罪二刑的情况。例如,元和六年(811年)九月,"富平县人梁悦,为父杀仇人秦果,投县请罪"。唐宪宗为此下敕曰:梁悦"志在徇节,本无求生之心,宁失不经,特从减死之法。宜决一百,配流循州"④,同时使用了杖与流两种刑罚。其三,扩大连坐范围。例如,唐律对官吏犯赃并未规定连坐,而制敕却规定官吏犯赃要罪及长官。《唐会要·卷四十一》载,建中元年(780年)一月二十一日,京兆尹魏少游奏曰:"今以后丞、簿、尉

---

① 《贞观政要·刑法第三十一》。
② 《唐会要·郊议》。
③ 《宋刑统·名列》"五刑"门。
④ 《旧唐书·刑法志》。

有犯赃私,连坐县令,其罪减所犯官二等。冀递相管辖,不得为非。敕旨:依。天下诸州准此。"

三是唐制敕破唐律。唐制敕不仅补充唐律,还破唐律,即其规定明显不同于唐律,与唐律的内容相矛盾。这主要表现在以下一些方面:

首先,制敕在用刑上重于唐律。"安史之乱"以后,这一现象较为普遍。例如,唐律规定,子孙别籍异财的只徒三年。《唐律疏议·户婚》"子孙别籍异财"条规定:"诸祖父母、父母在,而子孙别籍异财者,徒三年。"但是,乾元元年(758年)四月颁布的敕却规定,要杖、流并施。此敕规定:"百姓中有事亲不孝,别籍、异财。玷污风俗,亏败名教,先决六十,配隶碛西。有官品者,禁身奏闻。"①

其次,制敕在用刑上又轻于唐律。制敕在用刑上有重于唐律的一面,也有轻于唐律的一面。据《旧唐书·刑法志》载,元和八年(813年),唐宪宗从治国"必先德化"出发,下诏规定:"两京、关内、河东、河北、淮南、山南东西道死罪十恶、杀人、铸钱、造印,若强盗持仗劫京兆界中及它盗赃逾三匹者,论如故,其余死罪皆流天德五城,父祖子孙欲随者,勿禁。"唐律内死罪律条共有二百三十三条,此诏规定在上述六大地区被判死罪者仅限于六种,用刑不能不说是轻于唐律。

最后,制敕甚至用行政处分代替唐律规定的刑罚。唐朝用罚俸等行政处分形式代替唐律规定的刑罚的情况也不少见。《唐律疏议·职制》"官上无故不上"条规定,凡官吏超假不按时到任的,"一日笞二十,三日加一等;过杖一百,十日加一等"。制敕的规定却不然,只要罚俸即可。《唐会要·卷八十二》载,贞元二十一年(805年),御史奏曰:"今请准例三品以上,假满日,正衙见,如有违越,请准乾元元年三月

---

① 《册府元龟·刑法》。

敕,每犯夺一月俸。依奏。"这与唐律的规定大相径庭。此类实例也屡见于史册。《唐律疏议·斗讼》"于宫内忿争"条规定,官吏"于宫内忿争者,笞五十","殿内,递加一等,伤重者,各加斗伤二等"。但是,《旧唐书·敬宗上》载,宝历二年(826年),"右赞善大夫李光现与品官李重实急忿,以笏击重实流血",仅"罚两月俸料"。《唐律疏议·职制》"上书奏事误"条规定,凡是上书或奏事有误的,"杖六十";口误,"减二等"。但是,《唐语林·卷四容止》载,大中十二年(858年)正月,柳公权止奏时把尊号"圣敬文思和武光孝皇帝"误说成"光武和孝",也只"罚一季俸"。

三、唐朝需要制敕的历史原因

唐律颁行后,为什么还需有制敕?这有一定的历史原因,主要包括:

第一,唐律不能包罗所有的犯罪行为。人的主观思想与客观现实总有一定的距离。特别是在当时的历史条件下,唐立法者不可能把所有的犯罪行为都列入唐律。关于这一点,唐律本身也直言不讳。《唐律疏议·杂律》"不应得为"条"疏议"说:"杂犯轻罪,触类弘多,金科玉条,包罗难尽。"这些行为在不同程度上损害了封建统治秩序,不可不处罚,而唐律却又显得无能为力,因为它主张"犯罪之人,皆有条制。断狱之法,须凭正文"①。在这种情况下,就须有一种能起到"临时处

---

① 《唐律疏议·断狱》"断罪不具引律令格式"条。

断,量情为罪,庶补遗缺"①作用的法律形式为唐统治者服务。制敕就是这样一种较为理想的形式。

第二,社会情况在不断变化。社会总在千变万化之中,每天都有新情况产生,常有新的法律关系需由唐律调整。但是,唐律却满足不了这种需要,因为中国古代有这样的惯例:后代皇帝不敢随便刊改"祖宗之制",唐朝即如此。开成元年(836年)三月,一位刑部侍郎曾上奏说:"律、令、格、式,著目虽始于秦、汉,历代增修,皇朝贞观、开元又重删定,理例精详,难议刊改。"②要以不变的律去应万变的情况,显然不足以成事,实际状况也是如此。唐律中有些内容是维护均田制和租庸调制的。《唐律疏议·户婚》"卖口分田"条规定:"诸卖口分田者,一亩笞十,二十亩加一等,罪止杖一百;地还本主,财没不追。"但是,在唐开元、天宝之际,均田制已随着大批农民沦为客户或逃户而逐渐瓦解。唐律中的这类规定实成具文,诸如此类的还有不少。形势要求有一种能以变应变的法律形式补律之不足,制敕属最佳。

第三,制敕是一种较为灵活的法律形式。唐制敕具有一种律、令、格、式等都不及的特点——灵活性。皇帝可根据需要,随时发布制敕,以应事为。唐律赋予皇帝这种权力,确认其为合法。《唐律疏议·断狱》"辄引制敕断罪"条"疏议"说:"事有时宜,故人主权断制敕,量情处分。"由于制敕具有唐律等相对稳定的法律形式所不具有的特点,可随时反映统治阶级的意志,而且得到唐律的认可,所以由它补充唐律的不足就十分顺当了。

第四,制敕的法律地位高于律。制敕要适应李唐皇帝的统治需要,不仅要补律,还要破律,这就需要赋予制敕比律更高的法律地位,否则

---

① 《唐律疏议·杂律》"不应得为"条。
② 《唐会要·定格令》。

司法官仍不敢用与唐律相冲突的制敕断狱。李唐皇帝也明白这一点，所以他们下诏重申制敕的法律地位，强调司法官必须依敕办案，在唐后期尤其如此。唐穆宗对以敕断案的态度十分明确："敕旨：宜依。"①当然，唐律中的相应规定自然失效了。也因为如此，制敕破律便从可能变为现实了。

唐制敕应运而生以后，与唐律的矛盾随之而来，在唐太宗时已经如此。《贞观政要·公平第十三》载，在贞观的"朝廷大开选举"时，有"诈伪阶资者"进行破坏。于是，唐太宗下敕："令其自首，不首，罪至于死。"但是，此敕与律相违，"据法断流"。此敕造成了司法混乱，如唐太宗自己所说："朕初下敕，不首者死，今断从法，是示天下以不信矣。"此外，还有制敕互相矛盾的。《贞观政要·纳谏第五》载，贞观三年（629年），唐太宗颁敕："关中免二年租税，关东给复一年。"不久，他又颁敕："已役已纳，并遣输纳，明年总为准折。"两规定前后抵牾，以致知前者时"老幼相欢，或歌且舞"，闻后者后又"道路之人，咸失所望"。这种情况在唐玄宗后更趋恶化。《旧唐书·刑法志》载，唐德宗在大历十四年（780年）的赦书中不得不承认："自至德已来制敕，或因人奏请，或临事颁行，差互不同，使人疑惑。"再后来的情况更糟。《旧唐书·刑法志》载，到了唐朝后期，制敕也是"一切临时苟且，或重或轻，徒为繁文"。

唐朝的统治者似乎已觉察到上述弊端，早在贞观时，唐太宗就说："诏令格式，若不常定，则人心多惑，奸诈益生。"②于是，他们采取了一些措施进行补救：

其一，设门下省审制敕。唐把中央中枢机关分为中书、门下和尚书

---

① 《宋刑统·断狱》"断罪引律令格式"门。
② 《贞观政要·赦令第三十二》。

三省。其中,门下省行使审核中书省所拟制敕的职能,凡要颁行的制敕皆须经门下省同意,否则就"封驳",退回中书省修改,直至放行为止。门下省审核的目的之一是防止唐律与制敕间的不协调。这一程序可简单地表述为:"中书取旨,门下复奏,尚书施行。"①

其二,要求国家官吏及时汇报不便施行的制敕。唐朝的一些统治者还要求各级官吏及时反映不便于实施的制敕,唐太宗就是一个典型。贞观三年(629年),唐太宗对侍臣们说:"中书、门下,机要之司,擢才而居,委任实重。诏敕如有不稳便,皆须执论。""自今诏敕疑有不稳便,必须执言,无得妄有畏惧,知而寝然。"贞观四年(630年),他又"令诸司,若诏敕颁下有未稳便者,必须执奏,不得顺旨便即施行,务尽臣下之意"②。贞观十一年(637年),他再一次说:"不可轻出诏令,必须审定。"③

其三,重视对制敕的编纂。为了避免制敕过多易乱的情况,唐朝还多次组织编纂,删去不稳便者。编纂后的制敕为格。唐从武德至大中先后删定格十七次,反复调整其内容。

但是,由于社会矛盾的激化和朝廷的腐败,以后这些补救措施收效甚微,立法的混乱状况没有得到根本改变。开元十九年(731年),侍中裴光庭和中书令肖嵩就感到,制敕"与格文相违,于事非便"。大和七年(833年),刑部同样认为,不少制敕"或事非久要,恩出一时,或前后差殊,或书写错误"④。诸如此类,不胜枚举。

唐朝制敕虽在某些时期、在一定程度上有利于唐地主阶级的统治,

---

① 《文献通考·职官四》。
② 《贞观政要·政体第二》。
③ 《贞观政要·赦令第三十二》。
④ 《旧唐书·刑法志》。

但同时又导致了唐法制的腐败,不少贪官奸吏乘机弄法,坑害百姓。"如闻近年长吏,不守法制,分外征求,致使力农之夫,转加困弊。"①百姓有冤"诉于州县,州县不理",以致"冤不得理,屈不得伸"②,不得不以起义求生。咸通十五年(874年),黄巢领导的唐末农民大起义终于爆发,敲响了唐亡的丧钟。

---

① 《唐会要·租税下》。
② 《全唐文》卷八〇四,刘允章的直谏书。

第六章
唐律的条标

现存唐律的条标数与律条数一致,都是五百零二条。① 这些条标中有许多问题值得探析。

一、唐律条标的排列形式

唐律是一部刑法典,它的条标按刑法典的形式进行排列。

名例律是唐律的总则,条标按刑法总则的形式作了安排,反映的是唐律的原则和刑罚等规定,主要有以下几个方面:

第一,关于刑罚。反映刑罚的条标是名例律中的一部分。这类条标被排列在名例律的首位,有"笞刑五""杖刑五""徒刑五""流刑三""死刑二"等。

第二,关于重点打击的犯罪。反映唐律重点打击的十种严重犯罪的条标也是名例律中的一部分,"十恶"条排列在关于刑罚的条标

---

① 本章以刘俊文点校的《唐律疏议》(中华书局1983年版)为范本。

之后。

第三,关于各种司法特权。反映各种司法特权的条标同样是名例律中的一部分。这类条标较多,有"八议者""皇太子妃""七品以上之官""应议请减""官当"等。

第四,关于行政制裁方式。在名例律中,这类条标的数量不多,有"除名""免官""免所居官"等。从内容上看,这些制裁方式均具附带性质,是附带刑事的行政制裁方式。

第五,关于用刑的特殊处理方式。在名例律中,这类条标为数不少,有"流配人在道会赦""犯死罪应侍家无期亲成丁""犯徒应役家无兼丁""老小及疾有犯"等。

第六,关于其他原则。这类条标的数量最多,涉及自首、共犯、同居相为隐、化外人犯罪、断罪无明文规定等许多方面。如"犯罪未发自首""犯罪共亡捕首""共犯罪造意为首""共犯罪本罪别""同居相为隐""化外人相犯""断罪无正条"等,都属此类。

此外,还有各种概念的含义及其使用的名称。这类条标被安排在名例律的最后部分,主要有"称期亲祖父母等""称反坐罪之等""称监临主守""称加减""称道士女官"等。

从名例律的条标及其安排可见,以刑罚为首,接着是国家重点打击的十类犯罪,然后是各种原则,最后是一些概念的含义及其使用的名称。基本的排列顺序是:以重要程度为序,重要者在前,次要者在后。

除名例律以外的其他十一律是唐律的分则。这十一律条标的排列有自己的规则:

首先,依照律名,按类分布条标。以卫禁律为例,其中的条标主要有两类:一类是打击侵害庙、陵、宫、殿等的犯罪行为,如"阑入庙社及山陵兆域门""阑入宫殿门及上阁""宫殿门无籍冒名人""向宫殿射"

等。另一类是关于惩治侵犯关津、要塞等的犯罪行为,如"越州镇戍等城垣""私度及越度关""私度有他罪"等。其他律也基本如此。

其次,在一类犯罪中,用刑重的条标往往排列在先。以贼盗律为例,"谋反大逆"条排列在"贼"的犯罪的首位,"盗大祀神御物"条又排列在"盗"的犯罪的前面。对于这些犯罪的用刑都重于同类的其他犯罪。其他律也大致如此。

条标概括了律条的主要内容。唐律条标的排列直接反映了唐律内容的编排,所以只要看到条标即可知晓律中的主要内容。

唐律个别条标的排列不尽合理。一些反映原则规定的条标没被排列在名例律中。斗讼律中的"保辜"和断狱律中的"疑罪"虽都是一般原则的条标,但都不在名例律内。不过,这类条标很少。唐律的绝大多数条标都按刑法典的要求排列,有正确的定位。

二、唐律条标的类型

唐律条标的类型是个值得关注的问题,它们大致可分为以下三种类型:

1. 原则规定

这类条标主要存在于名例律中。有些条标,一条就是唐律所规定的一个原则。名例律中的"工乐杂户及妇人犯流决杖""会赦应改正征收""同居相为隐"等条标都属此类。这种条标本身就包含完整的意思,一目了然。

名例律中的有些条标只是反映了某些原则的一些情况,要了解其具体内容,还得仔细看律条;否则,只会一知半解,甚至摸不着头脑。"妇人有官品邑号""以官当徒不尽""老小及疾有犯""犯时未老疾"等条标都是如此。例如,"妇人有官品邑号"只反映了一种有官品邑号的妇女的情况,并未述及具体原则,要知其中的内容,还需看律条。此律条说:"诸妇人有官品及邑号,犯罪者,各依其品,从议、请、减、赎、当、免之律,不得荫亲属。若不因夫、子,别加邑号者,同封爵之例。"从这一律条的内容可知,此条标反映的是有官品邑号的妇女只有自己才可享有议、请、减、赎等司法特权,其亲属不可享有司法特权的原则。

2. 罪名

罪名即犯罪的名称,它是对犯罪的本质或主要特征的概括。唐朝虽无"罪名"的概念,但唐律中的有些条标实际上就是罪名。这种条标在除名例律以外的其他十一律中都有。卫禁律中的"烽侯不警"、职制律中的"漏泄大事"、户婚律中的"私入道"、厩库律中的"故杀官私马牛"、擅兴律中的"擅发兵"、贼盗律中的"劫囚"、斗讼律中的"过失杀伤人"、诈伪律中的"伪写符节"、杂律中的"私铸钱"、捕亡律中的"在官无故亡"以及断狱律中的"拷决孕妇"等条标都是这样。这些条标都只用几个字便概括出某种犯罪的本质或主要特征,简明扼要,一清二楚。

3. 罪状

罪状是指犯罪行为的具体状况,或是对罪行的名称和犯罪构成特征的叙述。在除名例律以外的其他十一律中,许多条标叙述的都是罪状。这种罪状又以简单罪状为多,而且每律都有。卫禁律中的"宫殿作罢不出"、职制律中的"刺史县令等私出界"、户婚律中的"同居卑幼私辄用财"、厩库律中的"大祀牺牲养饲不如法"、擅兴律中的"调发供给军事违法"、贼盗律中的"穿地得死人"、斗讼律中的"殴府主刺史县令祖父母"、诈伪律中的"伪宝印符节假人及出卖"、杂律中的"无故于城内街巷走车马"、捕亡律中的"将吏捕罪人逗留不行"以及断狱律中的"纵死囚后捕得稽留不报"等条标都属此类。

除简单罪状外,唐律中还有少量条标是空白罪状,即在条标中为了说明某一犯罪构成的特征,还要参照其他法律或法令的规定。厩库律中的"受官羸病畜产养疗不如法"等属这种条标。要认定"受官羸病畜产养疗不如法"行为,必须对照《厩牧令》[①]中的相应规定,否则无法确定什么行为"如法",什么行为不"如法"。

从以上条标的三种类型可见,唐律的条标无统一模式,而是根据不同的律条内容加以设定,所以它们有多种形式。

三、唐律条标所含的内容

唐律条标本身很简单,它们所涵盖律条的内容却不都那么简单,有的还很复杂,特别是有了"疏议"以后,其所含的内容就更复杂了。这里以条标所包含的犯罪为例。

1. 一条条标包括一种犯罪

唐律中的少数条标只包括一种犯罪。杂律中的"不应得为"条就

[①] 《唐律疏议·厩库》"受官羸病畜产养疗不如法"条"疏议"引用了《厩牧令》的规定,具体内容为:"官畜在道,有羸病不堪前进者,留付随近州县养饲疗救,粟草及药官给。"

是如此,它只包括一种"不应得为"①的犯罪。此律条规定:"诸不应得为而为之者,笞四十;事理重者,杖十。"在此条标下,没有其他犯罪。卫禁律中的"刺史县令等私出界"、职制律中的"官人无故不上"、贼盗律中的"窃盗"等条标也是如此。

2. 一条条标包含两种不同的犯罪

唐律中的有些条标包含两种犯罪,这些条标又可分为三种情况:

第一种情况是一条条标因包含两种完全不同的犯罪行为而构成两种犯罪。杂律中的"违令"条就是这样。此条标下有"违令"和"违式"两种完全不同的犯罪行为,而且处刑也不一样。此律条规定:"诸违令者,笞五十;别式,减一等。"

第二种情况是一条条标因包含负连带刑事责任的内容而构成两种犯罪。职制律中的"增乘驿马"条就是如此。此条标下有"增乘驿马"和"主司知情"负连带责任两种犯罪。此律条规定:"诸增乘驿马,一匹徒一年,一匹加一等。主司知情与同罪,不知情者勿论。"卫禁律中的"宫殿门无籍冒名入"、厩库律中的"应输课税回避许匿"、杂律中的"校斛斗秤度不平"等条标也是如此。

第三种情况是因有故意与过失之别而构成两种犯罪。杂律中的"弃毁亡失符节印"条即是如此。此律条规定:"诸弃毁大祀神御之物,若御宝、乘舆服御物及非服而御者,各以盗论;亡失及误毁者,准盗论减二等。"此条中的"弃毁"和"误毁"有故意与过失之别,从而形成两种不同的犯罪,而且用刑也不相同。卫禁律中的"车驾行冲队仗"等条标也有类似情况。

---

① 《唐律疏议·杂律》"不应得为"条解释说,"不应得为"行为是"谓律、令无条,理不可为者"。

3. 一条条标涵盖三种或三种以上犯罪

唐律中还有少数条标,是一条条标涵盖了三种犯罪。户婚律中的"差科赋役违法"条就包括了差科赋税违法及不平衡、多收赋而入官和多收赋而入私三种犯罪,而且用刑各不相同。此律条规定:"诸差科赋役违法及不均平,杖六十。若非法而擅赋敛,及以法赋敛而擅加益,赃重入官者,计所擅坐赃论;入私者,以枉法论,至死者加役流。"

唐律中还有个别条标涵盖了三种以上犯罪。擅兴律中的"征人冒名相代"条就是这样。此律条规定了征人冒名相代、同居亲属冒名相代、部内冒名相代、军人冒名相代等犯罪。此律条规定:"诸征人冒名相代者,徒二年;同居亲属相代者,减二等。若部内有冒名相代者,里正笞五十,一人加一等……主司知情,与冒名者同罪。"户婚律中的"同姓为婚"等条标也是如此。

唐律中的"疏议"不仅解释、补充律文,还扩大律文的适用范围,增加了要打击的新犯罪。这样,一条条标中所包含的犯罪就比原律文所规定的多了。卫禁律"阑入庙社及山陵兆域门"条原来规定的只是"阑入庙社及山陵兆域门"的犯罪,用刑为徒。此律条规定:"诸阑入太庙门及山陵兆域门者,徒二年。"可是,此条"疏议"追加了"入太庙室"和"无故登山陵"两种犯罪,规定:"其入太庙室,即条无罪名,依下文'庙减宫一等'之例,减御在所一等,流三千里。若无故登山陵,亦同太庙室之坐。"此条"疏议"一下子增加了两种犯罪,使此条标所包含的犯罪比原来多了。户婚律中的"居父母丧主婚"等条标也属此种情况。

综上,唐律中许多条标所包含的内容多少不一,因此要确切了解其中的内容,最好查看律条。条标往往只起一种"向导"作用。

四、唐律条标的功用

唐律条标有其自己的功用,主要表现在以下三方面:

1. 条标反映了唐律的立法思想

唐初统治者的立法思想在唐律中得到了充分的体现,主要有:以礼为本的思想,礼法并用的思想,法律内容须统一、稳定和简约的思想等。[①] 这些思想在条标中都有不同程度的反映。唐律的许多条标都按礼的要求设立,以各种违礼行为命名,突出它们的危害性,并将其作为打击的对象,以引起人们的注意。职制律中的"祭祀朝会等失错违仪"、户婚律中的"匿父母及夫等丧"、贼盗律中的"谋反大逆"等条标都是如此。同时,唐律条标的内容各不相同,互不重复,杜绝了一罪多条的情况。另外,唐律的条标都用最简明的语言进行表达,没有多余的字词。名例律中的"二罪从重"、卫禁律中的"漏泄大事"、职制律中的"有所请求"、户婚律中的"占田过限"等条标都是如此,它们直接体现了唐律的立法思想。

2. 条标反映了唐律的体例

唐律的体例主要由十二律及其所属的条标构成,条标是其中的重要方面。十二律确立的是唐律的整体体例,条标确定的则是每一律的

[①] 参见王立民:《唐律新探》,上海社会科学院出版社1993年版,第1—17页。

局部体例。整体体例非常重要,如有失错,整部唐律就会混乱无序。然而,每一律的局部体例也不可忽视,如果其中的内容紊乱,也会影响到唐律的整体效果。因此,唐律条标的功用不可轻视。

从唐律条标的实际情况看,它们的排列基本合理,绝大多数条标都有自己的合适定位。这种定位又有一定的规律可循。如前所述,名例律条标定位的基本线索是:以其重要程度为序,重要者在前,次要者在后。其他十一律定位的基本思路是:依照律名,按类分布条标;在同一类犯罪的条标中,用刑重的往往排列在前。这样的定位明显反映出唐律立法者的意图,即重要者在前,次要者在后。这种意图与近、现代刑法典相一致。这从一个侧面说明,唐律条标的设立在当时已具先进性,能较为准确地反映唐律的体例。

3. 条标反映了唐律的内容

唐律的条标用精练的语言正确地反映了唐律的内容。其中,少则两个字,如名例律中的"十恶""八议""除名",贼盗律中的"谋叛""劫囚""强盗"等;多则十余字,如职制律中的"乘舆服御物持护修整不如法",户婚律中的"不言及妄言部内旱涝霜虫"等。条标一般以五至七字为多。名例律中的条标反映的是唐律的刑罚、原则等总则的内容,其他十一律中的条标反映的则是唐律的罪名、犯罪等分则的内容。总之,这些都与唐律的内容直接相关。

唐律条标的这一功用大大方便了查阅唐律者,使其从条标中即可知晓相应律条的大致内容,及时发现所需内容。这不仅有利于当时的司法官查寻,就是今天的查阅者也同样可以从中受益。

唐律的条标既能反映唐律的立法思想,又能反映唐律的体例和内容,起到了条标的应有功用。这从一个侧面说明,唐朝的立法水平已很高,已能熟练地运用条标并使其起到应有的作用。

五、唐律条标对后世和东亚一些
国家立法的影响

唐律中的条标作为立法中的一个重要组成部分,还对唐后一些朝代和东亚一些国家的立法产生过影响,不同程度地为它们所用。

唐律中的许多条标为唐后一些朝代的法典所沿用。

《宋刑统》[①]的体例与唐律稍有区别,它在律下设门,共计二百一十三门。设门以后,门标起了条标的作用。这些门标虽与唐律的条标不尽相同,但仍可看到唐律条标的影响。《宋刑统·名例律》共有二十四条门标,与唐律条标完全相同或基本相同的就有八条,占了三分之一。"十恶""八议""老幼疾及妇人犯罪""犯罪已发已配更为罪""同职犯罪""公事失错自举""化外人相犯"等门标都属这种情况。可见,宋刑统并未因设门而不受唐律条标的影响。

《大明律》[②]的体例与《宋刑统》也有不同。它虽设门,有门标,但同时仍保留条标。《大明律》的条标与唐律相同或相似的也有不少。《大明律·名例律》共有条标四十七条,其中的二十三条与唐律相同或相似,占了律内条标总数的近一半。"笞刑五""杖刑五""徒刑五""流刑三""死刑二""十恶""以理去官""无官犯罪""除名当差"等条标都是这样。

---

① 本章《宋刑统》以吴翊如点校的《宋刑统》(中华书局1984年版)为范本。
② 本章大明律的内容参见薛允升所撰的《唐明律合编》(商务印书馆1937年版)。

《大清律例》①与《大明律》在体例上很相似,在门下也有条和条标。《大清律例》中还保留了部分唐律的条标。它的名例律共有四十六条条标,其中有二十五条与唐律相同或相似,占该律总条数的一半以上。"十恶""八议""以理去官""无官犯罪""除名""流配人在道会赦"等条标都是这样。

唐律是中华法系的代表作,为东亚一些国家所模仿,其中包括条标,所以唐律的条标也为它们所用。在这些国家的法律中,有许多条标与唐律一致或相近。这里以日本的律逸和新律纲要为例。

在古代,日本律逸中的许多条标来自唐律,或相同,或相似。例如,律逸中的"官当""指斥乘舆""向宫殿射"等条标,与唐律相同;律逸中的"老弱废疾""阑入宫殿""于宫内忿争"等条标,与唐律中的"老小及疾有犯""阑入宫殿及上阁""于宫内忿争"等条标只有个别字的差别,很相似。②

到了近代,这种影响还在。明治初年制定的新律纲要同样抄袭了不少唐律的条标。其中,有的与唐律完全一样,如"断罪无正条";有的只与唐律有个别字的差异,如新律纲要中的"妇人犯罪""亲属相为容隐""夜中无故入人家""殴祖父母父母""二罪俱发"等,与唐律中的"妇人怀孕犯死罪""同居相为隐""夜无故入人家""殴詈祖父母父母""二罪从重"等很相似。③ 难怪一位学者说:"日本明治初年虽一意维新,而受中国之影响又复根深蒂固。"④这其中亦包括条标的影响。

唐律的条标会对唐后一些朝代和东亚一些国家产生影响,其直接

---

① 本章大清律例的内容参见林咏荣编著的《唐清律的比较及其发展》(台北编译馆1982年版)。
② 参见杨鸿烈:《中国法律在东亚诸国之影响》,台湾商务印书馆1971年版,第236—244页。
③ 同上书,第323—326页。
④ 同上书,第316页。

原因还在于唐律本身。唐律以其完善的体例和完备的内容,成为中华法系的模范法典。于是,唐后一些朝代以它为范本,东亚一些国家以它为楷模。这样,唐律的条标也就随着唐律被沿革和输出而影响到唐后一些朝代和东亚一些国家。

第七章
唐律的"疏议"作用

"疏议"的作用是什么？《唐律疏议·名例》前言说："疏之为字,本以疏阔、疏远立名。"沈家本在《重刻唐律疏议序》中作了更明确的说明,"名疏者,发明律及注意;云议者,申律之深义及律所不周不达",以使"律文之简质古奥者,始可得而读焉"。简言之,"疏议"的作用主要是解释和补充律条,目的是使人们都能准确地了解和掌握律文的真正含义,以便于法律的实施和遵守。

对法律条文的解释和补充非唐首创,前已有之。

一、唐前对法律条文的解释和补充

中国早在西周时就出现了解释法律的书籍,当时称为"说律之书"[①]。到了春秋末期,随着成文法的公布和律学的兴起,对法律条文的解释和补充工作也蓬勃发展起来。其中,法家为此立下了汗马功

---

① 沈家本:《历代刑法考·律令二》。

劳。但是,由于前人为我们留下的有关这方面的史料太少,故无法详说。

1. 秦《法律答问》对法律条文的解释和补充

从1975年湖北省云梦县睡虎地秦墓出土的竹简中的《法律答问》看,秦在对法律条文的解释和补充方面已有很大进展。《法律答问》对法律条文的解释和补充主要表现在以下两大方面:

第一,对法律条文的解释。这一解释又包括以下五个方面:其一,对罪名的解释。有些法律条文没有直接对罪名作明确解释,为了帮助人们了解和掌握,《法律答问》通过"问"和"答"把罪名具体化、明确化。例如,对"不直"和"纵囚"这两个罪名的解释是:"罪当重而端轻之,当轻而端重之,是谓'不直'。""当论而端弗论",以及减轻案情,"端令不致,论出之,是谓'纵囚'"。[1] 即不直是指司法官故意重罪轻判、轻罪重判的行为,纵囚是指司法官故意使犯罪者够不上判罪的行为。又如,对"家罪"的解释是:"父子同居,杀伤父臣妾、畜产及盗之,父已死,或告,勿听,是胃(谓)'家罪'。"[2]即家罪是指与父同居的子女杀伤、盗窃父奴婢、牲畜的行为。其二,对刑罚实施的解释。《法律答问》还对一些刑罚实施方法作了解释。例如,对"戮"的解释是:"戮之已乃斩之谓(也)。"[3]即戮是先把罪犯活着刑辱示众,然后斩首的刑罚。又如,对"定杀"的解释是:"'定杀'可(何)如?生定杀水中之谓殹(也)。或曰生埋,生埋之异事殹(也)。"[4]即定杀是一种将活人投入水中淹死的刑罚,它不同于活埋。其三,对诉讼专用名词的解释。《法律答问》还对

---

[1] 参见《睡虎地秦墓竹简》,文物出版社1978年版,第191页。
[2] 同上书,第197页。
[3] 同上书,第173页。
[4] 同上书,第203页。

一些诉讼专用名词作了解释,以明确诉讼程序。例如,对"卅告"作了以下的解释:"可(何)谓'卅告'?'卅告'者,告罪人,其所告且不审,有(又)以它事告之。"①即"卅告"是一种控告罪犯的形式。又如,对"公室告"和"非公室告"举例作了说明:贼杀伤、盗他人等为"公室告";子盗父母、父母擅杀等不为"公室告"。② 即杀伤、盗窃属"公室告";而儿子盗窃父母财物,父母擅自杀死、刑伤、髡剃子及奴婢属"非公室告"。其四,对刑具的解释。《法律答问》也对一些刑具名作了解释,以便司法官正确使用刑具。例如,对"梃"这一刑具的解释是:"可(何)谓'梃'? 木可以伐者为'梃'。"③即梃是一种用来打人的木棍。其五,对其他词和句的解释。《法律答问》还对一些法律条文中的法律专用词和句作了解释,以帮助官民正确理解法律条文的含义。例如,对"夏子"的解释是:父为臣属于秦的少数民族、母亲是秦人的孩子。④ 又如,对"亡券而害"的解释是:丢失了作为凭证的右券而造成的危害。⑤

　　第二,对法律条文的补充。《法律答问》还在"答"部分扩大法律条文的含义,增加有关内容,弥补原文的不足,主要表现在:其一,对定罪的补充。《法律答问》把一些原法律虽无直接规定但又达到犯罪程度的行为认定为犯罪,并在"答"中明确规定罪名。例如,认定假"父"盗假"子"的行为"当为盗"。⑥ 即把法律无直接规定的义父盗窃义子东西的行为认定为盗窃罪。又如:"邦亡来通钱过万,已复,后来盗而得,可(何)以论之? 以通钱。"⑦即把原法律无直接规定的逃亡出境人先行贿

---

① 《睡虎地秦墓竹简》,文物出版社1978年版,第194页。
② 同上书,第195页。
③ 同上书,第190页。
④ 同上书,第227页。
⑤ 同上书,第228页。
⑥ 同上书,第159页。
⑦ 同上书,第229页。

后盗窃的行为认定为行贿罪。其二,对量刑的补充。《法律答问》还在"答"中对法律无直接规定的量刑作了补充。例如:"士五(伍)甲斗,拔剑伐,斩人发结,可(何)论?当完为城旦。"①即补充规定对士伍因斗殴并用剑砍去他人发髻的犯罪行为适用完城旦刑。又如:"当黥城旦而以完城旦诬人,可(何)论?"应当黥和劓。② 即补充规定对应判为处黥城旦刑并以完城旦罪名诬陷他人者适用黥、劓两种刑罚。其三,用成例补充法律。《法律答问》引用大量成例(即判例)补充原法律条文的不足,这也可以说是它的一大特点。例如:"盗封啬夫可(何)论?廷行事以伪写印。"③此答问用成例将原法律条文未明确规定的假冒啬夫封印的行为认定为按伪造官印罪论处。此类情况在《法律答问》中十分普遍。成例的法律地位高于法律条文,在成例与法律条文都有规定时,依成例司法。"告人盗百一十,问盗百,告者可(何)论?当赀二甲。盗百,即端盗驾(加)十钱,问告者可(何)论?当赀一盾。赀一盾应律,虽然,廷行事以不审论,赀二甲。"④可见,法律规定控告者因故意私加十钱的应罚一盾,而成例规定罚二甲,即以罚二甲执行。

秦《法律答问》对法律条文的解释和补充的特点是:以法家的法律思想为指导,不系统地对某些法律条文中的词和句,特别是对一些法律专用词和句作解释,以明确它们的法定含义,便于法的正确适用。同时,《法律答问》还通过问答形式,补充一些原法律条文无明确规定的内容,尤其是一些有关定罪量刑的内容。其中,大量引用判例是一种重要的补充方式,以便准确打击各种有损秦统治秩序的行为,加强封建

---

① 《睡虎地秦墓竹简》,文物出版社1978年版,第187页。
② 同上书,第203页。
③ 同上书,第175页。
④ 同上书,第167页。

法制。

2. 汉魏晋时期对法律条文的解释和补充

汉魏晋时期对法律条文的解释和补充工作有了进一步的发展,主要表现在以下三个方面:

第一,出现了以解释和教授法律为主要任务的律博士。汉时,就已出现不少对法律有研究的人士,有据可查的就有七十余位,他们在不同程度上促进了法律的解释工作。他们的共同特点是:"照法律","治律令",并多"少学法律","通法律政事"。其中,有的在中央参与立法、司法,如萧何、叔孙通、张苍、张汤、赵禹、郭贺、张禹等;有的在地方从事司法工作,如杜延年、于定国、路温舒、郑弘、何比平、樊晔等;有的则聚众讲授法律,如郭躬、钟皓等;个别人还侍太子,成为其法律教师,如张叔等。[①] 魏时,设置了律博士,专门从事解释和教授法律的工作。《晋书·刑法志》载,魏时有人曾上书"请置律博士,转相教授"。以后,"事遂施行"。沈家本对此作了考证,他在《重刻唐律疏议序》中说:"尝考元魏太和中,置律博士。"后来,此便为各朝所宗。律博士的设置改变了以往国家不设专官解释、讲授法律的定制,这大大有利于法律条文解释工作的开展。

第二,出现了一批以解释法律为主的律学著作。《汉书·陈宠传》载:"律有三家,其说各异。"《晋书·刑法志》载:"谓儒章句十有余家。"各家都有自己的著作。其中,东汉的应劭十分引人注目,他"撰具《律本章句》《尚书旧事》《廷尉板令》《决事比例》《司徒都目》《五曹诏书》及《春秋折狱》,凡二百五十篇,蠲去复重,为之节文。又集《议驳》三十

---

① 参见程树德:《九朝律考·汉律考·律家考》。

篇,以类相从,凡八十二事"①。魏时的编著工作续而不断。《隋书·经籍志》载,魏明帝时,刘劭曾撰"《律略论》五卷"。《魏书·钟会传》载:"(钟)会死后,于会家得书二十篇,名曰《道论》,而实刑名家也。"晋时的律学著作更为著名,主要有:张斐所撰《汉晋律序注》一卷、《杂律解》二十一卷、《律解》二十卷,杜预所撰《律本》二十一卷、《杜预杂律》七卷,贾充和杜预共撰《刑法律本》二十一卷。此外,还有《晋杂议》十卷等。② 这些律学著作皆以注律为主,以阐发律意为本,在很大程度上推动了解释法律事业的发展。

第三,使注解文与律文具有同等的法律效力。晋时,张斐和杜预受武帝之命"注解"《泰始律》(即《晋律》)。《晋书·刑法志》载,《泰始律》颁行后,"明法掾张斐注律,表上之"。《晋书·杜预传》载,杜预除了"与贾充等定律令"外,还"为之注解,诏颁天下"。注解文与律文具有同等的法律效力,故时称《泰始律》为"张杜律"。③ 张斐和杜预注律一改仅以律学著作阐明律文的旧况,使律文与立法解释有机结合起来,切实起到了解释和补充法律的作用,完善了立法,把解释和补充法律工作推到了一个新的水准。据《晋书·刑法志》所载,当时注律的功用主要是:其一,明确刑名律的作用。张斐和杜预认为,刑名律的作用在于规定律中的一般原则,即类似现在刑法总则的作用。"律始于刑名者,所以定罪制也。""断狱为之定罪,名例齐其制。"具体地说:"犯盗贼、诈伪、请求者,则求罪于此。作役、水火、畜养、守备之细事,皆求之作本名。"此外,刑名律还以一般原则帮助人们理解律中规定的内容。"律之名例,非正文而分明也。若八十,非杀伤人,他皆勿论,即诬告谋反者

---

① 《晋书·刑法志》。
② 参见沈家本:《历代刑法考·律令三》。
③ 参见沈家本:《历代刑法考·律令四》。

反坐。"其二,明确法律概念的正确含义。张斐和杜预把一些重要的、易混的法律用语一一明确含义,以帮助人们正确理解律意,如:"其知而犯之谓之故,意以为然谓之失,违忠欺上谓之谩,背信藏巧谓之诈,亏礼废节谓之不敬,两讼相趣谓之斗,两和相害谓之戏,……凡二十者,律文之较名也。"其三,明确司法官在审判中应注意的问题。张斐和杜预还从司法的角度出发,指明司法官应注意的一些问题,以保证法律的正确实施,如:"夫刑者,司理之官;理者,求情之机;情者,心神之使。心感则情动于中,而形于言,畅于四支,发于事业。是故奸人心愧而面赤,内怖而色夺。论罪者务本其心,审其情,精其事,近取诸身,远取诸物,然后乃可以正刑。"

汉魏晋时期解释和补充法律条文为唐律"疏议"的诞生提供了前例。

二、唐律的"疏议"作用

对律文的解释和补充虽非唐首创,但唐却使它完备,实现了飞跃,标志是唐律中"疏议"的诞生。唐律"疏议"附在《永徽律》的律条后,于永徽四年(653年)颁行全国。附"疏议"开始是为了适应和满足科举的需要。《旧唐书·刑法志》载,考虑到当时"律学未有定疏,每年所举明法,遂无凭准",所以"广召解律人条《义疏》奏闻"。"疏议"后来发生了变化,它被作为完善立法和统一司法的重要手段。《唐律疏议·名例》前言说:"今之典宪,前圣规模,章程靡失,鸿纤备举,而刑宪之司执行殊异","不有解释,触涂睽误"。因此,"疏议"实际上成了唐律中一个不可缺少的组成部分,与律文"并行",①司法官在断狱中也"皆引疏分析之"②。

唐律的"疏议"集各朝解释和补充律文方法之大成,撰其要者,主要有以下一些功用:

1. 阐明唐律的指导思想

儒家思想是唐朝的统治思想,也是唐律的指导思想。但是,对于这一思想集中表现的礼,《永徽律》只在律条的规定中予以反映。由于受文字限制,这种反映有一定的局限性,很多问题不能从律条中直接体现出来。"疏议"通过对律条的解释,在明确律意中直接阐发礼。也就是说,"疏议"实际上成为体现礼的一个窗口。《唐律疏议·名例》前言"疏议"说:"德礼为政教之本",强调了以礼为本的原则。《唐律疏议·名例》"十恶"条"疏议"说,礼的作用重大,可以"别嫌明微,考制度,别仁义",指出了礼的作用所在。经过"疏议"的阐明,人们对唐律的指导思想非常清楚,也更容易掌握其中的内容,知晓它的本质。

2. 简述律及每一篇目的沿革和篇目之间的联系

唐律的"疏议"还从法制发展史的角度出发,简述了律以及一些基本制度的沿革情况,帮助人们了解法制历史,加深理解现行法制。

首先,简述了律的大致发展过程。律是中国封建社会时期各朝代的主要法律形式,具有稳定、划一等特点,是定罪量刑的依据,故在社会生活中有不可取代的作用。了解律的历史沿革情况,有利于帮助人们认识它的重要性,提高守律的意识。《唐律疏议·名例》前言"疏议"对

---

① 参见《唐六典·刑部》。
② 《旧唐书·刑法志》。

唐以前律的大致发展过程作了介绍:"周衰刑重,战国异制,魏文侯师于里(李)悝,集诸国刑典,造《法经》六篇。""商鞅传播,改法为律。汉相萧何,更加悝所造户、兴、厩三篇,谓九章之律。魏因汉律为一十八篇。""晋命贾充等,增损汉、魏律为二十篇。""隋因北齐","唐因于隋",等等。

其次,简述了律中每一篇目的沿革。唐律共十二篇,每一篇即一律。这十二篇汲取了唐前各律篇目之长。了解唐律中每一篇目的沿革,可使人们加深理解其体例和篇中内容。《唐律疏议·卫禁》前言"疏议"就简述了卫禁篇的产生和变化过程:"卫禁律者,秦汉及魏未有此篇。晋太宰贾充等,酌汉魏之律,随事增损,创制此篇,名为卫宫律。""至于北齐,将关禁附之,更名禁卫律。随开皇改为卫禁律。"《唐律疏议·断狱》前言"疏议"简述了断狱篇的产生和发展过程:"断狱之名,起自于魏,魏分里(李)悝囚法而出此篇。至北齐,与捕律相合,更名捕断律。至后周,复为断狱律。"

最后,简述了各篇目之间的联系。唐律十二篇既有分工又有联系,它们的排列还有一定顺序,前后之间按一定的逻辑进行连接。唐律一些篇目的前言"疏议"直截了当地揭示了其中的逻辑,尤其是一些重要篇目。《唐律疏议·名例》前言"疏议"简述了将名例律列为第一篇的原因,即"名"和"例"要在全律中起原则作用。"名训为命,例训为比,命诸篇之刑名,比诸篇之法例。"《唐律疏议·卫禁》前言"疏议"简述了将卫禁律列为第二篇的原因:"卫者,言警卫之法;禁者,以关禁为名。"它们事关敬上防非,于事尤重,故卫禁在名例之下,又居诸篇之首。《唐律疏议·断狱》前言"疏议"简述了将此篇放在最后的原因:"此篇错综一部条流,以为决断之法,故承众篇之下。"

3. 解释律义

《永徽律》律条简约,律意精微。为了避免出现因"伪吏所不能通晓"①而枉法的情况,《唐律疏议》用"疏议"对律文中的一些字、词、句专门进行了解释,使其规范化,便于官吏恪守。"疏议"解释律义主要有以下三大类:

首先,对律条中有关字的解释。"疏议"对律条中认为有必要解释的字逐个进行说明,以明确字义。被解释的字涉及范围很广,有法律专用字,也有非法律专用字。例如,《唐律疏议·斗讼》"斗殴以手足他物伤"条规定:"诸斗殴人者,笞四十;伤及以他物殴人者,杖六十。"此条"疏议"对"斗"和"殴"两字作了如下解释:"相争为斗,相击为殴。"又如,《唐律疏议·名例》"十恶"条规定,"吏卒杀本部五品以上官长"的,构成"不义"罪。此条"疏议"对其中的"吏"和"卒"作了如下解释:"'吏'谓流外官以下。'卒'谓庶士、卫士。"

其次,对律条中有关词的解释。"疏议"还对律条中有必要释义的词一一进行解释,以明确词义。被解释的词的范围也很广,只要认为有必要,都在解释之列。《唐律疏议·户婚》"以妻为妾"条规定:"诸以妻为妾,以婢为妻者,徒二年。以妾及客女为妻,以婢为妾者,徒一年半。"此条"疏议"对其中的"客女"作了以下解释:"客女,谓部曲之女,或有于他处转得,或放婢为之。"《唐律疏议·斗讼》"流外官以下殴议贵等"条规定:"诸流外官以下,殴议贵者,徒二年。"此条"疏议"对"流外官"和"议贵"两词作了以下解释:"'流外官',谓勋品以下,爰乃庶人。""'议贵',谓文武职事官三品以上,散官二品以上及爵一品者。"

---

① 沈家本:《重刻唐律疏议序》,中华书局1983年版,第669页。

"疏议"同时还记载了用词的历史沿革,从动态中把握词义,以便正确理解律义。《唐律疏议·名例》"十恶"条"疏议"概述了"玺""印"和"宝"的革袭情况,说:"秦汉以来,天子曰'玺',诸侯曰'印'。开元岁中,改玺曰'宝'。"《唐律疏议·卫禁》"阑入庙社及山陵兆域门"条"疏议"简述了"山""陵"和"山陵"的沿革情况,说:"秦谓天子坟云山,汉云陵,亦通言山陵。"

最后,对律条中有关句子的解释。"疏议"对律条中有关句子的解释也很普遍。被解释的句子所涉的面也很广,因为这更关系到对律条的正确理解,如无解释,必会影响司法。《唐律疏议·职制》"置官过限及不应置而置"条规定:"诸官有员数,而署置过限及不应置而置,一人杖一百,三人加一等,十人徒二年。"此条"疏议"对"官有员数"和"署置过限及不应置而置"分别作了以下解释:"'官有员数',谓内外百司,杂任以上在令各有员数。而'署置过限及不应置而置',谓格、令无员,妄相署置。"《唐律疏议·断狱》"拷囚不得过三度"条规定:"若拷过三度及杖外以他法拷掠者,杖一百;杖数过者,反坐所剩。"此条"疏议"对"拷过三度"和"及杖外以他法拷掠"作了以下解释:"'拷过三度',谓虽二百杖,不得拷过三度。'及杖外以他法拷掠',谓拷囚于法杖之外,或以绳悬缚,或用棒拷打。"

"疏议"除了解释律条外,还解释律条中的注。《唐律疏议·诈伪》"盗宝印符节封用"条对律文"诸盗宝、印、符、节封用"作注说:"谓意在诈伪,不关由所主。"此条"疏议"对注作解释说:"注云'谓意在诈伪,不关由所主',谓盗用官印等,不由所当之人;或执印等主司,私盗封用及所主者将印假与他人。"《唐律疏议·杂律》"得宿藏物隐而不送"条对律文作注说:"若得古器形制异,而不送官者,罪亦如之。"此条"疏议"对注作了解释:"注云'若得古器形制异,而不送官者',谓得古器、钟鼎之类,形制异于常者,依令送官酬直。隐而不送者,即准所得之器。"

4. 概说罪名之间的区别

唐律虽仅有五百零二条,但法网不漏,罪名不少,而且有些罪名非常接近,易混淆。为了帮助司法官正确定罪,"疏议"概说了易混罪名之间的区别。《唐律疏议·名例》"十恶"条"疏议"对"恶逆"与"不睦"两罪的区别作了如下概说:"杀伯叔父母、姑、兄姊、外祖父母、夫、夫之祖父母、父母"的,构成"恶逆"罪,但"自伯叔以下,即据杀讫,若谋而未杀,自当'不睦'之杀"。即仅有"谋"的行为只能构成"不睦"罪,要有"杀"的行为才可构成"恶逆"罪。"十恶"条"疏议"还对"不义"和"杂犯"作了如下区别:凡杀属府主、刺史、县令、见受业师,吏、卒杀本部五品以上官长的,"若杀讫,入'不义';谋而未杀,自从杂犯"。即要"杀讫"才构成"不义"罪,而"谋而未杀"只能被归入"杂犯"。

5. 简说有关刑罚的一些问题

刑罚是唐律中的一个重要组成部分,正确认识它对于依法量刑有着特别重要的意义。因此,唐律在"疏议"中简说了每一刑罚,尤其是"五刑"。

首先,简说使用每一刑罚的必要性。唐律在每一刑罚律条的"疏议"中,都简要说明使用该种刑罚的必要性,使罪犯认为受罚是应该的,使司法官认为用刑是合理的。《唐律疏议·名例》"笞刑五"条"疏议"对用笞刑的必要性作了这样的说明:"笞者,击也,又训为耻。言人有小愆,法须惩诫,故加捶挞以耻心。""死刑二"条"疏议"对用死刑的必要性也作了说明:"古先哲王,则天垂法,辅政助化,禁暴防奸,本欲生之,义期止杀。"

其次,简说每一刑罚的沿革史。唐律的刑罚源于前代,每种刑罚都可找到发展轨迹。"疏议"简说了它们的沿革史,以帮助司法官从发展的角度认识现行刑罚。《唐律疏议·名例》"杖刑五"条"疏议"简说了杖刑的变化过程:"蚩尤作五虐之刑,亦用鞭扑。源其滥觞,所从来远矣。汉景帝以箠者、死而箠未毕,改三百曰二百,二百曰一百。奕代沿流,曾微增损,爰泊随室,以杖易鞭。"因此,唐的杖刑"盖循汉制也"。《唐律疏议·名例》"应议请减"条"疏议"还简说了"加役流"的沿革情况。

最后,简说刑罚实施中的一些问题。"疏议"从有利于司法角度出发,简说了刑罚实施中的一些问题,指导司法官正确用刑。《唐律疏议·名例》"笞刑五"条"疏议"对执行笞刑的刑具作了这样的说明:"汉时笞则用竹,今时则用楚。"《唐律疏议·名例》"应议请减"条"疏议"对被缘坐妇人的用刑作了简要说明:"其妇人,有官者比徒四年,依官当之法,亦除名;无官者,依留住法,加杖、配役。"

此外,唐律还利用"疏议"协调律与令、格、式的关系以及补充律文等,这些问题在本书其他部分已有叙述,故此处不再重提。

三、"疏议"对国内外立法的影响

唐律的"疏议"完备了解释和补充法律的功用,受到唐后各封建朝代和当时一些亚洲国家立法者的关注和效仿。

1. "疏议"对唐后各朝立法的影响

"疏议"对每一律条进行立法解释以明确律文等做法受到唐后各

封建朝代立法者的重视,并得以沿用。据《旧五代史·刑法志》载,梁开平四年(910年)十二月颁布的《大梁新定格式律令》共一百零三卷,其中除了令三十卷、式二十卷、格十一卷、律并目录一十三卷外,还有"律疏三十卷","疏议"依然存在。到了宋代,《宋刑统》虽在律条后附了令、格、式、敕和起请等法律形式,在体例上与唐律有所区别,但每一律条后仍保留"疏议",起着与唐律中"疏议"一样的作用。金代也有用"疏议"的习惯。《金史·刑法志》载,金明昌五年(1194年)详定的《明昌律义》,除了"历采前代刑书宜于今者,以补遗缺"外,还"取《刑统》疏文以释之"。明清两代虽不再称"疏议",但换汤不换药,它们所称的"直解""集解"等仍具有"疏议"性质。《明史·刑法志》载,吴王元年(1367年)十二月颁行的《律令直解》,除了"自礼乐、制度、钱粮、选法"以及"民间所行事宜,类聚成编"外,还"训释其义,颁之郡县"。洪武三十年(1397年)颁布的《大明律》还在律文后附图,以帮助人们理解律意。《明史·刑法志》载,《大明律》"首列二刑图,次列八礼图"。从用文字解释律意到用图解释律意,可以说是一种发展。清顺治三年(1646年)制成的《大清律集解附例》和雍正五年(1727年)颁行的《大清律集解》等,都用"集解"取代"疏议",但本质相同。

2. "疏议"对当时一些亚洲国家立法的影响

当时一些亚洲国家的统治者了解到"疏议"在完善立法中的特殊地位和作用,十分赞赏,并纷纷效仿用之,其中以日本为最。日本著名法典《大宝律》和《养老律》都是律疏并用。日本学者泷川博士认为,《大宝律》是"注疏并存";三浦周行博士认为,《养老律》在"注外尚有疏"。① 可见,"疏议"影响深远。

---

① 参见杨鸿烈:《中国法律在东亚诸国之影响》,商务印书馆1937年版,第213页。

第八章
唐律前言"疏议"透视

《唐律疏议》共有12篇,每篇的开头都有一个前言。① 这个前言都以"疏议"形式出现,即共有12个前言"疏议"。《唐律疏议》的其他"疏议"均在律条之后,为了区别于前言"疏议",它们就被称为律条"疏议"了。前言"疏议"是"疏议"的一种,也是《唐律疏议》的内容之一,而且还很重要,但目前对其研究非常不足,还无专门的研究成果问世。② 本章对这一"疏议"进行探析,透视其中的一些问题。

一、唐律前言"疏议"的篇幅很小

唐律的前言"疏议"的篇幅很小,字数不多。12个前言"疏议"的

---

① 本文依据的版本是长孙无忌等:《唐律疏议》,刘俊文点校,中华书局1983年版。
② 中国公开发表专门研究《唐律疏议》中"疏议"的成果主要是霍存福的《论〈唐律〉"义疏"的法律功能》(载《吉林大学社会科学学报》1987年第4期)和王立民的《略论〈唐律疏议〉中"疏议"的作用》(载《西北政法学院学报》1987年第3期)等,但它们都只对《唐律疏议》中的"疏议"作整体研究,没有对前言"疏议"作专门研究。目前,还没有专门研究《唐律疏议》前言"疏议"的成果面世,这是唐律研究中的一个盲点。

总字数为1919字,唐律的总字数约为62077字,前言"疏议"约占唐律总字数的3%。其中,字数最多的为1006个字,是《名例》的前言"疏议";字数最少的为52个字,是《职制》的前言"疏议"。平均每篇前言"疏议"的字数约为160个字。如果不把《名例》前言"疏议"的字数计算在内,其他11篇前言"疏议"的平均字数仅为83个字。

表8-1 唐律各篇前言"疏议"的字数统计及其占前言"疏议"总数的比例

序号	篇名	字数	占前言"疏议"总数比例
1	名例	1006	52.42%
2	卫禁	104	5.42%
3	职制	52	2.71%
4	户婚	75	3.91%
5	厩库	121	6.31%
6	擅兴	93	4.85%
7	贼盗	86	4.48%
8	斗讼	84	4.38%
9	诈伪	55	2.87%
10	杂律	65	3.39%
11	捕亡	65	3.39%
12	断狱	113	5.89%
13	总计	1919	

唐律前言"疏议"的篇幅虽然小却也合理,因为其毕竟是每一篇的开场白,字数过多会有喧宾夺主之嫌疑。另外,尽管这一前言"疏议"篇幅小,可内容不少,作用不小,可使阅读疏议者一目了然律中的大概情况。否则,前言"疏议"就会失去其应有的价值。疏议的一个成功之处就在于,利用较小篇幅,使前言"疏议"起到提纲挈领的作用,产生纲举目张的效应。

二、唐律《名例》前言"疏议"的五大内容

唐律的前言"疏议"可以分为《名例》的前言"疏议"和其他 11 篇的前言"疏议"。《名例》的前言"疏议"实际上是整个《唐律疏议》的前言"疏议",内容特别丰富。

1. 明示唐律的指导思想

《唐律疏议》的指导思想即是全律的指导思想,渗透到律中的各个方面。这一思想很重要,起到统领全律的功用。《名例》的前言"疏议"明示了这一思想,即"德礼为政教之本,刑罚为政教之用,犹昏晓阳秋相须而成者也。"①这一思想既主张治国需要使用礼、法两种相辅相成的手段,不可缺少任何一种,即"犹昏晓阳秋相须而成者也";又强调在礼、法这两种手段中,应以礼为主,以法为辅,即"德礼为政教之本,刑罚为政教之用"。这一思想正是对西周时明德慎罚和西汉时德主刑辅思想的继承和发展,也是对中国成熟的传统治国思想的经典表述。事实也证明,疏议确是贯彻了这一思想,其中的内容处处以礼为指导,礼法紧密结合,"五刑""十恶""八议""官当"等制度和内容无一不是如此。后人对此也作了评说。《四库全书总目·唐律疏议提要》说:"论者谓唐律一准乎礼,以为出入得古今之平"②。这正是对疏议指导思想的一个客观评价,也说明这一指导思想确实发挥了应有的

---

① 长孙无忌等:《唐律疏议》,刘俊文点校,中华书局 1983 年版,第 3 页。
② 同上书,"附录"第 677 页。

作用。

2. 揭示制定刑法的重要意义

疏议是唐朝的一部刑法典,刑法是其规定的内容。《名例》的前言"疏议"揭示了制定刑法的重要意义,并从理论与历史两个方面展开阐述。在理论方面,它从刑法作用的角度来说明制定刑法的重要意义,认为刑法具有"以刑止刑,以杀止杀"和"惩其未犯而防其未然"的意义,①即对于打击、预防犯罪都十分重要。在此基础上,《名例》前言"疏议"进一步提出,治国不能没有刑法,"譬权衡之知轻重,若规矩之得方圆"②。尤其是其中的刑罚如同治家不能没有笞捶一样。"刑罚不可弛于国,笞捶不得废于家。"③在历史方面,它从中国历史上制定刑法的历程来说明,在中国的治国史上没有不用刑法的,刑法是治国中不可或缺的一种手段。"古者大刑用甲兵,其次用斧钺;中刑用刀锯,其次用钻笮;薄刑用鞭扑。其所由是,亦已尚矣!"以后,还进一步"设刑以定其罪"。④可见,《名例》前言"疏议"从理论与历史两个视角来论述刑法在治国中的重要意义,从而证明制定疏议具有必要性。

3. 梳理律典的制定与发展过程

《名例》前言"疏议"对唐前的律典制定与发展作了梳理,清楚地反映出其沿革过程。这个过程溯源至原始社会末期的肉刑,即"昔者,三王始用肉刑"。战国时期,《法经》的制定是一个里程碑,其总结了以往

---

① 长孙无忌等:《唐律疏议》,刘俊文点校,中华书局1983年版,第1页。
② 同上书,第3页。
③ 同上书,第1页。
④ 同上。

立法的经验,形成6个篇目。"周衰刑重,战国异制,魏文侯师于里悝,集诸国刑典,造《法经》六篇:一、盗法;二、贼法;三、囚法;四、捕法;五、杂法;六、具法。"秦国的商鞅传承了《法经》并改法为律,即"商鞅传授,改法为律"。往后各朝的律典都在此基础上沿革而来。其中,它还重点阐述了各律典篇目结构的变化。汉朝的《九章律》又在《法经》6篇的基础上增加了"户、兴、厩三篇"。经过魏晋南北时期的撰律,北齐时确定了名例律并沿用至唐律。"隋因北齐,更为名例。唐因于隋,相承不改。"[①]经过这样的梳理,唐朝以前中国律典的制定与发展过程便一清二楚,人们对疏议的源流也一目了然了。

4. 说明"疏"的内涵

在唐律中,"疏"是关键,只有明确其内涵,人们才能正确认识疏议。《名例》前言"疏议"专门对"疏"的内涵作了阐述。它首先揭示了"义疏"的来源,即借鉴了经学的研究方法,把其运用到唐律中来。"近代以来,兼经注而明之则谓之为义疏",从而进一步明确了"疏"的内涵,即是有解释的含义。"疏之为字,本以疏阔、疏远立名。"汉朝时,把疏与律联系起来,形成了一种律、令关系。"前主所是著为律,后主所是疏为令。"[②]通过这样的说明,"疏"的内涵就得到了明确,人们对唐律的内容主要由律文与律文的解释两部分构成也就心知肚明了。

5. 解释《名例》列为首篇的原因

唐律共有12篇。这12篇的前后排列有其内在的逻辑。依据这一逻辑,《名例》列在首篇。《名例》前言"疏议"解释了《名例》列入首篇

[①] 长孙无忌等:《唐律疏议》,刘俊文点校,中华书局1983年版,第2页。
[②] 同上。

的逻辑原因。首先,它解释了"名"与"例"的含义。"名者,五刑之罪名;例者,五刑之体例。"即它们都是与五刑有关的重要内容。接着,《名例》前言"疏议"进一步解释"名"与"例"的作用。"名训为命,例训为比,命诸篇之刑名,比诸篇之法例。"即它们是各篇的一般原则。最后,它指出了《名例》设在第一篇的原因:"但名因罪立,事由犯生,命名即刑应,比例即事表,故以名例为首篇。"①即《名例》的内容对律中的罪、刑等都要进行调整,具有凡例的意义,所以要设置在首篇。经过这样的表述,《名例》的含义、作用和意义都十分清晰,其在12篇中的总则地位便凸现出来,列入首篇也就顺理成章了。

三、唐律其他11篇前言"疏议"的三大内容

唐律的其他11篇也都设有前言"疏议",并根据各篇的具体情况安排了相关内容。综合这11篇前言"疏议"的内容,主要是以下一些:

1. 叙述每篇的由来

唐律的各篇都有其历史,由来都不一样,这11篇也是如此。这11篇的前言"疏议"首先都显示了本篇的由来。这种由来不尽相同。《法经》是中国历史上第一部内容较为系统、完整的封建法典,第一次设立了篇目,成为中国古代法典的篇目之源。以《法经》的篇目为参照,唐律的篇目大致可分为这样五类情况:

第一类情况是沿用《法经》的篇目。《法经》的六个篇目对后世立

---

① 长孙无忌等:《唐律疏议》,刘俊文点校,中华书局1983年版,第2页。

法产生过很大影响,其中有的篇目被沿用至《唐律疏议》,《杂律》就是如此。唐律的《杂律》前言"疏"表述了这一沿用过程。"里悝首制法经,而有杂法之目。递相祖习,多历年所。然至后周,更名杂犯律。隋又去犯,还为杂律。"①这一表述告诉人们,《唐律疏议》的《杂律》袭用了《隋律》的《杂律》,追根到底就是源于《法经》的"杂"篇。从中亦可见,《法经》篇目的影响之深远。

第二类情况是归并了《法经》的篇目。《法经》中有的篇目被唐律归并后使用,其中的盗、贼两篇就归并为《贼盗》一篇并被《唐律疏议》加以使用。《贼盗》前言"疏议"把这一归并过程作了介绍。"贼盗律者,魏文侯时,里悝首制法经,有盗法、贼法,以为法之篇目。自秦汉逮至后魏,皆名贼律、盗律。北齐合为贼盗律。后周为劫盗律,复有贼叛律。隋开皇合为贼盗律,至今不改。"②从中也可见,唐律的篇目没有拘泥于《法经》的篇目,而是作了一定的调整。

第三类情况是袭用了《法经》中的篇目并新增内容而形成了新的篇目。唐律还把《法经》中有的篇目袭用过来,附以新的内容,并形成新的篇目,《捕亡》篇就是如此。其中的"捕"为《法经》所具有,而"亡"则是新增的。因此,《捕亡》既来源于《法经》的"捕"又发展了"捕"。《捕亡》的前言"疏议"揭示了从《捕》发展到《捕亡》的历程。"捕亡律者,魏文侯之时,里悝制法经六篇,捕法第四。至后魏,名捕亡律。北齐名捕断律。后周名逃捕律。隋复名捕亡律。"③唐律沿用了隋《开皇律》的这一篇目。这也是一种唐律对篇目的发展。

第四类情况是继承了《法经》有的篇目中的部分内容而新立了一

---

① 长孙无忌等:《唐律疏议》,刘俊文点校,中华书局1983年版,第479页。
② 同上书,第321页。
③ 同上书,第525页。

个篇目。唐律篇目中也有一类是把《法经》中有的篇目的内容继承下来,并赋予新的名称。《断狱》就是如此。它源于《法经》的"囚",把其中关于审判内容继承下来,改名为"断狱"。《断狱》前言"疏议"对这一过程作了阐明。"断狱律之名,起自于魏,魏分李悝囚法而出此篇。至北齐,与捕律相合,更名捕断律。至后周,复为断狱律。"①唐律因袭不改,继续设置《断狱》篇。这是另一种《法经》对唐律的影响。

第五类情况是新设了一些《法经》所没有的篇目。唐律中多数篇目均为《法经》所不具备,都属新增。相关篇的前言"疏议"对这些新设篇目也都一一作了说明,其来龙去脉清清楚楚。这些篇目都在《法经》以后产生,到《唐律疏议》时成熟、定型。《卫禁》即是这样。《卫禁》前言"疏议"把此篇的产生、变化情况告诉了大家。"卫禁律者,秦汉及魏未有此篇。晋太宰贾充等,酌汉魏之律,随事增损,创制此篇,名为卫宫律。自宋泊于后周,此名并无所改。至于北齐,将关禁附之,更为禁卫律。随开皇改为卫禁律。"②唐律沿用不变。这类情况比较多,《职制》《户婚》《厩库》《擅兴》《斗讼》《诈伪》等篇也都是这样。

从中可见,中国古代的律典一直在演进,没有停滞不前,其中有的篇目为新增,有的篇目虽源于《法经》,但以后一直处于沿革状态,到了唐朝才比较成熟。唐律对此做出了很大贡献。

2. 表达每篇所含主要内容

唐律这 11 篇每篇所含内容都不相同,其前言"疏议"作了概括,言简意赅地表达了本篇所含的主要内容。其中,有的前言"疏议"通过解释篇目名的内涵来反映每篇所含内容。除了《杂律》以外,其他 10 篇

---

① 长孙无忌等:《唐律疏议》,刘俊文点校,中华书局1983年版,第545页。
② 同上书,第149页。

的篇目名均由两个相关的字组成。有的前言"疏议"便从解释这两个字着手,重点反映每篇所含内容。《厩库》前言"疏议"就是这样。它专门解释"厩"与"库"两字,以便人们明了篇中的内容。"厩者,鸠聚也,马牛之所聚;库者,舍也,兵甲财帛之所藏,故齐鲁谓库为舍。"①经过这样的解释,人们便可从篇目名中就知晓《厩库》的内容是打击关于牲畜与财物管理方面的犯罪。《卫禁》的前言"疏议"也是如此。

唐律这 11 篇中的多数前言"疏议"没有像《卫禁》《厩库》前言"疏议"那样,对本篇的篇目名作解释,而是把本篇沿革的历史作了介绍,在介绍中烘托出其内容。以《户婚》为例。"户婚律者,汉相萧何承秦六篇律后,以厩、兴、户三篇,为九章之律。迄至后周,皆名户律。北齐以婚事附之,名为婚户律。隋开皇以户在婚前,改为户婚律。"②整个前言"疏议"并没有像《厩库》前言"疏议"那样对"户"与"婚"的含义专门作解释,而是在其沿革历史中已有所提及。"户"是九章律的篇目,使用已久,人们已有所了解;"婚"是指"婚事"。这样,人们也会知道"户""婚"的含义及篇内所含内容,如果再解释,就会显得累赘。还有,《职制》《擅兴》《贼盗》《斗讼》《诈伪》《杂律》《捕亡》等的前言"疏议"也基本如此。

唐律的 11 篇中,还有个别前言"疏议"专门引用史料来说明篇目名及其内容。《断狱》的前言"疏议"即是如此。它通过引用《释名》一书中记载的史料,来说明"狱"字的来源,进而反映《断狱》中的内容。"释名云:'狱者,确也,以实囚情。皋陶造狱,夏曰夏台,殷名羑里,周曰圜土,秦曰囹圄,汉以来名狱。'"经过这样的解释,人们便可从中了解到《断狱》的内容是关于打击审判方面的犯罪了。不过,在前言

---

① 长孙无忌等:《唐律疏议》,刘俊文点校,中华书局 1983 年版,第 275 页。
② 同上书,第 231 页。

"疏议"中运用了史料,会使整个"疏议"的篇幅增加,内容就会多一些了。

3. 表明篇目排列的逻辑联系

唐律的这11篇类似于现代刑法典中的分则,规定的主要内容是罪状与法定刑。然而,这11篇的排列有其自己的逻辑,存在一种逻辑关系。唐律的这一前言"疏议"明指了这种逻辑关系,使人们看了前言"疏议"就心领神会,有利于对整个法典内容、体系的把握。综观这一逻辑关系,突出表现在以下一些地方:

第一,按照犯罪的危害程度进行排列。唐律要打击各种犯罪,但不同犯罪其危害程度也不同。它按照犯罪的危害程度进行排列,即从大到小。唐律把危害最大的犯罪作为重点打击对象,列入最前的位置,起警示作用。唐律认为,对皇权的危害是最大的犯罪,有必要重点打击,故将其列入11篇的第1篇,仅次于《名例》。《卫禁》要打击的正是对皇权危害最大的犯罪,便排列在了第1篇。《卫禁》前言"疏议"道出了这一逻辑关系。"卫者,言警卫之法;禁者,以关禁为名。但敬上防非,于事尤重,故次名例之下,居诸篇之首。"[1]此前言"疏议"中的"敬上防非,于事尤重"说明了《卫禁》的重要性,把其设在11篇的首篇也就理所当然了。往后7篇的排列仍以危害程度为序。[2]《职制》打击官吏的各种犯罪,体现明主治吏不治民的精神,其重要性仅次于《卫禁》。《职制》前言"疏议"说:"宫卫事了,设官为次,故在卫禁之下。"[3]其后6篇的排列也是如此。

---

[1] 长孙无忌等:《唐律疏议》,刘俊文点校,中华书局1983年版,第149页。
[2] 这7篇分别是:《职制》《户婚》《厩库》《擅兴》《贼盗》《斗讼》《诈伪》。
[3] 长孙无忌等:《唐律疏议》,刘俊文点校,中华书局1983年版,第182页。

第二,按照先实体后程序进行排列。唐律把实体方面的犯罪与程序方面的犯罪分开,顺序为先实体后程序。在这 11 篇中,前 9 篇的内容为打击实体方面的犯罪,最后 2 篇即《捕亡》和《断狱》的内容则是打击程序方面的犯罪。对此,这两篇的前言"疏议"都作了简要说明。《捕亡》前言"疏议"道出了排列在规定实体方面犯罪的《杂律》之后的原因。"然此篇(指《杂律》)以上,质定刑名。若有逃亡,恐其滋蔓,故须捕系,以置疏纲,故次杂律之下。"①《断狱》前言"疏议"进一步阐释了《断狱》设在最后一篇的道理。"然诸篇罪名,各有类例,讯舍出入,各立章程。此篇错综一部条流,以为决断之法,故承众篇之下。"②经过这样的阐明,先实体后程序的逻辑关系就非常明确了。

第三,设《杂律》为打击实体犯罪兜底篇而进行的排列。唐律规定的犯罪种类很多,凡是在《卫禁》至《诈伪》中无法列入者,均归入《杂律》,以免遗漏。这样,《杂律》就成了前面 8 篇关于打击实体方面犯罪的兜底篇目了。此篇前言"疏议"和盘托出了这一逻辑关系。"诸篇罪名,各有条例。此篇拾遗补阙,错综成文,班杂不同,故次诈伪之下。"③《杂律》的兜底排列也是这 11 篇篇目排列的一个逻辑。这一逻辑沿袭了《法经》的做法,是《法经》中《杂》篇的延续。

以上这三种排列综合起来,形成了唐律除《名例》以外的 11 篇的排列逻辑,其内容就可对号入座了。再加上《名例》作为总则而列为首篇,体现先总则后分则的逻辑,整个唐律篇目与内容就很有逻辑地排列起来,有条不紊了。唐律的这一逻辑与现代刑法典的有些排列十分相似,先总则后分则的逻辑就是如此。

---

① 长孙无忌等:《唐律疏议》,刘俊文点校,中华书局 1983 年版,第 525 页。
② 同上书,第 545 页。
③ 同上书,第 479 页。

四、与唐律前言"疏议"关联的一些问题

与唐律的前言"疏议"相关联,还有一些问题值得关注,以便全面理解和把握这一"疏议"。

1. 唐律的前言"疏议"与律条"疏议"有很大差异

唐律的"疏议"主要由前言"疏议"与律条"疏议"两大部分组成。虽然,它们都是律中的"疏议",但差异却很大,突出表现在以下两个方面:

第一,形式上的差异。唐律的前言"疏议"与律条"疏议"在形式上存在差异。首先,前言"疏议"与律条"疏议"所处位置有差异。前言"疏议"处于每篇的篇首位置,即在每篇的第1条律条之前,不在其他位置。《名例》前言"疏议"就处在此篇第1条律条"笞刑五"之前;①《卫禁》前言"疏议"处于此篇第1条律条"阑入庙社及山陵兆域门"之前。② 其他前言"疏议"也都处于相似位置。律条"疏议"的位置则紧跟在每条律条之后,解释律条中的相关内容。《杂律》"违令"条后的"疏议"就紧跟律条并重点解释律文中"令有禁制"等内容。③ 其次,前言"疏议"与律条"疏议"在数量上也存在差异。唐律有12篇,每篇1个前言"疏议",共计12个这样的"疏议"。唐律有502条律条,每条律条后均有"疏议",律条"疏议"在数量上要比前言"疏议"多很多。最后,

---

① 长孙无忌等:《唐律疏议》,刘俊文点校,中华书局1983年版,第3页。
② 同上书,第149页。
③ 同上书,第520—521页。

前言"疏议"与律条"疏议"在叙述形式上存在差异。前言"疏议"的叙述形式比较单一,以阐述为其特征,没有其他形式。律条"疏议"的叙述形式则更复杂一些,不仅有阐述,还有问、答等形式。《名例》"除名"条"疏议"中就有 5 个问、答形式。① 通过问、答形式来进一步明确、解释律条中死去的人是否要除名、"不道"罪中的杀奴婢与部曲是否算在 3 人之中、共受枉法赃物是否并赃科罪、制敕的规定是否可对抗赦与减罪的规定、会赦以后是否还要除名等一些规定。可见,前言"疏议"与律条"疏议"在形式上的差异非常明显。

第二,内容上的差异。唐律的前言"疏议"与律条"疏议"不仅在形式上存在差异,而且在内容上也存在差异。前言"疏议"的内容集中于《名例》前言"疏议"中的 5 大内容和其他 11 篇前言"疏议"中的 3 大内容,均属于唐律中较为重要的一般问题,基本不涉及一些具体规定。律条"疏议"的内容则要具体一些,既有对律条中字、词、句子的解释②,又有对律条中的罪名、罪状、刑罚、犯罪主体与客体、犯罪主观与客观方面等的解释。③ 这样,律条"疏议"的内容要比前言"疏议"的内容多了很多。它们之间也很不一样。

唐律前言"疏议"与律条"疏议"的差异折射出它们各自的特点。前言"疏议"的特点是:它所处的位置在每篇的篇首、数量比较少、叙述形式比较简单、内容一般是较为重要的问题等。与其相比较,律条"疏议"的特点则是:它所处的位置在律条之后、数量比较多、叙述形式比较复杂、内容主要是一些具体规定等。这些特点告诉人们,唐律中的"疏议"虽都以"疏议"一种面貌出现,但也不是一模一样的,其中有许

---

① 长孙无忌等:《唐律疏议》,刘俊文点校,中华书局 1983 年版,第 48—51 页。
② 王立民:《唐律新探》,北京大学出版社 2016 年版,第 84—86 页。
③ 同上书,第 37—41 页。

多不同之处,具有明显的复杂性,只有经过仔细分析、考察,方能取得真知灼见。

2. 前言"疏议"的功能

唐律前言"疏议"有其自己的功能,突出体现在以下一些方面:

第一,阐发刑事律典的重要理念。在中国古代,刑事律典是一个朝代的主要法典之一,在法律体系中占有重要地位。唐律是唐朝的一部刑事律典,类似现代的刑法典,其中蕴含着一些重要理念。这些理念是整个律典的灵魂,也为深刻理解律典内容、实施律典规定不可缺少。《名例》的前言"疏议"把这一理念公开阐发出来,包括了唐律的指导思想、制定刑法的重要意义、确定"疏"的内涵等等。《名例》的前言"疏议"处在唐律的开头位置,开明宗义告知民众这些重要理念,十分有利于民众在刚开始查阅唐律时就知晓这些理念,掌握律典的灵魂,便于阅读整部律典内容,领会其中要义,依律守法、司法。从这种意义讲,《唐律疏议》前言"疏议"的功能很重要,为民众守法、司法官司法奠定了思想理论基础。

第二,展示唐前中国法制发展的历史。中国法制的发展历史源远流长,到唐朝已历经了一千多年。其中的刑法是那时的主要部门法之一,其律典也有一个沿革过程,《唐律疏议》正是在以前刑法、律典基础上发展而来的。为了深刻、全面理解唐律的内容,有必要了解唐前中国法制发展的历史,从中知晓它的历史由来,反映唐律内容的合理性与权威性,有利于其在社会生活中得到实施。唐律的前言"疏议"中都有关于中国法制发展历史的内容,而且有分工与侧重。《名例》前言"疏议"专门展示唐前中国律典整体的演进过程,侧重反映中国法制发展历史的整体面貌,即从原始社会末期的肉刑开始,一直到隋律。其他11篇的前言"疏议"则专门展示各篇的演进,侧重反映中国法制发展历史中的局部情况。这两者结合起来,正好可以把中国法制发展历史的宏观与微观状况较为全面地展示出来。从这一角度来审观,《唐律疏议》不仅是一部唐朝的律典,还是一部唐前中国法制史,其法文化的价值也同样存在。

第三,集中反映唐律的整体状况。唐律的内容很多,仅律条就有502条。每个律条中又往往包含一个以上罪名。《卫禁》"宫殿门无籍冒名人"条规定的内容至少含有两个罪名。一个是一般犯罪主体故意冒名进入宫殿门所构成的犯罪,即"诸于宫殿门无籍及冒承人名而入者,以阑入论";另一个是特殊主体因过失而构成的犯罪,即"守卫不知冒名情,宫门杖八十,殿门以内递加一等"。[①] 许多律条都有相似情况。《唐律疏议》前言"疏议"把组合律条所遵循的逻辑反映出来,使碎片化的内容得到有序整合,形成一个有机的整体。《名例》前言"疏议"与其他11篇前言"疏议"都发挥了这一功能。《名例》前言"疏议"重点反映总则与分则的关系,即《名例》的内容为总则,其他11篇的内容则是分则。它们的逻辑关系是一种总则与分则的关系。其他11篇前言"疏议"重点反映这11篇分则之间的逻辑关系,其中包括了按照犯罪的危害程度进行的排列、先实体后程序进行的排列、设《杂律》为兜底篇进行的排列等。经过这样的排列,《唐律疏议》的整体状况便真实地表现出来了。

《唐律疏议》前言"疏议"的这些功能具有不可替代性,其他部分都无法实现这一功能,从中亦可体现出前言"疏议"的重要性,它是《唐律疏议》中一个非常重要的组成部分。

[①] 参见长孙无忌等:《唐律疏议》,刘俊文点校,中华书局1983年版,第152—153页。

3. 前言"疏议"在中国法制史上的地位

唐律的前言"疏议"在中国法制史上具有独一无二的地位。在唐前的律典中无这一"疏议",唐朝也只有《永徽律疏》与《开元律疏》有这一"疏议",唐后也无这种"疏议"。这又可以分为两种情况。一种情况是有的律典有"疏议"但无前言"疏议"。《宋刑统》即是如此。这部律典继承了许多《唐律疏议》的体例与内容,也设有"疏议",可就是没设前言"疏议"。前言"疏议"也因此而失落了。另一种情况是根本不设"疏议",前言"疏议"也就不存在了。唐律以前的律典与以后的律典都是如此。唐律首创"疏议",才有了前言"疏议"。此前的所有律典,包括唐朝的《武德律》《贞观律》等都无"疏议",不可能有前言"疏议"。以后的律典,如《大元通制》《大明律》《大清律例》等,都不设"疏议",前言"疏议"也就无存在的基础了。这从一个侧面说明,唐律的"疏议"代表了中国古代律典中"疏议"的最高水平,也开创了中国古代法律解释的一种新模式,即用律中"疏议"对律中涉及的各种内容进行法律解释的模式。中国古代法律解释的模式就此而走过这样一个发展过程,即从秦的"法律答问"、晋律的"注"到唐律的"疏议"的过程。这一"疏议"总结、发展了以往法律解释的经验,把其提高到一个新的高度。①其中,唐律的前言"疏议"功不可没,其价值应得到充分肯定。

唐朝的《永徽律疏》与《开元律疏》虽为不同时期的两部律典,但其内容几乎一致,差别很小。它们都有"疏议",也都有前言"疏议"。它们之间的关系是一种开创与继承关系。《永徽律疏》开创了前言"疏议",《开元律疏》则继承了前言"疏议"。在前言"疏议"问题上,它

---

① 参见王立民:《唐律新探》(第五版),北京大学出版社2016年版,第77—89页。

们具有一致性,形式与内容都保持了一致。唐律中的前言"疏议"又是它们的共性,也是它们前言"疏议"的共同之处。现存唐律前言"疏议"是研究前言"疏议"的主要依据,也是其独一无二的客观显现。

唐律的前言"疏议"没有被唐后律典所沿袭是一个遗憾。唐后的律典因此而失去了充分表达律典中重要理念、展示中国法制发展历史、集中反映唐律整体状态等一些律典中重要问题的窗口。人们查阅律典而获取的只是律条的内容,无法知晓它们背后十分重要的文化,失去了进一步了解法文化的机会。究其主要原因,是唐朝以后的私家律学著述大量涌现,律学发展到一个新的水平,律学成果发挥了唐律前言"疏议"的有些功能。唐朝以后的宋、元、明、清朝的私家律学著述大量涌现,宋朝有60余部,元朝有20余部,明朝有100余部,清朝达到160余部。[①] 这些律学著述均以律为主要研究对象,有些内容与唐律中前言"疏议"的内容相似。《读律佩觿》对明、清律作了研究,其阐发的有些内容与唐律中前言"疏议"的内容十分相似,对《名例》的阐述就是如此。"名例一篇,更为吃紧纲维,乃所以运用全律之枢纽,轻重诸法之权衡,愈为要中至要。"[②]这一阐述与《唐律疏议·名例》前言"疏议"中讲到《名例》为"名训为命,倒训为比,命诸篇之刑名,比诸篇之法例"中的含义有相似之处。那时的私家律学著述大量涌现,律学研究成果丰硕,大有替代《唐律疏议》前言"疏议"有些功能之势。不过,即使如此,私家律学的著述属于学理解释,与唐律前言"疏议"的法定解释不完全相同,不能简单互相替代。这种学理解释没有法律

[①] 参见何勤华:《中国法学史》(第二卷·修订本),法律出版社2006年版,第34、37、235、241页。

[②] 王明德:《读律佩觿》,何勤华等点校,法律出版社2001年版,第2页。

效力,只能在理论研究、思想传播等一些方面发力。从这种意义讲,唐律前言"疏议"的失落不能不说是一种缺憾,对法制建设也是一种损失。

4. 前言"疏议"对当今法治建设的启示

中国正在全面推进法治中国建设。① 其中,包括还要制定一些法典。在制定过程中,唐律前言"疏议"可以发挥一些借鉴作用。中国自清末法制改革以后,大量移植西方法制,制定的法典与中国古代制定的法典有一些区别。那些现代法典主要由法条构成,没有像唐律中那样的前言"疏议"。但是,前言"疏议"中的那些功能不要被忽视,对现在的法治建设仍有可借鉴之处,特别是要让广大民众知晓法典中的重要理念、中国法制发展的历史、法典的内部结构及其逻辑联系等。这首先是为了让民众了解法典的重要性、结构与内容,其次是为了法典的规定能在现行生活中实现,包括守法、司法等。尽管现行的法典没有了前言"疏议",但还是可以运用其他途径,起到类似于这种"疏议"的作用,让广大民众从中受益。比如,立法主体对法典制定的权威说明、普法教育、法治宣传、法学教育与研究等,都可在其中有用武之地。在一部新制定的法典颁行以后,这些途径就应形成合力,从各自角度发挥自己的独特作用,为法典中理念、结构与内容的传播,也为法典的施行贡献力量。当然,这不是一朝一夕之事,而是一项长期工作,甚至是一种常态。唐律前言"疏议"诞生于中国古代的鼎盛时期,这一文化遗产可以在当代盛世的今天,通过古为今用发挥余热,尽其所用。

唐律的前言"疏议"篇幅很小,又淹没在大量的"疏议"之中,往往

---

① 参见《"十三五"规划纲要》,载《文汇报》2016年3月18日。

不被重视。经过透视,就可发现,这一"疏议"十分重要,其功能为律条与其他"疏议"所不可替代,而且对理解整个唐律都不可多得。它随着"疏议"的产生而在唐朝创制。这既是唐朝成熟法制理念的体现,也是先进立法技术的表露,更是唐律对唐朝法制建设乃至中国古代立法的一大贡献。这也可以从一个侧面来佐证唐律的高明之处,其无愧为中国古代立法的高峰。今天,中国正在全面推进法治中国建设,唐律的前言"疏议"可为中国今后法典的制定提供一些借鉴,包括要通过各种途径,宣传法典的重要理念、阐明法典各部分之间的逻辑联系、展示法典的发展历史等。这些不仅是为了使民众更好地解读、认识法典的内容,更是为了使法典的规定能够深入人心,得到有效实施。这正是中国法治建设中所期待与需要的。

第九章
唐律律条的协调

律条的协调是历代立法者重视的问题。唐律是中国现存第一部结构严谨、内容完备的封建法典,较为妥善地处理了律条的协调问题。

一、协 调 内 容

唐律律条的协调主要包括以下三方面内容:

1. 十二篇目律条的协调

现存唐律有五百(零二)条,分别归入十二篇目,因此篇目的内容安排和排列就是一种总体协调。唐律的协调方法是:第一篇名例律规定唐律的一般原则,统领全律内容,类似现代刑法的总则;其余十一篇,即从卫禁律至断狱律,按其犯罪行为分别归类入篇。这样,篇目的内容就与篇目名一致起来,一见篇目名就知其所含内容。

篇目的多少关系到能否总结、归纳各种犯罪行为,合理安排和协调其中内容的问题。篇目太多或太少都有失偏颇。《魏法·序略》认为

《法经》的篇目太少,并指出篇目太少的弊端:"旧律所难知者,由于六篇篇少故也,篇少则文荒,文荒则事寡,事寡则罪漏,是以后人稍增。"相反,篇目过多则走向另一极端。唐太宗竭力反对造成篇目过多、内容繁杂的做法。他曾说,律条繁杂会使"官人不能尽记",甚至"更生奸诈"。因此,他在贞观初就言告大臣:"用法务在宽简";在贞观中又重申:"国家法令,惟须简约。"①唐律的十二篇目数正好适中,故后人评说它是"古今律之得其中者"②。

唐律的十二篇目名广采众律之长。唐律以前,曾使用过三十多个篇目名,它对以前的篇目名进行改造,主要采取以下几种措施:第一,把内容相近的篇目合并,使其更为简明。例如,贼盗律就是把秦汉至北魏时一直使用的贼律与盗律合二为一。第二,变换篇目名的位置,使其更为合理。例如,户婚律是改《北齐律》的婚户律而成。第三,改变原篇目名,使其更为确切。例如,职制律是改《晋律》中的违制律而成。还有一些篇目名是沿用前代的,如杂律等。篇目名的改造意味着律条的重新组合或调整,是律条协调的重要方面。

唐律十二篇目排列的次序有其逻辑,而且在前三篇的前言中都作了阐述。第一篇为名例律,规定的是唐律的一般原则,应入篇首。《唐律疏议·名例》前言说:"名者,五刑之罪名;例者,五刑之体例。名训为命,例训为比,命诸篇之刑名,比诸篇之法例。但名因罪立,事由犯生,命名即刑应,比例即事表,故以名例为首篇。"其中,还包括对皇权和封建统治危害最大的"十恶"的规定。第二篇为卫禁律,专门打击危害皇帝人身安全和国家主权的犯罪行为。皇帝是皇权的化身,侵害皇帝的行为是对皇权威胁最大的行为,也是唐律首先要打击的行为。

---

① 《贞观政要·刑法第三十一》。
② 《历代刑法考·汉律摭遗自序》。

《唐律疏议·卫禁》前言对此直言:"敬上防非,于事尤重,故次名例之下,居诸篇之首。"第三篇为职制律,是规定处罚各级犯罪官吏的法律。庞大的封建国家机器靠层层官吏开动,官吏犯罪会直接影响地主阶级的整体利益,并影响到皇权,故打击官吏犯罪显得特别重要。《唐律疏议·职制》前言说:"宫卫事了,设官为次。"可见,篇目次序排列的逻辑就是维护皇权的逻辑,把对皇权危害大的犯罪排列在前,以示诫人。篇目按这一逻辑排列,律条也自然对号入座了。其余篇目虽未都在前言中详加说明其排列的原因,但实际上并不违反上述逻辑。

唐律篇目排列的次序亦集前律之长。它把名例律列为首篇,对整部法典起到提纲挈领的作用,使体系比较科学,可起到"经略罪法之轻重,正加减之等差,明发众篇之多义,补其章条之不足,较举上下纲领"①的效果。因此,唐律改变了自《法经》以后相当长时间内把"贼"作为首篇的体系。唐律还把卫禁律置于第二篇,突出立法者的本意,表明首先要打击的对象,改变了在很长时间内以"盗"为第二篇的定制。

唐律通过对篇目名、数和排列次序诸方面的调整,使律条的归类更为合理和科学,达到了律条总体协调的效应。

2. 前后篇目律条的协调

唐律的律条虽归入十二篇目,但其本身是一个整体,前后篇目的律条又有不可分割的联系,因此它们的协调也就成为律条协调的一个重要内容。

首先,名例律中的律条被其他十一篇律条作为一般原则运用,成为定罪量刑的依据。《唐律疏议·斗讼》"告期亲以下缌麻以上尊长"条

---

① 《晋书·刑法志》。

"疏议"引名例律的规定:"并相容隐,被告之者,与自首同",并把它作为本条定罪量刑的原则。此条规定:"诸告期亲尊长、外祖父母、夫、夫之祖父母,虽得实,徒二年。"《唐律疏议·杂律》"向城官私宅射"条规定:"故令人城及宅中,杀伤人者,各以斗杀伤论;至死者,加役流。"如是"非意杀伤者",就按此条"疏议"引名例律"本应重,而犯时不知者,得依凡论"的原则,从轻处罚。

其次,名例律大量援引其他十一律的律条解释、明确本篇律条的含义。《唐律疏议·名例》"应议请减"条举用贼盗律中"造畜蛊毒,虽会赦,并同居家口及教令人亦流三千里"和断狱律中"杀小功尊属、从父兄姊及谋反、大逆者,身虽会赦,犹流三千里"的规定,解释本条"及会赦犹流者"的含义。《唐律疏议·名例》"略和诱人等赦后故蔽匿"条引用职制律中"官员有数,而署置过限不应置而置"的规定,明确本条中"置官过限及不应置而置"的含义。

再次,后律大量举用除名例律以外其他律的律条,以保持用刑的一致性。《唐律疏议·贼盗》"盗符节门钥"条"疏议"引用擅兴律中"凡言余符者,契亦同。即契应发兵者,同发兵符法"的规定,对本条"盗发兵契"行为作出"各同鱼符之罪"的科刑。《唐律疏议·杂律》"私发制书官文书印封"条规定:"诸私发官文书印封视书者,杖六十;……若密事,各依漏泄坐减二等。"由于"漏泄"已在职制律中有所规定,故此条"疏议"援用此律中"漏泄大事应密者,绞"的规定,认定本条犯罪行为应科"徒三年"。

最后,除名例律以外的前律也大量援引后律的律条,前后印证。《唐律疏议·户婚》"以妻为妾"条"疏议"援用斗讼律中"媵犯妾,减妾一等。妾犯媵,加凡人一等。余条媵无文者,与妾同"的规定,得出适用本条"夫犯媵,皆同犯妾"的结论。《唐律疏议·贼盗》"盗园陵内草木"条"疏议"举引杂律中"毁伐树木稼穑,各准盗论"的科断,也相应规定:"盗园陵内草木者,徒二年半。若他人墓茔内树者,杖一百。"

前后篇目中律条的互相印证,使前后律条的相关内容保持一致,从而增强了法典内容的整体性。

3. 同一篇目律条的协调

唐律除名例律以外,其他十一篇都包括两类以上相近的犯罪行为。它们如何共存于同一篇目,按什么原则有机组合在一起,这是律条的协调问题。

唐律根据以下两项原则有条不紊地组合各篇律条:

第一项原则是把同类或相类似的犯罪行为排列在一起。卫禁律共有三十三条,其中前二十三条是处罚有关直接危害皇帝的人身安全的犯罪行为,包括非法进入宫、殿、庙和苑等;后十条是制裁有关直接有损国家安全的犯罪行为,包括非法越过关津要塞等。户婚律共四十六条,其中前十三条是惩罚有关违反户籍和财产制度方面的犯罪行为;中间十二条是惩治有关违反田宅和税赋制度方面的犯罪行为;后二十一条是打击有关违反婚姻家庭和继承制度方面的犯罪行为。其他各篇也都是如此。经过这样的组合,每篇的内容既有序又严谨,克服以前每篇律条混杂无序的状况,再也没有"盗律有贼伤之例,贼律有盗章之文,兴律有上狱之法,厩律有逮捕之事"[①]的情况。

第二项原则是把对皇权危害较大的犯罪行为列于篇首或同类犯罪行为之首。《唐律疏议·诈伪》把"伪造御宝"条列于篇首,此条"疏议"还专门作了说明:"御宝事重,遂以'伪造八宝'之首。"处罚幅度也能反

---

① 《晋书·刑法志》。

映这一点。在诈伪律中,只有"伪造御宝"是处斩刑,严厉程度超过同篇中的其他犯罪。《唐律疏议·贼盗》把"谋反大逆"列于篇首,其制裁程度也最为严厉,除犯罪者本人要处斩外,家属还要连坐,严于同篇中的其他犯罪。以上是把对皇权危害较大的犯罪行为列于篇首的两例,此外还有列于同类犯罪行为之首的。在户婚律制裁有关户籍方面的犯罪行为中,首条为"脱漏户口增减年状",这是违反户籍制度最甚者,故处罚也最重,要"徒三年"。在擅兴律制裁有关擅自调发军队方面的犯罪行为中,首条为"擅发兵",这也是同类犯罪中最严重者,故制裁也最酷,处同类犯罪中所没有的绞刑。

按照以上两项原则编排后的律条非常有条理,既把同类犯罪归并在一起,又把犯罪重者排在前面。这可使司法官查律方便,也使百姓易懂易学,便于唐律的实施。

二、协 调 核 心

以上是唐律律条协调的三大内容,有没有贯穿于这些内容的协调核心?答案是肯定的。

唐朝皇帝和中国历代封建帝王一样,是封建专制主义的产物,他掌握全国行政、立法、司法等一切最高权力,以最大的地主身份代表整个唐地主阶级行使最高统治权。皇权是皇帝意志的体现,也是唐地主阶级的根本利益所在,动摇皇权就是动摇他们的命根子。可见,皇权的地位举足轻重。"法律就是取得胜利并掌握国家政权的阶级的意志的表现。"①唐律作为唐地主阶级意志的表现,竭力维护皇权,并把它作为协调核心,左右律条,也就有其必然性。

以维护皇权为核心协调律条的做法,在唐律中表现得十分明显。在十二篇目律条的协调中,处处突出皇权的重要地位。第一篇名例律就把"十恶"作为重点打击对象,而"十恶"中的前三者即谋反、谋大逆和谋叛都是对皇权的根本威胁,故用刑也最酷,列全律之首。其他篇目的排列顺序也以维护皇权为逻辑,危害大者排列在前,使律条的整体协调紧扣维护皇权这一核心。在前后篇目律条的协调中,涉及的面较广,各篇律条都前后印证、互相平衡,似乎与皇权关系不大。但是,正是通过这种协调,增强了唐律律条的整体协调效果,使维护皇权这一协调核心的作用得到充分反映,从另一个侧面体现协调核心。在同一篇目律条的协调中,把对皇权危害较大的犯罪行为列在同类犯罪或相类似的犯罪之首,强调维护皇权的重要性,告诫人们皇权神圣不可侵犯,显示了皇权的特殊地位。唐律的立法者处处都注意表现律条的协调核心,可见其良苦用心。

唐律在突出维护皇权的同时,又在律条的内容方面妥善处理皇权与其他各方面的关系,尤其是与礼、法的关系。这可以说是唐律的一大成功之处。法与礼是地主阶级的两种统治职能,"一种是刽子手的职能,另一种是牧师的职能"②。它们从不同角度维护皇权,殊途同归。唐律较为成功地运用了这两种手段,比以往更自觉地利用它们为维护皇权服务。《唐律疏议·斗讼》"告祖父母父母"条根据礼的"亲亲相隐"原则,规定:"诸告祖父母、父母者,绞。"此条"疏议"还专门对此作

---

① 《列宁全集》第16卷,人民出版社1988年版,第292页。
② 《列宁选集》第2卷,人民出版社1995年版,第478页。

了解释:"父为子天,有隐无犯。如有违失,理须谏诤,起敬起孝,无令陷罪。若有忘情弃礼而故告者,绞。"但是,如果祖父母、父母犯有直接损害皇权的"缘坐之罪"[1],子孙告也无罪。此条"疏议"也对此作了说明:"缘坐谓谋反、大逆及谋叛以上,皆为不臣,故子孙告亦无罪,缘坐同首法,故虽父祖听捕告。"可见,唐律的根本任务是维护皇权,礼与法是在维护皇权的基点上得到了统一。

在处理维护皇权与礼、法的关系方面,唐律比唐后其他律规定得更为适当。以明律为例,在处理这一关系时出现了重其所重、轻其所轻的情况,即对直接损害皇权的违礼行为,用法比唐律重;而对触犯一般伦理原则的违礼行为,用法又比唐律轻。请看表9-1的举例比较:

表9-1

律名	谋反大逆	盗制书即信	弃毁制书
唐律	斩	徒二年	徒二年
明律	凌迟	斩	斩
律名	子孙违犯教令	子孙别籍异财	父母夫丧而自嫁娶
唐律	徒二年	徒三年	徒三年
明律	杖一百	杖八十	杖一百
律名	箭入御所	宿卫兵仗远身	
唐律	斩	杖六十	
明律	绞	笞五十	

此外,在明律中被认为是重其所重的范围内,还出现了轻的情况。所以,后人认为,明律的律条内容"殊嫌参差"[2],其协调不及唐律。

---

[1] 《唐明律合编·序》。
[2] 同上。

清律的情况与明律基本相同。

在唐朝,皇权与专制具有一致性。专制是皇权的依附物,国家的最高立法权、行政权和司法权都集于皇权,皇权成了国家最高权力的渊源。专制正是通过这种权力得以实现的,若失去皇权,专制统治也就不复存在了。因此,唐律律条的协调核心是维护皇权,也是维护封建专制统治。

三、协调背景

法律是社会上层建筑中的一个组成部分,一方面根植于社会经济基础,另一方面又受社会上层建筑中其他方面的影响。唐律律条的协调有其一定的社会背景。

1. 从唐初的经济、政治看

社会发展的历史表明,法律属上层建筑,由经济基础决定。"生产关系的总和构成社会的经济结构,即有法律的和政治的上层建筑竖立其上并有一定的社会意识形态与之相适应的现实基础。物质生活的生产方式制约着整个社会生活、政治生活和精神生活的过程。"[①]由于隋统治者的荒淫和残忍,社会生产力遭到极大摧残,到了隋末已是"黄河之北,则千里无烟,江淮之间,则鞠为茂草"[②]。"老弱耕稼,不足以充饥

---

① 《马克思恩格斯选集》第 2 卷,人民出版社 1995 年版,第 32 页。
② 《隋书·杨玄感传》。

馁;妇工纺绩,不足以赡资装"①。"父母不保其赤子,夫妻相弃于匡床。"②于是,隋末农民大起义爆发,隋朝灭亡。唐初的统治者以隋亡为鉴,努力完善均田制、租庸调制等一系列有利于生产力发展的措施,使生产关系又一次得到调整,重新适应生产力的发展,并使上层建筑得到相应修整。唐律律条的协调,正是唐初生产关系与生产力比较协调而在上层建筑法律中的反映。

唐初的政治制度也有发展,三省制度得以确立。这三个中央中枢机关不仅有明确分工,还互相制衡。中书主出命,门下主封驳,尚书主执行。它们各司其职,目的是"相防过误"③。这一制度的确立,既使中央集权得到加强,也使立法的审核职能得以实现。门下省是立法的审核机关,设专职官吏行使封驳职责,驳正中书省草拟"不便于时"④的法律。唐律在制定过程中,也受到门下省官员的"监定"⑤。三省制度的确立为唐律律条的协调提供了组织保障。

此外,从总体上讲,唐初统治阶级内部、统治阶级与被统治阶级之间的矛盾都比较缓和,这就使唐初的统治者有较多时间和精力致力于探索法律律条的协调问题。唐太宗的辅政大臣大多是不拘门户而被择善录用的。其中,有裴炬、高士廉等隋代旧臣,有戴胄、岑文本等地主武装割据势力的统领,也有魏徵、徐世勣、秦叔宝等曾经历过农民起义的将领。唐太宗善于听取他们的意见,发挥他们的作用。同时,他还注意缓和陇西和山东这两大地主集团的矛盾,推行"天子以四海为家,不当

---

① 《隋书·食货志》。
② 《隋书·李密传》。
③ 《贞观政要·政体第二》。
④ 《唐六典·门下省》。
⑤ 《旧唐书·刑法志》。

有东西之异"①的政策,从而使地主阶级内部的矛盾得到缓和。另外,唐初的统治者注意以民为本,采取了一些缓和与农民阶级之间矛盾的措施,如轻徭薄赋、"布宽大之令"②等,因此当时没有发生较大规模的农民起义。这些都在客观上促成了有利于唐初统治者考虑律条协调的客观条件。

2. 从立法协调的思想看

唐初的统治者在总结前人立法协调思想的基础上,形成了一套适于唐朝的立法协调思想,这些思想成为协调唐律律条的指导思想。

法律内容的一致性是立法协调的基本要求。唐初的统治者认为,法律虽由自己制定,但一旦颁行就是全民的行为准则。唐太宗说:"法者非朕一人之法,乃天下之法。"魏徵也说:"法,国之权衡也,时之准绳也。"③因此,法在内容上必须保持一致,否则就会使法官难断、人民难行。唐太宗十分赞赏汉萧何立法"画一"的本领,要求臣下向他学习,说:"萧何起于小吏,制法之后,犹称画一。今宜详思此文,不可轻出诏令。"他还多次告诫立法者,法律内容"毋使互文"④,以免参差。

法律内容的简约性是立法协调的前提。烦文会使律文互错,破坏律条的协调,唐初的统治者似乎明白这一点。唐高祖建唐后,就主张立法"务在宽简,取便于时"⑤。唐太宗告诫大臣:"不可一罪作数种条。"⑥根据这些精神,唐初进行了删减法律的工作。据《旧唐书·刑法

---

① 《资治通鉴·太宗皇帝》。
② 《旧唐书·刑法志》。
③ 《贞观政要·公平第十六》。
④ 《贞观政要·刑法第三十一》。
⑤ 《旧唐书·刑法志》。
⑥ 《贞观政要·刑法第三十一》。

志》所载,唐高祖起事时就"约法十二条","余并蠲除之"。受禅后,他"尽削大业所由烦峻之法"。即位后,"蜀王法曹参军裴弘献又驳律令不便于时者四十余事,太宗令参掌删改之"。以后颁布的《贞观律》再"削烦去蠹","不可胜纪"。

　　法律内容的稳定性是立法协调的必要条件。法律内容不稳定,律条多变,就会使原有的协调体系遭到破坏,律条也就无协调可言,故稳定性不可忽视。唐太宗似乎已意识到这一点,先说:"法令不可数变,数变则烦,官长不能尽记,又前后差违,吏得以为奸。"①后又说:"诏令格式若不常定,则人心多惑,奸诈益生。"②唐高宗认为:"刑者,成也,一成而不可变。"③在这种思想的指导下,唐律的律条在贞观时期定本后改动很小,"用之无所变改"④。

3. 从制定唐律的人员看

　　法律是统治阶级意志的表现,立法过程是统治阶级意志上升为法律的过程。这个过程完全由人的活动实现,因此唐律律条的协调与制定人员的组成有直接关系。据《唐律疏议·进律疏表》载,现存唐律的制定者有长孙无忌、李勣、于志宁等十九人。他们具备以下三个有利条件:

　　首先,他们有较丰富的统治经验。他们中的绝大多数人出生于地主官僚家庭,从小涉入政治,从政后也表现突出。长孙无忌的祖父曾"用开府仪同三司,袭平原公";他的父亲曾是"隋右骁卫将军";其本人

---

① 《旧唐书·刑法志》。
② 《资治通鉴·太宗皇帝》。
③ 《旧唐书·刑法志》。
④ 《新唐书·刑法志》。

也"有筹略"①。来济是"隋左翊卫大将军荣国公护子","尤晓时务"②。李勣"家多僮仆,积粟数千钟"③,唐太宗称他"才智有余"④。许多人还因为治国有方而不断升迁。长孙无忌被誉为"英冠人杰"⑤,从贞观元年的吏部尚书迁为尚书右仆射、侍中等。李勣在"并州凡十六年,令行禁止,号为称职"。唐太宗赞扬他说:"朕今委任李勣于并州,遂使突厥畏威遁走,塞垣安静,岂不胜远筑长城耶?"⑥以后,他"屡更大任"⑦,先后为太常卿、同中书门下、司空等。除中央官吏外,还有地方官吏,如颍州刺史、始平县丞等。由这些人组成的制定唐律的班子具有从中央到地方比较完善的统治经验,有利于使律条内容满足整个地主阶级的要求。

其次,他们通晓法律。他们中有律学博士。唐朝的律学博士是专门从事研究、教授法律工作的人员,"掌教文武官八品以下及庶人子为生者,以律令为专业,格式法例亦兼习之"⑧。他们中有人曾参与过律的撰修。例如,长孙无忌在贞观时参加了《贞观律》的制定。"太宗即位,又命长孙无忌、房玄龄与学士法官更加厘改。"⑨永徽二年(651年),以长孙无忌为首,撰定《永徽律》,参加人员占以后制定《唐律疏议》者近半。他们中还有不少人具有司法经验。其中,刺史、县令和县丞既是地方行政长官,又是地方司法官,具有地方司法经验;中书省、门下省官员也行使司法职能,因为唐朝"凡罪抵流、死,皆上刑部,

---

① 《旧唐书·长孙无忌传》。
② 《旧唐书·来济传》。
③ 《旧唐书·李勣传》。
④ 《唐语林·卷五》。
⑤ 《旧唐书·长孙无忌传》。
⑥ 《旧唐书·李勣传》。
⑦ 《隋唐嘉话》,浙江古籍出版社1986年版,第63页。
⑧ 《旧唐书·职官志》。
⑨ 《旧唐书·刑法志》。

复于中书、门下"①,他们有处理重大及疑难案件的经历。由这些通晓法律者制定唐律,能准确反映地主阶级的愿望,并利用已有经验较好地协调其中的内容。

最后,他们博识文史。例如,长孙无忌"博涉书史"②,褚遂良"博涉文史"③。他们特别精通儒学,如于志宁撰过《五经义疏》。在他们的言论、书信中,广泛使用儒家经句,并以此为理论依据分析事物。据《旧唐书》载录,于志宁和褚遂良在言谈和上疏中引用过"《礼》《春秋》《易》《书》"等的经句。唐律的制定者博识文史,特别是儒学,便于总结前人的立法经验,引以为鉴;还利于用礼维护皇权,妥善处理礼与皇权的关系。

在以上较为有利的历史条件下,唐律产生了,律条的协调关系也随之出现了。可以这样说,是优越的历史条件造就了协调的唐律,唐律律条的协调是那个时代的必然产物。

四、协调的作用、影响和局限

律条的协调在一定程度上表明法律内容的完善,唐律也是如此。后人给予唐律极高的评价,认为它是一部比唐前任何律都要完备的法典。清人以为:"论历代之律,以汉九章为宗,而唐集其成。""讲求斯道

---

① 《新唐书·百官志三》。
② 《新唐书·长孙无忌传》。
③ 《旧唐书·来济传》。

者,莫不以唐律为最善。"①唐律"得古今之平"②。今人认为,唐律"条文之简明,规定之精密","实凌驾前此诸朝之上"③。唐律的完善为司法提供了可靠的保证,从而进一步健全了唐前期法制,稳定了社会,治安情况良好。贞观时,"商旅野次,无复盗贼,囹圄常空,马牛布野,外户不闭"④。永徽时,"有贞观之遗风"⑤。开元时,"号称治平","人罕犯法"⑥。法律保障了社会政治、经济的发展,唐前期呈现一派蒸蒸日上的景象,人民生活十分安定。正如杜甫在《忆昔》中所说:"稻米流脂粟米白,公私仓廪俱丰实。九州道路无豺虎,远行不劳吉日出。"

律条的协调不仅对完善唐律、健全唐朝法制、保障唐初政治经济的发展起了重要作用,还对唐后的立法产生了深远影响。唐律的篇目分类为唐后的立法所袭。五代时,除后汉外都进行了立法,它们的篇目以及以后《宋刑统》《金律》的篇目均与唐律一致,仍按唐律的方法,用篇目总体协调律条。元、明、清律虽在篇目上与唐律有异,但仍按篇目归纳犯罪行为,没有突破唐律的总体协调原则,甚至还保留了部分唐律的篇目名。《大元通制》保留了名例、卫禁、职制等篇名,《大明律》沿用了名例、盗贼、断狱等篇、目名,《大清律例》也沿袭了名例、职制、诈伪等篇、目名。与此同时,唐律的律条也大量被后世抄用。五代的律条与唐律"并无甚区别"⑦。宋刑统的五百零二条律条基本上是唐律内容。大明律共四百六十条,其中删去唐律的一百四十六条,剩下三百五十六

---

① 《唐明律合编·序》。
② 《四库全书总目·唐律疏议提要》。
③ [日]岛田正郎主编:《中国法制史料》第一辑第一册,鼎文书局1979年版,第22页。
④ 《贞观政要·政体第二》。
⑤ 李贽:《史纲评要·唐纪》。
⑥ 《新唐书·刑法志》。
⑦ [日]岛田正郎主编:《中国法制史料》第一辑第一册,鼎文书局1979年版,第240页。

条,归并为二百八十五条,新增一百七十五条。这样,唐律的律条在大明律中仍占百分之六十以上。大清律例删去大明律十一条,归并了十六条,新增二条,另把一条分为二条,共四百三十六条,唐律的律条还占近百分之六十。正如《律附音义·序》所下的结论:"是见影响之深远。"

此外,唐律的协调律条还对当时一些亚洲国家的立法产生了深刻影响。朝鲜和越南大量抄袭唐律的篇目和律条,为己所用。朝鲜"高后一代之制,大抵皆仿于唐,至于刑法亦采唐律"①。越南"有黎一朝之法典","以唐律为唯一楷模"②。它们的篇目和律条基本与唐律同。日本受唐律的影响更大。在日本法制史上占有重要地位的《大宝律》是模仿中国唐律的产物。③《养老律》也是如此。"就《养老律》之名例、卫禁、职制、贼盗诸篇之律文观之,与《唐律疏议》殆完全相同。"④唐律影响之大,在世界封建法典中尚属少见,不愧为世界封建法典之典范和中华法系之代表。

但是,唐律毕竟是封建社会的产物,当时的历史条件决定了其律条的协调存在一定的自发性,并由此决定了其中必有些不协调因素,这也可以说是它的局限性。在篇目中,唐律过分拘泥于自《法经》以来的定制,仍把杂律列为一篇。实际上,其中的许多律条归入其他篇目更妥。例如,"坐赃致罪"条可并入贼盗律,"库藏仓燃火"条可划入厩库律,"违令"条可纳入名例律,诸如此类还有一些。这样可使其他篇目中的

---

① 《高丽史·刑法志》。
② 杨鸿烈:《中国法律对东亚诸国之影响》,中国政法大学出版社 1999 年版,第 503 页。
③ 参见杨鸿烈:《中国法律发达史》,商务印书馆 1930 年版,第 344 页。
④ 杨鸿烈:《中国法律对东亚诸国之影响》,中国政法大学出版社 1999 年版,第 212 页。

内容更为完整,律条之间也更协调。此外,律条内容之间也有不协调之处。唐朝妻、媵和妾的地位各不相同,妻的地位最高,妾最低,媵居中。《唐律疏议·斗讼》"妻殴詈夫"条规定:"媵犯妻,减妾一等。妾犯媵,加凡人一等。"但是,《唐律疏议·户婚》"以妻为妾"条却把媵与妾的地位并立,规定:"以妻为媵,罪同以妻为妾。若以媵为妻,亦同以妾为妻。"这既混同了媵与妾的地位,又与"妻殴詈夫"条的规定不协调。又如,《唐律疏议·户婚》"许嫁女辄悔"条规定:"只言后娶者,知情减一等,不及不知情一层。"[1]律文少了一层意思,出现了漏洞。

唐律的律条虽较为协调,但随着社会矛盾的发展和情况的变化,协调的律条也会不足以用事。因此,唐朝后期格敕地位渐高,甚至代律,以致出现司法不依律的状况,"结果让完全不法的状态代替了'法制状态'"[2]。处在这样的"不法状态"中,富人是"厨有臭败肉,库有贯朽钱"[3],而人民则是"十室八九贫"[4]。于是,农民起义发生了,此时协调的律条也无法挽救唐王朝必然灭亡的命运了。

---

[1] 《唐明律合编·户律》"男女婚姻"条。
[2] 《马克思恩格斯全集》第1卷,人民出版社1979年版,第702页。
[3] 白居易:《伤宅》。
[4] 白居易:《村居苦寒》。

第十章
唐律的补充条款

唐律是一部刑法典,其中有一些补充条款,即是对唐律中律条内容的补充条款。本章对这种补充条款作些探研。

一、补充条款的种类

对唐律律条内容的补充条款有多种,既有律条对律条的补充,也有令、格、式、礼、理等对律条的补充。

1. 律条对律条的补充

唐律中有少量的律条就是这类补充条款,专门对其他律条进行补充。这是唐律补充条款中的一个重要种类。这种补充条款没有罪状和法定刑的内容,与其他律条有很大的区别,具体可以分为刑事内容的补充和民事内容的补充。"缘坐非同居"条是一种关于刑事内容的补充。由于"谋反大逆"条没有对涉及刑事制裁的缘坐但又是非同居人的资财、田宅的没官等问题作出明确规定,①所以"缘坐非同居"条作了必要的补充规定,使"谋反大逆"条的内容更完整。此条规定:"诸缘坐非同居者,资财、田宅不在没限。虽同居,非缘坐及缘坐人子孙应免流者,各准分法留还。若女许嫁已定,归其夫。出养、入道及娉妻未成者,不追坐。道士及妇人,若部曲、奴婢,犯反逆者,止坐其身。"②有了这一补充条款,便使"谋反大逆"条中有关缘坐和没官等刑事方面的规定更为清晰,也更便于施行了。"违律为婚离正"条则以民事内容作为补充。③在唐律的"为婚妄冒""有妻更娶""居父母夫丧嫁娶""同姓为婚""尝为袒免妻而嫁娶""监临娶所监临女""私娶人妻"等条中,都有附带的民事制裁方式离婚,即"离之"。④比如,"有妻更娶"条规定:"诸有妻更娶妻者,徒一年;女嫁,减一等。若欺妄而娶者,徒一年半;女家不坐,各离之。"但是,这些律条中都没有规定当"会赦"时,离婚这一民事制裁是否还要执行。"违律为婚离之"条则作了补充规定,其内容是:"诸违律为婚,当条称'离之''正之'者,虽会赦,犹离之、正之。定而未成,亦是。"安排了这样的补充条款后,人们就可以知晓,这一赦免只对刑事制裁部分有效,对作为民事制裁的离婚无效。即尽管遇有赦免,离婚仍需执行。律条对律条的补充,同时体现出它们之间的协调关系,有一种互补并完善律条内容的功能。

2. 令、格、式对律条的补充

唐朝的主要法律形式是律、令、格、式。唐律中有一些相关的令、

---

① 参见《唐律疏议·贼盗》"谋反大逆"条。
② 《唐律疏议·贼盗》"缘坐非同居"条。
③ 参见《唐律疏议·户婚》"违律为婚离正"条。
④ 参见《唐律疏议·户婚》"为婚妄冒""有妻更娶""居父母夫丧嫁娶""同姓为婚""尝为袒免妻而嫁娶""监临娶所监临女""私娶人妻"条。

格、式条款,它们与律条有密切的关系,其中之一是充当了补充条款,即对唐律的律条进行了补充。"赋役令"对唐律"相冒合户"条的犯罪主体作了补充。此律条规定:"诸冒相合户者,徒二年;无课役者,减二等。"①但是,在唐朝,有些官僚贵族是免课役成员。也就是说,他们不会成为此律条所规定的犯罪主体。此条"疏议"引用"赋役令"的内容,把其作为补充条款,对这一主体作了补充说明:"文武职事官三品以上若郡王期亲及同居大功亲,五品以上及国公同居期亲,并免课役。"可见,这部分人既可不交国家的课役,也不会在此律条所规定的犯罪主体之列。唐格对"妄认良人为奴婢部曲"条中"随身"的法律适用作了补充。此条仅规定:"诸妄认良人为奴婢、部曲、妻妾、子孙者,以略人论减一等。妄认部曲者,又减一等。妄认奴婢及财物者,准盗论减一等。"②其中,没有对"妄认良人为随身,妄认随身为部曲"作出规定,即没有提出"随身"的法律适用问题。唐格对此作了补充:"依别格:'随身与他人相犯,并同部曲法。'即是妄认良人为部曲之法。"通过唐格格条的这一补充,解决了律条中所没有规定的"随身"的法律适用问题。此条"疏议"还专门对这一补充的依据作了这样的说明:"其妄认随身为部曲者,随身之与部曲,色目略同,亦同妄认部曲之罪。""驾部式"对"增乘驿马"条中驿马与驿驴的配置情况作了补充。此律条规定:"诸增乘驿马者,一匹徒一年,一匹加一等。应乘驿驴而乘马者,减一等。主司知情与同罪,不知情者勿论。"③可是,此律条没有提及驿马、驿驴的配置情况。唐律用"驾部式"的式条作为补充条款,在此律条的"疏议"中对其作了补充,内容是:"六品以下前官、散官、卫官,省司

---

① 《唐律疏议·户婚》"相冒合户"条。
② 《唐律疏议·诈伪》"妄认良人为奴婢部曲"条。
③ 《唐律疏议·职制》"增乘驿马"条。

差使急速者,给马。使回及余使,并给驴。"违反了"驾部式"规定的配置要求,即要按律条进行惩治。经过唐令、格、式对唐律律条的补充,一方面,使律的内容更为完整,也更容易实施;另一方面,也反映出唐律律条与令、格、式条文间存在的协调关系,更增强了它们的整体效应。

3. 礼对律条的补充

唐律是礼法结合的结晶。礼在唐律中有重要作用,除了是唐律的指导思想外,还有包括对律条内容进行补充在内的其他功能。"老小及疾有犯"条"疏议"引用礼对律条中所没有规定的十岁以下小孩殴父母的行为作了补充规定。此律条规定:"诸年七十以上、十五以下及废疾,犯流罪以下,收赎。犯加役流、反逆缘坐流、会赦犹流者,不用此律;至配所,免居作。八十以上、十岁以下及笃疾,犯反、逆、杀人应死者,上请;盗及伤人者,亦收赎。余皆勿论。九十以上、七岁以下,虽有死罪,不加刑,即有人教令,坐其教令者。若有赃应备,受赃者备之。"①可是,此律条没有规定十岁以下小孩殴父母该如何处理。此条"疏议"按照礼的要求,设立专条,对此行为作了补充规定:"其殴父母,虽小及疾可矜,敢殴者乃为'恶逆'。或愚痴而犯,或情恶故为,于律虽得勿论,准礼仍为不孝。老小重疾,上请听裁。"经过这样的补充,对十岁以下小孩殴父母的行为便有了明文规定。唐律中,有用礼来补充未成年人行为的条款,也有用礼来补充成年人行为的条款。"匿父母及夫等丧"条"疏议"用礼对律条中所没有规定的"居期丧作乐及遣人作"的行为作了补充。此律条规定:"诸闻父母若夫之丧,匿不举哀者,流二千里;丧

---

① 《唐律疏议·名例》"老小及疾有犯"条。

制未终,释服从吉,若忘哀作乐,徒三年;杂戏,徒一年;即遇乐而听及参预吉席者,各杖一百。闻期亲尊长丧,匿不举哀者,徒一年;丧制未终,释服从吉,杖一百。大功以下尊长,各递减二等。卑幼,各减一等。"① 但是,此律条没有规定"居期丧作乐及遣人作"。此条"疏议"依照礼的要求,设置了补充条款,对此行为作了补充规定:"礼云:'大功将至,辟琴瑟。'郑注云:'亦所以助哀。'又云:'小功至,不绝乐。'丧服云:'古者有死于宫中者,即三月为之不举乐。'况乎身服期功,心忘宁戚,或遣人作乐,或自奏管弦,既玷大猷,须加惩诫,律虽无文,不合无罪,从'不应为'之坐:期丧从重,杖八十;大功以下徒轻,笞四十。缌麻、卑幼,不可重于'释服'之罪。"经过这一补充,"居期丧作乐及遣人作"行为也属于犯罪行为,要受到刑罚的追究。用礼来补充律条,不仅弥补了律条中的漏洞,也使礼法结合得更为紧密了。

4. 理对律条的补充

这里的"理"是指情理,即符合当时伦理要求的情理。唐律把违理行为称为"不应得为"行为。有些违理行为虽然不违反唐律和令,但是仍在处罚之列,即"谓律、令无条,理不可为者",量刑幅度有"笞四十"和"杖八十"两种。"诸不应得为而为之者,笞四十;事理重者,杖八十。"② 于是,唐律中的有些理就成为律条的补充条款。其中,有些是把家庭成员的违理行为作为律条的补充条款。"居父母丧主婚"条是其中之一,它用"居夫丧"而主婚的违理行为来补充律条中所没有作出的规定。此律条规定:"诸居父母丧,与应嫁娶人主婚者,杖一百。"③ 可

---

① 《唐律疏议·职制》"匿父母及夫等丧"条。
② 《唐律疏议·杂律》"不应得为"条。
③ 《唐律疏议·户婚》"居父母丧主婚"条。

是,此律条没有规定"居夫丧"而主婚的行为。唐律认为,这是一种违理不违律的行为,也要受到处罚,用刑是"杖八十"。此条"疏议"安插了一个补充条款,弥补了律条的不足:"若居夫丧,而与应嫁娶人主婚者,律虽无文,从'不应为重',合杖八十。"有些社会成员的违理行为也被作为律条的补充条款。"口陈欲反之言"条是其中之一。它把口说要谋大逆、叛的行为按违理行为作为律条的补充条款。此律条规定:"诸口陈欲反之言,心无真实之计,而无状可寻者,流二千里。"[①]可是,此律条并没有对口说要谋大逆和谋叛的行为作出规定。此条"疏议"对此作了补充。它认为,这两种行为虽在唐律、令中没有作出规定,但仍是一种严重的违理行为,也要被追究。于是,便制定了补充条款,即"若有口陈欲逆、反之言,勘无真实之状,律、令既无条制,各从'不应为重'"。经过理的这一补充,唐律律条的内容更为周全了。

二、补充条款的功能

唐律补充条款的功能是完善律条的内容,弥补其中的缺失。唐律是一部刑法典,其犯罪构成也包括犯罪主体、主观方面、客体、客观方面四要件。另外,还有其他一些相关的内容。唐律的补充条款就在这些方面进行了必要的补充,发挥其应有的功能。

---

① 《唐律疏议·贼盗》"口陈欲反之言"条。

1. 补充犯罪主体的功能

犯罪主体反映的是实施犯罪行为的行为主体,是犯罪构成中的一个必要要件。唐律中的犯罪主体都是自然人主体。唐律中的有些律条对犯罪主体没有作出明文规定,需要加以补充,使其明确以便于实施。对"非正嫡诈承袭"条犯罪主体的补充是其中之一。此条规定:"诸非正嫡,不应袭爵,而诈承袭者,徒二年;非子孙而诈承袭者,从诈假官法。若无官荫,诈承他荫而得官者,徒三年。"[①]可是,此律条并没有明文规定犯罪主体,以致律条的内容缺乏完整性。此条"疏议"引用"封爵令"的规定,对律条中的犯罪主体作了补充规定。这一补充条款的内容是:"依'封爵令':'王、公、侯、伯、子、男,皆子孙承嫡者传袭。'以次承袭,具在令文。"经过这一补充,此律条的犯罪主体便明确了,即只有那些贵族才能成为这一犯罪的主体,其他人不在此列。这样,此律条的内容就十分完整了。

2. 补充犯罪主观方面的功能

犯罪的主观方面反映的是犯罪主体对自己的危害行为和危害结果所具有的心理态度,也是犯罪构成的一个必要要件,其中包括故意、过失、犯罪动机和目的等。它反映了犯罪主体的主观恶性程度,因此会影响到量刑的幅度。即恶性程度越高,用刑越重,反之则轻。唐律中有些律条没有完整规定犯罪的主观方面,需要加以补充。"车驾行冲队仗"条是其中之一。此律条规定:"诸车驾行,冲队者,徒一年;冲三卫仗

---

① 《唐律疏议·诈伪》"非正嫡诈承袭"条。

者,徒二年。"①可是,它没有规定"仗卫主司"的"故纵"与"不觉"行为及其在用刑上的差异。此条"疏议"对此作了补充,把主观方面的"故纵"与"不觉"都作为补充的内容,而且对由这种差异所产生的不同用刑也作了明文规定。此条"疏议"说:"车驾行幸,皆作队仗。若有人冲入队间者,徒一年;冲入仗间,徒二年。其仗卫主司依上例:故纵与同罪,不觉减二等。"可见,这一补充条款不仅对主观方面的"故纵"与"不觉"作了区分,还对因此而产生的不同用刑作了规定。即对恶性程度高的"故纵"用刑与恶性程度相对低的"不觉"用刑作了区别,前者重,后者轻。

3. 补充犯罪客体的功能

犯罪客体反映的是被犯罪行为所侵害的社会关系,同样是犯罪构成的一个必要要件。它是决定犯罪社会危害性的首要条件,侵害的客体越重要,犯罪主体的量刑也就越重,反之则轻。唐律中的有些律条对犯罪客体的规定欠周全,需要进行必要的补充。对皇帝行宫的补充即是如此。为了维护皇权,唐律对皇帝的宫殿、上阁和御所等地方都进行了严密的保护,违犯者即是触犯了皇权,要受到严厉的制裁。卫禁律的"阑入宫殿门及上阁""宫殿门无籍冒名人""宫殿作罢不出""向宫殿射"等条都作出了相应的规定。比如,"阑入宫殿门及上阁"条规定:"诸阑入宫门,徒二年。殿门,徒二年半。持仗者,各加二等。入上阁内者,绞;若持仗及至御在所者,斩。"②可是,这些律条都没有对皇帝的行宫作出明文规定。皇帝的行宫同样十分重要,是宫殿、上阁和御所的延伸。保护行宫也是保护皇权,侵犯了行宫也一样侵犯了皇权。为此,

---

① 《唐律疏议·卫禁》"车驾行冲队仗"条。
② 《唐律疏议·卫禁》"阑入宫殿门及上阁"条。

唐律设置专条,补充其他律条对皇权保护的不足,使行宫也被归入皇权保护的范畴。这一补充条款的内容是:"诸行宫,外营门、次营门与宫门同,内营牙帐门与殿门同,御幕门与上阁同。至御所,依上条。"①经过这样的补充,有关维护皇权的规定就较为周全了。

4. 补充犯罪客观方面的功能

犯罪客观方面反映的是犯罪主体侵害某种社会关系而构成犯罪所必需的一些客观事实,也是犯罪构成的一个必要要件。它涉及的范围比较广泛,包括犯罪行为、时间、地点、结果等。唐律中的有些律条对犯罪客观方面的规定并不完善,有补充的必要。由于客观方面涉及的范围比较广泛,补充的相关律条也比较多。

第一,有关犯罪行为的补充。"奉敕夜开宫殿门"条规定:"其开门出钥迟,又各递减进钥一等。"此条"疏议"引用"监门式"的内容作为补充条款,补充说明律条中规定的这一犯罪行为是一种不作为的犯罪行为。"监门式"规定:"宫城门及皇城门,四更二点出钥开门。京城门,四更一点出钥开门。"到了这些规定的时间还不开门,就是一种不作为的犯罪行为,要受到刑罚的追究。"即是殿门杖九十,宫门及宫城门杖八十,皇城门杖七十,京城门杖六十。"②

第二,有关犯罪时间的补充。"犯夜"条规定:"诸犯夜者,笞二十。"③可是,此律条没有对犯夜的犯罪时间作出明文规定。此条"疏议"引用"宫卫令"的规定,作为补充条款,对此作了补充。即"五更三筹,顺天门击鼓,听人行。昼漏尽,顺天门击鼓四百槌讫,闭门。后更击

---

① 《唐律疏议·卫禁》"阑入行宫营门"条。
② 《唐律疏议·卫禁》"奉敕夜开宫殿门"条。
③ 《唐律疏议·杂律》"犯夜"条。

六百槌,坊门皆闭,禁人行。"在"禁人行"的时间段内再外出,即属"犯夜",要受到处罚。

第三,有关犯罪地点的补充。"宫殿作罢不出"条规定:"诸在宫殿内作罢而不出者,宫内,徒一年;殿内,徒二年;御在所者,绞。"①可是,此条对犯罪地点"上阁"没有作出规定。"在宫殿内及御在所,作罢不出,律有正文。若在上阁内不出,律既无文,若为处断?"此条"疏议"专门嵌入了补充条款,对此作了补充,把"上阁"也补充为犯罪地点。即"上阁内有宫人,同御在所,合绞;御不在,又无宫人,减二等。"经过这一补充,关于"宫殿作罢不出"的内容就更为完整了。

第四,有关犯罪后果的补充。"斗殴以手足他物伤"条规定:"诸斗殴人者,笞四十;伤及以他物殴人者,杖六十;伤及拔发方寸以上,杖八十。若血从耳目出及内损吐血者,各加二等。"②可是,此条没有对拨鬓、殴鼻头、瘌血等犯罪结果作出规定,而这些结果完全有可能在斗殴中出现。于是,此条"疏议"同样插入了补充条款,对此作了必要的补充,内容是:"其有拨鬓,亦准发为坐。若殴鼻头血出,止同伤科。殴人瘌血,同吐血例。"通过这一补充,"斗殴以手足他物伤"条的内容便很完善了。

5. 补充其他方面的功能

在唐律中,除了有关犯罪构成方面的补充外,还有其他一些方面的补充及相关的条款。首先,关于事物范围的补充条款。"官物之例"条中的"官物"是其中之一。唐律在厩库律的"放散官物""官物有印封擅开"和"出纳官物有违"等条中都提到"官物",但都没有明确界定其范

---

① 《唐律疏议·卫禁》"宫殿作罢不出"条。
② 《唐律疏议·斗讼》"斗殴以手足他物伤"条。

围。为了统一理解,规制其范围,唐律设置了专门的补充律条"官物之例"条,作出了补充规定。此条规定:"诸官物当应入私,已出库藏,而未付给;若私物当供官用,已送在官及应供官人之物;虽不供官用,而守掌在官者:皆为官物之例。"①有了这一补充条款,唐律中的"官物"便内涵清晰,范围也框定了。其次,关于民事制裁方式的补充条款。唐律虽是一部刑法典,但其中仍不乏一些民事制裁方式,把其作为刑事附带民事的规定,"备偿"即赔偿就是其中之一。唐律在杂律的"失时不修堤防""盗决堤防""库藏仓燃火""官廨仓库失火""烧官府私家舍宅"等条中,都有用刑的设定,但对于水火造成的损失却没有民事赔偿的规定。比如,"库藏仓燃火"条规定:"诸库藏及仓内,皆不得燃火。违者,徒一年。"②为了使造成损失的被害人能得到一定的赔偿,唐律设定了专门的补充律条,对这种赔偿作出了规定。"水火损败征偿"条规定:"诸水火有所损败,故犯者,征偿;误失者,不偿。"③此条"疏议"还提及它的适用范围:"'水火有所损败',谓上诸条称水火损败得罪之处。"有了这一民事制裁方式的补充条款以后,刑事附带民事赔偿的问题便得到了解决。最后,有关违令、式的补充。在唐朝,违反了令、式而能在唐律中找到相应制裁规定的,就依唐律的规定惩治;在唐律中找不到相应制裁规定的,唐律设置了"违令"条作为打击这类犯罪的补充条款,专门打击那些违反了令、式而在律中又无相应制裁的犯罪行为。④ 此条规定:"诸违令者,笞五十;谓令有禁制而律无罪名者。别式,减一等。"此条"疏议"还专门对这类补充作了说明。"谓仪制令'行路,贱

---

① 《唐律疏议·厩库》"官物之例"条。
② 《唐律疏议·杂律》"库藏仓燃火"条。
③ 《唐律疏议·杂律》"水火损败征偿"条。
④ 参见《唐律疏议·杂律》"违令"条。

避贵,去避来'之类,此是'令有禁制,律无罪名',违者,得笞五十。""谓礼部式'五品以上服紫,六品以下服朱'之类,违式文而著服色者,笞四十。"这些补充规定说明,任何违反令、式的行为都在打击之列,包括在律中无明文规定的违反令、式的行为。"违令"条的这一补充,使大量违反了令、式而在律中又无明文的行为都被归入用刑之列,难逃法网了。有了以上三个方面的补充,唐律的法网更为严密了。

三、与补充条款相关的几个问题

与唐律的补充条款相关,还有一些值得关注的问题:

1. 关于设立补充条款的思想理论基础问题

唐律设置的大量补充条款有其自己的思想理论基础。在制定律文时,制定者受到各种条件的限制,只能以一般的情况和人员为出发点,确定律文的内容。因此,总有一些特殊的情况和人员无法预料,以致再好的律文也无法包罗万象、面面俱到。"律条简要,止为凡人生文。"[①]"杂犯轻罪,触类弘多,金科玉条,包罗难尽。"[②]它的后果是,有些在律文中没有规定的犯罪者会成为漏网之鱼,贻害社会。可是,国家决不能让这些漏网之鱼逍遥法外,胡作非为,必须用各种办法,扩大律文的适用范围,加密法网,杜绝他们的侥幸心理,把他们捉拿归案,使他们受到

---

① 《唐律疏议·贼盗》"以毒药药人"条"疏议"。
② 《唐律疏议·杂律》"不应得为"条"疏议"。

惩处。"岂为在律无条,遂使独为侥幸。"①因此,有必要采用包括补充律条在内的一切方法,加密法网,以防疏漏。"量情为罪,庶补遗缺。"②唐律中有关设立补充条款、加密法网的思想理论基础与当时统治者主张严惩犯罪者的思想一致。唐律定本于唐太宗贞观时期,唐太宗认为,在一个社会中,不能让犯罪分子有侥幸心理,否则他们就不会改恶从善。他曾说,"天下愚人者多",而且"愚人好犯宪章",因此不能让"愚人常冀侥幸,惟欲犯法,不能改过"。③ 他周围的大臣也有类似主张,魏徵是其中之一。他认为,不严惩罪犯,社会治安就得不到保障。"小人之恶不惩,君子之善不劝,而望治安刑措,非所闻也。"④以这种思想理论为基础,唐律采用设置补充条款、加密法网的办法,也就在情理之中了。

2. 关于"疏议"在设立补充条款中的作用问题

唐律主要由律文与"疏议"两大部分组成。在唐律的补充条款中,以律条补充律条的很少,大量的则是通过"疏议"这个平台实现,它在补充条款中扮演重要角色,发挥着不可替代的作用。立法者在唐律中安排"疏议"的本意,是为了由其来解释和补充律条。《唐律疏议·名例》前言就明言:"疏之为字,本以疏阔、疏远立名。"沈家本在《重刻唐律疏议序》中也说:"名疏者,发明律及注意;云议者,申律之深义及律所不周不达。"同时,它又与律文具有同样的法律效力,"自是断狱者皆引疏分析之"⑤。这就为"疏议"发挥补充条款的作用奠定了基础。事

---

① 《唐律疏议·贼盗》"亲属为人杀私和"条"疏议"。
② 《唐律疏议·杂律》"不应为"条"疏议"。
③ 参见《贞观政要·赦令第三十二》。
④ 《贞观政要·刑法第三十一》。
⑤ 《旧唐书·刑法志》。

实也确是如此。"疏议"的这种作用主要有两个,即直接作用和间接作用。直接作用即"疏议"直接对唐律进行补充,没有任何中介,"疏议"文就是补充条款。"车驾行冲队仗"条的"疏议"对"仗卫主司"的"故纵"与"不觉"行为及其在用刑上差异的补充即是如此。此律条中没有对"仗卫主司"的行为作出规定,以致律条的内容出现了漏洞。于是,此条"疏议"便作了补充,其内容不仅有主观方面"故纵"与"不觉"的差异,还有由此而产生的用刑的不同。这样,此律条的内容就十分完整了。间接作用即"疏议"通过使用中介,间接对律文进行补充。唐律的律文中,一般没有令、格、式文,它们只出现在"疏议"中。"疏议"中的令、格、式文有一个重要的作用,即补充律文。这种补充要依托"疏议"的这一中介。比如,"相冒合户"条"疏议"引用"赋役令"的内容,对律文中的犯罪主体作了补充,使其更为明确。由此可见,唐律中的"疏议"所发挥的补充条款作用举足轻重。

3. 关于设立补充条款的社会原因问题

唐律中设立补充条款有多个社会原因,其中有两个不容忽视:第一个是农耕社会。唐朝是农耕社会,人们依附在土地上,长期过着男耕女织的生活。当时推行均田制,国家分配给每位成年男子一百亩土地,其中八十亩为口分田,二十亩为永业田。男子死后,口分田由国家收回,永业田则可以继承使用。① 以土地为生存基础,人们聚居在一起,安土重迁,形成村落。在这样的农耕社会中,生活环境相对复杂,犯罪也具有复杂性,以至于立法时往往无法在法律中穷尽其罪名。尽管唐律已经运用了较高的立法技术,内容也已很精致,可律条仍是"包罗难尽"。

---

① 参见《通典·田制》。

于是,运用补充条款等方式周全其中内容的做法就显得十分必要了。第二个是专制统治。中国古代长期实行专制统治,唐朝也是如此。为了维护和巩固这种统治,统治者会利用各种手段严厉打击有损于这种统治的行为,包括使用法制手段。立法者考虑到犯罪的复杂性,也为了有效地打击各种犯罪,消除其对专制统治的威胁,会不择手段地扩大刑法的适用范围,加密法网,解决"包罗难尽"的问题,其中包括使用补充条款的手段。正是这两个重要原因的结合,导致了唐律中补充条款的应运而生。

4. 关于设立补充条款的影响问题

唐律补充条款的设立还对当时的社会和后世的封建立法产生过影响。唐律是一部刑法典,以打击犯罪和维护人们的合法权益为己任。唐律通过设置补充条款,完善了其中的内容,有利于打击各种犯罪,维护良好的社会秩序,使社会治安呈现一种良好的态势。"商旅野次,无复盗贼,囹圄常空,马牛布野,外户不闭。"①故史有"贞观之治"之称。这与唐律内容的完善密不可分。唐律补充条款的设置对社会产生了积极影响。另外,唐律设立补充条款的做法也对后世的封建立法产生了影响,为它们所效仿。在一些重要的法典中,也设有补充条款,借此完善法典的内容。《宋刑统》是忠实的传承者,唐律设立补充条款的种类、功能等都在宋刑统中得到了较为全面的体现。《大明律》和《大清律例》虽在结构和内容上都对唐律作了改革,但在补充条款的设置方面仍可看到唐律留下的痕迹。唐律中"违律为婚离之"条所规定的补充内容在这两部法典中都有反映。它们都规定:"其违律为婚,各条称

---

① 《贞观政要·政体第二》。

离异、改正者,虽会赦,犹离异、改正。"①内容与唐律的补充规定基本一致。此外,这两部律都设有"违令"条。只是由于明、清两朝不再使用式这一法律形式,故在律条中没有违式的规定,只剩下违令的内容。这一内容与唐律"违令"条中有关违令的规定也基本一致。它们都规定:"凡违令者,笞五十",也都把这种违令定位于"令有禁制,而律无罪名者"。② 可见,唐律设立补充条款的做法对宋、明、清等封建立法产生了影响,成为它们完善法律内容的一种办法。

---

① 《大明律·户律·婚姻》和《大清律例·户律·婚姻》的"嫁娶违律主婚媒人罪"条。
② 参见《大明律·刑律·杂犯》和《大清律例·刑律·杂犯》的"违令"条。

第十一章
唐律的法律思想

任何法典的制定都以一定的法律思想为指导,因此法典的内容定会直接或间接地反映其法律思想。唐律也是如此。此外,唐律还有一个充分表现其法律思想的窗口——"疏议"。它是立法者对律文的注释。唐律的制定者为了表达律意,准确地解释律文,就把自己的法律思想和盘托出,使律文与法律思想达到高度的统一。这样,唐律中的法律思想就显露无遗了。

一、以礼为本的思想

唐朝的统治思想是儒家思想,它又集中体现为礼。礼以等级名分为基本特征,用它规范和调整社会成员的行为和关系,可起到特殊、有效的作用。因此,唐统治者处处以礼为本。唐律作为唐统治阶级的统治工具,也竭力体现以礼为本的思想。《唐律疏议·名例》"十恶"条"疏议"说:"礼者君之柄。""礼有等级不同。"后人也认为唐律是"一准乎礼"①。唐律以礼为本的思想还突出表现在律文的具体规定上。

1. 在君与臣民关系方面,唐律维护的是君权

唐律认为,君与臣民的地位是不平等的,君是国家中地位最高者,所有臣民都须依从他。《唐律疏议·名例》"十恶"条"疏议"说:"王者居宸极之至尊,奉上天之宝命,同二仪之覆载,作兆庶之父母。为子为臣,惟忠惟孝。"任何有损皇帝尊严的行为都被认为是重大犯罪,用刑远远超过同类犯罪。《唐律疏议·职制》"合和御药有误"条规定:"诸合和御药,误不如本方及封题误者,医绞。"《唐律疏议·杂律》"医合药不如方"条则规定:"诸医为人合药及题疏、针刺,误不如本方,杀人者,徒二年半。"量刑之所以如此悬殊,就因为前者危害的对象是君,构成了"大不敬"罪;后者危害的只是一般的民,属一般犯罪。这在《唐律疏议·贼盗》"盗园陵内草木"条中同样得到了反映。它把盗皇帝园陵内草木与一般民墓内草木作了严格区分,处罚也是前者重于后者,规定:"诸盗园陵内草木者,徒二年半。若他人墓茔内树者,杖一百。"

2. 在官与民关系方面,唐律维护的是官权

唐律以为,在官与民之间,官的地位高于民,民必须尊重官,任何有损官吏尊严的行为都要受到严厉处罚,用刑也重于同类犯罪。《唐律疏议·斗讼》"殴制使府主刺史县令"条规定,凡民"殴制使、本属府主、刺史、县令"的,要"徒三年,伤者,流二千里;折伤者,绞"。如果是殴凡人,则用刑明显轻于前者。《唐律疏议·斗讼》"斗殴以手足他物伤"条规定:"诸斗殴人者,笞四十;伤及以他物殴人者,杖六十;伤及拔发方

---

① 《明史·刑法志》。

寸以上,杖八十。若血从耳目出及内损吐血者,各加二等。"民即使殴了官的亲属,用刑也重于一般。《唐律疏议·斗讼》"殴府主刺史县令祖父母"条规定:"诸殴本属府主、刺史、县令之祖父母、父母及妻、子者,徒一年;伤重者,加凡斗伤一等。"

3. 在家长与子女关系方面,唐律维护的是父权

唐律明示,家庭成员有尊卑之分,其中父的地位最高。《唐律疏议·斗讼》"告祖父母父母"条"疏议"说:"父为子天。"父拥有以下一些子女所没有的权利:一是教令权。唐律赋予父教令其子女的权利。父可任意打骂责罚违反教令的子女,即使导致伤亡,所负的刑事责任也很轻。《唐律疏议·斗讼》"殴詈祖父母父母"条规定:"若子孙违犯教令,而祖父母、父母殴杀者,徒一年半。"二是主婚权。唐律赋予父包办子女婚姻的权利。父可根据自己的意愿决定子女的婚姻大事,子女只可从命。《唐律疏议·户婚》"卑幼自娶妻"条规定,即使子女先在外定亲,父后为其定亲,仍须以父所定之亲为己亲,"违者,杖一百"。三是财产权。唐律赋予父拥有家产的权利。父有家产的所有权、使用权和处分权,子女不可分家析产。《唐律疏议·户婚》"子孙别籍异财"条规定:"诸祖父母、父母在,而子孙别籍、异财者,徒三年。"唐律赋予父这些权利的目的在于,确立和维护以不平等为前提的父权,并由其左右子女。

4. 在夫与妻关系方面,唐律维护的是夫权

夫和妻虽同为家长,但唐律认为他们之间的地位也是不平等的,夫高于妻。《唐律疏议·名例》"十恶"条"疏议"说:"夫者,妻之天也。""妇人有官品邑号"条说,对妇人来说,"生礼死事,以夫为尊卑"。"十

恶"条"疏议"还说,如夫亡,妻要"移父之服而服,为夫斩衰"。具体地说,夫的地位高于妻突出表现在以下三个方面:一是夫的家庭地位高于妻。唐律把夫与妻的关系比作尊与卑的关系。《唐律疏议·斗讼》"殴伤妻妾"条规定:"诸殴伤妻者,减凡人二等。""妻殴詈夫"条规定:"诸妻殴夫,徒一年;若殴伤重者加凡斗伤三等。"这与尊、卑间相殴的处罚相似。二是夫有离婚的主动权。一方面,唐律主张夫妻应和睦相处。《唐律疏议·户婚》"妻无七出而出之"条"疏议"说:"伉俪之道,义期同穴,一与之齐,终身不改。"另一方面,唐律又把离婚的主动权交给夫,夫可休有"七出"之妻,而妻却没有这种权利。三是妻要为亡夫守丧。唐律要妻单方承担为亡夫守丧的义务。《唐律疏议·户婚》"居父母夫丧嫁娶"条"疏议"说:"夫为妇天,尚无再醮。"此条规定:"诸居父母及夫丧而嫁娶者,徒三年。"如果妻在夫丧期内作乐、释服从吉等,则构成"十恶"罪。《唐律疏议·名例》"十恶"条"疏议"说,妻闻夫丧"匿哀不举,居丧作乐,释服从吉,改嫁忘忧,皆是背礼违义,故俱为十恶"。但是,夫却没有相应的义务。

5. 在主、良人与奴婢关系方面,唐律维护的是主、良权

唐律把奴婢只看作法律关系中的客体,如同牲畜一般,地位最低。《唐律疏议·名例》"官户部曲官私奴婢有犯"条"疏议"说:"奴婢贱人,律比畜产。"唐律维护主、良权,具体表现在以下这些方面:第一,奴不得娶良人女为妻。唐律认为,主、良人与奴婢的地位截然不同,故不可婚配。《唐律疏议·户婚》"奴娶良人为妻"条"疏议"说:"人各有耦,色类须同。良贱既殊,何宜配合?"此条规定:"诸与奴娶良人为妻者,徒一年半;女家,减一等。离之。"第二,奴不可告主。唐律认为,奴

婢属主所有,根据相容隐的原则,应为主隐,以维护主的尊严。《唐律疏议·斗讼》"部曲奴婢告主"条"疏议"说,奴婢应"为主隐"。如有违犯,即要受到处罚。此条规定:"诸部曲、奴婢告主,非谋反、逆、叛者,皆绞;告主之期亲及外祖父母者,流;大功以下亲,徒一年。"第三,奴婢殴、杀主要受重罚。唐律认为,奴婢是主之仆人,必须谨慎为人,绝对不允许有殴、杀行为。《唐律疏议·斗讼》"部曲奴婢过失杀伤主"条"疏议"说:"部曲、奴婢,是为家仆,事主须存谨敬,又亦防其二心。"此条规定:"诸部曲、奴婢过失杀主者,绞;伤及詈者,流。"相反,如主殴、杀奴婢,受罚却很轻。"主殴部曲死"条规定:"诸主殴部曲至死者,徒一年。故杀者,加一等。其有愆犯,决罚致死及过失杀者,各勿论。"

二、礼法并用的思想

唐律认为,礼有其特殊的地位和作用,礼固然重要,但法也不可忽视。《唐律疏议·名例》前言"疏议"说:"刑罚不可驰于国,笞捶不得废于家。"唐律还从历史的角度进行了考察,认为各朝都没有废法。《唐律疏议·名例》前言"疏议"还说:"咸有天秩,典司刑宪。""莫不凭黎元而树司宰,因政教而施刑法。其有情恣庸愚,识沈愆戾,大则乱其区宇,小则瞋其品式,不立制度,则未之前闻。故曰:'以刑止刑,以杀止杀。'""笞刑五"条"疏议"还说:"杀人者死,伤人者刑,百王之所同。"

用法施刑,除了惩治犯罪外,还可起到预防犯罪的作用。《唐律疏议·名例》前言"疏议"说:"惩其未犯而防其未然。""死刑二"条"疏议"从前人用法的目的角度作了介绍:"古先哲王,则天重法,辅政助化,禁暴防奸,本欲生之,义期止杀。"

唐律还认为,礼和法是两种不同而又有联系的统治手段,它们各有长短,须结合使用才能奏效。《唐律疏议·名例》前言"疏议"说:"德礼为政教之本,刑罚为政教之用,犹昏晓阳秋相须而成者也。"

礼法并用的思想在唐律的具体规定中得到了充分体现:礼是唐律的指导思想,作为用法的依据;法处处表现礼,维护礼的尊严和要求,用刑罚严厉制裁违礼行为。《唐律疏议·职制》"大祀不预申期及不如法"条对有关大祀的一些问题作了规定。此条"疏议"说,凡在大祀中牲牢、玉帛之属,"不依礼、令之法,一事有违,合杖七十"。"造御膳有误"条"疏议"说:"依礼,饭齐视春宜温,羹齐视夏宜热之类,或期夕日中,进奉失度及冷热不时者:减罪二等,谓从徒二年减二等。"

三、法律内容须统一、稳定和简约的思想

法律是具有强制性的行为规范,因此它必须统一、稳定和简约,以便人们遵守,否则就会造成混乱,使人们无所适从,导致不法状态。唐统治者总结了前人的立法经验,并把它们直接运用在唐律中。

1. 法律内容须统一的思想

唐律把法律的作用比作"权衡"和"方圆",认为它们可指导和判断人们的行为,因此法律的内容须"画一",即统一。《唐律疏议·名例》

前言说,法律"譬权衡之知轻重,若规矩之得方圆。迈彼三章,同符画一者矣"。目的是避免出现定罪量刑不一的状况,即如前言中所说的"大理当其死坐,刑部处的流刑;一州断以徒年,一县将为杖罚"的情况。

唐律指出,内容要统一,就须对律文有统一的解释,尤其像唐律这样内容庞杂的法典。《唐律疏议·名例》前言说,"今之典宪,前圣规模,章程靡失,鸿纤备举",如"不有解释,触涂睽误",所以就要在律条后附上"疏议",把它作为统一法律内容的一种方法。

2. 法律内容须稳定的思想

唐律认为,法律内容不仅要统一,还要保持相对的稳定。《唐律疏议·名例》"笞刑五"条"疏议"说,法律应"一成而不可变"。这里的"不可变"不是绝对不变,它有"保持相对的稳定"的含义。唐律的修订过程也证实了这一点。唐朝的第一部律是《武德律》,唐太宗即位后对此律进行了修正,并为唐律定了本。唐高宗、唐玄宗此后虽修撰过唐律,但改动微乎其微。《唐六典·刑部》简要地谈及此过程:"武德中,命裴寂、殷开山等定律令,其篇目一准隋开皇之律,刑名之制又亦略同。""贞观初,有蜀王法曹参军裴宏献奏驳律令不便于时三十余条。于时,又命长孙无忌、房玄龄等厘正,凡为五百条。""永徽中复撰律疏三十卷,至今并行。"可见,唐律在贞观时期定本后,后世对其改动很少。

唐律还认为,律一方面要保持相对的稳定,另一方面也要对不适时的内容进行必要的修正,并把提出这些修正的内容作为官吏的一种职责。《唐律疏议·职制》"律令式不便辄奏改行"条规定:"诸称律、令、式,不便于事者,皆须申尚书有议定奏闻。"此条"疏议"作了进一步说明:"称律、令及式条内,有事不便于时者,皆须辨明不便之状,具申尚书省,集京官七品以上,于都座议定,以应改张之议奏闻。"

3. 法律内容须简约的思想

唐律主张,法律内容除须统一和稳定外,还须简约。它考证了历史,认定前人已经这样做了。《唐律疏议·名例》前言说:"逮于唐虞,化行事简,议刑以定其罪,画象以愧其心,所有条贯,良多简略。"汉后的立法加速了由繁到简的过程。汉律有六十篇,"晋命贾允等,增损汉、魏律为二十篇",到《北齐律》只有十二篇了,隋唐律皆以《北齐律》为宗。

唐律的制定、撰修过程也反映了律须简约的思想。《旧唐书·刑法志》载,《武德律》"大略以开皇为准",《贞观律》"比隋代旧律,减大辟者九十二条,减流入徒者七十一条。其当徒之法,唯夺一官,除名之人,仍同士伍"。可以说,变重为轻者,不可胜纪。是时,唐律即成定制。

唐律条文本身的内容也是十分简约的,凡可与其他罪同样量刑的,就简言明示,毫无烦言。例如,《唐律疏议·诈伪》"诈欺官私财物"条规定:"诸诈欺官私以取财物者,准盗论。知情而取者,坐赃论。"类似条文不胜枚举。

四、严格治吏的思想

官吏是唐统治阶级实现其国家职能的关键人物。因此,唐朝皇帝一方面笼络官吏,另一方面又强调严格治吏,制裁各种犯罪行为。这一思想在唐律中表现得非常突出。

1. 规定的内容广泛、具体

唐律的每一律都有关于治吏的内容,其中职制律又专为治吏而设,内容非常具体,涉及官吏的设置、贡举、出勤、职责以及犯罪后所应承担的法律责任等各个方面,罪名、罪行、处罚等都应有尽有。《唐律疏议·职制》"置官过限及不应置而置"条规定:"诸官有员数,而署置过限及不应置而置,一人杖一百;三人加一等,十人徒二年;后人知而听者,减前人署置一等;规求者为徒坐,被征须者勿论。即军务要速,量事权置者,不用此律。""贡举非其人"条规定:"诸贡举非其人及应贡举而不贡举者,一人徒一年,二人加一等,罪止徒三年。若考校、课试而不以实及选官乖于举状,以故不称职者,减一等。失者,各减三等。承言不觉,又减一等;知而听行,与同罪。"可见,唐律规定的治吏内容十分详尽。

2. 规定的责任很严

官吏不仅要对自己的行为负责,还要对被监临者的行为负责。被监临者犯了罪,监临官吏也要负连带责任,受到处罚。《唐律疏议·职制》"合和御药有误"条规定:"凡合和御药,误不如本方及封题误者,医绞;料理简择不精者,徒一年;未进御者,各减一等;监当官司,各减医一等。"《唐律疏议·卫禁》"宫殿作罢不出"条规定:"诸在宫殿内作罢而不出者,宫内,徒一年;殿内,徒二年;御在所者,绞。不觉及迷误者,上请。将领主司知者,与同罪。"

3. 规定的处罚很重

唐律对官吏犯罪的处罚很重,主要体现在以下两个方面:一是官、民犯类似的罪,处罚却是官重民轻。例如,同是非法占田,《唐律疏议·户婚》"在官侵占夺私田"条规定,凡官吏侵占私田的,"一亩以下杖六十,三亩加一等;过杖一百,五亩加一等,罪止徒二年半"。"妄认盗卖公私田"条则规定,一般公民侵占公私田的,"一亩以下笞五十,五亩加一等;过杖一百,十亩加一等,罪止徒二年",前者处罚明显重于后者。二是官吏如犯有严重的、直接有损国家政权的行为,一切特权都将失效,与民一样依律问罪。唐律认为,官承皇恩,必须服从皇命,不可与皇帝离心离德。《唐律疏议·名例》"十恶"条"疏议"说,臣下不可"图逆节,而有无君之心";如有,必大刑伺候,取消一切特权,严惩不贷。唐律虽规定官僚有议、请、减、赎和官当等特权,但犯有严重的、直接有损皇权的行为,都不适用这些规定。《唐律疏议·名例》"八议者"条明确规定:"其犯十恶者,不用此律。""皇太子妃"条规定,凡上请者,"其犯十恶,反逆缘坐,杀人,监守内奸、盗、略人、受财枉法者,不用此律"。

五、依法断狱的思想

唐律从维护唐地主阶级的整体利益和加强封建法制出发,十分强调依法断狱。

1. 断狱必须引用律文的思想

唐律认为,唐虽有律、令、格、式等法律形式,但只有律才是断狱的主要依据,故司法官断狱必须依律文,不可擅自引用其他条文。《唐律疏议·名例》"称日年及众谋"条"疏议"说:"令为课役生文,律以定刑立制。……刑名事重,止可依据籍书。律、令文殊,不可破律从令。"同时,律已对犯罪问题作了较为完整的规定,基本能适应断狱需要。《唐律疏议·断狱》"断罪不具引律令格式"条"疏议"说,"犯罪之人,皆有条制。断狱之法,须凭正文",并按律定罪量刑,"违者笞三十"。即使是皇帝的敕令,也不可普遍适用。《唐律疏议·断狱》"辄引制敕断罪"条规定:"诸制敕断罪,临时处分,不为永格者,不得引为后比。若辄引,致罪有出入者,以故失论。"

2. 罪行法定萌芽的思想

唐律的个别条款还流露出罪行法定的思想,即律无明文规定的不科罪,把它作为依法断狱的一个表现。《唐律疏议·擅兴》"主将临阵先退"条规定:"诸主将以下,临阵先退;若寇贼对阵,舍仗投军及弃贼来降,而辄杀者:斩。即违犯军令,军还以后,在律有条者,依律断;无条者,勿论。"此条"疏议"对"无条者,勿论"作了解释:"若违犯军中号令者,军还以后,其所违之罪,在律有条者,仍依律断。直违将军教令,在律无条,军还之后,不合论罪。"

3. 重视依法量刑的思想

唐律十分重视依法量刑,把它作为依法断狱的一个重要组成部分。第一,重视依法加减刑。唐律规定的"五刑"共有二十等,加、减刑时的等数不同,加刑时逐等加,减刑时死、流各以一等减。《唐律疏议·名例》"称加减"条规定:"诸称'加'者,就重次;称'减'者,就轻次。惟二死、三流,各同为一减。加者,数满乃坐,又不得加至于死;本条加入死者,依本条。其罪止有半年徒,若应加杖者,杖一百;应减者,以杖九十为次。"第二,重视依法对数罪量刑。唐律对数罪的量刑根据不同情况而定,主要有:首先,一般情况采取吸收原则。《唐律疏议·名例》"二罪从重"条规定:"诸二罪以上俱发,以重者论;等者,从一。若一罪先发,已经论决,余罪后发,其轻若等,勿论;重者更论之,通计前罪,以充后数。"其次,个别罪适用累科办法。《唐律疏议·名例》"二罪从重"条还规定:"以赃致罪,频犯者并累科;若罪法不等者,即以重赃并满轻赃,各位论。"最后,规定最高的用刑限度。《唐律疏议·名例》"犯罪已发已配更为罪"条规定,凡更犯"累流、徒应役者,不得过四年。若更犯流、徒罪者,准加杖例。其杖罪以下,亦各依数决之,累决笞、杖者,不得过二百。其应加杖者,亦如之"。第三,重视依法对疑罪量刑。唐律认为,疑中可能会有冤、假、错,故不可擅断,应当别论。《唐律疏议·断狱》"疑罪"条规定,疑罪包括:"虚实之征等,是非之理均;或事涉疑似,傍无证见;或傍有闻证,事非疑似之类。"此条同时规定了处理办法:"诸疑罪,各依所犯,以赎论。即疑狱,法官执见不同者,得为异议,议不得过三。"如果司法官违反以上规定,都要依"出入人罪"受罚。

4. 严惩违法断狱行为的思想

唐律认为,依法断狱是司法的主要内容,违法断狱行为会对法制甚至国家造成危害,因此必须严究这类犯罪者的法律责任。根据这类犯罪的特点,唐律以反坐为原则,严惩犯罪人。《唐律疏议·断狱》"官司出入人罪"条规定:"诸官司入人罪者,若入全罪,以全罪论;从轻入重,以所剩论;刑名易者:从笞入杖、从徒入流亦以所剩论,从笞杖入徒流、从徒流入死罪亦以全罪论。其出罪者,各加之。即断罪失于入者,各减三等;失于出者,各减五等。若未决放及放而还获,若囚自死,各听减一等。即别使推事,通状失情者,各又减二等;所司已承误断讫,即从失出入法。虽有出入,于决罚不异者,勿论。"

六、慎重行刑的思想

唐律从维护封建法制出发,并根据封建制"五刑"的特点,主张国家必须慎重行刑。《唐律疏议·名例》"应议请减"条"疏议"明确说:"国家惟刑是恤。"唐律的这一思想具体表现在以下几个方面:

1. 慎重对待拷讯的思想

唐律允许在法定范围内拷讯囚犯,如违法,司法官要承担法律责任。唐律规定,拷讯须符合一定的条件。《唐律疏议·断狱》"讯囚察辞理"条规定:"诸应讯囚者,必先以情,审察辞理,反复参验;犹未能决,事须讯问者,立案同判,然后拷讯。违者,杖六十。若赃状露验,理不可疑,虽不承引,即据状断之。若事已经赦,虽须追究,并不合拷。"《唐律疏议·断狱》"拷囚不得过三度"条还规定,拷讯有一定的限制:"诸拷囚不得过三度,数总不得过二百,杖罪以下不得过所犯之数。拷满不承,取保放之。若拷过三度及杖外以他法拷掠者,杖一百;杖数过者,反坐所剩;以故致死者,徒二年。即有疮病,不待差而拷者,亦杖一百;若决杖笞者,笞五十;以故致死者,徒一年半。若依法拷决,而邂逅致死者,勿论;仍令长官等勘验,违者杖六十。"《唐律疏议·断狱》"拷囚限满不首"条对拷满不招的处理也作了规定:"诸拷囚限满而不首者,反拷告人。其被杀、被盗家人及亲属告者,不反拷。拷满不首,取保并放。违者,以故失论。"这些规定都直接体现了谨慎拷讯的思想。

2. 慎重对待老、小、废、疾和孕妇罪犯的思想

唐律根据老、小、废、疾和孕妇的生理特点,认为对这些罪犯的用刑不可同于一般,应另行处理,特别是老、小、废、疾者。《唐律疏议·名例》"老小及疾有犯"条"疏议"说,法律也应有"矜老小废疾"和"爱幼养老之义"。从唐律的规定看,也确实反映了这一思想,并把它作为慎重用刑的一个组成部分,主要有:第一,适用减、免、赎原则。唐律根据老、小、废、疾者的不同情况,分别采用了减、免、赎的方法进行处理。《唐律疏议·名例》"老小及疾有犯"条规定:"诸年七十以上、十五以下及废疾,犯流罪以下,收赎。八十以上、十岁以下及笃疾,犯反、逆、杀人应死者,上请;盗及伤人者,亦收赎。余皆勿论。"第二,适用从轻原则。唐律还对老、小、废、疾罪犯适用从轻原则。《唐律疏议·名例》"犯时未老疾"条规定:"诸犯罪时虽未老、疾,而事发时老、疾者,依老、疾论。若在徒年限内老、疾,亦如之。犯罪时幼小,事发时长大,依幼小论。"即按轻条用刑。此条"疏议"还作了具体的说明:"假有六十九以下犯罪,年七十事发,或无疾时犯罪,废疾后事发,并依上解'收赎'之法;七十九以下犯反逆、杀人应死,八十事发,或废疾时犯罪,笃疾时事发,得入'上请'之条;八十九犯死罪,九十事发,并入'勿论'之色。""假有七岁犯死罪,八岁事发,死罪不论;十岁杀人,十一事发,仍得上请;十五时偷盗,十六事发,仍以赎论。"第三,适用延缓用刑原则。唐律对怀孕妇女罪犯适用特殊的延缓用刑原则。《唐律疏议·断狱》"妇人怀孕犯死罪"条规定:"诸妇人犯死罪,怀孕,当决者,听产后一百日乃行刑。若未产而决者,徒二年;产讫,限未满而决者,徒一年。失者,各减二等。其过限不决者,依奏报不决法。""拷决孕妇"条规定:"诸妇人怀孕,犯罪应拷及决杖笞,若未产而拷、决者,杖一百;伤重者,依前人不合捶拷

法;产后未满百日而拷决者,减一等。失者,各减二等。"

3. 慎重对待囚犯的思想

唐律甚至主张对囚犯也采取慎重态度,并将此作为慎重用刑的一个组成部分。这主要表现在以下两个方面:第一,允许囚犯服辩。唐律规定,判决后,允许囚犯服辩,即在囚犯家属在场的情况下,让囚犯表明对判决的态度;如不服,司法官还须重审。《唐律疏议·断狱》"狱结竟取服辩"条规定:"诸狱结竟,徒以上,各呼囚及其家属,具告罪名,仍取囚服辩。若不服,听其自理,更为审详。违者,笞五十;死罪,杖一百。"第二,给囚犯必要的衣、食、医药。唐律认为,罪犯该囚,但必要的衣、食应保证,生病还须用药。《唐律疏议·断狱》"囚应给衣食医药而不给"条规定:"诸囚应请给衣食医药而不请给,及应听家人入视而不听,应脱去枷、锁、杻而不脱去者,杖六十;以故致死者,徒一年。即减窃囚食,笞五十;以故致死者,绞。"

4. 慎重对待刑罚执行的思想

慎重施罚是唐律慎重用刑思想中一个极其重要的部分。唐律对"五刑"的实施都作了严格的规定,尤其是死刑。第一,慎重执行笞、杖刑。唐律认为,笞、杖刑虽都属轻刑,如《唐律疏议·名例》"笞刑五"条"疏议"所说"刑之薄者也",但经"捶挞"以后会有皮肉之苦,故仍须慎重执行。《唐律疏议·断狱》"决罚不如法"条规定:"诸决罚不如法,笞三十;以故致死者,徒一年。即杖粗细长短不依法者,罪亦如之。"此条"疏议"还引令对受刑的部位和刑具规格都作了详尽的说明。第二,慎重执行徒、流刑。徒、流刑是较重的刑罚,尤其是流刑,仅次于死刑,常因免死入流。《唐律疏议·名例》"流刑三"条"疏议"说:"不忍刑杀,宥之于远也。"可见,唐律主张执行徒、流刑要格外谨慎,否则要严究司法官的责任。《唐律疏议·断狱》"徒流送配稽留"条规定："诸徒、流应送配所，而稽留不送者，一日笞三十，三日加一等；过杖一百，十日加一等，罪止徒二年。""领徒囚应役不役"条规定："诸领徒应役而不役，及徒囚病愈不计日令陪役者，过三日笞三十，三日加一等；过杖一百，十日加一等，罪止徒二年。"第三，慎重执行绞、斩刑。绞、斩刑适用于重大犯罪，是最重的刑罚。《唐律疏议·名例》"死刑二"条"疏议"说："绞、斩之坐，刑之极也。"绞、斩刑的执行有关人命，因此唐律将其作为慎刑恤民中最重要的内容。首先，在程序方面。唐律规定，死刑执行前必须经过复奏。《唐律疏议·断狱》"死囚复奏报决"条规定："诸死罪囚，不待复奏报而下决者，流二千里。即奏报应决者，听三日乃行刑，若限未满而行刑者，徒一年；即过限，违一日杖一百，二日加一等。"其次，在刑等方面。唐律规定的绞、斩刑虽都是死刑，但分属两个刑等，绝不可混淆。《唐律疏议·断狱》"断罪应斩而绞"条规定："诸断罪应绞而斩，应斩而绞，徒一年；自尽亦如之。失者，减二等。即绞讫，别加害者，杖一百。"最后，在执行时间方面。唐律规定，一般的死刑须在规定的时间内执行，否则国家要追究执法人员的责任。《唐律疏议·断狱》"立春后秋分前不决死刑"条规定："诸立春以后、秋分以前决死刑者，徒一年。其所犯虽不待时，若于断屠月及禁杀日而决者，各杖六十。待时而违者，加二等。"此条"疏议"还专门介绍了"断屠月"和"禁杀日"等。

七、唐律法律思想的突出方面

综观以上唐律中的法律思想，与以往法典中的法律思想相比较，有以下四点特别突出：

1. 完整性

唐律中的法律思想的内容比较完整，具体表现在以下两个方面：一是从宏观上看。唐律既有总的指导思想，如以礼为本、礼法并用等，又有具体的思想，如严格治吏等；既有立法方面的思想，如法律内容须统一、稳定和简约等，又有司法方面的思想，如依法断狱、慎重行刑等，内容很完整。二是从微观上看。每一法律思想中所涉的内容也很完整，如在慎重行刑的思想中包括慎重对待拷讯，慎重对待老、小、废、疾和孕妇罪犯，慎重对待囚犯，慎重对待刑罚执行等几个完整的部分。每一部分又含有若干层次，如在慎重对待刑罚执行的思想中又包括慎重执行笞刑、杖刑、徒刑、流刑、绞刑、斩刑。唐律法律思想的完整性与其规定内容的完善性是密不可分的，前者是通过后者反映出来的。与唐以前任何法典相比，唐律的内容属最完善者，故唐律法律思想的完整性就必然成为其特点了。同时，这也从一个侧面证实唐地主阶级的法律思想已比较成熟，统治经验也比较丰富。

2. 现实性

唐律中的法律思想是现实的、已转化为法制的法律思想。通常，在一个阶级社会中，不同的阶级、阶层都会有自己的法律思想，甚至同一阶级、阶层中又会有几种不同的法律思想。但是，只有统治阶级的某些法律思想才有可能转化为法制，成为现实。被统治阶级的法律思想一般不会变成法制，因为没有必要的条件——统治阶级的意志。唐律中的法律思想是制度化的法律思想，即从具体法制中表现的思想，是现实的。这种现实性一方面通过"疏议"对律条的释义表现出来，另一方面通过律条本身反映出来。此二者虽有区别,但在现实性方面却是一致的,因为"疏议"与律条具有同等法律效力。唐律中的法律思想的这一突出方面决定了它的价值比较高,可从中看到法律思想与法律内容之间的直接联系,特别是前者对后者具有决定作用。

3. 伦理性

唐律中的法律思想的内容在很大程度上具有伦理因素。唐律主张以礼为本,把礼作为指导思想,并用法维护礼的尊严,制裁违礼行为。这实际上就是把伦理规范融合在法律中,把道德规范贯穿在法律思想中,使唐律的法律思想在很大程度上具有伦理因素。这在以下几个方面表现得特别明显:在君与臣民关系方面,唐律主张维护君权;在官与民关系方面,唐律主张维护官权;在家长与子女关系方面,唐律主张维护父权;在夫与妻关系方面,唐律主张维护夫权;在主、良人与奴婢关系方面,唐律主张维护主、良权。这些都充分体现了"三纲五常"这一礼的核心内容。与以往的法典相比,唐律最具有伦理性。自春秋末期公布成文法以后,法律受到法家片面强调法治的影响,大多忽视礼的作用,法典中的伦理因素受到压制。直到西汉武帝推崇儒术以后,这种情况才发生了明显的改变。唐律完成了以礼入律的过程,它的伦理性自然最为突出。唐律的这一突出方面对于全面了解和掌握中国古代的法律思想以及进行中外法律思想的比较研究,都具有十分重要的意义。

4. 一致性

唐律中的法律思想与当时统治阶级的法律思想一致。唐律在唐太宗贞观时期定本,以唐太宗为代表的统治者的法律思想对唐律的影响特别大,他们的许多法律思想都在唐律中得到不同程度的反映。唐太宗十分重视礼教,认为礼是治政的重要手段,他说:"礼乐之作,是圣人缘物设教,以为撙节,治政善恶。"礼的作用绝不可轻视,"礼所以决嫌疑,定犹豫,别同异,明是非者也"。因此,他三令五申,要国、家都以礼为本,并多次告诫天下,要"依据礼典""齐之以礼典""务合礼典"。对于违礼行为,他深恶痛绝,严令改禁,多次说:"有紊礼经,既轻重失宜,理须改革。""悖乱礼经,宜即禁断。"①这些思想与唐律中以礼为本的思想无丝毫差别。唐太宗、房玄龄和魏徵都主张官吏要依法断狱。唐太宗要求官吏司法无私,做到"罚不阿亲贵,以公平为规矩"②。他特别痛恨那些枉法官吏,主张"枉法受财者,必无赦免"③。房玄龄也主张公正司法,他说:"理国要道,在于公平正直。"④魏徵从法的作用出发,同样强调依法用法,他说:"法,国之权衡也,时之准绳也。"所以,司法官要依法科刑,不可"罚不及于有罪"⑤。这些思想同样与唐律中以法断狱的思想相仿。唐律中的法律思想的这一突出方面可帮助人们正确认识统治阶级,特别是统治者法律思想的重要作用。

　　以上四点决定了唐律中的法律思想具有特别重要的意义,对于研究和理解唐律乃至唐朝法制,以及中国古代法律思想和法制的特点,都是极有帮助的。

---

① 《贞观政要·礼乐第二十九》。
② 《贞观政要·择官第七》。
③ 《贞观政要·政体第二》。
④ 《贞观政要·公平第十六》。
⑤ 《贞观政要·诚信第十七》。

第十二章
唐律的连坐制度

连坐是中国古代长期使用的一项制度,也是唐律中的一项重要制度,它直接影响到唐朝的用刑,也反映了唐朝的刑事政策。

一、适用连坐的原则

唐律中的连坐制度有自己的适用原则,主要表现在以下一些方面:

1. 连坐的适用对象不包括死亡者

唐律中连坐的适用对象凡是人的,仅指那些生存者,死亡者不在适用范围之中。"带官应合缘坐,其身先亡,子孙后犯反、逆,亦合除名以否?"在回答这一问题时,《唐律疏议·名例》"除名"条"疏议"阐述了连坐只适用于生存者的原则。"缘坐之法,惟据生存。出养入道,尚不缘坐,无宜先死,到遣除名。理务弘通,告身不合追毁。"回答中虽仅言及"缘坐",但其实其他连坐也都一样,连坐对象仅指生存之人,不及已逝者。

2. 不知情的连坐对象用刑比知情的轻

从主观方面而言,连坐对象对犯罪行为有不知情与知情之分。唐律的原则是:对不知情者用刑轻于知情者。这类律条较多,这里仅举两则为例。《唐律疏议·厩库》"应输课税回避作匿"条规定,对官员"应输课税及入官之物,而回避诈匿不输,或巧伪湿恶"的行为都要进行打击,用刑是:"计所缺,准盗论。"连坐到主司时,对不知情与知情的处罚不同,即不知情的轻,知情的重。"主司知情,与同罪;不知情,减四等。"在有些犯罪中,不知情者甚至可以轻至不被追究刑事责任。《唐律疏议·职制》"增乘驿马"条惩治那些"增乘驿马者",用刑为:"一匹徒一年,一匹加一等。"连坐到主司,知情的要与犯罪者一样受罚,不知情的则不被处罚。"主司知情与同罪,不知情者勿论。"

3. 犯罪行为的危害程度决定着被连坐的范围与用刑

在唐律中,危害程度越大,连坐范围越大、用刑越重,反之则越小、越轻。这里以都是家庭成员的连坐即缘坐为例。构成"谋反"罪的与构成"杀一家非死罪三人及支解人"罪的家庭成员的连坐就不同,前者的用刑重,而且连坐范围广。根据《唐律疏议·贼盗》"谋反大逆"条的规定,谋反者本人要被处以斩刑;被连坐的人范围很广,包括父、子、妻妾、女、姊妹、部曲、伯叔父、兄弟之子等,而且用刑很重,凡用"五刑"的都为"绞"或"流三千里"。①《唐律疏议·贼盗》"杀一家三人支解人"条则规定,凡是"杀一家非死罪三人及支解人"的,本人"皆斩",连坐的成员只有妻和子,用刑均为"流二千里",其用刑较"谋反"罪为轻,连坐范围也相对较小。究其原因,是因为危害程度不同,"谋反"罪危害的是国家安全,"杀一家非死罪三人及支解人"罪危害的是人身安全,前者的危害程度大于后者,所以前者的连坐范围也较大,用刑也较重。

4. 被连坐者原可享用的优待权要被取消

唐律中被连坐者的关系人一般都犯有重罪,而且被连坐者本人应被追究刑事责任,处以刑罚,因此其原可享用的优待权要被取消。这里以"反逆缘坐流"为例,一些家庭成员因为家里有人犯有谋反或大逆罪而被连坐为流刑的对象,具体是谋反或大逆者的"伯叔父、兄弟之子"等。② 他们中如果有人原来是可以享用赎的优待权的,这一权利即被取消。《唐律疏议·名例》"老小及疾有犯"条规定:"诸年七十以上、十五以下及废疾,犯流罪以下,收赎。"此条同时规定:"犯加役流、反逆缘坐流、会赦犹流者,不用此律。"此条"疏议"还专门对取消"反逆缘坐流"者用赎的优待权作了这样的说明:"反逆缘坐流者,逆人至亲,义同体戚,处以缘坐,重累其心,此虽老疾,亦不许赎。"

---

① 其原文是:"诸谋反及大逆者,皆斩;父子年十六以上皆绞,十五以下及母女、妻妾、祖孙、兄弟、姊妹若部曲、资财、田宅并没官,男夫年八十及笃疾、妇人年六十及废疾者并免;伯叔父、兄弟之子皆流三千里,不限籍之同异。"

② 参见《唐律疏议·贼盗》"谋反大逆"条。

5. 被连坐"没官"的对象包括物和人

被连坐者除了被处以刑罚外,还有被"没官"的。这里的"没官"是指没收为国家所有。"没官"的对象既有物,也有人。《唐律疏议·贼盗》"谋反大逆"条规定的"没官"就是如此。"十五以下及母女、妻妾、祖孙、兄弟、姊妹若部曲、资财、田宅并没官……"其中,资财、田宅是物,而其他的均为人。人也在"没官"之列,他们被"没官"后,就成了官奴婢,失去了正常人的身份,在法律上就如同财产一样。"奴婢贱人,律比畜户"①,"奴婢同于资财"②。《唐律疏议·贼盗》"以私财奴婢贸易官物"条"疏议"明确说:"'反逆'条中称'资财并没官',不言奴婢、畜产,即是总同财物。"这里的"奴婢"虽在生理上也是人,但在法律上被视为财产,属于"没官"的连坐对象。

6. 神职人员与有些贱民不适用连坐

唐朝的神职人员与贱民的特殊性比较明显。神职人员包括道士、女官和僧、尼,他们已入道、脱俗,彼此之间不能连坐,只处罚本人。贱民中,有些人本身属于官私的附属者,没有独立地位,如部曲、奴婢;有些人在州、县没有附入籍贯,不属于本地的常驻人员。在一般情况下,这些人因其特有的理由而不在连坐的范围之中。《唐律疏议·贼盗》"缘坐非同居"条规定,道士、女官和部曲、奴婢"犯反逆者,止坐其身"。此条"疏议"在对此律条解释时,又将适用范围延伸到其他贱人,说:"若工、乐、官户,不附州县贯者,与部曲例同,止坐其身,更无缘坐。"

---

① 《唐律疏议·名例》"官户部曲官私奴婢有犯"条"疏议"。
② 《唐律疏议·名例》"彼此俱罪之赃"条"疏议"。

二、连坐的种类

唐律中,连坐的种类包括:

1. 家庭成员连坐

唐律中的家庭成员连坐适用一些重大犯罪,除谋反、谋大逆的犯罪外,在杀一家三口人、造畜蛊毒等犯罪中也适用这一连坐。家庭成员连坐在唐律中被称为"缘坐",连坐的范围为三族,即涉及祖、孙和本身。《唐律疏议·名例》"称期亲祖父母等"条"疏议"明确指出:"缘坐者,各从祖孙本法。"此条"疏议"还举例作了这样的说明:"依贼盗律,反逆者,父子年十六以上皆绞,祖孙没官。"在一般情况下,缘坐对象中的"子"只是指男性孩子即儿子,不含女儿。但是,如果律条明确规定女儿也是缘坐对象,则属例外。"缘坐者,女不同。""缘坐者,谓杀一家三人之类,缘坐及妻子者,女并得免,故云'女不同'。其犯反逆、造畜蛊毒,本条缘坐及女者,从本法。"[①]在一般情况下,亲属之间相犯不适用连坐。唐律没有对这种犯罪作出连坐的规定。另外,虽然有些亲属在一些重大的犯罪中不在连坐之列,可一经捕告,即使是家属把其捕告到官府的,也按自首的规定处理。"谋叛以上本服期者,谓非缘坐,若叛未上道、大逆未行之类,虽尊压、出降无服,各依本服期。虽捕告以送官司,俱同罪人自首之法。"[②]最后,监临官的家庭成员收受了被监临

---

① 《唐律疏议·名例》"称期亲祖父母等"条"疏议"。
② 《唐律疏议·名例》"犯罪未发自首"条"疏议"。

人的贿赂,监临官也要作为家庭成员被连坐受罚,只是用刑轻于其家人而已。"诸监临之官家人,于所部有受乞、借贷、役使、买卖有剩利之属,各减官人罪二等;官人知情与同罪,不知情者各减家人罪五等。"①

2. 邻居连坐

唐朝建立了比较完善的户籍制度,邻居之间有"同伍""比伍"的建制。"同伍"是五户人家组成的单位。"比伍"是靠近"同伍"的五户人家单位,"每伍家之外,即有'比伍'"②。这些邻居单位构成了邻居连坐的单位,形成了连坐责任,在唐律中亦有反映。《唐律疏议·斗讼》"强盗杀人不告主司"条就规定,在发生强盗、杀人犯罪时,"同伍""比伍"都有控告义务,否则将被连坐而受刑事制裁。"诸强盗及杀人贼发,被害之家及同伍即告其主司。若家人、同伍单弱,比伍为告。当告而不告,一日杖六十。"这里的"主司"包括基层的邻居单位负责人以上的官吏,即坊正、村正和里正等以上的官吏。"须告报主司者,谓坊正、村正、里正以上。"③当出现劫持人质情况时,邻居连坐也会发挥作用。《唐律疏议·贼盗》"有所规避执人质"条及其"疏议"对此作出了规定。一定范围之内的邻居发现有劫持人质情况时,应及时采取行动,抓捕犯罪人,否则要被追究刑事责任。"村正以上,并四邻伍保,或知见,皆须捕格。""部司及邻伍知见,避质不格者,徒二年。"以上是邻居被侵害时适用的连坐,唐律中还有邻居内部有人犯罪,知而不告的也适用连坐的规定。根据犯罪人所犯罪的轻重,连坐人被追究的刑事责任也不同,具

---

① 《唐律疏议·职制》"监临之官家人乞借"条。
② 《唐律疏议·斗讼》"强盗杀人不告主司"条"疏议"。
③ 同上。

体是:"同伍保内,在家有犯,知而不纠者,死罪,徒一年;流罪,杖一百;徒罪,杖七十。"但是,在通常情况下,家中的妇女和十五岁以下的男子不在连坐之列。"其家惟有妇女及男年十五以下者,皆勿论。"①

3. 职务连坐

唐律大量使用职务连坐,以规制官吏的行为,推进吏治。《唐律疏议·斗讼》"监临知犯法不举劾"条对职务连坐有明文规定:"诸监临主司知所部有犯法,不举劾者,减罪人罪三等。纠弹之官,减二等。"此律文中的"监临"和"主司"都有专门的含义。"'监临',谓统摄之官。'主司',谓掌领之事及里正、村正、坊正以上。"他们如果知道部下有违犯法、令、格、式之事而不举告,就要被连坐。"知所部之人,有违法、令、格、式之事,不举劾者",就要被连坐并追究刑事责任,用刑幅度是:"减罪人罪三等。"②唐律中的职务连坐有其范围。"应连坐者,各依公坐法,节级得罪。"③如果是同职犯公罪,这一"节级得罪"表现为:长官、通判官、判官、主典各为一等。这里的"同职"是指连署之官,具体为:"长官为一等,通判官为一等,判官为一等,主典为一等,各以所由为首。"但是,如果是通判官以上一同失理而"应连坐者",则只连坐至"长官及检、勾官",其他的官吏不再连坐。此外,如果是同职官犯有私罪,连坐官吏不知情,则不在连坐之列,只按过失犯罪论处。"若同职有私,连坐之官不知情者,以失论。"④在职务连坐中,也适用自觉举。连坐之人中,只要有一人自觉举,其他人都可被免罪。"应连坐者,长官以下,主典以上及检、勾官在案同判署者,一人觉举,余并得原。"这就

---

① 《唐律疏议·斗讼》"监临知犯法不举劾"条。
② 参见《唐律疏议·斗讼》"监临知犯法不举劾"条"疏议"。
③ 《唐律疏议·职制》"大祀不预申期及不如法"条"疏议"。
④ 参见《唐律疏议·名例》"同职犯公坐"条及其"疏议"。

是:"应连坐者,一人自觉举,余人亦原之。"①最后,职务连坐的对象包括坊正以上的"主司"官吏。②

4. 军事连坐

唐朝重视军队建设,唐律也在军队中实行军事连坐,以避免或减少军人犯罪。《唐律疏议·擅兴》"征人冒名相代"条及其"疏议"对冒名从军的犯罪行为作了处罚规定,其中涉及军事连坐。如果有人冒名从军,除了本人要被"徒二年"外,还要按情节,连坐旅师、校尉、果毅、折冲等军事人员。"其在军冒名者,队正同里正;旅帅、校尉,减队正一等;果毅、折冲,随所管校尉多少,通计为罪。"《唐律疏议·擅兴》"征人巧诈避役"条及其"疏议"在严惩军人临征讨而巧诈避役的同时,还用军事连坐的方法,追究相关军事人员的刑事责任。如果有人临对寇贼,"乃巧诈方便,推避征役",要被处以"斩"刑。"主司不加穷核而承诈者,减罪二等;知情者与同罪,至死者加役流。"

5. 其他连坐

除了以上四种连坐外,唐律中还有其他连坐,其中包括傍人和行人。在一定条件下,如果他们不履行与犯罪做斗争的义务,即会被连坐而受罚。《唐律疏议·捕亡》"被殴击奸盗捕法"条规定,如果出现"被人殴击折伤以上,若盗及强奸"的犯罪,傍人即应把犯罪人抓获,送至官府。"虽傍人皆得捕系,以送官司。"如果他们不这样做,就会被连坐而被追究刑事责任,用刑是"笞三十"。《唐律疏议·捕亡》"道路行人不助捕罪人"条又规定,如果有官吏依法追捕犯罪人而力量不足以对

---

① 参见《唐律疏议·名例》"公事失错自觉举"条及其"疏议"。
② 参见《唐律疏议·斗讼》"监临知犯法不举劾"条及其"疏议"。

付,就可告知行人,以求帮助。此时,行人有对付犯罪人的能力而不相助的,就会被连坐而受到刑罚处罚。"诸追捕罪人而力不能制,告道路行人,其行人力能助之而不助者,杖八十;势不得助者,勿论。"

三、适用连坐的犯罪

唐律中的连坐制度只适用于一部分犯罪,而不是全部,主要是以下几大类:

1. 危害国家安全的犯罪

危害国家安全的犯罪是对唐统治者根本利益危害最大的犯罪,故适用连坐,以增加用刑的力度,对犯罪者进行严厉制裁。唐律中危害国家安全的犯罪主要是谋反、谋大逆和谋叛等。对这些犯罪者的家人、其他同居者,都要适用连坐。其中,对谋反和谋大逆犯罪的处罚又最甚,广泛连坐三族以内的亲属、部曲、财产等。《唐律疏议·贼盗》"谋反大逆"条对此作了规定。谋叛犯罪的连坐范围小于谋反和谋大逆犯罪,其连坐者少于谋反和谋大逆者,而且不涉及部曲和财产。《唐律疏议·贼盗》"谋叛"条规定:"诸谋叛者,绞。已上道者皆斩,妻子流二千里,若率部众百人以上,父母、妻、子流三千里。"这类犯罪的危害性太大了,因此原可以用赎的方法被取消,连坐人必须受到实刑的处罚。①

---

① 参见《唐律疏议·名例》"老小及疾有犯"条"疏议"。

2. 严重损害人身安全的犯罪

唐律对严重损害人身安全的犯罪同样处以重罚,也适用连坐。有关造畜蛊毒的犯罪就是如此,连坐人包括同居者和教令人等。《唐律疏议·贼盗》"造畜蛊毒"条规定:"诸造畜蛊毒及教令者,绞;造畜者同居家口虽不知情,若里正知而不纠者,皆流三千里。造畜者虽会赦,并同居家口及教令人,亦流三千里。"此条"疏议"还对相关问题作了解释。此条所指的"蛊毒"足以害人,对人身安全构成危害。"造合成蛊,堪以害人者。"这种毒物的数量较多,即"蛊有多种",只要属于蛊毒之类便属于此类犯罪。为了便于人们认识蛊毒,"疏议"以蛇蛊为例作了这样的说明:"集合诸蛊,置于一器之内,久而相食,诸虫皆尽,若蛇在,即为'蛇蛊'之类。"此外,杀一家非死罪三人及支解人也是一种严重损害人身安全的犯罪,同样要适用连坐,连坐的范围为妻与子。《唐律疏议·贼盗》"杀一家三人支解人"条规定:"诸杀一家非死罪三人及支解人者,皆斩;妻、子流二千里。"

3. 严重侵犯财产权的犯罪

对于那些严重侵犯财产权的犯罪行为,唐律也严厉打击,甚至不惜使用连坐。当出现强盗犯罪时,邻居间就有救助的义务,如果不履行这一义务,就会被连坐而受到处罚。《唐律疏议·捕亡》"邻里被强盗不救助"条规定:"诸邻里被强盗及杀人,告而不救助者,杖一百;闻而不救助者,减一等;力势不能赴救者,速告随近官司,若不告者,亦以不救助论。"此条"疏议"还专门对邻里范围作了界定,即对连坐的范围作了规定。"五家为邻,五邻为里。"他们之间相邻,联系在一起,可以形成共同与强盗等犯罪做斗争的单位,确定相关连坐的义务;如果不履行这一义务,就要承担相应的刑事责任。"既同邑落,邻居接续,而被强盗及杀人者,皆须递告,即救助之,若告而不救助者,杖一百。虽不承告,声音相闻,而不救助者,减一等,杖九十。"

4. 职务犯罪

唐朝的官吏职责明确,一旦有官吏犯有公罪,相关官吏就会被连坐。比如,如果大理寺判决案件有错,那么要被连坐的官员就有大理寺卿、大理寺少卿、大理寺正、大理寺丞、大理寺府史等。其中,大理寺卿是长官,大理寺少卿和大理寺正是审判案件的通判官,大理寺丞是审判官,大理寺府史是案卷的掌管人员。如果府史在检送案件请主官办理过程中有了违失,府史就成了首犯,大理寺丞是第二等从犯,大理寺少卿和大理寺正是第三等从犯,大理寺卿是第四等从犯,他们要分别被连坐用刑。又如,如果大理寺丞判错了案件,那么他就成了首犯,大理寺少卿和大理寺正就是第二等从犯,大理寺卿即第三等从犯,府史就成了第四等从犯。这在《唐律疏议·名例》"同职犯公坐"条及其"疏议"里都作了明文规定。可见,在唐律中广泛适用职务犯罪的连坐。

总之,在唐朝,一些较为重大的犯罪多有连坐相伴,以增加用刑力度,严厉惩治犯罪。

四、与连坐制度相关的几个问题

还有一些与唐律的连坐制度相关的问题需论及,突出表现在以下一些方面:

1. 连坐内容有了增加

这又包括连坐的种类和种类中涉及的人员等。首先,唐朝以前的连坐种类仅限于家庭成员、邻居、职务和军事连坐四种,唐律中的连坐种类有了增加。除了以上四种人以外,还有一些不特定的连坐对象,《唐律疏议·捕亡》"被殴击奸盗捕法"条规定的"傍人"和"道路行人不助捕罪人"条规定的"行人"都是如此。此外,在家庭成员的连坐中,唐律增加了监临官的家庭收受贿赂后监临官要连坐受罚的内容也是如此。[1] 从现有史料看,唐朝以前鲜有这方面的记载,更不见唐律以前的律有这类规定。这从一个方面说明唐律所规定的连坐制度相比以往有了发展,使其更为完善;唐律的制定者也比以前更重视运用连坐制度,使其更多地发挥在打击和预防犯罪中。

2. 形成了自己的主流连坐理论

唐律不仅确定了连坐制度,而且形成了自己的主流连坐理论,以这一理论为基础,建立了自己的连坐制度。这一理论涉及多个方面,针对性很强,归纳起来主要有以下几个方面:首先,严惩重大犯罪。唐律认为,谋反等一些重大犯罪直接威胁国家安全和皇权,必须严惩,包括不惜使用连坐,以增强其惩罚的力度。"人君者,与天地合德,与日月齐明,上抵宝命,下临率土。"[2] "谋反、大逆,罪极诛夷,污其室宅,除恶本人。"[3] 因此,"缘坐之罪者,谓谋反、大逆及谋叛已上道者,并合缘坐"[4]。

---

[1] 参见《唐律疏议·职制》"监临之官家人乞借"条。
[2] 《唐律疏议·贼盗》"谋反大逆"条"疏议"。
[3] 《唐律疏议·名例》"彼此俱罪之赃"条"疏议"。
[4] 《唐律疏议·名例》"犯罪未发自首"条"疏议"。

其次,至亲应有福同享、有罪同当。唐律认为,亲属中的至亲关系最为密切,因此他们之间存在一种有福同享、有罪同当的关系。一旦有至亲犯了重罪,其他至亲就要有罪同当,接受应有的连坐处罚。"反逆缘坐流者,逆人至亲,义同休戚,处以缘坐,重累其心。"①再次,充分发挥邻居组织的作用。唐朝建立了户籍制度,组建了相关的邻居组织"邻伍"等。这些组织内,家庭都紧挨着,可以发挥各自在与犯罪行为做斗争中的作用和义务。如果他们推诿或不承担这样的义务,就要连坐受罚。《唐律疏议·贼盗》"有所规避执人质"条"疏议"就明确说,当出现劫持人质情况时,"四邻伍保,或知见,皆须捕格。若避质不格者,各徒二年"。《唐律疏议·捕亡》"邻里被强盗不救助"条"疏议"也认为,邻伍家庭"既同邑落,邻居接续,而被强盗及杀人者,皆须递告,即求助之,若告而不救助者,杖一百"。最后,要惩罚知情不纠的过错行为。在唐律中,包括坊正、村正和里正在内的"主司"在行使公务时,都有知错应纠的义务。如果不纠,便有了不纠的过错。过错者要承担过错行为的连坐责任。"造畜者同居家口虽不知情,若里正知而不纠者,皆流三千里。"②在唐律中,许多律条都对知错不纠的官吏使用了连坐,这里列举两例。《唐律疏议·卫禁》"宫殿作罢不出"条规定,在宫殿做工结束后不离开的,要被"徒一年",同时"将领主司知者,与同罪"。《唐律疏议·杂律》"器用绢布行滥短狭而卖"条规定,凡是制造了器皿、绢布等伪劣商品的,制造人要被"杖六十","市及州、县官司知情,各与同罪"。

---

① 《唐律疏议·名例》"老小及疾有犯"条"疏议"。
② 《唐律疏议·贼盗》"造畜蛊毒"条。

3. 对后世立法产生了影响

唐律中的连坐制度还对后世的封建立法产生了影响,这里仅以《宋刑统》《大明律》与《大清律例》为例,稍作窥视。《宋刑统》在结构上与唐律有了一些差异,在律下分门。唐律中的有些律条在《宋刑统》中作了归并。比如,《唐律疏议·贼盗》中的"谋反大逆""谋叛"与"口陈欲反之言"等条都被《宋刑统·贼盗》归并为"谋反逆叛"门。但是,唐律中的连坐制度为《宋刑统》所全盘接受。《大明律》与《大清律例》也受到唐律连坐制度的影响,建立了自己的连坐制度,只是在具体规定中与唐律有点差异,这个差异的基本点是加重了连坐。究其原因,主要是它们所贯彻的原则不同。《大明律》与《大清律例》贯彻的是从重原则,而唐律贯彻的则是从轻原则。从重原则同样体现在连坐上。以谋反及谋大逆罪和谋叛罪为例,《大明律》和《大清律例》中所规定的连坐范围明显大于唐律。在谋反及谋大逆罪中,《大明律》与《大清律例》都把祖父、孙、子之妻妾等列入这一范围,而唐律则没有。[①] 在谋叛罪中,它们又把妾女、父母、祖、孙、兄弟等纳入连坐范围,唐律也没有。[②] 另外,在谋反及谋大逆罪中,就是相同的连坐范围部分,《大明律》与《大清律例》的用刑也重于唐律。在此罪中,它们都规定,"父子年十六岁"的要被连坐用死刑。但是,《大明律》与《大清律例》用斩刑,唐律用绞刑,唐律的用刑轻于前两者。可见,唐后的《宋刑统》《大明律》与《大清律例》都不同程度地受到唐律中的连坐制度的影响。

---

① 参见《大明律·刑律·贼盗》和《大清律例·刑律·贼盗》"谋反大逆"条。
② 参见《大明律·刑律·贼盗》和《大清律例·刑律·贼盗》"谋叛"条。

第十三章
唐律的一些制度

在唐律中,有些制度颇具特色,在中国古代法制发展中起到了承前启后的作用。对它们的了解,有助于知晓中国古代法律的一些侧面。

一、加役流制度

加役流是一种介于"三流"与死刑之间的重刑,由于这一刑罚第一次在唐律中作了全面规定,故在此专作介绍。

1. 加役流的产生及内容

加役流定于唐太宗贞观六年(632年),《唐律疏议·名例》"应议请减"条"疏议"对其发展过程作了简要说明:"加役流者,旧是死刑,武德年中改为断趾","贞观六年奉制改为加役流"。《旧唐书·刑法志》对当时议定加役流的过程记载得更为详细:"及太宗即位,又命长孙无忌、房玄龄与学士法官,更加厘改。"魏徵等人又说旧律令重,"于是议绞刑之属五十条,免死罪,断其右趾。应死者多蒙全活"。以后,唐太宗又怜悯受刑之苦,"谓侍臣曰:'前代不行肉刑久矣,今忽断人右趾,意甚不忍。'谏议大夫王珪对曰:'古行肉刑,以为轻罪。今陛下矜死刑之多,设断趾之法,格本合死,今而获生,刑者幸得全命,岂惮去其一足?且人之见者,甚足惩诫。'"唐太宗回答:"本以为宽,故行之。"但是,他每使用这一刑罚仍很悲伤,而且不能忘怀。以后,他又对陈叔达等人说,死者不可再生,从怜悯出发,故简死罪五十条,从断右趾,但"'朕复念其受痛,极所不忍。'叔达等咸曰:'古之肉刑,乃在死刑之外。陛下于死刑之内,改从断趾,便是以生易死,足为宽法。'上曰:'朕意以为如此,故欲行之。又有上书言此非便,公可更思之。'其后蜀王法曹参军裴弘献又驳律令不便于时者四十余事,太宗令参掌删改之。弘献于是与玄龄等建议,以为古者五刑,刖居其一。及肉刑废,制为死、流、徒、杖、笞凡五等,以备五刑。今复设刖足,是为六刑。减死在于宽弘,加刑又加烦峻。乃与八座定议奏闻,于是又除断趾法,改为加役流三千里,居作二年。"

加役流是原有"三流"的延伸,犯者要被流三千里并居作三年,即使累流也不得超过居作四年。《唐律疏议·名例》"犯罪已发已配更为罪"条明确规定:"即累流、徒应役者,不得过四年。"在唐律中,有居作四年加役流的规定。《唐律疏议·名例》"工乐杂户及妇人犯流决杖条"条规定:"诸工、乐、杂户及太常音声人","犯加役流者,役四年"。

唐律把加役流归入不得减赎的"五流"之中,犯者不在减赎范围之内。《唐律疏议·名例》"应议请减"条规定:"加役流、反逆缘坐流、子孙犯过失流、不孝流、及会赦犹流者,各不得减赎,除名、配流如法。"即使一些明确规定流以下可赎的,也无涉加役流。《唐律疏议·名例》"老小及疾有犯"条规定:"诸年七十以上、十五以下及废疾,犯流罪以下,收赎。"但是,犯加役流的"不用此律",即不在赎列。究其原因,此条"疏议"作了解释:"加役流者,本是死刑,元无赎例,故不许赎。"但是,"会降"属例外。《唐律疏议·名例》"应议请减"条"疏议"补充说:"止如加役流、反逆缘坐流、不孝流,此三流会降,并听收赎。"

犯加役流者远在三千里外役满三年后,户口不得再回原籍。《唐律疏议·名例》"犯流应配"条规定:"加役流者,流三千里,役三年。役满及会赦免役者,即于配处从户口例。"其他一些规定皆同犯"三流"者。

2. 加役流适用的犯罪

加役流的适用范围较广泛。在唐律中,加役流涉及条目不下二十,除名例律外的其他十一律中,仅厩库律无加役流的规定。总括起来,加役流主要适用于以下几大类犯罪:

第一,危害皇帝人身安全的犯罪。庙、社和禁苑均为皇帝所在之处,皆有专人护卫,严禁向这些地方放弹、投瓦石等。如有此类行为,并因此而杀死人的,要受重罚,故用加役流。《唐律疏议·卫禁》"犯庙社禁苑罪名"条规定:"向庙、社、禁苑射及放弹、投瓦石杀伤人者,各以斗杀伤论,致死者加役流。"

第二,侵害其他人人身安全的犯罪。夜间无故入人家而被拘获,入城、宅而故杀人,故杀死囚等故意杀人行为,虽与一般故杀有别,但也因杀人而侵害他人生命,不可轻饶,唐律均判定为加役流。《唐律疏议·贼盗》"夜无故入人家"条规定,夜间无故入人家者,"已就拘执而杀伤者,各以斗杀伤论,至死者加役流"。《唐律疏议·杂律》"向城官私宅射"条规定:"故令入城及宅中,杀伤人者,各以斗杀伤论;至死者,加役流。"《唐律疏议·断狱》"死罪囚辞究竟废倩人杀"条规定:"死囚犯若不遣雇倩,及辞未穷竟而杀,各以斗杀罪论,至死者加役流。"

第三,侵犯公私财产的犯罪。对于一些情节严重或侵犯公私财物数额较大的侵犯公私财产的犯罪,唐律予以严惩,甚至用加役流。唐律把掘他人之墓的行为看作严重的盗毁财物行为,处以加役流。《唐律疏议·贼盗》"发冢"条规定:"诸发冢者,加役流。"神职人员盗、毁神像,情节十分严重的,须用加役流。《唐律疏议·贼盗》"盗毁天尊佛像"条规定:"道士、女官盗毁天尊像,僧、尼盗毁佛像者,加役流。"偷窃数额在五十匹以上的,也在加役流之列。《唐律疏议·贼盗》"窃盗"条规定,窃盗"五十匹加役流"。此外,抢劫罪之类也适用加役流。《唐律疏议·贼盗》"本以他故殴人因而夺物"条规定:"诸本以他故殴击人,因而夺其财物者,计赃以强盗论,至死者加役流。"

第四,职务上的犯罪。唐律对于一些官吏利用职权行私或违反行职、司法的行为,处罚较严,多处使用加役流。《唐律疏议·职制》"监主受财枉法"条规定,监临主司受财而枉法的,"十五匹绞";不枉法的,"三十匹加役流"。《唐律疏议·户婚》"里正官司妄脱漏增减"条规定,里正及官司妄脱漏增减以出入课役而赃重的,"入己者以枉法论,至死者加役流"。《唐律疏议·断狱》"主守导令囚翻异"条规定,主守受囚财物,导令囚翻异的,受财"十五匹加役流"。"监临自以杖捶人"条规定,监临主司违法捶拷囚犯,"至死者加役流"。

第五,其他犯罪。一些重大犯罪,如走私、妻妾殴伤已故夫之祖父母与父母、诈乘驿马、囚犯脱逃伤人等,也都适用加役流。《唐律疏议·卫禁》"越度缘边关塞"条规定,越度缘边关塞而与化外人私相交易的,价值"十五匹加役流"。《唐律疏议·斗讼》"妻妾殴詈故夫父母"条规定,妻妾殴故夫之祖父母、父母并折伤的,加役流。《唐律疏议·诈伪》"诈乘驿马"条规定,诈乘驿马的,加役流。《唐律疏议·捕亡》"被囚禁拒捍走"条规定,囚犯拒捍官司而走并伤人的,加役流。

3. 加役流的袭变

《宋刑统》全盘袭用唐律中有关加役流的规定。无论是加役流适用的罪名还是犯罪情节等,《宋刑统》皆沿唐律,甚至大多数法条的字句都与唐律相同,如其中的"犯庙社禁苑罪名""发冢""窃盗""越度缘边关塞"等条。可以说,《宋刑统》是唐律所规定的加役流制度的忠实继承者。

《宋刑统》中虽有加役流的规定,但执行时与唐律的规定有别。这主要是因为宋初实行折杖法,用杖刑替代除死刑以外其余四刑的执行,加役流可折脊杖二十。《宋史·刑法志》载:"太祖受禅,始定折杖之制。凡流刑四:加役流,脊杖二十。"这样,犯加役流者不需要再至三千里外服役三年。唐律则没有这样的规定。

《大明律》中已没有"加役流"字样,但似乎有替代者,具体为流与法杖一百、拘役三年并用。《明史·刑法志》载:"三流并决杖一百,拘役三年。拘役者,流人初止安置,今加以居作,即唐、宋所谓加役流也。"其实,这与唐律中的加役流有别,主要有二:一是唐律中的加役流不在"三流"之列,而《大明律》的规定却是"三流",亦含其他流;二是唐律中的加役流无须加杖,而《大明律》则规定要加杖。

在唐律适用加役流的法条中,除"越度缘边关塞""夜无故入人家""盗毁天尊佛像""诈乘驿马"等少数条目外,大多数均能在《大明律》中找到相应的内容。其中,多用"杖一百,流三千里"刑。在此列举数例。《大明律·刑律》"有禄人"与"无禄人"条都规定,官吏不枉法赃的,"罪止杖一百,流三千里"。《大明律·刑律》"发冢"条规定:"凡发掘坟冢见棺椁者,杖一百,流三千里。"《大明律·刑律》"窃盗"条规定,凡窃盗的,"罪止杖一百,流二千里"。但是,也有少数条目的用刑与加役流相比,有或重或轻的情况。《大明律·兵律》"向宫殿射箭"条规定,凡向太庙、社等放弹、投砖石而伤人的,皆处"斩";唐律则规定,要杀死才处加役流。可见,《大明律》此条的用刑明显重于唐律。《大明律·户律》"脱漏户口"条规定,里长脱漏户口的,"罪止杖一百";县官脱漏户口的,"罪止杖八十"。此条规定的量刑明显轻于唐律。从《大明律》的有关规定可见,唐律中的加役流在《大明律》中多为杖一百和流三千里,仅有少数重于或轻于加役流。这也从一个侧面反映出,《大明律》与唐律相比,确有畸重畸轻的现象。《大清律例》遵《大明律》之制。

加役流的产生有一定的法制原因,主要是刑罚制度。在笞、杖、徒、流和死"五刑"中,流与死虽仅一刑种之差,但却关系到人的生命,非同其他刑种之差。为了使这两个刑种间有缓冲的余地,挽救部分可死可不死的罪犯,唐太宗时已用断右趾刑。但是,此刑毕竟是肉刑,比较残酷,如唐太宗自己听言:"念其受痛,极所不忍。"唐的主刑为"五刑",再加一个断右趾,变成了"六刑",更不符合唐的刑制,故议定加役流,划归流刑,并把原有的部分死刑犯罪纳入加役流范围。这样,既不影响原有的刑制,又缓解了流与死的刑差,可谓两全其美。

二、上请制度

上请是指由于身份等原因,司法官无权对一些罪犯作出判定,而只能弄清案情并提出审理意见,上报皇帝,由皇帝直接作出终审判决。上请制度是唐律中的一个重要制度,能集中反映特权和中央集权统治的存在。

1. 唐前关于上请的规定

中国在汉代就已实行上请,《汉书》中有多处关于上请的记录。《汉书·高帝纪》载,汉高祖七年(前200年)下诏:"郎中有罪耐以上,请之。"《汉书·宣帝纪》载,汉宣帝曾诏:"吏六百石位大夫,有罪先请。"《汉书·平帝纪》载,汉平帝亦诏:"令公、残侯嗣子有罪耐以上,先请之。"《后汉书·光武纪》载,东汉光武帝在位时也下诏:"吏不满六百石,下至墨绶长相,有罪先请之。"

从以上记载可见:第一,上请仅适用于官吏贵族罪犯,不见有其他的适用对象。第二,适用的范围不断扩大。这又可从两个方面看:一方面,适用的官吏范围扩大,先言适用三千石,后又言适用六百石,最后六百石以下等都在适用之列;另一方面,适用的犯罪范围扩大,先定耐以上可请,后又定有罪皆可请。这不仅说明汉代的上请是一种法定的特权,也说明这种特权在不断延伸,成为越来越多的官吏贵族的"护身符"。

汉代的上请在形式上是汉前法定特权的发展。在《周礼·秋官·小司寇》中,就已有"凡命夫命妇不躬坐狱讼,凡王之同族,有罪不弃市"和"以八辟丽邦法"的记载。以后,尽管有不少地主阶级思想家竭力主张"刑无等级""法不阿贵",但特权仍不时在法律中被认可。云梦秦简《法律答问》中有对贵族后代用赎的记载:"内公孙无爵者,当赎刑,得比公士赎耐不得?得比焉。"到了汉代,地主阶级的统治已十分稳固,中央集权也进一步发展,"刑不上大夫"的呼声在统治阶级内部越来越强烈,上请就此被推上了法制舞台。

魏晋南北朝时期较多使用"八议",有以"八议"取代"上请"之势,故各代罕见"上请"之规定,而常见"八议"之适用。据《九朝律考》所载,魏律考、晋律考、后魏律考、北齐律考、后周律考等中皆有关于"八议"的实例。

2. 唐律关于上请的规定

唐律第一次全面、完整地规定了上请制度,主要内容包括以下四个方面:

第一,上请的适用范围。唐律中规定的上请的适用范围比以往广泛,归纳起来有以下四大类:第一类是官僚贵族犯罪。《唐律疏议·名例》"皇太子妃"条规定:"诸皇太子妃大功以上亲、应议者期以上亲及孙,若官爵五品以上,犯死罪者,上请。"第二类是罪犯有可矜情节的。《唐律疏议·名例》"犯死罪应侍家无期亲成丁"条规定:"诸犯死罪非十恶,而祖父母、父母老疾应侍,家无期亲成丁者,上请。""老小及疾有犯"条规定:"八十以上、十岁以下及笃疾,犯反、逆、杀人应死者,上请。"第三类是违礼不违律行为。"老小及疾有犯"条"疏议"说:"殴父母,虽小及疾可矜,敢殴者乃为'恶逆'。或愚痴而犯,或情恶故为,于律虽得勿论,准礼仍为不孝。老小重疾,上请听裁。"第四类是非故意的重大犯罪。《唐律疏议·卫禁》"阑入宫殿门及上阁"条规定:"持仗及至御在所者,斩。迷误者,上请。""宫殿作罢不出"条规定:"在宫殿内作罢而不出者",且是因为"不觉及迷误者,上请"。《唐律疏议·斗讼》"诬告谋反大逆"条规定:"诸诬告谋反及大逆者,斩;从者,绞。若事容不审,原情非诬者,上请。"

第二,上请的程序。上请有特定的程序:由审案的司法官先写明犯罪者的犯罪情况、适用的刑罚和应上请的理由,然后直接上奏皇帝,由其裁定。这一过程在《唐律疏议·名例》"皇太子妃"条及其"疏议"中是这样规定的:"请,谓条其所犯及应请之状,正其刑名,别奏请。""条其所犯者,谓条录请人所犯应死之坐。""正其刑名者,谓录请人所犯,准律合绞、合斩。""别奏者,不缘门下,别录奏请,听敕。"但是,也有个别条款的上请程序有别于以上程序,如"申刑部"的过程。《唐律疏议·名例》"犯死罪应侍家无期亲成丁"条"疏议"说:"据令应侍,户内无期亲年十一以上、五十九以下者,皆申刑部,具状上请,听敕处分。"

第三,不适用上请的限制。唐律中的上请是一种有条件被适用的制度,在许多情况下无效,而且不同的条目中有不同的限制条件。《唐律疏议·名例》"皇太妃"条规定:"犯十恶,反逆缘坐,杀人,监守内奸、盗、略人、受财枉法者,不用此律。"即不用上请的规定。"犯死罪应侍家无期亲成丁"条"疏议"说:"若有曾、玄数人,其中有一人犯死罪,则不上请。"即须按律处罚,亦不适用上请。

第四,确定上请的原因。唐律的制定者确定上请及其适用有一定的原因,并在有关条款的"疏议"中作了说明。《唐律疏议·名例》"老小及疾有犯"条"疏议"对老、小及疾者犯反逆、杀人应死而上请的原因作了如下说明:老、小及疾者应执行"三赦"之法,"有不可赦者,年虽老小,情状难原,故反、逆及杀人,准律应合死者,曹司不断,依上请之式,奏听敕裁"。《唐律疏议·卫禁》"宫殿作罢不出"条"疏议"对因不觉或迷误而在宫殿作罢不出者适用上请的原因作了解释:"营作之所,院宇或别,不觉众出,或迷误失道,错向别门,非故不出",所以"得上请"。

与以往关于上请的规定相比,唐律不仅大大扩展了其适用范围,把一些有可矜情节的犯罪、违礼不违律的行为、非故意的重大犯罪等归入上请之列,而且对上请的程序、限制等作了详尽、规范的规定,甚至还对一些上请的原因作了学理解释,真可谓举世无双。

3. 唐后上请制度的袭革

《宋刑统》照搬唐律中所有关于上请的内容,绝大多数法条都一字不落地再现,仅个别条款有个别无关紧要的字、词的变动。例如,《宋刑统·卫禁律》"阑入庙社宫殿门"门规定:"若持仗乃至御所者斩。注云,迷误者上请。"唐律的规定仅无"注云"两字,其他均同。可以这样认为,《宋刑统》只是把唐律中有关上请的规定"依样画葫芦"而已。

《大明律》与《宋刑统》不同,它较大幅度地改变了唐律中的上请制度,主要表现在以下几个方面:首先,《大明律》虽仍用"上请"之词,但却大量地用"取自上裁""奏闻请旨"等取而代之,而且还把唐律中使用上请的程序分为两类:一类是直接上报皇帝,由其定夺。《大明律·名例律》"职官有犯"条规定:"凡京官及在外五品以上官有犯,奏闻请旨,不许擅问。"这类似于唐律中的规定。另一类是在上奏前还有议的过程。《大明律·名例律》"老小废疾收赎"条规定:"八十以上、十岁以下及笃疾,反逆杀人应死者,议拟奏闻,取自上裁。"这一过程似乎更接近于《大明律》中有关"八议"的规定,但又不属于"八议"的范围。《大明律·名例律》"应议者犯罪"条规定,凡"八议"者犯罪,"开具所犯及应议之状,先奏请议,议定奏闻,取自上裁"。其次,与唐律的一些条目相比,《大明律》亦有或严或宽的情况。《大明律·名例律》"犯罪存留养亲"条规定:"凡犯死罪,非常赦所不原者,而祖父母、父母老、疾应侍,家无以次成丁者,开具所犯罪名奏闻,取自上裁。"与唐律的"犯死罪应侍家无期亲成丁"相比,在适用罪名方面,《大明律》严于唐律,因为前者为"常赦所不原",后者为"十恶";在适用主体方面,《大明律》又宽于唐律,因为前者无期亲及亲等限定,后者则明确规定为"无期亲成丁"。所以,清代学者薛允升在《唐明律合编·名例》"犯罪存留养亲"条后评说:"存留养亲,本系悯犯亲之衰老无依,并非谓犯人之情可宽恕也。唐律系犯死罪非十恶,明律改为非常赦不原,似较唐律为严,惟唐律死罪应侍家无期亲成丁者,方准上请,流犯权留养亲,仍须流配,情法原属不背,明律删去期亲及亲终等语,则又较唐律为宽。"此话确有道理。最后,唐律中适用上请的另一些条目在《大明律》中有的被删去;有的虽有相应条文,但不再使用上请。例如,《大明律》已无唐律中的"诬告谋反大逆"条目,也无相应内容,上请自然不存。又如,《大明律》中虽有关于"宫殿造作罢不出"与"宫殿门擅入"的规定,但均无唐律所规定的"迷误""不觉"的情节,因此上请也不复存在了。由此可见,与唐律中有关上请的规定相比,《大明律》不仅适用范围缩小,而且还有严宽不均的现象,这与它的整体内容大致吻合。

《大清律例》中有关上请的规定与《大明律》同,只是其翻版罢了。

4. 上请制度的实质

上请制度是中央集权制度在法制中的直接体现。在中央集权制度中,皇帝把持着最高司法权,决定着臣民的生死,上请就是表现之一。通过上请,皇帝直接插手司法,根据自己的意志和愿望,决定官僚贵族的生杀和一些特殊案件的定夺。集权在上请制度中得到淋漓尽致的反映。不仅如此,上请制度还随着中央集权制度的发展而发生变化。据史籍记载,这一制度有明确规定是在汉朝,即中央集权制度的巩固时期;这一制度有完整规定是在唐朝,即中央集权制度进一步发展时期;到了明、清,这一制度似乎在适用范围上有些缩小,而会审制度却得到充分发展,并以会审与上请双管齐下,中央集权制度已发展到顶峰。可见,上请制度的发展与中央集权制度的不断加强同步。另外,上请制度也为中央集权统治"效尽犬马之劳"。上请使皇帝对司法权的控制合法化,可堂而皇之地利用它,自由地挥动法律大棒;同时,也使这种控制具体化,从中体现集权的存在。综上所述,上请制度的本质在于,它既是中央集权统治的法制产物,又是维护这种统治的工具。

上请制度大量、经常地表现为维护特权。这又可分为以下两个方面:一是上请虽也适用于一些特殊案件,但大量、经常地适用于官僚贵族犯罪。汉代的上请仅对官僚贵族"敞开大门"。唐及以后各代的规定也都把具有较高官品和较高地位者列入当然上请之内,一般百姓非特殊情况不能"沾边"。二是上请仅让高官贵族享受。不是所有官僚均可享受上请,它有特定范围。当然,可上请者的地位和特权均不及"八议"者,这可通过比较窥见。据唐律的规定,"八议"主要为三品以上职事官及皇亲国戚享用,上请则主要为四、五品职事官和太子妃大功以上亲享有;"八议"的不适用条件仅为"十恶",上请除"十恶"外还包括反逆缘坐、杀人、监守内奸等。这不仅说明上请规定的特权不及"八议"大,同时也告诉人们,特权因官僚贵族的地位不同而不等,高者大,低者小。

最后,还需补充的是,从广义的角度看,"八议"也是一种上请。"八议"和上请都由皇帝最后一锤定音,本质上无别,故在唐律中也有把"八议"称为"上请"的。《唐律疏议·名例》"八议者"条"疏议"在解释八议"犯十恶者,不用此律"时说:"其犯十恶者,死罪不得上请,流罪以下不得减罪,故云'不用此律'。"此句中的"上请"就是指议。

三、反 坐 制 度

唐律中的反坐制度也是一个值得关注的制度。

1. 唐前有关反坐的规定和实例

中国早在西周时就已有反坐存在。《尚书·吕刑》载:"五过之疵,惟官、惟反、惟内、惟货、惟来,其罪惟均,其审克之。"其中,"其罪惟均"指与罪犯一样处罚,具有反坐之意。秦朝续用反坐,主要适用于诬告犯罪。《法律答问》说:"当黥城旦而以完城旦诬人,可(何)论?"应当黥和劓。① 汉朝也有反坐的记载。《后汉书·彭城靖王恭传》载,东汉安帝时,彭城靖王怒责儿子,致他自杀。"相赵牧以状上,因诬奏恭祠恶言,大逆不道。有司奏请诛之。恭王上书自讼。"安帝"遣御史大夫毋丘俭案其事实,无证。赵牧反坐下狱,会赦不诛"。魏晋南北朝时期也有类似记载。《魏书·曹爽传》载:"宣王乃忿然曰:'诬人以反,于法何应?'主者曰:'科律反受其罪,乃收(桓)范于阙下。'"此外,《晋书》《后魏书》等中也都有诬告反坐的实例。

综观唐前有关反坐的规定和实例,反坐主要适用于诬告犯罪,对诬告者的处罚大多与所诬告的罪同。只有个别规定适用于司法官因违法审判而构成的犯罪,如《吕刑》中的规定。另外,当时有关反坐的内容缺乏完整性,只见一些零星记载。唐律第一次对反坐作了较为全面、系统的规定,其中包括适用反坐的一般原则、犯罪和反坐的种类等。

2. 唐律规定适用反坐的一般原则

唐律在名例律中对反坐的一般原则作了规定。《唐律疏议·名列》"称反坐罪之等"条规定,诸称"反坐","止坐其罪;死者,止绞而已"。这一原则适用于大多数适用反坐的犯罪。《唐律疏议·名例》

---

① 参见《睡虎地秦墓竹简》,文物出版社1978年版,第203页。

"犯罪未发自首"条"疏议"举例说明了此原则:"如户内止隐九口,告称隐十八口,推勘九口是实,诬告者不得反坐,以本条隐九口者,罪止徒三年,罪至所止,所诬虽多,不反坐。"但是,也有例外情况。《唐律疏议·斗讼》"诬告府主刺史县令"条规定:"诸诬告本属府主、刺史、县令者,加所诬罪二等。"此条"疏议"作了详细的说明和补充:"诬告本属府主等,加所诬罪二等,谓诬告一年徒罪,合徒二年之类。若告除名、免官、免所居官等事虚,亦准此徒法加罪。"这是一个反坐重于原罪的规定。

3. 唐律规定适用反坐的犯罪

唐律中的反坐主要适用于诬告罪。诬告者要按所诬告的罪而反坐被罚,具有监察职能的官吏挟私弹劾他人的也如此受罚。《唐律疏议·斗讼》"诬告反坐"条规定:"诸诬告人者,各反坐。即纠弹之官,挟私弹事不实者,亦如之。反坐致罪,准前人入罪法。"这一规定也适用于告发一人数罪和数人数罪的情况。在告发一人数罪中,诬告人只承担不实之罪的反坐责任,实者不予追究;所诬告的罪再多,也只以高者论罪,不采用合并论罪的原则。在告发数人数罪中,诬告人也只依虚者量刑,实者不论。此条规定:"若告二罪以上,重事实及数事等,但一事实,除其罪;重事虚,反其所剩。即罪至所止者,所诬虽多,不反坐。其告二人以上,虽实者多,犹以虚者反坐。"唐律中有关于诬告反坐的明确规定。《唐律疏议·斗讼》"教令人告事虚"条规定:"诸教令人告,事虚应反坐。"

唐律还对一些特殊的诬告反坐作了规定。第一,受雇诬告的同自诬。即受唆使而诬告他人的,受唆使的人要负全部刑事责任。《唐律疏议·斗讼》"为人作辞牒加状"条规定:"受雇诬告人罪者,与自诬告同。"第二,诬告人在被诬告人受罚前就承认诬告事实的可减轻处罚。这仅适用于流以下罪。《唐律疏议·斗讼》"诬告人流罪以下引虚"条规定:"诬告人流罪以下,前人未加拷掠,而告人引虚者,减一等。"但是,也有例外,即"诬告期亲尊长、外祖父母、夫、夫之祖父母,及奴婢、部曲诬告主之期亲、外祖父母者,虽引虚,各不减"。第三,告发之事与调查后所得不同的也要依诬告论。《唐律疏议·斗讼》"告小事虚"条规定,如告发人的所告之事"离其事,则依本诬论"。此条"疏议"还专门举例作了说明,即如果"告人盗马,检得铸钱之属",则"得诬告盗马之罪"。

除诬告适用反坐外,有些违反司法的行为也适用反坐。《唐律疏议·断狱》"拷囚不得过三度"条规定:"诸拷囚不得过三度,数总不得过二百,杖罪以下不得过所犯之数。""杖数过者,反坐反剩。"即以超过部分反坐司法官。"官司出入人罪"条中亦有类似规定:"诸官司入人罪者,若入全罪,以全罪论;从轻入重,以所剩论;刑名易者:从笞入杖、从徒入流亦以所剩论,死罪亦以全罪论。其出罪,各如之。"

4. 唐律规定的反坐种类

综合唐律中有关反坐的内容,主要可分为以下四种:

第一,以原罪反坐。这是反坐原则的直接体现,即反坐"止坐其罪"。唐律中的大多数反坐均属此类。诬告者的受刑与所诬告的罪同,即"反坐致罪,准前人入罪法"。司法官"出入人罪"的,如出入全罪也"以全罪论"等,都是如此。

第二,重于原罪的反坐。对于某些犯罪,唐律规定适用重于原罪的反坐,以增加处罚的严厉性。此类反坐在唐律中有明确规定,诬告官吏即是如此。《唐律疏议·名例》"除免比徒"条规定:"诸除名者,比徒三年;免官者,比徒二年;免所居官者,比徒一年。""以轻罪诬人及出入之类,故制此比。"此条"疏议"还举例作了说明:"假有人告五品以上官,监临主守内盗绢一匹,若事实,盗者合杖八十,仍合除名;若虚,诬告人不可止得杖罪,故反坐比徒三年。"诬告人得杖罪,反坐却是徒罪,这说明反坐重于原罪。此外,免官、免所居官等也适用重于原罪的反坐。

第三,轻于原罪的反坐。这类犯罪很少,且在唐律中有明文规定。《唐律疏议·斗讼》"诬告谋反大逆"条规定:"诸诬告谋反及大逆者,斩。"此反坐轻于原罪,因为谋反及大逆者除本人要被处斩外,还要缘坐家族、资宅田等。

第四,以所剩反坐。这适用于司法官因违反司法而构成的一些犯罪。此类反坐在唐律中亦有专门规定,如上述"拷囚不得过三度"条规定的司法官拷囚过数要以所剩反坐,"官司出入人罪"条规定的司法官出入人罪也要以所剩反坐。

在以上四种反坐中,第一种是常见形式,其他三种都是特殊形式,故须明文规定,作为例外处理。

唐律中有关反坐的规定对后世的立法产生了不同程度的影响。《宋刑统》全面承袭唐律的规定,可谓亦步亦趋。《大明律》和《大清律例》除了沿用唐律中有些反坐规定外(如官司出入人罪的规定基本同唐律),在总体上还加重了对反坐的用刑。两律的"诬告"条都规定:"凡诬告人笞罪者,加所诬罪二等;流徒杖罪加所诬罪三等,各罪止杖一百,流三千里。"同时,两律还较多地使用加、减反坐用刑的形式,仅在"干名犯义"条中就出现多次。此条规定,诬告小功缌麻尊长的,"若诬告罪重者,各加所诬罪三等"。不在干名犯义之限的,"诬告者期亲减所诬罪三等";"若诬告妻及妻诬告妾,亦减所诬罪三等"等。①

反坐是中国古代统治者喜欢使用的一种惩罚手段,它有助于减少诬告现象和提高司法官的司法责任,从而有利于预防犯罪。正因如此,在古代的立法中总少不了反坐,唐律还使它不断成熟,并成为一种律中的重要制度。

四、立法审核制度

唐朝统治者在总结前人立法经验和教训的基础上,建立了比以往更为完备的立法审核制度,并将其规定于唐律中,保障其实施。

1. 唐朝立法审核制度的政治和思想基础

唐朝建立较为完备的立法审核制度有多种原因,首推政治和思想两个方面。

唐朝的立法审核制度直接派生于政治制度。自秦统一中国后,古代政治制度步入了一个新的阶段,朝着有利于加强中央集权的方向不断发展。秦和西汉初,宰相权力较大,"掌丞天子,助理万机"②。西汉后期,立大司徒、大司空和大司马,三分宰相之权。魏晋南北朝时期,出现了中书、门下和尚书三省,中书、门下两省的地位低于尚书省,它们的职权也不甚明确。三省并列为三个中枢机关,而且职责明确,是在唐

---

① 参见《大明律·刑律》和《大清律例·刑律》。
② 《汉书·百官公卿表》。

朝。"唐初,始合三省,中书主出命,门下主封驳,尚书主奉行。"①唐朝确立三省制度的目的不仅是分权,而且要使它们互相牵制,防止篡权。这一点后人讲得十分清楚:"事无巨细,遍经三省,无出一己,使擅其权。"②三省制度不仅有利于皇帝对国家政权的控制,还形成了门下省审核中书省立法的立法审核格局。

唐初还形成了较为完整的立法审核思想,首推唐太宗。他认为,门下省须经过封驳实行审核职能。贞观三年(629年),唐太宗对侍臣说:"中书、门下,机要之司,擢才而居,委托实重。诏敕如有不稳便,皆须执论。"③他还说:"中书诏敕或有差失,则门下当行驳正。"④唐太宗认为,设立门下省的目的之一就在于避免立法错误。同年,他对黄门侍郎王珪说:"国家本置中书门下,以相检察。"⑤他还说:"中书所出诏敕,颇有意见不同,或兼错失而相正以否之置中书、门下,本拟相防过误。"⑥为使立法审核制度充分发挥作用,唐太宗常以隋亡为鉴,提醒臣下都"须灭私循公,坚守直道",否则将会"家国俱丧"。⑦

唐朝的政治制度和较为完整的立法审核思想,为唐朝建立立法审核制度奠定了政治和思想基础。

2. 唐律规定的立法审核制度

唐律把唐朝的立法审核作为一个重要制度确定下来。《唐律疏议·名例》"同职犯公坐"条"疏议"作了较为全面的规定:"尚书省应奏

---

① 《魏晋政柄·所归条注》。
② 《宋会要辑稿·职官》。
③ 《贞观政要·政体第二》。
④ 《资治通鉴·卷一百九十三》。
⑤ 同上。
⑥ 《贞观政要·政体第二》。
⑦ 同上。

之事,须缘门下者,以状牒门下省,准式依令,先门下录事勘,给事中读,黄门侍郎省,侍中审。有乖失者,依法驳正,却牒省司。若实有乖失,不驳正者,录事以上,减省下从一等。既无迭减之文,即侍中以下,同减一等。律以既减下从,得罪最轻,若更迭减,余多无坐,驳正之法,惟在录事以上,故所掌主典,律无罪名。"

根据以上规定,门下省是唐朝审核立法的中央机关,它要"准式依令",对中书省草拟的法律进行"勘""读""省"和"审"的工作。这正好与三省的分工一致。《文献通考·职官考》载:"中书取旨,门下覆奏,尚书施行。"

门下省用"封驳"方式行使审核权,具体的过程是:门下省通过审议,认为中书省制定的敕令无误、可行,即行签署并交尚书省施行。《唐会要·职官》载有这样的过程:中书省拟定敕令、诏书必须"留门下省为案,更写一遍,侍中注'可',印署讫,送尚书省施行"。在现今唐太宗昭陵博物馆库房里存留的一块石碑的碑文,也证实了这样的过程。此碑文记载了贞观十五年(641年)正月给临川公主爵号的诏书内容,落款是这样的:中书省于正月十五日拟立,门下省在第二天通过,尚书省在同一天向有关部门下达。如果门下省认为中书省草拟的敕令等有误,就"封驳",将其退回,要求修改或重拟,直至无误,才可放行。这就是上文规定中的"有乖失者,依法驳正,却牒省司"。《新唐书·崔植传》载有一个封驳的实例:元和年间,有人"建言减百官俸",还拟完诏书。门下省认为不当,即"封还诏书"。

审核立法的程序不仅适用于拟定敕令、诏书的过程,也存在于撰修律、令、格和式的过程。撰修这些法律形式,通常由一些皇帝任命的重要官吏和法律专家承担,他们拟定的法律也须经门下省审核。例如,永徽四年(653年)颁行的《唐律疏议》在拟定后,就经过门下省的审核。

《旧唐书·刑法志》载:"条疏义奏闻,仍使中书、门下监定。"

在门下省,行使审核职能的主要是侍中、黄门侍郎、给事中和录事等。侍中是门下省的长官,负责门下省的全部工作,凡是"出纳帝命"①,皆须经其签署后,方可交付尚书省实践。黄门侍郎"掌贰侍中之职,凡政之弛张,事之与夺,皆参议焉"②。给事中"掌侍奉左右参判省事,凡为百司奏抄,侍中审定,则先读而署之,以驳正违失"③。他们之间的工作联系如上文所规定:"录事勘,给事中读,黄门侍郎省,侍中审。"在这些环节中,录事和给事中最为重要,因为他们进行具体的审核工作,要提出详细的处理意见。

在审核立法的过程中,各官吏均须依法尽职,如有违反,就要受到制裁。"封驳有误,于法当罚。"④至于具体的规定,前文已阐述。

3. 立法审核制度的特点、作用、影响和局限性

与唐前历史相比,唐律确立的立法审核制度的一个显著特点是,它规定由专门的中央中枢机关和官吏负责此项制度的执行。这为审核立法工作提供了组织保障。唐前也有封驳。"汉哀帝欲封董贤,丞相王嘉,封还诏书。"⑤但是,后人评说,唐前"虽有封驳之制","然并无专官"⑥。这一结论是中肯的。唐律规定这一制度,标志着中国封建立法已发展到一个成熟阶段。

立法审核制度的作用在于,使立法完备,使法律内容协调。唐律本身就是立法完备的产物,被公认为"旧律之最全者"和"法家最可宝贵

---

① 《唐六典·门下省》。
② 同上。
③ 同上。
④ 《旧唐书·高宗本纪》。
⑤ 《日知录·卷九》。
⑥ 《国史旧闻·卷二十四》,中华书局1980年版。

之书"。难以想象,如果没有立法审核制度,唐律怎会负此盛名。

唐律规定的立法审核程序为后世效仿。宋时,沿用唐朝的三省制,并仍由门下省执行立法审核职能。《宋会要辑稿·职官》载,宋徽宗宣和七年(1125年)颁诏:"中书议而论之,门下省而驳之,尚书承而行之。有不当者,自可论奏。"明朝虽取消三省制,但仍有审核立法的专官。《唐明律合编·职制》载:"虽罢门下省长官,而独存六科给事中,以掌封驳之任。"

唐朝的立法审核制度毕竟是封建社会的产物,因此不可避免地存在局限性。首先,立法审核制度的建立是为了完备立法,健全封建法制,最终维护和加强封建专制统治,而这与农民阶级的根本利益是相违的。因此,这一制度无法解决唐朝地主阶级与广大农民之间的根本矛盾,也无力使唐王朝长存不亡。其次,唐朝地主阶级的历史地位决定了立法审核制度带有自发性。在唐朝中期以后,特别是在后期,随着中央集权的加强,宰相权力又一次受侵,三省制约作用日趋丧失,门下省的封驳作用也就名存实亡了。唐代宗永泰元年(765年),设立内枢密使,专用宦官执掌机密以及章奏发诏,而三省长官只是"受成命,行制敕,讲典故,治文事而已"[①]。由此可见,唐律规定的立法审核制度只是皇权的附属品,无非是根据皇帝的需要而存在。

五、刑事附带离婚制度

现代刑法中没有刑事附带离婚制度,中国古代则有,唐律等法典中都有规定。这是指在对与婚姻相关的犯罪人适用刑罚时,附带执行离

---

① 《资治通鉴·卷二百八十二》。

婚的制度。这是一种强制性离婚,不由犯罪人自主决定,而由法律明文规定,必须执行。这种离婚依附于刑法,如果不构成犯罪,不适用刑法,便不能适用这种强制离婚制度,其附带性很明显。

1. 唐律对刑事附带离婚制度的规定

在中国古代的法律中,唐律第一次对刑事附带离婚制度作了较为全面的规定,共涉及十一个律条,都在《唐律疏议·户婚》中,其基本情况如表 13-1 所示:

表 13-1

序号	条标名	罪状与法定刑	附带离婚
1	为婚妄冒	为婚而女家妄冒者,徒一年。男家妄冒,加一等。	已成者,离之。
2	有妻更娶	有妻更娶妻者,徒一年;女家减一等。	各离之。
3	居父母夫丧嫁娶	居父母及夫丧而嫁娶者,徒三年;妾减三等。	各离之。
4	同姓为婚	同姓为婚者,各徒二年。	并离之。
5	尝为袒免妻而嫁娶	尝为袒免之妻,而嫁娶者,各杖一百。	并离之。
6	夫丧守志而强嫁	丧夫服除而欲守志,非女之祖父母、父母而强嫁之,徒一年。	各离之。
7	娶逃亡妇女	娶逃亡妇女为妻妾,知情者与同罪,至死者减一等。	离之。
8	监临娶所监临女	监临之官,娶所监临女为妾者,杖一百。	各离之。
9	娶人妻	和娶人妻及嫁之者,各徒二年;妾,减二等。	各离之。
10	奴娶良人为妻	与奴娶良人女为妻者,徒一年半;女家,减一等。	离之,各还正之。
11	杂户官户与良人为婚	杂户官户不得与良人为婚,违者,杖一百。	各离而正之。

从唐律的这些规定中,可以得到以下启示:

第一,刑事附带离婚制度适用于非法婚姻。这些婚姻都为唐朝所禁止,属非法,不应该成立。即便事实上已造成了这一婚姻,也不能存续下去,必须离婚。这类婚姻的非法表现各不相同,共有十一种,每一种在《唐律疏议·户婚》中都由一个律条加以规定,十分清晰。只有通过附带离婚,才能体现法律的尊严,恢复正常的婚姻秩序。

第二,刑事附带离婚制度适用于既遂婚姻。这些非法婚姻已经过结婚程序,是一种既遂婚姻。这种结婚程序即是"六礼",早在西周时已开始执行,一直沿用至清末。虽然这一婚姻已是既遂,但属非法,不能再存在,必须回到原点,故需离婚。

第三,刑事附带离婚制度中适用的刑罚多是杖、徒刑,基本不涉及流、死刑。这从一个侧面说明,这种非法婚姻对社会的危害程度不是很大;如果危害程度很大,应适用流、死刑,而不是杖、徒刑。附带强制离婚,是为了使这种非法婚姻不能再持续下去,必须加以纠正,而不是为了加大刑罚的力度,给予犯罪人更重的刑罚处罚。

第四,刑事附带离婚制度与"义绝"不一样。《唐律疏议·户婚》中还有"义绝"的规定。"义绝离之"条规定:"诸犯义绝者离之,违者,徒一年。"义绝的离婚不是一种刑事附带离婚,即不是一种处罚方式,而是罪状的一个组成部分,其处罚的方式仅是"徒一年",无附带离婚的内容。这里的"义绝"是指夫妻双方中,有一方对另一方的亲属有侵害的行为。《唐律疏议·户婚》"妻无七出而出之"条"疏议"对"义绝"有明确界定:"义绝,谓'殴妻之祖父母、父母及杀妻外祖父母、伯叔父母、兄弟、姑、姊妹,若夫妻祖父母、父母、外祖父母、伯叔父母、兄弟、姑、姊妹自相杀及妻殴詈夫之祖父母、父母,杀伤夫外祖父母、兄弟、姑、姊妹及与夫之缌麻以上亲,若妻母奸及欲害夫者,虽会赦,皆为义绝'。"凡有义绝罪行的,意味着夫妻之间的情义已绝,婚姻不能再持续,必须离婚。不离婚的,要被追究刑事责任。

第五,刑事附带离婚制度与"和离"也不一样。《唐律疏议·户婚》"义绝离之"条对"和离"也有规定,内容是:"若夫妻不相安谐而和离者,不坐。"可见,"和离"是指允许离婚而不受刑罚处罚。它也是一种离婚,是单独适用的离婚,不是刑事附带离婚,不具有强制性。只要夫妻双方都"不相安谐",自愿离婚,法律是允许的。

第六,刑事附带离婚中还有"还正"的规定。在《唐律疏议·户婚》"奴娶良人为妻"和"杂户官户与良人为婚"条中,除要附带离婚外,还要附带"还正"。这是一种恢复婚前身份的制裁方式。这两条中规定的非法婚姻主体是良人与贱人,分属两个不同等级,身份差别很大,不能结婚。《唐律疏议·户婚》"奴娶良人为妻"条"疏议"专门对这种不同等级的人不能结婚的理由作了说明:"人各有耦,色类须同。良贱既殊,何宜配合?"因此,不仅要离婚,还要恢复各自的身份,回到结婚以前的状态,即"还正"。这与其他适用刑事附带离婚的律条不同,它们的犯罪主体身份一致,没有等级差别,尽管属于非法婚姻,但只要附带离婚即可,无须"还正"。

综上可见,刑事附带离婚制度是《唐律疏议》中一个十分特殊的制度,值得引起关注。

2. 唐律确立刑事附带离婚制度的主要原因

唐律确立刑事附带离婚制度有其一定的原因,主要是以下五个:

(1) 违反了婚约

唐朝在结婚前有关于婚约的要求,尤其是在一些特殊情况下,婚约就显得更为重要了。比如,婚约的内容包括了男方的一些非正常情况,如年老、疾病、残废、身份等情况。"约,谓是知夫身老、幼、疾、残、养、庶之类。"①"为婚妄冒"条"疏议"也说:"为婚之法,必有行媒,男女、嫡庶、长幼,当时理有契约。"在有婚约的前提下,结婚双方都已了解对方的情况,还有约定,就应恪守此约,不应违约。在唐朝,违反婚约是一种犯罪行为。唐律不仅要追究犯罪人的刑事责任,还要附带离婚,不让这种违反婚约的行为败坏婚姻风气。"为婚妄冒"就是一种违反婚约的婚姻,用"妄冒"的手段,替换婚约所确定的婚姻当事人。因此,不论是男家还是女家,只要有这种犯罪行为,都要被追究刑事责任并附带离婚。

(2) 违反了家庭、家族伦理

唐朝与中国古代的其他朝代一样,具有家庭、家族伦理,这种伦理以礼为依据。家庭伦理涉及家庭中的夫妻、父子等成员,家族伦理则涉及同宗成员。这种伦理维系着家庭、家族成员之间的正常、和睦关系。因此,家庭、家族成员都应遵循这一伦理,大家相互尊重,循规蹈矩,相安无事。触犯了伦理,家庭、家族成员就会行为失范,造成不良后果。因此,唐律不允许触犯家庭、家族伦理的犯罪行为存在,不仅要追究犯罪人的刑事责任,还要强制离婚,不让这种既遂婚姻制度再维持下去。唐律把违反家庭伦理的范围定在夫妻、父子之间。他们之间发生触犯家庭伦理的行为时,就用刑事附带离婚的方式来处理。"有妻更娶"是一种触犯夫妻间家庭伦理的犯罪行为。"有妻更娶"条"疏议"引用礼来说明夫妻伦理。"依礼,日见于甲,月见于庚,象夫妇之义。一与之齐,中馈斯重。"如有违犯,无论男家、女家,都要受罚,而且还要离婚。"居父母夫丧嫁娶"是一种触犯父子、夫妻家庭伦理的犯罪行为。"居

---

① 《唐律疏议·户婚》"许嫁女辄悔"条。

父母夫丧嫁娶"条"疏议"也从礼的角度进行解释:"父母之丧,终身忧戚,三年从吉,自为达礼。夫为妇天,尚无再醮。"触犯此礼,也就触犯了父子、夫妻间的伦理,罪入"十恶"中的不孝、不义,不仅要被追究刑事责任,还要附带离婚。①

"同姓为婚"和"尝为袒免妻而嫁娶"是触犯家族伦理的犯罪行为。"同姓为婚"被认为是同家族成员的婚姻,明显触犯家族伦理,也不可能成立。此条"疏议"对此作了说明:"同宗共姓,皆不得为婚";"若同姓缌麻以上为婚者,各依《杂律》奸条科罪。"因此,凡是同姓为婚者都要被追究刑事责任,另附带离婚。在触犯家族伦理的婚姻中,还有一种是"尝为袒免妻而嫁娶"的犯罪行为。"袒免"是"五服"以外的一种家族成员,其范围是:"高祖亲兄弟,曾祖堂兄弟,祖再从兄弟,父三从兄弟,身四从兄弟、三从侄、再从侄孙,并缌麻绝服之外,即是袒免'。"这种袒免亲虽不在五服亲之内,但也不可为婚,即"不合复相嫁娶"。② 这是因为,它有违家族伦理。凡是有此类婚姻者都要被追究刑事责任并强制离婚。

(3) 违反了妇女的意志

在中国古代,一定条件下,也会尊重妇女的意志,包括寡妇的意志。丈夫死了以后,寡妇有不愿再嫁即守寡的意志。这一意志得到社会认可,守寡之人往往受到好评。除了祖父母、父母以外,其他人都不可违反寡妇的这一意志而强迫其结婚。"夫丧守志而强嫁"条"疏议"专门对寡妇守志与再嫁问题作了如下解释:"妇人夫丧服除,誓心守志,惟祖父母、父母得夺而嫁之。"祖父母、父母作为妇女的家长,本身就有权

---

① 参见《唐律疏议·名例》"十恶"条。
② 参见《唐律疏议·户婚》"尝为袒免妻而嫁娶"条"疏议"。

决定子女的婚姻,即"父母之命",因此他们有决定妇女再嫁的权利,其他人则没有这种权利。如果非祖父母、父母而强迫妇女出嫁,就属于违反妇女的意志,他们就构成了犯罪,要被追究刑事责任。同时,此妇女还要被附带离婚,终结违反其意志的状态,尊重其原来的守寡意志,继续守寡。

(4) 违反了等级制度

唐朝是一个等级社会,存在等级制度。这种制度存在于各种人群之中,特别是良人与贱人之间。良人与贱人是两个不同等级的群体,地位不同,也不能为婚;即使已经成婚,也必须离婚,不能维持下去,除了用刑罚处罚以外,还需附带离婚。贱人有一定范围,奴婢、杂户、官户等都在这一范围之中。"杂户官户与良人为婚"条"疏议"专门对他们之间不能成婚的理由作了表述:"杂户配隶诸司,不与良人同类,止可当色相娶,不合与良人为婚。"因此,不论是"奴娶良为妻",还是"杂户官户与良人为婚",都属于良、贱为婚,有违等级制度,不能成立。已经成婚,造成既遂事实者,也需离婚,并用刑事附带离婚的方式加以处理。

(5) 其他犯罪行为

唐律把另外一些与婚姻有关的犯罪行为也适用刑事附带离婚制度,主要有两种:一种是"娶逃亡妇女",另一种是"监临娶所监临女"。"娶逃亡妇女"有特定的含义,是指娶了因犯罪而逃亡的妇女,即逃犯。此条"疏议"对此作了专门说明,即"妇女犯罪逃亡"。这种妇女应及时归案,受到审判与处罚,绝不能让其逍遥法外。娶了逃亡妇女易使其隐匿身份,会增加破案、抓捕难度。所以,要对这类犯罪者适用刑事附带离婚制度,阻断其侥幸心理,与其他犯罪人一样被追究法律责任。"监临娶所监临女"是另一种犯罪行为。监临之官是负责一个地区、领域的官员。此条"疏议"明确指出:"'监临之官',谓职当临统案验者。"他们手握管理权,应该办事公正,取信于民,保一方平安。从廉政出发,唐律对监临之官的婚姻作出了特殊的规定,不让他们娶监临女,以防他们"求监临官司曲法判事"[①]。监临官违反了这一规定而构成犯罪的,不仅要被追究刑事责任,还要附带离婚,不让这种婚姻继续下去,堵住可能影响廉政的道路。

以上五个原因是唐律确立刑事附带离婚制度的主要原因,它们从不同侧面决定了唐律要建立这一制度,并使其成为整个法典的一个组成部分。

3. 唐律的刑事附带离婚制度在后世的变化

唐律的刑事附带离婚制度对后世封建朝代的立法产生了影响。《宋刑统》《大明律》和《大清律例》都不同程度地接受了这一制度,并有一些变化。

(1)《宋刑统》全盘接受唐律的刑事附带离婚制度

《宋刑统》全盘接受唐律规定的刑事附带离婚制度,变化表现在内容的排列上。《宋刑统》在律下设门,门下再设条;而唐律仅有律、条,不设门。《宋刑统》把唐律中有的律条归在门下,一个门中就有了两个律条以上的内容。"婚嫁妄冒"门含有"为婚妄冒"和"有妻更娶"两条的内容;"同姓及外姻有服共为婚姻"门含有"同姓为婚""尝为袒免妻而嫁娶"和"夫丧守志而强嫁"三条的内容;"主与奴娶良人"门包括"奴娶良人为妻"和"杂户官户与良人为婚"两条的内容等。律条的内容在门中则无改变,与唐律的规定一致。

---

① 《唐律疏议·户婚》"监临娶所监临女"条"疏议"。

(2)《大明律》对唐律的刑事附带离婚制度作了较大变动

《大明律》与《宋刑统》不同,对唐律中的刑事附带离婚制度作了较大变动,主要体现在以下一些方面:

第一,增加了一些内容。唐律规定的刑事附带离婚制度共涉及十一条律条,《大明律》则涉及十三条律条,其中就有新增加的内容。"典雇妻女""逐婿嫁女"和"僧道娶妻"条及其内容均在新增加的律条之列。这些律条把"将妻妾受财典雇与人为妻妾""逐婿嫁女,或再抬婿者""僧道娶妻妾"行为都认定为犯罪行为,并适用刑事附带离婚制度。① 这些内容在唐律的刑事附带离婚制度中都不存在,是新增的内容。

第二,调整了一些内容。这是指把唐律中有关刑事附带离婚的内容基本保存下来,并作了些调整。《大明律·户律·婚姻》"妻妾失序"条把《唐律疏议·户婚》"有妻更娶"条的内容归入其中,不再单独设立"有妻更娶"条。此外,《大明律·户律·婚姻》用"娶部民妇女为妻妾"条来取代《唐律疏议·户婚》"监临娶所监临女"条的内容,把"监临"的范围调整为"部"的范围。

第三,改变了一些用刑。《大明律》改变了唐律的刑事附带离婚制度中用刑的规定,使其更轻,多为杖刑,几乎不用徒刑。《唐律疏议·户婚》"有妻更娶"条规定:"有妻更娶者,徒一年。"《大明律·户律·婚姻》"妻妾失序"条则规定:"若有妻更娶者,亦杖九十。"即把"徒一年"改为"杖九十"。其他一些律条的规定也是如此。用刑轻意味着处罚力度减弱。《大明律》的刑事附带离婚制度中的用刑比唐律中的这一

---

① 参见《大明律·户律·婚姻》"典雇妻女""逐婿嫁女""僧道娶妻"条。

制度用刑轻,用刑力度较弱。

第四,修改了一些用语。《大明律》修改了唐律的刑事附带离婚制度中的一些用语,其中最为突出的是把"离之"改为"离异"。《唐律疏议·户婚》"同姓为婚"条规定:"诸同姓为婚者,各徒二年","并离之"。《大明律·户律·婚姻》"同姓为婚"条则规定:"凡同姓为婚者,各杖六十,离异。""离之"与"离异"的内涵一致,都是指离婚,但用语不完全一样。

《大明律》的这些改变有其一定的原因,主要是两个:一是社会情况变化了。明朝要比唐朝晚几个世纪,社会情况发生了很大的变化,唐朝没有表现或表现不明显的一些情况在明朝凸现了。只有对这些情况进行规制,对犯罪人进行惩罚,才能维护正常的社会秩序。"典雇妻女"和"僧道娶妻"条就是如此。如果不打击这些犯罪,不推行刑事附带离婚制度,婚姻秩序就得不到保证,社会就会失控。二是《大明律》的立法精神与唐律不一样。唐律的立法精神是用刑平缓,轻重平衡;《大明律》的立法精神与唐律相比,是重其所重、轻其所轻。其中,对直接、严重危害专制统治的犯罪,用刑是重其所重;对危害一般伦理纲常的犯罪,用刑则是轻其所轻。关于婚姻的犯罪属于危害一般伦理纲常的犯罪,故《大明律》用刑轻于唐律。

(3)《大清律例》沿革了大明律的刑事附带离婚制度

《大清律例》对《大明律》的刑事附带离婚制度既沿用又改革。在沿用方面,《大清律例·户律·婚姻》沿用了《大明律·户律·婚姻》中相关的条标名、律条的罪状和法定刑、附带离婚等一系列内容。可以说,《大清律例》的这些内容就是《大明律》的翻版。《大明律》的刑事附带离婚制度在《大清律例》中得到了传承,这与《宋刑统》全盘接受唐律的刑事附带离婚制度十分相似。

在改革方面,《大清律例》对《大明律》中刑事附带离婚制度的改革之处不多,主要是在有些律条后面附上了例条。在十三条有关刑事附带离婚制度的律条中,有四条后面附有例条,它们是"男女婚姻""典雇妻女""居丧嫁娶""尊卑为婚"条。它们后面附的例条数量也不完全一样。其中,"男女婚姻"条所附的例条最多,有四条;"尊卑为婚"条附了三条;"典雇妻女"和"居丧嫁娶"条仅各附了一条。例条对律条的内容作了补充,使律条的内容更为充实、具体,实施起来也更为方便。"尊卑为婚"条后面附的例条规定:"前夫子女与后夫子女苟合成婚者,以娶同母异父姊妹律条科断。"这一例条的内容在律条中无规定,经例条的补充,使律条规定的内容更为完整,也更利于律条的适用。

虽然《宋刑统》《大明律》和《大清律例》不同程度地对唐律中的刑事附带离婚制度作了改变,也发生了一些变化,但万变不离其宗,都离不开唐律所规定的这一制度,是这一制度的沿革,它们之间是一种源流关系。可以想象,如果没有唐律的刑事附带离婚制度的"源",何来《宋刑统》《大明律》和《大清律例》中这一制度的"流"呢?从中亦可见,唐律中的刑事附带离婚制度影响深远。20世纪初的清末法制改革以后,中国开始在全国范围内大规模移植西方法制,建立自己的近代法制,唐律中的这一制度才逐渐退出了历史舞台,以后也没有"复燃"的机会,成了历史。

第十四章
唐律的一些问题(上)

在唐律中,还有一些问题引人注目。了解它们,有助于进一步认识唐律本身与中国古代立法。

一、佛、道教问题

唐律制定时,在中国较有影响的宗教是佛、道两教。唐律中有关于两教的一些内容。

1. 唐前的佛、道教及有关规定

约在公元前五六世纪,佛教起源于印度,以后便逐渐向周围国家传播。一般认为,佛教在两汉之际传入中国。《三国志·魏志·东夷传》载:"昔汉哀帝元寿元年,博士弟子景卢受大月氏王使伊存口授《浮屠经》。"《资治通鉴·汉纪》载,汉明帝"闻西域有神,其名曰佛,因遣使之天竺,求其道,得其书及沙门以来"。至东汉末年的桓、灵二帝时,有关佛教的文献记载渐多。从一些史料可知,那时对佛教的信奉主要集中在上层贵族,对民间的影响不大。由于佛教与道家的方术有表面的相似之处,故人们把它作为一种道术传播。《后汉书·襄楷传》载,襄楷在上书中把黄老、浮屠归为一道,说:"闻宫中立黄老、浮屠之祠,此道清虚,贵尚无为,好生恶杀,省欲去奢。"三国、西晋时,佛道依附玄学,对佛经进行翻译,寺庙和僧尼的人数也有所增加。东晋时佛教广泛流传于南北,出现了道安、慧远和僧肇三位代表人物。南北朝时期,地方门阀进一步支持和扶植佛教,用因果报应说诱导人们安分守己、努力行善、遵守封建的道德观。由于南北朝的社会发展情况不同,佛风也有异。北朝偏重佛教的修持,南朝则侧重佛教理论的思考。此时的佛教开始走上独立发展的道路,在中国扎下根来,并以自己的寺院经济为依靠。据史料记载,北朝魏末时,江北地区有寺三万余所,僧尼二百万人;南朝梁时,有寺近三千所,僧尼八十余万人。这些寺僧还拥有大量的土地和财富,并剥削农民,跻身于地主阶级队伍。隋时,佛教走向兴盛期。

与佛教不同,道教是在中国文化土壤中形成的宗教。早在西汉末年,已出现道士。《汉书·王莽传》载:"先是卫将军王涉,素养道士西门君惠。"但是,那时的道士大多秘密活动于民间,人数也有限。东汉末年,道教在民间公开传布,信奉者也越来越多。《册府元龟·帝王部·尚黄老》载,延熹九年(166年),祠黄老于濯龙宫,"于是百姓稍有奉者,后遂转盛"。原始道教在当时产生。由于汉末的黄巾起义利用过道教,所以曹魏时对原始道教采取了镇压和笼络手段,道教队伍出现分化,有的被屠杀,有的成了地主阶级的座上客。东晋的葛洪是官方道教理论和仪式的奠基人,当时道教也从民间转为官方。南北朝时,道教被确立为国教,国家参与道教活动。《魏书·释老志》载,北魏太武帝在国都平城建立道场,"重坛五层,遵其新经之制",每日祈祷六次,"月设厨会数千人",集道士一百二十人。他还改年号为"太平真君",并

"亲至道坛","备法驾,旗帜尽青,以从道家之色也"。北魏的这些做法延续到北周。隋时,道教亦走向兴盛期。

佛、道两教能扎下根来并不断发展有许多原因,其中最为重要的是得到统治阶级的培植和支持。当时的统治者认为,百姓相信"成佛"的说教,一心追求彼岸世界,就会安分守己,忍受现实社会的剥削和压迫,这将十分有利于政教。正如南朝宋时任侍中的何尚之所说,如佛教"遍于宇内,则仁人百万矣。夫能行一善则去恶,去一恶则息一刑。一刑息于家,则百刑息于国,则陛下言坐致太平是也"①。统治者还认为,百姓信道,沉浸于成仙之中,这些善男信女同样会忍受现实的剥削制度,从而达到"助教"目的。关于这一点,葛洪讲得十分明确,即道教可"匡失弼违,醒迷补过",最终"贵于助教"②。

正因为佛、道两教是有用的统治工具,故唐前的统治者就用法律手段保护这两教。《北史·苏琼传》载,北齐皇建中,"徐州城中五级寺,忽被盗铜像一百躯,有司征检四邻防宿及纵迹所疑,逮系数十人。琼一时放遣,后十日抄贼姓名及贼处所,经收掩,悉获"。隋时,隋文帝"尤崇佛道"③,并"雕得灵相,图写真形,卒士瞻仰"④。同时,他还严惩毁盗佛、道像行为。《隋书·文帝纪》载,开皇二十年(600年),隋文帝下诏:"敢有毁坏偷盗佛及天尊像,岳镇海渎神形者,以不道论。"僧、道有以上行为者要加重处罚,即"沙门坏佛像,道士坏天尊者,以恶逆论"。

---

① 僧祐:《弘明集》卷第十一《何令尚之答宋文皇帝赞扬佛教事》。
② 《抱朴子·外篇·应嘲》。
③ 《隋书·刑法志》。
④ 《隋书·文帝纪》。

2. 唐律有关佛、道教的规定

唐律的制定者根据当时的宗教政策和前人的立法经验,在唐律中对佛、道两教的有关问题作了比以往更为完备的规定,主要内容有:

第一,明确僧、尼和道士、女官的法律地位。僧和尼都是佛教的神职人员,僧为男性,又称"和尚";尼为女性,又称"尼姑"。道士和女官是道教的神职人员,道士为男性;女官为女性,又称"女冠"。他们都是出家人,法律地位不同于凡人,故唐律作了专门规定。《唐律疏议·名例》"称道士女官"条规定:"诸称'道士''女官'者,僧尼同。"即他们的法律地位相同。他们与师主的关系,如同他们与伯叔父母的关系。"若于其师,与伯叔父母同。"此条"疏议"解释师主身份说,他们是"于观寺之内,亲承经教"者。观寺中的"三纲"与部曲、奴婢的关系,如同家主的期亲亲属与部曲、奴婢的关系。"观寺部曲、奴婢于三纲,与主之期亲同。""疏议"解释"三纲"为观里的"上座、观主、监斋"和寺里的"上座、寺方、都维那"。僧、尼和道士、女官与部曲、奴婢的关系如同家主缌麻亲与部曲、奴婢的关系,"与主之缌麻同"。明确了法律关系后,僧、尼和道士、女官都依此享有权利,承担义务。此条"疏议"举例作了说明:若他们骂师主,即构成骂"伯叔父母之罪",要被"徒一年"。

第二,禁止"私入道"行为。私入道是指未经官方批准而擅自充当僧、尼和道士、女官的行为。唐朝规定,凡出家的僧、尼和道士、女官皆可免赋役。国家为了保证赋役来源,严格控制入道人数。出家人在得到官方批准并取得凭证的情况下才可入道。私入道是犯罪行为,要受到刑事处罚。《唐律疏议·户婚》"私入道"条规定,凡私入道的,都要"杖一百"。让人非法入道或由家长做主教唆子女私入道的,当事人或家长也要受到相同的处罚。如果后果严重,已被注销了户籍的,还要加重处罚,判为"徒一年"。户籍所在地州、县的主管官吏和寺院、道观中的主持知情,并容忍私入道行为的,亦要受到与私入道人相同的制裁。僧、尼和道士、女官因犯法而应该还俗,但判决为不还俗的,作出判决者也要依私入道被惩罚。

第三,打击诬告僧、尼和道士、女官的行为。唐朝规定,出家人皆应穿僧、道服装,如果任意穿着俗服,就是违法,要被逐出寺、观,回家还俗。因此,僧、尼和道士、女官如被控告有此行为并属实,就须按律处理。《唐律疏议·名例》"除免比徒"条"疏议"说:"假有人告道士等辄著俗服,若实,并须还俗。"如果是诬告,则反坐处罚诬告人。"疏议"接着说:"既虚,反坐比徒一年。"另外,诬告僧、尼和道士、女官有其他不轨行为而造成他们被迫还俗的,诬告人也要受到相应处罚。此律条规定:"若诬告道士、女官应还俗者,比徒一年。"诬告造成他们做苦役的,诬告人也要反坐受罚,以笞代役。此条同时规定:"其应若使者,十日比笞十。"官吏在受理此类案件中有所出入的,亦按反坐被罚。此条"疏议"说:"应断还俗及苦使,官司判改;或不应还俗及苦使,官司枉入:各依此反坐徒、杖之法。"

第四,严惩僧、尼和道士、女官的行奸行为。唐朝亦禁止男女之间的不正当性行为,犯者就是犯罪。《唐律疏议·杂律》"凡奸"条规定:"诸奸者,徒一年半;有夫者,徒二年。"僧、道教皆有"八戒"的规定,其中之一即是"不邪淫",具体地说是"不淫欲乱伦"。僧、尼和道士、女官都须严守这一戒律,如有违犯,要按奸罪加重二等处罚。《唐律疏议·杂律》"监主于监守内奸"条规定:"诸监临主守,于所监守内奸者,加奸罪一等。""若道士、女官奸者,各又加一等。"即要徒二年半。此条"疏议"还补充说:"僧、尼同。"即亦按此规定适用。

第五,保护佛、道神像。佛、道神像是两教存在的象征,也是人们朝拜的对象。唐朝保护这些神像，凡有盗毁行为者，都将根据情节而受到严厉制裁。《唐律疏议·贼盗》"盗毁天尊佛像"条规定，凡人"盗毁天尊像、佛像者，徒三年"。"道士、女官盗毁天尊像，僧、尼盗毁佛像者，加役流"，大大严厉于凡人的同等行为。此条"疏议"解释说，因为他们"盗毁所事先圣形象，故加役流，不同俗人之法"。以上两者仅盗毁真人像和菩萨像的，"各减一等"。如果仅盗未毁，而且目的是供奉，而"非贪利"，只需"杖一百"。对于盗毁其他神像，"若化生神王之类"，律条没有规定，此条"疏议"作了补充：要以"不应为从重"处罚，即杖八十。

此外，唐律还把佛、道教中的一些教规认可为法律，有关"十直日"的规定即是其中之一。《唐律疏议·断狱》"立春后秋分前不决死刑"条规定："其所犯虽不待时，若于断屠月及禁杀日而决者，各杖六十。"其中的"禁杀日"就是十直日。十直日又称"十斋日"，是佛、道教中有关每月中有十天禁止屠宰牲畜、钓鱼及不准施刑的规定。此条"疏议"罗列了这些日子，它们是每月中的"一日、八日、十四日、十五日、十八日、二十三日、二十四日、二十八日、二十九日、三十日"。凡在这些日子行刑，唐律要追究行为人的刑事责任，以"杖六十"进行处罚。

3. 唐律中有关佛、道教规定产生的主要原因

唐前期，佛、道两教充分发展，逐渐达到全盛期，原因是多方面的，其中主要原因是当时统治者的大力扶植和支持。例如，唐太宗以为，隋末爆发农民起义是因为那时"赋繁役重，官吏贪求，饥寒切身，故不暇顾廉耻耳"[①]。因此，统治者便有意识地通过各种途径发展佛、道教，把

---

① 《资治通鉴·唐纪》。

它们作为"麻醉剂",腐蚀人民的反抗意志,以使百姓"顾廉耻"。用唐太宗自己的话说就是:"朕膺期驭宇,兴隆教法。深思利益,情在护持。"其目的是"永固福田"①。为此,统治者寻找各种理由发展佛、道两教,下举三例:

其一,以佛、道人曾帮助过自己即位为由,修建寺观作为回报。李渊父子在起事时得到过道士的帮助,即位后便予以报答。道士歧晖知晓李渊父子的起事消息后,"知真主将出,尽以观中资粮给其军"②。李渊称帝后,于武德二年(619年)敕楼观,令鼎新修营老君殿、天尊堂及尹真人庙,应观内屋宇,务令宽博。道士王远知曾拥立唐太宗为帝。唐太宗即位后,作了回报,颁敕"润州于茅山置太受观,并度道士二十七人"③。少林寺僧人在唐太宗讨伐王世充的过程中多次相助,以后也得到了相应的回报。凡此等等,极大地推动了唐朝宗教的发展。

其二,以道教的创始人李耳即老子是唐皇帝的祖先为由,推崇道教。道教在与佛教争夺正统地位时,为了证实自己早于佛教产生,把老子作为自己的创始人。《魏书·释老志》载:"道家之原,出于老子。"有人甚至提出"老子化胡说",说老子出函谷关到印度去教化胡人。其实,老子的道也不是道教,"老子化胡说"更是离奇。但是,因老子姓李,与唐皇帝同姓,为了推崇道教的需要,唐统治者便伪托其为祖先。唐太宗在贞观十五年(641年)时曾说:"今李家据国,李老(老子)在前。"④他用崇拜自己祖先的方式,推崇道教,弘扬宗教。

其三,以佛、道的特殊地位为由,听任寺院经济的发展。唐统治者

---

① 《旧唐书·太宗纪》。
② 《混元圣纪·卷八》。
③ 《旧唐书·王远知传》。
④ 《集古今佛道论衡·卷三》。

认为,佛、道两教不同于其他组织,有其特殊地位,可以有自己的经济,并亲自赐田送物。唐高祖于武德八年(625年)赐少林寺地四十顷。唐高宗于显庆元年(656年)下诏置西明寺,赐田百顷,车五辆,绢布二千匹等。此外,私置的寺院土地更多。浙江的天童寺有田一万三千亩,年租达三万五千斛。由于国家的纵容,寺院经济不断发展,结果"凡京畿之丰田美利,多归寺观,吏不能制"①。"天下之寺盖无其数,一寺多陛下一宫,壮丽之甚矣,用度过之矣。是十分天下之财,而佛有七八。"②有寺院经济为依托,佛、道两教便如虎添翼,快速发展起来。

在唐前期统治者的大力支持下,佛、道两教迅速发展,达到全盛期。唐律作为唐朝统治者意志的反映,有必要保护这两个宗教,使它们能更好地为唐王朝的统治服务。唐律中有关确立僧道人员法律地位、打击诬告僧道人员行为、保护佛道神像等的内容,都直接有助于这种服务。

唐初就有规定,出家人可免调役,即"调课不输,丁役俱免"③。因此,僧道人员的大量存在会直接影响国家的经济收入。当时的统治者似乎已觉察到这一点,并在数量上加以一定的限制。唐太宗在贞观三年(629年)时曾下诏,诸州可增僧尼,但总数以三千为限,目的在于控制僧尼队伍的无限扩大。与这一精神一致,唐律打击私入道行为,企图由国家掌握出家人数量。

出家人应遵守戒律,守纪奉法,但实际情况并非如此。在唐初,已有出家人"多有愆过,违条犯章,干烦正术"的情况,而且"佛戒虽有严科,违者却无惧犯"④。为此,唐律不得不使用刑罚手段,严惩擅自穿俗

---

① 《旧唐书·王缙传》。
② 《旧唐书·辛替否传》。
③ 《法琳别传·卷上》。
④ 同上。

衣、行奸等一些严重违反教规的僧道人员,促使他们自重,使两教能更好地为唐统治者所利用。

最后还需提及的是,唐律中有关佛、道两教的规定与以往法典相比,最为完备。这除了与唐朝这两教的充分发展有关外,还与当时的立法技术有关。唐律的制定者利用较高的立法技术,尽可能根据当时的社会状况,对有关内容作了完善的规定。唐律被公认为"疏而不漏",其中就有关于佛、道两教的内容。正因为唐律的这些规定很周全,故唐后的一些封建朝代相继沿用,直至清末。

二、阴阳五行问题

阴阳五行说在中国古代的思想理论领域占有很重要的地位,有人称之为"中国人的思想律"①。它也影响到包括唐律在内的法律。

1. 阴阳五行说对唐前法律的影响

据史籍记载,阴阳和五行作为人们对自然现象的朴素认识,起源很早。《诗经》《尚书》等都有阴阳之词。《诗经·大雅》载:"既景乃冈,相其阴阳。"《尚书·禹贡》载:"岷山之阳,……南至于华阴。"另外,《史记·历书》载:"黄帝考定星历;建立五行,起消息。"这里的一些阴阳和五行无非是表示日影、方向、天文、气象之类,没有任何政治和法律色彩。

---

① 顾颉刚编著:《古史辨》(五),上海古籍出版社1982年版,第404页。

中国古代的统治者很早就用阴阳和五行为自己的统治服务,使它们与法律联系起来,作为用刑的依据。《尚书·甘誓》载:"有扈氏威侮五行,怠弃三正,天用剿绝其命。"即把触犯五行作为受刑的原因。以后的统治者根据阴阳五行化的《礼记·月令》中有关春夏"省囹圄""事毋刑"和秋冬"戮有罪,严断刑""罪无掩蔽"的规定,实行秋冬行刑制度。不过,在春秋战国以前,阴阳五行思想还不成体系,在政治和法律中的运用也只局限在个别领域。

春秋战国时期,百家争鸣。阴阳五行思想经过孔子、老子等的发挥,特别是邹衍的阐发,逐渐成为一种理论。《史记·孟子荀卿列传》载,邹衍"深观阴阳消息而作迂怪之变,终始大圣之篇十余万言"。其内容是:"称引天地剖判以来,五德(五行之德)转移,治各有宜,而符应若兹。"遗憾的是,此十余万言的"终始大圣之篇"早已无存,故无法知晓其详况。但是,从有关史料看,邹衍把土、木、金、火、水五行之间依次转移、相胜的关系运用于朝代的更替等领域。他认为,五行中的任何一个后者总克胜前者,木胜土、金胜木、火胜金、水胜火、土再胜水,往复无穷。每个朝代都代表五行之一,而且后者总是胜前者,因为新朝的兴起总与旧朝的衰落联系在一起,并为旧朝所无法克胜。从这一理论出发,每个新建朝代的各个方面都应与其新代表的五行相一致,包括法律。

秦始皇统一中国以后,邹衍理论的信奉者把这套学说进献给秦始皇。《史记·封禅书》载:"齐威宣之时,邹子之徒论著终始五德之运。及秦帝,齐人奏之。"秦始皇欣然接受,并"采用之",付诸实践,其中包括使法律内容符合阴阳五行的要求。《史记·秦始皇本纪》载:"始皇推终五德之传,以为周德火德,秦代周,德从所不胜,方今水德之始。改年始朝贺皆自十月朔。衣服旄旌节旗皆上黑。数以六为纪。符法冠皆以六寸,而舆六尺。六尺为步。乘六马。更名河曰德水,以为水德之始。"从此,阴阳五行说大量渗入法律领域。

汉代是法律内容阴阳五行化的重要时期。在这一时期,随着儒家思想的正统化和阴阳五行化,法律内容进一步阴阳五行化。一些儒生注重用阴阳五行理论解释法律中的一些基本问题。贾谊认为,根据阴阳五行理论,秦为水德,汉继秦应为土德,因此要有一套符合土德而不同于水德的法律内容,包括"易服色制度","草具其仪法,色上黄,数用五"。总之,要"更定"所有法律。① 董仲舒则用阴阳解释刑和德的关系,认为"天道之大者在阴阳。阳为德,阴为刑;刑主杀而德主生"。但是,天"任德不任刑",所以"为政而任刑,不顺于天"。因此,当政者要施仁政,讲德而不专刑。儒生的有些观点还被汉统治者接受,直接影响司法。董仲舒"治国,以《春秋》灾异之变推阴阳"②,还把《春秋》作为定罪量刑的依据。《汉书·应劭传》载:"朝廷每有政议,数遣廷尉张汤,亲至陋巷,问其得失。于是,作春秋决狱二百三十二事。"春秋决狱一直沿用至魏晋南北朝,至隋唐才废而不用。

2. 唐律中的阴阳五行说

隋唐是阴阳五行说的完备时期,《五行大义》于此时完成。同时,阴阳五行说也随着儒家思想一起与法结合为一体,代表作是唐律。唐律中有的内容直接或间接地反映了阴阳五行说的观点,主要包括:

一是用《周易》经句解释律中内容。《周易》是中国第一部系统阐述阴阳关系的著作,其内容充满阴阳观点和阐发阴阳的理论。唐律引用《周易》经句说明制定唐律的依据。《唐律疏议·名例》前言说:"易曰:'理财正辞,禁人为非曰义。'故铨量轻重,依义制律。"它告诉人们,

---

① 参见《汉书·贾谊传》。
② 《汉书·董仲舒传》。

唐律的制定者是依据"义"确定唐律的内容的。这里有个很重要的阴阳观点,即认为任何事物都有阴阳两个方面,尽管表现不同,但最终的归宿都是阴阳。仁和义也表现为阳和阴,前者注重教化,后者侧重用刑。唐律是一部刑法典,以义为依据,恰与阴阳观点吻合。唐律还引用《周易》经句论证所规定内容的合理性。《唐律疏议·职制》"私有玄象器物"条"疏议"援引《周易》中的"玄象著明,莫大于日月,故天垂象,圣人则之",说明自然界的最大阴阳现象是日月,而且只有最高统治者才能掌握这一现象。所以,此条规定,有关观察、说明天文、气象的用具、书籍包括玄象器物、天文、图书、兵书、太一和雷公式等,"私家不得有",违者要被"徒二年"。

二是唐律中的一些内容体现了阴阳五行的精神和原则。在唐朝,阴阳五行说的内容已与法律融合在一起。尽管唐律没有明指阴阳五行,但其中很多内容都体现了阴阳五行的精神和原则。根据阴阳五行的精神,妻与夫的关系就是一种阴阳关系,而且天亲阳而疏阴,所以夫的地位自然高于妻。汉代的阴阳五行大师董仲舒在《春秋繁露·基义》中说,"夫妇之义"是"聚诸阴阳之道","夫为阳,妻为阴","阳为夫而生之,阴为妇而助之",但"天之亲阳而疏阴"。以此为出发点,原来就存在的男女、夫妻不平等关系披上了阴阳五行的外衣,有了一个新的理论根据。唐律中大量维护夫权的规定亦是这种理论的一个表现。《唐律疏议·断狱》"立春后秋分前不决死刑"条规定的秋冬行刑制度也是阴阳五行说的表现。阴阳五行说认为,从阴阳可以引申到五行,即土、木、金、火、水,而且许多自然现象都可以从五行中得到解释。《左传·昭公二十五年》中有一段郑国子大叔与晋国赵简子的对话:"吉也闻诸先大夫子产曰:天地之经,而民实则之。……用其五行,气为五味,发为五色,章为五声……"至于一年四季,也有五行。梁启超在《阴阳五行说之来历》一文中,根据阴阳五行的原则,揭示了一年四季与五行的关系,他说:"一年四季分配五行:春木,夏火,秋金,冬水;所余之土不可归,则于夏秋交界时为拓一位置。"①每个季节所能做的事在《礼记·月令》中作了具体规定,其中就有只能在秋冬行刑的限制。据此,唐律亦确立了秋冬行刑制度,违反者亦属犯罪,要受到"杖六十"的处罚。

3. 唐律中阴阳五行说的影响和对阴阳五行说的限制

唐律作为中国古代封建法典的楷模和中华法系的代表作,对唐后的封建朝代和当时一些东亚国家的立法产生了很大影响,其中的阴阳五行说也影响到这些朝代和国家。

唐律中一些受阴阳五行说影响而确立的制度和具体内容,大多为唐后一些封建朝代的法典所沿用。《宋刑统》《大明律》和《大清律例》等都在不同程度上继承了唐律中的有关规定。例如,唐律中"立春后不决死刑"的规定,《宋刑统》把它归入断狱律的"决死罪"门,内容与唐律同。《大明律》把它纳入刑律"死囚复奏待报"条,和死罪不复奏的内容同条,内容较唐律简单,用刑又较唐律重,具体规定:"若立春以后、秋分以前决死刑者,杖八十。"《大清律例》的这一内容基本与《大明律》同。阴阳五行化的唐律影响唐后封建各代。

唐律中反映阴阳五行观点的内容还渗透到当时一些东亚国家的立法。唐朝是中国古代对外文化交流的重要时期,阴阳五行说和阴阳五行化的唐律也流传到一些东亚国家,并对它们的立法产生了影响。一位日本学者认为:"隋唐时期的《五行大义》对日本带来深刻的影响。阴阳五行思想约在六世纪甚至更早时候传入日本,盛行于七世纪。"②

---

① 顾颉刚编著:《古史辨》(五),上海古籍出版社1982年版,第352页。
② 〔日〕井上聪:《交叉点上话源流》,载《研究生界》1990年第6期。

几乎与此同时,日本著名的《大宝律》诞生了。此律大量抄袭唐律的内容,实为唐律翻版。阴阳五行化的唐律从而在日本生根、开花。朝鲜、越南等国也都有类似情况。

阴阳五行说被引入政治和法律以后,就具有明显的政治目的。邹衍当时作"终始大圣之篇",是因为他"睹有国者益淫侈,不能尚德,若大雅整之于身,施及黎庶矣"①。董仲舒大讲阴阳五行也有其目的,他在《春秋繁露·王道三》中说:"古之造文者,三画而连其中,谓之王。三画者,天地与人也。而连其中者,通其道也。""故王者惟天之施,施其时而成之,法其命而循之诸人。"概言之,为维护君权制造理论依据。由于政治目的有阴阳五行的粉饰,故被淡化了。但是,阴阳五行说本身具有神秘色彩,用它解释自然和社会现象具有很大的随意性,因此错误解释屡见不鲜。就连董仲舒也难免失误,甚至为此误了仕途。《汉书·董仲舒传》载:"仲舒治国,以《春秋》灾异之变推阴阳所以错行,故求雨,闭诸阳,纵诸阴,其止雨反是;行之一国,未尝不得所欲。中废为中大夫。先是辽东高庙、长陵高园殿灾,仲舒居家推说其意,草稿未上,主父偃候仲舒,私见,嫉之,窃其书而奏焉。上召视诸儒,仲舒弟子吕步舒不知其师书,以为大愚。于是下仲舒吏,当死,诏赦之。仲舒遂不敢复言灾异。"这种随意性在人们普遍相信这一学说的年代里对统治者是一种威胁,因为它易被他人利用,制造对统治者不利的舆论。为了防止思想混乱,中国古代的统治者把阴阳五行说控制在一定范围内,并打击那些任意扩大、歪曲阴阳五行理论的行为。北朝魏时就已多次规定,禁止百姓挟藏"阴阳图纬方伎之书",违者要"以大辟论"②。唐律的规定非常完备,它把阴阳五行迷信化的出版物和言论称为"妖书妖言",

---

① 《史记·孟子荀卿列传》。
② 《历代刑法志·后魏律考》。

并严惩行为人。《唐律疏议·贼盗》载,这些"妖书妖言""观天画地,诡说灾祥,妄陈吉凶",渲染和制造者中,重者处绞,轻者徒、杖。《大明律》和《大清律例》也分别在刑律中设立"造妖书妖言"罪,把"造谶纬"也列入此罪范围,规定:"凡造谶纬妖书妖言及使用惑众者,皆斩。"其用刑严于唐律。可见,中国古代的统治者很害怕阴阳五行说被人利用,总是想方设法把它的影响限制在对自己统治有利的范围内。

还需提及的是,从汉代独尊儒术起,阴阳五行说便逐渐与儒学结合在一起,成为正统思想的一个组成部分。《易经》成为五经之一,包括董仲舒在内的许多儒生都大讲阴阳五行的理论。到了唐朝,阴阳五行作为儒家思想的一个组成部分与法结合,因此唐律的儒家化也就是阴阳五行化了。

二十世纪以后,随着中国封建法制的逐步解体,唐律的影响也渐渐失色。但是,阴阳五行说仍在近代法制中的某些方面表现出来,尽管其影响已大不如前了。辛亥革命后,临时参议院曾定国旗为红、黄、蓝、白、黑五色旗,这五色正好与五行色吻合。所以,梁启超认为:"中华民国国旗实为此种观念(阴阳五行观念)最显著之表象。"[①]由此,足见阴阳五行之力量。

三、青少年犯罪和保护青少年问题

唐律是中国第一次系统规定有关青少年犯罪和保护青少年问题的

[①] 顾颉刚编著:《古史辨》(五),上海古籍出版社1982年版,第353页。

法典,主要内容包括以下几个方面:

1. 有关罪与刑的规定

唐律没有明指哪些是青少年犯罪的罪与刑,从规定的内容看,以下犯罪、量刑与青少年犯罪关系较为密切:

第一,不孝罪。不孝罪的起源较早。《孝经·五刑》载:"五刑之属三千,罪莫大于不孝。"章太炎在《孝经本夏法说》中认为,夏朝已有此罪,以后一直被沿用。北朝的《北齐律》把不孝罪列入"重罪十条",隋唐时改为"十恶"。唐律对它作了较为完整的规定。《唐律疏议·名例》"十恶"条"疏议"对"不孝"作了明确说明:"善事父母曰孝。既有违犯,是名'不孝'。"此律条还罗列了构成不孝罪的各种行为,包括:"告言、诅詈祖父母父母,及祖父母父母在,别籍、异财,若供养有缺;居父母丧,身自嫁娶,若作乐,释服从吉;闻祖父母父母丧,匿不举哀,诈称祖父母父母死。"犯有以上任何行为之一的,即构成此罪,要被判刑。《唐律疏议·斗讼》"告祖父母父母"条规定,控告祖父母、父母的,处"绞"。《唐律疏议·户婚》"子孙别籍异财"条规定,父母还健在就要求分家析产的,"徒三年"。"居父母夫丧嫁娶"条规定,在父母的丧期内嫁或娶的,也要"徒三年"。

第二,赌博罪。中国古代把赌博称为"博戏"。赌博罪在唐前已有,唐律使之更完备。《唐律疏议·杂律》"博戏赌财物"条规定,凡赌财物的赌博者,皆需"杖一百";赌注大的,要依偷盗论,即"一尺杖六十,一匹加一等;五匹徒一年,五匹加一等,五十匹加役流"[①]。但是,有两种情况例外:一是以习武赌博的不构成此罪。"弓射既习武艺,虽

---

① 《唐律疏议·贼盗》"贼盗"条。

赌物,亦无罪名。"二是以饮食赌博的亦不构成此罪。"赌饮食者,不坐。"

第三,违反教令罪。唐朝规定家长有教令权,可通过斥责、殴打等方式教育子女遵守教令。子孙违反教令,不服管教的,就构成违反教令罪并受到处罚。《唐律疏议·斗讼》"子孙违犯教令"条规定,子孙违反教令的,"徒二年"。此条"疏议"还专对此规定作了解释:"祖父母、父母有所教令,于事合宜,即须奉以周旋,子孙不得违犯。"但是,有两点值得注意:一是教令本身违法,子孙不服从的,不构成犯罪。"若教令违法,行即有愆","不合有罪"。二是必须由祖父母、父母告诉,司法官才进行追究。"须祖父母、父母告,乃坐。"

第四,私入道罪。私入道是指未经官府同意而私自成为和尚、道士、尼姑、女官之类。唐朝禁止私入道的行为。《唐律疏议·户婚》"私入道"条规定,凡私入道者,"杖一百"。但是,由于家长的原因而私入道的,私入道者不负刑事责任,处罚对象是家长。"若由家长,家长当罪。"处罚的幅度与私入道者同。

第五,擅自结婚罪。唐朝的结婚年龄很低。唐玄宗曾规定,男十五、女十三为嫁娶期,从今天的角度看,属青少年时期。唐朝沿袭西周以来的定制,要求结婚者听从父母之命、媒妁之言,不可擅自为婚,如有违反,就会受到制裁。《唐律疏议·户婚》"卑幼自娶妻"条规定,卑幼婚姻要"从尊长",违反的会被"杖一百"。

第六,盗殴罪。它包括偷盗和殴斗两个罪。唐律中有关盗殴罪的内容不少,这里仅举两则与青少年关系最密切的为例。《唐律疏议·贼盗》"卑幼将人盗己家财"条严禁子孙伙同外人偷盗自己家中财产。凡有此类行为,将依偷盗的财产数额而受到惩处,量刑幅度为:"十匹答十,十匹加一等,罪止杖一百。"《唐律疏议·斗讼》"殴兄姊等"条禁止弟妹殴打兄姊的行为，否则即构成犯罪，并按照伤害程度追究其刑事责任，处罚幅度为：凡殴者，"徒二年半"；伤者，徒三年"；折伤者，流三千里；刃伤及折支，若瞎其一目者，绞；死者，皆斩"。

2. 有关责任年龄、特权和株连的规定

唐律除规定了一些与青少年犯罪关系较大的罪与刑外，还规定了有关责任年龄、特权和株连的内容。

第一，责任年龄。唐律把青少年的刑事责任年龄划分为十五岁以上、十五岁以下、十岁以上、十岁以下、七岁以上、七岁以下四档，分别承担不同的刑事责任。《唐律疏议·名例》"老小及疾有犯"条规定，十五岁以上者要负全部刑事责任；十五岁以下、十岁以上者犯流罪以下的可以铜赎罪，犯死罪的依律执行；十岁以下、七岁以上者犯有谋反、谋大逆、杀人罪而应处死者，上请皇帝裁决，其他罪均允许赎；七岁以下者一般不负刑事责任。

第二，特权。唐律是一部维护封建特权的法典，在青少年犯罪问题上也是如此。一些享有特权的官僚贵族子孙也可荫承家长的特权，犯罪时可与一般青少年同罪异罚。家长的地位越高，犯罪子孙享有的特权越大。《唐律疏议·名例》"皇太子妃""七品以上之官""应议请减"等条对此都有相应规定，其内容主要是："八议"者的子孙犯死罪的，上请；犯流以下罪的，减一等。四、五品官的子孙犯流以下罪的，减一等。六、七品官的子孙犯流以下罪的，可赎。四品以下官的子孙犯死罪的，均依法科刑。但是，青少年犯了"十恶"、反逆缘坐流、杀人、盗等罪的，"不用此律"，即仍须按律定科。

第三，株连。株连在唐朝虽已受到很大限制，但仍存在。对一些社会危害较大的犯罪，唐律继续使用株连，以增加威慑力，其中包括对无

辜青少年的株连。《唐律疏议·贼盗》"谋反大逆"条规定,除构成谋反、谋大逆罪的本人处斩外,十六岁以上的儿子处绞,十六岁以下的儿子、孙子和女儿全部没为官奴婢,兄弟的儿子要"流三千里"。这些青少年本人并无罪,只是因为他们的家长或家人犯有谋反、谋大逆罪而牵连受罚。唐律中的谋叛等罪也有类似规定。

3. 有关保护青少年的规定

唐律从儒家的仁义出发,主张在敬老的同时,还需爱幼。因此,在唐律的某些条款中还规定了保护青少年的内容,主要有:

第一,禁止遗弃养子。唐朝允许已婚而无子女者收养同宗的小儿为养子。户令规定:"无子者,听养同宗于昭穆相当者。"①一旦收养,就为己子,要好生相待,不可遗弃。遗弃养子是犯罪行为,要受到处罚。《唐律疏议·户婚》"养子舍去"条规定:"诸养子,所养父母无子而舍去者,徒二年。"

第二,禁止拐卖青少年。唐律严禁拐卖青少年,并严厉打击这一行为。《唐律疏议·贼盗》"略人略卖人""略卖期亲以下卑幼"等条都对此作了规定,主要内容是:凡拐卖青少年为他人奴婢的,拐卖者处"绞"。拐卖十岁以下儿童的,虽是买卖自愿,也以拐卖罪论处。特别是不可把期亲以下卑幼作奴婢。拐卖弟妹的,"徒三年";拐卖子孙的,徒一年半。

第三,禁止妻殴夫之弟妹。唐律设专条禁止妻殴夫之弟妹的行为,对违法者的用刑重于同类犯罪。《唐律疏议·斗讼》"殴兄妻夫弟妹"条规定,妻殴打丈夫的弟妹,按"加凡人一等"量刑处罚;妾殴丈夫的

---

① 《唐律疏议·户婚》"养子舍去"条。

弟妹,再"加一等"。唐律这些加重处罚的规定是从维护礼教角度出发的。此条"疏议"说,殴夫之弟妹的行为是"礼敬顿乖",所以用刑比凡人重。

第四,禁止与青少年亲属发生性行为。唐律严格禁止家庭成员中的长者与女性青少年发生性行为。《唐律疏议·杂律》"奸缌麻以上亲及妻""奸父祖妾"等条都对此作出规定,主要内容是:与"妻前之女及同母异父姊妹通奸"的,"徒三年";强奸的,"流二千里"。与兄弟之女奸的,"绞"。这些规定都严于一般奸罪。"凡奸"条规定:"诸奸者,徒一年半;有夫者,徒二年。"其刑等之差,轻者三等,重则七等。

4. 唐律有关青少年犯罪和保护青少年的规定之特点

唐律比以往各律都更为全面地规定了有关青少年犯罪和保护青少年的问题,并形成了自己的一些特点:

第一,指导思想是礼。唐律被公认为一准于礼,其内容处处体现礼的要求,在青少年犯罪和保护青少年问题上同样如此。规定不孝罪、擅自结婚罪、违犯教令罪等,是为了维护父权;规定禁止妻殴夫之弟妹、禁止与青少年亲属发生性行为,是为了维护封建的家庭伦理观念;规定特权,是为了维护封建等级名分等。这些无一不是礼的精神的直接反映。

第二,用刑很重。唐律对青少年犯罪和损害青少年的行为用刑都很重,主要表现在以下两方面:其一,量刑幅度高。唐律把控告祖父母、父母等不孝行为,都列入"十恶",作为重点打击对象,量刑重者要处死。殴夫之弟妹、与青少年亲属发生性行为等量刑也严于同类犯罪。其二,个别违礼不违法的行为也在可罚之列。唐律对青少年殴父母等违礼不违法行为,规定要上请听裁,不排除受罚的可能性。这些都是中国古代严刑酷法的表现,尽管唐律已比以往更慎刑,但仍没摆脱历史的窠臼。

第三,具有两重性。唐律在对待青少年的问题上,既有制裁青少年犯罪的一面,也有保护青少年的一面,明显具有两重性。但是,从规定的内容看,它强调的是打击青少年犯罪,有关保护青少年的条款明显少于打击青少年犯罪的条款,而且有些还是间接的。原因主要是中国古代推崇"三纲五常",鄙视卑幼者,因此在法律中自然也保护尊长者,轻视青少年。

四、扩大罪刑适用问题

唐律的制定者想尽办法,扩大律条中罪刑适用的范围,主要有:

1. 唐前的比

唐前的比是扩大罪刑适用的一种主要形式。当统治者认为某一行为对社会的危害程度已达到犯罪,并且又无法律正条时,就引用与这一行为最相近的法条断狱,这就是比。由于受打击的行为在法律中无明文规定,因此用相近条款断狱实际上就是扩大了此法条对罪刑的适用范围。比的作用在于弥补法律条文的不足,故在唐前就深受不少统治者的青睐,并不时被加以运用。

中国早在先秦时就已用比。《尚书·吕刑》中有"上下比罪"的记载。《荀子·大略篇》中有"有法以法行,无法以类举"之说。秦朝把比广泛运用在司法实践中。《法律答问》说:"'殴大父母,黥为城旦舂。'今殴高大父母,可论? 比大父母。"①此类规定在《法律答问》中有十一处之多。

汉代的法律形式主要是律、令、科、比。比在当时以一种独立的、主要的法律形式出现。汉高祖七年(前200年)下诏:"廷尉所不能决,谨具为奏,傅所当比律令以闻。"②随着比的发展,汉代把比分为决事比、死罪决事比和辞讼比等几类。决事比适用于一般犯罪,涉及范围广泛。"今律其有断事,皆依旧事断之,其无条,取比类以决之,故云决事比。"③死罪决事比仅适用于构成死罪的案件。"于定国为廷尉,集诸法律凡九百六十卷,大辟四百九十条千八百八十二事,死罪决比凡三千四百七十二条,决诸断罪当用者,合二万六千二百七十二条。"④辞讼比也只适用于诉讼案件。陈宠"少为州郡吏"时,有人曾"撰辞讼比七卷,决事科条,皆以事类相从","其后公府奉以为法"⑤。日积月累,汉代比的数量越来越多,有些奸吏便乘机玩法,出入人罪。《汉书·刑法志》载:"其后奸猾巧法,转相比况,禁纲寖密,死罪决事比万三千四百七十二事,文书盈于几阁,典者不能遍睹";"奸吏因缘为市,所欲活则傅生议,所欲陷则予死比"。死罪决事比尚且如此,何况决事比与辞讼比? 比易为破坏法制者利用,故汉后不再作为一种主要的法律形式存在。

2. 唐律扩大罪刑适用的几种方法

唐律在总结前人用法经验的基础上,使用多种方法扩大罪刑适用

---

① 《睡虎地秦墓竹简》,文物出版社1978年版,第184页。
② 《汉书·刑法志》。
③ 《周礼·秋官·大司寇》注。
④ 《魏书·刑罚志》。
⑤ 《汉书·陈宠传》。

的范围。

第一,举重以明轻和举轻以明重。也就是说,当唐律律条无明文规定时,把需科刑的行为比照最类似的律文内容,通过用施刑重的条文比照轻的行为和用施刑轻的条文比照重的行为的方法,分别作出不构成犯罪和构成犯罪的处理。《唐律疏议·名例》"断罪无正条"条规定:"诸断罪而无正条,其应出罪者,则举重以明轻;其应入罪者,则举轻以明重。"此条"疏议"还举例作了说明:"依贼盗律:'夜无故入人家,主人登时杀者,勿论。'假有折伤,灼然不坐。"这就是举重以明轻。此条"疏议"又说:"贼盗律:'谋杀期亲尊长,皆斩。'无已杀、已伤之文,如有杀、伤者,举始谋是轻,尚得死罪;杀及谋而已伤是重,明从皆斩之坐。"这就是举轻以明重。使用这一方法可使许多律中无规定的行为明辨为有罪或无罪,并依相似律条惩治有罪者。

第二,比附。唐律还通过比附的方法扩大一些律条规定的罪刑适用的范围。凡被比附的行为都将受到刑事处罚,这是与以上第一种方法的主要区别之一。根据唐律的规定,比附可分为定罪比附、量刑比附与定罪量刑比附三种。首先,定罪比附。这是一种套用律中罪刑适用于律无规定行为的比附。这种比附侧重于罪名,被比附行为要依被比附罪名量刑。唐律中"与×同罪""准×罪""以×罪论"等是这一比附的主要表现形式。《唐律疏议·卫禁》"宿卫冒名相代"条规定:"诸宿卫者,以非应宿卫人冒名自代及代之者,入宫内,流三千里;殿内绞。"如果主司"知而听行,与同罪"。《唐律疏议·卫禁》"向宫殿射"条规定:"宿卫人,于御在所误拔刀子者,绞;左右并立人不即执捉者,流三千里。"此条"疏议"补充规定:"余人在御在所亦不得误拔刀子。其有误拔及傍人不即执捉,一准宿卫人罪。"《唐律疏议·断狱》"死罪囚辞穷竟雇倩人杀"条规定:"诸死罪囚因辞究竟,而因之亲故为囚所遣,雇倩人杀之及杀之者,各依本杀罪减二等。因若不遣雇倩,及辞未穷竟而杀,各以斗条罪论。"以上三例中的后者皆依前者比附定罪,并均因律条中无明确规定而设。此外,"罪亦同""与×罪同"等也都属于此类比附。其次,量刑比附。这是一种引用律中对某罪使用的法定刑适用于另一些行为的比附。这种比附侧重于刑罚,被比附行为只要按被比附的法定刑或有所加减即可。"得×罪""减×等""加×等"等是这一比附的主要表现形式。《唐律疏议·斗讼》"斗殴杀人"条规定:"诸斗殴杀人者,绞。以刃及故杀人者,斩。"此条"疏议"作了补充规定:"用兵刃杀人者,与故杀同,亦得斩罪。""殴兄姊等"条规定:"诸殴兄姊者,徒二年半;伤者,徒三年;折伤者,流三千里";"过失杀伤者,各减本杀伤罪二等"。"流外官以下殴议贵等"条规定,流外官以下"殴伤九品以上,各加凡斗伤二等"。以上三例都用比附用刑的方法,使被比附行为受到处罚。最后,定罪量刑比附。这是一种移用律中罪刑的完整规定适用于一些行为的比附。这种比附包括罪名和法定刑两个部分,被比附行为只要照搬适用即可。"准×法""同×律""同×法"等是这一比附的主要表现形式。《唐律疏议·贼盗》"穿地得死人"条规定,穿地得死人不更理的,"徒二年"。此条"疏议"补充说:"若穿地得死人,可识知是缌麻以上尊长,而不更理,亦从徒二年上迭加一等,卑幼亦从徒二年上迭减一等,各准'烧棺椁'之法。"《唐律疏议·斗讼》"诬告反坐"条规定:"诸诬告人者,各反坐。"此条"疏议"进一步规定:"据令应合纠弹者,若有憎恶前人,或朋党亲戚,挟私饰诈,妄作纠弹者,并同'诬告'之律。"《唐律疏议·户婚》"里正不觉脱漏增减"条规定:"诸里正不觉脱漏增减者,一口笞四十,三口加一等;十口加一等,罪止徒三年。若知情者,各同家长法。"以上三例经过定罪量刑比附,使原律条中无明文规定的行为都受到刑律的追究。唐律的比附虽与唐前的比十分相近,但它更为完备,是比所不可比拟的。

第三,依礼科断。唐律中有些违礼行为虽在律文中无明文规定,但仍在科刑之列,依照相近条款断狱,即把一些唐律条文适用于一些律无规定的违礼行为。这也是一种重要的扩大罪刑适用的方式。唐律通过"疏议"多次使用这一方式,使一些律条无规定的行为亦受到制裁。《唐律疏议·职制》"造御膳有误"条只规定:"诸造御膳,误犯食禁者,主食绞。若秽恶之物在食饮中,徒二年;简择不精及进御不时,减二等。不品尝者,杖一百",未提及其他行为。但是,此条"疏议"补充说:"依礼,饭齐视春宜温,羹齐视夏宜热之类,或朝夕日中,进奉失度及冷热不时者;减罪二等,谓从徒二年减二等。"《唐律疏议·职制》"乘舆服御物持护修整不如法"条"疏议"也如此,依礼对律条未规定的内容作出了规定:"依礼'授立不跪,授坐不立'之类,各依礼法,如有乖失违法者,合杖一百。"以上两例皆依礼科断,唐律还有依礼、令科刑的,违礼亦作为用刑原因。《唐律疏议·职制》"大祀不预申期及不如法"条"疏议"规定:"黍稷以下,不依礼、令之法,一事有违,合杖七十。"此规定中要处罚的行为也为律条无明文规定的内容。《唐律疏议·户婚》"同姓为婚"条只规定不得同姓为婚,未言"同姓为妾"。此条"疏议"作了补充规定,同姓为妾,"依准礼、令,得罪无别",即仍依同姓为婚科断。唐律把一些律无规定的违礼行为也按相近律条断罪,实际上扩大了这些律条罪刑适用的范围。

此外,还有用"不应为"等一些方式扩大罪刑适用的范围的,由于本书在其他部分已有详述,此处不再重述。

3. 扩大罪刑适用的理论及其他

唐律使用多种形式扩大罪刑的适用,有其理论依据。

唐律认为,立法者在制定法律时,为了不使律文繁杂,只能以一般情况和人员为出发点,并以此确定律文内容。因此,再好的法律也不可能包罗万象、样样俱全,总会有些特殊情况无法预料,有些次要、轻微的犯罪行为不在律文规定之中,会成为"漏网之鱼"。《唐律疏议·贼盗》"以毒药药人"条"疏议"说:"律条简要,止为凡人生文。"《唐律疏议·杂律》"不应得为"条"疏议"说:"杂犯轻罪,触类弘多,金科玉条,包罗难尽。"

唐律又认为,国家决不可让这些漏网的犯罪者"逍遥律外",胡作非为,因此有必要采取包括扩大罪刑适用的范围在内的各种方法,以杜绝犯罪者的侥幸心理,并将所有犯罪者都捉拿归案,使其受到应有的惩罚。《唐律疏议·贼盗》"亲属为人杀私和"条"疏议"说:"金科虽无节制,亦须比附论刑。岂为在律无条,遂使独为侥幸。"《唐律疏议·杂律》"不应得为"条"疏议"说:"其有在律在令无有正条,若不轻重相明,无文可以比附。"因此,有必要"临时处断,量情为罪,庶补遗缺"。

于是,唐律在多处明言,尽管律条无文,但有些行为仍须科断处罚。这似乎成为一种定制。《唐律疏议·户婚》"奴娶良人为妻"条"疏议"规定,对奴娶客女为妻者,"律虽无文,即须比例科断"。"杂户官户与良人为婚"条"疏议"也规定,官户私嫁女与良人的,"律无正文,并须依首从例"。《唐律疏议·诈伪》"父母死诈言余丧"条"疏议"规定,对于嫌恶前人而妄告父母身死之人,"律、令虽无正法,宜从'不应为重'科"。

从总体上看,唐律将扩大罪刑适用只限定在较小范围内。这有利于依法断狱,维护法制的严肃性。《唐律疏议·断狱》"断罪不具引律令格式""辄引制敕断罪""官司出入人罪"等条都要求官吏严格依法断狱,违律者要受到刑法的追究。唐律扩大罪刑适用的目的在于填补法网因疏而漏之洞,因此不可能被广泛使用,否则依法断狱不复存在,司法混乱不可避免,法制遭破坏也只是时间问题。

唐律扩大罪刑适用的方法既来自前人的经验,又高于、完备于前人的做法,使唐律的密而不漏名副其实。唐律的这一成功方法为后人相继仿用,《宋刑统》几乎将此全都继承了下来。

五、唐律与"反恐"问题

唐朝没有与现代社会相同的恐怖犯罪和反恐法制。可是,当时也有类似的恐怖犯罪,而唐律中也有打击此类犯罪的规定。总结起来,此类犯罪行为主要是:劫持人质、用毒药害人、车马杀伤人、向城内射箭、散布恐怖言论、决堤防和纵火等。这些行为都从不同角度造成恐怖气氛,严重危害社会的安定和民众的安全。由此而言,唐律把这些行为规定在律中作为打击对象,具有"反恐"的意义。

唐律用刑罚打击此类犯罪的过程中,根据危害程度的不同,罪刑亦会有轻重之别。其中,用刑最重的是唐律中的最高刑斩刑。贼盗律的"有所规避执人质"条规定,劫持人质者,"皆斩"。仅次于斩刑的是绞刑。贼盗律的"以毒药药人"条规定,用鸩毒、冶葛、附子等毒药害人的,害人者与卖毒药者都要被处以绞刑。同时,相同的犯罪行为的用刑亦会有所区别,即随着其危害程度的加重,用刑也随之加重,最后至斩刑。杂律的"烧官府私家舍宅"条规定,纵火烧毁官私房屋或财物的,要被"徒三年";如果造成损失的价值达到绢五匹,要被"流二千里"。

诸如此类,不一而足。这从一个侧面反映,唐律的制定者已经意识到恐怖犯罪对社会和民众的危害程度,以及他们对"反恐"的重视和决心。

为了最大限度地防止和避免恐怖犯罪的出现,唐律还采取了一些相关的"反恐"措施。这些措施也以律文的形式加以规范,强制执行,以确保得到落实。不按律执行的,也会被追究刑事责任,受到刑罚的制裁。这种措施归纳起来,可以分为以下四类:

第一类实行门禁和宵禁。唐律设立门禁,把宫殿作为重点保护对象,违法进入宫殿的都会受到严厉的制裁。卫禁律的"阑入宫殿门及上阁"条规定,违反门禁规定而入宫门的,要被"徒二年";进入殿门的,徒二年半;进入阁内的,绞;携带武器到"御在所者,斩"。另外,唐律还规定了宵禁,夜间除有急事、丧事及疾病等特殊情况外,人们不可外出,否则要被处罚。

第二类是禁止拥有、私造违禁武器。唐律把甲、弩、矛、具装等都列入违禁武器,"私家不合有"。擅兴律的"私有禁兵器"条规定,如果私家拥有违禁武器,就要被"徒一年半";拥有的违禁武器数量多了,达到甲三领及弩五张的,就要被绞;如果是私造这类违禁武器,用刑还要加重,最高可达斩刑。这一规定可以在恐怖犯罪的犯罪工具方面进行防范,减少恐怖分子得到这类工具的机会。

第三类是举报恐怖犯罪。一旦在居住地发生恐怖犯罪,被害人家庭和邻居便有义务向乡村基层组织负责人举报;他们接报后,还要级级上报到官府,不可隐瞒不报,否则都要受到处罚。斗讼律的"强盗杀人不告主司"条规定,出现杀人等恐怖犯罪后,"被害之家及同伍即告其主司";主司接报后,马上要向上级报告;不报告的,要按耽搁一天"杖六十"进行量刑。这样,可以迅速掌握恐怖活动的动向,及时组织力量,进行控制和打击。

第四类涉及"反恐"行动。唐律规定,在出现劫持人质、杀人、纵火等恐怖犯罪情况时,周围的相关人员即应加入"反恐"行动,开展"反恐"斗争;否则,也要为刑法所追究。贼盗律的"有所规避执人质"条规定,在劫持人质现场所在地的村正以上人员和周围邻居,一旦发现有劫持人质的犯罪出现,就应立即把劫持犯罪人抓获,否则要被"徒二年"。捕亡律的"邻里被强盗不救助"条规定,知道邻居有被杀等情况时,应采取报告和救助措施。如果"告而不救助"或者"闻而不救助",要被分别处以杖一百或者杖九十的刑罚。

唐律的这些内容,除了总结前人的立法经验、借鉴前人的立法成果外,很重要的一点是与唐朝前期高层的"人本指导思想"有关。他们认为,国家要发展,必须有一个安定的社会环境,人民的作用应受重视,因为人民"既能载舟,亦能覆舟"。《贞观政要》中多次提到要"以人为本",唐太宗也励精图治。"帝志在忧人,锐精为政,崇尚节,大布恩德。"恐怖犯罪对人民的人身和财产都构成了极大的威胁,从维护人民的安全和社会的安定出发,用法律来打击恐怖犯罪便势在必行了。从这种意义上讲,唐律中"反恐"内容的出现有其社会的必然性。

唐律颁行以后,唐朝前期的适用情况比较理想,恐怖犯罪也得到有效扼制,其重要标志是整个社会的治安情况良好,被处以重刑者很少。比如,唐太宗贞观初年,"百姓渐知廉耻,官民奉法,盗贼日稀"①。以后,情况进一步好转,"商旅野次,无复盗贼,囹圄常空,马牛布野,外户不闭"②。至贞观四年(630年),"断死刑,天下二十九人,几致刑措"③。

---

① 《贞观政要·仁义第十三》。
② 《贞观政要·政体第二》。
③ 《贞观政要·刑法第三十一》。

唐律中的"反恐"内容为后世封建朝代的立法者所重视,沿革不断。宋刑统全面接受唐律有关"反恐"的规定,并作了调整和补充,主要涉及以下几个方面:首先,把唐律律条的内容调整为门的内容。唐律不设门,律下就是条。《宋刑统》则在律下设门,共二百一十三门,门下再设条。其次,把唐律中的有些律条内容归并在一个门中。同在杂律中,《宋刑统》把唐律中有关走车马伤杀人、用箭和弹射伤杀人的内容都归入"走车马伤杀人"门,在唐律中则分为两条律条。最后,附以"敕"和"起请"等内容。《宋刑统》在律条后附上自唐开元二年(714年)至宋建隆三年(962年)的敕令和一些"起请",其中也包括"反恐"的规定,唐律则无。杂律的"失火"门中就附有这种敕令和"起请"。敕令规定,如因复仇等原因放火,而且"情状巨蠹,推问得实",就要处以死刑,即"决痛杖一顿处死"。"起请"进一步规定,今后有故烧人屋舍、财物聚集处的,"首处死,随从者决脊杖二十"。这样,《宋刑统》中"反恐"的内容便比唐律中更丰富了。

《大明律》在继承唐律中"反恐"内容的同时也有变化,主要是用刑加重。比如,同是故意决堤防的,唐律规定为"徒三年";《大明律》则在刑律的"盗决河防"条中加重了用刑,规定要"杖一百,徒三年"。《大清律例》的律典结构与唐律、《宋刑统》和《大明律》都有差异,主要是在律条后附有例条。它一方面大量吸收《大明律》中"反恐"的内容,另一方面又用例条来补充律条的内容。刑律的"车马杀伤人"条在引用了律文后,还附有例条。此例条规定,除了按律条追究犯罪人的刑事责任外,还要把"所骑之马给予被撞之人";如果被撞之人死亡,那么"其马入官"。

可见,尽管有变化,唐律中的"反恐"内容仍大量为唐后封建朝代的立法所吸收,以致中国古代在很长一段时期内都有成熟的"反恐"规定,以应对恐怖犯罪,维护社会的安定与和谐发展。

六、唐律的疑罪与有罪推定原则问题

中国古代有疑罪的罪名和相应的规定。疑罪是一种在证据不够充分、不足以认定具体罪名的情况下,对犯罪嫌疑人所确定的罪名。它与有罪推定原则有关,是其在立法中的体现。

早在唐朝,已经对疑罪有较为完整的规定,唐律的最后一条就是"疑罪"。综观唐律的内容,疑罪的规定主要涉及以下几个方面:

首先,适用疑罪的情况。这种情况包括:有罪与无罪的证据相等;有罪与无罪的理由相当;案情疑似,可无旁人见证;虽有旁人见证,但事情本身不可能被怀疑有其事实等。即"虚实之证等,是非之理均;或事涉疑似,傍无证见;或傍有闻证,事非疑似之类"①。当出现这些情况时,均可以按疑罪论处。

其次,确定适用疑罪的程序。在审案的过程中,允许司法官对有疑案件发表不同的处理意见,但这类意见不能超过三种。即"疑狱,法官执见不同者,得为异议,议不得过三"②。对此,唐律还说明了作出这一程序规定的理由,主要是为了避免人多、意见过于分散、不利于集中局面的产生。"如丞相以下,通判者五人,大理卿以下五人,如此同判者多,不可各为异议,故云:'议不得过三'。"③

再次,唐律在规定对一些贵族官僚和生理有特殊情况的人不能使

---

① 《唐律疏议·断狱》"疑罪"条。
② 同上。
③ 《唐律疏议·断狱》"疑罪"条"疏议"。

用刑讯时,专门举例,提及了适用疑罪的情形。《唐律疏议·断狱》"议请减老小疾不合拷讯"条规定,对于那些"应议、请、减,若七十以上,十五以下及废疾者,并不合拷讯,皆据众证定罪"。这个"众证"是指要有三人以上的一致证明,才能确认犯罪事实,最后定罪。"称'众'者,三人以上,明证其事,始合定罪。"①如果三个人证明的事实与另外三个人证明的事实相反,那么只能作为疑罪处理了。"若三人证实,三人证虚,是名'疑罪'。"②在这里,唐律用举例的方式来说明疑罪的认定,以便于司法官执行。

最后,规定了疑罪的用刑。对于犯有疑罪的犯罪嫌疑人,仍需用刑,但适用的是赎刑。"诸疑罪,各依所犯以赎论。"③这一规定告诉人们:第一,疑罪也是一个罪名,不是无罪;第二,对犯有疑罪者,可以宽大处理,不适用笞、杖、徒、流、死"五刑",而以赎刑代之;第三,赎刑的数额依其所疑的罪名确定。

唐律的这些内容反映了唐朝对疑罪规定的全貌,其核心是要对那些无法认定其具体罪名的犯罪嫌疑人也适用罪名,只是在处理上酌情放宽。背后的原则是有罪推定,以有罪为前提,要对那些虽无法定罪名可以适用,但已经被捕被押的犯罪嫌疑人定罪量刑。这与现代的无罪推定原则正好相悖。

唐律主张有罪推定原则,还设立了疑罪,有其思想理论基础。它认为,在制定法律的时候,总是以一般的情况和人员为出发点,无法考虑到所有的情况和人员,因此再好的法律也不可能包罗万象、面面俱到。于是,一些特殊的情况和人员就会在法律中被遗漏,成为漏网之鱼,以

---

① 《唐律疏议·断狱》"议请减老小疾不合拷讯"条"疏议"。
② 同上。
③ 《唐律疏议·断狱》"疑罪"条。

致危害社会。正如唐律中所说:"律条简要,止为凡人生文。"①"杂犯轻罪,触类弘多,金科玉条,包罗难尽。"②可是,国家绝不能让这些漏网之鱼逍遥法外,胡作非为,相反应加密法网,扩大唐律的适用范围,使那些有嫌疑的人都受到打击。这种打击的手段可以有多种,包括设定疑罪等。为了使疑罪可以堂而皇之地得到运用,就有必要设定这样的罪名。这一思想理论基础是中国本土有罪推定原则的思想理论来源之一。

唐律的这一思想理论基础与当时统治者的主张吻合。他们主张严惩犯罪,不能让不法分子存有侥幸心理。唐律定本在贞观时期,也正是唐太宗执政时期。他就认为,"天下愚人者多",而且"愚人好犯宪章",所以不能让他们"常冀侥幸,惟欲犯法,不能改过"。③ 唐太宗身边的大臣也有类似的主张,魏徵是其中之一。他认为,不严惩罪犯,社会治安就无法保障。"小人之恶不惩,君子之善不劝,而望治安刑措,非所闻也。"④在这些主张的指导下,包括唐律在内的所有唐朝刑法都加密法网,设置疑罪便在情理之中了。

中国古代出现疑罪和与之相适应的有罪推定原则,还有其一定的社会背景,其中农耕社会环境和专制统治两个方面不容忽视。一方面,中国古代是农耕社会,人们依附在土地上,长期男耕女织。同时,人们以村落为单位,聚居在一起,安土重迁,生活在一个相对复杂的环境之中。在这种情况下,犯罪也会变得比较复杂,往往无法在法律中穷尽其罪名。尽管唐律与《宋刑统》已经运用了较高的立法技术,内容也已经很精致,但仍然"包罗难尽"。另一方面,中国古代长期推行专制统治。

---

① 《唐律疏议·贼盗》"以毒药药人"条"疏议"。
② 《唐律疏议·杂律》"不应得为"条"疏议"。
③ 参见《贞观政要·赦令第三十二》。
④ 《贞观政要·刑法第三十一》。

为了维护和巩固这种统治,统治者利用各种方法打击有损于这种统治的行为,包括使用法制的方法。立法者充分考虑到中国古代犯罪的复杂性,也为了有效打击各种犯罪,消除对专制统治的威胁,不择手段地扩大刑法的适用范围,加密法网,解决"包罗难尽"的问题,包括使用疑罪这样的罪名,推出有罪推定原则。这两者的结合,导致了疑罪及其背后的有罪推定原则应运而生。

唐律中的疑罪及有罪推定原则还对后世立法产生过影响,《宋刑统》是其中之一。它全盘接受唐律中有关疑罪的内容,是这一罪名的"忠实继承者"。它与唐律的区别仅在于律条条标的称谓,唐律称"疑罪",《宋刑统》则称"疑狱"①,其他的均无改动。

到明、清两朝,《大明律》与《大清律例》中已不再设有疑罪,可有罪推定原则已根深蒂固,还不时发挥其作用,当时制造的"文字狱"等许多冤案都与它有关。这种冤案的产生在政治上是为了维护专制制度,特别是在思想理论上的专制,在刑事法制中的直接推手即是有罪推定原则。许多无辜的人因此而身陷囹圄,蒙受冤屈,导致家破人亡,其教训极其沉痛。

清末推行新政,法制改革随之出台,西方现代的法制理念、原则、制度等纷纷"入户"中国,中国逐渐走上了法制现代化的道路。在文本中,疑罪已无"复出"的条件,有罪推定原则也渐渐淡出。可是,这一原则作为一种传统的理念却往往挥之不去,常常还在作祟,以致错案一再发生。今天,这仍需引起警觉,应从法治理念、制度设计、法律监督等方面加以规制,使中国的社会主义法治健康发展。

---

① 《宋刑统·断狱律》。

第十五章
唐律的一些问题(下)

唐律内容涉及面广,值得研究的问题较多。本章拟再对五个重要问题进行一些述评。

一、换刑制度问题

唐律中有换刑制度,即由于各种原因,可以把律条中所规定的法定刑转换成其他刑罚执行的制度。这一制度只适用于一小部分情况比较特殊的犯罪。转换的用刑只在"五刑"之间,不包括赎刑等其他一些处罚方式,而且换用的刑罚不比律条所规定的法定刑轻,其程度大致相同。这一制度不太引人注意,却很重要,对我们正确认识"五刑"及其实施都有积极的意义。

唐律对可以换刑的主体有一定的限制,主要有以下几种人员:

第一种是有特殊手艺的人。这些人包括工、乐、太常音声人等。他们在太常、少府等机构工作,具有特殊手艺,所以被判流刑后,一般可以决杖和徒刑代替执行。《唐律疏议·名例》"工乐杂户及妇人犯流决杖"条规定:"诸工、乐、杂户及太常音声人,犯流者,二千里决杖一百,一等加三十,留住,俱役三年;犯加役流者,役四年。"此条"疏议"还对这些人可以适用换刑的原因作了如下说明:"此等不同百姓,职掌吟诗在太常、少府等诸司,故犯流者不同常人例配。"

第二种是妇女。除个别犯罪外,妇女所犯绝大多数罪都可用换刑的方式作出处罚。《唐律疏议·名例》"工乐杂户及妇人犯流决杖"条对妇女犯流换刑问题作出了规定:"其妇人犯流者,亦留住,造畜蛊毒应流者,配流如法。"其中的"造畜蛊毒应流者"属于例外情况,妇女在这种情况下仍需被流。《唐律疏议·贼盗》"造畜蛊毒"条对这一犯罪及其用流刑作出规定:"诸造畜蛊毒及教令者,绞;造畜者同居家口虽不知情,若里正知而不纠者,流三千里。造畜者虽会赦,并同居家口及教令人,亦流三千里。"另外,"工乐杂户及妇人犯流决杖"条"疏议"还对妇女可以换刑和例外情况作了解释:"妇人之法,例不独流,故犯流不配,留住,决杖、居作。""造畜蛊毒,所在不容,摈之荒服,绝其根本,故虽妇人,亦须投窜,纵令嫁向中华,事发还从配遣,亦依流配之法,三流俱役一年,纵使遇恩,不合原免。"

第三种是一部分贱民。唐律把官户、部曲、官私奴婢等都归入贱民。他们都依附于一定的机构和主人,不具有完整的人格。在犯徒、流罪后,他们不可像常人那样独自受刑,离开原住地。因此,当他们犯有此罪时,唐律就用换刑方式进行处理,使他们既受罚又不脱离所依附的机构和主人,一举两得。《唐律疏议·名例》"官户部曲官私奴婢有犯"条"疏议"首先确定了这些贱民的依附地位:"官户隶属司农,州、县元无户贯。部曲,谓私家所有。""奴婢贱人,律比畜户",这样他们的依附性更强了。确定了他们的这一地位后,此条便作出了换刑的规定:凡是官户、部曲、官私奴婢,"若犯流、徒者,加杖,免居作",即用杖刑替代流、徒刑的执行,不再服劳役。

第四种是"家无兼丁"者。在一般情况下,"家无兼丁"者犯了徒罪,也可用换刑的方法,免受徒刑。这里的"一般情况"不包括盗和伤人的犯罪,即"盗及伤人者,不用此律"①。也就是说,犯了这两种罪,不可换刑。这里的"家无兼丁"是指户内全无成年男子的情况,其中亦包括二十一岁以上的妻子等。《唐律疏议·名例》"犯徒应役家无兼丁"条"疏议"对此作了法定解释:"'而家无兼丁者',谓户内全无兼丁。妻同兼丁,妇女虽复非丁,据礼'与夫齐体',故年二十一以上同兼丁之限。"此条同时对"家无兼丁"者的换刑方法作了规定:"诸犯徒应役而家无兼丁者,徒一年,加杖一百二十,不居作,一等加二十。流至配所应役者亦如之。"可见,"家无兼丁"者犯了徒罪可以用杖代替执行,犯了流罪同样可以用杖替代施刑。此条"疏议"还对流罪的换刑问题作了说明:"流人应合居役,家无兼丁,应加杖者,亦准此。"

从唐律所规定的换刑看,涉及的刑罚主要是用"五刑"中的杖和居作刑等代替徒和流刑的执行。犯徒罪的,用杖替代,免去居作,不再服役。替代的用刑是:徒一年用杖一百二十代行,以后每加一等就加杖二十,即徒一年半为杖一百四十,徒二年为杖一百六十,徒二年半为杖一百八十,徒三年为杖二百,即"徒一年,加杖一百二十,不居作;一等加二十"②。犯流罪的,换刑后用杖和居作代行。其中,流二千里决杖一百,以后每加一等加杖三十,即"合流二千里者,决杖一百;二千五百里者,决杖一百三十;三千里者,决杖一百六十"。同时,犯这三流者都需在本地服役三年;犯加役流的,除了杖一百六十以外,还要服役四年,即

---

① 《唐律疏议·名例》"犯徒应役家无兼丁"条。
② 同上。

"俱留住,役三年;犯加役流者,役四年"①。但是,有些律条只规定"流",没有规定流的里程。在这种情况下,这一"流"就用杖二百换刑。《唐律疏议·斗讼》"部曲奴婢过失杀伤主"条规定:"诸部曲、奴婢过失杀主者,绞;伤及詈者,流。"《唐律疏议·杂律》"奴奸良人"条规定:"诸奴奸良人者,徒二年半;强者,流。"这两个律条中的"流"都用杖二百替换,即流"不言里数者,为止合杖二百故也"②。以上只是一般情况,也有例外,即妇女犯流换刑后的决杖数少于以上的规定,具体是:流二千里用杖六十换刑,每加一等就加杖二十。这样,流二千五百里为杖八十,流三千里为杖一百。另外,她们都需在本地服役三年;加役流的,杖一百并服役四年,即"妇人流二千里,决杖六十;流二千五百里,决杖八十;流三千里,决杖一百。三流俱役三年。若加役流,亦决杖一百,即是役四年"③。可见,妇女犯流换用杖刑后,用杖的数额明显少于一般规定。这主要是从生理上考虑,体现了恤刑原则,照顾受刑妇女。

综观唐律,换刑不是一种特权,它与议、请、减、赎、当等特权不同。换刑制度仍以施用实刑为前提,而且这一实刑并不轻;而特权制度则以不再实施实刑为条件,两者差别甚大。另外,换刑制度的实施对象的身份等级不高,只是有一些不可替代的特殊实际情况存在,换刑是必须为之。有特殊手艺人员有其专门技艺,他人不易替代;妇女有自己的生理特点,其他人不具备,也无法代替;贱民的身份极低,律比财物,归属主人所有,有很大的依附性,不可由其他人换位;"家无兼丁"者是一种特殊的家庭成员,不能由其他家庭成员顶替。唐律换刑主体的这一不可替代性,决定了唐律的制定者不得不在确定"五刑"制度的同时,再确

---

① 《唐律疏议·名例》"工乐杂户及妇人犯流决杖"条及其"疏议"。
② 《唐律疏议·斗讼》"部曲奴婢过失杀伤主"条"疏议"。
③ 《唐律疏议·名例》"工乐杂户及妇人犯流决杖"条"疏议"。

立一个换刑制度作为补充,以解决实际问题,从而有利于"五刑"的执行。这是建立换刑制度的一个重要原因。

唐律的换刑制度对后世影响很大。《宋刑统》基本是唐律的翻版,承袭了唐律的规定,也建立了相应的换刑制度。《大明律》和《大清律例》也都建立了换刑制度,只是在内容上不完全与唐律相同。比如,《大明律·名例》"工乐户及妇人犯罪"条同样规定了换刑问题,但与唐律的规定相比,有不同之处,主要是:流刑的决杖数不作区分,全为杖一百,唐律则有区分;拘役时间全为四年,唐律则为三年,只有加役流为四年;妇女犯有徒、流罪的,全为决杖一百,其余的用赎刑处理,唐律则只规定犯流罪的换刑办法,不及徒罪。① 此条规定:"凡工匠、乐户犯流罪者,三流并决杖一百,留住拘役四年。"妇女"若犯徒流罪,决杖一百,余罪收赎"。《大清律例·名例》"工乐户及妇人犯罪"条在《大明律》的基础上有所改进,只规定工乐户犯徒罪的换刑,不言犯流罪问题。此条规定:"凡工匠、乐户犯徒罪者,五徒并依杖数决讫,留住照徒年限拘役。"妇女犯徒、流罪的换刑与《大明律》规定的相同。可见,唐律的这一制度一直影响到清朝,前后有一千余年,影响可谓不小。

二、化外人相犯处理制度问题

唐律建立了化外人相犯处理制度,并在《唐律疏议·名例》"化外人相犯"条中作了明确规定。这里的"化外人"是指在中国的外国人,

---

① 《大明律》和《大清律例》中的"拘役"类似于唐律中的"居役"。

即"蕃夷之国,别立君长者"。这些国家有自己的制度、法律,与唐朝不同,"各有风俗,制法不同"。化外人相犯处理制度是指外国人之间在中国相犯以后所适用法律的制度。根据"化外人相犯"条的规定,这一处理制度贯彻了属人主义和属地主义两个原则。同一国家的外国人在中国相犯的,实行属人主义原则,即适用该国的法律;不同国家的外国人在中国相犯的,则推行属地主义原则,适用中国的法律。这一律条的内容为:"诸化外人,同类自相犯者,各依本俗法;异类相犯者,以法律论。"为了便于正确理解这一条文,防止出现歧义,此条"疏议"还作了解释:"其有同类自相犯者,须问本国之制,依其俗法断之。异类相犯者,若高丽之与百济相犯之类,毕以国家法律,论定刑名。"宋朝也有这一制度,《宋刑统》设有"化外人相犯"的条目,其内容与唐律相同。

有人从赞赏的角度评价唐律的这一制度,认为这是唐朝的立法者充分考虑到在唐外国人的具体情况而制定的条款。当时,唐朝是亚洲最为强大的国家,吸引了包括亚洲国家在内的许多国家的外国人。他们的风俗习惯各异,法律制度不同。为了便于案件的处理和解决,对于来自同一国家的外国人,使用他们本国的法律比较妥当。

笔者持有不同的看法,认为唐律的这一制度既难操作,代价又太大。可以设想:如果同一外国的原、被告到唐朝的衙门要求审判,那里的司法官能听懂他们的语言、知晓他们国家的法律吗?如果不能,怎么贯彻属人主义原则?"依本俗法"断案?可见,这一规定的操作性很差。如果可以操作,不管是唐朝的司法官,还是从外国请来的司法官,都采用外国的法律在唐朝的衙门、国土判案,则意味着唐朝司法权的丧失。这样做的代价太大了。从这一意义上说,唐律"化外人相犯"的处理制度实是一个败笔,也是一大弊端。

"前车之覆,后车之鉴。"明、清两朝的立法者看到了唐律中"化外人相犯"处理制度的失误,随即改变了原有的规定。《大明律·名例》"化外人有犯"条全面贯彻了属地主义原则,规定所有在明朝相犯的外国人全部适用明朝的法律。此条明文规定:"凡化外人犯罪者,并依律拟断。"《大清律例·名例》也作了同样的规定。至此,"化外人相犯"的问题得到了妥善的解决。即凡是在中国碰到外国人相犯的案件,不论是同一国家的外国人,还是不同国家的外国人,都适用中国法律。这样,既无操作上的困扰,也无丧失司法权的风险。可以说,《大明律》与《大清律例》为维护中国的司法权做出了贡献。也可以说,这两部律在立法上又取得了一大进步。

三、过失犯罪问题

唐律规定的犯罪中,也有故意与过失之分。其中,过失犯罪比较复杂,也特别引人注目,值得述评。唐律没有专门对过失作一般的解释,只是根据具体的过失犯罪作出具体的说明,主要在三个律条中作了较为完整的规定。《唐律疏议·名例》"称乘舆车驾及制敕"条规定:"若于东官犯、失及宫卫有违,应坐者亦同减例。"此条"疏议"对其中的"失"举例作了说明:"失者,谓合和皇太子药误不如本方及封题误,并守备不觉阑入东宫宫殿门,如此之类,谓之为'失'。"《唐律疏议·厩库》"故杀官私马牛"条规定,误杀官私马牛的,不被追究刑事责任,即"其误杀伤者,不坐"。此条"疏议"对"误杀伤"作了解释:"谓目所不见,心所不意,或非系放畜产之所而误伤杀,或欲杀猛兽而杀伤畜产者,不坐。"《唐律疏议·斗讼》"过失杀伤人"条规定,过失杀伤人的,根据具体情况,以赎论,即"诸过失杀伤人者,各依其状,以赎论"。此条专门对其中的"过失"作了注释:"谓耳目所不及,思虑所不到;共举重物,力所不制,若乘高履危足跌及因击禽兽,以致杀伤之属,皆是。"以上对"过失"的解释虽不尽相同,但有较为一致之处:犯罪人没有考虑到,也没有观察到。这与现代刑法中的过失相比,似乎更接近于疏忽大意的过失,而与过于自信的过失相差较远。

　　唐律中的过失,除使用"失""误""过失"外,还使用"不知情""迷误""不知""不觉""错认"等一些字、词表示。绝大多数的过失犯罪都可用减轻用刑、免刑或"上请"等方法处理。《唐律疏议·卫禁》"不应度关而给过所"条对责任人"不知情"的过失犯罪作出规定:"主司及关司知情,各与同罪;不知情者,不坐。"当然,并不是所有的不知情的过失犯罪都可免刑,有的不知情犯罪也会受到处罚,只是减刑而已。《唐律疏议·卫禁》"私度有他罪"条就追究不知情者的刑事责任,只是用刑轻于知情的故意犯罪罢了。"诸私度有他罪者,主司知情,以重者论;不知情者,依常律。"此条"疏议"还对其中的"依常律"作了说明,即按"'不觉故纵'之法"处罚。《唐律疏议·卫禁》"阑入宫殿门及上阁"条规定,故意阑入宫门的要被徒二年,但是因迷误而犯有阑入宫门的过失犯罪则用"上请"的办法处理,即"迷误者,上请"。此条"疏议"还对这一处理作了补充:"迷误,谓非故阑入者,上请听敕。"《唐律疏议·卫禁》"宫殿作罢不出"条对"不知"的过失犯罪作了规定,其中包括量刑。它用减刑的办法进行处理,即"将领主司知情者,与同罪;不知者,各减一等"。《唐律疏议·厩库》"库藏主司不搜检"条对"不觉"的过失犯罪作了规定,其用刑轻于故意犯罪。"诸有人从库藏出,防卫主司应搜检而不搜检,笞二十;以故致盗不觉者,减盗者罪二等。若夜持时不觉盗,减三等。"《唐律疏议·杂律》"错认良人为奴婢部曲"条对错认良人为奴婢的过失犯罪作了规定:"诸错认良人为奴婢者,徒二年。"这一量刑轻于同类故意犯罪。故意把良人认作奴婢的,要被流三千里。① 另外,"误发""误毁""误损毁"等也有类似情况。② 可见,在唐律中,过失的表达有多种,而且依据不同的情况使用不同的字、词,有点复杂。

  关于唐律中的过失犯罪,还有以下六个方面的问题要引起注意:第一,有的犯罪没有过失,只是故意。《唐律疏议·职制》"刺史县令等私出界"条规定,官吏私自出界的犯罪只是故意,没有过失。"诸刺史、县令、折冲、果毅,私自出界者,杖一百。"第二,有的犯罪只是过失,没有故意。《唐律疏议·职制》"合和御药有误"条所规定的犯罪就是过失犯罪,没有故意犯罪的内容。"诸和合御药,误不如本方及封题误者,医绞。"第三,有的过失犯罪可以不被追究刑事责任。《唐律疏议·斗讼》"殴缌麻小功亲部曲奴婢"条规定,过失殴打缌麻以上亲属的部曲、奴婢致死的,可以不负刑事责任。"诸殴缌麻、小功亲部曲奴婢,折伤以上,各减杀伤凡人部曲奴婢二等,大功,又减一等。过失杀者,各勿论。"第四,有的过失犯罪虽不直接用刑,但要承担相应的赔偿、赎等责任。《唐律疏议·厩库》"故杀官私马牛"条规定,故意杀死官私马牛的,要被追究刑事责任;如果是误杀伤,则不需承担刑事责任,但要承担赔偿责任。"其误杀伤者,不坐,但偿其减价。"《唐律疏议·斗讼》"过失杀伤人"条则明确规定,过失杀伤人的,依据情况,以赎作出处理。第五,有的故意犯罪以过失犯罪追究刑事责任。《唐律疏议·断狱》"监临自以杖捶人"条把监临官故意用杖捶打致人死亡等犯罪,以过失杀人而不是按故意杀人量刑。"诸监临之官因公事,自以杖捶人致死

---

① 参见《唐律疏议·诈伪》"妄认良人为奴婢部曲"条。
② 参见《唐律疏议·杂律》"私发制书官文书印封""毁人碑碣石兽""弃毁器物稼穑"条。

者,各从过失杀人法。"第六,有的犯罪不论故意还是过失都一样用刑,没有差别。《唐律疏议·擅兴》"乏军兴"条所规定的"乏军兴"犯罪就是如此。"诸乏军兴者斩,故、失等。"此条"疏议"还专门对此作了说明,认为"军兴"事情重大,所以过失"乏军兴"仍不可减刑。"兴军征讨,国之大事","为其事大,虽失不减"。以上这些问题,有的与现代刑法的规定有相似之处,有的则明显不同,这从一个侧面反映了唐朝刑法中的一些特殊方面。

唐律中关于过失犯罪的规定同样对后世有影响。《宋刑统》全面继承了唐律的内容,包括过失犯罪的一系列规定。《大明律》对过失犯罪的认定有了进一步的规定。《大明律·刑律》"戏杀误杀过失杀伤人"条对于过失的认定,范围广于唐律的规定,有的在《唐律疏议·斗讼》"过失杀伤人"条中没有规定,其中包括"因事投掷砖、瓦,不期而杀人者。或因升高险,足有蹉跌,累及同伴。或驾船使风,乘马惊走,驰车下坡,势不能止"等行为。另外,《大明律》在处理这类犯罪时还特别强调了唐律所没有规定的赔偿。"凡初无害人之意,而偶致杀伤人者,皆准斗殴杀、伤人罪,依律收赎,给付被杀、被伤之家,以为营葬及医药之资。"其中的"给付"规定具有赔偿之意,唐律则没有规定。《大清律例》中关于过失犯罪的规定基本同于《大明律》。

四、奴婢在法律关系中的地位问题

在不同情况下,奴婢在法律关系中的地位也不尽相同,而且还会发生变化。总体而论,他们在法律关系中扮演的角色是客体、主体等。

奴婢在唐朝地位极低。唐律常常把他们作为法律关系中的客体，说"奴婢同于资财""奴婢贱人，律比畜产"①等。因此，奴婢在有些规定中就以客体的角色出现，侵犯了他们，行为人会受到唐律的惩处，以保护奴婢所有人的权益。比较突出的规定有以下一些方面：

奴婢作为主人的一种私有财产，由其主人进行处分，如有违犯，要被追究刑事责任。《唐律疏议·户婚》"杂户官户与良人为婚"条规定："奴婢和嫁女与良人为妻妾者，准盗论。"原因是：奴婢及其女儿都是主人的财产，不可不经主人同意擅自出嫁。这一犯罪行为意味着窃取了主人的财产，所以要以窃盗罪论处。此条"疏议"还专门作了解释："奴婢既同资财，即合由主处分，辄将其女私嫁与人，须计婢赃，准盗论罪，五匹徒一年，五匹加一等。"

官私奴婢是官私的财产，受到法律的保护。如果有人要诱导他们逃亡，就是侵害了官私的财产权。唐律要以"盗"追究这类犯罪人的刑事责任，并要求其赔偿。《唐律疏议·捕亡》"官户奴婢亡"条规定："诱导官私奴婢亡者，准盗论，仍令备偿。"此条"疏议"还对此作了解释，即这种犯罪行为"不降入己，导引令亡者，并准盗论，五匹徒一年，五匹加一等，仍令备偿"。

官奴婢是归官府所有的财产，与官府的其他财产一样，也受到法律的保护。责任官员有非法借用官奴婢等行为并构成犯罪的，要被唐律追究刑事责任。《唐律疏议·职制》"役使所监临"条规定："诸监临之官，私役使所监临，及借奴婢、牛马驼骡驴、车船、碾硙、邸店之类，各计庸、赁，以受所监临财物论。"《唐律疏议·厩库》"监主借官奴畜产"条也规定："诸监临主守，以官奴婢及畜产私自借，若借人及借之者，笞五

---

① 《唐律疏议·名例》"彼此俱罪之赃"条"疏议"和《唐律疏议·名例》"官户部曲官私奴婢有犯"条"疏议"。

十;计庸者,以受所监临财物论。"唐律将奴婢与动物、财物相提并论,可见其法律地位之低了。

奴婢在唐律中虽是一种"畜产",但他们毕竟与其他"资财""畜产"不同。他们是人,有人的各种特征,只是被唐律贬低为"资财""畜产"而已。他们有思想、有行为,也有可能被拐骗。唐律不允许拐骗奴婢,因为这是一种侵犯奴婢所有人财产权的行为。对于这种拐骗的犯罪行为,唐律根据情况,按照赃值以"强盗"或"窃盗"论处。《唐律疏议·贼盗》"略和诱奴婢"条规定:"诸略奴婢者,以强盗论;和诱者,以窃盗论。各罪止流三千里。"此条"疏议"还专门强调了以赃论罪的量刑办法,特别是"略奴婢者",要"计赃以强盗论"。当然,以窃盗论也是如此。

奴婢被法律贬为财产、动物,因此有价格。唐律对此一点都不避讳,直言:"奴婢有价。"① 但是,奴婢是价格较高的商品,与马、牛等动物有相似之处,在交换时必须立"市券"。违犯了,就意味着增加了交易风险,交换人因此要受到刑法的追究。《唐律疏议·杂律》"买奴婢牛马不立市券"条规定:"诸买奴婢、马牛驼骡驴,已过价,不立市券,过三日笞三十;卖者,减一等。"

在以上规定中,唐律都把奴婢当作其所有人的财物,实是法律关系的客体。唐律用刑法手段保护奴婢所有人的权益。侵犯了奴婢,就是侵害了其所有人的权益,并被确定为一种犯罪行为。为此,侵害人要受到刑罚的惩罚。但是,奴婢毕竟不同于其他财物,他们是活生生的人,在生理上与任何人一样,亦具有人的其他一切特性。在某些情况下,唐律不得不把奴婢也作为法律关系的主体,使其以犯罪人和受害人的面目出现。这样,奴婢便具备双重身份,即刑事法律关系的客体和主体,

---

① 《唐律疏议·诈伪》"诈除去死免官户奴婢"条"疏议"。

多数情况下主要是客体,而不是主体。

在唐律中,奴婢虽是法律关系中的主体,但他们在唐朝这样一个等级森严的社会中,地位非常低,被称为"家仆""贱流"①等。这种地位很难改变,就连他们的后代也属其所有人所有。《唐律疏议·名例》"以赃入罪"条"疏议"说:"赃婢所生,不合从良,止是生产蕃息,依律随母还主。"综观整部法律,只有在个别情况下,奴婢才享有"良人"的"待遇",即按"良人"的犯罪人和受害人进行处理。《唐律疏议·名例》"官户部曲官私奴婢有犯"条对奴婢可准以"良人"论的犯罪作了规定:"诸官户、部曲、官私奴婢有犯,本条无正文者,各准良人。"此条"疏议"还专门对具体的适用范围作了进一步的说明:"本条有正文者,谓犯主及殴良人之类,各从正条。其'本条无正文',谓阑人、越度及本色相犯,并诅詈祖父母、父母、兄姊之类,各准良人之法。"《唐律疏议·名例》"犯罪未发自首"条则对损伤奴婢以"良人"论作了规定,即损伤了奴婢的身体,按损伤"良人"处理。"损,谓损人身体。伤,谓见血为伤。虽部曲、奴婢伤损,亦同良人例。"

在唐律的大量规定中,奴婢的主体地位极低,受到明显的歧视。唐律明文规定,当奴婢作为犯罪人侵犯他人时,会受到比其他犯罪人更为严厉的制裁。以下两例十分典型:当奴婢殴伤良人时,对其用刑要重于其他罪犯。《唐律疏议·斗讼》"部曲奴婢良人相殴"条规定:"诸部曲殴伤良人者,加凡人一等。奴婢,又加一等。若奴婢殴良人折跌支体及瞎其一目者,绞;死者,各斩。"如果是良人殴伤良人并折跌支体及瞎一目,则只需"徒三年",而且在"辜内平复者,各减二等"②。相比之下,对

---

① 《唐律疏议·斗讼》"部曲奴婢过失杀主"条"疏议"和《唐律疏议·户婚》"以妻为妾"条"疏议"。
② 《唐律疏议·斗讼》"殴人折跌支体瞎目"条。

奴婢用刑之重,跃然纸上。如果奴奸良人,其量刑同样要重于良人奸良人。《唐律疏议·杂律》"奴奸良人"条规定:"诸奴奸良人者,徒二年半;强者,流。"如果是良人奸良人,则量刑明显轻于奴奸良人二等以上。《唐律疏议·杂律》"凡奸"条规定:"诸奸者,徒一年半";"强者,各加一等"。

当奴婢成为受害人时,犯罪人又会因其地位高于奴婢而受到较侵害其他人轻的刑罚。这从另一个侧面说明,虽然奴婢可以是法律关系的主体,但其地位仍然非常低。《唐律疏议·斗讼》"主杀有罪奴婢"条规定,奴婢不论是有罪还是无罪,被主人杀死后,主人所承担的刑事责任很轻,只是被杖或徒。"诸奴婢有罪,其主不请官司而杀者,杖一百。无罪而杀者,徒一年。"可见,唐律对奴婢的保护微乎其微,甚至形同虚设。相反,唐律对奴婢主人的保护却十分有力,当主人受到奴婢的侵犯时,奴婢会受到相当严厉的处罚。奴婢谋杀主人的,要被判为斩刑。"诸部曲、奴婢谋杀主者,皆斩。"①奴婢过失杀主人的,要被处以绞刑。"诸部曲、奴婢过失杀主者,绞。"②这两条规定与以上主人杀奴婢的规定相比,用刑的反差非常大。

唐律中关于奴婢在法律关系中地位的规定对中国以后的立法也产生了影响。《宋刑统》沿用了绝大多数唐律的内容,包括对奴婢在法律关系中地位的规定。在《大明律》和《大清律例》中,这类规定明显减少,唐律中的有些内容没有在其中得到反映。唐律中的"买奴婢牛马不立市券""官户奴婢亡"等条都被废止,其中的相关内容也不复存在了。就是在有少量内容相似的律条中,其处罚也有所不同。《大明律·刑律》"略人略卖人"条规定:"若略卖、私诱他人奴婢者,各减略

---

① 《唐律疏议·贼盗》"部曲奴婢谋杀主"条。
② 《唐律疏议·斗讼》"部曲奴婢过失杀伤主"条。

卖、私诱良人罪一等。"这与唐律规定的以强盗、窃盗论明显不同。在另一些律条中,仍可看到奴婢的地位在明、清还是很低。《大明律·刑律》"奴婢骂家长"条规定:"凡奴婢骂家长者,绞。"如果是一般的人骂人,仅笞十。① 刑差极大,主要原因是奴婢的地位太低,没有得到根本改变。《大清律例》的相关规定与《大明律》同。可见,唐律关于奴婢在法律关系中地位的规定的影响,前后持续了一千多年。

五、预防犯罪的法定诀窍问题

中国古代的统治者也企图构建和谐社会,主张"和为贵",而对和谐社会威胁最大的是犯罪。于是,他们千方百计地预防犯罪,以减少犯罪,使自己的朝代能够维持一个和谐状态,长治久安。规定见危相助的义务是他们预防犯罪的一个法定诀窍。唐律中有关于这一诀窍的内容,总结起来包括以下三方面:

第一,当出现殴伤、盗窃和强奸等犯罪时,在场人员有见危相助的义务,应该把犯罪人抓获,送至官府处理。《唐律疏议·捕亡》"被殴击奸盗捕法"条有这一规定:"诸被人殴击折伤以上,若盗及强奸,虽傍人皆得捕系,以送官司。"这里的"傍人"即在场人员,就是见危相助义务人,他们不仅仅是受害人的家人。"虽非被伤、被盗、被奸家人及所亲,但是傍人,皆得捕杀以送官司。"如果犯罪人拒捕、逃跑,见危相助义务人可以合法地将其杀死。"持仗拒捍,其捕者得格杀之;持仗及空手而

---

① 《大明律·刑律》"骂人"条规定:"凡骂人者,笞一十。"

走者,亦得杀之。"如果是家人之间的相犯,那么就不适用以上规定,即不可捕捉,因为他们之间本身就有"同居相为隐"的义务。"若男女俱是本亲,合相容隐,既两俱有罪,不合捕格、告言。"

第二,官吏在公开场合追捕犯罪人而力量不够时,可向道路上的行人求救,这时行人就有了见危相助的义务。如果他们有能力而不相助,就构成了犯罪,要被追究刑事责任,处以杖刑。如果他们力量不够,则不会被追究这一责任。《唐律疏议·捕亡》"道路行人不助捕罪人"条对此作了规定:"诸追捕罪人而力不能制,告道路行人,其行人力能助之而不助者,杖八十;势不得助者,勿论。"其中,有例外情况。如果官吏有急事,行人有救疾病或办丧事等情况,他们不相助也不构成犯罪,不会被追究刑事责任。"官有急事,及私家救疾赴哀,情事急速,亦各无罪。"

第三,当邻居被犯罪者强盗、窃盗或被杀时,周围邻居就有了见危相助的义务。这一义务包括以下内容:当被告知邻居被害后,应立刻去救助;当闻听邻居被害后,应立即进行救助,无救助力量的,应速告附近官府等。如果没有履行以上义务,就构成了犯罪,要被追究刑事责任,受到刑罚处罚。《唐律疏议·捕亡》"邻里被强盗不救助"条对此作了规定:"诸邻里被强盗及杀人告而不救助者,杖一百;闻而不救助者,减一等;力势不能赴救者,速告附近官司,若不告者,亦以不救助论。其官司不即救助者,徒一年。盗窃者,各减二等。"在这里还要提及的是,官府接报后,应立即出发救助,如果不救助,同样要被追究刑事责任,处以刑罚。"若其所在官司知而不即救助者,徒一年。"

从以上三方面内容可见,唐律关于见危相助义务的规定中有些问题值得关注。首先,相关的犯罪主要有两类:一类是对社会和谐危害较大的犯罪。殴伤、杀人、强盗等都是如此。这类犯罪直接扰乱人们的正常生活,都是严重的刑事犯罪,是百姓十分痛恨的犯罪。另一类是对公共秩序危害较大的犯罪。它们都发生在人很多的公共场合,要么是在道路上,要么是在人口聚集的居民区。这种犯罪的场合决定了它们对公共秩序危害较大,易产生不和谐状态。其次,具有见危相助义务的人员都在犯罪地周围,有进行救助的便利。"傍人""行人"和"邻里"都是如此。这是一部分与犯罪做斗争的社会资源。动用这一资源,可以弥补国家资源的不足,有利于打击犯罪,构建和谐环境。最后,规定的内容具有一定的合理性。唐律在确定见危相助义务人时,已考虑到他们要与犯罪分子做斗争,必须具备能制止犯罪的能力,因此便作了一些合理的规定,包括行人力不足时可以不被追究刑事责任、邻里力弱不能救的需速告官府等。此外,唐律考虑到前后文的协调,规定亲人间的相犯,不可由傍人捕杀,因为唐律中另有"同居相为隐"的规定等。这些都告诉我们,唐律的制定者在设定见危相助义务时,有过深思熟虑,不是心血来潮。

唐律规定的这一预防犯罪的诀窍为后世所重视和采纳,并被规定在法典里。《宋刑统》全盘接受了唐律的相关规定,只是在内容的结构上稍作调整。《宋刑统·捕亡律》把"旁人捕送"和"道路助捕"的义务归入"将吏追捕罪人"门;"被强盗邻里不救助"虽另设为门,但其规定的内容与唐律基本无异。见危相助也成了《宋刑统》所规定的一种义务,同时也是宋朝统治者预防犯罪的一个法定诀窍。

见危相助义务的规定实是中国古代连坐制度的一种延伸和扩大。中国古代长期使用连坐制度,它使一些本人没有犯罪、只是与犯罪者有某种联系的人员也受到刑法的追究。唐朝也施行连坐制度,唐律中就有规定。比如,家里一旦有人犯了"谋反"罪,除了本人要被处以死刑外,还要连坐父母、子女、妻妾、祖孙、兄弟、姊妹、伯叔父、兄弟之子等。连坐是一种重刑的反映,以此加大刑法的威慑力,达到防范犯罪的目的。这符合中国传统的法律思想。这一思想主张"以刑止刑,以杀止杀",不惜使用重刑,甚至连坐,只要达到"止刑""止杀"的目的即可。

见危相助被唐律确定以后,便成了一种法定义务,原来没有这一义务的"傍人""行人"和"邻里"都不得不加入与犯罪做斗争的行列,否则就要被追究刑事责任。这种扩大受刑范围的做法与连坐如出一辙。

见危相助义务的规定有助于提高人们与犯罪做斗争的意识,扩大与犯罪做斗争的队伍,是预防犯罪的一个法定诀窍。一方面,人们有了随时可能参与与犯罪做斗争的准备,有利于形成全民与犯罪做斗争的局面和良好的社会风尚。另一方面,这会使犯罪分子有一种巨大的精神压力,一旦出现那些法律所规定的特定犯罪,就会有一批人与其斗争,像打过街老鼠一样,从而减少他们的犯罪成功率,增加他们的犯罪成本。这两个方面都十分有利于预防犯罪。可以说,见危相助义务的规定是中国古代预防犯罪体系中的一个组成部分,从一个侧面提高了预防犯罪的效率。

中国古代的统治者运用这一法定诀窍有其社会背景,其中非常突出的是中国是个农耕社会。在这一社会中,人们聚居在一起,而且安土重迁,居住地比较固定,人员流动也不大,人与人之间的关系十分密切。这样,要使社会安定,不断向前发展,人与人之间的和谐就显得特别重要了。犯罪对此具有极大的破坏性,会冲击正常的社会秩序与和谐关系,以致使社会处于混乱无序的状态,使国家、人民都遭殃。所以,中国古代的许多统治者都致力于预防、打击犯罪,构建和保持人与人之间的和谐,并因此设计了预防犯罪的体系,其中就有见危相助义务的规定。

今天,中国正在构建社会主义和谐社会,同样需要预防犯罪,与犯罪做斗争,促进人与人、人与社会以及人与自然的和谐。中国古代关于见危相助义务的规定,如今已不复存在。现在提倡的是见义勇为的精神,但不是法定义务,也没有法律的强制性。如何更有效地动员和利用社会资源预防犯罪,仍是一个值得深思的问题,希望我们能从古代预防犯罪的做法中得到一些启示和借鉴。

第十六章
唐律"化外人相犯"条属于国际私法的质疑

中国的国际私法学界一般认为,唐律中的"化外人相犯"条属于国际私法范畴。这可从中国的国际私法教材中得到反映。中国出版的国际私法教材多把唐律的"化外人相犯"条归入国际私法。邹龙妹主编的《国际私法》说:"在世界范围内,我国是国际私法立法较早的国家之一,我国最早的国际私法立法倒可以追溯至公元651年唐代《永徽律》。《永徽律》第一篇《名例》中有规定:'诸化外人同类自相犯者,各依本俗法;异类相犯者,以法律论。'这是一条侵权领域的冲突规范。同一国籍的外国人之间在中国境内发生侵权案件,适用当事人的本国法;不同国籍的外国人之间发生的相互侵权案件,依照唐朝的法律处理。"[①]其他的一些国际私法教材也有类似的表述。谢石松所著的《国际私法学》把《永徽律》的这一规定认作是人类社会最早的国际私法间接规定。"唐高宗永徽二年(651)颁行的《永徽律》规定了目前发现的人类历史上最早的国际私法间接规范:'诸化外人,同类自相犯者,各依其本俗法;异类相犯者,以法律论。'"[②]张仲伯所著的《国际私法学》

---

① 邹龙妹主编:《国际私法》,中央民族大学出版社2013年版,第53页。
② 谢石松:《国际私法学》,高等教育出版社2007年版,第27页。

把《永徽律》的这一规定称为"国际私法的萌芽"①。尽管它们在表述上并不完全一样,但都把唐律的"化外人相犯"条归入国际私法范围。其实不然。唐律"化外人相犯"条属于刑法,应纳入唐朝刑法范畴,不属于国际私法。本文为此提出质疑。

另外,还要提及的是,唐律是一个集合概念,应是唐朝制定的所有律的总称,其中包括了《武德律》(624年)、《贞观律》(637年)、《永徽律》(651年)、《永徽律疏》(653年)等。② 可是,这些律中能完整保留至今的仅有《永徽律疏》,后人将其改名为《唐律疏议》。③ 这也是中国历史上第一部内容保存完整的法典。由于目前能够看到唐律完整内容的仅为《唐律疏议》,于是其便成了唐律的代名词。本文所指的"唐律"也是指《唐律疏议》。

一、唐律是唐朝的一部刑法典而非诸法合体的法典,其内容与国际私法无关

自商鞅改法为律、制定了秦律以后,中国古代的律都是法典。从唐律本身的体例和内容上看,唐律是唐朝的一部刑法典,类似于现代的刑法典,不是诸法合体的法典,其中不会有国际私法的内容。唐律的体例由30卷、502条、12篇组成。第1篇《名例》有6卷、57条,类似于现代

---

① 张仲伯:《国际私法学》(第二版),中国政法大学出版社2007年版,第76页。
② 参见杨廷福:《唐律初探》,天津人民出版社1982年版,第17页。
③ 参见高明士主编:《唐律与国家社会研究》,五南图书出版股份有限公司1999年版,第6—7页。

的刑法总则,规定了立法指导思想、刑罚和基本原则等。它们都与"五刑"即刑罚联系在一起,即"名者,五刑之罪名;例者,五刑之体例"。同时,它们还具有统领全律内容的作用,即"名训为命,例训为此,命诸篇之刑名,比诸篇之法例"。① 第2至12篇共有24卷、445条,分别是《卫禁》《职制》《户婚》《厩库》《擅兴》《贼盗》《斗讼》《诈伪》《杂律》《捕亡》和《断狱》,类似于现代的刑法分则,规定了犯罪与法定刑。唐律的这种体例是唐朝刑法典的体例,也十分类似于现代刑法典的体例。在这一种体例中,不会安排国际私法的内容。

再从唐律的内容上看。唐律的立法指导思想集中体现在《名例》前言"疏议"的一句话中,即"德礼为政教之本,刑罚为政教之用,犹昏晓阳秋相须而成者也"②。此话告诉人们,"德礼"和"刑罚"都是治国的手段,都不可或缺,即"犹昏晓阳秋相须而成者也";同时,也说明"德礼"与"刑罚"在治国中的地位有所不同,"德礼"是本,为主,"刑罚"为用,为辅。唐律本身就是"德礼"与"刑罚"相结合的产物,后人称之为"唐律一准乎礼,以为出入得古今之平"③。在这一指导思想中,使用的是"刑罚",那只有在刑法中才会使用,包括国际私法在内的其他实体法中不可能使用"刑罚",从中可透视出法律的刑法性质。

唐律的《名例》中还有刑罚的规定,主要是笞、杖、徒、流、死等。笞刑是一种用小竹板捶打罪犯腿和臀的刑罚;杖刑是一种用大竹板捶打罪犯腿、臀和背的刑罚;徒刑是一种罪犯在本地做劳役的刑罚;流刑是一种把罪犯流放到边远处做劳役的刑罚;死刑则是一种剥夺罪犯生命的刑罚。这"五刑"的排列由轻到重,最轻是笞刑,最重的则是死刑。

---

① 参见刘俊文点校:《唐律疏议》卷1《名例》,中华书局1983年版,第2页。
② 同上书,第3页。
③ 《四库全书总目》卷82《史部·政书类》,中华书局1965年版,第1712页。

每个刑罚中还有刑等,一共20等。其中,笞刑有5等,从笞10至50;杖刑有5等,从杖60至100;徒刑也有5等,每等为半年,从徒1年至3年;流刑分为3等,每等500里,从流2000里至3000里;死刑分为2等,即绞和斩。[①] 这"五刑"可分为三大刑种,即身体刑、自由刑和生命刑。身体刑包括了笞、杖刑;自由刑有徒、流刑;生命刑即是死刑。这"五刑"都是唐律规定、唐朝适用的刑罚,不属于包括国际私法在其他部门法所使用的制裁方式。这从一个侧面说明唐律的刑法属性。

唐律在《名例》中还规定了一些原则。这些原则以刑法原则为特征,对整部唐律分则中的规定均有指导意义,而且均与犯罪、刑罚挂钩、有联系。议、请、减、赎、官当、犯流应配、流配人在道会赦、犯死罪应侍家无期亲成丁、犯徒应役家无丁、工乐杂户及妇人犯流决杖、犯罪已发已配更为罪、老小及疾有犯、以赃入罪、犯罪未发自首、共犯罪造意为首、共犯罪有逃亡、二罪从重、同居相为隐、断罪无正条等,都是如此。这些原则无一不与刑法相关。以议为例。这个议即是"八议"特权原则,适用于亲、故、贤、能、功、贵、勤、宾等8种权贵人员。[②] 在他们犯罪以后,可根据相关情况,享有免、减刑罚的特权。"诸八议者,犯死罪,皆条所坐及应议之状,先奏请议,议定奏裁;流罪以下,减一等。其犯十恶者,不用此律。"[③]根据这一原则的规定,唐朝的"八议"者一旦犯有非十恶罪,要被使用"五刑"时,就可适用这一规定。可见,其前提是当"八议"者构成犯罪并要被适用刑罚时,就可享有这一减、免用刑的特权了。它无疑是刑法中的一个原则的规定。其他原则也是如此,均与

---

① 参见刘俊文点校:《唐律疏议》卷1《名例》,中华书局1983年版,第3—5页。
② 同上书,第17—18页。
③ 刘俊文点校:《唐律疏议》卷2《名例》,中华书局1983年版,第32页。

犯罪、刑罚相联系。

唐律的《名例》中还有一些行政制裁方式的规定，其中有除名、免官、免所居官等。可是，它们都不单独适用，都是刑事附带行政制裁方式，刑罚仍是主要的制裁手段。"诸犯十恶、故杀人、反逆缘坐，狱成者，虽会赦，犹除名。即监临主守，于所监守内犯奸、盗、略人，若受财而枉法者，亦除名；狱成会赦者，免所居官。其杂犯死罪，即在禁身死，若免死别配及背死逃亡者，并除名"①。"诸犯奸、盗、略人及受财而枉法；若犯流、徒，狱成逃走；祖父母、父母犯死罪，被囚禁，而作乐及婚娶者：免官。"②唐律中的除名是一种免去官吏的官职、官品、爵位和名号等的行政制裁方式；免官是一种免去官吏的官职、官品和名号，保留爵位的行政制裁方式；免所居官是一种免去官吏的官职、散官品位，保留勋官、名位的行政制裁方式。其中，除名的制裁最重，免所居官的制裁最轻，免官则居中。③ 在唐律中，只有当官吏构成犯罪、使用刑罚时，才会附带适用除名、免官、免所居官等行政制裁方式，它们都不单独使用。刑事附带行政制裁方式是为了加大打击犯罪官吏的力度，排除其再犯罪的资本。刑法中的刑罚是所有部门法中制裁力度最大的制裁方式，其他制裁方式的力度都不如刑罚，因此其他制裁方式与刑罚一起使用时，只能是附带和从属的。这不仅无法改变其刑法的性质，反而能证明其的刑法性质。尽管唐律的《名例》中有行政制裁方式的规定，但仍不能改变其是刑法总则的性质。

在唐律除《名例》以外的其他11篇中，也都由律条组成。这些律条的主要内容是罪状和法定刑，与现代刑法典分则的法条十分相似。

---

① 刘俊文点校：《唐律疏议》卷2《名例》，中华书局1983年版，第47—48页。
② 刘俊文点校：《唐律疏议》卷3《名例》，中华书局1983年版，第55—56页。
③ 参见王立民：《唐律新探》(第五版)，北京大学出版社2016年版，第238—241页。

例如,"诸祖父母、父母被囚禁而嫁娶者,死罪,徒一年半;流罪,减一等;徒罪,杖一百"①。此条中的"诸祖父母、父母被囚禁而嫁娶者,死罪""流罪""徒罪"都属罪状,而"徒一年半""减一等""杖一百"则是法定刑。这11篇中,有少量律条的制裁方式是刑事附带民事制裁方式。"诸故杀官私马牛者,徒一年半。赃重及杀余畜产,若伤者,计减价,准盗论,各偿所减价"②。此条中的"徒一年半""准盗论"都是法定刑,即刑事制裁方式;而"各偿所减价"则属于民事赔偿,是一种民事制裁方式。这两种制裁方式同存于一个律条中,而且是以刑罚为主,"各偿所减价"为辅,是一种刑事附带民事制裁方式。这也十分类似于现代的刑事附带民事制度。这种规定不仅不能否认唐律的刑法典属性,反而印证了其刑法典的性质。

另外,在这11篇中,还有个别律条虽然不是由罪状与法定刑组成,但却是刑法典中的补充条款,是对其他律条中相关刑法内容的补充。它们也不能独立存在,只是依附于其他律条而已。例如,"诸缘坐非同居者,资财、田宅不在设限。虽同居,非缘坐及缘坐人子孙应免流者,各准分法留还。若女许嫁已定,归其夫。出养、入道及娉妻未成者,不追坐。道士及妇人,若部曲、奴婢,犯反逆者,止坐其身"③。这一律条既无罪状也无法定刑,其内容只是对"谋反大逆"罪规定的补充,因为此律条没有涉及这些规定,需要经过补充,其内容才完整。"谋反大逆"罪的规定是:"诸谋反及大逆者,皆斩;父子年十六以上皆绞,十五以下及母女、妻妾、祖孙、兄弟、姊妹若部曲、资财、田宅并没官,男夫年八十

---

① 刘俊文点校:《唐律疏议》卷13《户婚》,中华书局1983年版,第258页。
② 刘俊文点校:《唐律疏议》卷15《厩库》,中华书局1983年版,第282页。
③ 刘俊文点校:《唐律疏议》卷17《贼盗》,中华书局1983年版,第323—324页。

及笃疾、妇人年六十及废疾者并免;伯叔父、兄弟之子皆流三千里,不限籍之同异。"①可见,只有经过补充,此律条规定的内容才周全,也更利于司法。从这种意义上讲,唐律补充条款的设立很有必要,同时也不影响唐律是刑法典性质的认定。

国际私法是调整涉外民商事法律关系规范的总称。具体地说,它是以涉外民商事关系为调整对象,以解决法律冲突为中心任务,以冲突规范为最基本的规范,同时包括规定外国人法律地位的规范、避免或清除法律冲突的统一实体规范以及国际民事诉讼规范与仲裁程序规范在内的一个独立的法律部门。②可见,国际私法与涉外民商事法律关系联系在一起,刑法则与刑事法律关系联系在一起,它们分属两个部门法,内容都相对独立。国际私法的内容不会规定在刑法典里,刑法的内容亦不会规定在国际私法内。

综上所述,唐律无论是从体例上还是从内容上说,都属唐朝的刑法,其具有刑法典的性质,与现代刑法典很相近,不是诸法合体的法典。唐律中虽有十分类似于现代的刑事附带行政、民事制裁方式,但这种规定不仅不能否认唐律的刑法典属性,反而印证了其刑法典的性质。"化外人相犯"条是唐律的一个组成部分,不可能游离于刑法的内容而属于国际私法。从中亦可推论,"化外人相犯"条不属于唐朝适用的国际私法范畴,应归入唐朝的刑法范围。

---

① 刘俊文点校:《唐律疏议》卷17《贼盗》,中华书局1983年版,第321—322页。
② 参见李双元:《国际私法(冲突法篇)》(修订版),武汉大学出版社2001年版,第53页。

二、违反唐律后被适用的是刑事司法而非民事司法

这是从唐律实施的方位来进一步证明,唐律是一部刑法典。只有违反了刑法才能适用刑事司法,被刑事司法者也就是违反刑法者,这两者也相辅相成,紧密关联。违反了国际私法只能接受民事司法,不会适用刑事司法,被刑事司法者也不会是违反国际私法者。这从反证的维度来说明,唐律是一部刑法典,不会有国际私法的内容,唐律的"化外人相犯"条不属于国际私法。

中国古代在唐朝以前,就对刑事案件与民事案件进行区分,用词也不一样。刑事案件一般称"狱",民事案件一般称"讼"。《周礼·地官·大司徒》记载:"凡万民之不服教而有狱讼者,与有地治者听而断之,其附于刑者,归于士。"郑玄注:"争罪曰狱,争财曰讼。"《周礼·秋官·大司寇》记载:"以两造禁民讼。"郑玄注:"讼,谓以财货相告者。"《周礼·秋官·大司寇》又记载:"以两剂禁民狱。"郑玄注:"狱,谓相告以罪名者。"[1]在此基础上,刑事审判与民事审判就不同了。唐朝把刑事审判称为"断狱",唐律《断狱》中规定的内容都与刑事审判有关,而没有民事审判的内容。另外,新、旧唐书《刑法志》和大量案例也都从唐律实施的视角来证实,唐律是一部唐朝的刑法典。

---

[1] 转引自孙诒让:《周礼正义》卷66《地官·大司徒》《秋官·大司寇》,王文锦、陈玉霞点校,中华书局1987年版,第2748—2749页。

1. 新、旧唐书《刑法志》中集中记载了大量违反唐律后的刑事司法而非民事司法的内容

新、旧唐书《刑法志》是专门记载唐朝立法、司法与法律监督等法制建设情况的志。其中,大量的是刑事司法的情况,主要是唐律的刑事司法情况,没有民事司法的情况。这从一个司法的侧面印证了唐律是一部刑法典,其中的内容是刑法的内容而非其他部门法的内容,"化外人相犯"条不可能是国际私法的规定。新、旧唐书《刑法志》中主要记载了以下一些违反唐律的刑事司法情况:

首先,反映了唐朝一些皇帝在唐律的刑事司法中的情况。唐朝的皇帝与中国其他朝代的皇帝一样,都是专制君主,集立法、行政、司法于一体,是唐朝的最高司法官,掌有唐朝的最高司法权,决定了唐律的刑事司法面貌。唐朝共存有289年,先后有20多位皇帝当政。其中一些皇帝当政时唐律的刑事司法情况在新、旧唐书《刑法志》中有不同程度的反映。《旧唐书·刑法志》对唐太宗、唐高宗、武则天、唐玄宗等皇帝当政时唐律的刑事司法情况作了概括性反映。唐太宗时(627—649),严格依律司法。"曹司断狱,多据律文,虽情在可矜,而不敢违法,守文定罪,或恐有冤。"唐高宗时(650—683),继承唐太宗的做法。"高宗即位,遵贞观故事,务在恤刑。"武则天时(684—705)则是另一种情况,唐律的刑事司法开始恶化。"(武)则天严于用刑,属徐敬业作乱,及豫、博兵起之后,恐人心动摇,欲以威制天下,渐引酷吏,务令深文,以案刑狱。"到了唐玄宗时(712—756),唐朝的唐律刑事司法情况又开始好

转。"开元之际,刑政赏罚,断于宸极,四十余年,可谓太平矣。"①《新唐书·刑法志》也对唐肃宗、代宗、德宗、宪宗、穆宗、武宗等皇帝当政时唐律的刑事司法情况作了记载,总体情况不如以往。唐肃宗时(756—762)用刑严酷。"肃宗方喜刑名,器亦刻深"。唐代宗时(762—779)用刑宽松。"代宗性仁恕,常以至德以来用刑为戒。及河、洛平,下诏河北、河南吏民任伪官者,一切不问。"唐德宗时(780—805)滥刑的情况不太严重。"德宗性猜忌少恩,然用刑无大滥。"唐宪宗时(806—820)却是用刑宽仁。"宪宗英果明断,自即位数诛方镇,欲治僭叛,一以法度,然于用刑喜宽仁。"唐穆宗时(821—824)用刑谨慎,还采取了相应措施。"穆宗童昏,然颇知慎刑法,每有司断大狱,令中书舍人一人参酌而轻重之,号'参酌院'。"唐武宗时(841—846)又用刑严酷。"武宗用李德裕诛刘稹等,大刑举矣,而性严刻。"总之,自唐玄宗以后,皇帝们胸无大志,治国不力,唐律的刑事司法情况不甚理想,严格依律司法的情况不复存在。"自此以后,兵革遂兴,国家多故,而人主规规,无复太宗之志。其虽有心于治者,亦不能讲考大法,而性有宽猛,凡所更革,一切临时苟且,或重或轻,徒为繁文,不足以示后世。"②唐朝唐律的刑事司法整体情况在新、旧唐书《刑法志》里一目了然。

其次,反映了在刑事司法中有不依唐律判案动态后立即加以纠正的情况。唐律作为唐朝的一个刑法文本,是刑事司法的依据。司法官要按它的规定进行审判,以体现它的价值。在唐朝,司法官有依律判案的情况,也有不依律判案的情况。新、旧唐书《刑法志》记载了其中的

---

① 上述内容均摘自《旧唐书》卷50《刑法志》,中华书局1975年版,第2140—2151页。

② 上述内容均摘自《新唐书》卷56《刑法志》,中华书局1975年版,第1416—1419页。

一些情况。唐太宗时,当他发现有不依律判案的动态后,就会及时加以纠正,督促司法官严格依照唐律的规定判案。对量刑出入人罪情况的纠正就是如此。《旧唐书·刑法志》记载:"太宗既诛张蕴古之后,法官以出罪为诫,时有失入者,又不加罪焉,由是刑纲颇密。帝尝问大理卿刘德威曰:'近来刑纲稍密,何也?'德威对曰:'律文失入减三等,失出减五等。今失入则无辜,失出便获大罪,所由吏皆深文。'太宗然其言。由是失于出入者,令依律文,断狱者渐为平允。"①唐律的《断狱》规定有这一律文的内容。"诸官司入人罪者,若入全罪,以全罪论;从轻入重,以所剩论;刑名易者:从笞入杖、从徒入流亦以所剩论;从笞杖入徒流、从徒流入死罪亦以全罪论。其出罪者,各如之。即断罪失于入者,各减三等;失于出者,各减五等。若未决放及放而还获,若囚自死,各听减一等。"②在刑事司法中,唐太宗及时纠正了司法官不依唐律判案的情况,督促司法官依照唐律办案。

再次,反映了皇帝在录囚中发现问题后修订唐律的情况。自汉朝以后,中国就有皇帝亲自录囚的记载。他们通过录囚发现刑事司法问题,改进立法,平反冤狱,完善法制。唐朝也是如此。唐太宗曾在录囚中发现了立法问题并采取措施,完善了唐律。据《新唐书·刑法志》记载,唐太宗在录囚中发现,同州人房强因其弟弟犯谋反罪而被连坐;他认为,连坐也要按谋反情况的不同而区别对待;最后,唐太宗的意见被采纳并融入立法,使唐律更为完善了。"故时律,兄弟分居,荫不相及,而连坐则俱死。同州人房强以弟谋反当从坐,帝因录囚为之动容,曰:'反逆有二:兴师动众一也,恶言犯法二也。轻重固异,而均谓之反,连坐皆死,岂定法耶?'玄龄等议:'礼,孙为父尸,故祖有荫孙令,是祖孙

---

① 《新唐书》卷50《刑法志》,中华书局1975年版,第2140页。
② 刘俊文点校:《唐律疏议》卷30《断狱》,中华书局1983年版,第562—564页。

重而兄弟轻。'于是令:反逆者,祖孙与兄弟缘坐,皆配没;恶言犯法者,兄弟配流而已。玄龄等遂与法司增损隋律,降大辟为流者九十二,流为徒者七十一,以为律。"①这里的"律"说的是《贞观律》。事实上,唐律也确实接受了唐太宗"令"的精神和内容,把谋反作了区别,而且量刑也有所不同,"恶言犯法"的量刑减轻。"诸谋反及大逆者,皆斩;父子年十六以上皆绞,十五岁以下及母女、妻妾、祖孙、兄弟、姊妹若部曲、资财、田宅并没官,男夫年八十及笃疾、妇人年六十及废疾者并免;伯叔父母、兄弟之子皆流三千里,不限籍之同异。即虽谋反,词理不能动众,威力不足率人者,亦皆斩;父子、母女、妻妾并流三千里,资财不在没限。"②经过刑事司法的反馈,唐律的内容进一步完善了。

最后,反映了违反唐律的规定进行刑事司法而造成冤案的情况。唐律在唐朝的刑事司法过程中不是一帆风顺的,也有曲折、受挫。有些司法官因为各种原因不依律司法,造成冤案,这在新、旧唐书《刑法志》中也有反映。武则天当政时产生的冤案就十分典型。周兴、来俊臣等酷吏运用非法刑讯等手段,大量制造冤案,打击正直的官吏,罄竹难书。"时周兴、来俊臣等,相次受制,推究大狱。乃于都城丽景门内,别置推事使院,时人谓之'新开狱'。俊臣又与侍御史侯思止、王弘义、郭霸、李敬仁,评事康玮、卫遂忠等,招集告事数百人,共为罗织,以陷良善。前后枉遭杀害者,不可胜数。又造《告密罗织经》一卷,其意旨皆纲罗前人,织成反状。俊臣每鞫囚,无问轻重,多以醋灌鼻。禁地牢中,或盛之于瓮,以火环绕炙之。兼绝其粮饷,至有抽衣絮以噉之者。其所作大枷,凡有十号:一曰定百脉,二曰喘不得,三曰突地吼,四曰著即承,五曰失魂胆,六曰实同反,七曰反是实,八曰死猪愁,九曰求即死,十曰求破

---

① 《新唐书》卷 56《刑法志》,中华书局 1975 年版,第 1409—1410 页。
② 刘俊文点校:《唐律疏议》卷 17《贼盗》,中华书局 1983 年版,第 321—322 页。

家。又令寝处粪秽,备诸苦毒。每有制书宽宥囚徒,俊臣必先遣狱卒,尽杀重罪,然后宣示。是时海内慑惧,道路以目。"①一些违反唐律的指导思想、程序、刑讯、赦免等规定的行为在其中得到了淋漓尽致的反映。尽管之后这些冤案得到了昭雪,酷吏们也没能逃脱法网,受到了制裁,可不依唐律进行刑事司法的事实已经造成,留在了史册。

2. 现存的刑事案例反映了违反唐律后的刑事司法状况

这也是从唐律实施的方面来反映唐律是一部唐朝的刑法典而非其他部门法法典或者诸法合体的法典。唐律实施以后,会产生一些案例。它们从各自的角度来体现唐律的刑事司法情况。这也反证唐律是唐朝的刑法典,其所含的内容是刑法的内容。以下列举数例以证之。在这些案例中,有的是依照唐律进行刑事司法,有的是违反唐律进行刑事司法,还有的是变通唐律进行刑事司法等。

首先是依照唐律进行刑事司法的案例。在现存的案例中,有一些是司法官依唐律司法的案例。尽管审判过程中有曲折,但是,最后的判决与唐律的规定相吻合,是按唐律进行刑事司法的结果。司法官适用的是唐律的规定,可以在唐律中找到相应的律条,包括罪状与法定刑等。"唐柳浑,相德宗。玉工为帝作带,误毁一銙。工不敢闻,私市他玉足之。及献,帝识不类,擿之,工人服罪。帝怒其欺,诏京兆府论死。浑曰:'陛下遽杀之则已。若委有司,须详谳乃可。于法:误伤乘舆器服,罪当杖。请论如律。'由是工不死。"②从中可知,皇帝唐德宗先没有

---

① 《旧唐书》卷 50《刑法志》,中华书局 1975 年版,第 2143—2144 页。
② 刘俊文译注、点校:《折狱龟鉴译注》卷 4《议罪》,上海古籍出版社 1988 年版,第 199 页。

依唐律的规定对此案量刑,确定为死刑,过重了;宰相柳浑以唐律的规定为依据,认为只能用杖刑,而且据律以争;最后,唐德宗听取了柳浑的意见,此案便依律判决。柳浑所言的唐律规定在《职制》中,具体内容是:"诸乘舆服御物,持护修整不如法者,杖八十"。此条"疏议"还专门作了解释:"乘舆所服用之物,皆有所司执持修整,自有常法。不如法者,杖八十。"①最后的判决与唐律的规定吻合。

其次是违反唐律进行刑事司法的案例。在唐朝,因为各种原因,也有司法官违反唐律的规定去判案,造成错判,包括皇帝在内。唐太宗虽为开明君主,但在唐朝刑法史上,也有他判错案的史实。《旧唐书·刑法志》中就记载了他错判、错杀张蕴古并后悔的案例。"初,太宗以古者断狱,必讯于三槐九棘之官,乃诏大辟罪,中书、门下五品已上及尚书等议之。其后河内人李好德,风疾瞀乱,有妖妄之言,诏按其事。大理丞张蕴古奏,好德癫病有征,法不当坐。治书侍御史权万纪,劾蕴古贯相州,好德之兄厚德,为其刺史,情在阿纵,奏事不实。太宗曰:'吾常禁囚于狱内,蕴古与之弈棋,今复阿纵好德,是乱吾法也。'遂斩于东市。既而悔之。"②其实,依照唐律的规定,张蕴古确实构成犯罪,但罪不该用死刑,唐太宗用刑太重,造成了错判,错杀了张蕴古。唐律在《职制》里明文规定,官吏没按真实情况上奏皇帝,就构成犯罪,要被处以杖刑。即"诸上书若奏事而误,杖六十;口误减二等"③。唐太宗违反唐律的规定,审判张蕴古案,用了死刑,事后醒悟,知道自己判错了此案,故十分后悔。为此,他还专门创制了死刑"三复奏"制度,作为补

---

① 刘俊文点校:《唐律疏议》卷9《职制》,中华书局1983年版,第193页。
② 《旧唐书》卷50《刑法志》,中华书局1975年版,第2139页。
③ 刘俊文点校:《唐律疏议》卷10《职制》,中华书局1983年版,第201页。

救。"下制,凡决死刑,虽令即杀,仍三复奏。"①

最后是变通唐律进行刑事司法的案例。唐朝还出现过一些变通唐律规定进行刑事司法的案例。在这些案例中,司法官以唐律的规定为依据,但又考虑到一些实际情况,为使判决的结果更为公平一些,便采用变通的办法,对案件作了判决。其结果虽以唐律的规定为依据,可又与唐律的规定有差异,含有变通的因素。大理少卿戴胄就审判过一个这样的案件。"唐戴胄为大理少卿时,长孙无忌被召,不解佩刀入东上阁,尚书右仆射封德彝论:'监门校尉不觉,罪当死;无忌赎。'胄曰:'校尉与无忌罪均。臣子于君父不得称误,法著:御汤剂、饮食、舟船,误不如法,皆死。陛下录无忌功,原之可也;若罚无忌,杀校尉,不可谓刑。'帝曰:'法为天下公,朕安得阿亲戚?'诏复议。德彝固执,帝将可,胄驳之曰:'校尉缘无忌以致罪,法当轻。若皆过误,不当独死。'由是与校尉皆免。"②此案例中适用的是唐律里的规定。唐律对持仗人非法进上阁(含东阁)和守卫人员没有发现的犯罪行为、用刑等都有明文规定。"诸阑入宫门,徒二年。殿门,徒二年半。持仗者,各加二等。入上阁者,绞;若持仗及至御在所者,斩。迷误者,上请。"③长孙无忌带佩刀进上阁可判死刑即"绞",但他如果是"迷误"而不是故意的,就可"上请",由皇帝裁决。然而,那个校尉就没有那么幸运了。他是"仗卫",不能适用"上请"的规定。为了体现一个案例中两个犯罪者的量刑平衡,戴胄主张长孙无忌与校尉都"皆免",最后便如此结案了。这里面变通唐律的规定进行刑事司法的做法很明显。

---

① 《旧唐书》卷 50《刑法志》,中华书局 1975 年版,第 2139—2140 页。
② 刘俊文译注、点校:《折狱龟鑑译注》卷 4《议罪》,上海古籍出版社 1988 年版,第 193 页。
③ 刘俊文点校:《唐律疏议》卷 7《卫禁》,中华书局 1983 年版,第 150—151 页。

这些新、旧唐书《刑法志》的记载和现存的案例都是违反唐律后在刑事司法中的一些体现,反映了唐律在实施中的一些情况。这些情况都与刑法联系在一起,而与包括国际私法在内的其他实体法都无关。如果是国际私法的适用,就应在民事司法中得到体现,不会在刑事司法中得到反映。现在,还不见有按照唐律来进行民事司法的实例。这从法律实施的方面来证明唐律是唐朝的一部刑法典,所含的是刑法的内容,也就不会包括有国际私法的内容了。

三、古今中外的主流观点都认为唐律是刑法典,因此不该有国际私法的内容

唐律不仅在体例、内容、实施上都能被证明其属于唐朝的刑法典,而且古今中外的主流观点也都认为,唐朝规定的内容是唐朝刑法的内容,其是属于唐朝的一部刑法典。从这种意义上说,"化外人相犯"条只能是刑法的内容,而不该是国际私法的内容。国际私法的内容不会出现在刑法典中。

1. 唐律的制定者认为自己制定的唐律是一部刑法典

唐律的制定者受命于皇帝制定唐律,他们的观点代表了国家的观

点,是一种主流观点。① 在"疏议"部分,多次论述律与"刑"的密切关系,明示唐律属于刑法的范围,并从多视角反映唐律的刑法典属性。这里的"刑"既有定罪的含义,即"刑谓定罪"②,又有用刑的意思,即"加刑"③。它们都是刑法范围,涉及定罪与量刑,而不属其他部门法。只有违反了刑法者,才能用"刑";凡是被用"刑"者,必定是违反刑法者;这两者相辅相成,密不可分。法律的制定者把自己制定的唐律与"刑"联系在一起,来显示唐律规定的是刑法的内容,唐律具有刑法典性质。首先,把唐律的内涵确定为"定刑之律"。唐律的制定者在规定"八议"享有的特权时,专门在"疏议"中对"议"作了说明,认为"议者,原情议罪,称定刑之律而不正决之"④。也就是说,八议者可以依情论罪,而不按唐律的规定判决。这里的"律"就是指唐律,即"定刑之律"。唐律与"定刑"联系在一起,"定刑"成为唐律的内涵。具有"定刑"内容的法律只会是刑法,唐律便是刑法典了。

其次,把确定使用刑罚作为唐律的功用,即"律以定刑立制"。唐律的制定者在规定"人年",即人的年龄的含义时,在"疏议"里专门回答了"若犯罪者年貌悬异,得依令貌定科罪以否"的问题,答案中便述

---

① 据长孙无忌所撰的《进律疏表》记载,制定者共有19人,他们分别是:太尉、扬州都督、监修国史、上柱国、赵国公(长孙)无忌,司空、上柱国、英国公(李)勣,尚书左仆射兼太子少师、监修国史、上柱国、燕国公(于)志宁,尚书右仆射、监修国史、上柱国、开国公(褚)遂良,银青光禄大夫、守中书令、监修国史、上骑都尉柳奭,银青光禄大夫、守刑部尚书、上轻东都尉唐临,太中大夫、寺大理卿、轻车都尉段宝玄,太中大夫、守黄门侍郎、护军、颍川县开国公韩瑗,太中大夫、守中书侍郎、监修国史、骁骑尉来济,朝议大夫、守中书侍郎辛茂将,朝议大夫、守尚书右丞、轻车都尉刘燕客,朝议大夫、使持节颍州诸军事、守颍州刺史、轻车都尉裴弘献,朝议大夫、守御史中丞、上柱国贾敏行,朝议郎、守刑部郎中、轻车都尉王怀恪,前雍州盩厔县令、云骑尉董雄,朝议郎、行大理丞、护军路立,承奉郎、守雍州始平县丞、骁骑尉石士逵,大理评事、云骑尉曹惠果,儒林郎、守律学博士、飞骑尉司马锐等。参见刘俊文点校:《唐律疏议》附录《进律疏表》,中华书局1983年版,第578—579页。
② 刘俊文点校:《唐律疏议》卷9《职制》,中华书局1983年版,第189页。
③ 刘俊文点校:《唐律疏议》卷29《断狱》,中华书局1983年版,第551页。
④ 刘俊文点校:《唐律疏议》卷2《名例》,中华书局1983年版,第32页。

及了唐律的功用。"令为课役生文,律以定刑立制。惟刑是恤,貌即奸生。课役稍轻,故得临时貌定,刑名事重,止可依据籍书。"①这里的"律"就是指唐律。唐律的功用在于"定刑立制",即是一种为确定刑罚而制定的法律,这种法律也只能是刑法,其法典就是刑法典了。

最后,把"比附"对象也纳入刑法范围。唐律的制定者在"疏议"中把一些律文无明文规定而对社会有危害的行为,用"比附"的方法,对其进行惩处。这里的"比附"类似于现代刑法中的类推,即当刑法无明文规定而需惩处一些行为时,就比照最为相近的刑法条文对其定罪量刑。唐律把比附对象也归入用刑范畴,即纳入刑法范围,从一个反证的侧面来说明唐律规定的内容是刑法的内容,其是一部唐朝的刑法典。在规定"犯罪共亡捕首"中,其"疏议"在回答"客户等犯流,加杖二百,过致者应减几等而科"问题时,明确指出,对于"过致者"即资助罪犯者,"在律殊无节文,比附刑名,止依徒减一等,加杖一百八十"②。对"过致者"的用刑"杖一百八十"是"比附"的结果,而非律文中有明文规定,因此只能在"疏议"中加以规定。这种"比附"只能适用于刑法,"比附"对象也被适用刑罚,它们都没有离开刑法的框架,不可能出现在其他部门法中。"疏议"是《唐律疏议》的重要组成部分,有补充、扩充律文的作用。"疏之为字,本以疏阔、疏远立名。"③唐律的制定者便利用"疏议"和盘托出自己的立法意图,其中贯穿了自己的法律思想,不可避免地论及对唐律的法律性质,他们把自己制定的唐律与"刑"联系在一起,从而告诉人们唐律的刑法性质,进而说明唐律是唐朝的一部刑法典。唐律制定者对唐律法律性质的认定还被唐朝其他的业内人士所接

---

① 刘俊文点校:《唐律疏议》卷6《名例》,中华书局1983年版,第141页。
② 刘俊文点校:《唐律疏议》卷5《名例》,中华书局1983年版,第108—109页。
③ 刘俊文点校:《唐律疏议》卷1《名例》,中华书局1983年版,第1页。

受,《唐六典》的制定者就是如此。他们对唐朝的主要法律形式律、令、格、式作了说明。"凡律以正刑定罪,令以设范立制,格以禁违正邪,式以轨物程事。"①这里的"律"即是唐律,其作用是"正刑定罪",就是指刑法的定罪量刑作用。可见,唐律的刑法典性质也被唐朝业内其他人士所认同。国际私法不会与"刑"联系在一起,也不可能成为刑法典中的内容,"化外人相犯"条自然不属于唐朝适用的国际私法了。

2. 唐后中国古代的主流观点也认为唐律是唐朝的一部刑法典

唐律对唐后各封建朝代的法制产生了深远影响。后人在论及唐律的法律性质时,也认为唐律规定的内容是刑法的内容,也把其认作唐朝的一部刑法典,而不是其他部门法法典、诸法合体的法典。这是当时的主流观点。《新唐书》的作者就认为唐律是唐朝的一部刑法典。《新唐书》成书于宋嘉祐五年(1060年),其作者主要是欧阳修和宋祁,范镇、王畴、宋敏求、吕夏卿、刘羲叟也参与了部分编撰工作。② 它是一部宋朝的官修史书,其权威性不言而喻,而且后人还认为,《新唐书》的撰修质量比较高,弥补了《旧唐书》的许多不足,因此"《新唐书》较《旧唐书》更具有一定的科学性"③。《新唐书》作者的观点更能成为信史,而且还是一种主流观点。《新唐书》的作者认为,唐律具有定罪量刑的功用。"唐之刑书有四,曰:律、令、格、式。令者,尊卑贵贱之等数,国家之制度也;格者,百官有司之所常行之事也;式者,其所常守之法也。凡邦

---

① 《唐六典》卷6《尚书省·刑部郎中》,中华书局1992年版,第185页。
② 《欧阳修全集》卷91《辞转礼部侍郎札子》,中华书局2001年版,第1341—1342页。
③ 刘春升、王雅轩、廖德清主编:《二十六史述略》,辽宁大学出版社1986年版,第286页。

国之政,必从事于此三者。其有所违及人之为恶,而入于罪戾者,一断以律。"①对于"为恶"而有"罪戾者",要用唐律来进行审判,即依唐律来定罪量刑。从这种意义上讲,唐律是刑法典无疑了。

  宋朝以后,随着历史的发展、律的颁布和律学的进一步发展,一些学者更注意从律发展的角度,来揭示唐律规定的刑法内容与刑法典性质,清朝不少学者尤其如此。此处以王明德和励廷仪为例。清康熙时的著名律学家王明德曾任刑部郎中,所著《读律佩觿》一书被认为"是明清律学著作中流传最广的一部"②。在书的序中,王明德把中国古代的律称为刑律,还历数中国古代刑律的发展过程,包括先秦时期的刑书、《法经》,再到秦、汉的立法,认为刑律起于汉朝。"刑之以律名,端自有汉始。"接着,他讲到贞观时唐律的修订,即"唐贞观更定律令"。这一修订过程实际上是刑法内容的修订。"议定刑名二十等,减大辟九十二,省流入徒七十一,加居作以宽绞刑五十余,变重为轻,削烦为蠹。"而这一切都源于汉朝的《九章律》,是在其基础上的发展。"斯一代之律成规,其要实本汉始九章为加详。"③再往后,就是五代十国、宋、元、明、清各朝的刑律制定、发展情况。④ 王明德把唐律放在中国刑律史上来考察,客观上揭示出了唐律的唐朝刑法典性质。清雍正时任刑部尚书的励廷仪深研刑法,得到《唐律疏议》以后,爱不释手,欣然为其写了序。"余职司听棘,究心刑名之学有年,忽得是书,见所未见,珍如拱璧,不忍释手,爰欣然握管而为之序。"⑤在此序中,他从皋陶适用"五

---

① 《新唐书》卷56《刑法志》,中华书局1975年版,第1407页。
② 何勤华:《点校说明》,载王明德:《读律佩觿》,何勤华等点校,法律出版社2001年版,第2页。
③ 王明德:《读律佩觿》,何勤华等点校,法律出版社2001年版,"本序"第2—3页。
④ 同上书,"本序"第3—4页。
⑤ 励廷仪:《〈唐律疏议〉序》,载刘俊文点校:《唐律疏议》,中华书局1983年版,第666页。

刑"讲起,再历述李悝造《法经》、萧何制定《九章律》等,最后说到唐太宗修订唐律,把唐律称为"刑名法律之书"。① 可见,唐后中国古代的主流观点通过把唐律放在"刑""刑律""刑名法律之书"等的范围中,来反映唐律内容的刑法化和唐律的唐朝刑法典本质。

3. 现代中国的主流观点同样认为唐律是唐朝的一部刑法典

中国进入现代以后,随着西方现代法学理论的传入和西方现代法制的移植,人们开始用现代的法学理论研究唐律并直接提出了唐律属刑法,是唐朝刑法典的观点。随着唐律研究的进一步深入发展,中国有更多法学专家认同唐律属刑法是唐朝刑法典的观点。唐律属刑法是唐朝乃至中国古代的刑法典的论断成了现代中国关于唐律法律性质的主流观点。

沈家本是较早提出唐律属刑法观点的专家。他被认为是"清朝末年我国著名的法律学家","他融会中西法学,促进并基本完成了中国法律的近代化。为中国法律和法学的发展,作出了特有的贡献。"②沈家本精通法律,对唐律有很深的研究,成果丰硕。在《历代刑法考(四)》中,他对唐律规定的刑罚制度作了专门研究,并在按语里表达了唐律的刑法性质。"古今刑法,隋以前书多散失,惟《唐律》独存完全无缺。"③根据这一表达,可以推测,唐律是中国保存下来的第一部内容完整的古代刑法典。

---

① 励廷仪:《〈唐律疏议〉序》,载刘俊文点校:《唐律疏议》,中华书局1983年版,第665页。
② 李贵连:《沈家本与中国法律现代化》,光明日报出版社1989年版,第5页。
③ 沈家本:《历代刑法考(四)》,中华书局1985年版,第49页。

往后,更多法学专家经过研究,进一步得出了唐律是唐朝乃至中国古代刑法典的结论。中国政法大学的终身教授张晋藩对包括唐律在内的中国法制史有精深的研究,也有许多精辟的论述。张晋藩在与林中、王志刚合著的《中国刑法史新论》一书中,以中国刑法史为研究对象,充分论述了中国刑法的起源、发展、体系、思想、原则、执行、罪名、刑名等一系列中国刑法史的问题。其中,精辟提出了唐律是中国封建社会成熟的刑法典的论断:"中国封建社会成熟的刑法典——《永徽律》。"①即把唐律定位于一部中国古代的刑法典。中国社会科学院学部委员、法学研究所研究员杨一凡也是中国法制史研究领域里的泰斗级专家。他在《重新认识中国法律史》一书中,对中国古代的律典、刑法典的演变进行了专题研究。在此书中的"魏晋至唐宋时期,律典作为刑法典与令典并重"部分,他认为律在秦汉以前和魏晋以后的法律性质不同;秦汉以前的律是诸律同存、诸法具表;在魏晋以后,律就发展成为刑法典了。唐律就在刑法典的范围之中。他指出:"战国至秦汉时期,律的内容、功能与魏晋以后的律典最显著的不同之处,就是其内容纷杂、功能广泛、律外有律,不仅用以表达刑事法律,而且用以表达行政、经济、民事、军政、文化教育诸方面的重要立法。诸律同存,诸法具表,是这一时期的重要特征。"但是,律发展到魏晋以后性质就不同了,演变成了刑法典。"曹魏以降,律的内容和功能发生了重大变化,成为刑事法律的专称。"②唐律是唐朝的一部律,也在其中,当然是一部刑法典了。南京大学法学院教授钱大群是中国当今的唐律研究大家,先后出版的唐律研究著作就达8部之多。他对唐律的法律性质有深入研究,其结论

---

① 张晋藩、林中、王志刚:《中国刑法史新论》,人民法院出版社1992年版,第94页。
② 参见杨一凡:《重新认识中国法律史》,社会科学文献出版社2013年版,第30—31页。

是:唐律"相当于现代的刑法"、是"一部唐代的刑法典"。他在《论唐代法律体系与唐律的性质》一文中对唐朝的法律体系作了全面梳理、论述,并明确提出"只有'律'即唐律(《唐律疏议》)是刑律,相当于现代的刑法"论断。① 在《律令格式是否"皆刑法"辨》一文中,他对唐律的刑法典性质、结构进行了论述。"在《唐律疏议》这一部唐代的刑法典中,除第一篇《名例》属于刑法总则的性质因而没有罪罚外,其他相当于分则的十一篇,几乎全都以刑法条文的格式特点订立,是各领域内违法犯罪条款的罗列。"②由此可见,尽管他们在表达唐律的法律性质时所用的词汇不尽一致,有"刑法""刑法典"等,但都在刑法框架里,不是其他部门法,也根本与国际私法不沾边。

台湾地区是中国除大陆地区以外最有唐律研究成就的地区。台湾地区在20世纪80年代以前有过唐律研究的辉煌时期,产出过有分量的唐律研究成果,如戴炎辉的《唐律通论》和《唐律各论》。③ 正如台湾大学历史学系教授高明士所言:"台湾地区的唐律研究,如所周知,自一九五〇年以来迄今,当以戴炎辉先生的贡献最大。其《唐律通论》、《唐律各论》名著,是当今治唐律必读之作。此外,在戴先生影响下,从事唐律研究者,在一九七〇、八〇年代颇有其人,只是八〇年代以后已有衰微之势,呈现断层的危机现象。"④其中的《唐律通论》脱胎自戴炎辉博士学位论文,1962年他凭该论文获得日本东京大学的法学博士学位。他具有西方法学与熟悉中国传统典籍的双重素养,故对唐律的研

---

① 参见钱大群:《唐律与唐代法律体系研究》,南京大学出版社1996年版,第127页。
② 钱大群:《唐律与唐代法制考辨》,社会科学文献出版社2013年版,第8页。
③ 参见戴炎辉:《唐律通论》,台北编译馆1964年版;戴炎辉:《唐律各论》,成文出版社有限公司1965年版。
④ 高明士主编:《唐律与国家社会研究》,五南图书出版股份有限公司1999年版,"序"第1页。

究特别独到。台湾政治大学法律系教授黄源盛认为:"可以说,《唐律通论》是戴先生著述志业的巅峰,由于具有现代西方的法学素养,又熟悉中国固有典籍,也用心汲取日本学人研究的业绩,终能完成如斯钜作。"①戴炎辉对唐律的法律性质有明确界定。他在"唐律在法制史上之地位"部分毫不含糊地指出:"唐律继前开往,蔚然成为一部完整之刑法典";"唐律与近代刑法之距离不远。"②他的这一界定在台湾地区是主流观点。以后,他在所著的《中国法制史》一书中又重申了自己的这一界定。③ 后起之秀黄源盛也认可唐律的刑法性质。他在分析、论述唐朝的律、令、格、式时指出:"'律'是规定犯罪及相对应刑罚的法规范"④。这种"法规范"只能是刑法而不可能是其他部门法,因为违反了其他部门法不可能适用刑罚。从中亦可见,不论是在中国的大陆还是台湾地区,主流观点都把唐律的法律性质认作为刑法、刑法典。

4. 有些外国学者也认为唐律是唐朝的一部刑法典

中国法制历史悠久,独树一帜,吸引了一些外国学者对其进行研究,产出了成果。其中,不乏有外国学者关注唐律并对唐律进行研究,发表自己的观点。美国亚利桑那大学东亚研究系教授马伯良(Brian E. McKnight)在其所撰的《从律到例:宋代法律及其演变简论》一文中论及了唐律的刑法性质。"唐朝有四种形式的法,'律'或成文法,每一规则都有对违反者给予刑事处罚的规定,在这种意义上可以说'律'是刑法"。接着,他又提及了唐律这一刑法典对《宋刑统》的巨大影响。

---

① 戴炎辉:《唐律通论》,戴东雄、黄源盛校订,台北编译馆2010年版,"改版序"第1页。
② 戴炎辉:《唐律通论》,台北编译馆1964年版,第2页。
③ 参见戴炎辉:《中国法制史》,三民书局1979年版,第17页。
④ 黄源盛:《中国法史导论》,犁斋社有限公司2013年版,第232页。

"《宋刑统》在所有基本问题上都沿袭了唐朝刑法典。"①这里的"唐朝刑法典"即是指唐律。可见,他也主张把唐律定位于"刑法性质"与"唐朝刑法典"。英国学者崔瑞德(Denis C. Twitchett)也认为,唐律是唐朝的一部刑法典。他在《初唐法律论》一文中,把唐律称为"以法典'律'的形式出现的刑法规范"②。在研究唐律的外国学者中,日本学者的成果最为丰富,研究水平也最高。他们的主流观点往往代表了外国唐律研究的主流水平。日本的浅井虎夫与仁井田陞都对唐律的法律性质有过论断。他们从规定犯罪、适用刑罚的角度,来认定唐律属于刑法,是唐朝的刑法典。浅井虎夫是日本研究中国法制史的先驱之一,被认为"是研究中国古代史的著名学者,是中国法制史、中国经济史、中国政治史以及书志学等诸方面学术研究的开拓者"③。在1911年出版的《中国法典编纂沿革史》一书是他的代表作之一。此书在阐述唐朝制定的法典时,先把唐律定位为一种法典,说:"顾有唐一代,法典虽多,其主要者,则律、令、格、式也。"接着,他对唐律的法典性质作了表述,说:"律也者,规定犯罪者,科刑罚之法典也。"④也就是说,唐律是唐朝的一部刑法典,因为只有刑法典才有"规定犯罪"和"科刑罚"的功能。仁井田陞是继浅井虎夫之后日本又一位研究中国法制史的专家,他是日本中国法制史学科的创始人。⑤ 他在1952年出版了《中国法制史》一书。此书对唐朝的立法进行了叙述,还辨析了唐律与唐令的差异,其

---

① 参见〔美〕马伯良:《从律到例:宋代法律及其演变简论》,刘茂林译,载高道蕴、高鸿钧、贺卫方编:《美国学者论中国法律传统》(增订版),清华大学出版社2004年版,第311、322页。
② 〔英〕崔瑞德:《初唐法律论》,载张中秋编:《中国法律形象的一面——外国人眼中的中国法》,法律出版社2002年版,第190页。
③ 〔日〕浅井虎夫:《中国法典编纂沿革史》,陈重民译,李孝猛点校,中国政法大学出版社2007年版,"点校序言"第1页。
④ 同上书,第98、99页。
⑤ 参见何勤华:《20世纪日本法学》,商务印书馆2003年版,第142页。

中表明了唐律的刑法典属性。"在隋唐,律是刑罚法典,而令是非刑罚法典,律为阴而令为阳。律是禁止法,令是命令法。律是犯人惩戒法,令是一般的行政法规范。"①刑罚的法典不可能是其他法典,只可能是刑法典了。

综上所述,古今中外都对唐律的法律性质有过论述,主流观点都认为唐律是刑法、刑法典,而不是其他实体法、实体法法典。同时,它还十分类似于现代刑法典,不是诸法合体的法典。这种刑法里面不会包括国际私法,刑法典内也不会含有国际私法的内容。因此,唐律的"化外人相犯"条显然不会属于国际私法的内容。

四、"化外人相犯"条是唐律的刑法原则,不属于国际私法

从唐律的"化外人相犯"的内容和法典所处的位置、结构来看,其应是唐律中的刑法原则。这也与国际私法无关,不属国际私法。这一原则的实施困难重重,而且代价太大。因此,唐律的这一原则在明、清两朝都被废止使用,退出了历史舞台。

1. 唐律"化外人相犯"条属于唐律的一个刑法原则

唐律是唐朝的一部刑法典,"化外人相犯"条属于唐律的一个原

---

① 〔日〕仁井田陞:《中国法制史》,岩波书店1952年版,第65页。转引自〔日〕川村康:《宋令演变考》(上),赵晶译,载中国政法大学法律古籍整理研究所编:《中国古代法律文献研究》第五辑,社会科学文献出版社2011年版,第232页。

则,也就是刑法原则了。首先,从唐律"化外人相犯"条的本身内容来看,其属于刑法范畴。唐律中的"化外人相犯"条由律条与"疏议"两部分构成。它们是一个统一体,均具有同等的法律效力,都是司法依据。《旧唐书·刑法志》记载:《永徽律疏》于永徽"四年(653)十月奏之,颁于天下。自是断狱者皆引疏分析之"[1]。因此,不仅要了解这一律条的内容,也应知晓其"疏议"的规定。此律条的内容是:"诸化外人,同类自相犯者,各依本俗法;异类相犯者,以法律论。"此律条的"疏议"规定:"议曰:'化外人',谓蕃夷之国,别立君长者,各有风俗,制法不同。其有同类自相犯者,须问本国之制,依其俗法断之。异类相犯者,若高丽与百济相犯之类,皆以国家法律,论定刑名。"[2]此律条中的"化外人"是指外国人。此律条的"疏议"中的"刑名"是指刑罚名称,即是指判处刑罚。"异类相犯者,若高丽与百济相犯之类,皆以国家法律,论定刑名。"对此,应理解为:"属不同国之人互相侵犯的,如像高丽人与百济人相犯的一类情况,都用大唐国家的律法,判处刑罚。"[3]不违反刑法,不能使用刑罚;只有违反了刑法,才能适用刑罚。这两者具有一致性。唐律的"化外人相犯"条是一个需要适用刑罚的律条,只能属于刑法,不会属于其他部门法,更不会属于国际私法。

其次,从唐律"化外人相犯"条本身所处的位置和结构来看,其属于刑法原则的范围。此条的位置设在唐律的《名例》里,而《名例》则是规定唐律指导思想、刑罚、刑法原则的一个篇目,相当于现代刑法的总则。"化外人相犯"条既不属于指导思想,也不属于刑罚,只能属于刑法原则了。事实也是如此。它就处在刑法原则的位置中,其前后的律

---

[1] 《旧唐书》卷50《刑法志》,中华书局1975年版,第2141页。
[2] 刘俊文点校:《唐律疏议》卷6《名例》,中华书局1983年版,第133页。
[3] 钱大群:《唐律疏义新注》,南京师范大学出版社2008年版,第208页。

条都是刑法原则的规定。它的前两条分别是"同居相为隐"和"官户部曲官私奴婢有犯",后两条分别是"本条别有制"和"断罪无正条"。另外,从唐律"化外人相犯"条的结构来看,它不像刑法分则的律条由罪状与法定刑构成,而是一种刑法原则规定的结构,即是一种指导原则的意思表达。由此可见,"化外人相犯"条是对唐律原则的一种规定,与国际私法差之千里。

最后,唐律"化外人相犯"条刑法原则的定位得到了中国刑法专家的认可和肯定。中国法学会刑法学研究会前会长、北京师范大学教授赵秉志认为,此条是刑罚原则。他在《外国人犯罪的刑事责任问题研究》一文中,对唐律的"化外人相犯"条的性质有过明确的定位。此文在引用了唐律的"化外人相犯"条的律条与"疏议"以后,接着就说:"可见,《唐律》中所称的'化外人'是指不属于唐朝管辖的异族蕃国,即'化外人,谓蕃夷之国,制立君长者'。可以说,这是中国现存的最早涉及外国人犯罪的处罚原则。"[1]刑罚原则从属于刑法原则,是刑法原则的一个组成部分。赵秉志作为刑法专家以刑法研究为己任,精通刑法学知识,是刑法专业的专门、高级人才,其对唐律"化外人相犯"条的定位具有权威性,而且与法制史学界的主流观点殊途同归。此条属于刑法原则,也就排斥是国际私法的可能性,不会属于国际私法了。

唐律的"化外人相犯"条要得到实施,困难很大;一旦实施,又代价太大。首先,唐律的"化外人相犯"条的实施困难很大。这主要是"同类自相犯者,各依本俗法"中的"本俗法"的实施。这是一个属人主义原则的体现。唐朝的商品经济相当发达,城市也快速发展。唐朝有许多著名城市,长安为首。它是最大的政治、经济、文化中心,人口近

---

[1] 赵秉志:《外国人犯罪的刑事责任问题研究》,载赵秉志主编:《刑事法治发展研究报告》(2009—2010年卷),中国人民公安大学出版社2011年版,第346页。

100万。许多中外商人云集长安,形成了东西两市的繁荣商业区。东市有220多个行业、货栈、店铺。西市与东市不相上下。① 唐朝的发达吸引了许多外国人,有来自亚洲其他国家的,也有来自欧洲等国家的。这些外国人中有来留学的,也有来从商的。他们到了中国,难免会发生纠纷,甚至犯罪。如果是同一个国家的人构成了犯罪,用"本俗法"来审判,其难度很大。唐朝的法官能胜任这样的审判工作吗?他们能知晓并适用外国的刑法、刑事诉讼法吗?他们能听得懂各种外国语言吗?这些都没有充分的史料去回答。如果不能,那么这个"本俗法"的规定要去实施就困难很大。

其次,如果真对外国人犯罪适用"本俗法",代价就太大了。唐朝是个世俗法国家,属地主义原则应是基本、优先原则,刑法作为公法尤其如此。任何外国人,不管是"同类"还是"异类",只要在唐朝构成犯罪,都应按唐朝的刑法来定罪量刑。如果不依唐朝的刑法而用其"本俗法"来定罪量刑,那就有损于唐朝的司法权,将危害唐朝的国家主权。用国家的司法权、主权等换取"各依本俗法",这样的代价太大了。

为了方便管理外国人,唐朝设有蕃坊,成为外国人的聚集区。蕃坊内设有蕃长,对蕃坊进行管理,包括充当仲裁人,解决一些民事纠纷。② 阿拉伯人苏莱曼在《苏莱曼游记》里写道:"中国皇帝因任命回教判官一人,依回风俗,治理回民。判官每星期必有数日专与回民共同祈祷,朗读先圣戒训。终讲时,辄与祈祷者共为回教苏丹祝福。判官为人正

---

① 参见史念海主编:《中国通史》(第六卷·上册),上海人民出版社2004年版,第498页。
② 参见郑显文:《律令时代中国的法律与社会》,知识产权出版社2007年版,第338页。

直,听讼公事,一切皆能依《可兰经》圣训及回教习惯行事。"①这里记载的"听讼",强调的是民事审判。如果是进行刑事审判,应为"断狱"。如果不按唐朝的刑法进行刑事审判,将会对唐朝的司法权、主权造成侵害,其危害性不言而喻。另外,当时在唐朝的外国人很多,不同国籍的人也不少,但并没有见到有其他国籍人相犯处理的记载。可以说,上述用《可兰经》进行民事审判具有特殊性。

2.《大明律》与《大清律例》把"化外人有犯"条都规定为属地主义原则并取消了属人主义原则

唐律中关于"化外人相犯"条规定的内容被宋朝全盘接受。《宋刑统》在《名例》的"化外人相犯"门中也对"化外人相犯"作了规定,内容与唐律一致。② 唐、宋对"化外人相犯"条的规定及其实施,不能不引起明、清两朝立法者的关注。明、清两朝在制定自己律的时候,对唐、宋时的这一规定进行了修改,废用属人主义原则,改用属地主义原则,此条的律条名和内容因此发生了变化。律条名改为"化外人有犯",意味着"化外人"无论是同类、异类,只要触犯中国刑法者,都会受到中国刑法的同样处罚。此条在《大明律·名例》中规定:"凡化外人犯罪者,并依律拟断。"③《大清律例》沿袭了《大明律》的这一规定,作出了与其一致的规定,包括了律条名和律条的内容。④ 这两律的"化外人有犯"条中都明示,"凡化外人犯罪者",适用的都应该是本朝的刑法,与国际私法

---

① 转引自张星烺编注:《中西交通史料汇编》(第二册),中华书局2003年版,第759页。
② 参见吴翊如点校:《宋刑统》卷6《名例》,中华书局1984年版,第97页。
③ 参见怀效锋点校:《大明律》卷1《名例》,法律出版社1999年版,第20页。
④ 参见田涛、郑秦点校:《大清律例》卷5《名例律下》,法律出版社1999年版,第122页。

无关。这也印证了唐律的"化外人相犯"条规定的"化外人"是在唐朝构成犯罪的外国人,此条的内容属于刑法原则,同样也与国际私法无关。

《大明律》与《大清律例》用"化外人有犯"条去改变、替代唐律和《宋刑统》中的"化外人相犯"条有其进步意义。首先,它们提供了实施"化外人有犯"条的便利。任何在中国的外国人构成犯罪全部"依律拟断",即根据《大明律》或《大清律例》进行审判,不再存在"各依本俗法"的麻烦,也克服了"各依本俗法"的困难,方便了刑事司法,中国的司法官都可依律判案,不受"本俗法"的限制。这为明、清的刑事司法提供了便利。其次,它们避免了损害中国司法权、主权的弊端。刑法是公法,与国家的司法权、主权均关系密切。"各依本俗法"就意味着在中国领土上实施外国刑法。这无论是什么司法官,还是在中国的什么地方,都会有损中国的司法权、主权。《大明律》与《大清律例》中规定了对"化外人有犯"都"依律拟断",就意味着在中国领土上,任何外国人犯罪都要依中国的刑法进行刑事审判。这就避免了中国司法权、主权被损。可见,《大明律》与《大清律例》"化外人有犯"条的规定既有利于法律的实施,又有利于国家司法权、主权的维护,不能不说是一种进步了。

综上,中国的国际私法学界把唐律的"化外人相犯"条纳入国际私法范围值得质疑。因为,它是唐律中的一个刑法原则,与国际私法无关。国际私法是一种调整涉外民商事关系的法律规范,是一个独立的部门法,与刑法没有隶属关系,其内容也不会出现在刑法典里。从唐律的体例、内容来看,唐律是唐朝的一部刑法典,十分类似于现代的刑法典;从唐律的实施情况来看,唐律也是唐朝的一部刑法典;从古今中外主流的观点来看,唐律也被认为是唐朝的一部刑法典,而不是一部诸法合体的法典。刑法典中只会有刑法的内容,不会有国际私法的内容。国际私法的内容应在民、商事法中。唐律的"化外人相犯"条处在唐律的《名例》中,即唐律总则的位置,其内容是一种原则性规定,因此其应属于唐律的一个刑法原则,而不属于国际私法。唐律"化外人相犯"条的规定虽被《宋刑统》全盘接受,但它的规定和实施引起了明、清立法者的关注。在《大明律》与《大清律例》中均改变了唐律的这一规定,否定了"各依本俗法"的属人主义原则,坚持了属地主义原则,以致所有在中国犯罪的外国人都要按《大明律》或《大清律例》的规定来定罪量刑。这样,不仅减少了刑事司法中因"各依本俗法"所带来的麻烦,也避免了有损于中国国家司法权、主权的风险,是明、清立法史上的一个进步。总之,唐律的"化外人相犯"条应归入唐朝的刑法,不应进入唐朝的国际私法。今天,对唐律的"化外人相犯"条私法属性的质疑,确认它的刑法性质,有利于正确认识唐律"化外人相犯"条的内容和本质,科学理解唐律与中国法制史,全面、科学把握古代国际私法的研究状况,进一步促进中国法律史与国际私法学界的学术交流,推动中国的法学研究。

第十七章
唐律涉外犯罪的规定与启示

唐律是中国唐朝的一部刑法典,也是中华法系的代表作。① 其中,对涉外犯罪作了明文规定。这也是中国历史上第一次对涉外犯罪作出较为全面、系统的规定。目前,学界集中于对《唐律疏议·名例》中"化外人相犯"条的研究,几乎不及其他律条。这样的研究不能反映唐律中涉外犯罪规定的全貌,留下遗憾。本章从更广的范围对唐律的涉外犯罪规定作些探索和研究,并力图从中得到一些必要的启示。

一、唐律规定的外国、外国人、外国罪犯与涉外犯罪规定的分布情况

唐律对外国、外国人、外国罪犯都作了明文规定,有专门的含义,同

---

① 本章以长孙无忌等编纂的《唐律疏议》(刘俊文点校,中华书局1983年版)为准。

时对涉外犯罪作了明确规定。它们分布在名例、卫禁、职制、擅兴和诈伪等五个律中,共有九个律条。

唐律规定的涉外犯罪涉及空间上的外国,所以需要对外国作出规定,明确其地域概念。唐律使用的外国概念共有五个词,分别是:《唐律疏议·名例》中的"藩"①"外藩"②"藩夷之国"③;《唐律疏议·卫禁》中的"夷"④;《唐律疏议·职制》中的"藩国"⑤等。它们均在唐朝的国界之外,不属于唐朝的管辖范围。唐律把唐朝控制的一些地域称为"中华""华"。《唐律疏议·名例》在规定犯罪地与审判地时,有"在藩有犯,断在中华"的说法,⑥其中"藩"是指外国,"中华"即是指唐朝。还有,《唐律疏议·卫禁》在讲到"缘边关塞"的作用时,明确说:"缘边关塞,以隔华、夷。"⑦这里的"华"就是指唐朝,"夷"则是指外国了。可见,在唐律中,唐朝和外国的地域划分得很清楚,一点都不含糊。这就为确定涉外犯罪打下了空间基础。

唐律规定的涉外犯罪涉及外国人。他们是犯罪主体中的一部分,也有必要明确界定,不容模糊。唐律对外国人有四种称谓,分别是:《唐律疏议·名例》和《唐律疏议·卫禁》中的"化外人"⑧;《唐律疏议·卫禁》中的"蕃人"⑨;《唐律疏议·职制》中的"蕃国使"⑩;《唐律

---

① 长孙无忌等:《唐律疏议》,刘俊文点校,中华书局1983年版,第92页。
② 同上书,第97页。
③ 同上书,第133页。
④ 同上书,第177页。
⑤ 同上书,第195页。
⑥ 同上书,第92页。
⑦ 同上书,第177页。
⑧ 同上书,第133、177页。
⑨ 同上书,第177、178页。
⑩ 同上书,第195页。

疏议·诈伪》中的"夷人"①等。他们均是具有外国国籍的人员,不是唐朝人。唐律在同时规定唐朝人与外国人犯罪时,会把唐朝人称为"化内人",把外国人称为"化外人"。《唐律疏议·擅兴》规定:"若化外人来为间谍,或使书信与化内人,并受及知情容止者:并绞。"②唐律明确界定了外国人后,就较易识别涉外犯罪,为确定涉外犯罪中有些为外国人的犯罪主体提供了便利。

唐律在规定一些重大犯罪的外国人犯罪主体时,还会使用一些特殊的词语,以起到警示作用。这种用词共有五个,分别是:《唐律疏议·卫禁》中的"外奸""寇贼""蕃寇""外贼""奸寇"等,③均集中在卫禁律中。他们都是外国的罪犯,而且是指入侵唐朝的间谍、军人等罪犯。他们的犯罪行为严重威胁到唐朝的国家安全,甚至有损主权与政权,有必要使用特殊词语与一般外国人罪犯相区别,以引起足够的警惕。当唐律在一个律条中同时规定唐朝人与外国人的这类相对应的罪犯时,会使用"内奸"与"外奸"这样的词语。《唐律疏议·卫禁》规定:"诸缘边城戍,有外奸内入,内奸外出,而候望者不觉,徒一年半;主司,徒一年。"④这样便于区分国内、外重大犯罪的犯罪主体,避免认定上的失误。

综观唐律涉外犯罪规定的律条具体分布情况如表17-1所示:

---

① 长孙无忌等:《唐律疏议》,刘俊文点校,中华书局1983年版,第475页。
② 同上书,第307页。
③ 同上书,第178—179页。
④ 同上书,第178页。

表 17-1　唐律涉外犯罪规定的具体分布情况

序号	所在律	条标名	律条、"疏议"的规定	《唐律疏议》的页码
1	《名例》	"平赃及平功庸"	"在蕃有犯,断在中华。""外蕃既是殊俗,不可牒彼平估,唯于近蕃州县,准估量用合宜。无估之所而有犯者,于州、府详定作价。"	第92页
2	《名例》	"会赦应改正征收"	"诈复除者,谓课役俱免,即如太原元从,给复终身;没落外蕃、投化,给复十年;放贱为良,给复三年之类。"	第97页
3	《名例》	"化外人相犯"	"诸化外人,同类自相犯者,各依本俗法;异类相犯者,以法律论。"	第133页
4	《卫禁》	"越度缘边关塞"	"诸越度缘边关塞者,徒二年。共化外人私相交易,若取与者,一尺徒二年半,三匹加一等,十五匹加役流;私与禁兵器者,绞;共为婚姻者,流二千里。未入、未成者,各减三等。即因使私有交易者,准盗论。"	第177页
5	《卫禁》	"缘边城戍不觉奸人出入"	"诸缘边城戍,有外奸内入,内奸外出,而候望者不觉,徒一年半;主司,徒一年。其有奸人出入,力所不敌者,传告比近城戍。若不速告及告而稽留,不即共捕,致失奸寇者,罪亦如之。"	第178—179页
6	《卫禁》	"烽侯不警"	"诸烽侯不警,令寇贼犯边;及应举烽燧而不举,应放多烽而放少烽者:各徒三年;若放烽已讫,而前烽不举,不即往告者,罪亦如之。以故陷败户口、军人、城戍者,绞。即不应举烽燧而举,若应放少烽而放多烽,及绕烽二里内辄放烟火者,各徒一年。"	第179—180页

(续表)

序号	所在律	条标名	律条、"疏议"的规定	《唐律疏议》的页码
7	《职制》	"漏泄大事"	"诸漏泄大事应密者,绞。非大事应密者,徒一年半;漏泄于蕃国使者,加一等。仍以初传者为首,传至者为从。即转传大事者,杖八十;非大事,勿论。"	第195页
8	《擅兴》	"征讨告贼消息"	"诸密有征讨,而告贼消息者,斩;妻、子流二千里。其非征讨,而作间谍;若化外人来为间谍;若传书信与化内人,并受及知情容止者:并绞。"	第307页
9	《诈伪》	"证不言情及译人作伪"	"诸证不言情,及译人诈伪,致罪有出入者,证人减二等,译人与同罪。谓夷人有罪,译传其对者。"	第475页

可见,唐律规定的涉外犯罪在《名例》和《卫禁》中都各有三个律条,《职制》《擅兴》和《诈伪》中各有一条。《名例》和《卫禁》规定的相关内容最多,占了总数的三分之二,是较为集中规定涉外犯罪的两个律。从以上的具体分布情况中可以看到唐律对涉外犯罪的总体面貌,便于对这种犯罪作进一步的分析与研究。

二、对唐律涉外犯罪规定的分析

唐律涉外犯罪规定的内容不仅不简单,而且还有些复杂。通过对其的分析,可以发现以下一些突出之处:

1. 原则规定充分显示出涉外的特殊性

《名例》中的三个律条,即"平赃及平功庸""会赦应改正征收"和"化外人相犯"中,都有关于涉外犯罪的内容,都是唐律涉外犯罪的原则规定。在这些规定中,已充分考虑到涉外的特殊性并得到充分显示。"平赃及平功庸"条规定:因为"外蕃既是殊俗"所以"不可牒彼平估",只能"唯于近蕃州县,准估量用合宜。无估之所而有犯者,于州、府详定作价"。"会赦应改正征收"条中也有涉外的考虑与规定,即"没落外蕃、投化,给复十年"。其中给复的时间就与其他的不同,其他的是"终身"或"三年"。"化外人相犯"条则在法律的适用中,充分显示其特殊性,同时适用属人与属地两个原则。"同类自相犯者,各依本俗法"体现的是属人原则,而"异类相犯者,以法律论"则体现了属地原则。这种涉外特殊性的显示十分有利于对涉外犯罪的打击和对涉外犯罪的案件的处理。

2. 犯罪主体不单一

在唐律规定的涉外犯罪中,犯罪主体不单一,有外国人,也有唐朝人。外国人是这一犯罪中的重要犯罪主体,为此,唐律专门在《名例》中设"化外人相犯"条,对外国人之间的相犯作出规定。其中,分别适用属人与属地两大原则。这一规定成为审判化外人之间犯罪的一个重要依据。另外,在《擅兴》规定的"征讨告贼消息"条、"化外人来为间谍"等犯罪中,外国人也是犯罪主体。唐朝人同样是唐律涉外犯罪中的犯罪主体,而且涉及的犯罪种类比外国人涉及的还要多。除了《名例》"化外人相犯"条以外,其他八条律条中都存在唐朝人这一犯罪主体。其中,既有一般主体,也有特殊主体。《卫禁》"越度缘边关塞"条、

"烽侯不警"条,《职制》"漏泄大事"条,《擅兴》"征讨告贼消息"条和《诈伪》"证不言情及译人诈伪"条也都有唐朝人作为一般主体。而《名例》"平赃及平功庸"条、"会赦应改正征收"条和《卫禁》"越度缘边关塞"条中的官吏,《卫禁》"缘边城戍不觉奸人出入"条、"烽侯不警"条中的军人都属于特殊主体。从中可见唐律十分关注唐朝人作为犯罪主体,并把唐朝人作为重要的涉外犯罪主体加以规定,惩治在涉外犯罪中的唐朝人。

3. 故意犯罪多于过失犯罪

从犯罪的主观方面因素来看,唐律涉外犯罪中的故意犯罪多于过失犯罪。除了《名例》规定的一般原则外,《卫禁》《职制》《擅兴》和《诈伪》所规定的涉外犯罪多为故意犯罪,只有个别规定是过失犯罪。为此,唐律还专门在律条中用"不觉"加以显示,以免与故意犯罪相混淆。《卫禁》"缘边城戍不觉奸人出入"条就有这样的规定:"诸缘边城戍,有外奸内入,内奸外出,而候望者不觉,徒一年半。"唐律涉外犯罪中的故意犯罪多于过失犯罪与涉外犯罪的构成相吻合。唐律中的这一犯罪不同于其他犯罪,要与外国、外国人、外国罪犯相关联,是一种较为特殊的犯罪,不故意与他们相联系不易构成此类犯罪。因此,这类犯罪中的故意犯罪多于过失犯罪也就有了一定的必然性。从中亦可知,唐律中涉外犯罪的恶性程度比较大,多为故意作为,而非过失形成。

4. 危害的主要是国家安全

唐律中的涉外犯罪危害的主要是国家安全,只是在表现形式上有所不同。《卫禁》中"共化外人私相交易"行为危害的是国家经济安全;"私与禁兵器"行为危害的是国家军事安全;"候望者不觉""外奸内入,内奸外出"和"烽侯不警,令寇贼犯边"行为危害的是国家边境安全;《职制》中国家秘密"泄露于蕃国使者"行为和《擅兴》中"化外人作间谍"行为危害的是国家情报安全等。只有个别的涉外犯罪不直接危害国家安全。涉外婚姻犯罪即是如此。考虑到唐朝时与外国的环境、制度、习俗等差异,即"各有风俗,制法不同"①,避免唐朝人配偶婚后生活等不适应,故禁止涉外婚姻。《卫禁》"越度缘边关塞"条规定:"共为婚姻者,流二千里。"不过,此类规定很少,不是主要部分。从这种意义上讲,唐律涉外犯罪的社会危害性很大,会对国家安全乃至国家主权、政权构成威胁,从根本上动摇封建统治,是一种要引起足够重视和应对的犯罪。

5. 涉外犯罪的犯罪行为比较隐秘

在唐律规定的涉外犯罪中,犯罪行为都比较隐秘。涉外犯罪的犯罪主体主要从事的是危害唐朝国家安全的犯罪,这种犯罪行为要受到法律的严惩。为了规避惩处,只能以隐秘的形式出现,不会明目张胆。《卫禁》中的"私相交易""外奸内入""寇贼犯边"是如此;《职制》中的"漏泄蕃国使者"、《擅兴》中的"化外人作间谍"等也是如此。这就为侦破这种犯罪带来了一定的难度,更需花大力气,甚至采用特殊的侦缉手段。

6. 用刑比较重

唐律也贯彻罪刑相一致原则,涉外犯罪的社会危害性大决定了对其用刑也重。在《卫禁》《职制》《擅兴》和《诈伪》中有法定刑的六个律

---

① 长孙无忌等:《唐律疏议》,刘俊文点校,中华书局1983年版,第133页。

条中,涉外犯罪的最高用刑为死刑的占了四条。它们是"私与禁兵器者,绞";"以故陷败户口、军人、城戍者,绞";"诸漏泄大事应密者,绞";"化外人来为间谍,绞"等。死刑占了三分之二的律条。这在唐律规定的犯罪中并不多见。这也从一个角度说明,涉外犯罪是唐律重点打击的犯罪之一。

这些突出之处正好是唐律涉外犯罪规定中的一些较为特别之处,它们的综合可以反映出这一犯罪与其他犯罪的一些差别,便于对其的正确认识。

三、唐朝涉外犯罪案件的处理

唐朝在唐律中规定涉外犯罪的同时,还处理了一些涉外案件。从现有少量的相关案件来看,其基本情况如下:

1. 按照唐律涉外犯罪的规定处理案件

唐律的有些涉外犯罪规定得到了实施,其中较为突出的是《卫禁》"越度缘边城塞"条中有关外国人不能与唐朝妇女结婚的规定。唐朝的有些胡人不遵守唐律的规定,诱娶唐朝的妇女为自己的妻妾。这明显违反了唐律涉外犯罪中有关外国人不得与唐朝妇女结婚的规定。为了彰显唐律的严肃性,唐朝发出诏令,禁止这种婚姻。当时发现在唐朝的胡人"先是回纥留京师者常千人,商胡伪服而杂居者又倍之",其中有人"衣华服,诱娶妻妾",因此在大历十四年(779年)发出诏令"禁之"。① 这里用"禁之"就能体现唐律中外国人不能与中国妇女结婚规定的精神,也使这一规定在现实生活中得到进一步落实。

2. 按照皇帝的诏令处理案件

有些涉外案件的犯罪人虽被唐朝所惩治,但没有按照唐律涉外犯罪的规定进行,而是按照诏令来处理。据《旧唐书·北狄传》记载,黑水靺鞨国王武艺曾派其弟弟门艺领兵去攻打唐朝,门艺熟悉唐朝的情况,认为其强大,不宜与唐朝开战,于是屡谏武艺。武艺认为,门艺有二心,要派人诛杀门艺。门艺得到消息,十分害怕,只身逃到唐朝躲避。这使武艺怀恨不已。开元二十年(732年),武艺"密遣使至东都,假刺客刺门艺于天津桥南,门艺格之,不死。诏河南府捕获其贼,尽杀之"②。在此案中,对"贼"的处理依据是诏令,而不是唐律涉外犯罪中的规定。

3. 按照唐律的其他规定处理案件

在唐朝的涉外犯罪案件中,还有一些是没有按照唐律涉外犯罪的规定来进行审判,而是依照唐律中的其他规定作了处理。高丽婢女谋杀主人案即是如此。据《朝野佥载》记载,唐"中书舍人郭正一破平壤,得一高丽婢,名玉素,极姝艳,令专知财物库"。以后郭正一"须浆水粥,非玉素煮之不可"。想不到,这个高丽婢女竟对主人郭正一下毒。"玉素乃毒之而进,正一急曰:'此婢药我!'"于是,"索土浆、甘草服解之,良久乃止。"此婢女最后被"斩于东市"。③ 此案用刑依据的不是唐

---

① 参见司马光:《资治通鉴·唐纪四十一》,中华书局1956年版,第7265页。
② 刘昫等:《旧唐书·北狄传》,中华书局1975年版,第5361页。
③ 参见张鷟、范摅:《朝野佥载·云溪友议》,恒鹤、阳羡生校点,上海古籍出版社2012年版,第50页。

律中有关涉外犯罪的规定,而是唐律《贼盗》"部曲奴婢谋杀主"条的规定。它规定:"诸部曲、奴婢谋杀主者,皆斩。"此条"疏议"还专门补充规定:"谋杀者,皆斩,罪无首从。"对高丽婢女玉素的处罚与唐律的这一规定相吻合,也是这一规定实施的结果。

4. 没有对涉外犯罪案件作任何处理

在唐朝,还有一些涉外犯罪案件,犯罪主体是外国人,可由于有的唐朝皇帝不作为,没有对其作任何处理,放纵了这些犯罪人,而且这种情况还不止一起。据《资治通鉴·唐纪四十一》记载,大历九年(774年),"回纥擅出鸿胪寺,白昼杀人,有司擒之;上释不问"①。翌年,又有类似情况发生。"回纥白昼刺市人肠出,有司执之,系万年狱;其酋长赤心驰入县狱,斫伤狱吏,劫囚而去。上亦不问。"②皇帝是唐朝的最高司法官,掌控着国家的最高司法权。他的不作为,使一些涉外犯罪案件的外国犯罪人逍遥法外,得不到应有的惩罚。此类涉外犯罪案件也就得不到应有的处理,唐律的权威性受到挑战。

综观唐朝涉外犯罪案件的处理情况可知,虽然唐律对涉外犯罪作了明文规定,内容也比较完善,但其实施情况并不理想,真正依照唐律涉外犯罪规定处理的案件并不多。按照皇帝的诏令处理案件、按照唐律其他规定处理案件的情况较为普遍。另外,还有一些涉外犯罪案件因为皇帝的不作为而得不到任何处理,这些案件的外国犯罪人因此逃脱了法律的制裁,唐朝的刑法形同虚设,法律的严肃性得不到应有的体现。这不能不说是唐朝法制的一个遗憾。

---

① 司马光:《资治通鉴·唐纪四十一》,中华书局1956年版,第7228页。
② 同上书,第7232页。

四、从唐律涉外犯罪规定中所得到的启示

从唐律涉外犯罪的规定中我们可以得到一些启示,这些启示可以为今天惩治涉外犯罪所借鉴。

1. 国家要重视涉外犯罪的刑事立法

涉外犯罪是一种与外国、外国人和外国罪犯都会有不同程度、性质相联系的犯罪。这种犯罪与许多其他犯罪不一样,会直接危害到国家安全,甚至危及国家的主权、政权,社会危害性非常大,需要引起足够的重视,否则后患无穷。同时,这种犯罪的犯罪主体来自不同国家,由于各国的社会、法制、风俗等情况有所差异,需要在刑事立法中引起关注。唐朝是当时亚洲最发达的国家,也是那时世界上最发达的国家之一,来到唐朝的外国人很多,涉及许多国家。其中包括来自日本、朝鲜、尼婆罗(尼泊尔)、真腊(柬埔寨)、天竺(即印度、巴基斯坦、孟加拉国)、波斯(伊朗)等国家的人员。[①] 这些人中有些在唐朝从事各种犯罪活动,包括与唐朝人相勾结,从事涉外犯罪活动。这就需要进行刑事立法,用刑法打击这种犯罪。唐朝前期的统治者特别是像唐太宗这样的皇帝,为了使自己的统治不断延续下去,非常重视国家的长治久安。唐太宗就不仅告诫大臣要致力于"天下太平"[②],而且自己也身体力行,尽力保持

---

① 参见史念海主编:《中国通史》(第六卷·上册),上海人民出版社2004年版,第515—516页。
② 吴兢编著:《贞观政要》,上海古籍出版社1978年版,第287页。

"四海安宁"①,其中就包括使用法律手段。在他的直接参与下,唐律最终定本,其中就有一些关于涉外犯罪的规定。这些规定对于维护唐朝的国家安全具有积极作用,以致出现了"贞观之治"和后来的"开元盛世"。国家的涉外犯罪刑事立法不仅不可或缺,还要引起足够的重视,否则国家安全就得不到有效的维护。

2. 涉外犯罪规定的内容要比较完善

涉外犯罪往往比较复杂,会涉及社会生活中的许多方面,主要聚焦在国家安全上。同时,这种犯罪对国家安全的危害还会以多角度、多方式出现,因此在刑事立法中要充分考虑到这一点,在立法中使其显示出来,达到比较完善的程度。唐律对当时的涉外犯罪作了较为完善的规定。首先,在《名例》《卫禁》《职制》《擅兴》和《诈伪》等中有关于涉外犯罪的内容。其中,《名例》是对涉外犯罪的原则规定,其他四个律中则是关于涉外犯罪具体罪状和法定刑的规范,即在类似于今天刑法总则与分则中都作了必要的规定,在体系上比较完善。同时,在内容上也比较完善。《名例》有三个律条规定涉外犯罪的惩治原则,内容涉及"平赃及平功庸""会赦应改正征收"和"化外人相犯"中涉外犯罪的处理原则。《卫禁》《职制》《擅兴》和《诈伪》的六个律条分别对具体涉外犯罪的罪状和法定刑作了规定,内容涉及"越度缘边关塞""缘边城戍不觉奸人出入""烽侯不警""漏泄大事""征讨告贼消息"和"证不言情及译人诈伪"中的涉外犯罪。这些原则和内容的综合已经比较完善,也基本能满足唐朝打击涉外犯罪的需要,可以较为有效地维护唐朝的国家安全。正因为如此,唐律涉外犯罪的规定受到唐后一些封建朝代

---

① 吴兢编著:《贞观政要》,上海古籍出版社1978年版,第251页。

的青睐,其立法也借鉴唐律中的这些规定。《宋刑统》是宋朝的一部主要法典,虽在体例上与唐律不尽一致,采用了"刑统"的结构,但唐律中关于涉外犯罪的规定都在其中得到了反映。《大明律》《大清律例》是明、清两朝的主要法典,在体例和内容上都与唐律有较大区别,但唐律中涉外犯罪的规定却大量保留下来,比例接近80%。从中可见,唐律涉外犯罪规定影响之大。寻找这种影响背后的原因,主要是其内容比较完善并在实践中证明确能起到有效打击涉外犯罪的功用。

3. 要严惩涉外犯罪

涉外犯罪的社会危害性大,必须严惩,不可姑息,更不能让其泛滥。一个社会要充分发展,逐渐进步,就必须有一个安定的社会环境。否则,在动乱状态之下,社会不仅不会充分发展,甚至还会倒退。涉外犯罪与外部敌对势力有勾连,易对国家安全造成危害,并影响国家的主权、政权,造成动乱。这是对国家根本利益的侵犯,有必要加以严惩,不能松懈,这样才能遏制、减少这类犯罪,使其可控。唐朝时,境外敌对势力对唐朝虎视眈眈,他们通过公开战争入侵和其他的涉外犯罪威胁唐朝的国家安全,从中谋取自己的利益。那时的吐蕃、大食都是唐朝的劲敌,涉外犯罪屡见不鲜。[①] 对此,唐律采用了重刑,严惩涉外犯罪,确保国家安全。

4. 要重视涉外犯罪规定的实施情况

法律的制定是为了实施,通过实施,才能反映出法律的真正价值,唐律关于涉外犯罪的规定也是如此。唐律的有些规定实施得比较好,

---

① 参见史念海主编:《中国通史》(第六卷·上册),上海人民出版社2004年版,第249—251页。

如禁止涉外婚姻的规定。但是,从整体来说,涉外犯罪规定的实施情况不太理想,许多案件或只按照诏令来审理,或是按照唐律的其他规定来审判,甚至还因为皇帝的不作为而未对相关案件作任何处理。也就是说,它们不是按照唐律涉外犯罪的规定来处理的。这要引起警惕,因为其冲击了涉外犯罪的规定,不利于涉外案件的处理,最终可能导致涉外犯罪的失控。

这些启示从不同角度得到反映,既涉及国家的立法主体、刑事立法内容的完善,又关系到对涉外犯罪的惩罚、重视涉外犯罪规定的实施等。这些都可不同程度地为今天的涉外犯罪刑事立法所关注甚至借鉴。

改革开放以来,来中国的外国人越来越多。据统计,1980年外国人入境仅有74万人次,2000年增加至1016万人次,2011年达到了2711万人次。另外,长期居住在中国的外国人也有了一定的规模。2010年第六次全国人口普查的结果显示,居住在中国并接受人口普查的外国人接近60万人。[①] 这已是一个不小的数字。与此同时,在中国的外国人犯罪人数也在攀升。以京沪两地的统计为例。2004年这两地发生的外国人犯罪案件是61件,犯罪人数107人;2010年这两地发生的外国人犯罪案件上升为104件,犯罪人数也增至128人。[②] 有学者在研究了外国人犯罪情况后认为,中国对外国人犯罪的刑事立法存在不足,有必要"完善刑法规定,修改和增设相关罪名",来遏制外国人犯罪攀升的势头,并提出了一些设想。[③] 其实,中国在完善刑法、打击外国人犯罪时,可以借鉴包括唐律在内的中国传统刑法中有关涉外犯罪的一些规定。这一工作既不能轻视,更不能忽视。

---

① 参见李怀胜:《在华外国人犯罪的实证分析与刑事政策应对》,载《犯罪研究》2014年第2期。
② 同上。
③ 参见郭理蓉、李祺:《在中国的外国人犯罪及其刑事对策研究》,载《广西警官高等专科学校学报》2013年第2期。

第十八章
唐律的制裁方式

唐律规定了多种制裁方式,主要有刑事、民事和行政三种。

一、刑事制裁方式

唐律是一部刑法典,刑事制裁方式也就成了最常见和最主要的制裁方式,它又可分为以下几种:

1."五刑"

"五刑",是指笞、杖、徒、流和死五种刑事制裁方式。笞刑是一种用荆条捶击罪犯臀、腿部的刑事制裁方式,它是"五刑"中最轻的一种。《唐律疏议·名例》"笞刑五"条"疏议"说:"笞击之刑,刑之薄者也。"杖刑是一种用竹板捶击罪犯背、臀和腿部的刑事制裁方式,它较笞刑为重,相当于唐前的鞭扑刑。《唐律疏议·名例》"杖刑五"条"疏议"说,古之鞭扑刑"犹今之杖刑者也"。徒刑是一种把罪犯囚禁于一定范围并强制其服劳役的刑事制裁方式,它较笞、杖都重,带有被奴役的性质。

《唐律疏议·名例》"徒刑五"条"疏议"说:"徒者,奴也,盖奴辱之。"流刑是一种把罪犯遣送到边远地区并强制其服劳役的刑事制裁方式,它是一种仅次于死刑的重刑,适用于一些较为重大的犯罪者,带有宽宥的性质。《唐律疏议·名例》"流刑三"条"疏议"说,流刑是因为"不忍刑杀"而"宥之于远也"。死刑是一种剥夺罪犯生命的刑事制裁方式,它是"五刑"中最重的一种,适用于重大犯罪者,相当于奴隶制时期的大辟。《唐律疏议·名例》"死刑二"条"疏议"说:"绞、斩之坐,刑之极也","即古'大辟'之刑是也"。

唐律"五刑"中的每一刑种又可分为若干刑等,每个刑等的受刑数不同,参见表18-1:

表 18-1

刑等	刑种				
	笞刑	杖刑	徒刑	流刑	死刑
	受刑数				
第一等	十次	六十次	一年	二千里	绞
第二等	二十次	七十次	一年半	二千五百里	斩
第三等	三十次	八十次	二年	三千里	
第四等	四十次	九十次	二年半		
第五等	五十次	一百次	三年		

流刑可分为常流和加役流。常流即表18-1中的第三等流刑,唐律称之为"三流"。犯常流者均服苦役一年。《唐律疏议·名例》"犯流应配"条规定:"诸犯流应配者,三流俱役一年。"加役流的制裁重于常流,由于本书有专文谈涉加役流制度,故在此不再重复。工、乐、杂户以及妇女犯流罪的,以杖代替流并在原籍服役。《唐律疏议·名例》"工乐杂户及妇人犯流决杖"条规定:"诸工、乐、杂户及太常音声人,犯流者,二千里决杖二百,一等加三十,留住,俱役三年;加役流者,役四年。"

"妇人犯流者,亦留住,流二千里决杖六十,一等加二十,俱役三年。"男性犯流罪的,妻、妾要随往,父、祖、子孙愿随往的也可同去。《唐律疏议·名例》"犯流应配"条规定,犯流者"妻妾从之","父祖子孙欲随者,听之"。

唐律中多处提及"居作",这是一种在监管情况下服役的刑事制裁方式。它与徒刑相似,又不全等于徒刑。徒刑是个刑名,侧重从刑种方面体现。居作在唐律中作为一种具体的执行方式,侧重从刑罚的执行方面体现。例如,《唐律疏议·名例》"犯徒应役家无兼丁"条规定:"诸犯徒应役而家无兼丁者,徒一年,加杖一百二十,不居作;一等加二十。"此条"疏议"对"不居作"作出解释:"既已加杖,故免居作。"在这一律条中,"徒一年"是依法应处刑罚,但是由于它为"杖一百二十"所代,不再执行,故称"不居作"。当徒刑与居作在同一条款中并适用于同一种情况时,两者都是指服役,后者可直接代替前者使用,上条规定即是如此。但是,当流刑与居作适用于同一种情况时,含义就不同了。流刑由流遣与服役两部分组成,当犯流者免居作时,只免后者,即只免服役,不免流遣。例如,《唐律疏议·名例》"老小及疾有犯"条规定,年七十以上、十五以下及废疾者犯流的,"至配所,免居作",即只流遣,不居作。此条"疏议"解释其原因时说:"矜其老小,不堪役身,故免居作。"

"五刑"中的一些刑罚在有些情况下可被代替执行。其中,有的是以一种刑罚代替另一种刑罚执行。例如,《唐律疏议·名例》"诸犯徒应役而家无兼丁"条中就有用杖代替徒执行的规定,即凡"犯徒应役而家无兼丁"者,可用杖一百二十代替徒执行。还有的是用一种刑罚代替另一种刑罚中的一部分执行,如用杖代替流中的流遣而不涉及居作。上述《唐律疏议·名例》"老小及疾有犯"条中的规定就是一例。由于情况不同,故一刑可代替另一刑的具体用刑也不同。例如,《唐律疏议·名例》"工乐杂户及妇人犯流决杖"条规定,工、乐、杂户及太常音声人犯流,以杖二百代替流二千里,一等加三十。但是,妇人犯流,用杖六十代替流二千里,一等加三十。可见,前后差距悬殊。

"五刑"是一个整体,它的二十刑等互相衔接,加减刑时上下贯通。《唐律疏议·名例》"称加减"条"疏议"举例作了解释:"假有人犯杖一百,合加一等,从徒一年;或应徒一年,合加一等,处徒一年半。""又有人犯徒一年,应减一等,处杖一百;或犯杖一百,应减一等,决杖九十。"但是,也有特例,如死刑二等和流三等在减刑时均作一等减。同条"疏议"继续解释说:"假有犯罪合斩,从者减一等,即至流三千里。或有犯流三千里,合例减一等,即处徒三年。"

唐律对"五刑"的执行有严格规定,司法官如有违犯,即要追究其法律责任。笞、杖的执行必须符合唐令的要求。《唐律疏议·断狱》"决罚不如法"条"疏议"载唐令的有关规定:"决笞者,腿、臀分受。决杖者,背、腿、臀分受。须数等。拷讯者亦同。笞以下,愿背、腿分受者,听。""杖皆削去节目,长三尺五寸。讯囚杖,大头径三分二厘,小头二分二厘。常行杖,大头二分七厘,小头一分七厘。笞杖,大头二分,小头一分五厘。"违反以上规定的,司法官要按情节受到笞、徒的处罚。"五刑"中其他刑罚的执行也都有严格规定。

2. 赎刑

赎刑,是指用铜代替"五刑"执行的一种刑事制裁方式。唐朝的赎刑与"五刑"联系在一起,是对"五刑"的一种补充。赎刑对"五刑"的折算方法见表18-2:

表 18-2

刑等	刑种				
	笞刑	杖刑	徒刑	流刑	死刑
	受刑数				
第一等	一斤	六斤	二十斤	八十斤	一百二十斤
第二等	二斤	七斤	三十斤	九十斤	一百二十斤
第三等	三斤	八斤	四十斤	一百斤	
第四等	四斤	九斤	五十斤		
第五等	五斤	十斤	六十斤		

唐律虽有赎的规定,但不是任何犯罪、任何罪犯都可用铜赎刑,它有一定的适用对象。唐律明确规定,可赎的范围主要包括:第一,官吏犯流以下罪。官吏本人犯流以下罪,一般可用赎抵罪。《唐律疏议·名例》"应议请减"条规定:"诸应议、请、减及九品以上之官","犯流罪以下,听赎"。这里还包括"假版官"和任官以前的犯罪者。《唐律疏议·名例》"以理去官"条规定:"假版官犯流罪以下,听以赎论。"此条"疏议"还专门对此作了解释:"假版授官,不著令、式,事关恩泽",所以可"听以赎论"。《唐律疏议·名例》"无官犯罪"条对任官以前的犯罪者作了如下规定:"诸无官犯罪,有官事发,流罪以下以赎论。"用官品抵罪,罪轻不尽其官或官少不尽其罪的,也可用赎。《唐律疏议·名例》"以官当徒不尽"条规定:"诸以官当徒者,罪轻不尽其官,留官收赎;官少不尽其罪,余罪收赎。"另外,有官品及邑号的妇人犯罪,同样可用铜赎罪。《唐律疏议·名例》"妇人有官品邑号"条及其"疏议"规定:"诸妇人有官品及邑号,犯罪者,各依其品","留官收赎"。第二,官吏亲属犯流以下罪。赎刑还荫及官吏亲属,他们犯流以下罪也可以铜抵罪。《唐律疏议·名例》"应议请减"条规定:"官品得减者之祖父母、父母、妻、子孙,犯流罪以下,听赎。"有些妾也可享有这一特权。《唐律

疏议·名例》"五品以上妾有犯"条规定:"诸五品以上妾,犯非十恶者,流罪以下,听以赎论。"第三,老、小、废、疾者犯流以下罪。老、小、废、疾者犯有除加役流、反逆缘坐流、会赦犹流外其他流以下罪的,可适用赎刑。《唐律疏议·名例》"老小及疾有犯"条规定:"诸年七十以上、十五以下及废疾,犯流罪以下,收赎。犯加役流、反逆缘坐流、会赦犹流者,不用此律"。此条"疏议"对老、小、废、疾者可赎的原因作了说明,即"矜老小及疾,故流罪以下收赎"。第四,妇女犯流以下罪。《唐律疏议·名例》"老小及疾有犯"条"疏议"规定:"妇人流法,与男子不同;虽是老小,犯加役流,亦合收赎,征铜一百斤。"第五,一些受牵连的犯罪者。唐律对一些因受牵连而构成的犯罪也适用赎刑,其对象主要是两类人:一类是犯罪者本人已死,受牵连者可赎罪;另一类是犯罪者本人已自首、免罪或减罪,受牵连者亦可赎罪。《唐律疏议·名例》"犯罪共亡捕首"条规定:"因罪人以致罪,而罪人自死者","若罪人自首及遇恩原减者","其应加杖及赎者,各依杖、赎例"。第六,过失杀伤人。《唐律疏议·斗讼》"过失杀伤人"条规定:"诸过失杀伤人者,各依其状,以赎论。"第七,疑罪。《唐律疏议·断狱》"疑罪"条规定:"诸疑罪,各依所犯,以赎论。"

唐律除规定可赎的范围外,还明确规定不可赎的范围,主要是:第一,"十恶"。"十恶"是对唐统治秩序危害最大的犯罪,故在一般情况下,犯"十恶"者不可收赎。《唐律疏议·名例》"无官犯罪"和"五品以上妾有犯"等条都把犯"十恶"者排除在可赎范围之外。但是,也有个别情况例外。《唐律疏议·名例》"老小及疾有犯"条"疏议"作了这样的例外规定:"矜老小废疾,虽犯十恶,皆许'收赎'。"第二,"五流"。"五流"是指加役流、反逆缘坐流、子孙犯过失流、不孝流和会赦犹流。这些也是严重的犯罪,故在一般情况下也不可赎。《唐律疏议·名例》

"应议请减"条明确规定:"加役流、反逆缘坐流、子孙犯过失流、不孝流、及会赦犹流者,各不得减赎。"但是,也有例外。加役流、反逆缘坐流和不孝流遇降时,可赎。上条"疏议"作了补充说明:"加役流、反逆缘坐流、不孝流,此三流会降,并听收赎。"第三,其他犯罪。还有些犯罪,如子孙犯过失杀伤、殴人至废疾、男夫犯盗和妇人犯奸等也都不在可赎之列。《唐律疏议·名例》"应议请减"条规定:"其于期以上尊长及外祖父母、夫、夫之祖父母,犯过失杀伤,应徒;若故殴人至废疾,应流;男夫犯盗及妇人犯奸者:亦不得减赎。"

司法官在适用赎刑时必须严格依律,应赎而不赎或不应赎而赎的,都将构成犯罪并受到刑法的追究。《唐律疏议·断狱》"断罪应决配而收赎"条规定:"诸断罪应决配之而听收赎,应收赎而决配之","各依本罪,减故、失一等"。

3. 官当

官当,是一种用官品抵罪的刑事制裁方式。它是官吏享有的一种特权。官当以官品折抵"五刑"的执行,也是对"五刑"的一种补充。官当与赎的主要区别在于:前者用官品抵罪,后者则用铜抵罪。

唐律中,官当是用官品折抵徒刑。三流均按四年徒计算。《唐律疏议·名例》"官当"条规定:"以官当流者,三流同比徒四年。"如果所犯罪行低于可当官品,那就不必用官当,只要赎即可。《唐律疏议·名例》"以官当徒不尽"条规定:"诸以官当徒者,罪轻不尽其官,留官收赎。"

官品可抵罪的数额须由官品的高低和所犯罪的性质决定。犯私罪的,五品以上官可当二年徒刑,六品至九品官可当一年徒刑。犯公罪的,五品以上官可当三年徒刑,六品至九品官可当二年徒刑。《唐律疏议·名例》"官当"条规定:"诸犯私罪,以官当徒者,五品以上,一官当徒二年;九品以上,一官当徒一年。若犯公罪,各加一年当。"此条对"私罪"与"公罪"作了明确解释:私罪是指"私自犯及对制诈不以实、受请枉法之类";公罪是指"缘公事致罪而无私、曲者"。此条"疏议"还举例作了说明:"对制虽缘公事,方便不吐实情,心挟隐欺"和"受人嘱请,屈法申请"等均属私罪;"不晓敕意而违"和"虽违敕意,情不涉私"等都属公罪。

唐朝有职事官、散官、卫官和勋官数种。在官当中,仅以二官计算,前三者同为一官,后者别为一官。对其原因,《唐律疏议·名例》"官当"条"疏议"作了说明:"职事、散官、卫官计阶等者,既相因而得,故同为一官。其勋官,从勋加授,故别为一官。是为'二官'。"官当时,应先以其中高者当。同条规定:"有二官,先以高者当,次以勋官当。"现任官当完后,仍有余罪或更犯的,可再以历任官当。同条继续规定:"若有余罪及更犯者,听以历任之官当。"所有官都当完后,仍有余罪要当的,可赎。《唐律疏议·名例》"以官当徒不尽"条规定:"诸以官当徒者","官少不尽其罪,余罪收赎"。

官吏在官品当尽之后,即成为无官之人,一年以后,仍可降原任官一等,继续任官。《唐律疏议·名例》"除免官当叙法"条规定:"官当者,期年之后,降先品一等叙。"

司法官必须依律适用官当,适用不当的,要受到处罚。《唐律疏议·断狱》"断罪应决配而收赎"条规定:"应官当而不以官当及不应官当而以官当者,各依本罪,减故、失一等。死罪不减。"

4. 没官

没官,是一种把与罪犯有一定联系的人和物没为官府所有的刑事制裁方式。没官的主要对象是违禁物和赃物。违禁物系公民不可占有之物,赃物是非法所得之物,故均在没官之列。没官适用于这类犯罪具有消除犯罪条件等作用。《唐律疏议·名例》"彼此俱罪之赃"条规定:"诸彼此俱罪之赃,及犯禁之物,则没官。"此条"疏议"专门作了解释:甲弩、矛矟、旌旗、禁书、宝印等类,"私家不应有者,是名'犯禁之物'","若盗人所盗之物,倍赃亦没官"。

没官常与"五刑"一起适用,作为"五刑"的一种附加刑,以增加制裁的严厉性。《唐律疏议·杂律》"违令"条"疏议"在解释律条时规定,违犯礼部式,"式文而著服色者,笞四十";同时,"物仍没官",使其受到双重制裁。

没官的对象除物以外,还有人。《唐律疏议·贼盗》"谋反大逆"条把犯罪者的家庭成员和部曲都作为没官对象,规定:"诸谋反及大逆者,皆斩;父子年十六以上皆绞,十五以下及母女、妻妾、祖孙、兄弟、姊妹若部曲、资财、田宅并没官"。在这一规定中,因没官对象本身是无辜的,故又具有连坐性质。

司法官违律没官的,要被追究刑事责任。《唐律疏议·断狱》"缘坐没官不如法"条规定:"诸缘坐应没官而放之,及非应没官而没之者,各以流罪故、失论。"

5. 连坐

连坐,是一种与罪犯有一定身份联系的无辜者受到刑事追究的刑事制裁方式。唐律中的连坐还以"缘坐"等形式出现。唐律用刑虽明显轻于以往,但仍可见有关连坐的规定。

唐律中的连坐适用于一些比较重大的犯罪,按其对象,主要可分为家庭成员连坐、邻伍连坐和职务连坐三大类。

唐律中的家庭成员连坐也称"缘坐",并专门设立"缘坐之罪"。《唐律疏议·名例》"犯罪未发自首"条"疏议"说:"缘坐之罪,谓谋反、大逆及谋叛已上道者,并合缘坐。"可见,此"缘坐之罪"是指"十恶"中的前三大犯罪。缘坐的范围很广泛。《唐律疏议·贼盗》"谋反大逆"条规定,除谋反大逆者本人要处斩外,其"父子年十六以上皆绞,十五以下及母女、妻妾、祖孙、兄弟、姊妹若部曲、资财、田宅并没官","伯叔父、兄弟之子皆流三千里,不限籍之异同"。谋叛罪的缘坐范围虽比谋反大逆罪小,但也涉及三族。《唐律疏议·贼盗》"谋叛"条规定:"诸谋叛者,绞。已上道者皆斩,妻、子流二千里;若率部众百人以上,父母、妻、子流三千里。"此外,唐律中还有一些罪也适用缘坐的规定。例如,《唐律疏议·贼盗》"杀一家三人支解人"条规定:"诸杀一家非死罪三人,及支解人者,皆斩;妻、子流二千里。"唐律中的缘坐既包括人,也包括物。凡同居的缘坐对象,资财和田宅都要没官,只有非同居者例外。《唐律疏议·贼盗》"缘坐非同居"条规定:"诸缘坐非同居者,资财、田宅不在没限。"

唐律中还有邻伍连坐的规定。唐朝规定,五户为一连坐单位,称"保"。保内有人犯罪,其他人须告发,否则就构成犯罪,要被追究刑事责任。只有三种情况例外:一是家中只有妇女及未满十五岁的男孩;二是犯罪者的罪较轻,只在杖一百以下;三是他人犯罪时,保中之人不在家中。对被连坐之人的处罚程度依据犯罪者的被罚程度而定,一般相差两个刑种。这些内容在《唐律疏议·斗讼》"监临知犯法不举劾"条中都作了规定:"同伍保内,在家有犯,知而不纠者,死罪,徒一年;流罪,杖一百;徒罪,杖七十。其家惟有妇女及男年十五以下者,皆勿论。"此条"疏议"说:"依令'伍家相保'之内,在家有犯,知死罪不纠,得徒一年;知流罪不纠,杖一百;知徒罪不纠,杖七十;犯百杖以下,保人不纠,无罪。其伍保之家,惟有妇女及男十五以下,不堪告事,虽知不纠,亦皆勿论。虽是伍保之内,所犯不在家中,知而不纠,不合科罪。"

除以上两类连坐外,还有职务连坐。唐律中的职务连坐分为两类:监临主司连坐与同职人连坐。

监临主司的范围很广,凡统摄官和掌领人都属此类,连里正、村正和坊正都包括在内,他们与被监临人有连坐关系。被监临人犯罪,监临主司必须揭发,不揭发的亦算犯罪,也要被处罚,其幅度比被监临者轻三等;如果是具有纠弹职责的监临主司,只轻二等。《唐律疏议·贼盗》"监临知犯法不举劾"条规定:"诸监临主司知所部有犯法,不举劾者,减罪人罪三等。纠弹之官,减二等。"

同职人连坐也是一种职务连坐。《唐律疏议·名例》"同职犯公坐"条"疏议"解释"同职"时说:"同职者,谓连署之官。"同职人连坐因有公罪与私罪的区别,故在处罚时也不同。如犯公罪,按四等划分同职人员,以各自的主责处理。上述律条规定:"诸同职犯公坐者,长官为一等,通判官为一等,判官为一等,主典为一等,各以所由为首。"此条"疏议"还举例作了说明:"假如大理寺断事有违,即大卿是长官,少卿正是通判官,丞是判官,府史是主典,是为四等。各以所由为首者,若主典检请有失,即主典为首,丞为第二从,少卿、二正为第三从,大卿为第四从,即主簿、录事亦为第四从。"如犯私罪,连坐人员不知情的,以过失犯罪论。此条规定:"若同职有私,连坐之官不知情者,以失论。"此条"疏议"也举例作了解释:"假有人犯徒一年,判官曲理断免,余官不觉,自依失出之法,有私者为首,不觉者为从,仍为四等科之,失出减五等,失入减三等之类。"

唐律有不少条款都含有职务连坐的内容,这里仅举一例证之。《唐律疏议·卫禁》"宫殿作罢不出"条规定:"诸在宫殿内作罢而不出者,宫内,徒一年;殿内,徒二年;御在所者,绞。将领主司知者,与同罪;不知者,各减一等。"此条中的将领主司被罚,就属职务连坐之类。

职务连坐中还适用自觉举。《唐律疏议·名例》"公事失错自觉举"条规定:"诸公事失错,自觉举者,原其罪;应连坐者,一人自觉举,余人亦原之。""其官文书稽程,应连坐者,一人自觉举,余人亦原之。"但是,有两种情况例外:一是司法官错判并已执行的,"不用此律";二是官文书稽程,"主典不免",即自觉举也要追究其法律责任。

唐律对连坐的执行也有规定,司法官不依律执行缘坐的,都属犯罪并要受到处罚。《唐律疏议·断狱》"缘坐没官不如法"条规定:"诸缘坐应没官而放之,及非应没官而没之者,各以流罪故、失论。"

二、民事制裁方式

唐律规定的民事制裁方式主要有以下几种:

1. 赔偿

赔偿,是一种行为人对被害方进行经济补偿的民事制裁方式。唐律把赔偿称为"备偿"。《唐律疏议·杂律》"负债违契不偿"条规定:"诸负债违契不偿,一匹以上,违二十日笞二十,二十日加一等,罪止杖六十;三十匹,加二等;百匹,又加三等。各令备偿。"赔偿的方式主要是赔偿物,但也有赔偿人。《唐律疏议·捕亡》"官户奴婢亡"条中有关于赔偿奴婢的内容,此条规定:"诱导官私奴婢亡者,准盗论,仍令备偿。"

唐律中的赔偿按赔偿额可分为以下几类:第一,赔偿全部。《唐律疏议·厩库》"官私畜损食物"条规定:"诸放官私畜产,损食官私物者,笞三十;赃重者,坐赃论。失者,减二等。各偿所损。"这里的"各偿所损"要求各自都赔偿全部损失。第二,加倍赔偿。这在唐律中称为"倍偿"。《唐律疏议·名例》"赃还原主"条规定:"盗者,倍偿。"此条"疏议"对此规定作了如下解释:"盗者以其贪财既重,故令人倍偿,谓盗一尺,征二尺之类。"第三,赔偿一半。这在唐律中称为"偿减价之半"。《唐律疏议·厩库》"犬伤杀畜产"条规定:"诸犬自杀伤他人畜产者,犬主偿其减价;余畜自相杀伤者,偿其减价之半。"此条"疏议"对"偿减价之半"作了解释:"假有甲家牛,抵杀乙家马,马本直绢十匹,为抵杀,估皮肉直绢两匹,即是减八匹绢,甲偿乙绢四匹,是名'偿减价之半'。"第四,赔偿实际损失。这在唐律中称为"偿减价"。它与赔偿全部的区别在于:前者的被损物可折价处理,故只赔偿除折价处理外的那部分损失;后者所造成的损失是无可挽回的,也不可折价处理,故只能赔偿全部。《唐律疏议·厩库》"故杀官私马牛"条中有"偿减价"的内容,它规定:"诸故杀官私马牛者,徒一年半。赃重及杀余畜产,若伤者,计减价,准盗论,各偿所减价。"此条"疏议"对"减价"举例作了说明:"'减价',谓畜产直绢十匹,杀讫,惟直绢两匹,即减八匹价。"

唐律的赔偿适用于公、私财物的损害,而且赔偿数额一致。《唐律疏议·厩库》"官私畜毁食官私物"条规定:"诸官私畜产,毁食官私之物,登时杀伤者,各减故杀伤三等,偿所减价。"此处并未对公、私畜产的赔偿加以区别。

但是,对于故意犯罪和过失犯罪,赔偿的处理是不同的。《唐律疏议·杂律》"水火损败征偿"条规定:"诸水火有所损败,故犯者,征偿;误失者,不偿。"在这一规定中,只有故意犯罪才赔偿,过失犯罪则不赔偿。

需要说明的是,不是损害任何公、私财物都使用赔偿。在某些情况下,只追究行为人的刑事责任,不要其赔偿。《唐律疏议·厩库》"官私畜损食物"条规定:"若官畜损食官物者,坐而不偿。"

唐律的赔偿均与刑事制裁联系在一起,类似于现在附带民事诉讼中的民事赔偿。在追究犯罪者刑事责任的同时,还要求其赔偿所造成的经济损失,以上所提及的律条都是如此。

2. 复故、改正、征收和还官主

唐律中的民事制裁方式除赔偿外,还有复故、改正、征收和还官主等,大致情况如下:

第一,复故。这是一种令行为人把被损坏物恢复成原样的民事制裁方式,它类似于现代民法中的恢复原状。唐律中除复故外,"依旧""修立""改去"等也具有此种含义。唐律规定,对公共场所的侵占适用复故。《唐律疏议·杂律》"侵巷街阡陌"条规定:"诸侵巷街、阡陌者,杖七十。若种植垦食者,笞五十。各令复故。"此条"疏议"解释其原因说:"公行之所,若许私侵,便有所废",故除处以刑罚外,还要"各令依旧"。复故不适用于赦,即会赦仍须执行。《唐律疏议·杂律》"舍宅车服器物违令"条规定:"诸营造舍宅、车服、器物及坟茔、石兽之属,于令有违者,杖一百。虽会赦,皆令改去之。"故犯与误犯的,都要复故,其主要区别在于:前者要负刑事责任,后者可免刑事责任。《唐律疏议·杂律》"毁人碑碣石兽"条规定:"诸毁人碑碣及石兽者,徒一年;即毁人庙主者,加一等。其有用功修造之物,而故损毁者,计庸,坐赃论。各令修立。误损毁者,但令修立,不坐。"

第二,改正。这是一种令行为人恢复被侵害对象的身份或本来面目,消除其影响的民事制裁方式,它近似于现代民法中的消除影响。唐律中的"还正"亦指改正。改正与复故有联系,两者都具有恢复性质,恢复对象都是被侵害者。但是,两者亦有明显区别:前者主要是对名誉权、身份权等的恢复,后者则主要是对物权的恢复。前者的适用范围较大。《唐律疏议·名例》"会赦应改正征收"条规定:"以嫡为庶、以庶为嫡、违法养子、私入道、诈复除、避本业、增减年纪、侵隐园田、脱漏户口之类,须改正。"这一原则规定在具体律条中也能得到体现。《唐律疏议·户婚》"养杂户等为子孙"条规定:"诸养杂户男为子孙者,徒一年半;养女,杖一百。官户,各加一等。与者,亦如之。若养部曲及奴为子孙者,杖一百。各还正之。"此外,"放部曲奴婢还压""以妻为妾"等条也都有还正的规定。改正也有不适用于赦的,即会赦仍须执行,否则要追究当事人的法律责任。《唐律疏议·名例》"会赦应改正征收"条规定:"诸会赦,应收正、征收,经责簿账而不改正、征收者,各论如本犯律。"即按原罪论处。

第三,征收。这是一种官府收缴非法占有物的民事制裁方式,它与现代民法中的收缴非法占有物相似。《唐律疏议·名例》"会赦应改正征收"条对征收对象作了规定:"监临主守之官,私自借贷及借贷人财物、畜产之类,须征收。"不是所有非法占有物都须征收,在有些情况下可不征收,其要者为二:一是非法占有的食品已被食尽;二是营造事宜已告结束。《唐律疏议·厩库》"放散官物"条规定:"诸放散官物者,坐赃论。物在,还官;已散用者,勿征。"此条"疏议"举例作了说明:"若祠祀礼毕,宴会食尽及营造事讫,皆勿征。"征收与改正一样,会赦仍应征收而抗拒征收的,对当事人要按原罪处罚。具体内容在《唐律疏议·名例》"会赦应改正征收"条中有规定,上文已引用,此处不再复引。

第四,还官主。这是一种令当事人返还仍存在的非法物的民事制裁方式,它与现代民法中的返还财产相似。还官主与征收有相同之处,都要收回非法占有物。两者也有不同点:前者从非法侵占者的角度出发,要求其归还被侵占物,而且归还对象有官府和公民两类。这由被侵占物的所有人决定,如果是官府,物归官府;如果是公民,物归公民。后者从官府的角度出发,要求其收回被侵占物,归还对象也只是官府。还官主以物仍存在为前提,物在要还,物不在不还。《唐律疏议·厩库》"放散官物"条有"物在,还官;已散用,勿征"的规定。犯"六赃"者是还官主的主要适用对象。《唐律疏议·名例》"以赃入罪"条规定:"诸以赃入罪,正赃见在者,还官、主。"此条"疏议"解释说:"在律,'正赃'惟有六色:强盗、窃盗、枉法、不枉法、受所监临及坐赃。""官物还官,私物还主。"归还物主要包括赃物的转换物和孳息物。其中,奴婢亦属物之类。同条规定:"转易得他物,及生产蕃息,皆为见在。"此条"疏议"还举例对此作了解释:"转易得他物者,谓本赃是驴,回易得马之类。及生产蕃息者,谓婢产子,马生驹之类。"另外,虽遇大赦,但有的犯罪仍须还官主。同条规定:"会赦及降者,盗、诈、枉法犹征正赃。"

唐律中的复故、改正、征收和还官主不单独适用,总与"五刑"联系在一起,并以"五刑"为主要制裁手段,以上所列律条无一例外。因此,这些民事制裁方式只是辅助制裁方式,类似于当前附带民事诉讼中的一些内容。

3. 离婚

离婚,在唐律中是一种解除男女之间婚约的民事制裁方式。唐律中的"离"即指离婚。唐律的户婚律中有十余条是关于离婚的,按离婚形式划分,主要有三种:第一,允许离婚。当妻子犯有"七出"情况时,唐律允许丈夫提出离婚,离婚的主动权在丈夫手中。《唐律疏议·户婚》"妻无七出而出之"条"疏议"明确规定,妻子无"七出"情况的,"不合出之"。这一规定反证,若妻子有"七出"情况,是允许离婚的。第二,强制离婚。唐律中的多数离婚规定都属此类。强制离婚主要适用于违律为婚和"义绝"的情况,其中包括妄冒为婚,有妻再娶,居父母丧期娶妻,同姓为婚,各种身份、地位不同之人为婚,以及夫妻一方殴杀对方尊亲属等。对于此类离婚,唐律的律条中都有"离之"字样。例如,《唐律疏议·户婚》"有妻更娶"条规定:"诸有妻更娶妻者,徒一年;女家,减一等。若欺妄而娶者,徒一年半;女家不坐。各离之。"有的律条甚至规定,如不离婚的,须追究当事人的刑事责任。《唐律疏议·户婚》"义绝离之"条规定:"诸犯义绝者离之,违者,徒一年。"第三,两愿离婚。两愿离婚的前提是夫妻之间关系不和谐,双方都愿意离婚,而且还不具有关于允许离婚和强制离婚的情节。《唐律疏议·户婚》"义绝离之"条规定:"若夫妻不相安谐而和离者,不坐。"此条"疏议"解释说:"彼此情不相得,两愿离者,不坐。"

综合有关离婚的条款,唐律规定的离婚原因主要有:第一,有违一夫一妻原则。唐律认为,一夫只能有一妻,其他配偶不可为妻,如有妻再娶就是一种违律行为,必须离婚。《唐律疏议·户婚》"有妻更娶"条"疏议"说:"一夫一妇,不刊之制。有妻更娶,本不成妻。"故除了对当事人处以徒刑外,还要离婚。第二,有违封建等级原则。唐律认为,无论在社会还是在家庭,都有等级,结婚也不可逾越这一等级鸿沟,凡违反封建等级原则的婚姻都不能成立,必须解除。违反这一原则的行为主要是:以婢、妾、客女为妻,以妻为妾;奴以良人女为妻;杂户与良人为婚等。《唐律疏议·户婚》"以妻为妾"条"疏议"说:"妻者,齐也,秦晋为匹。妾通卖买,等数相悬。""若以妻为妾,以婢为妻,违别议约,便亏夫妇之正道,黩人伦之彝则,颠倒冠履,紊乱礼经。""奴娶良人为妻"条

"疏议"说:"人各有耦,色类须同。良贱既殊,何宜配合?""杂户官户与良人为婚"条"疏议"说:"杂户配隶诸司,不与良人同类,止可当色相娶,不合与良人为婚。"正因如此,故凡有以上情节而为婚的,除要受到处罚外,还要离婚。第三,有违夫权。唐律认为,夫为妻天,妻要奉守夫权,即使夫亡,也不得在丧期内出嫁。《唐律疏议·户婚》"夫丧守志而强嫁"条"疏议"说:"妇人夫丧服除,誓心守志。"如在此时嫁,即属非法婚姻,亦须离婚。第四,有违婚约。唐律认为,具有婚约是认定婚姻合法性的一个重要条件,违约而妄冒的婚姻是不能成立的。《唐律疏议·户婚》"为婚妄冒"条说:"为婚之法,必有行媒,男女、嫡庶、长幼,当时理有契约。"故女家有违,就要被罚,同时还要解除已成之约。第五,有违同姓不得为婚原则。唐律继承了在西周时就已确立的同姓不得为婚原则。如有违犯,即为非法,必须离婚。《唐律疏议·户婚》"同姓为婚"条"疏议"说:"同宗共姓,皆不得为婚。"为婚者除要被处罚外,还要离婚。此外,"七出"和"义绝"也是离婚原因。

唐律中有违律为婚而不离的特例,如与无夫且会被赦免罪行的逃亡女为婚,可不离婚。《唐律疏议·户婚》"娶逃亡妇女"条规定:"无夫,会恩免罪者,不离。"

身份不同而为婚的,除要离婚外,还须还正,恢复其原有地位。《唐律疏议·户婚》"杂户官户与良人为婚"条规定:"诸杂户不得与良人为婚,违者,杖一百。官户娶良人女者,亦如之。良人娶官户女者,加二等。即奴婢私嫁女与良人为妻妾者,准盗论;知情娶者,与同罪。各还正之。"

唐律规定,离婚与还正均不适用于赦,虽遇赦,仍须依律执行。《唐律疏议·名例》"违律为婚离正"条规定:"诸违律为婚,当条称'离之''正之'者,虽会赦,犹离之、正之。"

唐律禁止不依律而擅自离婚的行为。如不依律离婚，就属犯罪，并要受到制裁。《唐律疏议·户婚》"妻无七出而出之"条规定："诸妻无七出及义绝之状，而出之者，徒一年半；虽犯七出，有三不去，而出之者，杖一百。"

唐律中的离婚与以上几种民事制裁方式一样，都与"五刑"并用，而且以"五刑"为主，因此也是一种辅助制裁方式，作为"五刑"的附加制裁方式。

三、行政制裁方式

唐律中还有行政制裁方式，主要包括以下几种：

1. 除名

除名，是指一种免去违法官吏的官职、官品、爵位和名号等的行政制裁方式。官员犯罪属重大犯罪的，如"十恶"、故意杀人、监临主守在监守内犯奸或盗、受财枉法等，除了要被追究刑事责任外，一般还要受到行政制裁。例如，《唐律疏议·名例》"除免比徒"条"疏议"说："监临主守内盗绢一匹，若事实，盗者合杖八十，仍合除名。"

除名不在赦限，虽会赦，官吏仍须除名。《唐律疏议·名例》"除名"条规定："诸犯十恶、故杀人、反逆缘坐，狱成者，虽会赦，犹除名。即监临主守，于所监守内犯奸、盗、略人，若受财而枉法者，亦除名。""杂犯死罪，即在禁身死，若免死别配及背死逃亡者，并除名。"但是，也有特例：第一，犯"十恶"等大罪，狱未成而遇赦的，可从赦免之法。此条"疏议"说:"犯十恶等罪,狱成之后,虽会大赦,犹合除名,狱若未成,即从赦名。"第二,犯有受财枉法等罪,狱成而遇赦的,作"免所居官"处理。"除名"条规定:"监临主守,于所监内犯奸、盗、略人,若受财而枉法者","狱成会赦者,免所居官"。第三,杂犯死罪并"会降"的,按官当及赎的规定处理。"除名"条规定:"杂犯死罪,即在禁身死,若免死别配及背死逃亡者","会降者,听从当、赎法"。

官吏除名后,官职、官品、爵位等都被免除,赋税、徭役都须按入仕前的身份处理,六年以后按原身份和国家的规定,继续做官。《唐律疏议·名例》"除免官当叙法"条规定:"诸除名者,官爵悉除,课役从本色,六载之后听叙,依出身法。"此条"疏议"还专门对"课役从本色""叙法""出身"作了解释:"课役从本色者,无荫同庶人,有荫从荫例。""犯除名人年满之后,叙法依选举令:'三品以上,奏闻听敕。正四品,于从七品下叙;从四品,于正八品上叙;正五品,于正八品下叙;从五品,于从八品上叙;六品、七品,并于从九品上叙;八品、九品,并于从九品下叙。若有出身品高于此法者,听从高'。""'出身',谓籍荫及秀才、明经之类。"

除名相当于徒三年,诬告官吏以致除名的,须以徒三年反坐,不论被诬告的官吏是否构成徒罪。《唐律疏议·名例》"除免比徒"条规定:"诸除名者,比徒三年。"此条"疏议"补充说,如有人诬告官吏,规定要杖八十,那么"诬告人不可止得杖罪,故反坐比徒三年"。

唐律中的除名皆适用于犯罪官吏,是对刑事制裁的补充,使官吏受到双重处分,以增加处罚的严厉性。从这种意义上说,除名也是一种辅助制裁手段。

2. 免官

免官,是指一种免去违法官吏的官职、官品和名号,保留爵位的行政制裁方式。免官与除名的一个重要区别在于,前者可保留爵位,后者则不能。《唐律疏议·名例》"应议请减"条"疏议"说:"犯除名者,爵亦除;本犯免官、免所居官及官当者,留爵收赎。"

免官比除名适用的犯罪轻。"应议请减"条"疏议"举例作了规定:"故殴小功尊属至废疾,及男夫于监守内犯十恶及盗,妇人奸入'内乱'者,并合除名。若男夫犯盗,断徒以上及妇人犯奸者,并合免官。"《唐律疏议·名例》"免官"条的规定更为详尽:"诸犯奸、盗、略人及受财而不枉法;若犯流、徒,狱成逃走;祖父母、父母犯死罪,被囚禁,而作乐及婚娶者:免官。"

凡免官者,"二官"全免。"免官"条"疏议"还专门对此作了解释:"'二官'为职事官、散官、卫官为一官,勋官为一官。此二官并免。"

免官官吏在三年后,按原官品降二等继续任官。《唐律疏议·名例》"除免官当叙法"条规定:"免官者,三载之后,降先品二等叙。"此条"疏议"解释说:"正四品以下,一阶为一等;从三品以上及勋官,正、从各为一等。假有正四品上免官,三载之后,得从四品上叙。上柱国免官,三载之后,从上护军叙。"

免官相当于徒二年。诬告官吏以致免官的,须以徒二年反坐,不论被诬告的官吏是否构成徒二年罪。《唐律疏议·名例》"除免比徒"条规定:"免官者,比徒二年。"此条"疏议"举例作了这样的解释:如果有人诬告官吏犯盗罪应徒一年,那么"反坐不可止科徒一年,故比徒二年"。

免官也与"五刑"连用,作为一种辅助制裁手段。"除免比徒"条"疏议"说:"五品于监临外盗绢五匹,科徒一年,仍合免官。"

3. 免所居官

免所居官,是指一种免去违法官吏的官职及所带散官品位,保留勋官名位的行政制裁方式。唐律对需免所居官的范围有明确规定。《唐律疏议·名例》"免所居官"条规定:"诸府号、官称犯父祖名,而冒荣居之;祖父母、父母老疾无侍,委亲之官;在父母丧,生子及娶妾、兄弟别籍、异财,冒哀求仕;若奸监临内杂户、官户、部曲妻及婢者:免所居官。"此外,一些应除名而狱成会赦的,也要免所居官。《唐律疏议·名例》"除名"条规定:"监临主守,于所监内犯奸、盗、略人,或受财而枉法者","狱成会赦者,免所居官"。

唐律把唐朝官吏分为"二官",免所居官仅免一官,如有二官者,保留一官。《唐律疏议·名例》"免所居官"条规定,免所居官"谓免所居之一官。若兼带勋官者,免其职事"。此条"疏议"的解释更为明确:"称免所居官者,职事、散官、卫官同阶者,总为一官。若有数官,先追高者;若带勋官,免其职事;如无职事,即免勋官高者。"唐律中有免所居官之一官的具体规定。《唐律疏议·名例》"十恶"条"疏议"说:"男夫居丧娶妾,合免所居之一官。"

免所居官相当于徒一年,诬告官吏以致免所居官的,要以徒一年反坐,不论被诬告官吏是否构成徒罪。《唐律疏议·名例》"除免比徒"条规定:"免所居官者,比徒一年。"此条"疏议"举例作了如下解释:如果有人诬告官吏在监临内奸婢应杖九十,那么"反坐不可止得杖罪,故比徒一年"。

免所居官与除名、免官一样,也与"五刑"联系在一起,并以"五刑"为主要制裁手段。《唐律疏议·名例》"除免比徒"条"疏议"规定:"监临内奸婢,合杖九十,奸者合免所居官。"

在除名、免官和免所居官三种行政制裁方式中,除名最重,免所居官最轻,免官居中,从三者的比徒折算中就可得出此结论。《唐律疏议·名例》"除免比徒"条"疏议"也讲得十分清楚:"除名、免官、免所居官,罪有差降,故量轻重,节级比徒。"即以不同轻重的三种行政制裁手段适用于犯有不同罪名、情节的违法官吏。

除名、免官、免所居官与官当都适用于官吏,它们有相近之处,也有区别:首先,前者不可折抵徒刑的执行,后者可在一定范围内折徒免刑。其次,前者在唐律中不可单独适用,总与"五刑"联系在一起,作为"五刑"的一种辅助制裁手段;后者可单独适用,无须与"五刑"合用。最后,前者在制裁期满后的叙法中形式多样,如除名需在六年后才依出身品叙官,免官需在三年后降先品二等叙官,免所居官需在一年后降先品一等叙官;后者则是单种,全在一年后降先品一等叙官。

四、制裁方式的特点

综观唐律中的刑事、民事和行政三大制裁方式,并与以前的制裁方式相比较可以发现,其主要特点如下:

1. 儒家经义是指导思想

唐律中主要制裁方式的确定皆以儒家经义为依据,"五刑"即是。每一刑条的"疏议"中都引用经义,以论证"五刑"产生的理论渊源,证实其存在的合理性。先后出现在"五刑"条"疏议"中的有《尚书》《礼记》《周礼》《孝经》和《春秋》等。其中,有的是用一本经书中的经句说明一个刑种,也有的是用两本以上经书中的经句说明一个刑种。杖、徒刑分别用《尚书》和《周礼》的经句加以说明;笞刑用《尚书》《孝经》和《礼记》的经句加以说明;死刑用《春秋》《礼记》和《尚书》的经句进行引证。除"五刑"外,有些制裁方式的确立也以经义为依据,离婚就是一例。《唐律疏议·户婚》"有妻更娶"条"疏议"说:"依礼,日见于甲,月见于庚,象夫妇之义。一与之齐,中馈斯重。"如有妻再娶,即是违反此义,故不仅要徒,还要"各离之"。

用儒家经义作为确定制裁方式的指导与唐律整个法典用礼作为指导相吻合,正是唐律以礼为指导的直接体现。从整体看,唐律中制裁方式受礼的支配和影响比以往法典的规定更大,因为它是中国法制史上第一部成功地把礼与法有机结合的法典。

2. 慎刑是主要原则

慎刑原则非唐律首创,早在西周时就明确提出"明德慎罚"的主张和法制要求,以后有不少统治者也以此标榜自己,而在制裁方式中能全面、完整地体现和贯彻这一原则的还属唐律。《法经》是一部较完整和较早的封建法典,也是中国封建法典的蓝本,在中国法制史上占有很重要的地位。但是,当时在法家"重刑轻罪"思想的指导下,用刑偏重,连窥宫者都要膑、拾遗者都要刖。秦始皇把"法治"推向极端,秦法用刑的严厉程度令人咋舌,"枭首""腰斩""车裂""夷三族""具五刑"和"凿颠"等被广泛使用,故史称当时"死人日成积于市"[①]。汉初的统治者奉行"与民休息"政策,用刑渐平。可汉武帝以后,用刑又滥,至成帝时"大辟之刑千有余条,律令烦多,百有余万言",以致"明习者,不知所

---

① 《史记·李斯列传》。

由"①。魏晋南北朝时,除有规定制裁用刑过重的一面外,还有过多用赦的一面,以致出现个别制裁废弛的朝代,梁武帝时就是这样。他"每年数赦,卒至倾败"②,连自己的统治都断送了。

唐朝的立法者以隋亡为鉴,总结前人的用刑经验,在隋《开皇律》的基础上,撰修唐律,于贞观时期定本。唐律全面贯彻慎刑原则,在制裁方式方面尤为突出。它大量减少死刑的适用范围,比《开皇律》少九十二条;增加加役流,代替部分死刑的执行;确立死刑"三复奏"制度等,对死刑这一生命刑的适用采取了极为谨慎的态度。唐律对笞、杖、徒和流的适用和执行也作了详尽规定,并明确司法官的责任,违反者要被追究刑事责任,十分严肃。唐律对老、幼、废、疾和妇女的用刑采取恤刑方法,从生理特点出发,把他们与一般成年公民的量刑相区别,并用赦、免和换刑等形式作特殊处理,充分表现了对用刑的慎重态度。唐律大量减少连坐的适用范围,仅对谋反、谋大逆、谋叛和恶逆等一些重大犯罪使用这一刑罚,而且除谋反、谋大逆受连坐范围较大外,其余只涉及父母、妻和子,恶逆还不及父母,与唐前各代法典相比可算慎之又慎。

唐律的慎刑原则和唐初统治阶级的慎刑思想,特别是唐太宗的思想,与政策有密切关系。唐太宗经历了隋亡,深深感到人民的力量不可轻视,他们与朝廷的关系是水与舟的关系。他多次说:"舟所以比人君,水所以比黎庶,水能载舟,亦能覆舟。尔方为人主,可不畏慎!"出于对李家王朝永久性统治的考虑,他确定了使"百姓安乐"③的政策,强调以民为本,"假令于身有益,于百姓有损,朕必不为"④。这些思想表

---

① 《汉书·刑法志》。
② 《贞观政要·赦令第十三》。
③ 《贞观政要·教戒太子诸王第十一》。
④ 《贞观政要·征伐第三十五》。

现在制裁方式上就具体化为慎刑原则,用唐太宗的话说就是"赏罚不可轻行"①。

3. "五刑"是主要制裁方式

唐律中虽有多种制裁方式,但以"五刑"为主。凡须制裁的,轻则笞、杖,重则徒、流甚至死,"五刑"是主要制裁手段。唐律中有关罪名和处罚的律条无一不是如此。有些律条中出现两种或两种以上制裁方式,但"五刑"以外的制裁手段都是辅助性的。唐律中的民事制裁方式,如赔偿、复故、改正、征收、还官主和离婚等,只属附带民事诉讼。唐律中的行政制裁方式,如除名、免官和免所居官等,也只是附带行政处分而已。它们仅适用于一些较为特殊的犯罪。例如,犯罪行为损害了公私财物,故在使用"五刑"时还令犯罪人依法进行赔偿。又如,官吏犯了较为严重的罪行,故在处以"五刑"时还给予一定的行政处分。"五刑"的适用则是广泛的,唐律规定的犯罪行为没有一个可以逃脱"五刑"的制裁。

用刑的轻重在很大程度上取决于犯罪行为所侵害的客体。一般来说,侵害的客体越重要,适用的"五刑"就越重,反之则越轻。唐律规定的谋反、谋大逆和谋叛三罪侵害的是封建国家政权和皇权,是对李唐统治者根本利益的危害,故用刑最重,要斩犯罪者;对违式而不违律行为的处罚则较轻,仅笞四十。

被判处"五刑"者不一定都会受到"五刑"的制裁。除了犯有"十恶"等大罪外,贵族官吏是不受实刑的主要群体。唐律规定,他们可享有议、请、减、赎、官当等特权,逃脱"五刑"的追究。如"八议"者,他们

---

① 《贞观政要·择官第七》。

犯了死罪,先由大臣们议,然后由皇帝裁决,不依法典的规定执行;犯流以下的,依律减一等判决。刑减轻后,"八议"者仍可用赎、官当等方法代替"五刑"的执行。可见,对贵族官吏来说,"五刑"在很大程度上只是虚设而已。

就某个具体犯罪行为而言,唐律的"五刑"多为一罪一刑,即一个犯罪者仅受其中一刑的处罚。但是,也有例外,如唐律对"更犯流者"就规定使用杖、徒两种刑罚。《唐律疏议·名例》"犯罪已发已配更为罪"条规定:"诸犯罪已发及已配而更为罪者,各重其事。即重犯流者,依留住法决杖,于配所役三年。"此条"疏议"作了详细说明:"犯流未断,或已断配讫,未至配所,而更犯流者,依工、乐留住法:流二千里,决杖一百;流二千五百里,决杖一百三十;流三千里,决杖一百六十;仍各于配所役三年,通前犯流应役一年,总役四年。"即应流而不流的,要用杖与徒两刑代替执行。此外,妇女犯流、工乐杂户犯流等也适用类似规定。

唐律以"五刑"为主要制裁方式也说明,唐律是一部刑法典,而不是诸法合体的综合性法典。

4. 一罪多罚是常用惩罚手段

唐律不仅把"五刑"作为主要制裁手段,还把"五刑"与其他制裁手段共用,形成一罪多罚的惩罚格局。从对某个犯罪行为的制裁角度看,一罪多罚表现为:一是"五刑"与其他刑事制裁方式同罚。例如,一般公民构成谋反、谋大逆罪的,本人要处斩,家属要连坐,受绞或流的处罚;同时,资财和田宅等都要没官。即对于这一犯罪采取了"五刑"中的斩与连坐、没官连用的制裁方式。二是"五刑"与民事、行政等制裁方式同罚。例如,官吏犯了"十恶",故意杀人,在监守范围内奸、盗、略人等罪的,不仅要受"五刑"制裁,还要受行政制裁,被除名。又如,公民违律结婚的,包括同姓为婚、良贱为婚等,除了要被杖、徒外,还要离婚。即把"五刑"中的一些刑罚与民事制裁中的离婚连用。

与"五刑"连用何种制裁方式,取决于犯罪的性质。对于严重危害国家政权和皇权的犯罪行为,"五刑"与其他刑事制裁方式连用,如连坐、没官等。对于官吏犯罪,"五刑"与行政制裁连用,如除名、免官和免所居官等。对于经济损害犯罪,"五刑"与民事制裁方式连用,如赔偿等。

一罪多罚增加了惩罚的严厉性,从某种意义上说也有利于预防犯罪,用唐律自己的语言表达就是"以刑止刑,以杀止杀""俱期无刑"①。为此,唐律使用一罪多罚的律条不是个别情况,而是一种常用惩罚手段。例如,唐律的户婚律共四十八条,"五刑"与离婚并用的律条占四分之一,有十二条,另外还有四处使用"还正"。又如,厩库律共二十八条,其中"五刑"与赔偿连用的律条亦占四分之一,有七条,另外还有一处使用"还官"。

把各种制裁方式有机地联系在一部法典中,而且一罪多罚能被合理地适用,唐律当属第一,这也可以说是中国封建立法成熟的一个标志。

5. 规范化和完备化是基本特征

唐律的制裁方式虽在唐前大多已有所见,但都不及唐律规范和完备。以"五刑"这一主要制裁方式为例,奴隶制"五刑"以肉刑为主要特征,显得十分残酷,进入封建社会后就呈现逐渐被淘汰的趋势。汉文、景帝时,开始对肉刑进行改革,以徒、笞和死代替黥、劓和斩左右趾。这虽有进步意义,迈出了改革肉刑的第一步,但刑种间跨度太大,不能适应制裁犯罪的需要。当时改斩左趾为笞、改斩右趾为死的做法,被认为是"外有轻刑之名,内实杀人"②。魏晋南北朝时期的立法继续对改革

---

① 《唐律疏议·名例》前言和"笞刑五"条。
② 《汉书·刑法志》。

肉刑作了尝试,并取得了可喜的成绩。《曹魏律》把刑种改定为死、髡、完、作、赎、罚金和杂抵罪七等;《晋律》又改为死、流、徒、杖和鞭五种;《北齐律》再改为死、流、耐、鞭、杖;《北周律》把每一刑种的刑等都分为五等。这一改革过程体现了唐前立法者对刑制的探索,对唐律"五刑"的形成有重要意义。但是,刑种都不规范,如《曹魏律》中死与其他刑种之间的距离过大,缺少中间刑种。唐律"五刑"正是吸取了前人的立法经验和教训,选择了最佳刑种和刑等,它们既来自于前代,又不同于前代,而胜于前代。

唐律的单个刑种是完备和规范的,不同制裁方式的合理并用也是完备和规范的。唐前刑事制裁方式之间的连用较多,各种肉刑、死刑等与连坐等的并用较为普遍,也有刑事制裁与一些行政制裁的并用。但是,在一部法典中能有条不紊地把刑事、民事和行政三大制裁方式综合在一起,并使它们成为一种规范和完备的制裁制度,在唐前未有所见。唐律把不同的制裁方式组合成一体,针对不同的犯罪,使用与其相适应的除"五刑"以外不同的制裁方式,而且制裁的程度也把握得比较好。后人评说这是"宽严亦俱得平"①,不无道理。

正因为唐律的制裁方式比较规范和完备,能适应地主阶级的统治需要,故后世相继沿革。"五刑"一直被沿用至清末,其他制裁方式也多为后世所用。例如,除名在《宋刑统》中被照搬使用,在《大明律》中被稍作修改后变为"除名当差"等。

当然,唐律的制裁方式也不是尽善尽美的。像连坐这种在奴隶社会都曾一度被废止的刑种在唐律中仍被合法使用,显得有些残酷。这也可以说是唐律制裁方式中的一个局限之处。

---

① 《唐明律合编·卷首》。

第十九章
唐律的内容密而不漏

有种传统的观点认为,唐律的内容是疏而不漏。即唐律只有五百条(或五百零二条),内容虽不多,但法网却无疏漏,各种犯罪都无法逃脱它的制裁。笔者则认为,唐律的内容是密而不漏,传统的观点值得商榷。

一、唐律制裁违反令、格、式的行为

唐律不仅要制裁违反唐律本身的行为,而且还要制裁违反唐令、格、式等其他形式的行为,其范围大大超过了唐律本身条数的范围。

《新唐书·刑法志》曾对唐律的这类制裁范围作过较为精辟的阐述:"唐之刑书有四:律、令、格、式……其有所违及人之为恶而入于罪戾者,一断以律。"事实也是如此。现存资料可以证明,违反了唐令、格、式并受到唐律处罚的行为大致可分为两大类:一类是违反了唐令、格、式并能在唐律中直接找到相应条款的行为,另一类是违反了唐令、格、式而不能在唐律中直接找到相应条款的行为。这两大类行为在数量上都很多。这里先举例说明前一类行为。当然,唐律明文规定了对这类行为的定罪和量刑。

第一,违反了唐令并可在唐律中直接找到相应条款的行为。唐令规定:"诸应收授之田,每年(收授)起十月一日里正预校勘造簿,历十一月,县令总集应退、应受之人,对共给授,十二月内毕。"①唐律中有直接条款惩处违反这一规定的行为。《唐律疏议·户婚》"里正授田课农桑违法"条规定:"诸里正依令:'授人田,课农桑。'若应受而不授,应还而不收,应课而不课,如此事类违法者,失一事,笞四十;三事,加一等。县失十事,笞三十;二十事,加一等。州随所管县多少,通计为罪,各罪止徒一年,故者各加二等。"

第二,违反了唐格并可在唐律中直接找到相应条款的行为。唐格规定:"诸司有大事及军机,须仗下面奏者听余常务,须奏者,并宜进状。"②违反了唐格的这一规定,也可在唐律中找到相应条款,对这类应奏不奏、应言上而不言上等的行为予以制裁。《唐律疏议·职制》"事应奏不奏"条规定:"诸事应奏而不奏,不应奏而奏者,杖八十。应言上而不言上,不应言上而言上及不由所管而越言上,应行下而不行下及不应行下而行下者,备杖六十。"

第三,违反了唐式并可在唐律中直接找到相应条款的行为。唐式规定:"泾、渭白渠及诸大渠用水溉灌之处,皆安斗门,并须累石及安木傍壁,仰使牢固。"③违反了唐式的这一规定以致失修的,也可在唐律中直接找到相应条款,并根据不同情况惩罚这种行为。《唐律疏议·杂律》"失时不修堤防"条规定:"诸不修堤防及修而失时者,主司杖

---

① 〔日〕仁井田陞:《唐令拾遗》,粟劲等译,长春出版社1989年版,第566页。
② 刘俊文:《敦煌吐鲁番唐朝法制文书考释》,中华书局1989年版,第270—273页。
③ 同上书,第326页。

七十;毁害人家、漂失财物者,坐赃论减五等;以故杀伤人者,减半杀伤三等。"

在这里要提及的是,有少数唐格本身有制裁部分的内容,这些唐格便是例外,不需经唐律便可定罪量刑。唐神龙年间(705—707年)发布的《散颁刑部格》中就有这样的唐格条款,如:"流外行署、州县杂任,于监主犯赃一匹以上,先决杖六十;满五匹以上,先决一百,并配入军。""盗及煞官施马一匹以上者,先决杖一百,配流岭南,不得官当、赎。"① 其他大多数唐格的条款和唐令、式的条款都无制裁部分的内容,这部分内容都在唐律的规定中,这也成为违反唐令、格、式必须依照唐律处罚的重要原因之一。

违反了唐令、式而不能在唐律中直接找到相应条款的行为更多,这类行为同样要受到处罚。对此,唐律有专门的规定。《唐律疏议·杂律》"违令"条规定:"诸违令者,笞五十;别式,减一等。"此条"疏议"还特别对"违令"作了如下解释:"谓令有禁制而律无罪名者。"违式也是如此。也就是说,除了能在唐律中找到相应的违反唐令、格、式的条款外,其他违反唐令、式的行为全都以"笞五十"或"减一等"即笞四十被追究刑事责任。此条"疏议"还举例作了说明:"'行路,贱避贵,去避来'之类,此是'令有禁制,律无罪名',违者,得笞五十。""'五品以上服紫,六品以下服朱'之类,违式文而著服色者,笞四十,是名'别式减一等'。"不仅如此,唐律中另有一些因违反唐令、式名而遭处罚的行为。《唐律疏议·擅兴》"私有禁兵器"条"疏议"说:"依军防令:'拦得甲仗,皆即输官。'不送输者,从'违令',笞五十。"《唐律疏议·擅兴》"乏军兴"条"疏议"又说:"其折冲府校阅,在式有文,不到者,各准'违式'

---

① 刘俊文:《敦煌吐鲁番唐朝法制文书考释》,中华书局1989年版,第247、252页。

之罪。"即要被笞四十。

可见,违反了唐令、格、式的任何行为都要分情况,按照唐律的规定受到制裁,无一例外。这就是说,唐律不仅要追究违反唐律者的法律责任,同时还要追究违反唐令、格、式者的法律责任。

在这里要特别指出的是,唐令、格、式的内容要比唐律的内容多得多。唐律只有十二篇(章),五百(零二)条。《唐六典·刑部》载:"凡律,一十有二章。一曰名例,二曰卫禁,三曰职制,四曰户婚,五曰厩库,六曰擅兴,七曰贼盗,八曰斗讼,九曰诈伪,十曰杂律,十一曰捕亡,十二曰断狱。而大凡五百条焉。"唐令、格、式的总和则大大超过唐律。

唐令有二十七篇,一千五百四十六条。《唐六典·刑部》说:"凡令二十有七。一曰官品,二曰三师、三公、台省职员,三曰寺、监职员,四曰卫府职员,五曰东宫、王府职员,六曰州、县、镇、戍、狱、渎、关、津职员,七曰内、外命妇职员,八曰祠,九曰户,十曰选举,十一曰考课,十二曰宫卫,十三曰军防,十四曰衣服,十五曰仪制,十六曰卤簿,十七曰公式,十八曰田,十九曰赋役,二十曰仓库,二十一曰厩牧,二十二曰关市,二十三曰送疾,二十四曰狱官,二十五曰营缮,二十六曰丧葬,二十七曰杂令。大凡一千五百四十有六条焉。"①

唐格有二十四篇,其卷数在各朝不尽相同。《唐六典·刑部》载:"《贞观格》十八卷,房玄龄等删定。《永徽留司格》十八卷,《散颁格》七卷,长孙无忌等删定。永徽中又令源直心等删定,惟改易官号、曹局之名,不易篇第。《永徽留司格后本》,刘仁轨等删定。《垂拱留司格》六卷,《散颁格》二卷,裴居道删定。《太极格》十卷,岑羲等删定。《开

---

① 《旧唐书·刑法志》记载,唐太宗贞观时期制定的唐令有一千五百九十条,共三十卷,即"定令一千五百九十条,为三十卷"。这一数字比《唐六典·刑部》记载的数字稍多。

元前格》十卷,姚崇等删定。皆以尚书省二十四司为篇名。"

唐式有三十三篇,其卷数也因朝而定,多者二十卷,少则十四卷。《唐六典·刑部》言:"凡式三十有三篇。""《永徽式》十四卷,垂拱、神龙、开元式并二十卷,其删定与定格、令人同也。"

唐令、格、式的总计篇目、卷和条数很多,大大超过唐律。违反了它们,都要依唐律定罪科刑。可见,唐律的适用范围扩大到了违反唐令、格、式的行为。这从一个侧面说明,唐律的法网不是疏,而是密。

二、唐律制裁违反礼、理而不违反律的行为

唐律不仅要制裁违反唐律、令、格、式的行为,而且还要制裁那些只违反礼、理而不违反律的行为,其范围大大超出了唐律本身的范畴。

唐朝亦有其礼,而且汇编成册,数量还不少。现存的《大唐开元礼》[①]共有一百五十卷,其基本结构与《仪礼》相似,分为序例和吉礼、宾礼、军礼、嘉礼、凶礼等部分。其中,序例三卷,吉礼七十五卷,宾礼两卷,军礼十卷,嘉礼四十卷,凶礼二十卷。唐朝的礼虽有一定的约束力,但已不属法律规范,一般违礼不违律的行为不应在唐律的打击范围之内。然而,礼毕竟是儒家思想的集中体现,而儒家思想又是唐朝国家的指导思想。为了维护礼的尊严,唐律还是破例惩治了一些只违礼不违

---

① 《大唐开元礼》有《四库全书》本和清光绪十二年(1886年)公善堂校刊本,现有中华书局1990年版。

律的行为,主要包括以下两种情况:

第一种情况是十岁以下儿童殴打父母的违礼行为。也就是说,十岁以下儿童殴打父母的行为只违礼不违律,但仍在唐律的制裁范围之内。《唐律疏议·名例》"老小及疾有犯"条明确规定,十岁以下儿童犯有偷窃和伤人的,可用赎的方法进行处理,即"盗及伤人者,亦收赎"。根据这一规定,这类儿童"殴己父母不伤"的,不在唐律的制裁范围之内。可是,唐律却没有放过这种行为,还是把它归于打击范围之内。此条"疏议"对此专门作了如下解释:"其殴父母,虽小及疾可矜,敢殴者乃为'恶逆'。""于律虽得勿论,准礼仍为不孝。"此条"疏议"讲得很清楚,这类儿童被罚的原因不是违律而是违礼,因为殴打父母是一种违礼的"恶逆"行为。至于对这种行为的处罚,考虑到社会影响,用了"上请",由皇帝最后定夺。

第二种情况是在期亲的丧期内自己作乐或派人作乐的违礼行为。也就是说,在期亲的丧期内自己作乐或派人作乐也是一种违礼不违律的行为,而且同样在唐律的制裁范围之内。《唐律疏议·职制》"匿父母及夫等丧"条对子女、妻子知道自己的父母、丈夫死后不举哀的行为及其处罚方式作了明文规定:"诸闻父母若夫之丧,匿不举哀者,流二千里;丧制未终,释服从吉,若忘哀作乐,徒三年;杂戏,徒一年;即遇乐而听及参预吉席者,各杖一百。"唐律没有对"居期丧作乐及遣人作"的行为作出规定。然而,唐律还是要制裁这一行为,此条"疏议"专门依礼作了解释:"礼云:'大功将至,辟琴瑟。'郑注云:'亦所以助哀。'又云:'小功至,不绝乐。'丧服云:'古者有死于宫中者,即三月为之不举乐。'况乎身服期功,心忘宁戚,或遣人作乐,或自奏管弦,既玷大猷,须加惩诫,律虽无文,不合无罪,从'不应为'之坐。"接着,此条"疏议"便对具体的量刑幅度作了规定:"期丧从重,杖八十;大功以下从轻,笞四十。缌麻、卑幼,不可重于'释服'之罪。"可见,"居期丧作乐及遣人作"的违礼不违律行为还是受到了惩罚,只是用刑稍轻一些而已。

唐律除了要制裁违礼不违律的行为以外,还要制裁违理不违律的行为。这里的"理"是指"情理",即符合封建地主阶级权益和伦理要求的情理。唐律把违理而唐律、令又无明文规定的行为称为"不应得为"或"不应为",并专门对此作了法定解释。《唐律疏议·杂律》"不应得为"条说,不应得为是"谓律、令无条,理不可为者"。这种违理不违律的行为同样要受到唐律的处罚,轻者笞四十,重则杖八十。此条规定:"诸不应得为而为之者,笞四十;事理重者,杖八十。"这样,许多这类行为又都被归入唐律制裁的范围内,法网更密了。在唐律中,有明文规定的这类行为主要有:

第一,向宫殿内射箭、放弹、投瓦石而不及的行为。《唐律疏议·卫禁》"向宫殿射"条严惩射箭、放弹、投瓦石到宫殿内的行为,规定:"诸向宫殿内射,宫垣,徒二年;殿垣加一等。箭入者,各加一等;即箭入上阁者,绞;御在所者,斩。放弹及投瓦石者,各减一等。"此条没有规定对射的箭、放的弹、投的瓦石没有到达宫殿的怎么处罚。然而,唐律并没有放过这种向宫殿内射箭、放弹、投瓦石而不及的行为,规定以"不应为"进行制裁。此条"疏议"说:"若箭力应及宫、殿而射不到者,从'不应为重'",即要被杖八十;"据弹及投瓦石及宫殿方始得罪,如应及不到,亦从'不应为重'上减一等",即要被杖七十。

第二,得知期亲以上亲属死亡而不马上举哀、选日再举哀的行为。《唐律疏议·职制》"匿父母及夫等丧"条打击得知期亲以上亲属死亡而不举哀的行为,而且亲等不同,所用的刑罚也不同。此条规定:"诸闻父母若夫之丧,匿不举哀者,流二千里";"闻期亲尊长丧,匿不举哀者,徒一年";"大功以下尊长,各递减二等"。不过,它没有规定虽然没有马上举哀,但以后选日再举哀的行为是否要受惩罚。但此条"疏议"明指这种行为要按"不应得为"惩治,说:"期亲以上,不即举哀,后虽举讫,不可无罪,期以上从'不应得为重';大功,从'不应得为轻'",即分别要被杖八十、笞四十。

第三,在父母或丈夫的丧期内为其子女或其妻子做媒主婚的行为。《唐律疏议·户婚》"居父母丧主婚"条制裁在父母的丧期内为其子女主婚的行为,规定:"诸居父母丧,与应嫁娶人主婚者,杖一百。"然而,此条没有规定在丈夫的丧期内为其妻子主婚、在父母的丧期内为其子女做媒的行为。此条"疏议"作了补充,用"不应为"制裁这两种行为,说:"若居夫丧,而与应嫁娶人主婚者,律虽无文,从'不应为重',合杖八十。其父母丧内,为应嫁娶人媒合,从'不应为重',杖八十。"

第四,擅自发兵九人以下的行为。《唐律疏议·擅兴》"擅发兵"条严打擅自发兵十人以上的行为,规定:"诸擅发兵,十人以上徒一年,百人徒一年半,百人加一等,千人绞。"此条没有规定对擅自发兵九人以下的行为是否也要打击。不过,此条"疏议"规定要打击这种行为,处罚的方法是"不应为",说:"其擅发九人以下,律、令无文,当'不应为从重'。"

第五,口说要逆、叛而无真凭实据的行为。《唐律疏议·贼盗》"口陈欲反之言"条惩罚口说要反而无真凭实据的行为,规定:"诸口陈欲反之言,心无真实之计,而无状可寻者,流二千里。"可见,此条只言要惩罚口说要谋反的行为,而未及口说要谋大逆、谋叛的行为。但是,口说这两种行为同样要被惩罚,理由也是"不应为"。此条"疏议"说:"若有口陈欲逆、叛之言,勘无真实之状,律、令既无条制,各从'不应为重'。"

第六,妄告他人其父母死亡的行为。《唐律疏议·诈伪》"父母死诈言余丧"条处罚官吏在父母死后诈称其他人死而不解官回家守丧的行为,规定:"诸父母死应解官,诈言余丧不解者,徒二年半。"此条仍未规定妄告他人其父母死亡的行为。然而,此条"疏议"同样用"不应为"的办法处罚这一行为,说:"忽有妄告,欲令举哀,若论告者之情,为过不浅,律、令虽无正法,宜从'不应为重'科。"

以上违反礼、理的行为都是不违反律的行为,因为在唐律的律条中都无明文规定,正如上述"疏议"中所讲的:"律虽无文","律、令既无条制","律、令虽无正法"等。但是,这些行为还是在唐律刑罚的处罚范围内,这不能不说是唐律法网严密的一种表现。在这里还需指出的是,以上这些违反礼、理而不违反律的行为都是通过"疏议"而被纳入法网之中的,因此"疏议"不愧是加密唐律法网的一种重要手段。在唐朝,唐律中"疏议"的内容与律文具有同等法律效力,"断狱者皆引疏(议)分析之"①。

三、唐律用比附打击犯罪

以上唐律所要处罚的违反唐令、格、式和礼、理的行为,主要是一些在唐律内本无明文规定的行为,即在唐律律条规定外的行为。除此以外,唐律还用比附的方法,惩治那些律条无明文规定而又与相关条款有间接联系的行为。也就是说,这些行为本不在唐律律文的规定之中,唐

---

① 《旧唐书·刑法志》。

律用比附的办法也使其受到刑罚的处罚。这是唐律加密法网的又一种表现。由于这种行为较多,此处只能分类举例证之。

首先,原则比附。唐律的一般原则规定在名例律中,对其他十一律都有指导作用。当有些律条无明文规定的行为也要被惩罚时,唐律就用原则进行比附,使其也被归到唐律的惩罚范围内。《唐律疏议·户婚》"奴娶良人为妻"条严禁奴娶良人女的行为,规定:"诸与奴娶良人女为妻者,徒一年半;女家,减一等。离之。"但是,此条并未规定奴不能娶客女为妻的行为,而这种行为同样应在严禁之列,怎么办?此条"疏议"用名例律中的规定加以比附,说:"若有为奴娶客女为妻者,律虽无文,即须比例科断,名例律:'称部曲者,客女同。'"所以,对这一行为的惩罚应是:"奴娶良人徒一年半,即娶客女减一等,合徒一年。"此外,《唐律疏议·户婚》"杂户官户与良人为婚"条中惩治的官户私嫁女给良人的行为,也是"律无正文,并须依首从例",即按名例律中的原则惩治。

其次,定罪比附。有些行为本不在唐律律条的规定范围内,可为了打击这些行为,唐律用较为接近的罪名进行比附,使其也受到制裁。《唐律疏议·卫禁》"越度缘边关塞"条不准有"越度""私与禁兵器"和"共为婚姻"的行为,规定:"诸越度缘边关塞者,徒二年。共化外人私相交易,若取与者,一尺徒二年半,三匹加一等,十五匹加役流;私与禁兵器者,绞;共为婚姻者,流二千里。"此条同样没有规定"私与禁兵器及为婚姻"的行为。然而,这一行为仍未逃脱唐律的制裁,唐律用定罪比附的方法使其也落入法网。此条"疏议"说:"若私与禁兵器及为婚姻,律无别文,得罪并同'越度''私与禁兵器''共为婚姻'之罪。"《唐律疏议·职制》"去官受旧官属士庶馈与"条中"其家口去讫,受馈饷者,律无罪名,若其乞索者,从'因官挟势乞索'之法"的规定也是如此。

再次,量刑比附。为了惩治某些唐律律条无明文规定的行为,唐律用量刑比附的办法,使这些行为无法"逍遥律外",同样也在它的惩治范围之中。《唐律疏议·卫禁》"拦入庙社及山陵兆域门"条禁止擅自进入太庙、山陵门的行为,规定:"诸拦入太庙门及山陵兆域门者,徒二年;越垣者,徒三年。"此条也没有规定擅自进入太庙室的行为。为了打击这一行为,唐律用量刑比附的办法进行处理。此条"疏议"说:"其入太庙室,即条无罪名,依下文'庙减宫一等'之例,减御在所一等,流三千里。"《唐律疏议·卫禁》"宫殿作罢不出"条中"若在上阁内不出,律既无文,……同御在所,合绞"的处罚也一样。

最后,定罪量刑比附。以上定罪比附和量刑比附只侧重于定罪和量刑中的一个方面,以这一个方面制裁律无明文规定的一些行为。而定罪量刑比附则是从定罪和量刑两个方面同时打击一些律无明文规定的行为,因此在这类比附中涉及罪名和法定刑两个方面。《唐律疏议·职制》"受人财为请求"条严惩官吏本人受贿的行为,规定:"诸受人财而为请求者,坐赃论加三等;监临势要,准枉法论。与财者,坐赃论减三等。"此条并未规定代为其他官吏受贿的行为。不过,这一行为通过定罪量刑比附还是受到了处罚。此条"疏议"说:"其受所监临之财,为他司嘱请,律无别文,止从坐赃加二等。"这里的"坐赃"是罪名,"加二等"是法定刑。《唐律疏议·擅兴》"镇戍有犯"条"疏议"中规定的"在镇、戍中无有罪名者:各减征人二等"同样如此。

可见,通过原则、定罪、量刑、定罪量刑比附等办法,使大量律无明文规定的行为受到唐律的追究,唐律的法网进一步加密了。

四、唐律加密法网的原因

那么,唐律为什么要用以上各种途径加密法网,以致密而不漏?关于这个问题,唐律有过说明。

唐律认为,在制定律文时,制定者只能以一般情况和人为出发点,并以此确定律文的内容。因此,再好的律也不可能包罗万象、面面俱到,总会有一些特殊情况无法预料,有一些危害社会的行为不在律文的规定之中,成为漏网之鱼。正如《唐律疏议·贼盗》"以毒药药人"条"疏议"所说:"律条简要,止为凡人生文。"也如《唐律疏议·杂律》"不应得为"条"疏议"所说:"杂犯轻罪,触类弘多,金科玉条,包罗难尽。"

唐律又坦言,国家绝不能让这些漏网之鱼"逍遥律外",胡作非为。因此,有必要使用各种方法,扩大唐律的适用范围,加密法网,以杜绝违法者的侥幸心理,并使其被捉拿归案,受到应有的惩罚。关于这一思想,唐律中有过多次流露。《唐律疏议·贼盗》"亲属为人杀私和"条"疏议"说:"金科虽无节制,亦须比附论刑。岂为在律无条,遂使独为侥幸。"《唐律疏议·杂律》"不应得为"条"疏议"又说:"其有在律在令无有正条,若不轻重相明,无文可以比附",因此有必要"临时处断,量情为罪,庶补遗缺"。《唐律疏议·斗讼》"因不得告举他事"条"疏议"再次说,律无明文规定的,也要"依法推科"。可见,唐律内容密而不漏的实际情况与唐律本身的这一思想完全吻合,也正是这一思想的直接体现。

唐律的这一思想与当时唐统治阶级成员主张严惩罪犯,不能让不法分子存有侥幸心理的思想完全一致。在唐律制定、定本时期,唐统治阶级成员大多主张严打罪犯,并使那些不法分子打消犯罪不惩的侥幸心理,以此维护治安,稳定社会。贞观时期,唐太宗、魏徵等人都有这样的思想。唐太宗认为,"天下愚人者多",而且"愚人好犯宪章",因此不能让"愚人常冀侥幸,惟欲犯法,不能改过"①。魏徵认为,不严惩罪犯,社会治安没有保障,曾言:"小人之恶不惩,君子之善不劝,而望治安刑措,非所闻也。"②要严惩罪犯并使不法分子不存犯罪的侥幸心理,使用疏的法网显然是不够的,需要织密法网。可以这样说,唐律的法网密而不漏正是唐统治阶级成员这种思想的产物。

唐统治阶级成员的这种思想与以往封建统治者的重刑思想及其实践有一定相似之处。重刑思想主要包含两个方面:一是法网要密,二是用刑要重。唐以前的许多统治者都主张用重刑治国。先秦时期的商鞅就认为,治国要用重刑,轻刑不足以成事。他说:"行刑重其轻者,轻者不生,则重者无从至矣。此谓治之于其治也。行刑重其重者,轻其轻者,轻者不止,则重者无从止矣。此谓治之于其乱也。"③秦朝的统治者把重刑推向极端,不仅用刑很重,而且法网亦很密,史有"繁于秋荼""密于凝脂"之说。④ 汉初统治者虽有"约法三章"的规定和约法省刑的措施,但以后法网不断加密,以致在汉武帝时期形成了汉律六十篇,明显多于战国时期《法经》和秦律的篇目数。魏晋南北朝时颁行的律的篇目数虽少于汉律,但多数律的篇目数仍具一定规模,因为当时的统治

---

① 《贞观政要·赦令第三十二》。
② 《贞观政要·刑法第三十一》。
③ 《商君书·说民》。
④ 参见《盐铁论·刑德》。

者认为律的内容少了就会出现罪漏的情况,即所谓的"篇少则文荒,文荒则事寡,事寡则罪漏"①。罪漏是封建统治者所不愿看到的事。可见,不让罪漏、不使法网很疏似乎是封建统治者的一种共同意志,其根本目的是打击犯罪、稳定社会。

尽管战国、秦朝与汉至唐朝的统治者都主张法网不可疏,但他们的治国方略不完全相同。战国和秦朝的统治者一味用法,忽视礼教,以致法治走向极端,善法变成了恶法,百姓不堪忍受,最后秦朝仅两世即亡。汉至唐朝的统治者总结了秦朝早亡的教训,改用礼法结合的治国方略,既重视礼教,又不忽视法制,两者相辅相成,因此汉和唐两朝都延续了较长时间。战国、秦朝与汉至唐朝的统治者治国的区别主要在于治国方略,而不在于对法网疏密的态度。

唐律定本于唐太宗贞观时期。唐太宗的法制思想对唐律的制定有很大影响。在唐律颁布前,他曾表达过国家的法律应该"简约"的思想。这里的"简约"是指对同一犯罪不要在多处作规定,以免"互文",被人钻空子,而不是"法网要疏"的意思。贞观十年(636年),唐太宗曾对他的侍臣说:"国家法令,惟须简约,不可一罪作数种条。格式既多,官人不能尽记,更生奸诈,若欲出罪即引轻条,若欲入罪即引重条。数变法者,实不益道理,宜令审细,毋使互文。"②唐律颁行以后,唐太宗关心的不是法网疏密的问题,而是法官是否依唐律司法的问题。贞观十六年(642年),他曾对大理寺卿孙伏伽说:"朕常问法官刑罚轻重,每称法网宽于往代。仍恐主狱之司,利在杀人,危人自达,以钓声价,今之所忧,正在此耳!深宜禁止,务在宽平。"③可见,唐太宗对唐律的法网

---

① 《晋书·刑法志》。
② 《贞观政要·赦令第三十二》。
③ 《贞观政要·刑法第三十一》。

不表示异议,也说明唐律的法网较密是出于他的本意。

《旧唐书·刑法志》载,《贞观律》在《武德律》的基础上,"凡削烦去蠹,变重为轻者,不可胜纪"。笔者认为,这句话具有两方面含义:一方面,唐律制定者用比前人更高明的立法技术,删去许多烦琐的内容,使律条更为明了;另一方面,唐律制定者以恤刑为原则,把许多重刑改为用轻刑,使有些原来适用于重刑的犯罪现适用于轻刑。这两方面都不涉及使法网变疏的问题,因此不能认为"削烦去蠹"就意味着使唐律变得疏而不漏了。

综上,唐律不是一部疏而不漏的法典,而是一部密而不漏的法典。唐律制定者的功绩在于,用较高的立法技术,使唐律的律条简明化,同时又不使它的法网变疏,以致有些罪犯成为漏网之鱼。加密法网的方法是多样的,其中包括:违反唐令、格、式的行为要依唐律被罚;有些违反礼、理而律无明文规定的行为也要被罚;用比附的办法使有些律无明文规定的行为也一起被罚等。

第二十章
唐律的礼与法

唐律是礼法结合过程完成阶段的最终产物。它把礼与法有机地组合在一起,使之相辅相成,正如《唐律疏议·名例》前言"疏议"所言:"犹昏晓阳秋相须而成者也。"在中国法制史上,唐律是第一部成功处理礼法关系的法典,因此对唐律中礼法问题的了解和研究,有助于加深对古代儒家思想与法律关系的认识。

一、礼是立法的依据

后人评说唐律是一准乎礼。《四库全书总目·唐律疏议提要》载:"论者谓唐律一准乎礼,以为出入得古今之平。"此话不无道理。法把礼作为自己的灵魂,其内容处处可见礼的精神。唐律引用大量儒家经句,把它们作为立法的依据。有的篇目援引得特别多,如名例律仅五十七条,而出现经句的就有四十余处。归纳起来,儒家经句的依据作用主要表现在以下几方面:

首先,儒家经句是确定一般原则的主要依据。唐律把整个法典的一般原则规定在篇首名例律中,它们集中体现了唐律的立法精神和基本原则,对其他十一律的内容均有指导意义。确定这些原则的主要依据是儒家经句。《唐律疏议·名例》"妇人有官品邑号"条规定:"诸妇人有官品及邑号,犯罪者,各依其品,从议、请、减、赎、当、免之律,不得荫亲属。"这类妇人可享受这些特权的依据来自《礼记》中的经句,此条"疏议"作了引证,说:"依礼:'凡妇人,从其夫之爵位。'注云:'生礼死事,以夫为尊卑。'故犯罪应议、请、减、赎者,各依其夫品,从议、请、减、赎之法。若犯除、免、官当者,亦准男夫之例。"唐律还有用两部不同经典中的经句说明同一律条规定的原则。《唐律疏议·名例》"老小及疾有犯"条规定:"诸年七十以上、十五以下及废疾,犯流罪以下,收赎。""九十以上,七岁以下,虽有死罪,不加刑。"就这一原则,此条"疏议"运用《周礼》和《礼记》中的两段经句加以论证:"依周礼:'年七十以上及未龀者,并不为奴。'今律:年七十以上、七十九以下,十五以下、十一以上及废疾,为矜老小及疾,故流罪以下收赎。""礼云:'九十曰耄,七岁曰悼,悼与耄虽有死罪不加刑',受幼养老之义也。"此外,唐律还把律中的原则与经句中的内容联系起来,从沿革的角度寻找依据。"八议"原则就是如此。《唐律疏议·名例》"八议"条"疏议"说:"周礼云:'八辟丽邦法。'今之'八议',周之'八辟'也。"即律中的"八议"原则来自西周的"八辟"之制。

其次,儒家经句是确定罪名的主要依据。唐律是一部刑法典,罪名是其中不可缺少的组成部分。唐律中一些重要罪名的设立,都从儒家经句中寻觅根据,其主要表现有二:一是罪名之义取自儒家经句。"十恶"中的不睦罪即是如此。《唐律疏议·名例》"十恶"条"疏议"引用《礼记》和《孝经》中的经句,说明取名"不睦"的理由:"礼云:'讲信修睦。'孝经云:'民用和睦。'睦者,亲也。此条之内,皆是亲族相犯,为九族不相叶睦,故曰'不睦'。"谋反、内乱等罪名的命名也是这样。二是罪名之内容取自儒家经句。"十恶"中不孝罪的"供养有缺"和"闻祖父母父母丧,匿不举哀"两大内容的确定皆以《礼记》中的经句为依据。《唐律疏议·名例》"十恶"条"疏议"说:"礼云:'孝子之养亲也,乐其心,不违其志,以其饮食而忠养之。'其有堪供而缺者",即构成此罪。此条"疏议"又说:"依礼:'闻亲丧,以哭答使者,尽哀而问故。'父母之丧,创巨尤切,闻即崩殒,擗踊号天。今乃匿不举哀,或拣择时日者,并是。"此外,谋反、谋大逆、大不敬等罪内容的确定也是如此。

最后,儒家经句是确定刑罚的主要依据。唐律中的刑罚亦是一个不可缺少的组成部分,与罪名一起构成律条。唐律的主要刑罚"五刑"的刑种、刑等的确定和它们的来源都与儒家经句有关。《唐律疏议·名例》"徒刑五"条"疏议"从《周礼》中寻找确定徒刑这一刑种的依据,说:"周礼云:'其奴男子入于罪隶',又'任之以事,置以圜土而收教之。上罪三年而舍,中罪二年而舍,下罪一年而舍',此并徒刑也。"《唐律疏议·名例》"流刑三"条"疏议"引用《尚书》中的经句说明流刑分三等的原因,说:"书云:'流宥五刑'。谓不忍刑杀,宥之于远也。又曰:'五流有宅,五宅三居。'大罪投之四裔,或流之于海外,次九州之外,次中国之外。"故流刑亦为三等,与之一致。《唐律疏议·名例》"死刑二"条"疏议"引用《春秋》和《礼记》中的经句道明绞、斩的来源,说:"春秋元命包云:'黄帝斩蚩尤于涿鹿之野。'礼云:'公族有死罪,罄之于甸人。'故知斩自轩辕,绞兴周代。"

儒家思想存在于儒家经典之中,经句是这一思想的直接再现。儒家思想又集中表现为礼,于是"礼"成了儒家思想的代名词。唐律就是通过"疏议"大量引用儒家经句,并以此为订律依据,体现礼的存在。唐律作为一部刑法典,一般原则、罪名和刑罚是其三大构成要件,也是其内容所在,而其中的一些主要方面皆以儒家经句为依据,这不能不说是以礼为准。以上事实已能证实这一点。

二、法是维护礼的武器

礼在唐律中的重要地位,决定了法要以维护礼为首任。它一方面确认各种特权,在国和家中建立人与人之间不平等的等级关系;另一方面又利用刑罚打击各种违礼行为,使礼成为一块神圣不可侵犯的阵地。

在国的范围内,法首先保护的特权是皇权。皇权是国家的最高权力,其占有人皇帝享有最大的特权。法对皇权的保护,突出表现在确认和保护皇帝对国家最高立法、行政和司法三大权的独揽上。《唐律疏议·职制》"律令式不便辄奏改行"条、《唐律疏议·断狱》"辄引制敕断罪"条等,通过规定皇帝掌有制定法律、修改法律的决定权确立其最高立法权。《唐律疏议·职制》"置官过限及不应置而置"和"官人无故不上"条、《唐律疏议·诈伪》"诈伪制书及增减"和"对制上书不以实"条等,通过规定皇帝把握国家行政的组织、指挥和决策权确认其最高行政权。《唐律疏议·斗讼》"邀车驾挝鼓诉事不实"条、《唐律疏议·断狱》"死囚复奏报决"和"闻知恩赦故犯不得赦原"条等,通过规定皇帝独占直诉受理权、死刑复奏权和恩赦决定权认定其最高司法权。皇帝具有此法所确认的三大权后,就处在独尊地位,如同《唐律疏议·名例》"十恶"条"疏议"所言:"居宸极之至尊。"皇帝的特权也就与其地位一样,至大无边。

在国中,仅次于皇权的是官僚贵族享有的各种特权。《唐律疏议·名例》"八议者""皇太子妃""七品以上之官""应议请减"和"官当"等条通过对议、请、减、赎和官当的规定,维护各级官僚贵族的司法特权,使其逃脱犯罪后的受刑之苦。由于他们的地位不同,因而享有的特权大小也不同,其中以"八议"者为最,依次递减,直至赎。广大劳动人民处于社会最底层,没有任何特权,尽管他们是社会财富的直接创造者。由此可见用法维护礼的阶级本质。

在家的范围内,法维护的是父权和夫权。从唐律的规定看,家人之间也存在不平等关系。在家长与子女之间,唐律强调父权;在家长之间,唐律强调夫权。《唐律疏议·户婚》"子孙别籍异财""卑幼自娶妻"条和《唐律疏议·斗讼》"子孙违犯教令"条等通过规定父在家中拥有财产、婚姻和教令权,确保父在家中的绝对地位。《唐律疏议·户婚》"妻无七出而出之"条和《唐律疏议·斗讼》"妻殴詈夫"条等还通过规定夫拥有离婚主动权和高于妻的地位,确定夫对妻的主导地位。另外,在有奴婢、部曲的家庭中,奴婢和部曲都是被奴役的对象。在法律关系中,他们不是主体,而是客体,如同物一般。《唐律疏议·名例》"官户部曲官私奴婢有犯"条"疏议"说:"奴婢贱人,律比畜产。"他们的地位最低,过的是非人生活。唐律就是用法维护家庭中的这种不平等关系,从而达到在家庭中始终不渝地贯彻礼的目的。

法不仅确认礼的存在,还用刑严惩各种违礼行为。这种惩罚又因行为人地位、侵害对象和侵害结果的不同而不同。一句话,违礼程度不同,所受的处罚也不同,处罚亦是一种护礼手段。首先,在唐律中,行为人地位的高低是决定受罚程度的重要因素。对于同一犯罪行为,行为人地位高者受罚轻,地位低者受罚重,呈一种反比关系。《唐律疏议·斗讼》"流外官以下殴议贵等"和"九品以上殴议贵"条虽都规定殴打议贵者要受到刑事制裁,但制裁程度不同,前者要"徒二年",后者仅

"徒一年",原因无非是后者的地位高于前者。《唐律疏议·斗讼》"妻殴詈夫"条规定:"诸妻殴夫,徒一年";"媵及妾犯者,各加一等"。虽同是殴夫行为,但对媵、妾的制裁比妻要重,原因也是地位有差。其次,侵害对象也是决定受罚程度的一个重要因素。同是一个行为人、一种行为,侵害对象地位高的,行为人受刑重,反之则轻,呈一种正比关系。根据《唐律疏议·名例》"十恶"条的规定,行为人杀害皇帝及府主刺史、县令所构成的罪名是不同的,前者为"谋反"罪,后者为"不义"罪。因此,处罚也不同,前者的行为人除处斩外,还要株连家属、部曲,财产、田宅要没官;①而后者,仅追究行为人的刑事责任,不连及家属等。②《唐律疏议·贼盗》"谋杀期亲尊长"条规定,凡是子孙谋杀期亲尊长的,处斩;谋杀缌麻以上尊长的,只流二千里,刑等相差三等。最后,侵害结果是决定用刑的又一个重要因素。同是一种行为人、一个侵害对象,由于侵害礼的行为结果不同,行为人受到的处罚也不同。侵害结果越严重,处罚越重,反之则轻,也呈一种正比关系。《唐律疏议·贼盗》"谋杀制使府主等官"条规定,谋杀制使的,"流二千里";已杀伤的,"绞";杀死的,"斩"。《唐律疏议·贼盗》"谋杀期亲尊长"条的规定也是如此:"谋杀缌麻以上尊长,流二千里;已伤者,绞;已杀者,皆斩。"此外,还有一些规定,如违礼行为的程度不同,受刑的程度也不同等,不再一一赘述。总之,唐律的用法轻重依据违礼的程度而定。

唐律以国家意志的形式确定礼的合法地位,并用刑罚手段严惩违礼行为,这不仅使礼成为一种人人必须遵守的行为准则,还使礼与法得到了统一,紧密结合于律中。

---

① 参见《唐律疏议·贼盗》"谋反大逆"条。
② 参见《唐律疏议·贼盗》"谋杀制使府主等官"条。

三、礼与法的矛盾及解决

唐律中的礼与法(即刑法)虽结合在一起,但两者毕竟不是同一行为规范,存在一定的差别。礼只是原则性的规定,内容不可能十分详尽;法则比较具体,内容可包括主体、客体、主观方面和客观方面诸要素。礼的内容相对稳定,皆需从儒家经典中找到论据;法的内容则变化较大,统治者可根据自己的需要修撰其中的规定,甚至制定新内容。礼没有法律规范逻辑结构中制裁部分的内容;法则有,而且制裁部分的内容与罪名相适应。这些决定了唐律中的礼与法存在不可避免的矛盾。那么,到底有哪些主要的矛盾?唐律是通过什么方式解决的?

唐律中,礼与法的矛盾较突出的有两类:

第一,礼所维护的对象与严重犯罪行为之间的矛盾。根据礼的精神,唐律把一部分人纳入享有司法特权的范围,并按照他们享有的不同特权作出明确规定,有的可以免死,有的可以减等受罚等。但是,当他们直接损害了国家政权或统治阶级的根本利益时怎么办?严重危害了社会秩序又怎么办?唐律考虑到了这些问题,它把一部分人享有的特权控制在一定范围内,以不损害国家政权、统治阶级的根本利益和不对社会秩序造成严重危害为限,超出此限度的,特权失效,犯罪者仍须依法论罪,如同凡人。《唐律疏议·名例》"八议者"条规定,八议者犯死罪"议定奏裁",流罪以下的"减一等",但是"犯十恶者,不用此律"。也就是说,八议者若犯有"十恶"罪,议权随即丧失,特权不再有效。请、减、赎和官当等也有类似情况。另外,对老、小和疾者犯罪采用相应的处理方法。《唐律疏议·名例》"老小及疾有犯"条把老、小和疾者也纳入可享有司法特权的范围,他们犯罪亦可由赎、请等方式代罚,但也有一定的限度,超出此限度,也须用刑。年七十以上、十五以下及废疾者,犯流罪以下收赎、犯死及加役流等不用此规定;八十岁以上、十岁以下及笃疾者,"犯反、逆、杀人应死者,上请";盗及伤人者,亦收赎;余皆勿论。唐律在处理礼所维护的对象与严重犯罪行为之间的矛盾时,大多采用以上方式,即在限定的范围内充分用礼,在限定的范围外弃礼用法,只有个别情况例外。《唐律疏议·名例》"老小及疾有犯"条还规定:"九十以上、七岁以下,虽有死罪,不加刑;缘坐应配没者不用此律。"此条"疏议"特别解释说:"父祖反、逆,罪状已成,子孙七岁以下仍合配没。"可见,对九十岁以上的老人,不论在何种情况下,都不追究其刑事责任。这是唐律中唯一无条件用礼弃法的实例。其实,这一实例没多大意义,原因有二:一是当时九十岁以上的老人极少;二是即使这样年龄的人犯罪,对社会也不会有大的危害。所以,此规定形同虚设,并不典型。

第二,违礼与不违法的矛盾。唐律是一部刑法典,此处所说的"违法"就是指违反唐律的规定,即犯罪。犯罪是一种危害社会、触犯刑律、应受刑罚处罚的行为。这种行为应在刑法中有所规定。但是,由于各种原因,一些轻微的违礼行为并不在唐律的规定之中。对这些违礼不违法行为,唐律也有安排。《唐律疏议·名例》"老小及疾有犯"条规定,十岁以下儿童"盗及伤人者,亦收赎",但未言及"殴己父母不伤"如何科断。为此,此条"疏议"专门作了说明:"其殴父母,虽小及疾可矜,敢殴者乃为'恶逆'。""于律虽得勿论,准礼仍为不孝。""上请听裁。"即十岁以下儿童殴父母,依法是无罪的,但据礼是一种恶逆行为。对于这类违礼不违法行为，唐律本不得处罚，但考虑到社会影响，所以用"上请"方式处理，由皇帝定夺。成年人也有这类行为。《唐律疏议·职制》"匿父母及夫等丧"条对闻父母及夫丧后匿不举哀行为及处罚方式都作了规定，但未及"居期丧作乐及遣人作"行为，因为"律条无文"。对这一行为应如何处理？此条"疏议"特别作了补充说明："身服期功，心忘宁戚，或遣人作乐，或自奏管弦，既玷大猷，须加惩诫，律虽无文，不合无罪，从'不应为'之坐"。其处罚幅度是："期丧从重，杖八十；大功以下从轻，笞四十。缌麻、卑幼，不可重于'释服'之罪。"可见，"居期丧作乐及遣人作"也是一种违礼不违法行为，此种行为仍在处罚之列，依"不应为"制裁。以上两例都有明文规定，还有更多的违礼不违法行为虽在律中无规定，但仍可被罚，其依据是上述"不应为"或"不应得为"的规定。《唐律疏议·杂律》"不应得为"条说，"不应得为"行为是指"律、令无条，理不可为者"。违礼当然属于"理不可为者"。因此，即使法无规定，违礼行为也不可逍遥法外。此条"疏议"还叙述了立此条的目的："杂犯轻罪，触类弘多，金科玉律，包罗难尽。其有在律在令无有正条，若不轻重相明，无文可以比附。临时处断，量情为罪，庶补遗缺，故立此条。""不应为"行为的处罚幅度是："情轻者，笞四十；事理重者，杖八十。"这样，大量的违礼不违法行为都将受到制裁，这类矛盾也就解决了。

唐律中虽有礼与法之间的矛盾，但通过限定用礼范围、"上请""不应为"等方法使之妥善解决，既维护了礼的尊严，又发挥了法在护礼中的作用。这是唐律比以往各律高明之处，也是它的一个成功点。

四、礼法结合的历史条件

唐律成功地处理了礼法关系，成为礼法结合的典范，这是由当时的历史条件决定的。

中国礼法结合的过程要追溯到西汉。汉武帝"罢黜百家，独尊儒术"，确立了儒家思想的正统地位后，就拉开了礼法结合的帷幕，礼开始入法。一些直接体现和维护礼的制度，如"亲亲得相首匿""留养承祀"等，相继被确定下来。另外，汉朝还以经断狱，用《春秋》的精神和事例作为审案的依据。魏晋南北朝是礼法结合的重要时期。在这一时期，礼大量入律，唐律中一些反映礼法结合的重要制度在此时的律中先后出现。《曹魏律》中的"八议"制度、《晋律》中的"准五服制罪"制度、南朝《陈律》中的"官当"制度、北朝《北齐律》中的"重罪十条"规定等，都是这个时期的杰作，它们为礼法结合的最终完成奠定了基础。唐律是在前律的基础上，集各律之长，把礼法融为一体，最终完成了礼法结合大业。

唐初统治者对儒学的重视和儒学的进一步发展，是促进唐律礼法结合的"催化剂"。唐律的定本是《贞观律》，颁行于贞观十一年（637年）。在这以前，由于唐太宗重视儒学，儒学得到进一步发展。他即位后，就推崇儒家先哲，重视儒学教育。《贞观政要·崇儒学第二十七》载，唐太宗于贞观二年（628年）"诏停周公为先圣，始立孔子庙堂于国学，稽式旧典，以仲尼为先圣，颜子为先师，两边俎豆干戚之容，始备于兹矣"。同年，他还"大收天下儒士，赐帛给传，令诣京师，擢以不次，布在廊庙者甚众。学生通一大经已上,咸得署吏。国学增筑学舍四百余间,国子、太学、四门、广文亦曾置生员,其书、算各置博士、学生,以备众艺。太宗又数幸国学,令祭酒、司业、博士讲论,毕,各赐以束帛。四方儒生负书而至者,盖以千数"。"国学之内,鼓箧升讲筵者,几至万人,儒学之兴,古昔未有也。"贞观四年(630年),唐太宗又令儒生撰定《五经正义》,使儒家经典的内容规范、确定。《贞观政要·崇儒学第二十七》续载,唐太宗于贞观四年"诏师古与国子祭酒孔颖达等诸儒,撰定五经疏议,凡一百八十卷,名曰《五经正义》,付国学施行"。这些不仅使儒家思想广为传播,其正统地位进一步巩固,还为礼法结合创造了有利的社会条件,促进了唐律礼法结合的最终完成。

唐初统治者的礼法并用思想是唐律礼法结合之业终成的直接原因。唐太宗、魏徵、王珪等人都主张治国必须礼法并用,他们吸取前人的教训,认为只用严刑而弃礼义定会亡国。唐太宗说:"秦乃恣其奢淫,好行刑罚,不过二世而灭。"[①]魏徵说:"虽董之以严刑,震之以威怒,终苟免而不怀仁。貌恭而心不服",这样必"覆舟"。[②] 王珪说:"重武轻儒,或参以法律,儒行既亏",定会"淳风大坏"。[③] 因此,他们都极力主张发挥礼教的作用。岑文本说,治国"礼义为急"[④]。王珪说:"人识礼教,治致太平。"[⑤]他们都强调只有礼法并用,方能治国安民。魏徵的说法十分典型,他说:"设礼以待之,执法以御之,为善者蒙赏,为恶者受罚,安敢不企及乎?安敢不尽力乎?"[⑥]礼法并用思想在唐律中得到了

---

① 《贞观政要·君臣鉴戒第六》。
② 同上。
③ 参见《贞观政要·政体第二》。
④ 《贞观政要·太子诸王定分第九》。
⑤ 《贞观政要·政体第二》。
⑥ 《贞观政要·择官第七》。

充分反映。《唐律疏议·名例》前言说:"德礼为政教之本,刑罚为政教之用。"

最后,还需特别提及的是,唐律能较好地处理礼法关系与当时的社会状况关系甚大。唐朝是中国封建社会充分发展的时期,特别是在前期,社会发展较快,各种社会矛盾相对缓和。在这样的社会历史条件下产生的唐律,其内容必然比较宽平,礼法关系也相对协调。这与唐后,特别是明、清的立法情况明显有别。与唐律相比,如果说《大明律》与《大清律例》确有重其所重和轻其所轻之处,究其根本原因,只是社会状况不同罢了。

通过对唐律中礼法关系的透视,可见儒家思想对中国古代立法的巨大影响。这也可从一个侧面反映儒家思想与中国古代法律的关系所在。

第二十一章
唐律与丝绸之路

在唐朝,既有唐律,也有丝绸之路。唐律是唐朝的一部刑法典,也是唐朝的一部主要法典。丝绸之路最晚产生于汉朝,到唐朝又有发展,特别是在"安史之乱"以后,还专门开辟了海上丝绸之路。① 这样,唐朝便有了陆上与海上两条丝绸之路了。唐律与丝绸之路关系密切。唐律维护、保障丝绸之路的安全与畅通,丝绸之路又为唐律增添新的内容并成为扩大其影响的载体,以致一些东亚国家纷纷仿效唐律,成了中华法系的成员国,最终形成了以中国为母国的中华法系。当前,未见有关于唐律与丝绸之路的专门研究成果,现作些尝试,以飨读者。

一、唐律在丝绸之路中的作用

在唐朝的丝绸之路中,许多地方都在唐朝的领土上。陆上丝绸之

---

① 参见瞿依贤:《"一带一路"是前无古人的创新——葛剑雄谈古丝绸之路与"一带一路"之别》,载《劳动报》2018 年 1 月 8 日。

路中的长安、金城、凉州、张掖、嘉峪关、哈密、瓜州、敦煌等地方是如此，海上丝绸之路的扬州、泉州、广州等地方也是如此。它们都在唐律的管辖范围之中，唐律的规定适用于丝绸之路并突出表现在对国家、人身与财产等安全的维护上。

1. 唐律维护国家安全

丝绸之路要跨越欧洲、亚洲的许多国家。国门打开，外国人出入唐朝的机会增多，国家安全的问题就会更加突出。唐朝的国家安全得不到有效保障，就会釜底抽薪，葬送丝绸之路。唐律从国家的长治久安出发，打击各种危害国家安全的犯罪行为，保证丝绸之路的畅通。

在唐朝，危害国家安全的犯罪行为有很多，主要涉及叛国投敌、非法武器交易与泄漏国家重要信息等。唐律就从这些方面打击犯罪行为，而且危害越大，用刑就越重。其中，叛国投敌犯罪对唐朝的危害最大，用刑也最重。这种行为被称为"谋叛"，即"谋背国从伪"①。唐律规定，不仅谋叛者本人要被处以死刑，还要株连到家庭成员。"诸谋叛者，绞。已上道者皆斩，妻、子流二千里。"②涉外的非法武器交易与泄漏国家重要信息的犯罪也会危害唐朝的国家安全，也都在打击之列。唐律规定，唐朝人员与外国人(化外人)"私相交易"而"私与禁兵器者，绞"③。唐律还规定，外国人在唐朝作间谍，同样要被处以死刑。"若化外人来为间谍"，"绞"。④ 唐律通过打击损害国家安全的犯罪来维护国家安全，加固丝绸之路的基础，使其兴旺不衰。

---

① 《唐律疏议·名例》"十恶"条。
② 《唐律疏议·贼盗》"谋叛"条。
③ 《唐律疏议·卫禁》"越度缘边关塞"条。
④ 参见《唐律疏议·擅兴》"征讨告贼消息"条。

2. 唐律维护人身安全

丝绸之路是人们进行贸易、发展经济之路,人是重中之重。人身安全若得不到保障,人们会缺乏安全感,长距离的古丝绸之路就会无法维持。唐律通过维护人身安全来保证丝绸之路生生不息,重点打击的是那些直接危害人身安全的杀人、伤人、强奸等犯罪。

唐律不仅惩治侵害人身安全的犯罪,还把其恶性程度作为一个重要的用刑参数。恶性程度越大,用刑就越重。谋杀人犯罪的恶性程度最大,用刑也最重,直至死刑。唐律规定:"诸谋杀人者,徒三年;已伤者,绞;已杀者,斩。"①唐律对一般强奸犯罪的用刑不算重,仅为徒刑,即"徒三年";如果实施强奸时把妇女打伤了,那就按数罪并罚来处罚,用刑就会加重,直至流刑。② 在重视恶性程度的同时,唐律还考虑到犯罪结果。犯罪结果越严重的,用刑也会越重。这在伤害犯罪中表现得非常明显。比如,在斗殴伤人中,打掉被害人一颗牙齿的,犯罪人要被"徒一年";打掉两颗牙齿的,犯罪人就要被"徒一年半"了。③ 唐律通过打击危害人身安全的犯罪来维护人身安全,保护丝绸之路的主体,保证丝绸之路的正常运行。

3. 唐律维护财产安全

丝绸之路以贸易为主要表现形式,财产是其中的贸易对象。人们通过贸易取得经济利益,求得共同发展与富裕。财产得不到保障,其危害不言而喻。唐律主要通过打击强盗、窃盗与诈骗等犯罪,来维护丝绸

---

① 《唐律疏议·贼盗》"谋杀人"条。
② 参见《唐律疏议·杂律》"凡奸"条。
③ 参见《唐律疏议·斗讼》"斗殴折齿毁耳鼻"条。

之路主体的合法利益。

唐律中的强盗犯罪是一种以暴力或以暴力相威胁来非法取得他人财产的犯罪。这种犯罪的危害性很大,用刑也重于窃盗、诈骗犯罪,可至死刑。唐律规定:"诸强盗,不得财徒二年;一尺徒三年,二匹加一等;十匹及伤人者,绞;杀人者,斩。"① 唐律中的窃盗类似于今天的盗窃,是指用隐秘手段非法取得他人财产的犯罪。唐律对窃盗犯罪的用刑按其犯罪所得为依据。所得多就用刑重,反之则用刑轻。它规定:"诸窃盗,不得财笞五十;一尺杖六十,一匹加一等;五匹徒一年,五匹加一等,五十匹加役流。"② 唐律把诈骗犯罪也列为打击对象,而且对这一犯罪的用刑参照对窃盗犯罪的用刑,即"诸诈欺官私以取财物者,准盗论"③。唐律通过打击损害财产的犯罪,有效维护了丝绸之路上的财产安全。

4. 唐律维护其他安全

在丝绸之路中还有一些安全也需要得到保障,比如运输工具、航行与交易等的安全。唐律对这些安全也有所规定。马是陆上丝绸之路的重要交通工具,运载人、货等都少不了马。唐律对马有特殊的保护。它规定,主人杀了自己的马要被"徒一年",杀了他人的马要被"徒一年半"。④ 在海上丝绸之路中,航行安全十分重要,否则后果不堪设想。唐律对维护航行安全也作了规定,凡是没有按照规定行船的,都要被"笞五十;造成人、财损失的,要按实际损失加重用刑,量刑幅度在杖刑

---

① 《唐律疏议·贼盗》"强盗"条。
② 《唐律疏议·贼盗》"窃盗"条。
③ 《唐律疏议·诈伪》"诈伪官私财物"条。
④ 参见《唐律疏议·厩库》"故杀官私马牛"条。

与徒刑之间。①

另外,唐律还特别重视交易安全,用刑事手段来打击非法债务人,以保证契约的正常履行。这在丝绸之路中也十分重要,不可或缺。唐律规定,债务人违反契约不履行债务的,即"负债违契不偿",就要被用刑,幅度是"一匹以上,违二十日笞二十,二十日加一等,罪止杖六十";不仅如此,还要继续履行还债义务,即"各令备偿"。② 可见,在丝绸之路中,非法债务人不仅得不到一点违约的好处,反而是得不偿失。

唐律的这些内容得到不同程度的实施。这里举两例证之。一例是有关打击叛国投敌的犯罪。广德元年(763年)10月,西部边境的吐蕃部落侵犯唐朝,形势紧迫,唐代宗逃往陕州避敌。想不到,将军王怀忠拦截了500多名唐朝骑兵,还纠集了一批人叛国投敌。"将军王怀忠遂闭苑门,横截五百余骑,拥十宅诸王西投吐蕃。"他还说这种行为是"以副天下之望"。然而,这一叛国投敌行为还是以失败告终,王怀忠因此而被"赐死"。③ 另一例是有关打击危害人身安全的犯罪。唐玄宗开元二十年(732年),黑水靺鞨国的武艺派人去诛杀身在唐朝的门艺,但刺杀没有成功。"密遣使至东都,假刺客刺门艺于天津桥南,门艺格之,不死。"为了保障门艺的人身安全,打击危害其人身安全的犯罪,河南府派人抓捕刺客,结果"河南府捕获其贼"。④ 这些案件之处理依据都是唐律的规定。从这两个案例可知,唐律确实在丝绸之路中发挥了应有的作用。

---

① 参见《唐律疏议·杂律》"行船茹船不如法"条。
② 参见《唐律疏议·杂律》"负债违契不偿"条。
③ 参见《旧唐书·玄宗诸子·丰王珙传》。
④ 参见《旧唐书·北狄传》。

二、唐律在丝绸之路中的优势

唐律只是唐朝法律中的一个组成部分。与唐朝其他法律相比较，唐律的内容更具有强制性、广泛适用性、权威性和稳定性的优势。这些都十分有利于丝绸之路的运行。

1. 唐律更具有强制性的优势

唐律既是中国现存第一部内容完整的法典，也是一部刑法典。它的名例篇是关于刑法指导思想、原则、刑罚等刑法总则内容的规定，其他11篇则是关于刑法分则内容的规定，其律条结构均由罪行与法定刑组成。其中，虽有民事、行政等制裁方法被使用，但都为刑事附带而已。[①] 唐律的刑法典属性决定了与其他部门法相比，它的制裁手段是最为严厉的，甚至可以适用死刑，剥夺犯罪人的生命。唐律中规定的死刑就有绞、斩两种。[②] 任何法律都具有强制性，然而唐律的这种最为严厉的制裁手段使其具有了最大的强制性，并为其他法律所不具备。人们不敢轻易违反唐律的规定，否则就会受到严厉制裁，轻者被笞、杖，重则被徒、流，甚至被处死。因此，人们不得不遵守唐律的规定。

唐律的这种强制性又决定了它具有很强的规范性。即它具有很强的规范人的行为的作用。法律都具有规范性作用，但刑法的规范作用

---

① 参见王立民：《唐律新探》（第五版），北京大学出版社2016年版，第28页。
② 参见《唐律疏议·名例》"死刑二"条。

特别突出,因为它具有很强的强制性。唐律就是如此。它所规定的内容因其背后的强制性而比较容易得到实施。只要是唐律规定的都得到较好的实施,人们的行为与唐律的要求保持一致,社会治理就会比较理想。这尤其体现在唐朝的贞观与开元时期。贞观时期,"商旅野次,无复盗贼、囹圄常空,马牛布野,外不闭户"①。贞观四年(630年),全国死罪者只有29人:"(贞观)四年,天下断死罪二十九人。"开元时期也十分类似。在唐玄宗执政的"二十年间,号称治平,衣食富足,人罕犯法。是岁刑部所断天下死罪五十八人"②。唐朝的社会治理是这样,丝绸之路的治理也是这样。

2. 唐律更具有广泛适用性的优势

唐律是唐朝刑法典的属性决定了它的内容会比较广泛。这是由刑法的属性所决定的。刑法要打击犯罪行为。犯罪行为从性质上说首先是违法,即违反了除刑法以外的部门法。当这些违法行为危害太大,达到犯罪程度的时候,就不由这些部门法调整而由刑法来调整了,即由刑法打击这些犯罪行为。从这种意义上讲,刑法还是一种保障法,即保障其他部门法实施的法律。刑法也就成了这些部门法的后盾。刑法的内容因此而具有了广泛适用性。唐律也是这样。

唐律规定的内容比较广泛,涉及唐朝社会生活的方方面面。唐律除了名例篇以外的11篇,各自都有自己的打击对象。比如,卫禁篇打击的是侵犯皇权与国家安全的犯罪行为,职制篇打击的是官吏各种违反职务行为的犯罪行为,户婚篇打击的是户籍、土地、税赋、婚姻等方面的犯罪行为等等。这11篇的综合,就把社会生活的方方面面都包括进

---

① 《贞观政要·政体第二》。
② 《新唐书·刑法志》。

去了。综合起来看,唐律打击的犯罪有:侵犯皇权与国家、人身安全、财产安全、公共安全的犯罪,妨害管理秩序的犯罪,涉及职务、军事、审判方面的犯罪等等。其中,就有对丝绸之路关系比较密切的危害国家、人身与财产安全等方面的犯罪。这些有关犯罪的规定已经能够涵盖丝绸之路中的主要方面,满足为其保驾护航的基本需要。这也成为要特别关注唐律在丝绸之路中作用的一个重要原因。

3. 唐律更具有权威性的优势

除了唐律以外,唐朝还有令、格、式等法律。它们都有自己规定的范围。其中,"令者,尊卑贵贱之等数,国家之制度也;格者,百官有司之所常行之事也;式者,其所常守之法也"①。然而,在唐律、令、格、式之中,唐律是核心,违反了唐令、格、式后,都要按唐律的规定来进行制裁。"凡邦国之政,必从事于此三者。其有所违及人之为恶而入于罪戾者,一断以律。"②唐律的这一核心地位决定了它在唐朝的法律中位阶比较高,由此而赋予了它具有很大的权威性。

唐律的这种权威性会使人对唐律有了更深的敬畏感,甚至产生敬仰之情。这十分有利于唐朝的法制建设,包括:严格执法、公正司法与自觉守法。丝绸之路也是如此。只要中外商人都严格依照唐律的规定办事,就会减少纠纷,杜绝犯罪,保证旅程通畅,使交易公平便捷,实现双赢。

4. 唐律更具有稳定性的优势

唐律是唐朝制定的所有律的统称,也是唐朝所有律的一个集合概

---

① 《新唐书·刑法志》。
② 《新唐书·刑法志》。

念。唐朝制定的第一部律被称为《武德律》，颁行于武德七年（624年）；第二部是《贞观律》，颁行于贞观十一年（637年）。《贞观律》是唐律的定本，其律条已经成熟，以后颁行的律，对其律条改动很少，《永徽律》与《永徽律疏》《开元律疏》等无一不是如此。唐律颁行以后，一直有效，没有被废止，直到唐朝灭亡，前后适用了近300年。唐律的稳定性十分明显。

唐律内容的稳定对丝绸之路建设十分有利。丝绸之路人员的流动性很大，货物的运输与交易是其常态，而且运输、交易的路线较长，要跨东亚、西亚、南亚、欧洲等许多地区。只有保持唐律的相对稳定，才有利于丝绸之路人员记忆、熟知与使用；如果唐律的内容常变，这些人员就会无所适从，缺少对自己行为的预期，这十分不利于守法。唐律的稳定性为丝绸之路提供了便利。

唐律具有的这些优势都有助于丝绸之路的开拓与发展，为丝绸之路的运行保驾护航。

三、唐律与丝绸之路的一些思考

在唐律与丝绸之路中，还有一些问题值得思考。

1. 丝绸之路丰富了唐律的内容

在唐律与丝绸之路的关系中，不仅有唐律为丝绸之路保驾护航的一面，还有丝绸之路丰富唐律内容的一面。丝绸之路最晚在汉武帝时期被打开。他派张骞出使西域。张骞的队伍跨过帕米尔高原，打通了通往中亚、西亚、南亚,乃至欧洲的陆路丝绸之路。有了这一通道,东汉明帝时佛教传入中国。① 中国有了佛教以后,佛教的内容开始渗透到中国文化,魏晋南北朝时期有了儒、道、释的融合。同时,佛教神职人员大量出现,其行为也在规范之列。这些都是丝绸之路的"衍生品"。

唐律对于这些"衍生品"都给予回应,作了相应的规定。首先,唐律把有些佛教的内容纳入相关规定。关于"禁屠月"的规定就是如此。"禁屠月"源于佛教,是指每年的正月、五月、九月三个月。"正月、五月、九月断屠,盖源于佛教。"②在这三个时间内,不得执行死刑。唐律规定:"若于断屠月及禁杀日而决(死刑)者,各杖六十。"③佛教的内容因此而演变为唐律的内容。印度法是宗教法,宗教规则往往就是法律的内容,唐律的这一规定也可理解为印度的法律被唐朝所吸收了。

其次,唐律规范佛教神职人员僧、尼的行为。唐律赋予佛教的神职人员僧、尼与道教的神职人员道士、女官同样的地位,并一起加以规定。规定的内容包括:僧、尼的法律地位,禁止"私入道"行为,打击诬告僧、尼的行为,严惩僧、尼的行奸行为,保护佛教神像等等。④ 犯有这些行为的僧、尼都会被追究刑事责任。比如,唐律规定,道教的天尊像和佛教的佛像都受到唐律保护,任何人不得偷盗、毁坏,否则要被判以徒刑。"盗毁天尊像、佛像者,徒三年。"如果是神职人员盗毁自己宗教的神像,用刑更加重,直至加役流。"道士、女官盗毁天尊像,僧、尼盗毁佛

---

① 参见白寿彝、高敏、安作璋主编:《中国通史》(第四卷·上册),上海人民出版社2004年版,第403—404页。
② 刘俊文:《唐律疏议笺解》(下册),中华书局1996年版,第2102页。
③ 《唐律疏议·断狱》"立春后秋分前不决死刑"条。
④ 参见王立民:《唐律新探》(第五版),北京大学出版社2016年版,第177—179页。

像者,加役流。"①

丝绸之路引发的中外文化交流,不仅繁荣了唐朝的文化,也丰富了唐律的内容。从中亦可知,随着国门的打开,中国在唐朝以前就已不是一个封闭性社会,而有了开放的成分;中国至晚在唐朝,法律已不再是在一个封闭的环境里自我运行,而是已吸纳了外来的法律,唐律就是如此。

2. 唐朝的丝绸之路催生了中华法系

中华法系是世界五大法系之一。② 它确立于唐朝,代表性法典是唐律。丝绸之路促进了中外交流,外国人对唐朝的先进文化有了越来越多的认识,包括唐朝的法律,特别是唐律。包括距离比较近的朝鲜、日本、越南等在内的一些国家借助丝绸之路,纷纷派出人员来唐朝学习唐律。他们来往的路径包括了陆上与海上的丝绸之路。以唐朝与朝鲜、日本那条路径为例。当时,人们先从陆路到朝鲜,然后利用冬春的东北季风和夏秋的西南季风到日本;从日本回唐朝也利用这一季风。这条丝绸之路不仅承载着商人,还承带着遣唐使等人员。③

这些国家的遣唐使负有移植唐律在内的唐朝法律的使命。这里以日本为例。从贞观五年(631年)至乾宁元年(894年),日本先后派出遣唐使19次,最多一次人数达到651人。④ 这些遣唐使中,有人还到唐朝的高等学府国子监就学。"太学诸生三千员,新罗、日本诸

---

① 参见《唐律疏议·贼盗》"盗毁天尊佛像"条。
② 这五大法系分别是:大陆法系、英美法系、印度法系、伊斯兰法系与中华法系。参见张晋藩、林中:《法史钩沉话智库》,中国法制出版社2016年版,第3页。
③ 参见姚嶂剑:《遣唐使》,陕西人民出版社1984年版,第31—32页。
④ 参见郑显文:《律令时代中国的法律与社会》,知识产权出版社2007年版,第327页。

国,皆遣子入朝学习。"①他们中就有学习唐朝的法律,特别是唐律。回国后,他们帮助日本政府仿照唐律,制定了日本著名法典《大宝律》②。"参与撰写《大宝律令》的人当中,伊吉博德、土部生罗、白猪男曾在唐留学。"③《大宝律》是《永徽律》的翻版,它被称为"日本封建立法的典范"④。日本其他法律的制定也有类似情况。日本历史上第一部成文法典《近江令》也是"由留唐学生高向玄理等人主持制定的"⑤。日本大量吸收唐朝包括唐律在内的法律内容,因而成了中华法系的一个成员国。

那时,其他的一些国家,如朝鲜、越南等国家也都走上了一条与日本相似的道路,纷纷以唐律为蓝本,制定自己的法律。其中,朝鲜的《高丽律》等法律就是以唐律为楷模。《高丽史·刑法志》记载:"高丽一代之制,大抵皆仿乎唐,至于刑法,亦采唐律,参酌时宜而用之。"还有越南李、陈两朝制定的法律也都仿效过包括唐律在内的法律。《历朝宪章类志·刑法志》记载:李太尊制定的《刑书》和陈太尊制定的《国朝刑律》都"遵用唐宋旧制,但其宽简之间,时而斟酌"。朝鲜和越南也毫无例外地加入了中华法系成员国的队伍。

中华法系由母国与成员国组成,缺一不可。中华法系的母国是中国,成员国是朝鲜、日本与越南等。这些成员国的形成受到唐朝的法律,特别是唐律的影响。唐朝的丝绸之路促成了中华法系成员国的形成,催生了中华法系。

---

① 《唐语林》卷5。
② 本书除直接引述外,均使用《大宝律》这一称谓。
③ 〔日〕石田琢智:《日本移植唐朝法律考述》,载《法学》1999年第5期。
④ 同上。
⑤ 同上。

3. 丝绸之路在唐后仍在扩大中国法律的影响

唐朝以后的中国封建朝代继续制定自己的法律,《宋刑统》《大明律》《大明会典》和《大清律例》等陆续出台。与此同时,丝绸之路在唐朝以后也在持续,虽然陆上丝绸之路受到战争等因素的影响而有所萎缩,但海上丝绸之路有所扩大,比如明朝的郑和下西洋就史无前例。他率领2万多人,出动200多艘船只,浩浩荡荡下西洋,被认为是"中国古代规模最大、船只最多、船员最多、航行时间最长的海上航行"①。这就意味着,丝绸之路作为一种载体在唐朝以后继续发挥着中外文化交流的作用,包括中国法律的传播。这使一些国家的立法继续从中受益,它们仍然把唐朝以后制定的法律作为立法楷模,制定自己的法律。其中,日本模仿《大明律》与《大明会典》,制定了自己的《暂行刑律》《新律纲领》和《改定律例》等法律;朝鲜也在仿效《大明律》《大明会典》的基础上,制定了自己的《朝鲜经国典》《经济六典》《经国大典》和《刑法大全》等法律;越南也是如此,制定了自己的《皇越律例》与《钦定大南会典事例》等法律。② 可见,随着丝绸之路的延续,中国法律也在持续发生影响,中华法系的成员国主要是这些亚洲国家。

值得注意的是,东亚的琉球群岛也在唐朝以后加入了中国法律的影响圈。琉球群岛在明、清时期与中国的关系越加密切,海上丝绸之路也比较畅通,有"琉球自明迄清每有贡船,多以载货,自华归来即获资

---

① 瞿依贤:《"一带一路"是前无古人的创新——葛剑雄谈古丝绸之路与"一带一路"之别》,载《劳动报》2018年1月8日。
② 参见杨鸿烈:《中国法律对东亚诸国之影响》,中国政法大学出版社1999年版,"全书提要"第3页。

亿万"之说①。借助这一丝绸之路,琉球群岛与中国的文化交流源源不断,中国法律也成为其借鉴的对象。它所制定的有些法律就是以中国法律为模板,比如《科律》就是仿自《大清律例》。② 琉球群岛也因此成了中华法系的新成员国,这一切都得益于丝绸之路。

4. 对"一带一路"法治建设的启示

唐律与丝绸之路的关系十分密切。唐律为丝绸之路保驾护航,丝绸之路又扩大了唐律的影响,甚至助力中华法系的最终形成。"一带一路"是中国在2013年提出共建丝绸之路经济带和21世纪海上丝绸之路的倡议,也是中国扩大对外开放的重大举措和经济外交的顶层设计,为破解人类发展难题提供的中国智慧和中国方案,探索全球经济治理的新模式,构建人类命运共同体的新平台和新时代中国特色社会主义的伟大开放实践。③ 国家对"一带一路"倡议十分重视,十九大报告明确提出:"要以'一带一路'建设为重点,坚持引进来和走出去并重,遵循共商共建共享原则,加强创新能力开放合作,形成陆海内外联动、东西双向互济的开放格局。"然而,"一带一路"倡议要顺利推进,没有法治不行。法治是这一建设的重要保障。

从唐律与丝绸之路的关系中可以看到,法制在丝绸之路中具有重要作用。今天,在推进"一带一路"倡议中,法制不能或缺要及时跟进。其中,可以"两条腿走路"。"一条腿"是大力发展服务于"一带一路"倡议的国内法。要尽快补足现存的短板,制定并完善相关法律。"另一

---

① 参见杨鸿烈:《中国法律对东亚诸国之影响》,中国政法大学出版社1999年版,第388页。
② 同上书,第392页。
③ 参见本书编写组编著:《党的十九大报告辅导读本》,人民出版社2017年版,第407—409页。

条腿"则是积极开拓适用于"一带一路"倡议的国际法。其中,可以是双边协定,也可以是多边协定,总之要使"一带一路"倡议的国际规则周全起来。"一带一路"倡议虽利用了丝绸之路的外壳,但其内核完全不同,是一种新生事物,这对现代法治是一种挑战,中国应积极加以应对。

已有利好消息传来。上海东方域外法律查明中心在 2017 年正式揭牌,上海也在推动建设"一带一路"国际仲裁中心。另外,已有 100 多家境外律师事务所在上海设立了代表处,上海已成为境外律师事务所在国内设立代表机构最集中的城市。① 这些都十分有利于"一带一路"法治平台的搭建,是一种利好消息。期望中国在推进"一带一路"倡议中与法治同行,取得经济、法治双赢,甚至多赢。

"丝绸之路"的概念在 19 世纪末期由德国的地理、地质学家费迪南·冯·李希霍芬(ferdinand von Richthofen)提出,"海上丝绸之路"的概念则在 20 世纪 60、70 年代由日本提出并在联合国教科文组织普及使用,获得大家的认可。② 在此以前,历史上没有丝绸之路的说法,唐朝也不可能制定以其命名的法律。唐律是唐朝的一部内容十分完整、适用范围非常广泛,强制性、稳定性和规范性都很强的法典,而且还在丝绸之路中得到实施。不仅如此,唐朝还以丝绸之路为载体,拓展了中外文化交流,也扩大了唐律的影响,以致包括东亚国家在内的一些国家纷纷以其为楷模,制定本国的法律,唐律的内容在这些国家生根、发芽,

---

① 参见陈颖婷:《沪将建"一带一路"国际仲裁中心》,载《上海法治报》2017 年 11 月 20 日。

② 另一说则认为,"海上丝绸之路"概念首先由著名国学大师饶宗颐在 20 世纪 70 年代发表的《海道之丝路与昆仑舶》中提出。此文论述了海上丝绸之路的起因、航线与船舶等一系列内容,广为国内外学界认同与称颂。参见颜昊:《著名国学大师饶宗颐在香港逝世》,载《新华每日电讯》2018 年 2 月 7 日。

最终形成了中华法系。唐朝以后,丝绸之路还在延续,有些东亚国家吸纳中国法律的进程也在持续,中华法系也因此而得到了巩固与发展。今天,中国已在推进"一带一路"倡议,其中的法治建设不能或缺,期望"一带一路"建设与法治建设同行,为世界创造一个更为美好的明天。

第二十二章
唐律与专制统治

唐律是专制统治的产物,专制统治又需要唐律,它们互相依存,共同对唐朝的政治发生作用,成为当时政治生活中的两个重要组成部分。本章试对其中的一些问题作些探索。

一、唐律对专制统治的维护

专制统治需以集权为基础。唐律中虽无"集权"两字,但处处可见集权的影子。它通过规定皇帝独霸立法、行政和司法的最高权力,确立其合法集权地位,实现专制统治的目的。

1. 皇帝掌有最高立法权

根据唐律的规定,皇帝可以决定国家的立法,掌有国家的最高立法权。

第一,皇帝有制定国家法典的决定权。皇帝有权决定国家法典的制定,唐律本身的撰定过程就可说明这一点。《旧唐书·刑法志》载,唐高祖即位后,颁敕命裴寂、肖瑀等十二人"撰定律令,大略以开皇律为准",并于武德七年(624年)下诏"颁行天下"。此为《武德律》。唐太宗继位后,又命长孙无忌、房玄龄与学士法官"更加厘改","定律五百条,分为十二卷",于贞观十一年(637年)颁于天下。此为《贞观律》。以后撰修的《永徽律》《永徽律疏》《开元律》等都如前律,无一不是受皇帝之命进行的。唐律竭力维护皇帝的这一权力,把任何擅自改动律等法典、企图篡夺立法权的行为都认定为犯罪,并予以严惩。《唐律疏议·职制》"律令式不便辄奏改行"条规定,对法律"若不申议,辄奏改行者,徒二年"。

第二,皇帝有颁行单行法规的决定权。成文法典的内容一般比较完整,且有体系,不可朝令夕改,要保持相对的稳定。但是,社会情况千变万化,常使法典不能应对。这就需利用颁布制敕等单行法规的形式弥补不足。唐律把单行法规的颁行决定权也给予皇帝。《唐律疏议·断狱》"辄引制敕断罪"条规定,允许皇帝以"制敕断罪,临时处分"。此条"疏议"还为此作了解释:"事有时宜,故人主权断制敕,量情处分。"

第三,皇帝有修改法律的决定权。法律颁行后,特别是经过一段时间的司法实践后,必会暴露一些问题,修改法律就成为必要。唐律确定修改法律的决定权也为皇帝所有。官吏发现不适时的法律内容时,必须随时上报尚书省,经过京官议定后,交皇帝最后决定。《唐律疏议·职制》"律令式不便辄奏改行"条规定:"诸称律、令、式,不便于事者,皆须申尚书省议定奏闻。"此条"疏议"还对上报程序作了具体补充:"称律、令、式条内,有事不便于时者,皆须辨明不便之状,具申尚书省,集京官七品以上,于都座议定,以应改张之议奏闻",由皇帝决定是否修改。换言之,皇帝掌握着国家法律的最终修改权。

唐律赋予皇帝制定国家法典、颁行单行法规和修改法律的各项决定权,实际上就是给予其国家的最高立法权,使"朕即法律"成为事实。

2. 皇帝掌有最高行政权

唐律在规定皇帝掌有最高立法权的同时,还规定其掌有最高行政权。

第一,通过规定国家行政管理机构的编制和官吏职守中的一些重要问题确保皇帝的行政组织权。国家的行政管理是国家行政组织机构的管理。没有此类组织机构,行政管理也就成了空谈。因此,行政管理机构的组成以及这种机构组织权的取得就显得格外重要。特别是后者,它对取得整个行政权都有决定意义。唐朝皇帝通过自己认定的唐律,对国家行政管理机构的编制和官吏职守中的一些重要问题作出规定,并惩治有违规定的官吏,确保自己的最高行政组织权。《唐律疏议·职制》"置官过限及不应置而置"条规定,官署的人数编制都由国家核定,不可随意增加,凡"署置过限及不应置而置"的,要按超编人数追究刑事责任,其量刑幅度为:"一人杖一百,三人加一等,十人徒二年。""官人无故不上"条规定,官吏皆须按时到岗行职,无故不到者,要按所缺时间受罚,具体为:"一日笞二十,三日加一等,过杖一百,十日加一等,罪止徒一年半。边要之官,加一等。"此律还对官吏的其他一些违职犯罪行为作了规定,这里不一一列举。唐律就是通过这些规定,使皇帝紧紧把握行政组织大权,组成一个有利于自己统治的行政管理机构。

第二,通过规定官吏必须绝对服从制敕实现皇帝的行政指挥权。发布制敕是唐朝皇帝实现行政指挥权的重要手段。官吏受制,按制从事,服从皇帝的指挥,实现皇帝的行政管理意志,这是制敕的一种特有功用。因此,制敕也就象征着最高行政指挥权,任何违犯制敕的行为都会直接有损于这一权力,是绝对不能容忍的。唐律在职制律和诈伪律中都规定了各种需严惩的违犯制敕行为,在此仅举两例证之。"被制书施行有违"条规定,官吏受制后,即须据制意办事,不可有违,如果

"有所施行而违者",就要被"徒二年"。"诈伪制书及增减"条规定,妄称制敕或增减制敕内容的行为都是绝对禁止的,犯者会危及生命。"诸诈伪制书及增减者,绞;未施行者,减一等。"唐律就是用重刑强迫官吏不折不扣地服从皇帝的指挥,确立皇帝的独尊地位。

第三,通过规定官吏必须及时无误地反映所辖范围的情况保证皇帝行使行政决策权。行政组织权和指挥权的行使均以决策为基础,决策错误会导致组织失措和指挥失败,因此行政决策至关重要。决策又以真实的情况反映为前提,不反映情况或反映不真实的情况都会使决策失误。唐律通过规定各级官吏必须及时反映本辖区的真实情况保证皇帝的决策正确,从而实现皇帝的最高决策权。唐律的职制律和诈伪律对此均有规定。"事应奏不奏"条规定,官吏必须依法上奏请旨,应奏不奏和不应奏而奏都构成犯罪,受罚的程度相同。"事应奏而不奏,不应奏而奏者,杖八十。""对制上书不以实"条规定,官吏上奏必须真实,不可欺瞒皇帝,否则将受到重罚。"诸对制及奏事、上书,诈不以实者,徒二年;非密而妄言有密者,加一等。"唐律企图用奏书形式保持上下渠道的畅通,保证皇帝最高决策无误及决策权的行使。

有了以上三权,唐朝皇帝就可合理地行使最高行政权,发号施令,成为无人之下、万人之上的最高行政官。

3. 皇帝掌有最高司法权

唐朝皇帝不仅是最高立法官、行政官,还是最高司法官。唐律规定,皇帝有以下一些重要的司法权:

第一,直诉的受理权。唐朝允许百姓在冤抑深重的情况下直诉。《唐六典·刑部》载:"凡有冤滞不申,欲诉理者",可以直诉。其形式有三:"经三司陈诉,又不伏者,上表。受表者又不达,听挝登闻鼓";如有老、幼"不能自申者",还可"立肺石之下"。直诉案件由皇帝受理和审定,无须再经过基层司法机构的审理。在这类案件中,皇帝既是一审法官,也是终审法官,他的判定具有最高法律效力。唐律承认直诉的合法性,并要求上诉内容必须可靠无误。《唐律疏议·斗讼》"邀车驾挝鼓诉事不实"条规定:"诸邀车驾及挝登闻鼓,若上表,以身事自理诉,而不实者,杖八十。"

第二,议的裁决权。封建法是特权法,唐律也是如此。议即"八议",是高官贵族享有的司法特权,而最终决定这一特权的是皇帝。在一般情况下,"八议"者犯有死罪的,可不按一般司法程序依法处死,而是上报皇帝,由其裁决。《唐律疏议·名例》"八议者"条规定:"诸八议者,犯死罪,皆条所坐及应议之状,先奏请议,议定奏裁。"皇帝的裁决具有终审性质,无可争辩。

第三,上请的决定权。唐律规定,一些较为特殊的案件由上请解决,即直接由皇帝判定。这些案件包括:违礼不违律行为、老、幼、笃疾犯重罪,非诬告谋反等。例如《唐律疏议·名列》"老小及疾有犯"条规定:"八十以上、十岁以下及笃疾,犯反、逆、杀人应死者,上请。"上请的判定即为终定。

第四,死刑的复奏权。自唐太宗起,唐朝始有完备的死刑案件复奏制度,当时为"三复奏"。《旧唐书·刑法志》载,唐太宗下制:"凡决死刑,虽杀即杀,仍三复奏。"唐律从维护这一制度的角度出发,明确死刑不复奏和提前行刑的都属犯罪。《唐律疏议·断狱》"死囚复奏报决"条规定:"诸死囚,不待得奏报下而决者,流二千里。即奏报应决者,听三日及行刑,若限未满而行刑者,徒一年。"

第五,恩赦的确定权。唐朝反对多赦,但恩赦仍存,并有特定程序。《旧唐书·刑法志》载:"有赦之日,武库令设金鸡及鼓于宫城门外之右,勒集囚徒于阙前,挝鼓千声讫,宣诏而释之。其赦书颁诸州,用绢写行下。"恩赦依诏执行,恩赦权归皇帝所有。唐律认定恩赦为合法,并规定企图利用恩赦而故犯的不在恩赦之列。《唐律疏议·断狱》"闻知恩赦故犯不得赦原"条规定,"闻知恩赦而故犯"者,"不得以赦原"。

以上五个方面都是司法中的重要组成部分,对司法有决定意义。唐律把这些权力交给皇帝,实际上就是承认其在司法上的专断权。唐皇帝就是最高司法官,一点也不假。

为了不使皇帝的这三大权旁落,唐律还以军队作为后盾,规定了军队的最高指挥官非皇帝莫属,对任何擅自动用军队的行为都将严惩不贷。《唐律疏议·擅兴》"擅发兵"条规定:"诸擅发兵,十人以上徒一年,百人徒一年半,百人加一等,千人绞。"

国家的最高权力最终都归入以上三大权,掌握了这三大权就等于控制了国家的最高权力,掌握者也就成了名副其实的"现实的专制君主"[1],即皇帝。唐律从立法的角度肯定并保障皇帝对这些权力的控制,就是承认唐朝实行"东方专制制度"[2]的合法性。为了维护这种制度,唐律严惩危害专制统治的行为。特别是"十恶"中的前三大罪,即谋反、谋大逆和谋叛,不仅本人要被处死,还要株连家属。

二、与唐前后之律及同期外国法典的比较

唐律对专制统治的维护自有其特点,这些特点通过与唐前、唐后封建朝代的律及同期外国法典相比较而得到反映。

---

[1] 《马克思恩格斯全集》第46卷·上册,人民出版社1972年版,第473页。
[2] 同上。

1. 与唐前之律相比较

自秦建立第一个中央集权朝代后,中国专制统治便走向一个新阶段,各朝代的律无一不是竭力维护这种统治,并随着这种统治的发展而不断发展。唐律对它的维护建立在唐前各代立法的基础之上,并形成了自己的特点。与之前的律相比,唐律有以下两点非常突出:

第一,唐律规定的内容更为专制。

一方面,唐律中有些关于专制的内容未曾在唐前的律中出现。上述要求官吏必须及时反映本辖区情况的规定就是一例。唐前,官吏遇有重要情况虽也会以上书形式向皇帝报告,但未见在律中有强制性规定。唐朝把向皇帝汇报情况作为一种决策需要和专制的重要条件,除了用其他法律形式规定应奏范围外,还在唐律中设立专门罪名,明确规定"应奏不奏"和"对制上书不以实"等行为都属犯罪,要处以刑罚。这些规定与当时统治者的思想有直接关系。唐太宗十分强调下情上达,把它作为专制统治的必要手段,特别是对法律的适用情况,他多次要求臣下及时反映此类情况。据《贞观政要·政体第二》载,贞观三年(629年),唐太宗对侍臣们说:"自今诏敕有不隐便,必须执言,无得妄有畏惧,知而寝然。"贞观四年(630年),他又"令诸司,若诏敕颁下有未隐便者,必须执言,不得顺旨便即施行,务尽臣下之意"。贞观六年(632年),他再次对侍臣们说:"凡大事皆于小事,小事不论,大事又将不可救,社稷安危,莫不由此。"唐太宗的这种重视程度在唐前实属罕见,他的这些思想又直接对唐律的制定产生了切实的影响。

另一方面,唐律对严重危害专制统治行为的制裁更为严厉。唐律虽在总体上与前律相比有"轻刑"之称,但对一些严重危害专制统治行为的制裁却有过之而无不及,尤其是对谋反罪的制裁。首先,缘坐范围扩大。唐前犯此罪的缘坐范围主要为三族,即"夷三族"。唐律规定的缘坐范围远远超过三族,连伯叔父、兄弟之子及部曲等都在缘坐之列。其次,"谋"也属真反。唐律的"十恶"罪名源于《北齐律》的"重罪十条"。但是,"重罪十条"中只言"反逆",未言"谋反","谋"不在此罪之限。唐律却把"谋"也归入此罪,并明确"谋"为"图谋",处罚"同真反"①。谋反与真反无别,可见受罚对象扩大了。最后,口误也要受重罚。唐律规定,口误者也要被"流二千里"②。这些在唐前的律中未有所见。唐律对此罪的严厉用刑,从一个侧面反映了它为专制统治服务的本质。

第二,唐律规定的内容更为完整和规范。

唐律被公认为内容比较完整,有关专制的内容也不例外。唐律通过对集权的规定实现专制的目的,内容面面俱到,不仅立法、行政和司法皆全,连军队的保障作用和对损害集权行为的制裁等诸方面都包括在内。每个方面的重要之处也都有详细规定。例如,在司法方面,唐律把一些重要的司法大权,包括直诉的受理权、议的裁决权、上请的决定权、死刑的复奏权和恩赦的确定权等,全都集中在皇帝手中。这种完整程度是以往各律所远远不能比拟的。

唐律的这种完整性是博采唐前各律之长而成,续以司法为例。议的裁决权源自《曹魏律》,此律第一次把"八议"的内容规定在律中。死刑的复奏权来自《北魏律》,此律首次把这一制度纳入律内。其他制度也是如此。唐律把它们集中起来,融为一体,使有关集权的内容达到空前完整的程度。

同时,唐律又不是简单地拿来各律的内容,而是有一个升华过程,特别是进行规范化的加工。以死刑复奏为例,唐律在一条律条中对死

---

① 《唐律疏议·贼盗》"谋反大逆"条"疏议"。
② 《唐律疏议·贼盗》"口陈欲反之言"条。

刑的应复次数、奏前奏后的用刑区别、时间计算等都作了规范的规定，用刑也因造成的危害程度而有轻重之别。《唐律疏议·断狱》"死囚复奏报决"条规定，不待复奏结果就擅自处决的，"流三千里"；复奏后还须在三天后才可行刑，不到期就行刑的，"徒一年"；过了应行刑期限而不行刑的，按"违一日杖一百，二日加一等"推算科刑。唐律规定得如此规范，史无前例。这不仅说明唐律的制定者已具备较高的立法技术，也说明他们比以往更重视用法律手段规定集权制度和维护专制统治。

2. 与唐后之律相比较

唐律的内容虽被后世大量袭用，但改动也不少，其中亦有关于维护专制统治方面的内容。通过唐律与唐后之律相关内容的比较，可从另一个侧面看到唐律中有关专制内容的一些特点。在唐后之律中，尤以明、清两代律较为典型，故以它们为比较对象。经过比较可见，以下三点非常突出：

第一，明、清律增加了新罪名。明、清律通过设立新罪名的方法，更严厉地打击侵害专制统治的行为。《大明律》中新设的"奸党"罪十分典型。有人把它作为与唐律的一大区别，说："自唐永徽定律之后，宋元皆因其故，惟明代多有更改，又增奸党一章。"①事实也是如此。《大明律·吏律》规定，"在朝官员交结朋党紊乱朝政"等四种行为都属"奸党"范围。构成此罪者，不仅本人要被处"斩"，还要"妻子为奴，财产入官"。这在唐律中无。此外，《大明律》另设"擅勾属官""交结近侍官员""上言大臣德政"等罪名，防止官吏勾结，以巩固专制地位。沈家本在评论这些罪名时说，其目的是"防闲大臣"，而且"前人论其苛刻者非

---

① 《岱南阁丛书·重刻唐律疏议序》。

一人矣"①。《大清律例》全盘继承《大明律》中的有关规定,所不同的是用例的形式补充说明罪名的范围,使它更适合清朝的情况。例如,《大清律例·吏律》"交结近侍官员"条附例两则,其中的一则规定:"罢闲官吏在京潜住有擅出入禁门交结者,各门盘诘拏送法司问实,发烟瘴地面充军。"此为《大明律》所无。

第二,明、清律扩大了原有罪的用刑范围。明、清律中的有些罪名虽与唐律同,但内容有别,主要是扩大了用刑范围。例如,唐、明律中都有违反"死囚复奏报决"罪,唐律仅制裁违反复奏规定的行为,②而《大明律》则把"立春以后秋分以前决死刑"行为也列入受罚之列。③ 又如,唐、清律都有"谋叛"罪,唐律规定的谋叛仅指"背国从伪"④,而《大清律例》则用例扩大其外延,把"异姓歃血订盟结拜兄弟"⑤等也归入"谋叛"之中。

第三,明、清律的用刑更酷。明、清律对有损专制统治行为的用刑酷于唐律。《大明律》除续用唐律中的"五刑"外,另增设凌迟等一些酷刑。"明律承唐,以笞、杖、徒、流、死列入'五刑'之目,而律文中又有凌迟若干条。"⑥所增酷刑用于重罪,主要是对专制统治危害较大的犯罪。《明史·刑法志》载:"二死之外,有凌迟,以处大逆不道诸罪者。"事实亦如此。《大明律》规定,谋反者本人处凌迟。⑦ 另外,《大明律》对缘坐对象的用刑也酷于唐律。唐律规定,谋反者的十五岁以下子和祖、孙、

---

① 《历代刑法考·明律目笺三》。
② 参见《唐律疏议·断狱》"死囚复奏报决"条。
③ 参见《大明律·刑律》"死囚复奏报决"条。
④ 《唐律疏议·贼盗》"谋叛"条。
⑤ 《大清律例·刑律》"谋叛"条。
⑥ 《历代刑法考·明律目笺一》。
⑦ 参见《大明律·刑律》"谋反大逆"条。

兄弟、伯叔父、兄弟之子等虽缘坐,但可免死。① 《大明律》则规定,这些人不分姓及籍之异同,一律处斩,用刑明显酷于唐律。② 清律继承明律。

从以上的比较看,明、清律在打击损害专制统治的犯罪中,罪名比唐律多,受罚范围比唐律大,法定刑比唐律酷。可见,明、清律比唐律更严厉地惩治此类犯罪。同时,从法律的角度看,明、清两代的专制统治已发展到一个更高的阶段。

3. 与唐同期外国法典相比较

唐律是中华法系的代表法典,对蒙古、朝鲜、日本、越南等一些国家的立法产生了很大影响。这些国家的律大量抄袭唐律内容,实为唐律翻版,有关维护专制统治的内容同样如此。例如,在日本文武天皇大宝元年(701年)颁行的《大宝律》中,"谋反大逆"的罪名及内容全与唐律相同。其他国家律的有关规定也与日本类似。

在西亚和南亚较有影响的是伊斯兰法,它东起印度河,西达大西洋岸,横跨亚、非、欧三大洲。伊斯兰法与伊斯兰教紧密联系在一起,宗教法就是国法。同时,当时政教合一,封建君主通过宗教法控制人民,进行专制统治。在这种情况下,虽然伊斯兰法对专制的维护自有特点,但由于国家没有脱离宗教的独立的法典,宗教法中有关专制的内容远不及唐律的规定发达。伊斯兰教的经典是《古兰经》和圣训,规定人们要维护君主哈里发的绝对权威,反对他就是反对安拉之神,是不能容忍的;法律是安拉对穆斯林社会下达的命令,人们必须遵守,并服从哈里发等。它们并没有像唐律那样详尽而又完整地规定维护专制的内容。

---

① 参见《唐律疏议·贼盗》"谋反大逆"条。
② 参见《大明律·刑律》"谋反大逆"条。

在欧洲,几乎与唐律制定同期的一些国家刚进入封建社会,专制制度还未充分发展,有关维护专制统治的内容零星而不成体系。五世纪,日耳曼部落联盟成功地入侵罗马帝国,并建立了法兰克封建王国。在罗马法学家的帮助下,五世纪末六世纪初,《撒利法典》(又译《萨利克法典》)诞生了,它的制定时间比唐律稍早。它的内容是习惯法的记载,有关专制的规定很少,较为直接的是维护国王的司法权。它在"法庭传唤"中规定:"凡经遵照王命,被传唤到法庭去,而拒绝不到者,要受到罚款处罚。"[①]比唐律稍晚的是在七世纪末八世纪初产生的西撒克逊国王伊尼的法典。自五世纪中叶起,盎格鲁-撒克逊等日耳曼部落侵入不列颠,建立了一些盎格鲁-撒克逊封建王国。其中,伊尼当政时曾发布过一些法令,汇编成册,现称《伊尼法典》。此法典也是习惯法的记载,有关专制的内容同样极少,只涉及保护国王的住宅安全。此法典第四十五条规定,如有人以强力进入国王的住宅,其人必须交赔偿金一百二十先令。[②]经过比较可以发现,这些欧洲国家的封建法典中有关维护专制统治的内容也不及唐律丰富。究其原因,主要有二:一是社会发展状况不同。唐律的制定时期正是中国封建社会的鼎盛时期,各个方面都充分发展,专制统治已发展到一个新的阶段,这为制定一部竭力维护专制统治的法典奠定了社会基础。几乎与此同时,一些欧洲国家刚从奴隶制社会脱胎出来,还处在封建社会初期,不具备制定专制法典的客观条件。二是立法基础不同。自《法经》以后,中国封建立法不断完善,到了唐朝便集其大成,唐律应运而生,它的各方面内容都比较完备,有关专制的内容也是如此。欧洲一些国家的立法则还是封建社会

---

① 转引自法学教材编辑部、《外国法制史》编写组:《外国法制史资料选编》(上册),北京大学出版社1982年版,第171页。
② 同上书,第195页。

初期的立法,由于入侵者都是从原始部落联盟中来,所以法典内容只是习惯法的记载和汇编,与唐律相比就显得落后和低级了。

三、产生唐律中专制内容的历史根源

唐律中有关专制内容的产生有一定的历史根源,概括起来主要是政治、经济和思想理论三大方面。

1. 在政治方面

唐王朝建立后,并没有停止加强中央集权和强化专制统治的步伐,相反还采取了一些新措施。在确定唐律的贞观时期也是如此。唐太宗出台了一些新政策,以牢牢控制国家政权。在中央,唐虽沿用隋制,仍设中书、门下和尚书三省,但由于三省长官品位崇高而不可轻易授人,所以启用那些品位较低而又有一定才能的官吏,授以"同中书门下"等名号,出任相位,参议政事。这样,一方面,便于控制那些品位较低的官吏,任意摆布;另一方面,用低品位官吏任相职,实际上也降低了三省的地位,相应提高了皇帝的地位。在地方,唐虽也沿袭隋的州、县两级制,但长官的任命与隋不同。隋的地方官由吏部择定,"大小之官,悉由吏部"[1]。唐太宗却亲自选任地方刺史,县令也须由五品以上京官推举。他在贞观十一年(637年)决定:"刺史朕当简择;县令诏京五品已上,各举一人。"其目的似乎是"合境苏息"[2],实为取得地方官吏的任命权,进

---

[1] 《隋书·刘炫传》。
[2] 《贞观政要·择官第七》。

一步加强皇帝对地方的控制。此外,当时还确立和完善了科举制度。唐太宗用考试形式收罗有一定文化知识并效忠朝廷的各种人士,委以官职,为自己的专制统治卖命。用他自己的话说,就是"天下英雄"都入他的控制范围。① 这些措施表明,在唐律制定时,唐朝的专制统治已发展到一个新阶段。法律作为一种统治工具,必会与专制的发展同步,故唐律中有关维护专制统治的内容比以往的律更为完备,也发展到一个新阶段。

2. 在经济方面

唐初实行的经济制度主要是均田制和租庸调制。均田制的主要内容是:"凡天下丁男,给田一顷;笃疾废疾给四十亩;寡妻妾,三十亩,若为户者,加二十亩。所授之田,十分之二分为世业,余以为口分。世业之田,身死则承户者授之。口分则收入官,更以给人。"②在这里,口分田占大多数,而且受田人无所有权,只有使用权,身亡后由国家收回。这说明,以国家面貌出现的唐皇帝仍控制着全国大多数土地,是这些土地的"所有者或唯一的所有者"③。土地在封建社会的经济制度中"独占鳌头",因为它"是一个大实验场,是一个武库,既提供劳动资料,又提供劳动材料"④。因此,谁拥有土地所有权,谁就等于把握了国家的经济命脉。为了保障这种土地所有制,唐朝在政治上采用了专制形式,使政治制度与土地制度"合拍"。

租庸调制的主要内容是:"凡赋役之制有四:一曰租,二曰调,三曰役,四曰杂徭。课户每丁租粟二石。其调随乡土所产绫绢絁各二丈,布

---

① 参见《唐摭言·卷一》。
② 《唐会要·租税上》。
③ 《马克思恩格斯全集》第46卷·上册,人民出版社1972年版,第473页。
④ 同上书,第472页。

加五分之一。输绫绢絁者绵二三两,输布麻三斤,皆书印焉。凡丁岁役二旬;无事则收其庸,每日三尺。有事而加役者,旬有五日免其调,三旬则租调俱免。"①这是唐朝对农民的剥削形式。在这种形式中,农民依附在土地上,皇帝以国家身份每年向农民收缴租调,要他们服徭役,以满足自己及整个国家机器的各种消费。皇帝操纵着国家的经济来源,剥削广大农民,是最大的地主。这一地主需有专制的统治形式,否则他就无法进行这种全国性的剥削。

法律属于上层建筑,由经济基础决定,并"只是表明和记载经济关系的要求而已"②。唐朝的经济制度以及由它决定的专制统治形式反映在唐律中,就是那些维护专制统治的内容,而不可能出现维护其他统治形式的内容。又因为唐初的政治与经济充分发展,专制统治随之发展,不断完善,故唐律中有关专制的内容也空前完备。

唐律中专制的内容既由唐初的政治与经济状况决定,又反作用于政治与经济,使当时社会安定,经济繁荣,成为中国的一个大治时期。

3. 在思想理论方面

中国在汉武帝时确立了儒家思想的统治地位,到了唐朝已是根深蒂固,礼法结合的过程也就此完成。封建专制统治需要儒家思想,因为它可成为这种统治的思想理论基础。儒家思想的一个基本点就是强调等级名分,改造以后正好与专制体制吻合。在唐朝的等级关系中,皇帝处在最高点上,享有最多的权力和最大的特权,表现在政治制度上就是独占立法、行政和司法三大权,这就是专制。这一切都可用儒家思想加以解释和说明。唐律多处引用儒家经句,论证制裁触犯专制统治行为

---

① 《唐六典·户部》。
② 《马克思恩格斯全集》第4卷,人民出版社1958年版,第122页。

的合理性。唐律认为,"人君者与天地合德,与日月齐明"①,地位最尊。如要反皇帝,有损他的专制统治,就是一种乱、反的行为,正如"左传云:'天反时为灾,人反德为乱'"。如有这种行为,"则必诛之",因为"公羊传云:'君亲无将,将而必诛'"。②可见,儒家思想是唐律确认专制内容的思想理论依据。

唐律中有关专制统治的内容对于正处在封建社会高度发展时期的唐朝来说有一些积极意义。在一定时期内,它有利于防止出现分裂割据局面,发展封建经济,巩固统一的中央政权。特别是在唐太宗当政时,利用专制手段严惩犯罪官吏,有助于形成廉政。史载,唐太宗即位后,"深恶官吏贪浊,有枉法受财者,必无赦免。在京流外有犯赃者,皆遣执奏,随其所犯,置以重法。由是官吏多自清谨,制驭王公、妃主之家,大姓豪猾之伍,皆畏威屏迹,无敢侵欺佃人"③,故史称当时是"贞观之治"。以后还有"永徽之治"和"开元盛世"。这些不能说与当时唐律所维护的专制制度没有一点关系。

但是,专制统治毕竟具有很大的弊端。权力过分集中,皇帝个人的品质对国家的影响过大,易产生决策与执行错误,在法制方面同样如此。唐皇帝大量颁行的制敕格之间以及它们与唐律之间的内容经常发生矛盾,以致不得不经常进行修撰法律的工作,仅大规模的修撰在全唐就有二十余次。尽管如此,法律内容前后抵牾的问题始终没能彻底解决。《旧唐书·刑法志》载,高宗时已是"律通比附,条例太多"。玄宗时,格后制敕"与格文相违,于事非便"。肃宗时,"或因人奏请,或临时颁行,差互不同,使人疑惑"。文宗时,"或事非久要,恩出一时,或前后

---

① 《唐律疏议·贼盗》"谋反大逆"条"疏议"。
② 参见《唐律疏议·名例》"十恶"条"疏议"。
③ 《贞观政要·政体第二》。

差殊,或书写错误"。立法内容的参差,会使百姓无所适从,奸吏弄法,最终破坏法制。另外,由于唐皇帝在司法中的专断,以致错杀非死罪者也时有所见。就是在唐太宗执政时,也非仅一而已。《旧唐书·刑法志》载,大理丞张蕴古因与罪犯李好德"弈棋",并"阿纵好德",使太宗大怒,遂下令斩杀不应被处死的张蕴古于东市,"既而悔之"。"交州都督卢祖尚,以忤旨斩于朝堂",也非死罪,太宗"亦追悔"。唐太宗尚且如此,其他皇帝无须再论。长孙无忌曾对唐高宗说:"陛下喜怒不妄加于人,刑罚自然适中。"①这句话直观地道出了专制统治与司法的密切关系。皇帝制定专制的法律,又破坏自己制定的法律,这就是专制法制的悲剧所在。其结果必是加剧各种社会矛盾,最终引发农民起义,导致朝代的灭亡。唐王朝就是这样。

---

① 《旧唐书·刑法志》。

第二十三章
唐律与唐朝的身份等级关系

唐朝是个等级社会,人与人之间有身份等级差异。唐律通过多种途径,淋漓尽致地把这种等级差异表现出来并加以保护,严厉制裁那些侵害身份等级的行为。本章拟对唐律与唐朝的这种身份等级关系作些探索。

一、反映身份等级关系的主要途径

唐律通过多种途径反映唐朝的身份等级关系,其中包括使用刑罚、司法特权、疏议等。

1. 通过使用刑罚反映身份等级关系

使用刑罚是唐律反映身份等级关系的一个重要途径,它与身份等级关系十分密切。通常,身份高者侵犯了身份低者,用刑较轻;反之,则用刑较重。无论是在家庭还是在社会中,都是如此。因此,用刑实是测量身份等级高低的一种标尺。

在家庭中,对殴夫的不同用刑,可以反映出妻与媵、妾身份等级的不同。《唐律疏议·斗讼》"妻殴詈夫"条规定:"诸妻殴夫,徒一年","媵及妾犯者,各加一等"。在这一规定中,殴的对象虽都是夫,可是由于犯罪者的身份等级不同,所以量刑也不同。具体而言,身份相对高的妻只"徒一年",而身份相对低的媵、妾则要"加一等",即徒一年半。可见,妻的身份等级高于媵、妾。对于家庭中其他成员的身份等级关系,唐律也用刑罚表示。《唐律疏议·斗讼》"殴缌麻兄姊等"条对殴打身份等级越高的,规定的用刑越重。此条规定:"诸殴缌麻兄姊,杖一百。小功、大功,各递加一等。尊属者,又加一等。"根据这一用刑可知,家庭成员的身份等级应该这样从低到高排列:缌麻兄姊、小功、大功、尊亲属。

在社会中,对行为人殴官吏的不同用刑反映出他们之间的身份等级差别。《唐律疏议·斗讼》"佐职统属殴官长"条就通过佐职、统属官与吏殴官长的不同量刑,反映他们的不同身份等级关系。此条规定:"诸佐职及所统属官,殴伤官长者,各减吏卒殴伤官长二等。"由这一用刑可见,其中的身份等级关系从高到低排列依次是:官长、佐职及所统属官、吏卒等。官吏身份的等级差别还可通过流外官以下人员殴打不同身份等级的官吏受到不同的处罚显示。《唐律疏议·斗讼》"流外官以下殴议贵等"条规定:"诸流外官以下,殴议贵者,徒二年;伤者,徒三年","殴伤五品以上,减二等","殴伤九品以上,各加凡斗伤二等"。这里的"加凡斗伤二等"为"杖八十"。由对流外官以下者的用刑可见,官吏的身份等级高低依次为:一至三品官、四至五品官、六至九品官。

2. 通过确定司法特权反映身份等级关系

唐律是一部礼法结合的法典,贵族官僚普遍享有特权。可是,由于他们的地位不同,所以他们的特权也不同,不同的特权正好反映出他们在身份等级上的差异。

在唐律中,除了皇帝以外,"八议"者的等级是最高的,相当于一至三品官,他们所享有的司法特权也最大。其中,犯死罪的,可以先由大臣们集议,然后再经皇帝裁定;犯流以下罪①的,则可依法减一等量刑。《唐律疏议·名例》"八议"条规定:"诸八议者,犯死罪,皆条所坐及应议之状,先奏请议;议定奏裁;流罪以下,减一等。"②这样,"八议"者犯罪后可理所当然地免死或减刑了。在等级上,仅次于"八议"者的是上请者,他们的地位相当于四至五品官,享受的司法特权小于"八议"者。当他们犯有死罪时,可以上请,但没有了"八议"者享有的"先奏请议"特权,而这一特权是免死的一个重要因素。《唐律疏议·名例》"皇太子妃"条规定:"犯死罪者,上请;流罪以下,减一等。"其特权明显小于"八议"者。次于上请者的是"减"者,他们的等级相当于六至七品官,享有的司法特权小于上请者。当他们犯死罪时,不得上请,只能依常律处罚;犯流以下罪的,可减一等量刑。也就是说,他们犯了死罪后不可免死,不具有"八议"者和上请者的免死权,其特权又小于前两者。《唐律疏议·名例》"七品以上之官"条规定:"犯流罪以下,各从减一等之例。"再次于"减"者的就是"赎"者了,他们的等级在品官中最低,相当于八至九品官,享有的司法特权也最小。他们犯罪以后,既不可免死,也不可减刑;只有在犯流罪以下时,才可以铜赎罪。《唐律疏议·名例》"应议请减"条规定:"犯流罪以下,听赎。"可见,"赎"者的司法特权最小,其等级也最低。

---

① 流以下罪是指犯笞、杖、徒、流罪。
② 根据《唐律疏议·名例》"八议"条的规定,"先奏请议"是指大臣的集议,即"都堂集议,议定奏裁"。

当然,议、请、减者都可享有赎权,而赎者则不可享有议、请、减权。这也是由他们的不同身份等级造成的。

以上从"八议"者到"赎"者依次以司法特权的大小为序作出的规定,反映出他们身份等级高低的实际情况。这一情况告诉人们,司法特权的大小与身份等级的高低成正比。唐律中的司法特权能够真实地反映出唐朝的身份等级关系。

除了以上的议、请、减、赎者的司法特权外,唐律中还有一些司法特权也能反映贵族官吏的身份等级,官当是其中之一。官当是一种以官品折抵徒刑执行的司法特权制度。九品以上官吏均可享有这一特权,但享有的特权有差异。其中,一至五品官犯公罪的,一官可抵三年徒;犯私罪的,只能抵二年徒。六至九品官犯公罪与私罪的,均比一至五品官少一年。《唐律疏议·名例》"官当"条规定:"诸犯私罪,以官当徒者,五品以上,一官当徒二年,九品以上,一官当徒一年。若犯公罪者,各加一年当。"在这里,司法特权也与身份等级联系在一起,特权大的等级高,特权小的等级低,也是一种正比关系。这种正比关系也从司法特权的角度反映出不平等的身份等级关系。

3. 通过疏议反映身份等级关系

疏议是唐律中的一个重要组成部分,它对唐律中一些较为重要的内容作解释,甚至补充一些律文的内容,即所谓"发明律及注意"和"申律之深义及律所不周不达"[①]。在阐述的过程中,疏议也把唐朝的一些身份等级关系表现出来了。

疏议常常引用儒家经典中的经句作为理论依据,反映唐朝的身份

---

① 刘俊文点校:《唐律疏议》,中华书局1983年版,第670页。

等级关系,以增强确立身份等级关系的理论力度。《唐律疏议·名例》"十恶"条在反映皇帝的独尊身份时,首先引用了《公羊传》和《左传》里的两句话,即"君亲无将,将而必诛"和"天反时为灾,人反德为乱"。根据这些论述,唐律便确定皇帝为最高身份者,处于独尊地位,任何臣民都必须忠孝以待。"王者居宸极之至尊,奉上天之宝命,同二仪之复载,作非庶之父母。为子为臣,惟忠惟孝。"

疏议还以礼作为划分不同身份的根据。《唐律疏议·名例》"十恶"条依照礼对嫡子的区分,作出对生母与继母的不同身份的判断。"依礼,嫡子为父后及不为父后者,并不为出母之党服,即为继母之党服,此两党俱是外祖父母;若亲母死于室,为亲母之党服,不为继母之党服,此继母之党服,即同凡人。"

疏议还依据国家的相关规定表明不同身份。《唐律疏议·名例》"十恶"条用国家对"吏"和"卒"的规定,认定他们的身份。"'吏',谓流外官以下。'卒'谓庶士、卫士之类。"这些人员身份的确定都由国家的相关制度所决定,唐律引用国家的规定说明他们的身份。

疏议还比照相应条款阐明一定的身份等级。《唐律疏议·名例》"会赦应改正征收"条在解释养子问题时,首先阐释了一些高身份者的养子问题,认为他们"自无子者,听养同宗于昭穆合者"。接着,此疏议又说工、乐、杂户也可互相养子,因为等级相同,即"工、乐、杂户,当色相养者"。唐律以养子条款反映出工、乐、杂户的等级地位相当,都属于贱民。

由上可见,唐律中的刑罚、司法特权和疏议都是反映唐朝身份等级关系的重要窗口,它们通过各自的途径使唐朝的各种身份等级关系一目了然。同时,这种身份等级关系还得到唐律的认可,受到唐律的保护,不可逾越和违反,否则将受到处罚。

二、身份等级关系的主要内容

唐律所反映的身份等级关系主要体现在皇帝、官吏、良人、贱民以及家庭成员等方面。

1. 皇帝的独尊身份等级

在唐朝,皇帝的身份最高,处在任何臣民之上,实是一种万人之上的地位。唐律用最严厉的手段制裁侵犯皇权的行为,以此突显皇帝的独尊身份。唐律对严重侵害皇权的行为如谋反、谋大逆等都处以最为严厉的刑罚,除本人要被处死外,还要株连家属等。《唐律疏议·贼盗》"谋反大逆"条规定:"诸谋反及大逆者,皆斩;父子年十六以上皆绞,十五以下及母女、妻妾、祖孙、兄弟、姊妹若部曲、资财、田宅并没官,男夫年八十及笃疾、妇人年六十及废疾者并免;伯叔父、兄弟之子皆流三千里,不限籍之同异。"这一处罚在唐律中最为严厉。这一严厉的处罚与维护皇帝所处的最高地位正好吻合。此外,对于皇帝与其他人同样受侵害的行为,用刑也是对皇帝侵害的为重,对其他人侵害的为轻。对偷了园陵里的草木与偷了他人坟墓里的树木的处罚就是如此,前者重,后者轻。《唐律疏议·贼盗》"盗园陵内草木"条规定:"诸盗园陵内草木者,徒二年半。若盗他人墓茔内树者,杖一百。"这一不同用刑正好反映出皇帝的身份高于任何其他人。

2. 贵族官吏间的不同身份等级

在唐朝,除了皇帝,贵族官吏的等级比较高。但是,贵族官吏之间的地位也不同,也有等级差异。在唐律中,这种等级差异用官品表现;如果是贵族,其等级相当于一定官品的官吏。《唐律疏议·名例》"皇太子妃"条把享有上请特权的官吏定为四至五品官,而相当于这一官品的贵族有"皇太子妃大功以上亲,应议者期以上亲及孙"等。所以,这些贵族的等级可以视为与四、五品官相同。"七品以上之官"条和"应议请减"条分别对相当于六、七品官吏和八、九品官吏的贵族作了规定。① 此外,唐律还通过其他途径反映他们的不同身份,用刑是其中之一。《唐律疏议·斗讼》"殴制使府主刺史县令"条对吏卒殴五品以上官吏和六品以下官吏的不同用刑反映出五品以上官吏和六品以下官吏的等级有明显的差异。此条规定:"吏卒殴本部五品以上官长,徒三年","若殴六品以下官长,各减三等"。在这里,犯罪主体都是吏卒,用刑的差异就是犯罪对象的身份等级差别,前者是五品以上官吏,后者是六品以下官吏,所以前者用刑重,后者用刑轻。

3. 良人与贱人间的不同身份等级

良人的主体是农民,与贱人不是同一等级。贱人的身份等级最低,如同畜产。《唐律疏议·名例》"客户部典官私奴婢有犯"条说:"奴婢贱人,律比畜产。"唐律用不可通婚的规定来反映他们的不同身份等

---

① 根据《唐律疏议·名例》"七品以上之官"条的规定,"得请者之祖父母、父母、兄弟、姊妹、妻、子孙"的等级相当于六、七品官,所以他们也可以享受"减"的司法特权。依据"应议请减"条的规定,"官品得减者之祖父、父母、妻、子孙"的等级相当于七、八品官,所以他们可以享受"赎"的司法特权。

级。《唐律疏议·户婚》"奴娶良人为妻"条说:"人各有耦,色类须同。良贱既殊,何宜配合?"该条因此而规定:"奴娶良人女为妻者,徒一年半;嫁减一等。离之。"

婢女属于贱人。《唐律疏议·户婚》"以妻为妾"条说:"婢乃贱流。"奴与婢一样,也属于贱人,他们都无独立人格,属于主人所有,如同资财一样。《唐律疏议·户婚》"杂户官户与良人为婚"条说:"奴婢既同资财,即合由主处分。"

属于贱民的还有部曲,其身份略高于奴婢。① 这可从用刑中反映出来。《唐律疏议·贼盗》"略人略卖人"条把略人和略卖人②为奴婢和部曲的用刑作了区分,具体为:"诸略人、略卖人为奴婢者,绞;为部曲者,流三千里。"区分这一用刑的主要原因是同为贱民的奴婢、部曲还有等级差别,部曲的等级稍高于奴婢,所以犯罪者用刑就有轻重,略人为奴婢的身份低了,就用绞刑;略人为部曲的身份高一点了,就用流刑。部曲与奴婢的这种不同身份等级还可从他们殴伤了良人后的处罚来看,对部曲的用刑轻于奴婢。《唐律疏议·斗论》"部曲奴婢良人相殴"条规定:"诸部曲殴伤良人者,加凡人一等。奴婢,又加一等。"

唐朝的工、乐、杂户、官户也都属于贱民一类,不与良人同一等级,所以他们均不可与良人为婚,只可互相为婚。《唐律疏议·户婚》"杂户官户与良人为婚"条说:"其工、乐、杂户、官户,依令'当色为婚'。"该条同时规定,他们如果与良人为婚,要被"杖一百"。

以上对贱民及其他人用刑的一个重要原因是他们不安守自己的身

---

① 部曲和奴婢都是家仆。《唐律疏议·斗讼》"部曲、奴婢过失杀伤主"条说:"部曲、奴婢,是为家仆。"部曲一般从事户外劳动,奴婢则从事户内劳动。部曲的地位略高于奴婢。

② 略人和略卖人即指今日的拐骗人和拐卖人。

份等级地位,严重违反了身份等级制度,损害了国家规定的身份等级秩序。这同样违反了礼,危害了社会,故用刑来处罚。

4. 家族成员间的不同身份等级

唐朝的家族成员间有亲子关系、夫妻关系、其他亲属的关系等,比较复杂。家族成员间也有身份等级差别,唐律同样反映出这种差别。

在亲子关系中,唐律认定父母的身份高于子女。父母与子女的关系有天地之别。《唐律疏议·斗讼》"告祖父母父母"条说:"父为子天。"这种身份等级差别在他们互殴的不同用刑中得到明显的反映。《唐律疏议·斗讼》"殴詈祖父母父母"条规定,子女只要殴了父母,不管后果如何,即处斩刑;反之,如果子女违反了教令,父母殴杀了他们,才处以"徒一年半"。可见,其刑差极大。这种极大的刑差正好反映出他们之间身份等级的巨大差别。

在其他亲属关系中,依照"五服"及相应的刑罚确定他们的等级关系。《唐律疏议·贼盗》"谋杀期亲尊长"条用卑幼与尊长的互相谋杀和不同用刑反映他们的不同等级。此条规定,卑幼谋杀期亲以上尊长的要被处以斩刑,谋杀大功以下尊长的要被流二千里;反之,尊长谋杀了卑幼的则要按凡人谋杀罪减二等量刑。"诸谋杀期亲尊长、外祖父母、夫、夫之祖父母、父母者,皆斩。谋杀缌麻以上尊长者,流二千里","尊长谋杀卑幼者,各依故杀罪减二等"。从这一规定可以看到,期亲以上尊长、大功以下尊长与卑幼都处在不同的身份等级中,有明显的地位差别。

在夫妻之间,唐律确定夫的地位高于妻。《唐律疏议·名例》"十恶"条说:"夫者,妇之天","夫者,妻之天也"。夫妻之间的等级差异如同天地之别。这种身份等级关系可从他们之间的互殴处罚中明显反映出来,即夫殴伤妻的减轻量刑,而妻殴伤夫的则要加重量刑。《唐律疏议·斗讼》"殴伤妻妾"和"妻殴詈夫"条规定,夫殴妻的不处罚,"殴伤妻者,减凡人二等";而妻殴夫的则要"徒一年","若殴伤重者,加凡斗伤三等"。其刑等相差"五等",可见夫的身份等级的确大大高于妻。

在妻、媵和妾之间,妻的等级最高,妾的等级最低,媵居中。唐律以用刑的加、减显示她们这种身份等级的高低关系。《唐律疏议·户婚》"以妻为妾"条规定:"媵犯妻,减妾一等。妾犯媵,加凡人一等。"

唐律中的这些身份等级是现实社会中身份等级的直接反映。这些等级不可逾越,否则会被认为是"颠倒冠履,紊乱礼经"[①],还要受到各种刑罚的处罚。可见,在唐朝,身份等级制度是一种非常重要的制度,是受刑法保护的制度。

三、与其他东方法中身份等级规定的比较

与其他古代东方国家的法律相比较,唐律对唐朝身份等级的规定最为全面,也最为详尽。这也可以说是唐律在古代东方法中的一个特点。

在古代东方实行希伯来法和伊斯兰法的国家里,由于国家强调用各种办法掩盖人们之间不平等的身份等级关系,所以在法律中很少有关于这种关系的规定,这种关系只能在其他方面得到反映。

在现存的希伯来法资料中,看不到有关奴隶主与奴隶不平等身份的直接规定。但是,从《旧约全书》的"出埃及记"中仍可看到他们的不

---

① 《唐律疏议·户婚》"以妻为妾"条。

同身份情况。记载中,法老住在宫里,而以色列人都住在野外,还在法老督工的监督下劳动。法老要督工们"不可照常把草给百姓作砖,叫他们自己去捡草,他们素常作砖的数目,你们仍旧向他们要,一点不可减少",还盼咐他们"要把更重的工夫加在这些人身上,叫他们劳碌,不听虚谎的言语"。于是,"百姓散在埃及遍地捡碎秸当作草,督工催着说:'你们一天当完一天的工'"。在那种"草是不给你们的,砖却要如数交纳"情况下,完不成任务还要受到法老督工的"责打"。① 这里,"法老"和他的"督工"与广大"以色列人"不是那种不同身份的奴隶主与奴隶关系,又是什么?

在伊斯兰法中,未直接提及统治者与被统治者的身份等级差别,也未一般性地规定封建主可享有的各种特权。但是,当时在阿拉伯国家中,哈里发、贵族与贫民、牧民、奴隶的身份差别依然存在,只是这种差别为宗教的外衣所掩盖,变得模糊不清,不易被直接感觉。尽管如此,现实生活还是无情地折射了这种差别。例如,伊斯兰法允许男子娶四个妻子,同时必须向她们提供生活费用。封建主和贵族等统治者可以做到,贫民、牧民等被统治者却做不到,因为"贫穷的穆斯林常常只能负担一个妻子"。又如,穆罕默德虽把释放奴隶奉为真主满意的一件事,"可是他并没有废除奴隶制。奴隶依然是奴隶主可以转让的占有物。只要奴隶不能赎身,奴隶主就可以把他们传给后代或转送他人,奴隶就是财产"②。这里的贫富差别和买卖关系从两个侧面反映了伊斯兰法,并给伊斯兰法加上了一个最好的反映身份差别的脚注。

印度法虽然也属宗教法,可是其中四大种姓的身份等级十分明确。

---

① 参见《新旧约全书》,圣经公会1940年印发,第71—74页。
② [德]赫伯特·戈特沙尔克:《震撼世界的伊斯兰教》,阎瑞松译,陕西人民出版社1988年版,第57页。

印度在古代有四大种姓,分别是婆罗门、刹帝利、吠舍和首陀罗。其中,婆罗门的地位最高,掌握着国家的神权;刹帝利的地位仅次于婆罗门,掌管着国家的军政事务;吠舍是第三等级,要从事农业、手工业和商业等工作;首陀罗的地位最低,要服侍以上三个等级的人,实是奴隶。在四大种姓中,前三者是统治者,后者是被统治者。这一身份等级关系在印度法中得到了真实的反映。《摩奴法论》说,婆罗门"一出生便为天下之尊",他们"教授吠陀、学习吠陀、祭祀、替他人祭祀、布施"等。刹帝利要"保护众生、布施、学习吠陀和不执着于欲境"。吠舍要"畜牧、布施、祭祀、学习吠陀、经商、放债和务农"。首陀罗只有"一种业:心甘情愿地侍候上述诸种姓"。① 这种侍候与被侍候的关系,正是一种身份等级关系的体现。这种身份等级关系并不复杂,不及唐律中的相应规定。

楔形文字法属世俗法,可是那时还处在奴隶社会时期,身份等级制度还无法充分发育,所以此法中的身份等级比较简单。在楔形文字法中,两河流域现存最早的法典《乌尔纳姆法典》已把主人与奴隶划分为两个严格不同的等级,主人为上,奴隶在下。奴隶必须安分守己,并对主人十分恭敬,否则就会受到严罚。此法典规定:"倘有人的女奴把自己与其主人相比,对她(或他)出言不逊"②,就要严罚。以后的《汉穆拉比法典》规定,自由民损毁或折断了自由民的奴隶之骨,只需"赔偿其买价之一半"。这一赔偿比率与损伤牛一样。此法典同时规定,如果损伤了租用的牛,也只"以相当于牛价之半之银赔偿牛之主人"③。奴

---

① 参见《摩奴法论》,蒋忠新译,中国社会科学出版社1986年版,第12—13页。
② 转引自朱承思、董为奋:《〈乌尔纳姆法典〉和乌尔第三王朝早期社会》,载《历史研究》1984年第5期,第183页。
③ 法学教材编辑部、《外国法制史》编写组:《外国法制史资料选编》(上册),北京大学出版社1982年版,第40、44页。

隶的身份在那时仅同牛,等级很低。可见,整个规定较为粗略,不详尽。

俄罗斯法是一种封建制法。在俄罗斯法中,地主与农民是两个身份不同的等级成员。《雅罗斯拉维奇法典》规定,王公村庄的管理人(庄头)和王公的农业监督(田峻)被杀后,"命金是二十格里夫纳"。但是,王公的契约农被杀后,"命金是五格里夫纳"①。从"命金"可见,前者的身份高于后者。以后的《一五五〇年律书》又规定,有领土的小波雅尔受欺凌后应得的赔款数"按其登记的领地之收入计算",而自耕农或非自耕农同样被欺凌后所得的赔款数只是"一卢布",后者的身份明显低于前者。从整体上看,俄罗斯法中所反映的身份等级并不复杂,不能与中国唐律中的身份等级关系相比拟。

唐律中有关身份等级的内容比较全面和详尽的原因有多方面,其中以下三个方面不可忽视:首先,唐律是农耕社会的产物。在农耕社会,人口集中,流动性小,人与人之间的关系较为复杂,身份等级关系也较为发展。反映在唐律中,法定的身份等级也就比较全面和详尽了。其次,唐律是礼法结合的最终产物。礼与法在唐律中紧密结合在一起。礼的核心是等级名分,身份等级是其中的主要内容。礼法结合以后,身份等级的内容自然而然地融入唐律,唐律的内容也就能反映出身份等级关系了。最后,唐律是中国古代长期立法的产物。中国自夏以来,立法不断,至唐朝已有两千多年的历史。在这段时间里,中国的立法不断发展,唐律的内容不断完善,立法技术不断提高,从而能对其中的身份等级关系作出较为完善的规定。相反,其他古代东方国家则不同时具备这些方面的因素。有的国家是游牧国家,人口不多,而且人口的流动性大,人际关系相对不那么复杂,身份等级关系也较为简单。有的国家

---

① 王钺:《〈罗斯法典〉译注》,兰州大学出版社1987年版,第25—26页。

则是宗教法国家,宗教的地位特别突出,身份等级关系在法律中不明显,内容也不多。有的国家施行法制时间不长,要么只存于奴隶制时期,没有封建制时期;要么只有封建制时期,几乎没有奴隶制时期,法律内容得不到充分发展,无法对身份等级关系作出完整的规定。因此,它们的法律都不可能像唐律那样对身份等级作出如此全面和详尽的规定。

综上可知,唐律不仅是一部刑法典,实际上还是一部身份法典。

第二十四章
唐律与中国传统法制

唐律既是中国传统法制的一个组成部分,又是这一法制的集大成者,堪称其楷模与典范。本章对其中的三个问题作些探讨。

一、唐律中中国成熟传统法制的表现

唐律总结、发展了以往法制的成果,把中国传统法制推向成熟。这种成熟又突出表现在法制指导思想、法典结构、法律内容、司法和法律监督等方面。

1. 成熟的法制指导思想

中国自夏、商以来,在经过神权法思想、明德慎罚思想、法家的法治思想、黄老的约法省刑思想等几个阶段以后,汉武帝时在"罢黜百家,独尊儒术"的旗帜下,明确提出了"德主刑辅,礼法并用"的思想。这一思想成为中国当时和以后封建朝代主流法制指导思想的主要组成部分。唐律对这一思想进行了提炼并使之升华,概括为"德本刑用",并用比喻的形式作了表达,使中国传统的法制指导思想更为成熟化。其表述为:"德礼为政教之本,刑罚为政教之用,犹昏晓阳秋相须而成者也。"①

除此以外,唐律还阐述了其他一些法制指导思想的内容,其中包括:法律内容需统一、稳定和简约的思想,严格治吏的思想,依法断狱的思想,慎重行刑的思想等。② 唐律中的这些思想与德本刑用的思想结合在一起,共同形成了唐律成熟的法制指导思想体系。在这一体系中,德本刑用思想是纲,其他的则是目,纲与目紧密结合在一起,同存于唐律之中。

2. 成熟的法典结构

在中国第一部内容比较系统、完整的封建成文法典《法经》中,已有六个篇目的法典结构。其中,前五个篇目是"盗""贼""囚(网)""捕""杂",类似于今天刑法典中的分则;最后一个篇目是"具",类似于今天刑法典中的总则。这一法典结构曾对秦律等后世法典的结构产生过影响。汉律以《九章律》为核心,形成了六十篇的较大规模。经过魏晋南北朝《曹魏律》的十八篇和刑名律的产生,《晋律》二十篇和刑名律、法例律的发展,到《北齐律》确定了十二篇和名例律。以后的《开皇律》所确定的十二篇和首篇是名例律的结构,为唐律成熟结构的最终形成奠定了基础。

唐律结构的成熟突出表现在这样几个方面:首先,十二篇目数比较成熟。以往的法典中,《法经》的六篇在中国封建社会前期的魏国使用,还可以适应。可是,当秦朝统一中国以后,要使用一部在全国都有

---

① 《唐律疏议·名例》前言"疏议"。
② 参见王立民:《唐律新探》(第三版),北京大学出版社2007年版,第5—13页。

效的法典,其篇目和内容的局限性就显现出来了。于是,秦律的内容作了大量扩充,大大超过六篇。汉律的六十篇数目过多,所含的内容也过于庞杂。唐律选择十二篇,继承了《北齐律》和《开皇律》的做法,比较适中,形成了一个成熟的篇目数。其次,名例律置于律首比较成熟。名例律类似于今天刑法典中的总则,置于律首比较合理。唐律改变了《法经》把"具"放在最后和《九章律》把"具"列在中间的结构,也没有采用《曹魏律》中的刑名一篇和《晋律》中的刑名、法例两篇的做法,而是使用了《北齐律》与《开皇律》把名例律置于律首的体例,比较成熟。最后,其他十一篇或者说十一个律的安排也比较成熟。它们的排序有自己的逻辑。这一逻辑首先表现为,重点打击的犯罪列在最前面。卫禁律即是如此,它所规定的犯罪都对皇权危害甚大,所以就放在分则的第一篇,紧跟在名例律之后。"卫者,言警卫之法;禁者,以关禁为名。但敬上防非,于事尤重,故次名例之下,居诸篇之首。"①这一逻辑还表现为,先实体法,后程序法。唐律的最后两篇是捕亡律和断狱律,都与程序有关。断狱律是"以为决断之法,故承众篇之下"②,体现了实体法在前、程序法在后的结构。

3. 成熟的法律内容

唐律比以往法律的内容都要成熟。它弃用夏、商时期神权法下的"天罚"与"神判"等内容,使法律内容更为系统化、人性化;克服了西周时期重用礼治的不足,采用了礼法结合的内容;废用战国、秦朝片面强化用法、忽视教化的做法,使用法变得更为理性;丢开汉初无为而治下的法律虚无主义,恰当地适用法律,沿走汉武帝开创的礼法结合的道

---

① 《唐律疏议·卫禁》前言"疏议"。
② 《唐律疏议·断狱》前言"疏议"。

路,并使礼法结合发展到完美的程度。唐律是在摒弃前人用法的不妥、继承前人用法的成功之处的基础上制定出来的,明显成熟于以前任何朝代的法律。

唐律直接源于隋朝的《开皇律》。《武德律》以《开皇律》为基础,多增加了五十三条格。"于时诸事始定,边方尚梗,救时之弊,有所未暇,惟正五十三条格,入于新律,余无所改。"①这使唐律的内容更符合唐朝的情况。唐律的定本是《贞观律》,其律条定型化了。《贞观律》对《开皇律》作了大修改。"比隋代旧律,减大辟者九十二条,减流入徒者七十一条。其当徒之法,惟夺一官,除名之人,仍同士伍。凡削烦去蠹,变重为轻者,不可胜纪。"②这使唐律的律条成熟化了。到了唐高宗时,又在《永徽律》律条后附上"律疏",编成《永徽律疏》。"疏"的作用在于"疏阔、疏远立名"③。借助于"律疏",唐律的内容更完善,也更成熟了。

4. 成熟的司法

中国早在先秦时期已有司法。夏、商两朝已有司法官大理等,还有"天罚""神判"等制度。西周时的司法有了进一步发展,"五听""三刺""读鞫""乞鞫"等制度出现了。秦、汉两朝的司法又有了长足的进步,司法机构更为体系化了,"公室告与非公室告"等新的诉讼形式被采用,"失刑""不直"和"纵囚"等司法官的责任更加明确,春秋决狱、秋冬行刑、录囚制度也纷纷出台。经过魏晋南北朝,唐朝的司法成熟了,唐律中反映了这种成熟的司法,包括司法主体、司法的参与人、司法程

---

① 《旧唐书·刑法志》。
② 同上。
③ 《唐律疏议·名例》前言"疏议"。

序、证据、强制措施、刑罚的执行等一系列内容。①

唐律中司法的成熟突出表现在以下一些方面：首先，内容俱全。它涉及司法的各个领域，从司法机构到刑罚执行的方方面面，没有遗漏，应有尽有。其次，程序完备。司法涉及大量的程序，而唐律的规定十分完备。比如，有关刑讯程序的规定，内容包括刑讯的条件、对象的确定、执行、执行后的处理等。② 最后，操作性强。唐律中的司法制度都便于执行，操作性强。比如，笞、杖刑执行的制度内容包括：笞、杖的部位、次数，刑具的规格等。③ 只要按照唐律的规定执行，很容易操作，不会失误。

5. 成熟的法律监督

唐前，中国传统法律中的法律监督已经存在，主要是由国家的监察官吏、机构实现。秦朝的御史大夫要监察所有国家官吏的行为，其中包括立法、司法部门官吏的行为。汉朝在承秦制的基础上又有发展，设置司隶校尉是其中之一。司隶校尉的职权相当重，京师百吏、封侯外戚等都在其监察的范围内，也包括当时的立法、司法官吏。④ 魏晋南北朝时期的监察制度有了进一步发展，包括言谏机关侍中寺、门下省的建立，御史台的设置等。⑤

唐朝在总结、发展以前成果和经验的基础上，建立了自己成熟的法

---

① 参见王立民：《唐律与唐朝的刑事司法制度》，载《社会科学》2008年第11期。
② 参见《唐律疏议·断狱》"议请减老小疾不合拷讯""讯囚察辞理""拷囚不得过三度""狱结竟取服辩"等条。
③ 参见《唐律疏议·断狱》"决罚不如法"等条。
④ 参见徐世虹主编：《中国法制通史》（第二卷），法律出版社1999年版，第399—340页。
⑤ 参见彭勃、龚飞主编：《中国监察制度史》，中国政法大学出版社1989年版，第67—87页。

律监督制度,并在唐律中有较为充分的体现。除了有监察机关的监督以外,立法、司法中均有自己成熟的法律监督。在唐朝的三省制度中,门下省具有立法监督的功能。"唐初始合三省,中书主出命,门下主封驳,尚书主奉行。"①这一立法监督在唐律中有规定,而且非常明确,程序也十分清楚。"尚书省应奏之事,须缘门下者,以状门下省,准式依令,先门下录事勘,给事中读,黄门侍郎省,侍中审。有乖失者,依法驳正,即牒省司。若实有乖失,不驳正者,录事以上,减省下从一等。"②同时,司法中也有法律监督。在刑讯过程中,就有这种监督。被刑讯人死亡的,有专人勘验,失职者要被追究刑事责任。"若依法拷决,而邂逅致死者,勿论;仍令长官等勘验,违者杖六十。"③这些法律监督在唐前都未有规定,唐律使其完备,也使其成熟了。

二、唐律中中国传统法制发展的历史

唐律与中国传统法制的关系还表现为:

1. 唐律揭示了唐朝以前传统法制发展的历史

唐律从法典、篇目、制度等角度,揭示了唐朝以前传统法制发展的历史。

---

① 《魏晋政柄·所归条注》。
② 《唐律疏议·名例》"同职犯公坐"条"疏议"。
③ 《唐律疏议·断狱》"拷囚不得过三度"条。

第一,揭示了唐朝以前法典发展的历史。

中国自夏朝开始制定法律。战国时的魏国制定了《法经》,后来秦国的商鞅改法为律,秦律面世了。汉相萧何在《法经》、秦律的基础上拟定了《九章律》。此后的魏晋南北朝时期也都有自己的法典。隋朝相袭《北齐律》。唐律发展了隋律。唐律揭示了这一法典发展的过程,其中包括法典主要篇目的变化过程。"穆王度时制法,五刑之属三千。周衰刑重,战国异制,魏文侯师于里悝,集诸国刑典,造法经六篇:一、盗法;二、贼法;三、囚法;四、捕法;五、杂法;六、具法。商鞅传授,改法为律。汉相萧何,更加悝所造户、兴、厩三篇,谓九章之律。魏国因汉律为一十八篇,改汉具律为刑名第一。晋命贾充等,增损汉、魏律为二十篇,于魏刑名律中分为法例律。宋齐梁及后魏,因而不改。爰至北齐,并刑名、法例为名例。后周复为刑名。隋因北齐,更为名例。"①唐朝以前的法典编纂史由此而显见。

第二,揭示了唐朝以前法典其他篇目演变的历史。

除了"具""刑名""法例"和"名例"这些类似今天刑法典总则篇目的发展史以外,中国古代法典的其他篇目也都有自己演变的历史。唐律揭示了唐朝以前这些法典中篇目的历史。唐律中的这类篇目有十一个,每个篇目的演变史都在每篇前言的"疏议"中有阐述。比如,户婚律在《九章律》中首次出现,南北朝时期后周也称其为"户律",《北齐律》则改为"婚户律",隋的《开皇律》再改为"户婚律",唐律续用此名。"户婚律者,汉相萧何承秦六篇律后,加厩、兴、产三篇,为九章之律。迄至后周,皆名户律。北齐以婚事附之,名为婚户律。隋开皇以户在婚前,改为户婚律。"②其他篇目也是如此。

---

① 《唐律疏议·名例》前言"疏议"。
② 《唐律疏议·户婚》前言"疏议"。

第三,揭示了唐朝以前制度演进的历史。

中国自夏朝有法制以后,有些制度不断演进,形成了历史。关于这些制度在唐朝以前的演进情况,唐律中也有叙述。"十恶"制度就是这样。自汉以来,"十恶"中的有些罪名已经出现了,《北齐律》将其集合并冠名为"重罪十条";隋朝的《开皇律》将其改名为"十恶",此时已经比较完备了。"十恶"制度的演进历史在唐律中表述得一清二楚。"汉制九章,虽并烟没,其'不道''不敬'之目见存,原夫厥初,盖起诸汉。案梁陈已往,略有其条。周齐虽具十条之名,而无'十恶'之目。开皇创制,始备此科,酌于旧章,数存于十。大业有造,复更刊除,十条之内,惟存其八。"①此外,"五刑""八议"等制度也都是如此。

2. 唐律显示了唐朝前期传统法制发展的历史

唐律是唐朝前期的产物,它从某些制度的直接渊源、创新制度和重要字的发展历史等一些侧面,反映了唐朝前期传统法制发展的历史。

第一,显示了唐朝前期一些制度的直接渊源。

唐律的直接渊源是隋朝的《开皇律》。《武德律》以《开皇律》为底本发展起来,其中的有些制度直接源于《开皇律》,甚至是完全继承。"十恶"就是如此。"自武德以来,仍遵开皇,无所损益。"另外,"十恶"中有些具体罪名的直接渊源也在唐律中有所显示,"谋反""谋大逆""不睦""不孝""内乱"等都是这样。②

第二,显示了唐朝前期一些创新制度的发展历史。

唐朝建立以后,法制仍在向前发展,有些明显具有创新性。这些创新制度的发展历史在唐律中有显示,加役流是其中之一。加役流适用

---

① 《唐律疏议·名例》"十恶"条"疏议"。
② 同上。

的犯罪原来是死刑,武德时改为断趾,贞观六年(632年)再演变为加役流。"加役流者,旧是死刑,武德中年改为断趾。国家惟刑是恤,恩弘博爱,以刑者不可复属,死者务欲生之,情轸向隅,恩覃祝纲,以贞观六年奉制改为加役流。"①加役流制度的发展历史因此而一清二楚了。

第三,显示了唐朝前期一些重要字的发展历史。

由于各种原因,在唐朝发展过程中,有些重要字的用法也随之发展。"御宝"即是如此。唐律"十恶"中的"大不敬"罪包含多种犯罪行为,"盗及伪造御宝"是其中之一。这里的"御宝"是犯罪对象,对"宝"的理解对于正确认识这一犯罪对象关系重大。唐律专门阐述了这个"宝"字的历史,从先秦一直到唐朝的开元时期,其源流脉络十分清晰。"说文云:'玺者,印也。'古者尊卑共之,左传云:'襄公自楚还,及方城,季武子取卞,使公冶问,玺书,追而予之。'是其义也。秦汉以来,天子曰'玺',诸侯曰'印'。开元岁中,改玺曰'宝'。"②可见,"御宝"之名始于唐朝的开元时期,专指皇帝使用的印章。

3. 开创了唐朝以后一些封建朝代传统法制的历史

唐律的许多立法成果为唐朝以后一些封建朝代的立法所沿用,开创了这一法制的历史。《宋刑统》《大明律》和《大清律例》都大量吸取了唐律立法的成果。这突出表现在以下几方面:

第一,开创了传统法制指导思想的历史。

唐律中"德本刑用"等法制指导思想对唐朝以后一些封建朝代的传统法制指导思想产生了很大影响。《宋刑统》《大明律》和《大清律例》等法典也都沿用这一思想,并体现在自己的内容中。"十恶""八

---

① 《唐律疏议·名例》"应议请减"条"疏议"。
② 《唐律疏议·名例》"十恶"条"疏议"。

议""上请""同居相为隐"等许多内容都为它们所沿用,也都直接体现了这一思想。关于这一影响,当时就有人从不同角度进行了表述。《宋刑统·附录》说:"宋因唐法,故刑统于律疏引用无遗。"这里,"宋因唐法"实际上也包括了对唐律中法制指导思想的接受和继承。朱元璋在《御制大明律序》里说:"朕有天下,仿古为治,明礼以导民,定律以绳顽。"①这实是"德本刑用"思想在明朝的运用。《大清律例》也不例外。康熙三十四年(1695年)的《张玉书等呈览名例律疏》说:"至于律文仿自唐律,辞简义赅。"②《大清律例》在大量吸收唐律内容的同时,也把唐律的法制指导思想收归律中。可见,唐律中传统法制指导思想影响之大。

第二,开创了传统法典体例的历史。

唐律的体例也为唐朝以后一些封建朝代的传统法典体例所借鉴。《宋刑统》全盘接纳了唐律十二篇的结构,连篇目名也完全相同。此外,唐律中律条与"疏议"合编的体例也为《宋刑统》所接受,同样有"疏议"的安排。《大明律》虽采用了七篇体例,但名例律等六个篇目仍被保留了下来。这正如今人所说:"名例、职制、贼盗、诈伪、捕亡、断狱六篇与唐律名同。"③《大清律例》的体例情况与《大明律》基本相同,也受到唐律体例的影响。可见,唐律体例影响之深远。

第三,开创了传统法典内容的历史。

唐律的内容同样为唐朝以后一些封建朝代的法典所沿袭。《宋刑统》全面吸纳了唐律的律条,增加的内容不是很多,只是"户绝资产""民商钱物""婚田入务"等一些律条。可以认为,《宋刑统》几乎是唐律

---

① 怀效锋点校:《大明律》,法律出版社1999年版,第7页。
② 田涛等点校:《大清律例》,法律出版社1999年版,第10—11页。
③ 怀效锋点校:《大明律》,法律出版社1999年版,第2页。

的翻版。《大明律》的律条仅为四百六十条,少于唐律,可它留用了百分之六十以上唐律的内容;《大清律例》的律条只有四百三十六条,也少于唐律,但是它仍留有近百分之六十唐律的内容。[①] 可见,唐律在中国传统法制中地位之重要。

综上,也可以把唐律看作一部中国的传统法制史。

三、唐律中中国传统法制突出的方面

综观唐律中的中国传统法制内容,突出表现在以下几方面:

1. 具有真实性

唐律中反映的中国传统法制的内容很真实,不存在虚假成分。这可以从其他相关史料中得到印证。比如,唐律中的一些比较重要的制度在《旧唐书·刑法志》《新唐书·刑法志》中都有不同程度的记载,而且内容与唐律相吻合。唐律的十二篇目名和排列、"五刑""八议"、赎刑、"十恶"、刑讯等制度,在《旧唐书·刑法志》中都有较为详细的记载。比如,唐律所规定的"五刑"的刑种与刑等,[②] 与《旧唐书·刑法志》中的记载一致。"笞刑五条,自笞十至五十;杖刑五条,自杖六十至杖一百;徒刑五条,自徒一年,递加半年,至三年;流刑三条,自流二千里,递加五百里,至三千里;死刑二条,绞、斩。"[③] 又如,唐律中规定的刑讯

[①] 参见王立民:《唐律新探》(第三版),北京大学出版社2007年版,第42—43页。
[②] 详见《唐律疏议·名例》"笞刑五""杖刑五""徒刑五""流刑三""死刑二"条。
[③] 《旧唐书·刑法志》。

次数和刑杖规格的内容,①也与《新唐书·刑法志》中的记载相同。"囚二十日讯,三讯而止,数不过二百。""凡杖,皆长三尺五寸,削去节目。讯杖,大头径三分二厘,小头二分二厘。常行杖,大头二分七厘,小头一分七厘。笞杖,大头二分,小头一分有半。"②其他许多内容也都是如此。可见,唐律中的内容真实地反映了中国传统法制,是信史,值得信赖。

2. 具有连贯性

唐律所反映的中国传统法制中的重要内容一以贯之,没有中断。至唐朝,中国传统法制已历经了两千余年,足以形成历史。唐律对唐朝前期以前中国传统法制的重要内容作了梳理和阐述,使其连贯起来,形成了中国传统法制史。这一历史萌芽于夏朝以前。"尧舜时,理官则谓之为'士',而皋陶为之。"③夏朝产生了法,以后便不断发展。唐律引用《尚书》《周礼》等相关资料,描述了夏朝以后法制的一些情况。"夏刑三千","司刑掌五刑","穆王度时制法,五刑之属三千"等,一直到唐初。"隋因北齐,更为名例。唐因于隋,相承不改。"④从具体的制度看,也是如此,一以贯之。"八议"制度就是这样,它源于《周礼》中的"八辟",然后演变为"八议"。"周礼云:'八辟丽法。'今之'八议',周之'八辟'也。""以此八议之人犯死罪,皆先奏请,议其所犯,故曰'八议'。"⑤正因为如此,唐律可以作为一部中国传统法制史研读。

---

① 详见《唐律疏议·断狱》"拷囚不得过三度"条、"决罚不如法"条"疏议"。
② 《新唐书·刑法志》。
③ 《唐律疏议·名例》前言"疏议"。
④ 同上。
⑤ 《唐律疏议·名例》"八议"条"疏议"。

3. 具有规范性

唐律所规定的内容比较规范,便于实施。比如,名例律中规定的"同居相为隐",对适用对象、相隐内容、不适用的犯罪等都作了明确规定。"诸同居,若大功以上亲及外祖父母、外孙,若孙之妇、夫之兄弟及兄弟妻,有罪相为隐;部曲、奴婢为主隐:皆勿论,其小功以下相隐,减凡人三等。若犯谋叛以上者,不用此律。"[1]名例律以外,其他十一个律中的规定也是这样。比如,户婚律规定,"在官侵夺私田"行为要受到制裁,其中的犯罪主体、客观方面因素等内容都规定得很明晰,而且律条结构中的罪状和法定刑也都规定得很有条理。"诸在官侵夺私田者,一亩以下杖六十,三亩加一等;过杖一百,五亩加一等,罪止徒二年半。园圃加一等。"[2]唐律内容的规范,十分有利于在现实生活中的实施。当时出现的"贞观之治""永徽之治"和"开元盛世"都与唐律内容的规范关系密切。

4. 具有理论性

唐律用理论解释、论证所规定内容的合理性,便于人们正确地理解和适用。唐律中不仅有律条,而且还有"疏议",它可以充分发挥解释、论证律条内容的作用,凸显其理论性。比如,名例律的"疏议"对"十恶"中的"大不敬"作了解释:"礼者,敬之本;敬者,礼之兴。故礼运云:'礼者君之柄,所以别嫌明微,考制度,别仁义。'责其所犯既大,皆无肃敬之心,故曰'大不敬'。"[3]又如,职制律要打击"匿父母及夫等丧"的

---

[1] 《唐律疏议·名例》"同居相为隐"条。
[2] 《唐律疏议·户婚》"在官侵夺私田"条。
[3] 《唐律疏议·名例》"十恶"条"疏议"。

行为,规定:"诸闻父母若夫之丧,匿不举丧,流二千里;丧制未终,释服从吉,若忘哀作乐,徒三年;杂戏,徒一年;即遇乐而听及参预吉席者,各杖一百。"此条"疏议"专门用理论对作出这一规定的理由作了论证:"父母之恩,昊天莫报,荼毒之极,岂若闻丧。妇人以夫为天,哀类父母。闻丧须哭泣,岂得择日待时。"①通过这样的解释、论证,使原本只有律条的唐律变得富有理论色彩。人们不仅可以知晓律条的规定,也可以了解作出规定背后的理论依据,更利于理解和适用唐律的规定。

---

① 《唐律疏议·职制》"匿父母及夫等丧"条"疏议"。

第二十五章
唐律与唐朝的刑事司法制度

在唐律与唐朝的刑事司法制度的关系中,有些值得关注的问题,本章对其中的一些问题作些探研。

一、唐律是唐朝的刑事司法制度的体现者、规范者和捍卫者

唐律与唐朝的刑事司法制度关系密切,突出表现为它是唐朝的刑事司法制度的体现者、规范者和捍卫者。

1. 唐律是唐朝的刑事司法制度的体现者

唐律体现了唐朝的刑事司法制度。根据唐律中体现的刑事司法制度的内容,按照刑事司法制度的体系,其范围包括刑事司法的主体、参与人、程序、证据、强制措施、法律的适用、刑罚的执行等方面。

第一,有关刑事司法的主体。唐律体现的刑事司法的主体,既有司法机构,也有大量的司法官。司法机构主要是指行使中央审判权的大

理寺等。司法官在唐律中的范围比较广泛,除了涉及中央和地方行使刑事审判职能的官吏外,还有行使缉捕和囚禁囚犯职能的官吏、执行刑罚的官吏等。这些刑事司法主体的职务行为在唐律之中都有体现。比如,行使刑事审判职能的官吏在审判中必须依律定罪量刑,不可"出入人罪";行使囚禁囚犯职能的官吏必须依法向囚犯提供衣、食、医药。如果他们违犯了相关规定,将会被追究法律责任。①

第二,有关刑事司法的参与人。唐律中也涉及刑事司法的参与人,包括鉴定人、翻译人员、证人等。对他们的行为,在唐律中也有所规定。比如,刑事司法鉴定人必须尊重事实,不可得出与事实相反的结论;翻译人员翻译的外国语要准确;证人的证言要真实。如果他们的行为违犯了唐律的规定,特别是造成定罪量刑错误,都要被追究相应的法律责任。②

第三,有关刑事司法的程序。唐律中有关刑事司法程序的内容很多,涉及刑事司法的许多方面,而且体现得非常有序。比如,有关复奏的程序就有以下一些主要阶段:死刑案件须先经皇帝核准;在行刑前,应通过皇帝的"三复奏";"三复奏"后,还要经过三天,才能执行死刑;奏画已讫,应行刑者"皆三复奏讫,然始下决";"奏讫报下,应行决者","须以符到三日乃行刑"。③ 该程序的每个环节都不可缺少,也不可颠倒,必须依次逐一进行。其他程序的体现也大致如此。

第四,有关刑事证据。唐律对有关刑事证据的内容作了规定,包括特殊人群的众证定罪、作伪证的责任等。比如,在有关特殊人群的众证定罪中:应议、请、减和七十岁以下老人、十五岁以下儿童以及废疾者都

---

① 参见《唐律疏议·断狱》"官司出入人罪""囚应给衣食医药而不给"条。
② 参见《唐律疏议·诈伪》"诈病死伤检验不实""证不言情及译人诈伪"条。
③ 参见《唐律疏议·断狱》"死囚复奏报决"条。

不可使用刑讯,要以众证定罪;众证是指三个人以上提供的证据;相为隐范围内的人员、八十岁以上的老人、十岁以下的儿童和笃疾者,都不可令其作证等。①

第五,有关刑事强制措施。唐律中使用了多种刑事强制措施,而且都作了明文规定,都有体现。唐律规定的强制措施有拘传、逮捕、囚禁等。比如,有关逮捕的内容就涉及逮捕的对象、对拒捕的处置、官吏力量不足时的协助等。②

第六,有关刑事法律的适用。唐律根据唐朝的具体情况,对法律的适用作了规定,其内容包括:刑事司法官审判时必须引用律、令、格、式正文;如有两罪以上,采用吸取原则,"以重者论";不属本官府管辖的案件,应及时上报,不可擅断;如果是用皇帝的制救断罪,不是永格的,"不得引为后比";用格断罪的,虽与律的内容不一致,仍需依格审判等。③ 这些唐律中体现的内容可以解决司法官在审判中适用法律的问题。

第七,有关刑罚的执行。唐律对刑罚的执行以及附带的民事执行都有体现。唐律中的刑罚主要是"五刑","五刑"的执行在其中有明文规定。比如,笞、杖刑执行的部位、次数和次数的分配以及刑具的规格等。④ 有些刑罚的执行还与附带民事执行方法联系在一起,赔偿、归还财物等都是唐律中规定的这种执行方法。⑤ 有些被告人在被执行刑罚的同时,还要承担这些民事责任。

---

① 参见《唐律疏议·断狱》"议请减老小疾不合拷讯"条。
② 参见《唐律疏议·捕亡》"官户奴婢亡""被囚禁拒捍走""罪人持仗拒捕""道路行人不助捕罪人"等条。
③ 参见《唐律疏议·断狱》"断罪不具引律令格式""应言上待报而辄自决断""辄引制敕断罪"条和《唐律疏议·名例》"彼此俱罪之赃"条。
④ 参见《唐律疏议·断狱》"决罚不如法"条。
⑤ 参见《唐律疏议·断狱》"输备赎没入物违限"条。

可见,唐律对唐朝的刑事司法制度有较为全面的体现,涉及这一制度的各个方面,可以说是唐朝的刑事司法制度的忠实体现者。这十分有利于唐朝刑事司法的运作。

2. 唐律是唐朝的刑事司法制度的规范者

唐律不仅是唐朝的刑事司法制度的体现者,还是这一制度的规范者,这在以下几个方面表现得比较突出:

首先,规范的内容比较全面。这可从纵向和横向两个方面看。从纵向看,唐律所规范的刑事司法制度的内容涉及刑事司法的主体、参与人、程序、证据、强制措施、法律及其适用、刑罚的执行等各个方面,凡是唐律所体现的刑事司法制度的内容都得到了规范。从横向看,唐律所规范的内容不仅仅是一些大的方面,一些大问题下的具体内容也同样得到了规范。比如,在刑罚的执行方面,"五刑"的执行、附带民事赔偿的执行、刑具的规格等都得到了规范。这里以刑具为例。唐律的刑事司法制度中,有对笞、杖刑的刑具作出规范规定的内容,包括表面的要求、长度、粗细的尺寸等。"杖皆削去节目,长三尺五寸。讯囚杖,大头径三分二厘,小头二分二厘。常行杖,大头二分七厘,小头一分七厘。笞杖,大头二分,小头一分五厘。"①经过纵向和横向两个方面的规范规定,唐律中刑事司法制度的内容便可得到较全面的反映了。

其次,规范的内容比较具体。刑事司法制度要把刑法适用于社会及其成员,是一种具体性要求比较高的制度。唐律中的刑事司法制度也是如此,它所规定的内容都比较具体,许多内容都精确到"人""日"等。在不用刑讯而使用"众证定罪"时,具体为"人",三人以上为"众",

---

① 《唐律疏议·断狱》"决罚不如法"条。

即"称'众'者,三人以上"①。这里的"众证"是指"三人以上";如果"三人证实,三人证虚",那么就要确定此为"疑罪"了。② 当确定刑罚执行的时间时,则具体为"日"。"赎死刑,八十日;流,六十日;徒五十日;杖,四十日;笞,三十日。若应征官物者,准直:五十匹以上,一百日;三十匹以上,五十日;二十匹以上,三十日;不满二十匹以下,二十日。"③这里的"日"都以一天中的一百刻计算,即"诸称'日'者,以百刻"④。内容具体以后,所涉及的内涵便比较明确,可以减少司法官的认识差错。

最后,规范的内容比较容易操作。刑事司法制度所涉及的程序性内容比较多,操作性也比较强。唐律中的刑事司法制度同样如此,特别是在涉及有关程序的内容时。刑讯是唐朝的刑事司法制度的一个重要组成部分,唐律对其作了较为全面的规定,其中涉及的内容均具有较强的操作性,特别是一些程序性的规定。比如,确定使用刑讯的前置程序、刑讯次数的程序、刑讯执行对象的程序等都是如此。其一,关于确定使用刑讯的前置程序。要对被告人使用刑讯,必须经过一个前置程序,这一程序包括多个环节。"应讯囚者,必先以情,审察辞理,反复参验;犹未能决,事须讯问者,立案同判,然后拷讯。"⑤其二,关于刑讯次数的程序。唐律对刑讯的次数、总数都有规定,司法官必须按其中的程序执行。"拷囚不得过三度,总数不得过二百,杖罪以下不得过所犯之数。拷满不承,取保放之。"⑥其三,关于刑讯执行对象的程序。这一程

---

① 《唐律疏议·名例》"称日年及众谋"条。
② 参见《唐律疏议·断狱》"议请减老小疾不合拷讯"条。
③ 《唐律疏议·断狱》"输备赎没入物违限"条。
④ 《唐律疏议·名例》"称日年及众谋"条。
⑤ 《唐律疏议·断狱》"讯囚察辞理"条。
⑥ 《唐律疏议·断狱》"拷囚不得过三度"条。

序在唐律中也有规定,其基本内容是:先刑讯被告人,被告人不招的,再刑讯原告人;在一定条件下,还可以刑讯证人。被告人"拷满不承,取保放之"①。然后,刑讯原告人,即"拷囚限满而不首者,反拷告人"②。在诬告等案件中,还可以刑讯证人,即"拷证人"③。这样规范的程序有利于司法官操作和刑事司法制度的实施,也便于刑事司法活动的开展。

唐朝的刑事司法制度在唐律中得到了全面、具体、易操作的规范,为这一制度的适用创造了十分有利的条件。

3. 唐律是唐朝的刑事司法制度的捍卫者

唐律通过惩治违反刑事司法制度者的方法捍卫唐朝的刑事司法制度,惩治的力度比较大,用的是刑罚。刑罚是制裁方式中力度最大的,甚至可以剥夺人的生命。从这种意义上讲,唐律是刑事司法制度最有力的捍卫者。比如,对行使刑事审判职能的官吏在审判中"出入人罪"的,要根据其出入人罪的情况进行处罚。"若入全罪,以全罪论;从轻入重,以所剩论;刑名易者:从笞入杖、从徒入流亦以所剩论,从笞杖入徒流、从徒流入死罪亦以全罪论。其出罪者,各如之。"④刑事司法的鉴定人不按真实情况检验而得出错误鉴定结论也要受罚,"若实病死及伤,不以实验者,以故入人罪论"⑤。刑讯要依程序进行,否则同样要被追究刑事责任。"诸应讯囚者,必先以情,审察辞理,反复参验;犹未能决,事须讯问者,立案同判,然后拷讯。违者,杖六十。"⑥唐律用律条规

---

① 《唐律疏议·断狱》"拷囚不得过三度"条。
② 《唐律疏议·断狱》"拷囚限满不首"条。
③ 《唐律疏议·斗讼》"诬告人流罪以下引虚"条。
④ 《唐律疏议·断狱》"官司出入人罪"条。
⑤ 《唐律疏议·诈伪》"诈病死伤检验不实"条。
⑥ 《唐律疏议·断狱》"讯囚察辞理"条。

范刑事司法制度,使用了最为严厉的制裁手段,其捍卫程度不能不说是最高的了。

唐律对刑事司法制度的捍卫也分轻重缓急。凡是要重点捍卫的,惩罚力度就较大;反之,则较轻。唐律对被囚禁人拒捍官吏逃脱、主守受财枉法而增减罪人之罪和不待皇帝复奏下而处决死刑犯等行为,用刑都很重,底线都在流刑以上,分别是"流二千里""十五匹加役流"和"流二千里"。① 相比之下,唐律对应囚禁而不囚禁、断罪没有具引律令格式正文和领徒应役而不役等行为,则用刑较轻,底线只是笞,都是"笞三十"。② 究其原因,是因为被囚禁人拒捍官吏逃脱、主守受财枉法而增减罪人之罪和不待皇帝复奏下而处决死刑等行为,都严重侵犯了监管秩序、吏治和皇权,对国家的危害较大,故用刑亦重,显示出重点捍卫的对象。另有一些用刑较轻的犯罪行为,对国家的危害相对较小,故捍卫的力度次之。

随着对刑事司法制度侵犯程度和犯罪情节的加重,用刑也会加重,捍卫力度随之增加;反之,则减轻。这在被囚禁人拒捍官吏逃脱和官吏追捕逃犯的规定中明显地反映出来。唐律规定,被囚禁人"拒捍官司而走者,流二千里;伤人者,加役流;杀人者斩"③。从此条规定可见,犯罪情节加重,用刑亦在加重。唐律还规定,官吏受命去追捕逃犯的,"不行及逗留;虽行,与亡者相遇,人仗足敌,不斗而退者:各减罪人罪一等;斗而退者,减二等。即人仗不敌,不斗而退者,减三等;斗而退者,

---

① 参见《唐律疏议·捕亡》"被囚禁拒捍走"条和《唐律疏议·断狱》"主守导令囚翻异""死囚复奏报决"条。
② 参见《唐律疏议·断狱》"囚应禁不禁""断罪不具引律令格式"和"领徒囚应役不役"条。
③ 《唐律疏议·捕亡》"被囚禁拒捍走"条。

不坐"①。从该规定中可见,犯罪情节减轻,用刑亦减轻。

二、成为体现者、规范者和捍卫者的主要历史原因

唐律能与唐朝的刑事司法制度密切联系在一起,并成为这一制度的体现者、规范者与捍卫者,有其一定的历史原因,主要包括以下几方面:

1. 唐律含有唐朝的刑事司法制度的调整范围

唐律是一部刑法典,规定的是刑法的内容。在唐律的名例律中,规定了类似于刑法总则的内容。其中,虽有个别律条规定了行政制裁方式,但都只是刑事附带行政制裁而已,不单独使用。比如,"除名""免官"和"免所居官"等条所规定的除名、免官和免所居官的制裁方式都是如此。在名例律后的十一个律中,规定了类似于刑法分则的内容,其律条由罪状和法定刑两个部分构成。其中,虽有少数律条中有民事制裁方式的内容,但都是刑事附带民事制裁,不单独使用。比如,《唐律疏议·厩库》"官私畜毁食官私物"条规定:"诸官私畜产,毁食官私之物,登时杀伤者,各减故杀伤三等,偿所减价;畜主备所毁。"这里的刑罚是"减故杀伤三等",即"杖九十";"偿所减价"属于民事制裁方式的赔偿,只是附带"杖九十"而已。另外,虽有个别律条中没有法定刑部

---

① 《唐律疏议·捕亡》"将吏捕罪人逗留不行"条。

分的内容,但都是对相关律条的补充,不影响唐律是刑法典的性质。《唐律疏议·贼盗》"缘坐非同居"条的内容就是如此,它规定:"诸缘坐非同居者,资财、田宅不在没限。虽同居,非缘坐及缘坐人子孙应免流者,各准分法留还。若女许嫁已定,归其夫。出养、入道及娉妻未成者,不追坐。道士及妇人,若部曲、奴婢犯反逆者,止坐其身。"此律条并无法定刑的内容,却是对前一条"谋反大逆"条的补充,进一步明确其缘坐的范围。

唐律是刑法典的性质决定了它有广泛的调整范围,而不同于其他部门法。其他部门法只调整某种社会关系,调整范围比较狭窄。刑法则不然,它是保障法,具有保障其他部门法实施的功能。当一个行为严重违犯了部门法而达到犯罪程度的时候,刑法即发挥作用,用严厉的刑罚进行处罚,确保这一部门法的适用。刑法要保障所有部门法的适用,其调整范围非常广泛,包括刑事司法制度在内。这样,唐律就可把唐朝一些比较重要的刑事司法制度中的内容作为自己的内容,并作出规定。这种规定一旦被归入刑法的范畴,便具有刑法的特征,其制裁部分的内容也以刑罚为主。这样,这种刑事司法制度就变成了一种刑法化的刑事司法制度。这样的制度不仅规范,而且处罚的力度比较大,更便于施行。从这种意义上讲,唐律能成为唐朝刑事制度的体现者、规范者和捍卫者有其内在的法制必然性。

2. 唐初的主流刑事司法思想起了十分重要的指导意义

唐初的主流刑事司法思想对制定唐律并使其与刑事司法制度紧密结合具有十分重要的指导意义。这一思想当时主要存在于唐太宗及房玄龄、魏徵等人的思想之中,突出表现在以下几方面:

第一，把刑事司法制度与秦、隋的灭亡联系起来。唐太宗很重视对秦、隋灭亡的史实和原因进行分析和研究，发现这与当时严酷的刑事司法制度有关。唐太宗多次提到秦、隋严酷的刑事司法制度是其灭亡的直接原因。贞观四年(630年)，他指出，隋时的刑事司法十分严酷，如对"盗"的犯罪凡"有疑似，苦加拷掠，枉承贼者二千余人，并令同日斩决"①，加速了隋的灭亡。贞观六年(632年)，他又说："秦乃恣其奢淫，好行刑罚，不过二世而灭。"②为使唐朝长治久安，唐太宗不得不考虑本朝代刑事司法制度的建设，以避免重蹈秦、隋灭亡的覆辙。

第二，把刑事司法制度与君主的诚信联系起来。唐太宗与房玄龄、魏徵等人都重视君主的诚信，并将之与刑事司法制度联系在一起，认为这是体现君主诚信的一个重要方面；如果君主在刑事司法中不讲诚信，就会造成严重的不利后果。房玄龄认为，君主不可缺少诚信，君主与政权联系在一起，"仁、义、礼、智、信，谓之五常，废一不可……项氏以无信为汉高祖所夺，诚如圣旨"③。魏徵不仅认为"君之所保，惟在诚信"，而且进一步认为不可有无诚之令，否则后果严重，"令而不从，令无诚也"，"无诚之令，为上则败德，为下则危身"④。唐太宗明确提出："罪当其罪。"⑤他们把刑事司法制度与君主的诚信结合起来，强调刑事司法制度的重要性。

第三，把刑事司法制度与公平正直联系起来。唐太宗、房玄龄、魏徵等人都强调治国要公平正直，包括在刑事司法制度中；如果不能做到公平正直，其不利影响会很严重。唐太宗把高颎、诸葛亮等人作为公平

---

① 《贞观政要·君臣鉴戒第六》。
② 同上。
③ 《贞观政要·诚信第十七》。
④ 同上。
⑤ 《贞观政要·封建第八》。

正直的榜样大加赞赏,要臣下向他们学习,"卿等亦可慕宰相之贤者,若如是,则荣名高位,可以长守"①。房玄龄也认为:"理国要道,在于公平正直。"②这种公平正直表现在刑事司法制度中,就要求司法官依法判案。正如魏徵所说,"守文奉法"③,"凡理狱之情,必本所犯之事以为主,不严讯,不旁求,不贵多端"④。

第四,把刑事司法制度与反对严刑联系起来。唐朝以前,中国历史上出现过严刑的情况,而且直接影响到治国效果。唐初主要执政者均反对严刑,主张轻刑。贞观元年(627年),唐太宗对侍臣们说:"死者不可再生,用法务在宽简"⑤,表达了反对严刑的思想。贞观之初,魏徵也说"罚宜从轻",认为这是"百王通制"⑥。贞观十一年(637年),魏徵进一步认为,圣帝明王"皆敦德化而薄威刑也"⑦。他还在上疏中明确指出严刑的弊端,"虽董之以严刑,震之以威怒,终苟免而不怀仁,貌恭而心不服"⑧。房玄龄也反对严刑治国,且要求在实践中做到"审定法令,意在宽平"⑨。这些思想都影响到唐律包括刑事司法制度在内的所有内容,以使整部法典用刑宽平。

3. "疏议"起了完善唐朝的刑事司法制度内容的作用

中国在唐朝已具有较高的立法技术水平,首次在唐律中使用了

---

① 《贞观政要·公平第十六》。
② 同上。
③ 《贞观政要·择官第七》。
④ 《贞观政要·公平第十六》。
⑤ 《贞观政要·刑法第三十一》。
⑥ 《贞观政要·公平第十六》。
⑦ 同上。
⑧ 《贞观政要·君道第一》。
⑨ 《贞观政要·任贤第三》。

"疏议",它具有解释、补充律文的功能。《唐律疏议·名例》前言说:"疏之为字,本以疏阔、疏远立名。"沈家本在《重刻唐律疏议序》中作了更明确的说明,"名疏者,发明律及注意;云议者,申律之深义及律所不周不达",以使"律文之简质古奥者,始可得而读焉"①。"疏议"的这一功能决定了它可起到完善唐朝的刑事司法制度内容的作用。事实也是如此。"疏议"通过各种途径完善了相关的内容,使唐朝的刑事司法制度能在唐律中得到较为全面的反映。

第一,协调与其他律的内容。唐律中,刑事司法制度的内容主要规定在斗讼律、捕亡律和断狱律等律中。唐律是一个整体,前后各律之间的内容会有联系。为了使刑事司法制度保持其整体性,并得到较为全面的体现,唐律利用"疏议"协调它们与其他律的内容,使其更为完善。《唐律疏议·断狱》"应言上待报而辄自决断"条规定:"应待报而不待报,辄自决断者,各减故失三等。"此条"疏议"引用职制律的内容,专门对减三等的量刑作了解释,明确了量刑,协调了与其相关的内容:"若失不申上、失不待报者,于职制律'公事失'上各又减三等。即死罪不待报,辄自决者,依下文流二千里。"另外,《唐律疏议·断狱》"缘坐没官不如法"条"疏议"也引用了贼盗律的规定,以说明律条中有关"缘坐应没官"的内容。

第二,引用唐令的规定。唐朝刑事司法制度的内容不仅存在于唐律中,还存在于唐令等形式中。特别是在唐令的规定中,涉及的令包括捕亡令、狱官令等。唐律通过"疏议"引用唐令的内容,使律条的内容与其协调起来,以实现唐律与唐令等的统一。《唐律疏议·捕亡》"将吏捕罪人逗留不行"条规定:"诸罪人逃亡,将吏已受使追捕,而不行及

---

① 刘俊文点校:《唐律疏议》,中华书局1983年版,第670页。

逗留"者,要受到"各减罪人罪一等"的处罚。此条"疏议"引用捕亡令的规定,对需追捕的人员作了详细说明:"依捕亡令:'因及征人、防人、流人、移乡人逃亡,及欲入寇贼,若有贼盗及被伤杀,并须追捕。'"

第三,明确相关概念。唐朝的刑事司法制度中有许多相关概念,有的在唐律中也有反映。只有正确理解这些概念,才能准确掌握律文的含义。"疏议"充分发挥了明确这些概念的作用。首先,明确了刑事司法主体的概念。《唐律疏议·斗讼》"监临知犯法不举劾"条规定:"诸监临主司知所部有犯法,不举劾者,减罪人罪三等。"此条"疏议"对刑事司法主体"主司"作了明确的界定:"'主司',谓掌领之事及里正、村正、坊正以上。"其次,明确了违犯刑事司法制度行为的概念。《唐律疏议·捕亡》"知情藏匿罪人"条规定:"诸知情藏匿罪人,若过致资给,令得隐避者,各减罪人罪一等。"此条"疏议"对其中违犯刑事司法制度的行为"知情藏匿"作了确切的说明:"'知情藏匿',谓知罪人之情,主人为相藏隐。"最后,明确了刑事司法程序的概念。《唐律疏议·断狱》"狱结竟取服辩"条规定:"诸狱结竟,徒以上,各呼囚及其家属,具告罪名,仍取囚服辩。"此条"疏议"对刑事司法程序"狱结竟"作了如下解释:"'狱结竟'谓徒以上刑名,长官同断案已判讫,徒、流及死罪,各呼囚及其家属,具告所断之罪名,仍取囚服辩。"

第四,解释了规定刑事司法制度的原因。通过这种解释,可使人们了解立法意图,深入认识唐朝的刑事司法制度。《唐律疏议·断狱》"议请减老小疾不合拷讯"条规定:"年八十以上、十岁以下及笃疾,皆不得令其为证,违者减罪人罪三等。"此条"疏议"对这些人不得为证的原因作了解释:"其八十以上、十岁以下及笃疾,以其不堪加刑;故并不许为证。"此外,《唐律疏议·断狱》"断罪不具引律令格式"和"辄引制敕断罪"等条中的"疏议"也都起到了这种解释作用。

三、唐律与唐朝刑事司法制度相关的一些问题

在唐律与唐朝的刑事司法制度方面,还有一些值得关注的问题,主要包括以下几方面:

1. 唐朝前、后期刑事司法制度的执行情况大不相同

唐朝前、后期刑事司法制度的执行情况大相径庭。唐朝前期,特别是贞观时期,刑事司法制度的执行情况比较理想,突出表现在这样几个方面:首先,依法司法的情况比较普遍。贞观之初,"志存公道,人有所犯,一一于法"①。以后,"曹司断狱,多据律文,虽情在可矜,而不敢违法,守文定罪,或恐有冤"②。其次,出现问题后能得到及时纠正。这样,刑事司法制度便可及时恢复,保持其正常运行。当时,大理卿刘德威曾对唐太宗说:"律,失入减三等,失出减五等。令失入无辜,而失出为大罪,故吏皆深文。"唐太宗听后,马上采取措施加以改正,完善了刑事司法制度,"遂命失出入者皆如律,自此吏亦持平"③。在一些具体案例中,也是如此。当唐太宗发现自己的审判错误时,便会及时加以纠正。贞观元年(627年),时任吏部尚书的长孙无忌带刀进入东上阁门。被发觉后,唐太宗先判定监门校尉死刑;长孙无忌则徒二年,罚铜二十

---

① 《贞观政要·公平第十六》。
② 《旧唐书·刑法志》。
③ 《新唐书·刑法志》。

斤。但是,大理少卿却认为唐太宗对监门校尉判重了,最后唐太宗纠正了自己之前的判决,"免校尉之死"①。最后,贞观时期的治安情况较好。这从另一侧面说明,刑事司法制度确实发挥了积极作用,并收到了较好的社会效果。贞观二年(628年)已是"百姓渐知廉耻,官民奉法,盗贼日稀"②。贞观四年(630年)的治安情况更好,"断死刑,天下二十九人,几致刑措"③,实属罕见。

唐朝前期其他阶段刑事司法制度的执行情况也较为理想。唐高宗时,"遵贞观故事"④,重视贯彻执行贞观时确定的刑事司法制度。在唐高宗即位之初,被囚禁和处以死刑的人数都很少,"见囚五十余人,惟二人合起"⑤。以后,当出现新编的、与刑事司法相关的《法例》"烦文不便"时,唐高宗及时加以纠正,明确"非适今日,速宜改辙,不得更然"。"《法例》遂废不用。"⑥武则天当政时期,出现过"以威制天下,渐引酷吏,务令深文,以案刑狱"的情况,酷吏周兴、来俊臣"相次受制,推究大狱","前后枉遭杀害者,不可胜数"。唐朝的刑事司法制度曾一度遭到破坏。后徐有功等正直官吏"每日与之廷争得失,以雪冤滥",使武则天觉醒,于是"俊臣、弘义等伏诛,刑狱消息"⑦。唐朝的刑事司法制度恢复执行。在同一时期,出现了冤狱,又能自己进行平反,亡羊补牢,恢复刑事司法制度的尊严,也可以说是这一制度执行情况较好的一种表现。

从总体上看,唐朝后期刑事司法制度的执行情况就不那么理想了。

---

① 《贞观政要·公平第十六》。
② 《贞观政要·仁义第十三》。
③ 《贞观政要·刑法第三十一》。
④ 《旧唐书·刑法志》。
⑤ 同上。
⑥ 《旧唐书·刑法志》。
⑦ 同上。

不依照这一制度执行的情况比较普遍,用刑畸轻畸重的现象较多。唐肃宗"喜刑名,器亦刻深"。唐代宗则是另一种情况,他"性仁恕,常以至德以来用刑为戒",还下诏"河北、河南吏民任伪官者,一切不问"。唐宪宗也是"用刑喜宽仁",可效果并不好,"民未知德,而徒以为幸也"。唐文宗又走向用重刑的极端,"诛杀大臣,夷灭其族,滥及者不可胜数"。唐武宗沿袭唐文宗的做法,也"大刑举矣,而性严刻"。① 究其原因,有多种。其中,有一种原因十分突出,那就是唐朝后期皇帝治国不力,导致法制遭到破坏,刑事司法制度也随之遭殃。《新唐书·刑法志》说,当时"人主规规,无复太宗之志。其虽有心于治者,亦不能讲考大法,而性有宽猛,凡所更革,一切临时苟且,或重或轻,徒为繁"。这一说法不无道理。

2. 后世律典对唐律中刑事司法制度的沿革

唐律中有关刑事司法制度的内容,随着唐律对后世立法的影响,也为后世的律典所沿革。这里以《宋刑统》《大明律》和《大清律例》为例。

《宋刑统》是宋朝的一部主要律典。它大量袭用唐律的内容,同时也大量接受了唐律中有关刑事司法制度的内容。这是基本的一面。另外,它还根据宋朝自己的情况,对其中的内容作了补充,形成了适合自己的刑事司法制度。这种补充主要包括以下两个方面:一方面,附有敕文补充律条的相关内容。《宋刑统》除了大量引用唐律的律条外,还在律条后引用唐开元二年(714年)至宋建隆三年(962年)间的敕文,补充、丰富了律条的内容。《宋刑统·斗讼》"邀车驾挝鼓上表自诉事"门在引用了《唐律疏议·斗讼》"邀车驾挝鼓诉事不实"条的内容后,附上了唐大历十二年(777年)四月十二日的敕文,补充了相关官员在受理

---

① 参见《新唐书·刑法志》。

直诉案件中的责任。"自今以后,有击登闻鼓者,委金吾将军收状为进,不得辄有损伤,亦不须令人遮拥禁止,其理匦使担任投匦人投表状于匦,依常进来,不须勒留副本,并妄有盘问,方便止遏。"这一规定在唐律中没有。另一方面,附加了"起请",补充律条的相关内容。《宋刑统》在律条后增加了三十二条"起请",起丰富律条内容的作用,在刑事司法制度方面也是如此。《宋刑统·断狱》"囚应请给医药衣食"门在援引了《唐律疏议·断狱》"囚应给衣食医药而不给"条的内容后,附加了一个"起请",规定了原律条没有规定的内容:"臣等参详,两京军巡及诸州府狱囚,请今后勒逐州府轮差曹官,每半月一度,遍到诸狱,依上件诸条检校。不如法者,具状申举科罪。"这在唐律中也没有。经过这两个方面的补充,《宋刑统》有关刑事司法制度的内容更为丰富,也更适合宋朝的具体情况了。

《大明律》是明朝的一部主要律典。它仅有七篇,四百六十条,在体例上虽与唐律有明显的差别,但仍保留了许多唐律的内容,包括刑事司法制度方面的内容。同时,《大明律》还根据明朝刑事法制建设的需要,调整了一些规定,主要是:首先,增加了一些相关规定。《大明律》增加了一些唐律中未曾规定的刑事司法制度,司法官的回避制度是其中之一。它规定,司法官在审理案件时,发现有利害关系人的,应移送案件,主动回避,否则要被追究法律责任。"凡官吏于诉讼人内,关有服亲,及婚姻之家,若受业师,及旧有仇嫌之人,并听移文回避。违者,笞四十。若罪有增减者,以故出入人罪论。"①此外,"干名犯义""官吏词讼家人诉"和"军民约会词讼"等条所规定的制度也都是如此。其次,加重了有些触犯规定的法律责任。有些是在唐律和《大明律》中都有规定的,《大明律》加重了触犯这一规定的法律责任。打击诬告行为

---

① 《大明律·刑律五·诉讼》"听讼回避"条。

的规定即是一个突出表现。《唐律疏议·斗讼》"诬告反坐"条规定,诬告者被反坐用刑,即"诸诬告人者,各反坐"。《大明律·刑律五·诉讼》"诬告"条则在反坐的基础上加重了用刑,而且诬告他人罪越重的,加重的程度也越大。"凡诬告人笞罪者,加所诬罪二等;流、徒、杖罪,加所诬罪三等;各罪止杖一百,流三千里。"最后,丰富了有些规定中的内容。有些刑事司法制度中的规定在唐律和《大明律》中都有,《大明律》增加了一些内容,使其比唐律所规定的更为丰富。关于主守导令囚徒翻异的规定就是如此。《唐律疏议·断狱》"主守导令囚翻异"条没有规定"外人"犯有导令囚徒翻异的内容,《大明律·刑律十一·断狱》"主守教囚反异"条增加了这一内容,使其更为丰富。"外人犯者,减一等。若容纵外人入狱及走泄事情于囚,罪无增减者,笞五十。"此外,"官司出入人罪""决罪不如法"等条也均有类似情况。经过这些调整,《大明律》中的刑事司法制度虽与唐律区别明显,但更符合明朝的实际情况了。

《大清律例》是清朝的一部主要律典。它虽也是七篇,但律条仅四百三十六条,比《大明律》少,比唐律更少。它在律条后附例,细化了律条的内容,在刑事司法制度方面也是这样。即使有些《大清律例》的律条与唐律相似,可由于附了例,律条的内涵更为具体,也更便于实施了。《大清律例·刑律·诉讼》"越诉"条的内容与《唐律·斗讼》"越诉"条的内容相似,可《大清律例》在律条后附上了十五条例条,其内容更为具体了。唐律则无这方面的内容。这些例条对违法直诉、起诉、代人起诉、旗军的诉讼等都作了细化性规定。比如,"擅入午门、长安等门内叫诉冤枉,奉旨勘问得实者,枷号一个月,满日杖一百;若涉虚者,杖一百,发边远卫分充军";"凡假以建言为由,挟制官府,及将暧昧不明奸赃事情,污人名节,报复私仇者,文武官俱革职;军民人等,皆发附近充军";"在外刁徒,身背黄袱,头插黄旗,口称奏诉,直入衙门挟制官吏者,所在官司就拿送问"等,都是如此。

《宋刑统》《大明律》和《大清律例》对唐律刑事司法制度的沿革,一方面说明唐律中这一制度影响之大,另一方面显示它们更适合本朝代的实际情况,是一种继承与创新的结合,也是中国古代刑事司法制度与时俱进的一种体现。

3. 唐律的刑事司法制度与古代东方其他法中刑事司法制度的主要差别

唐律是中国古代法的代表作,其刑事司法制度是中国古代刑事司法制度的典范。古代东方还有楔形文字法、希伯来法、印度法和伊斯兰法等,这些法中也有自己的刑事司法制度。唐律的刑事司法制度与它们之间的差别不小。

唐律的刑事司法制度与楔形文字法中的刑事司法制度都是世俗法内的刑事司法制度,属于同一类型。但是,它们的不同点十分明显。唐律中的刑事司法制度不仅是中国封建制的刑事司法制度,还是中国古代成熟的刑事司法制度,它体系完整、内容系统、律文规范,而且对中国后世的封建刑事司法制度产生了很大影响。楔形文字法则是西亚奴隶制时期的法制,没有机会演进为封建制法制,其刑事司法制度没能得到充分发育,没有达到成熟的程度,不如唐律中的刑事司法制度完善。事实也是如此。与唐律的刑事司法制度相比,楔形文字法的刑事制度显得粗糙,不成体系,内容仅集中于起诉的内容要真实、伪证者要受到法律制裁、证人要先在神前宣誓等方面,而且规定的内容十分简单和原则化。①

---

① 参见王立民:《古代东方法研究》,北京大学出版社2006年版,第262、266、268页。

古代东方的希伯来法、伊斯兰法和印度法都属于宗教法,其国家背景是政教合一。这些法制中的宗教色彩特别浓厚,其刑事司法制度也是如此。这里以刑事司法主体与证据的运用为例。在刑事司法主体方面,神职人员有司法审判权。在希伯来,摩西当政时,经常"坐着审判百姓,百姓从早到晚都站在摩西左右"①。其下属的祭司也有司法权,受理那些因流血、竞争、殴伤等而产生的案件。② 在阿拉伯伊斯兰国家,"一切判决只归真主;他依理而判决,他是最公的判决者"③。实际上,"真主"要通过他的"使者"表达自己的意志,即由神职人员进行审判。在印度,婆罗门可以"坐着或者站着代表国王审理案件"④。这里的"审判"都是广义的审判,包括刑事审判。在证据的运用方面,这些法采用向神起誓、发誓等方法。希伯来法规定,只要被告人"凭着耶和华的起誓",就可认定其讲的供词具有真实性。伊斯兰法规定,告发自己的妻子而又无其他证据的,只要向"真主发誓四次"就可以了。印度法虽没有直接规定向神发誓或起誓可以代替证据,但也把作证与神联系在一起,告诫人们作伪证者会遭到恶报。那些作伪证者"将被婆楼那的套索紧紧缚住,不由自主一百世"。⑤ 然而,作为世俗法中的刑事司法制度,唐律中的刑事司法制度却没有这类规定,这是它们之间的最大区别。

从这些差别中可以看到,唐律中的刑事司法制度在古代东方国家中颇具特色,独树一帜,甚至还有优势,在世界法制史上占有重要地位。

---

① 《新旧约全书》,圣经公会1940年印发,第88页。
② 参见王立民:《古代东方法研究》,北京大学出版社2006年版,第256、268页。
③ 《古兰经》,马坚译,中国社会科学出版社1981年版,第98页。
④ 《摩奴法论》,蒋忠新译,中国社会科学出版社1986年版,第137页。
⑤ 参见王立民:《古代东方法研究》,北京大学出版社2006年版,第256、268页。

第二十六章
唐律中的《论语》

《论语》是一部重要的儒家经典。唐律的"疏议"引用了一些《论语》中的内容,它们对唐律产生了很大的影响。

一、《论语》十分强调的礼是唐律的指导思想

礼是《论语》论述的重点,内容涉及礼的作用、依礼行事的重要性、行礼的必然结果和礼法关系等许多方面。《论语》认为,礼有十分重要的作用,人们须以礼进行制约。"君子博学于文,约之以礼,亦可以弗畔矣夫!"①如果无礼,做任何事情都会事与愿违。礼还是判断善与非善的标准。"动之不以礼,未善也。"②正因为礼有如此重要的作用,故任何人都应据礼办事,"礼以行之"③。具体地说,就是"生,事之以礼;

---

① 《论语·雍也篇第六》。
② 《论语·卫灵公篇第十五》。
③ 同上。

死,葬之以礼,祭之以礼"①,还要做到"非礼勿视,非礼勿听,非礼勿言,非礼勿动"②。特别是君主,更要处处以礼力行。这是由君主的特殊地位决定的,因为"其身正,不令而行;其身不正,虽令不从"③。君主只有行礼才能受人尊敬,指挥百姓。"上好礼,则民莫敢不敬"④,"上好礼,则民易使也"⑤。如果天下人都能克己复礼,那么社会就会"归仁"。"克己复礼为仁。一日克己复礼,天下归仁焉。"⑥为此,《论语》竭力主张人人都要学礼,"不学礼,无以立"⑦。

在主张用礼的同时,《论语》还不反对用法,认为法也是治国不可缺少的手段。"谨权量,审法度,修废官,四方之政行焉。"⑧但是,与礼相比,法只是一种辅助手段,治国应以礼为先,以礼为主。因为"道之以政,齐之以刑,民免而无耻;道之以德,齐之以礼,有耻且格"⑨。如果礼乐不兴,那么用刑也会失当,造成的结果必会使人们无所适从。"礼乐不兴,则刑罚不中;刑罚不中,则民无所措手足。"⑩

《论语》强调用礼规范人们的行为和礼法并施的主张,成为制定唐律的指导思想,在律文中得到了充分的反映。唐律的内容处处维护充满礼的君权、父权和夫权,并用严刑打击违犯这三权的行为。例如,《唐律疏议·斗讼》"殴詈祖父母、父母"条把殴打和詈骂祖父母、父母看作无视父权的无礼行为,认为不用重刑不足以维护父权的权威,故用

---

① 《论语·为政篇第二》。
② 《论语·颜渊篇第十二》。
③ 《论语·子路篇第十三》。
④ 同上。
⑤ 《论语·宪问篇第十四》。
⑥ 《论语·颜渊篇第十二》。
⑦ 《论语·季氏篇第十六》。
⑧ 《论语·尧曰篇第二十》。
⑨ 《论语·为政篇第二》。
⑩ 《论语·子路篇第十三》。

刑亦重,规定:"诸詈祖父母、父母者,绞;殴者,斩。"《唐律疏议·斗讼》"妻殴詈夫"条视妻子殴打丈夫和媵、妾詈骂丈夫为严重的违礼行为,也是对夫权的直接践踏,同样是不可容忍的,须用重刑加以制止,故规定:"妻殴夫,徒一年";"媵及妻妾詈夫者,杖八十"。对此,后人作了评说,认为唐律是"一准乎礼",不是没有道理。

当然,唐律中的礼并非《论语》中礼的简单再现。《论语》坚持的是西周的礼,而唐律的礼则是吸取了《论语》中礼的内核等级名分,赋予唐统治者要求维护君权、父权和夫权的具体内容,使之成为巩固封建秩序的一种手段。因此,后者是对前者的发展,而不是单纯地模仿和抄袭。另外,《论语》毕竟是孔子及其弟子们语言的综合记载,不是法律,其内容不具有国家的强制性。唐律则不然,它是刑法典,其中的礼受到刑法的保护,有国家的强制力作为后盾,违犯者要被追究刑事责任。可见,两者在具体内容和所要达到的目的等方面均有不同之处。

二、《论语》的思想演变成唐律的规定

这种演变又根据其最终结果而分为以下两种形式:

第一种是直接式,即《论语》中的思想直接转变为唐律的律条。唐律把《论语》的某些思想在基本不变的情况下吸收进来,并用刑罚保证其实施。例如,《论语·阳货篇第十七》中记载了这么一件事:一天,有个叫宰我的学生对孔子说:"三年之丧,期已久矣。"原因是:"君子三年不为礼,礼必坏;三年不为乐,乐必崩。"因此,他认为这种丧期一年就够了。"旧谷既没,新谷既升,钻燧改火,期可已矣。"对此,孔子极不满

意,认为宰我这个人"不仁",因为"子生三年,然后免于父母之怀。夫三年之丧,天下之通丧也,予也有三年之爱于其父母乎!"《论语》要求为父母守三年丧的思想成了唐律的规定。《唐律疏议·户婚》"居父母夫丧嫁娶"条规定,子女应为父母守丧三年。"父母之丧,终身忧戚,三年从吉,自为达礼。"不守三年丧期而"嫁娶"的,要被"徒三年"。

第二种是扩大式,即《论语》中的思想在唐律中被扩大性运用。唐律对《论语》的某些思想作了扩展,使其适用范围广于原来的说法。例如,《论语·子路篇第十三》中记载了孔子主张父子互隐犯罪之事,经过是这样的:一个被称为叶公的人对孔子说:"吾党有直躬者,其父攘羊,而子证之。"孔子听后作了完全不同于此的回答,他对叶公说:"吾党之直者异于是:父为子隐,子为父隐,直在其中矣。"《论语》中父子相隐的思想在唐律中演变为同居家人犯罪都应互隐,还包括部曲和奴婢为主人隐,扩大了原有的适用范围。同时,唐律还明确了不适用的条件。《唐律疏议·名例》"同居相隐"条说:"诸同居,若大功以上亲及外祖父母、外孙,若孙之妇、夫之兄弟及兄弟妻,有罪相为隐;部曲、奴婢为主隐:皆勿论。"但是,"若犯谋叛以上者,不用此律"。违反这一规定而相告的,要被处以刑罚。

除以上列举的以外,还有些《论语》中的思想和事例也曾对唐律有过影响。例如,《论语·学而篇第一》中有关"孝"和"忠"的思想,《论语·子罕篇第九》和《论语·乡党篇第十》中有关同情残疾人和老年人的事例,《论语·乡党篇第十》中有关着衣和饮食的说法等,都或多或少地被唐律吸收,转化为律文。

三、《论语》对唐律产生影响的历史背景

《论语》对唐律的影响并非一蹴而就的,而是有个发展过程。早在汉代,《论语》就开始影响立法,它的思想逐渐转化为立法的指导思想和法条。唐律则是集其大成者,使以《论语》为依据制定的法律规定完备化。自汉武帝"罢黜百家,独尊儒术"以后,儒家思想始以正统面目出现,占据了统治地位,《论语》便有了施展的机会,成为汉"七经"之一。为了与儒家思想的地位相适应,礼开始入律,走上了礼法结合的道路。经过魏晋南北朝,到了隋、唐,礼法结合最终完成了,代表作是唐律。在礼法结合的同时,《论语》对法律的影响也逐渐深入,唐律总其大成。

《论语》对唐律的影响与唐朝重视儒学有关。唐太宗即位后,比以往更尊儒学、崇儒士。他"始立孔子庙堂于国学,稽式旧典,以仲尼为先圣,颜子为先师",还广招天下儒士,"赐帛给传",只要"通一大经已上,咸得署吏"。他启用儒生,在正殿的左侧置弘文馆,"精选天下文儒,令以本官兼署学士,给以五品珍膳",与他们"讨论坟典,商略政事,或至夜分乃罢"。他还大兴儒学之教,"令祭酒、司业、博士讲论",以至于"四方儒生负书而至者,盖以千数"。连有些邻国的酋长也"遣子弟请入于学"。结果,"国学之内,鼓箧升讲筵者,几至万人,儒学之兴,古昔未有也"。为了克服儒学多门、章句繁杂和南北经学的不利因素,统

一经义,唐太宗还命颜师古与孔颖达撰定《五经正义》,"付国学施行"。① 当时,《论语》虽未入《五经正义》,但仍受到重视。后来韩愈所作的《论语笔解》亦很有地位。在儒学受推崇和兴起的大背景下,《论语》便有了大显身手的机会,对唐律产生了有效的影响。

《论语》能对唐律产生影响还与制定法律的人有关。立法是个统治阶级意志上升为法律的过程。这个过程要完全由人的活动实现,因此立法人员的素质就与法律内容有直接关系。从制定唐律人员的组成看,有三大特点:一是通晓法律。他们大多在中央或地方担任要职,有中央或地方的立法与司法经验。另外,还有律博士,他们以教授律令为职业,是法学专家。二是熟悉儒学。他们大多博涉文史,有的(如于志宁)还参与编定了《五经正义》,儒家思想对他们并不陌生。三是有丰富的统治经验。他们长期在中央或地方任职,需要独立处理各种事务,经验比较丰富。有人还因此不断升迁,长孙无忌和李勣都是如此。他们具有的这些特点十分有利于把《论语》的精神和思想溶化在唐律里,使之成为唐律的组成部分。

当然,唐律并不只是受到《论语》的影响。应该说,这是整个儒家思想发生作用而产生的结果。但是,《论语》在其中占有重要的地位,这是因为:第一,它对礼作了较为全面的论述,而且这种论述都是礼的一般问题,有一定高度,明显体现了礼的基本精神,易被国家接受,成为指导思想。与其相比,其他经籍对礼的描述大多比较具体,内容往往局限于对一些具体问题提出要求,如果要把它们作为指导思想,还要有个归纳、提高的过程,不及《论语》直接。第二,它的有些言论不仅具有规

---

① 参见《贞观政要·儒学第二十七》。

范性,而且被赋予新的内容后,比较适合以后中国的社会情况。以父子相隐为例,中国在封建时期长期处于小农经济状态,商品生产不发达,一家一户既是生产单位又是消费单位,相对独立性较强。国家的稳定要以家庭的安定为基础,即所谓"齐家而后平天下"。为了保持家庭的安宁,避免一般案件的互诉成为必要。这既能维护家长的尊严,又有利于家庭成员的和睦。唐律看到了《论语》的重要性,采纳了这一思想,扩大了它的适用范围,赋予它新的内容,使它更适合唐朝的情况。其他经典中的绝大多数语句都不具有这种特性。这样,《论语》对唐律的影响就更胜一筹了。

第二十七章
唐律的法律伦理

中国古代也存在法律伦理并通过法律原则、制度、具体内容等表现出来。唐律是中国现存第一部内容完整保存下来的法典,也是中国古代法典中的善者和中华法系的代表作。以它为中心,审视中国古代的法律伦理,具有一定的代表性。

一、唐律中法律伦理的具体表现

中国古代的法律伦理是法律的基础之一,也是法律具有伦理性的主要原因。这一伦理主要是主流伦理。唐律中的法律伦理是以儒家伦理为基础的法律伦理,通过儒家经句等直接体现出来。

1. 法律原则中有法律伦理

法律原则是法律的重要组成部分,对整个法律具有指导意义,也是所有法律制度、内容等所应遵循的规则。法律原则中存在法律伦理。唐律是一部刑法典,其中有关于老小及疾有犯而可减免用刑的原则。

《唐律疏议·名例》"老小及疾有犯"条规定:"诸年七十以上、十五以下及废疾,犯流罪以下,收赎。八十以上、十岁以下及笃疾,犯反、逆、杀人应死者,上请;九十以上、七岁以下,虽有死罪,不加刑。"此规定对老小及疾的不同情况,分别作出了减免刑罚的不同处理。其中,七十岁以上和十五岁以下、八十岁以上和十岁以下,还有笃疾、废疾者,都可以享受不同减免用刑的待遇。决定这一原则的是儒家恤刑即"矜老小废疾"的伦理,而且以《周礼》《礼记》中的儒家经句为依据。此条"疏议"还专门作了引用:"周礼:'年七十以上及未龀者,并不为奴。'""周礼:'三赦'之法:一曰幼弱,二曰老耄,三曰戆愚。""礼云:'九十曰耄,七岁曰悼,悼与耄虽有死罪不加刑'。"可见,这一原则背后的法律伦理就是以儒家的恤刑即"矜老小废疾"伦理为基础,并与法律原则结合在一起的法律伦理。

2. 法律制度中有法律伦理

法律制度是法律的重要组成部分,是法律的构成要素之一。法律中包含了一些相关的制度。唐律的刑法典性质决定了其中的大量制度是刑事制度,这些制度中也蕴含了法律伦理。这里以唐律中的"八议"制度为例。"八议"制度是唐律中的一项重要制度,在名例律中作了专门规定。这一制度通过对亲、故、贤、能、功、贵、勤、宾八种人的减免刑罚,维护他们的特权,体现维护特权的法律伦理。《唐律疏议·名例》"八议"条对享有"八议"特权的八种人作了规定;"八议者"条则进一步对这八种人所享有的减免刑罚的特权作了规定:"诸八议者,犯死罪,皆条所坐及应议之状,先奏请议,议定奏裁;流罪以下,减一等。"这一制度的法律伦理也是以儒家伦理为基础的伦理。"八议"条"疏议"引用了《周礼》和《礼记》中的内容作说明:"周礼云:'八辟丽邦法。'今之

'八议',周之'八辟'也。礼云:'刑不上大夫。'犯法则在八议,轻重不在刑书也。"以此为基础的维护特权的法律伦理造就了唐律中的"八议"制度。

3. 法律内容中有法律伦理

这里的"法律内容"是指法律中除了原则、制度等以外的一些内容。在这些内容中,同样存在法律伦理。唐律中大量有关刑法的内容,比如罪名、刑罚等,都存在法律伦理。这种法律伦理也以儒家伦理为基础。其中,有的罪名的设立就是以法律伦理为依据,"不睦"罪就是一例。《唐律疏议·名例》"十恶"条规定了"不睦"罪,并把它作为"十恶"之一,其罪行是"谋杀及卖缌麻以上亲,殴告夫及大功以上尊长、小功尊属"。其中的法律伦理是儒家的家庭成员要和睦相处的伦理与法律内容的结合。"礼云:'讲信修睦。'孝经云:'民用和睦。'睦者,亲也。此条之内,皆是亲族相犯,为九族不相叶睦,故曰'不睦'。"经过这一解释,"不睦"罪的法律伦理便很明显了。刑罚也是刑法中的重要内容,刑法离不开刑罚。"五刑"是唐律中的主要刑罚,其中亦有法律伦理存在。"五刑"中有流刑,此刑又分为三等。《唐律疏议·名例》"五刑"条规定:"流刑三:二千里,二千五百里,三千里。"流刑的设立与儒家伦理中的慎杀有关。此条"疏议"还专门引用了《尚书》的经典作说明:"书云:'流宥五刑。'谓不忍刑杀,宥之于远也。"经过这样的说明,流刑的法律伦理就凸显出来了,即因为慎杀,所以一部分罪犯可以不杀,用流刑来替代。

中国古代的法律主要由法律原则、制度和内容等组成,它们中有法律伦理的存在。可见,法律伦理在中国古代的法律中普遍存在,也是这一法律生存的重要基础。从这一意义上讲,今天在研究法律伦理时,也不能忽略中国古代法律伦理的存在,相反还应该予以足够的重视。

二、唐律中法律伦理形成的条件

唐律中法律伦理的形成需以一定的条件为支撑,这些条件对于法律伦理的形成至关重要。

1. 君主重视对主流伦理的弘扬

法律伦理以一个社会的主流伦理为基础,是这一伦理与法律结合的产物。缺少这一伦理,就缺乏与法律结合的机会,法律伦理的形成就会受挫。在封建专制社会,君主掌握了国家的大权,可以用社会的一切资源来为国家服务。因此,中国古代的君主对弘扬主流伦理往往具有决定作用。君主重视了,主流伦理就容易得到弘扬;反之,就不容易得到弘扬。唐律的定本是《贞观律》,制定于贞观十一年(637年)。在它制定以前,唐太宗就比较重视儒家学说,并着力弘扬儒家伦理,从而使得唐律能较好地把儒家伦理与法律原则、制度、内容结合起来,形成法律伦理。

唐太宗通过多种途径弘扬儒家学说:第一,设立弘文馆,招募、优待儒士。唐太宗在执政后不久便设立了具有从事教育和研究儒家学说职能的弘文馆,还招募了一批儒士,给予他们优待,让他们专门从事儒家学说的教育和研究,从机构、师资上确保弘扬儒家学说的需要。"太宗初践阼,即于正殿之左置弘文馆,精选天下文儒,令以本官兼署学士,给以五品珍膳,更日宿直,以听朝之隙引入内殿,讨论坟典,商略政事,或至夜分乃罢。又诏勋贤三品以上子孙为弘文学生。"①第二,大量培养儒生。唐太宗从人才培养的角度弘扬儒家学说,大量培养儒生。他们来自四面八方,甚至是周边国家,人数空前。经过学习,他们掌握了儒家学说的知识,提高了自己的儒家理论水平。学习成功者还可以得到任用,入仕做官。贞观二年(628年),"国学增筑学舍四百余间,国子、太学、四门、广文增置生员,其书、算各置博士、学生,以备众艺"。"四方儒生负书而至者,盖以千数。俄而吐蕃及高昌、高丽、新罗等诸夷酋长,亦遣子弟请入于学。于是国学之内,鼓箧升讲筵者,几至万人,儒学之兴,古昔未有也。""学生,通一大经已上,咸得署吏。"②第三,考定儒家经典。儒家经典是儒家学说的载体,集中反映了儒家学说。为了适应国家对主流意识形态进行控制的需要,有必要规范儒家经典的内容,避免出现分歧,导致理解上的偏差。唐太宗于贞观四年(630年)先后命颜师古、孔颖达等儒士考定《五经》和《五经正义》,规定了它们的内容,并推广学习。他先为解决"经籍去圣久远,文字讹谬"问题,"治前中书侍郎颜师古于秘书省考定《五经》"。考定后,"颁其所定书于天下,命学者习焉"。后来,他又发现"文学多门,章句繁杂",为了统一对《五经》内容的认识,以免出现歧义,又"诏师古与国子祭酒孔颖达等诸儒,撰定《五经》疏义,凡一百八十卷,名曰《五经正义》,付国学施行"③。可见,由于唐太宗的重视,在《贞观律》制定之前,蕴含了儒家伦理的儒家学说就已通过多种途径得到了大力弘扬。这对《贞观律》的制定和对以后唐律的制定都产生了积极影响,发挥了很大的作用,也是它们能体现以儒家伦理为基础的法律伦理的一个重要原因。

---

① 《贞观政要·崇儒学第二十七》。
② 同上。
③ 同上。

2. 立法人员具备较高的法律与伦理的素质

法律伦理存在于法律之中。立法是人的一种活动,通过这一活动把法律制定出来。在制定过程中,需要把法律与伦理很好地结合起来。因此,立法人员的素质对于法律的制定就显得非常重要,其中包括法律与伦理的素质。他们的法律与伦理素质高,就利于在法律中较为充分地体现法律伦理;反之,则不利于在法律中充分体现这一伦理。从这种意义上讲,唐律制定者的法律与伦理素质同唐律的制定有十分密切的关系。据《唐律疏议》的"进入律疏表"显示,制定唐律的人员一共是十九人。① 其中,有十七人直接具有法律、法学职能,包括立法、行政执法和司法以及法律监督和法律教育职能。其中,有立法职能的是:柳奭(中书令)、来济(中书侍郎)、辛茂将(中书侍郎)、韩瑗(黄门侍郎)。有行政执法和司法职能的是:于志宁(尚书左仆射)、褚遂良(尚书右仆射)、刘燕客(尚书右丞)、唐临(刑部尚书)、段宝玄(大理卿)、王怀恪(刑部侍中)、路立(大理丞)、曹惠果(大理评事)、董雄(蓥屋县令)、石士逵(始平县丞)。有法律教育职能的是:司马锐(律学博士)。另外两人地位崇高,均屡为国家立功,拥有较为丰富的治国理政经验。长孙无忌具有太尉、扬州都督、监修国史、上柱国、赵国公等头衔,李勣具有司空、上柱国、英国公等头衔。这些人中,还有人参与过《贞观律》《永徽律》的制定。其中,长孙无忌、裴弘献等参与过《贞观律》的制定,长孙无忌、李勣、于志宁、柳奭、段宝玄、贾敏行、刘燕客等参与过《永徽律》的制定。② 从总体上讲,他们的法律素质较高。

---

① 参见刘俊义点校:《唐律疏议》,中华书局1983年版,第577—579页。
② 参见《旧唐书·褚遂良传》。

同时,根据旧、新《唐书》的记载,唐律的主要制定者长孙无忌、于志宁、褚遂良等人也熟悉儒家学说,具有儒家伦理素质。"(长孙)无忌贵戚好学,该博文史,性通悟,有筹略。"①"博涉文史。"②这里的"文史""书史"均包括儒家学说。于志宁对儒家学说有较为深入的研究,参与过儒家经典《五经正义》的撰修,还会运用儒家经典中的内容介绍一些问题。"前后预撰格式律令、《五经正义》及修礼、修史等功,赏赐不可胜计。"③另外,他还曾用《春秋》中的内容解释陨石等自然现象与社会关系的问题。褚遂良也广涉人文书籍,还写得一手好隶书字。"(褚)遂良博涉文史,尤工隶书,父友欧阳询甚重之。"④"工隶楷。"⑤唐临也熟知儒家学说并会将其运用在自己的工作中。永徽元年(649年),他在上奏中多次用《尚书》《周礼》中的内容解释用刑问题。此外,来济的儒家学说功底也不浅。"(来济)笃志好学,有文词,善谈论,尤晓时务。"⑥"(来济)笃志为文章,善议论,晓畅时务。"⑦正因为唐律的制定者具备法律与儒家伦理双重素质,并共同致力于律文的制定,才造就了唐律中以儒家伦理为基础的法律伦理。

3. 集聚了法律伦理长期发展的成果

法律伦理会随着法律的发展而得到发展、积累。唐律中的法律伦理不是一蹴而就的,而是集聚了长期发展的结果。中国古代法律伦理发展过程中的重要转折点出现在汉武帝时期。汉武帝"罢黜百家,独

---

① 《旧唐书·长孙无忌传》。
② 同上。
③ 《旧唐书·于志宁传》。
④ 《旧唐书·褚遂良传》。
⑤ 同上。
⑥ 《旧唐书·来济传》。
⑦ 同上。

尊儒术",儒家思想成为国家的主导思想,儒家学说成为主流学说,儒家伦理开始进入法律,以儒家伦理为核心的法律伦理逐渐发展,礼法也开始结合。此前,以黄老为主的主流思想逐渐让出汉朝法律的主导地位。从汉武帝开始,中国开始实现国家主流思想的转型,法律伦理也要进行自己的转折。事实也是如此。从那以后,随着礼法结合的推进,儒家伦理大量进入法律领域,法律伦理以一种新的面貌出现了。一些法律规定中蕴含着儒家伦理。比如,"上请"规定中的法律伦理是儒家维护特权的伦理;"亲亲得相首匿"规定中的法律伦理是仁孝的伦理;八十岁以上、七岁以下的人犯罪得到宽容的规定中的法律伦理是恤刑的伦理等。① 魏晋南北朝是礼法结合的旺盛期,以儒家伦理为基础的法律伦理得到了前所未有的培育,在法律规定中得到大量体现,"八议""重罪十条""五服以制罪"等规定中都有儒家法律伦理的影子。到了隋唐时期,礼法结合的过程完成,儒家伦理在唐律中得到了全面体现。这一过程历经了数百年。也就是说,唐律中的法律伦理集聚了以往数百年法律伦理发展的结果而成。没有以往的集聚,也就不可能有唐律的成就。

当然,唐律在造就自己的法律伦理过程中,不是简单重复,而是有所提升。这种提升与法律联系在一起,并突出表现在以下两个方面:

第一,提升法律伦理的内涵。唐律的制定者根据唐朝的具体情况和以往立法的经验,对法律伦理进行了调整,提升了其内涵,而不是简单照搬照抄前人的立法成果。比如,《论语·子路篇第十三》载:"父为子隐,子为父隐,直在其中矣。"其内涵集中在父子关系上。汉朝在立

---

① 参见张晋藩主编:《中国法制史》,中国政法大学出版社2007年版,第90—91页。

法中确立了这一仁孝的法律伦理,并将其内涵扩大到夫妻、祖孙之间,作出了"亲亲得相首匿"的规定。《汉书·宣帝纪》载,地节四年(前66年)规定:"父子之亲,夫妇之道,天性也。虽有患祸,犹蒙死而存之。诚爱结于心,仁厚之至也,岂能违之哉!自今,子首匿父母、妻匿夫、孙匿大父母,皆勿坐。其父母匿子、夫匿妻、大父母匿孙,罪殊死,皆上请廷尉以闻。"唐律中也有这一法律伦理,但其内涵有进一步提升,提升到了同居者,包括"大功以上亲及外祖父母、外孙,若孙之妇、夫之兄弟及兄弟妻,有罪相为隐",甚至还包括"部曲、奴婢为主隐"。①《唐律疏议·名例》"同居相为隐"条"疏议"还专门对"同居"作了这样的解释:"'同居',谓同财共居,不限籍之同异,虽无服者,并是。"即允许他们"有罪者并相为隐,反报俱隐"。这是法律伦理内涵提升的一个结果。

第二,法律伦理支撑的法律规定也得到了提升。也就是说,唐律中的法律伦理虽没有发生变化,但其支撑的法律规定得到了提升,使其更为完善。唐律的制定者继承了原有的法律伦理,只使其支撑的法律规定有所发展。唐律中有关恤刑的伦理及其相关规定就是如此。汉朝只是不系统地规定了老、小犯罪可减免刑的内容。《汉书·宣帝纪》载,元康四年(前62年)规定:"自今以来,诸年八十以上,非诬告、杀伤人,它皆勿坐。"同样是运用恤刑的法律伦理,唐律在这方面的规定却得到了提升,使其更加完善,对从七、十、十五岁以下和七十、八十、九十岁以上以及笃疾、废疾情况人员都作了十分完善的规定。② 这一规定比以往的规定更为完备,在以往的基础上得到了提升,达到前所未有的水平。

可见,唐律中的法律伦理不仅传承了以往的法律伦理,而且还有发

---

① 参见《唐律疏议·名例》"同居相为隐"条。
② 参见《唐律疏议·名例》"老小及疾有犯"条。

展,使其得到了提高。从这一意义上说,唐律在法律伦理方面也做出了贡献,应予以充分肯定。

以上三个条件从不同角度促进了唐律中法律伦理的形成,缺一不可。正是它们的合力,使唐律中的法律伦理有可能变成现实,而且实现了飞跃。

三、值得关注的一些问题

与唐律的法律伦理相关,还有一些问题值得关注。

1. 法律伦理的作用问题

唐律的法律伦理有其一定的作用:

第一,成就了礼法结合的法典。唐律被认为是礼法结合的最终产物,也是礼法结合理想的法典。《四库全书总目·唐律疏议提要》载:"论者谓唐律一准乎礼,以为出入得古今之平,故宋世多采用之。"法律伦理在其中功不可没。唐律中的法律伦理是以儒家伦理为基础的伦理,礼又是儒家伦理的集中体现。唐律的礼法结合实际上就是法律规定与法律伦理的结合。唐律中大量有关维护君权、父权与夫权的规定,都凸显出礼法结合的成果,也都蕴含着法律伦理。比如,关于维护君权的"谋反"规定,就是忠孝与法律规定相结合的产物,强调的是"为子为臣,惟忠惟孝"①。因此,违反者就要受到严惩,不仅犯罪者要被处最严厉的刑罚,还要缘坐大量亲属,没收其财产等。② 关于维护父权的规

---

① 《唐律疏议·名例》"十恶"条"疏议"。
② 参见《唐律疏议·贼盗》"谋反大逆"条。

定,就是父父、子子与法律规定相结合的产物,强调的是"父为子天"①。违反者同样要受到惩罚。《唐律疏议·职制》"匿父母及夫等丧"条规定:"诸闻父母若夫之丧,匿不举哀者,流二千里。"在唐律的规定中,处处能见到法律伦理的存在。

第二,社会伦理得到了有效弘扬。法律伦理通过法律的实施,借助法律的权威,使其中的社会伦理得到有效弘扬。社会伦理借势于法律伦理得到发扬,使其更容易在社会中得到体现。法律伦理的这一作用在贞观时期已经显现。《贞观律》颁行于贞观十一年(637年)。此前的社会伦理主要受益于《武德律》的法律伦理,此后则主要受益于《贞观律》的法律伦理。贞观时期,在包括法律伦理在内的多重调控下,社会伦理水平有所提高,社会风尚有了改变。从官吏、富人的角度看,许多人变得清廉和安分。"官吏多自清谨。制驭王公、妃主之家,大姓豪猾之五,皆畏威屏迹,无敢侵欺细人。"②从大众的角度看,社会风尚有了改观。"由是二十年间,风俗简朴,衣无锦绣,财帛富饶,无饥寒之弊。"③"入山东村落,行客经过者,必厚加供待,或发时有赠遗。此皆古昔未有也。"④进入永徽时期以后,在唐律中的法律伦理等的共同作用之下,社会伦理仍保持着良好态势,国家也继续前行,故史称"永徽之政有贞观风"⑤。

第三,社会治安情况良好。由法律伦理支撑的法律比较贴近人性、社会,中国古代以儒家伦理为基础的法律伦理尤其如此。它容易实施,实施以后又容易对社会治安产生积极影响。贞观时期,在《武德律》

---

① 《唐律疏议·职制》"匿父母及夫等丧"条"疏议"。
② 《贞观政要·政体第二》。
③ 《贞观政要·俭约第十八》。
④ 《贞观政要·政体第二》。
⑤ 《新唐书·长孙无忌传》。

《贞观律》的作用下,已呈现出良好的社会治安状况。那时,"商旅野次,无复盗贼,囹圄常空,马牛布野,外户不闭"①。唐太宗也感觉到社会治安情况的好转,他曾说:"比观百姓渐知廉耻,官民奉法,盗贼日稀,故知人无常俗,但政治有治乱耳。"②另外,被刑罚制裁,特别是被适用死刑的人数急剧下降。《贞观政要·刑法第三十一》载,贞观四年(630年),"断死刑,天下二十九人,几致刑措"。到了永徽时期,良好的社会治安情况仍然得到维持,"百姓阜安,有贞观之遗风"③。

从以上三个方面可见,在中国古代,法律伦理的作用不可小视。

2. 法律伦理的阐发问题

法律伦理是法律的基础,隐藏在法律之中。中国古代的法律伦理也是如此。帮助人们了解这一法律伦理,从而深刻认识这一伦理的有效途径之一是将其阐发出来,做到一目了然。唐律阐发其法律伦理的主要途径是"疏议"。唐律主要由律文与"疏议"两大部分构成。"疏议"的功用在于解释、补充律文,以使读律者能准确、全面地理解律文的真正含义,便于它的实施。对此,唐律作了说明:"疏之为字,本以疏阔、疏远立名。"④后来,沈家本在《重刻唐律疏议序》中作了更为明确的说明:"名疏者,发明律及注意;云议者,申律之深义及律所不周不达。"⑤法律伦理是唐律的一个重要组成部分,因此"疏议"在解释、补充律文的过程中,也对之进行了阐发。

唐律中的"疏议"阐发法律伦理的方式主要有以下两种:第一种方

---

① 《贞观政要·政体第二》。
② 《贞观政要·仁义第十三》。
③ 《资治通鉴·高宗永徽元年》。
④ 《唐律疏议·名例》前言"疏议"。
⑤ 转引自刘俊文点校:《唐律疏议》,中华书局1983年版,第670页。

式是直接引用儒家经句。唐律中的法律伦理以儒家伦理为基础,儒家伦理来源于儒家学说,儒家学说又存在于儒家经句之中,所以直接引用儒家经句能够直观反映儒家伦理乃至法律伦理的存在。如内乱罪,唐律设定此罪的伦理是儒家的性伦理,并以《左传》的经句为依据。《唐律疏议·名例》"十恶"条"疏议"专门引用了《左传》中的经句加以叙述:"《左传》云:'女有家,男有室,无相渎。易此则乱。'若有禽兽其行,朋淫于家,紊乱礼经,故曰'内乱'。"以此为出发点,唐律规定了内乱罪:"奸小功以上亲、父祖妾及与和者。"很明显,《左传》的上述经句是确定内乱罪的直接依据,也是设立此罪的伦理所在。第二种方式是运用儒家伦理的精神。也就是说,唐律虽未直接引用儒家经句,但在阐述中渗透了儒家伦理的精神,其中有些规定就建立在这种精神之上。如不孝罪,在解释该罪名时,唐律并没有直接引用儒家经句,而是阐述了儒家伦理孝的精神,并引申出不孝罪设立的伦理依据。"善事父母曰孝。既有违犯,是名'不孝'。"[①]以此为出发点,《唐律疏议·名例》"十恶"条具体罗列了不孝罪的罪行,它们是:"告言、诅詈祖父母、父母,及祖父母、父母在,另籍、异财,若供养有缺;居父母丧,身自嫁娶,若作乐、释服从吉;闻祖父母、父母丧,匿不举哀,诈称祖父母、父母死。"可见,这一儒家伦理精神成了唐律中不孝罪设立的主要依据。唐律就是通过"疏议"阐发其中的法律伦理的。

3. 法律伦理的影响问题

法律伦理依托着法律,既会继承,也会影响。只要法律原则、制度和内容等为以后的朝代、时期所使用,法律伦理也往往会影响到以后的

---

① 《唐律疏议·名例》"十恶"条"疏议"。

朝代、时期。唐律中的法律伦理也是如此。随着它为后世立法所传承，其中的法律伦理也影响到后世，直到清末法制改革以后才发生较大的变化。《宋刑统》几乎是唐律的翻版。唐律中的法律伦理对《宋刑统》产生了很大的影响，是它的蓝本。比如，在《宋刑统》规定的"八议"制度中，其"疏议"也引用了《周礼》和《礼记》中的经句，而且与唐律中的相同。① 另外，《宋刑统》在有些表述上有所改动，主要是删去了一些儒家经句。比如，"十恶"中不孝、不睦、内乱罪的表述，皆略去了儒家经句。② 究其原因，主要是由于它简化了"疏议"，一些儒家经句被删去了。然而，这并没有给《宋刑统》中的法律伦理带来太大的影响，因为律文几乎没变，律文中的法律伦理照样得到传承，只是在表述上略显不同罢了。《大明律》和《大清律例》虽然已不再使用"疏议"，但是唐律的内容仍在其中保留百分之六十左右，③唐律中的法律伦理还是对它们发生了影响，尤其是那些重要的原则、制度和内容大多得到保留，"老小及疾有犯"而减免用刑原则、"八议"制度、"十恶"罪名等都是如此。④ 可见，唐律中的法律伦理同样对《大明律》和《大清律例》产生了很大影响。

　　清末法律改革以后，大量西方近代的法律伦理随着法律移植也开始进入中国的立法领域，大量中国古代的法律伦理开始退出历史舞台。《大清新刑律》是中国第一部近代意义上的刑法典，其内容来自近代西方的刑法典，由日本法学家冈田朝太郎帮助清政府制定。⑤ 西方近代

---

① 参见《宋刑统·名例律》"八议"门。
② 参见《宋刑统·名例》"十恶"门。
③ 参见王立民：《唐律新探》（第四版），北京大学出版社2010年版，第42—43页。
④ 参见《大明律·名例律》和《大清律例·名例律》中的"十恶""八议"和"老小及疾收赎"条。
⑤ 参见张晋藩主编：《中国法制史》，中国政法大学出版社2007年版，第324页。

的法律伦理随着其原则、制度、内容渗透到中国刑法中,罪刑法定、正当防卫、紧急避险、数罪并罚等都是如此。与此同时,中国古代法律伦理渐渐被"挤"出刑法,"十恶""八议""老小及疾有犯"而减免用刑等都是这样。从那以后,中国的法律伦理开始走向近代化的阶段,中国古代的法律伦理则没有机会重整旗鼓了。

第二十八章
唐律与《贞观政要》的吏治

唐朝的第一部律是《武德律》,颁布于武德七年(624年);第二部律是《贞观律》,它是唐律的定本,颁行于贞观十一年(637年)。两部律中都有关于吏治的规定。《贞观政要》记载了贞观年间(627—649)唐太宗与大臣们的对话、奏疏和诏令等,其中有关于吏治的内容。唐律与《贞观政要》互相影响,有较为密切的联系。唐律中的立法思想、内容、实施情况等在《贞观政要》中有不同程度的体现。《贞观政要》前十一年记载的有些内容与《武德律》的实施和《贞观律》的制定有关,后十一年记载的内容又与《贞观律》的实施相关。本章仅对其中以吏治为结合点的内容作一探讨。

一、唐律的吏治规定对《贞观政要》的吏治内容产生过影响

唐律的吏治规定对《贞观政要》的吏治内容产生的影响主要体现在以下三个方面:

1. 唐律的规定作为《贞观政要》吏治的一个依据

唐律中有不少关于吏治的规定,其中包括打击受贿犯罪。《唐律疏议·职制》"受人财为请求""有事以财行求""监主受财枉法""事后受财""受所监临财物"和"因使受送遗"等条对不同情况的受贿犯罪作了规定。其中,既有罪状,也有法定刑。同时,罪名和犯罪情节等不同,量刑也不一样。比如,监临主司受财枉法和受财不枉法的最低量刑和最高量刑都不相同。"诸监临主司受财而枉法者,一尺杖一百,一匹加一等,十五匹绞;不枉法者,一尺杖九十,二匹加一等,三十匹加役流。"①这样的规定有利于区分情况,有效打击、防止官吏的受贿犯罪。然而,唐太宗并不是为了单纯地惩治官吏犯罪,而是为了预防犯罪,告诫侍臣不要受贿,不要触犯这些规定而构成犯罪,以致得不偿失,身败名裂。他把唐律打击的这种犯罪作为吏治的依据。《贞观政要》记载,贞观年初,唐太宗以明珠弹雀规劝官吏不要受贿。他说:"人有明珠,莫不贵重,若以弹雀,岂非可惜?况人之性命甚于明珠,见金钱财帛不惧刑纲,径即受纳,乃是不惜性命";"皆不能以此道求荣,遂妄受财物,赃贿既露,其身亦殒,实为可笑。"②贞观二年(628年),唐太宗又提起这一话题,再次规劝侍臣,不要受贿,不要贪小失大。他说:"朕尝谓贪人不解爱财也,至如内外官五品以上,禄秩优厚,一年所得,其数自多。若受人财贿,不过数万,一朝彰露,禄秩削夺,此岂是解受财物?规小得而大失者也。"③贞观四年(630年),他再次劝诫官吏,要小心奉法,不要因贪赃犯罪而殃及子孙。他说:"大丈夫岂得苟贪财物,以害及身命,使子孙每怀愧耻耶?卿等宜深思此言。"④唐太宗以唐律的规定作

---

① 《唐律疏议·职制》"监主受财枉法"条。
② 《贞观政要·贪鄙第二十六》。
③ 同上。
④ 同上。

为依据规劝官吏的做法较有说服力,也更能言明其利害关系,容易起到规劝的实效。

2. 唐律修订后的规定作为《贞观政要》吏治的要求

《贞观律》颁行于贞观十一年(637年),《贞观政要》在此以后记载的内容与《贞观律》的实施有关。《贞观律》对《武德律》进行过修改,总体上说,用刑宽于《武德律》。从这一点出发,唐太宗在《贞观政要》中要求司法官严格依《贞观律》办案,在司法过程中务求宽平,切忌严刻。据《旧唐书·刑法志》的记载,在《贞观律》的"厘改"过程中,多次、大量削减、减轻《武德律》中的死刑等刑罚,形成了《贞观律》用刑宽平的格局。唐太宗即位后,"戴胄、魏徵又言旧律令重,于是议绞刑之属五十条,免死罪,断其右趾。应死者多蒙全活"。以后,"又除断趾法,改为加役流三千里,居作二年"。另外,在反逆罪的缘坐中,"以恶言犯法不能为害者,情状稍轻,兄弟免死,配流为允"。于是,"比古死刑,殆除其半";"比隋代旧律,减大辟者九十二条,减流入徒者七十一条。其当徒之法,惟夺一官,除名之人,仍同士伍。凡削烦去蠹,变重为轻者,不可胜纪"。经过这样的"厘改",《贞观律》在立法中已经实现了宽平。接着,就有一个依《贞观律》司法的问题。只有严格按照它的规定办案,宽平才能得以实现。唐太宗意识到了这一点。《贞观政要》记载,唐太宗在贞观十六年(642年)要求大理卿孙伏伽和其他司法官避免各种错误做法,实现用刑宽平。"朕常问法官刑罚轻重,每称法网宽于往代。仍恐主狱之司,利在杀人,危人自达,以钓声价,今之所忧,正在此耳!深宜禁止,务在宽平。"①唐太宗把修改后的《贞观律》的规定作为吏治

---

① 《贞观政要·刑法第三十一》。

的一个要求,有利于司法官依法办案,体现宽平精神,实现社会和谐。

3. 唐律的实施情况反映了《贞观政要》吏治的效果

贞观时期,唐太宗从多方位进行吏治整饬,其中包括适用唐律。唐律是一部刑法典,以打击各种犯罪为己任,它在唐朝的吏治中具有自己的优势。比如,它的内容比较规范、具体,有利于官吏遵守,也有利于司法官司法;它的内容可以被反复适用,有利于官吏对自己的行为有所预期;它的制裁方式是刑罚,更具威慑力等。唐律的实施十分有助于贞观时期的吏治,而且吏治的效果明显,犯罪官吏大量减少。《贞观政要》记载,那时,"深恶官吏贪浊,有枉法受财者,必无赦免。在京流外犯赃者,皆遣执奏,随其所犯,置以重法。由是官吏多自清谨。制驭王公、妃主之家,大姓豪猾之伍,皆畏威屏迹,无敢侵欺细人"①。吏治的效果带动了贞观时期整个社会情况的好转,使这一时期的社会有了突出发展,赢得了"贞观之治"的美誉。首先,经济有了大发展。贞观时期的吏治带动了社会经济的发展,农业大丰收,粮食供应充足,粮价下降。贞观之初,"一匹绢才得粟一斗,而天下帖然",但是"自五六年来,频岁丰稔,一匹绢得十余石粟"。② 随着连年的农业丰收,出现了粮食供应充足和粮价低廉的情况,以至于人们外出旅行时不必携带粮食。"又频致丰稔,米斗三四钱,行旅自京师至于岭表,自山东至于沧海,皆不赍粮,取给于路。入山东村落,行客经过者,必厚加供待,或发时有赠遗。此皆古昔未有也。"③其次,治安情况良好。贞观时期的吏治影响到了社会治安,营造出一个较好的治安环境。"商旅野次,无复盗贼,囹圄

---

① 《贞观政要·政体第二》。
② 参见《贞观政要·奢纵第二十五》。
③ 《贞观政要·政体第二》。

常空,马牛布野,外户不闭。"①再次,官吏和社会的风俗都得到了改善。贞观时期的吏治还延伸到官吏的风俗,简朴风俗树立起来了,奢侈之风得到改变。"由是二十年间,风俗简朴,衣无锦绣,财帛富饶,无饥寒之弊。"②同时,整个社会的风俗也在改善。唐太宗在贞观二年(628年)时说:"比观百姓渐知廉耻,官民奉法,盗贼日稀,故知人无常俗,但政有治乱耳。"③最后,扩大了国际影响。贞观时期的吏治不仅影响到国内的发展,也延及国外。中国的国际交流活动增加,国际地位也得到提升。贞观十年(636年)时,唐朝已是"威加海外,万国来庭,食禀日积,土地日广"④。

综上所述,唐律的吏治规定对贞观时期的吏治产生了积极影响,《贞观政要》从多个侧面把这种影响反映出来,吏治成了唐律的规定与《贞观政要》内容的一个结合点。

二、《贞观政要》的吏治内容也对唐律的吏治规定产生过影响

《贞观政要》记载的关于吏治的内容也与唐律中吏治的规定关系密切,对其产生过影响,主要表现在以下几个方面:

---

① 《贞观政要·政体第二》。
② 《贞观政要·俭约第十八》。
③ 《贞观政要·仁义第十三》。
④ 《贞观政要·诚信第十七》。

1. 《贞观政要》中的吏治思想有唐律的吏治规定作为支撑

《贞观政要》中包括吏治在内的思想是贞观时期的主流思想。这些思想的提出,有唐律中有关吏治的规定作为支撑。唐太宗提出的选官思想是其中之一。他十分重视选用贤人为官,治理国家;同时,还要求官吏为朝廷做好选用贤人任职的工作。《贞观政要》记载,贞观元年(627年),他说:"致治之本,惟在于审。量才授职,务省官员。故书称:'任官惟贤才'。"①贞观二年(628年),他又说:"为政之要,惟在得人,用非其才,必难致治。今所任用,必须以德行、学识为本。"②贞观六年(632年),他在强调"王者须为官择人"的同时,再次表达了选官的重要性:"用得正人,为善者皆劝;误用恶人,不善者竞进。"③选用贤才是官吏的职责,这一任务也需由官吏来完成,吏治十分重要。显然,唐太宗的这些思想有唐律关于吏治的规定作为支撑。唐律要求官吏严格按照标准向朝廷贡举任官人才,不可"贡举非其人",否则将被追究刑事责任。唐律规定的内容包括贡举非其人的责任、故意与过失用刑的差别、其他渎职人员的责任等。"诸贡举非其人及应贡举而不贡举者,一人徒一年,二人加一等,罪止徒三年。若考校、课试而不以实及选官乖于举状,以故不称职者,减一等。失者,各减三等。承言不觉,又减一等;知而听行,与同罪。"④可见,有了唐律相关规定的支撑,《贞观政要》中的吏治思想更具有权威性和说服力了。

---

① 《贞观政要·择官第七》。
② 《贞观政要·崇儒学第二十七》。
③ 《贞观政要·择官第七》。
④ 《唐律疏议·职制》"贡举非其人"条。

2.《贞观政要》中有些诏令的内容演变成唐律吏治的规定

《贞观政要》中有些合理、可被广泛适用的诏令内容,在《贞观律》的制定中被吸收,成为其吏治的组成部分。死刑三复奏的规定即是如此。贞观时期,唐太宗要求,凡在州县发生的死刑案件,在执行死刑前,要经过三复奏程序。这在《贞观政要》中有记载。贞观五年(631年),唐太宗下诏:"在京诸司,比来奏决死囚,虽云三复,一日即了,都未暇审思,三奏何益?纵有追悔,又无所及。自今后,在京诸司奏死囚,宜二日中五复奏,天下诸州三复奏。"①唐太宗创设三复奏的事实在《旧唐书·刑法志》中也有记载。唐太宗错杀了张蕴古以后,"既而大悔,因诏'死刑虽令即决,皆三复奏'"。为了进一步把三复奏的规定固定化、规范化,唐太宗将其纳入唐律规定的范围,使其演变成吏治的内容。凡是司法官没有按三复奏规定司法的,要被追究刑事责任。"诸死罪囚,不得复奏报下而决者,流二千里。即奏报应决者,听三日乃行刑,若限未满而行刑者,徒一年;即过限,一日杖一百,二日加一等。"后来,《永徽律疏》在此条的"疏议"部分对其原意作了更明确的解释:"'死罪囚',谓奏画已讫,应行刑者。皆三复奏讫,然始下决。"②经过唐律的规定,死刑三复奏的内容更为具体和规范,也更便于操作了。这同时具有两方面的积极意义:一方面,便于司法官执行三复奏制度;另一方面,也便于司法官违反这一规定后被追究刑事责任。它们都有利于吏治整饬。

---

① 《贞观政要·刑法第三十一》。
② 《唐律疏议·断狱》"死囚复奏报决"条及其"疏议"。

3.《贞观政要》中关于吏治的要求和规定丰富了唐律吏治规定的内涵

这是指在唐律所规定吏治内容基本不变的情况下,其吏治的内涵丰富了。《贞观政要》中有些关于吏治的要求和规定被归入唐律吏治规定的内涵,使相关规定的内容更为丰富了。要求官吏"执奏"不稳便的诏敕就是其中一例。贞观三年(629年),唐太宗针对一些中书、门下两省官员对诏敕"阿旨顺情,惟惟苟过"的情况,要求这些官员遇有不稳便诏敕,一定要"执言"。他说:"中书、门下,机要之司。擢才而居,委任实重。诏敕如有不稳便,皆须执论。比来惟觉阿旨顺情,惟惟苟过,遂无一言谏诤者,岂是道路?若惟署诏敕、行文书而已,人谁不堪?何颂简择,以相委付?自今诏敕疑有不稳便,必须执言,无得妄有畏惧,知而寝默。"①一年以后,唐太宗的这一要求以诏令形式对官吏作出了明确规定:"令诸司,若诏敕颁下有未稳便者,必须执奏,不得顺旨便即施行,务尽臣下之意。"②唐律要惩治官吏"应奏而不奏"和"不应奏而奏"的犯罪行为,"诸事应奏而不奏,不应奏而奏者,杖八十"③。有了唐太宗的要求和诏令的规定以后,官吏发现了不稳便的诏敕内容而不执奏的,就会被以"应奏而不奏"追究刑事责任。唐律这一规定的内涵又多了一层意思,有利于增强官吏对诏敕的责任感,提高诏敕的稳便性,进一步健全法制。

---

① 《贞观政要·政体第二》。
② 同上。
③ 《唐律疏议·职制》"事应奏产奏"条。

4.《贞观政要》中对官吏的要求补充了唐律的吏治内容

唐律的刑法典性质决定了它规定的内容以实体法为主,许多程序等方面的内容无法被归入其中。可是,法律的实施,特别是人命关天的死刑的议定又十分重要,于是对唐律中这部分内容的补充就必不可少了。《贞观政要》记载,贞观元年(627年),唐太宗从避免死刑案件的错判角度出发,要求高官集议这类案件,并把它作为一个必经程序。他说:"古者断狱,必讯于三槐、九棘之官,今三公、九卿,即其职也。自今以后,大辟罪,皆令中书、门下四品以上及尚书九卿议之,如此,庶免冤滥。"①这一死刑案件议定程序的增加,使死刑案件的审判更加慎重,也更有利于唐律中有关死刑案件审判规定的实施,直接体现了慎刑精神;同时也增强了官吏司法的责任心,十分有利于吏治。事实证明,适用这一程序以后,全国审定死刑的人数极少。"由是至四年,断死刑,天下二十九人,几致刑措。"②这从司法的实际效果角度证明了设定这一程序的必要性和吏治的有效性。

由上可知,《贞观政要》的内容有多个方面与唐律的规定相联系,在吏治方面也是如此。这种联系有助于人们更清晰地看到唐朝贞观时期法制与吏治的关系,提高对其的认识。

---

① 《贞观政要·刑法第三十一》。
② 同上。

三、唐律与《贞观政要》的吏治中
值得关注的一些问题

在唐律与《贞观政要》吏治的问题上还有一些方面值得关注,主要包括:

1. 唐律与《贞观政要》的吏治具有互补性

唐律与《贞观政要》虽都有关于吏治的内容,但不完全相同。唐律是从刑法的角度规定吏治的内容,用刑罚打击犯罪官吏,把吏治的精神和内容都体现在律条及其"疏议"中。比如,《唐律疏议·职制》中"受人财为请求""有事以财行求""监主受财枉法""受所监临财物"等条,都通过打击官吏的受贿行为实现吏治目标。《贞观政要》的吏治内容没有用律条来表现,而是通过唐太宗与官吏的要求、奏疏、诏令等反映吏治的情况。比如,唐太宗对死刑三复奏的要求等。它们虽然各自的表现形式不同,但是整饬吏治,使官吏为政清廉的目标却保持一致。因此,吏治把唐律与《贞观政要》中的相关内容联系起来了。同时,这种联系又具有互补性。唐律体现出吏治的文本规定,而《贞观政要》则反映出这一文本产生的背景、思想、诏令的规定和实施情况等。比如,唐律中有关于贡举官吏的规定,惩办官吏"贡举非其人"的行为;而《贞观政要》中则有唐太宗关于选官的思想、要求等。把唐律与《贞观政要》中的吏治内容结合起来考察,可使这种互补性显露出来,从而使人们能较为全面地审视唐朝贞观时期吏治的状况。其中,既有唐律中有关吏治的规定,又有《贞观政要》中与吏治相关的其他一些内容。从这种意义上讲,把唐律与《贞观政要》联系起来考察贞观时期的吏治很有必要,也是一条理想的途径。

2. 唐律与《贞观政要》吏治的理论基础是民本思想

唐太宗及其大臣们的民本思想是当时吏治的理论基础。唐太宗对此有过多次表述。《贞观政要》记载,贞观初期,他就对侍臣说:"为君为道,必须先存百姓,若损百姓以奉其身,犹割股以啖腹,腹饱而身毙。"①贞观二年(628年),他又说:"凡事皆须务本。国以人为本。"②贞观十六年(642年),他再次说:"国以民为本。"③他认识到君主与人民的关系,就如同舟与水的关系,即"舟所以比人君,水所以比黎庶,水能载舟,亦能覆舟。尔方为人主,可不畏惧!"④魏徵也说:"怨不在大,可畏惧人,载舟覆舟,所宜深慎。"⑤要使李唐王朝长治久安,民心安定,就要君臣同心,共同治理好国家。唐太宗十分重视这种君臣关系,认为这种关系会对治国产生很大影响,如果处理得当,国家就能安宁;如果处理不当,就会影响人民的生活,甚至导致一个朝代的灭亡。贞观元年(627年),他就说:"惟君臣相遇,有同鱼水,则海内可安。"⑥此后,他又说:"上下相蒙,君臣道隔,民不堪命,率土分崩。"⑦他甚至还从隋亡的教训中得到启示,即隋朝的灭亡不仅与隋朝的君主有关,也与隋朝的官吏有关。贞观四年(630年),他说:"上之所好,下必有甚,竞为无限,遂

---

① 《贞观政要·君道第一》。
② 《贞观政要·务农第三十》。
③ 同上。
④ 《贞观政要·教戒太子诸王第十一》。
⑤ 《贞观政要·君道第一》。
⑥ 《贞观政要·求谏第四》。
⑦ 《贞观政要·君道第一》。

至灭亡。"①贞观十一年(637年),他又说:"隋氏倾覆者,岂惟其君无道,亦由股肱无良。"②因此,从民本思想出发,要充分发挥官吏的治国作用,没有吏治不行。这种通过治吏治国、治民的治理方式,符合唐朝专制统治的需求。君主要通过他所任命的官吏的职务行为,实现他的意志,贯彻他的政策;没有这批官吏,君主将寸步难行。因此,官吏在国家治理中的作用举足轻重。为了充分发挥官吏的这一作用,就必须采用包括法制在内的各种吏治手段,以防止他们胡作非为,随意侵犯人民利益,激化社会矛盾。唐律中有许多规定是为了防范和惩办官吏的犯民行为,缓和官与民的矛盾。比如,唐律严厉打击官吏非法侵夺私田的行为,它规定:"诸在官侵夺私田者,一亩以下杖六十,三亩加一等;过杖一百,五亩加一等,罪止徒二年半。"③这一用刑明显重于一般主体多占田的用刑。"诸占田过限者,一亩笞十,十亩加一等;过杖六十,二十亩加一等,罪止徒一年。"④这一规定有利于保护民众的私田不受侵犯。可见,唐律与《贞观政要》中的吏治不仅有民本思想作为理论基础,还有一些相应的措施和规定作为保障,从而缓和社会矛盾,保持社会安定。

3. 唐律与《贞观政要》吏治的内容具有很强的针对性

唐律的定本《贞观律》的内容和《贞观政要》中记载的各种内容都是唐朝贞观时期的产物,其中吏治的内容具有很强的针对性,能够反映

---

① 《贞观政要·俭约第十八》。
② 《贞观政要·行幸第三十七》。
③ 《唐律疏议·户婚》"在官居侵夺私田"条。
④ 《唐律疏议·户婚》"占田过限"条。

出当时吏治需求的实际情况。唐律中共有十二个律,每个律中都有与吏治相关的内容,而且都适应了吏治的需求。名例律的"以理去官""无官犯罪"和有关"官当""除名""免官""免所居官"等条中有关于处理官吏犯罪的原则规定;卫禁律的"宿卫冒名相代""宿卫人被奏劾不收仗""缘边城戍不觉奸人出入"等条中有关于打击军事长官犯罪的规定;职制律是吏治专律,其内容几乎全都与吏治相关;户婚律的"州县不觉脱漏增减""不言及妄言部内旱涝霜虫""差科赋役违法"等条中有关于惩罚官吏犯罪的规定;断狱律的"依告状鞫狱""辄引制敕断罪""官司出入人罪"等条中有关于惩治司法官犯罪的规定。其他的七个律也都是如此,在此不一一赘述。针对吏治整饬的需要,这些内容对官吏犯罪的设定和量刑都比较合理。这里以断狱律中关于司法官断狱错误并造成出入人罪的情况为例。此律条对司法官"出罪"和"入罪"、"从轻入罪"和"刑名易"、"失于入"和"失于出"等错判情况都适用不同的刑罚,保持罪刑的一致性。"诸官司入人罪者,若入全罪,以全罪论;从轻入重,以所剩论;刑名易者:从笞入杖、从徒入流亦以所剩论,从笞杖入徒流、从徒流入死罪亦以全罪论。其出罪者,各如之。即断罪失于入者,各减三等;失于出者,各减五等。即别使推事,通状失情者,各又减二等;所司已承误断讫,即从失出入法。虽有出入,于决罚不异者,勿论。"①这是司法官审案出入人罪的全面、完整内容,可以满足当时对司法官这一责任规定的需求。《贞观政要》所记载内容的针对性更强,它根据当时吏治中的实际情况,及时进行交流与对话,提出奏疏,发出诏令等。这些内容都能切中吏治问题的要害。同时,统治者也采取有效措施予以应对,把吏治置于可控的常态之中。比如,当唐太宗发现有

---

① 《唐律疏议·断狱》"官司出入人罪"条。

些官吏对不稳便诏敕置若罔闻时,就及时要求他们加以改变,而"必须执奏,不得顺旨便即施行,务尽臣下之意";当唐太宗错杀了张蕴古以后,确定了死刑案件五复奏与三复奏同时适用的制度,以防止以后的错杀等。这种内容的针对性可以折射出贞观时期吏治的真实情况,也有利于今天对其进行动态的考察与研究。

4. 对唐律的修订与在《贞观政要》中有重要影响的人物有重合

从《旧唐书·刑法志》的记载来看,对《贞观律》的修订有重要影响的人物,除唐太宗外,还有房玄龄、裴弘献、魏徵等人。其中,房玄龄和裴弘献参与了《贞观律》的修订,魏徵提出过重要的修订思想。"蜀王法曹参军裴弘献驳律令四十余事,乃诏房玄龄与弘献等重加删定。故玄龄等遂与法司增损隋律,降大辟为流者九十二,流为徒者七十一,以为律。"唐太宗即位后,"有劝以威刑肃天下者,魏徵以为不可,因为上言王政本于仁恩,所以爱民厚俗之意,太宗欣然纳之,遂以宽仁治天下,而于刑法尤慎。"在《贞观政要》中,他们也是重要人物。特别是房玄龄和魏徵,唐太宗与他们两人的交流特别多,其中有些与吏治有关。贞观元年(627年),唐太宗就与房玄龄谈论了关于选任官吏的重要问题,他认为:"若得其善者,虽少亦足矣。"以后,"玄龄等由是所置文武总六百四十员"。① 贞观中期,唐太宗又对房玄龄讲到官吏在治国中的重要作用:"朕闻自古帝王上合天心,以致太平者,皆股肱之力。"他痛恨挑拨君臣关系的"无识之人",并要对他们治罪,即"当以谗人之罪罪之"。② 唐太宗与魏徵的交流更多。贞观六年(632年),唐太宗与魏徵讲到"为

---

① 参见《贞观政要·择官第七》。
② 参见《贞观政要·杜谗邪第二十三》。

官择人"问题时,魏徵表达了"太平之时,必须才行俱兼,始可任用"①的想法。贞观十四年(640年),魏徵又上疏唐太宗,提出对官吏要有"六正"的要求,包括"守文奉法,任官职事,不受赠遗,辞禄让赐,饮食节俭"②等。一方面,这些人物的重合十分有助于唐律在修订过程中直接体现贞观时期的主流思想,使唐律的内容更适合这一时期的社会情况。事实也是如此,房玄龄被认为是"明达吏事,饰以文学,审定法令,意在宽平"③,他参与修订的《贞观律》的内容也确实体现了宽平。另一方面,这些人熟知唐律的内容,他们在议事中所作出的决定不易与唐律的规定相冲突。从这种意义上讲,这种重合有利于吏治,尤其是法制条件下的吏治。

以上四个方面从不同侧面凸显出唐律与《贞观政要》中吏治的密切联系,可以为全面、深刻地理解贞观时期的吏治提供有益的帮助。

---

① 《贞观政要·择官第七》。
② 同上。
③ 《贞观政要·任贤第三》。

第二十九章
唐律规定的官吏言论犯罪

为了治吏,唐律对官吏的言论犯罪作了规定并把其纳入刑法规制的范围。① 这是一种官吏因自己的言论违反了唐律的规定而构成的犯罪。其中,既包括口头的言论犯罪,也包含了书面的言论犯罪。这两种言论在唐律中的用语有10余种,其中包括:"漏泄""口误""奏事""上书""言上""指斥""妄述""讽谕""上表""不言""妄言""弹事""报上""实对"等。目前,对唐律官吏言论犯罪的研究十分匮乏,是个值得开拓的领域。从这一研究中还可得到一些启示,为今天的从严治党与加强干部队伍建设提供一些借鉴。

一、唐律对官吏言论犯罪作了明确规定

唐律对官吏的言论犯罪都作了明文规定。官吏一旦违犯唐律的规定,构成这些言论犯罪,便可在唐律中找到相应的条款,进行处罚。唐

---

① 这里引用的唐律版本是由刘俊文点校、中华书局1983年出版的《唐律疏议》。

律规定的言论犯罪涉及的律条共有 17 条(见表 29-1)。

表 29-1

序号	所在律	条标名	律条或疏议内容	《唐律疏议》的页码
1	职制	漏泄大事	诸漏泄大事应密者,绞。非大事应密者,徒一年半;漏泄于蕃国使者,加一等。	195
2	职制	受制忘误	诸受制忘误及写制书误者,事若未失,笞五十;已失,杖七十。转受者,减一等。	198
3	职制	上书奏事犯讳	诸上书若奏事,误犯宗庙讳者,杖八十;口误及余文书误犯者,笞五十。即为名字触犯者,徒三年。	200—201
4	职制	上书奏事误	诸上书若奏事而误,杖六十;口误,减二等。上尚书省而误,笞四十。余文书误,笞三十。即误有害者,各加三等。	201
5	职制	事应奏不奏	诸事应奏而不奏,不应奏而奏者,杖八十。应言上而不言上,不应言上而言上及不由所管而越言上,应行下而不行下及不应行下而行下者,各杖六十。	202
6	职制	指斥乘舆及对捍制使	诸指斥乘舆,情理切害者,斩;非切害者,徒二年。对捍制使,而无人臣之礼者,绞。	207
7	职制	长吏辄立碑	(在官长吏)未能导德齐礼,移风易俗,实无政迹,妄述己功,崇饰虚辞,讽谕所部,辄立碑颂者,徒一年。所部为其立碑颂者,为从坐。若遣人妄称己善,申请于上者,杖一百。若虚状上表者,从"上书诈不实",徒二年。	217

(续表)

序号	所在律	条标名	律条或疏议内容	《唐律疏议》的页码
8	户婚	不言及妄言部内旱涝霜虫	诸部内有旱涝霜雹虫蝗为害之处,主司应言不言及妄言者,杖七十。	247
9	擅兴	擅发兵	诸擅发兵,十人以上徒一年,百人徒一年半,百人加一等,千人绞;给与者,随所给人数,减擅发一等。其寇贼卒来,欲有攻袭,即城屯反叛,若贼有内应,急须兵者,得便调发。虽非所属,比部官司亦得调发给与,并即言上。若不即调发及不即给予者,准所须人数,并与擅发罪同;其不即言上者,亦准所发人数,减罪一等。	298—299
10	擅兴	调发供给军事违法	诸应调发杂物,供给军事者,皆先言上待报,违者,徒一年;给与者,减一等。若事有警急,得便调发给,并即言上。若不调发及不给与者,亦徒一年;不即言上者,各减一等。	300
11	擅兴	兴造不言上待报	诸有所兴造,应言上而不言上,应待报而不待报,各计庸,坐赃论减一等。	312
12	斗讼	殴制使府主刺史县吏	诸殴制使、本属府主、刺史、县令及吏卒殴本部五品以上官长,徒三年;伤者,流三千里;折伤者,绞。若殴六品以下官长,各减三等;减罪轻者,加凡斗一等;死者,斩。詈者,各减殴罪三等。	395
13	斗讼	诬告反坐	诸诬告人者,各反坐。纠弹之官,挟私弹事不实者,亦如之。	428

(续表)

序号	所在律	条标名	律条或疏议内容	《唐律疏议》的页码
14	诈伪	诈为制书及增减	诸诈为制书及增减者,绞;未施行者,减一等。其收捕谋叛以上,不容先闻而矫制,有功者,奏裁;无功者,流二千里。	457—458
15	诈伪	对制上书不以实	诸对制及奏事、上书,诈不以实者,徒二年;非密而妄言有密者,加一等。若别制下问、案、推,报上不以实者,徒一年;其事关由所司,承以奏闻而不实者,罪亦如之。	458—459
16	诈伪	诈为官文书及增减	诸诈为官文书及增减者,杖一百;准所规避,徒罪以上,各加本罪二等;未施行,各减一等。	460
17	诈伪	诈为瑞应	诸诈为瑞应者,徒二年。若灾祥之类,而史官不以实对者,加二等。	469

唐律共有12个律,502条律条。其中的名例律是对一般原则的规定,算是唐律的总则;其他的11个律则是对具体犯罪与刑罚的规定,属于唐律的分则。在这11个律中,含有官吏犯罪的律条分布于5个律,即职制、户婚、擅兴、斗讼、诈伪律,占了45.45%。除了名例律外,唐律还有445条律条,关于官吏言论犯罪的律条有17条,占了3.82%。在这17条律条中,职制律有7条律条,是最多的,占了41.17%;户婚律仅有1条律条,是最少的,只占5.88%。总的来说,唐律官吏犯罪规定的分布面不算广,律条数量也不是很多,但对官吏言论的规制作用却不可小觑。因为,它是刑法的一个组成部分,以构成犯罪为前提,处罚手段也是最为严厉的,因此规制力度比较大。

唐律官吏言论犯罪的主体是官吏,即是犯罪的特殊主体。唐律言论犯罪的多数规定都同时适用于文官与武官。"漏泄大事""受制忘误""上书奏事犯讳""上书奏事误""事应奏不奏""指斥乘舆对捍制使""长吏辄立碑""殴制使府主刺史县令""诈为制书及增减""对制上书不以实""诈为官文书及增减"条所规定的犯罪主体都是如此,并无文官、武官之分。只有少量律条规定的犯罪主体有文官、武官之分。比如,"不言及妄言部内旱涝霜虫"条中的"主司","诈为瑞应"条中的"史官"都是指文官而非武官;"擅发兵"条中的"官司"只能是武官而不是文官。尽管如此,他们都是唐朝的官吏,属于犯罪的特殊主体,不是一般主体。

在唐律规定官吏言论犯罪的 17 条律条中,只有一条是"十恶"中规定的犯罪,即"指斥乘舆及对捍制使"条的规定。"十恶"中的"大不敬"条对大不敬的犯罪行为作了规定。"谓盗大祀神御之物,乘舆服御物;盗及伪造御宝;合和御药,误不如本方及封题误;若造御膳,误犯食禁;御幸舟船,误不牢固;指斥乘舆,情理切害及对捍制使,而无人臣之礼。"[①]"指斥乘舆及对捍制使"条规定的内容与"大不敬"条规定的内容一致。对于这一触犯"十恶"的言论犯罪用刑很重,都为死刑,即非斩即绞。其中的斩刑是唐律所规定的官吏言论犯罪中用刑最重的刑罚。

另外,从口头言论与书面言论两种犯罪形式的角度来看,大致可以分为四种情况。第一种情况是一条律条未对口头、书面言论犯罪形式作出明确规定。比如,"漏泄大事""诬告反坐"等条的相关规定属于此种情况。这意味着,律条规定的官吏言论犯罪既可以是口头形式,也可

---

① 《唐律疏议·名例》"十恶"条。

以是书面形式,两者都包含其中。即其中的任何一种形式都可以构成言论犯罪。第二种情况是一条律条仅对口头言论犯罪形式作出规定。比如,"指斥乘舆及对捍制使""殴制使府刺史县令"等条的相关规定属于这种情况。其用语有"指斥""詈"等。这意味着此类言论犯罪只可能是由口头言论形式构成,不会由书面形式构成。第三种情况是一条律条仅对书面言论犯罪形式作出规定。比如,"受制忘误""擅发兵""兴造不言上待报""调发供给军事违法""诈为制书及增减""诈为官文书及增减"等条的相关规定属于此种情况。其用语有"写""制书"等等。这说明,官吏构成这种犯罪只是书面形式,不会是口头形式。第四种情况是对书面与口头这两种犯罪形式都有规定。即在一条律条中,分别规定了书面与口头这两种言论犯罪形式。比如,"上书奏事犯讳""上书奏事误""事应奏不奏""长吏辄立碑"等条的相关规定属于这种情况。其表现为在同一律条中分别用"上书"与"奏事"、"妄述"与"辄立"等等。这些都说明,对官吏的同一种言论犯罪在形式上作了区分,表达上更为明确,有的在量刑上还作了区别。如"事应奏不奏"条的规定就是如此。从中亦可见,唐律对官吏言论犯罪的规定很明确。

二、唐律的官吏言论犯罪大致可以分为六大类

依据唐律官吏言论犯罪所侵犯的客体来分类,这一犯罪大致可以分为侵犯皇权、国家安全、官文书管理、封建官德、农民的经济权、人身权等6大类。唐律对这些言论犯罪都予以打击,且有明文规定。

1. 侵犯皇权的言论犯罪

唐朝的皇帝也是专制皇帝,掌握着国家的最高权力。皇权是这一权力的直接体现,皇帝则是皇权的化身。侵犯了皇权就会动摇唐朝的根基,冲击封建专制统治。唐律作为唐朝的一部刑法典,竭力维护皇权,打击各种侵犯皇权的犯罪,包括官吏的言论犯罪。这一犯罪从多个方面侵犯了皇权,唐律分别对其作出规定并归入打击范围。其中,有官吏因上书、奏事犯错而侵犯了皇权所构成的言论犯罪,相关的律条有"上书奏事犯讳""上书奏事误""事应奏不奏"和"对制上书不以实";有官吏因误写、欺诈、增减制书内容而侵犯了皇权所构成的言论犯罪,相关的律条有"受制忘误"和"诈为制书及增减";有官吏因欺诈应对自然界的灾祥现象而侵犯了皇权所构成的言论犯罪,相关的律条有"诈为瑞应";有官吏因对皇帝派遣人员极为不礼貌而侵犯了皇权所构成的言论犯罪,相关的律条是"指斥乘舆及对捍制使"。虽然这类官吏言论犯罪的表现形式有所不同,但都侵犯了皇权,都属于侵犯皇权的言论犯罪。

2. 侵犯国家安全的言论犯罪

这里的国家安全就是指唐朝的安全。没有这一安全,唐朝也就难以存在了。因此,国家安全对唐朝来说十分重要,不容侵犯。唐律严惩各种侵犯国家安全的犯罪,其中包括官吏的言论犯罪。这类言论犯罪中主要包含 3 条律条,而且表现不尽相同。其中,有因泄漏了国家机密而侵犯国家安全的言论犯罪,"漏泄大事"条对此作了规定;有因擅自调动国家军队而侵犯国家安全的言论犯罪,"擅发兵"条对此作了规定;有因调发供给军需品违法而侵犯国家安全的言论犯罪,"调发供给军事违法"条对此作了规定。这些言论虽侵犯的形式有所差异,如"漏泄大事"条规定的言论犯罪主要是通过漏泄国家机密而侵犯了国家安全,"擅发兵"条规定的言论犯罪主要是通过擅自调动军队而侵犯了国家安全,"调发供给军事违法"条规定的言论犯罪则是通过违法调配军需品而侵犯了国家安全,但是都聚焦在国家安全上,侵犯的都是国家安全,都属于侵犯国家安全的言论犯罪。

3. 侵犯官文书管理的言论犯罪

官文书是官府文书的简称,相对于私文书而言,是指一种根据国家管理需要而制作的官方文书。唐朝的官文书是国家管理的一种重要载体,也是保证国家机器正常运行的书面依据。官文书内容的表达集中反映了官府的意志,直接关系到国家职能的实现。官文书出现差错,会对国家管理带来不良影响。可见,对官文书的管理就十分重要了。任何侵犯这一管理的言论都会受到唐律的追究,尤其像"诈为""增减"那样的恶意行为。"诈为官文书及增减"条对此作了规定。此条"疏议"还专门对"官文书"与"增减"作了说明。即"诈为文案及符、移、解牒、钞券之类,或增减以动事"。同时,它还对"规避"作了说明,即"假有于法不应为官,诈求得官"。经过这样的说明,对"诈为官文书及增减"条的理解就会比较正确,打击这类言论犯罪也会比较准确了。

4. 侵犯封建官德的言论犯罪

唐朝是个德治国家,封建道德是人们的重要行为规范,而官德则是其中的重要组成部分。官德是指一种调整官吏行为特有的道德,也是官吏必须遵循的伦理规则。官吏应该遵守官德,以身作则,为百姓起示范作用。① 他们言论失范,严重有违官德,就会受到唐律的制裁。唐律的"长吏辄立碑"条对此作了规定,此条"疏议"还专门作了具体说明。唐律认为,官吏如果没能在行为上践行官德,即"未能导德齐礼,移风易俗,实无政迹",还要在言论上"妄述己功,崇饰虚辞,讽谕所部,辄立碑",就会构成言论犯罪,处以刑罚。这种言论犯罪就是一种侵犯封建官德的言论犯罪,也是唐律所要打击的一种言论犯罪。

5. 侵犯农民经济权的言论犯罪

唐朝是个农业国家。农业是其主要的生产部门,也是国家的主要经济来源。唐朝的农民是农业生产的主体。农民的经济权得不到保证,负担加重,社会难免会发生动荡,国家政权也会因此而受到威胁。农业生产与大自然息息相关,任何自然灾害都会不同程度地对农业生产带来不利影响,并殃及农民。为了准确掌握各种自然灾害的情况,保证农民的经济权,唐律要求官吏如实上报各种自然灾害的情况,并打击官吏侵犯农民经济权的言论犯罪。"不言及妄言部内旱涝霜虫"条对此专门作了规定。唐律作出这一规定直接有利于减轻受灾农民的负担,维护农民的经济权。根据唐律此条的规定,受灾农民可依据不同的受灾情况,免去租、庸、调。此条"疏议"引用唐令的规定,专门作了说明。如果官吏在言论上构成犯罪,还要受到相应的处罚。"依令:'十分损四以上,免租;损六,免租、调;损七以上,课、役俱免。若桑、麻损尽者,各免调。'其应损免者,皆主司合言。主司,谓里正以上。里正须言于县,县申州,州申省,多者奏闻。其应言而不言及妄言者,所由主司杖七十。"农民的经济权关乎唐朝农民的民生,从而影响到国家政权的稳

---

① 参见霍存福:《西汉扬雄〈廷尉箴〉的主旨与贡献》,载《当代法学》2017 年第 6 期。

定与社会的安定。唐律通过打击侵犯农民经济权的官吏言论犯罪来使国家长治久安。

6. 侵犯人身权的言论犯罪

在唐律规定的官吏言论犯罪中,还有一类是侵犯人身权的言论犯罪。人身权是人的一项基本权利,唐律在一定程度上也保护这一权利。人身权中有一项是名誉权,包括了人的声誉、尊严等。唐律规定的官吏言论犯罪侵害了被害人的声誉、尊严,突出表现为官吏的谩骂与诬告,并在"殴制使府主刺史县令""诬告反坐"条中有明文规定。根据"殴制使府主刺史县令"条的规定,唐朝的官吏如果谩骂(詈)"制使、本属府主、刺史、县令及吏卒殴本部五品以上官长",都会构成言论犯罪而受到处罚,并参照"殴制使府主刺史县令"犯罪减三等量刑。唐律的"诬告反坐"条则把官吏的言论犯罪作为一种特例加以规定。此律条规定:"诸诬告人者,各反坐。即纠弹之官,挟私弹事不实者,亦如之。"这个特例把诬告罪的一般犯罪主体转变为官吏这一特殊犯罪主体,把一般诬告人的行为引申为纠弹官吏利用职权而"挟私弹事不实"行为,这就坐实了官吏侵犯人身权的言论犯罪并要受到惩罚。①

从唐律规定的这 6 大类官吏言论犯罪来看,其侵犯的范围不小,涉及国家、社会、个人等一些方面,是对唐朝统治秩序危害较大的一类犯罪。其中,官吏侵害皇权的言论犯罪所占的律条比例最高。在这类犯罪的 17 条律条中,侵犯皇权的言论犯罪占了 8 条,占了总数的 47.06%。这为其他官吏言论犯罪所不能比拟。从中可以得知,唐律把维护皇权作为自己的一项重要任务,不容任何人侵犯,包括官吏。只要

---

① 参见刘晓林:《唐代监察官的职务犯罪行为及其处罚》,载《甘肃社会科学》2018 年第 5 期。

他们的言论侵害了皇权,就会受到严厉制裁,得不到丝毫的宽容。另外,这也警示官吏在任何情况下都要尊重皇权,不能对皇权造成任何侵犯,否则后果严重。这也正好与唐律维护封建统治的宗旨相吻合。

三、唐律官吏言论犯罪的三个重要侧面

在关于唐律官吏言论犯罪的规定中,还有三个重要侧面不能被忽视,要引起足够的重视。这样才能对这一犯罪有较为全面的认识。

1. 唐律对官吏言论犯罪中的故意与过失作了规定

唐律对官吏言论犯罪并非一概而论,而是有故意与过失的区分。唐律中官吏言论的故意犯罪是指一种官吏明知自己的言论会造成危害社会的结果,但仍然希望或放任这种结果发生而构成的犯罪。唐律中官吏言论的过失犯罪则是指一种官吏应当预见自己的言论可能发生危害社会的结果,但因为疏忽大意没有预见或已经预见而轻信能够避免,以至于结果发生,构成了犯罪。虽然唐律中的这一故意与过失都属于言论犯罪的罪过形式,但由于它们的恶性程度不同,还是作了规定。其大致可分为以下三种情况:

(1) 对故意犯罪作出规定

唐律对有些官吏的言论犯罪作了故意犯罪的规定。在这些规定中,虽然律条中没有显示"故意"两字,但这些犯罪只能构成故意犯罪,不会构成过失犯罪。比如"诈""诈为"的言论犯罪就是如此。"诈"含

有欺诈的意思,具有希望或放任犯罪结果发生的主观心理,应该属于故意犯罪。唐律的官吏言论犯罪中,涉及"诈"与"诈为"犯罪的有4条律条,包括"诈为制书及增减""诈为官文书及增减""对制上书不以实""诈为瑞应"条。它们的"诈""诈为"言论各有侧重。"诈为制书及增减"条规定为"诈为制书及增减";"诈为官文书及增减"条规定为"诈为官文书及增减";"对制上书不以实"条规定为"对制及奏事、上书,诈不以实";"诈为瑞应"条规定为"诈为瑞应"。这些言论犯罪都属于故意犯罪,不是过失犯罪。

除"诈""诈为"言论属于故意犯罪外,唐律中另有些言论犯罪也属于故意犯罪,其用语为"妄述""妄言"。其中的"妄"具有故意虚假的含义,"妄述""妄言"含有故意虚假陈述、报告的意思。这就是故意犯罪的一种表现形式。唐律的"长吏辄立碑"与"不言及妄言部内旱涝霜虫"条所规定的"主司应言而不言及妄言"都是如此。这两条律条中都有官吏故意的言论犯罪的内容。另外,"诬告反坐"条所规定的诬告犯罪也属于故意犯罪。

(2) 对过失犯罪作出规定

唐律对有些官员的言论犯罪作了过失犯罪的规定。也就是说,这些规定只适用于过失犯罪,不适用于故意犯罪。如果是故意犯罪,就不能适用这些规定。这一过失犯罪一共涉及"受制忘误""上书奏事犯讳""上书奏事误"三条律条。它们对过失的用语为"误",包括"忘误""误犯""口误"等等。具体表现为:"受制忘误"条中的"受制忘误及写制书误事";"上书奏事犯讳"条中的"上书若奏事,误犯宗庙讳""口误及余文书误者";"上书奏事误"条中的"上书若奏事而误""口误""上尚书省而误""余文书误"等等。这些规定中的官吏言论犯罪都属过失犯罪,不是故意犯罪。如果是故意犯罪,就不会在这些律条中加以规定,而要在其他律条中规定了。比如,如果是故意在上书、奏事中违犯宗庙讳的,就会被认为是"臣下将图逆节,而有无君之心"而要入"谋反"之罪了。①

唐律中官吏故意的言论犯罪涉及 7 条律条,多于官吏过失的言论犯罪的律条。这从一个侧面说明,在官吏言论犯罪中,故意的形态比过失更为普遍,也是唐律要着力打击的一种犯罪。

(3) 有些犯罪的构成可以是故意也可以是过失,而且在用刑上不作区别

唐律中,还有些官吏言论犯罪的构成既可以是故意也可以是过失,但在用刑中则不作区别,犯罪官吏将受到同样的处罚,"漏泄大事"条的规定就是如此。此律条规定:"诸漏泄大事应密者,绞。非大事应密者,徒一年半;漏泄于蕃国使者,加一等。"官吏如果漏泄了其中的"大事应奏"或"非大事应密",不论是故意还是过失,都会受到唐律的惩罚,在用刑上没有差异。唐律也没有对故意、过失作明确规定。这是为了严厉惩治官吏的泄密犯罪,在言论上堵塞泄密之路。还有,"事应奏不奏""指斥乘舆及对捍制使"条所规定的官吏言论犯罪,也属于这种情况。属于这种情况的律条只有 3 条,是唐律关于官吏言论犯罪律条数量最少的。

唐律对官吏言论犯罪作故意与过失的规定,是为了明确判定这一犯罪的罪过形式,准确把握犯罪的主观方面要件,正确认定罪与非罪、此罪与他罪,以便有效、准确打击官吏的言论犯罪,肃正吏治。

---

① 参见《唐律疏议·名例》"十恶"条"疏议"。

2. 唐律对官吏言论犯罪作出了作为与不作为的规定与区分

唐律的官吏言论犯罪还有作为与不作为的差别。唐律中官吏言论的作为犯罪是指官吏以积极的方式实施唐律所禁止言论的犯罪;不作为犯罪则是官吏以消极的方式应付唐律所禁止施行言论的犯罪。唐律不仅对官吏言论的作为与不作为犯罪都作了规定,而且还在用词上作了区分,不易混淆。

(1) 唐律对作为的官员言论犯罪作出了规定

在唐律所规定官吏言论犯罪的 17 条律条中,有 11 条律条规定的都是作为犯罪。它们是:"漏泄大事""上书奏事犯讳""上书奏事误""指斥乘舆及对捍制使""长吏辄立碑""殴制使府主刺史县令""诬告反坐""诈为制书及增减""对制上书不以实""诈为官文书及增减"和"诈为瑞应"条。这些律条中关于作为的用语在表达上不尽相同。"漏泄大事"条用"漏泄";"上书奏事犯讳"条用"误犯";"上书奏事误"条用"上书若奏事";"指斥乘舆及对捍制使"条用"指斥""对捍";"长吏辄立碑"条用"妄述";"殴制使府主刺史县令"条用"詈";"诬告反坐"条用"弹事";"诈为制书及增减"条用"诈为";"对制上书不以实"条用"奏事""上书";"诈为官文书及增减"条用"诈为""增减";"诈为瑞应"条用"不以实对"等。这些用语虽有差异,但都显示了官吏言论的作为犯罪表达形态。

(2) 唐律对不作为的言论犯罪作出了规定

在唐律规定官吏言论犯罪的另外 6 条律条中,有关于不作为的犯罪,其中又可分为两种情况。一种情况是只对不作为犯罪作出规定,没对作为犯罪作出规定。这种律条有 2 条,它们是"擅发兵"和"兴造不言上待报"条。这两条律条对不作为都有自己的用语,不尽一致。其中,"擅发兵"条的用语是"不先言上""不即言上";"兴造不言上待报"条的用语则是"不言上"。另一种情况是对作为与不作为犯罪都作了规定。这种律条有 4 条,它们是"受制忘误""事应奏不奏""不言及妄言部内旱涝霜虫""调发供给军事违法"条。这些律条对作为与不作为犯罪都有自己的用语,不完全相同。"受制忘误"条中的作为犯罪称为"写制书误",不作为犯罪则称为"受制忘误";"事应奏不奏"条中的作为犯罪称为"不应奏而奏",不作为犯罪则称为"应奏而不奏";"不言及妄言部内旱涝霜虫"条中的作为犯罪称为"妄言",不作为犯罪则称为"应言而不言";"调发供给军事违法"条中的作为犯罪称为"言上待报",不作为犯罪则称为"不即言上"等。唐律官吏言论犯罪的作为与不作为犯罪在用语上有明显区别,从中可以甄别出这两种不同形态的犯罪。

从唐律官吏言论犯罪中作为与不作为犯罪所涉律条的数量上看,作为犯罪的律条明显多于不作为犯罪的律条。这从一个侧面说明,作为犯罪是唐律官吏言论犯罪中的主要形态,也是唐律所要打击的主要犯罪对象。另外,在唐律官吏言论犯罪中,用刑最重的"漏泄大事"与"指斥乘舆及对扞制使"条所规定的犯罪,都是作为犯罪,不是不作为犯罪。这也佐证了官吏言论的作为犯罪是唐律所要重点打击的官吏言论犯罪。

3. 唐律对官吏言论犯罪的用刑与多种因素有关

唐律把官吏的言论犯罪作为一种犯罪进行打击,但其量刑则有轻重,而且与多种因素有关。这些因素主要是犯罪主体、危害程度与犯罪后果等一些方面。

(1) 与言论犯罪官吏的犯罪主体有关

在唐律官吏言论犯罪的规定中,犯罪主体都是官吏,不涉及百姓。然而,唐朝也因工作岗位的不同而划分为不同种类、职权的官吏,以致犯罪主体也会不尽相同。有些特殊岗位的官吏构成言论犯罪,就会被加重用刑。"诈为瑞应"条中的"史官"就是如此。中国古代长期设置史官,以专门记录与编纂历史为己任。唐朝的史官也是如此。他们在记录、编纂历史的过程会涉及一些"灾祥"现象,并把其与朝廷的行为联系在一起。他们记录与编纂的历史还具有权威性,会被流传下去。这种特殊岗位的官吏犯有言论犯罪,就会被唐律加重用刑。"诈为瑞应"条规定:"诸诈为瑞应者,徒二年。若灾祥之类,而史官不以实对者,加二等。"可见,犯罪主体对用刑发生了影响。

(2) 与官吏言论犯罪的危害程度有关

唐律规定的官吏言论犯罪主要可以分为6大类犯罪,它们对社会的危害程度不尽相同。凡是危害程度较大的,唐律的用刑就会较重;反之,则较轻。在这6大类官吏言论所侵犯的客体中,对皇权与国家安全的危害程度最大,特别是违反了"指斥乘舆及对捍制使""诈为制书及增减""漏泄大事"条的规定,用刑都可达死刑。相对于侵犯皇权与国家安全的言论犯罪而言,对侵犯官文书管理的言论犯罪的危害程度就相对小一些,用刑也就轻一些,只是杖刑。"诈为官文书及增减"条的规定就是如此。

在同一类官吏言论犯罪中,因其危害程度不同,唐律的用刑也会不同。以侵犯皇权为例。在侵犯皇权这类犯罪对象中,"指斥乘舆及对捍制使"的言论犯罪危害最大,用刑也最重,直至死刑。其他的言论犯罪都没有适用死刑,用刑多为杖刑,"上书奏事犯讳""上书奏事误""事应奏不奏"的规定都是如此;最轻则是笞刑,"受制忘误"条的规定就是如此。

在同一类同一律条规定的言论犯罪里,因其危害程度的不同,唐律的用刑也会不同。其中,既有加重用刑,也有减轻用刑。在"对制上书不以实"条中,有加重用刑的规定。此条规定:"诸对制及奏事、上书,诈不以实者,徒二年;非密而妄言有密者,加一等。"很明显,"非密而妄言有密"的言论比一般的"对制及奏事、上书,诈不以实"危害程度要大,具有欺诈皇帝的性质,所以用刑也就加重了。另外,"上书奏事误"条中,有减轻用刑的规定。此条规定:"诸上书若奏事而误,杖六十;口误,减二等。"在此条中,"口误"是一种过失犯罪,比故意的"上书若奏事而误"的恶性程度要小,危害程度也会小一些,所以用刑也就轻一点了。可见,危害程度是决定官吏言论犯罪用刑轻重的一种重要因素。

(3) 与官吏言论犯罪的后果有关

在唐律规定的有些官吏言论犯罪中,有关于犯罪后果的内容。在这样的官吏言论犯罪中,犯罪后果严重的,往往用刑会比较重一些;反之,则轻一些。"受制忘误"条的规定就是如此。此条规定:"诸受制忘误及写制书误者,事若未失,笞五十;已失,杖七十。"此条中的用刑"杖七十"要比"笞五十"重两等。因为,"已失"是指造成了严重的后果。另外,在"诈为制书及增减"条中也有相似的规定。此条规定:"诸诈为制书及增减者,绞;未施行者,减一等。"这里的"未施行者"即是还未产生犯罪后果。对还未产生犯罪后果的用刑就轻,即"减一等"。犯罪后果也是官吏言论犯罪中用刑的一个考量。

可见,唐律对官吏言论犯罪的用刑,与多种因素相关,其中主要是犯罪主体、危害程度、犯罪后果等因素。它们从不同视角,对官吏言论犯罪的用刑产生影响,以致对其的用刑有了轻重的区分。这从一个侧面说明,唐律对官吏言论犯罪的用刑十分讲究,已能较为合理地运用刑罚手段来有效打击这类犯罪,严肃治吏。

四、唐律中的"疏议"对官吏言论犯罪的正确认定起了重要的解释作用

唐律本身主要由律条与"疏议"两大部分组成。唐律的"疏议"具有解释律文的作用。"疏之为字,本以疏阔、疏远立名。"①唐律中的"疏议"又分为前言"疏议"与律条"疏议"。② 唐律在官吏言论犯罪中运用的"疏议"则是律条"疏议",其对相关律条内容作了重要解释,以致对这一犯罪的认定更为精准。这一解释作用主要体现在以下一些方面:

1. "疏议"对律条中的字、词、句子作了解释

唐律的律条对官吏的言论犯罪作了规定,然而,律条的内容比较精炼、概括,要准确理解律条的意思,防止误读,就需对其进行必要的解

---

① 《唐律疏议·名例》前言"疏议"。
② 参见王立民:《〈唐律疏议〉前言"疏议"透视》,载《江海学刊》2017 年第 3 期。

释。唐律的"疏议"发挥了这一作用。唐律的律条由字、词、句子组成,它们是构成律条的基本要素,"疏议"对其中需要解释的要素都作了必要的解释。

第一,关于对字的解释。唐律的"疏议"对官吏言论犯罪律条中有些比较重要的字作了解释。比如,对"诈为瑞应"律条中的"瑞"的解释就是如此。此律条规定:"诸诈为瑞应者,徒二年。"其中的"瑞"是什么含义,有必要进行解释,否则对此条规定的内容的认识就易出现偏差。此条"疏议"引用陆贾的权威论述进行了解释:"瑞应者,陆贾云:'瑞者,宝也,信也。天以宝为信,应人之德,故曰瑞。"经过这样的解释,"瑞"的珍宝、信征的意思就清晰地体现出来,对此条中的"瑞应"也就可以有正确的理解了。

第二,关于对词的解释。唐律的"疏议"对官吏言论犯罪律条中有些比较重要的词也作了解释。比如,对"上书奏事误"条中"上书"与"奏事"两个词的解释就是如此。此律条规定:"诸上书若奏事而误,杖六十"。其中的"上书""奏事"是两个十分重要的词,如果理解错误,在实施中就会造成错判。此条"疏议"对这两个词都作了必要的解释,即"'上书',谓书奏特达。'奏事',谓面陈"。通过这样的解释,其含义便一清二楚了。即"上书"是一种书面表达形式,而"奏事"则是一种语言表达形式。

第三,关于对句子的解释。在唐律对官吏言论犯罪的规定中,其"疏议"不仅对律条中的字、词作了必要的解释,还对有些重要句子也作了必要的解释。律条"事应奏不奏"的"疏议"就作过这样的解释。此律条规定:"诸事应奏而不奏,不应奏而奏,杖八十。"其中的"应奏而不奏"与"不应奏而奏"是最为重要的句子,对其理解有误,必定会引起适用上的失误。为了正确理解这两个句子,此条"疏议"对这两个句子都作了明确的解释:"应奏而不奏者,谓依律、令及式,事应合奏而不奏;或格、令、式无合奏之文及事理不须闻奏者,是'不应奏而奏'"。经过这样的解释,这两个句子的内涵就十分清楚,即需依照唐律、令、格、式的规定,来确定是否应奏或不奏。这样,就可以避免对律文的误读了。

2. "疏议"对律条中的犯罪主体、主观与客观等要件都作了解释

唐律中的官吏言论犯罪也是一种犯罪,要具备犯罪构成的一些要件,才能认定为犯罪。唐律的"疏议"对官吏言论犯罪的犯罪主体、主观与客观要件都作过解释,以使这些要件的表述更为清晰,对其认识也就更为正确了。

第一,关于犯罪主体要件的解释。唐律规定的官吏言论犯罪的犯罪主体都是官吏,但由于律条规定的言论犯罪不尽相同,犯罪主体也会有所不同。为了明确犯罪主体,律条的"疏议"就会对其作必要的解释。律条"不言及妄言部内旱涝霜虫"的"疏议"就对其中的犯罪主体作过解释。此律条规定:"诸部内有旱涝霜雹虫蝗为害之处,主司应言而不言及妄言者,杖七十。"为了明确犯罪主体"主司"的范围,此条"疏议"作了解释:"主司,谓里正以上。里正须言于县,县申州,州申省,多者奏闻。"也就是说,里正以上(含里正)的县、州、省的相关官吏都在这一犯罪主体的范围之中。

第二,关于犯罪主观要件的解释。在唐律的官吏言论犯罪中,也有犯罪主观要件的规定,其中除了故意与过失的罪过形式外,还有动机等的规定。律条"长吏辄立碑"的"疏议"就对官吏言论犯罪中的犯罪动机作过解释。此律条只规定:"诸在官长吏,实无政迹,辄立碑者,徒一

年。"为了正确理解此律条规定的这一言论犯罪,此律条的"疏议"专门对犯罪官吏的犯罪动机作了解释:"妄述己功,崇饰虚辞,讽谕所部,辄立碑"。经过这一解释,对官吏的这一犯罪动机的界定就十分清楚了,即是为了"崇饰虚辞"。

第三,关于犯罪客观要件的解释。在唐律的官吏言论犯罪中,还有犯罪客观要件的规定,其中比较突出的是对犯罪言论内容的规定。这里以律条"诈为瑞应"的"疏议"的解释为例。此律条规定:"史官不以实对者,加二等"。此条"疏议"对"不以实对"这一犯罪言论作了专门解释,即"谓应凶言吉,应吉言凶"。有了"疏议"的这一解释,对律条中"不以实对"内容的含义就十分清楚了,即故意混淆"凶"与"吉",造成对"凶""吉"的误解。

3. "疏议"对律条中的罪与罪、罪与非罪的区分问题也作了解释

唐律中关于官吏言论犯罪律条的"疏议",除了对律条中的字、词、句子和与律条相关的犯罪主体、主观、客观要件作了解释外,还对其他一些问题作了解释,其中主要是罪与罪、罪与非罪的区分问题。

第一,关于罪与罪区分的解释。唐律中的有些官吏言论犯罪比较接近,易于混同。为了便于区别,避免混同,相关律条的"疏议"就作了必要的解释。"指斥乘舆及对捍制使"条"疏议"就对"对捍制使"的犯罪与"殴詈"犯罪作了区分,指出了它们的相异之处。此条律条规定:"对捍制使,而无人臣之礼者,绞。因私事斗竞者,非。"此条"疏议"进一步对"因私事斗竞"不应归入律条规定的犯罪作出解释:"对捍制使"的言论犯罪是一种"奉制敕使人,有所宣告,对使拒捍,不依人臣之礼,既不承制命,又出拒捍之言"的犯罪;而"因私事斗竞"则是一种"不涉

制敕,别因他事,私自斗竞;或虽因公事论竞,不干预制敕"的言论犯罪,因此这一犯罪不构成"对捍制使"的犯罪,只能归入"殴詈"犯罪,即"从'殴詈'本法"。经过"疏议"的这样解释,这两种言论犯罪的相异之处就显现出来了,关键点就在于是否涉及制敕。涉及制敕的,就要构成"对捍制使"的言论犯罪;不涉及"制敕"的,则构成"殴詈"的言论犯罪。两者的差别清清楚楚。

第二,关于罪与非罪区分的解释。在唐律中关于官吏言论犯罪的规定中还存有罪与非罪的问题,其中"疏议"就发挥了重要的解释作用,从中加以区别。律条"长吏辄立碑"的"疏议"就起过解释罪与非罪的作用。此律条规定:"诸在官长吏,实无政迹,辄立碑者,徒一年。若遣人妄称己善,申请于上者,杖一百"。但是,此律条没有对部下人员自己"自立"或"申上"而官吏本人不知情的情况作出规定。此律条"疏议"对此作了解释,认为凡是有这种情况的,官吏不构成言论犯罪:"若所部自立及自申上,不知、不遣者,不坐。"经过"疏议"这样的解释,"长吏辄立碑"构成的言论犯罪与长吏"不知、不遣"不构成言论犯罪的区分就很清晰了。

在唐律关于官吏言论犯罪的律条中,字、词、句子,犯罪主体、主观、客观要件,罪与罪的区分,以及罪与非罪的区别等一些问题,都是认定官吏言论犯罪的重要问题。对这些问题的认识都不能出现差错,否则难免造成错读、误判。唐律的"疏议"对官吏言论犯罪中的这些重要问题作了必要的解释,十分有利于对这一犯罪的准确认识,避免错读、误判,其积极作用比较明显。

五、唐律官吏言论犯罪的规定得到了一定程度上的实施

唐律对官吏言论犯罪作出规定,是为了实施这些规定,从而达到肃正吏治的目的。从现存资料也可以看到,唐律的这一规定确实得到了一定程度的实施,其基本情况如下:

1. 唐律官吏言论犯罪中的有些规定得到了实施

有些关于唐律官吏言论犯罪的规定得到了实施,还有案例流传至今,特别是违反"漏泄大事""指斥乘舆及对捍制使""诈为制书及增减"条规定的有些官吏因此而受到了惩处。

(1) 有的官吏因违反了"漏泄大事"条的规定而受到了惩处

唐朝官吏违反了唐律中"漏泄大事"条的规定,构成了言论犯罪,就会受到惩处。《新唐书·李道明传》记载,贞观十四年(640年),淮阳王李道明在奉命护送弘化公主和亲吐谷浑途中,因漏泄了弘化公主并非是唐太宗亲生女儿的机密而受到了惩处。即李道明"与武卫将军慕容宝节送弘化公主于吐谷浑,坐漏言主非帝女",结果他被"夺王,终郓州刺史"。无独有偶,开元十年(722年),又发生了一起官吏因违反"漏泄大事"条规定而受处罚的案件。据《旧唐书·姜皎传》记载,秘书监姜皎因"坐漏泄禁中语,为嗣濮王峤所奏",因其"亏静慎之道,假说

休咎,妄谈宫掖。据其作孽,合处极刑",可"念兹旧勋,免此殊死。宜决一顿,配流钦州"。姜皎也因违反了"漏泄大事"条中的规定而受到了惩处。

(2) 有的官吏因违反了"指斥乘舆及对捍制使"条中的规定而受到了惩处

唐朝的官吏因违反了唐律中"指斥乘舆及对捍制使"条的规定,构成了言论犯罪,也会受到唐律的追究。据《旧唐书·刘祎之传》记载,在武则天执政期间(684—705年),刘祎之得罪了武则天,后以违反了"指斥乘舆及对捍制使"条的规定而受到惩罚。"(刘)祎之尝窃谓凤阁舍人贾大隐曰:'太后既能废昏立明,何用临朝称制?不如返政,以安天下之心。'(贾)大隐密奏其言,(武)则天不悦,谓左右曰:'祎之我所引用,乃有背我之心,岂复顾我恩也!'"到了垂拱三年(687年),有人控告"祎之受归诚州都督孙万荣金,兼与许敬宗妾有私,则天特令肃州刺史王本立推鞫其事。本立宣敕示祎之,祎之曰:'不经凤阁鸾台,何名为敕?'则天大怒,以为拒捍制使,乃赐死于家,时年五十七"。刘祎之被罚而赐死的依据就是唐律"指斥乘舆及对捍制使"条中的规定。

(3) 有的官吏因违反了"诈为制书及增减"条的规定而受到了惩治

唐朝也有官吏因为违反了唐律中"诈为制书及增减"条的规定,构成言论犯罪而受到处罚。据《新唐书·酷吏传》记载,王弘义是冀州衡水人,在武则天执政时期,"以飞变擢游击将军,再迁左台侍御史,与来俊臣竞惨刻"。延载元年(694年),因违反唐律中"诈为制书及增减"条的规定而被侍御史胡元礼处以杖杀之刑。"延载初,(来)俊臣贬,

(王)弘义亦流琼州。自矫诏追还,事觉,会侍御史胡元礼使岭南,次襄州,按之,弘义归穷曰:'与公气类,持我何急?'元礼怒曰:'吾尉洛阳,而子御史;我今御史,子乃囚。何气类为?'杖杀之。"王弘义被杖杀的根本原因就是因为其"矫诏",明显违反了唐律中"诈为制书及增减"条的规定。

2. 有的官吏因被唐律官吏言论犯罪规定的扩大适用而受到了惩治

到了唐朝的中、后期,唐律中有关官吏言论犯罪的规定有被扩大适用的情况,较为突出的是"指斥乘舆及对捍制使"条的实施。现存案例表明,在唐朝的中、后期,把这一条中的"制使"扩大到了大臣与宦官,即有损于他们的言论,也要按此条的规定来施行。在唐朝中期,"指斥乘舆及对捍制使"条被扩大适用至大臣。据《旧唐书·李杰传》记载,唐玄宗开元(713—741年)年间,皇后妹婿尚衣奉御长孙昕与其妹婿杨仙玉因在里巷遇见御史大夫李杰,"遂殴击之"。此事使唐玄宗大怒,认为:"长孙昕、杨仙玉等凭持姻戚,恣行凶险,轻侮常宪,损辱大臣,情特难容,故令斩决。"其依据是"指斥乘舆及对捍制使"条的规定。以后,虽经"群官等累陈表疏,固有诚请",但最后还是"听从枯木之毙。即宜决杀,以谢百僚"。此案中的李杰虽是大臣,但并非制使,可还是按制使作了处罚。

到了唐朝后期,这一律条还扩大适用到了宦官。据《旧唐书·李渤传》记载,唐敬宗宝历(825—827年)年间,鄠县县令崔发得到县吏报告,说有人殴击百姓,"(崔)发怒,命吏捕之"。哪知这个打人者是宦官,对其的拘捕,引起敬宗大怒,将此县令拘至御史台。后因宰相李逢吉等人上奏疏为其求情,才免于死罪。"奏曰:'崔发凌轹中人,诚大不敬。然发母是故相韦贯之姊,年仅八十。自发下狱,积忧成疾。伏以陛下孝治天下,稍垂恩宥。"崔发这才死里逃生。此案中的宦官更不是制使,却按制使的身份处罚了崔发。

这两个案例都可以证明,唐律中有的关于官吏言论犯罪的规定在唐朝中、后期的实施中有所扩大,没能严格依照唐律的规定而加以实施,是唐律关于官吏言论犯罪规定在唐中、后期实施中的瑕疵,也是这一规定的实施不如唐前期的一个突出表现。

从唐律官吏言论犯罪规定的实施情况来看,并非整齐划一,而是参差不齐。首先,唐朝实施的官吏言论犯罪的规定主要集中于作为犯罪。现存的资料记载的都是一些唐朝官吏构成的作为犯罪,几乎没有不作为犯罪。在作为与不作为的官吏言论犯罪规定的实施中,偏向于作为犯罪,这是一种参差不齐。其次,唐朝的前期与中、后期实施官吏言论犯罪规定的情况有所不同。相对而言,唐朝前期对唐律中官吏言论犯罪规定的实施情况比较理想,即实施的情况比较接近唐律中的规定。到了唐朝中、后期,这一规定的实施情况就不那么理想,实施中出现了官吏言论犯罪规定扩大适用的情况,远离了唐律中的相关规定。这也是一种唐律官吏言论犯罪规定实施中的参差不齐。因此,对唐律官吏言论犯罪规定的实施评价不可一概而论,而要作具体分析。

六、唐律官吏言论犯罪所给予的启示

从唐律的官吏言论犯罪中还可以得到一些启示,主要是以下这些:

1. 唐朝的官吏既不能违反唐律中官吏言论犯罪的规定,也不能违反唐律中一般主体言论犯罪的规定

唐律中,有关官吏言论犯罪的规定,唐朝的官吏不能违反,否则就会受到刑罚的追究;唐律中,还有关于非专指官吏言论犯罪的规定,唐朝的官吏也不能违反,否则也会受到刑罚的处罚。这里的非专指官吏言论犯罪是指一般主体的言论犯罪,也是一种人人都不能违反的言论犯罪的规定,包括官吏。从这种意义上讲,对唐朝官吏的要求比较高,要高于一般百姓。

官吏也不能违反唐律中关于一般主体言论犯罪的规定,主要包括以下方面:

(1) 国家层面中关于言论犯罪的规定

唐律规定的有些言论犯罪属于国家层面的言论犯罪,危害的是皇权与国家安全,违反了这类言论犯罪的规定,官吏也会受到处罚,而且对这类犯罪的处罚非常严厉,特别是"十恶"中的前三罪,即"谋反""谋大逆"与"谋叛"。它们都有"谋"字,其表现形式中都有"谋"。"谋反"为"谋危社稷";"谋大逆"为"谋毁宗庙、山陵及宫阙";"谋叛"为"谋背国从伪"。① 只要有"谋"就会构成这三罪,没有其他行为也是如此。即"有狡竖凶徒,谋危社稷,始兴狂计,其事未行,将而必诛,即同真反"。其中的"谋"就是一种言论犯罪,指两人以上言论策划。"称谋者,二人以上。若事已彰明,虽一人同二人之法。"② 对于这三种犯罪,用刑极

---

① 参见《唐律疏议·名例》"十恶"条。
② 参见《唐律疏议·贼盗》"谋反大逆"条"疏议"。

重,不仅本人要被处死,还要株连家庭成员,甚至没收财产。① 在唐律中,这是用刑最重的三种犯罪,也是言论犯罪中用刑最重的犯罪。

如果有人并无故意,只是口讲欲谋反、谋大逆、谋叛的言论,同样要被认定为构成言论犯罪,处以刑罚。唐律规定:"诸口陈欲反之言,心无真实之计,而无状可寻者,流二千里";"若有口陈欲逆、叛之言,勘无真实之状,律、令既无条制,各从'不应为重'。"②这里的"不应为重"的用刑是"杖八十"③。

如果知道犯有谋反、谋大逆和谋叛的犯罪而不去官府控告,也会构成言论犯罪。不过,这是一种不作为的言论犯罪。唐律规定:"诸知谋反及大逆者,密告随近官司,不告者,绞。知谋大逆、谋叛不告者,流二千里。"④对于这种不作为的言论犯罪,唐律用刑也很重,要适用死刑、流刑。

可见,从国家层面来看,任何人都不能犯有危害皇权与国家安全的言论,否则就会被认定为犯罪,而且用刑极为严厉。这从一个侧面证明,唐律竭力维护皇权与国家安全的本质以及打击这类犯罪的强大力度。

(2) 社会层面中关于言论犯罪的规定

唐律规定的有些言论犯罪属于社会层次的言论犯罪,损害的是社会利益。这类犯罪往往会引起社会矛盾的激化,破坏社会安定,扰乱社会秩序,唐律也予以打击。其中,突出表现于教唆犯罪。

唐律中的教唆犯罪可以分为两类。一类是教唆他人犯罪。《唐律

---

① 参见《唐律疏议·贼盗》"谋反大逆""谋叛"条。
② 《唐律疏议·贼盗》"口陈欲反之言"条及其"疏议"。
③ 《唐律疏议·杂律》"不应得为"条。
④ 《唐律疏议·斗讼》"知谋反逆叛不告"条。

疏议·诈伪》"诈教诱人犯法"条对教唆他人犯罪作了规定。其内容是:"诸诈教诱人使犯法,犯者不知而犯之。"教唆他人犯罪的形式有多种多样。"鄙俚之人,不闲法式,奸诈之辈,故相教诱,或教盗人财物,或教越度关津之类。犯禁者不知有罪,教令者故相坠陷"①。对这一言论犯罪者的用刑是反坐,即"皆与犯法者同坐"。另一类是教唆他人诬告的犯罪。这在《唐律疏议·斗讼》"教令人告事虚"条中有规定。该条规定:"诸教令人告,事虚应反坐"。这里的"告"是诬告,所以采用反坐的量刑方式。即"'教令人告,事虚应反坐',谓诬告人者,各反坐"②。唐律把教唆犯罪作为一般主体在社会层面中的言论犯罪加以惩治。

(3) 家庭层面中关于言论犯罪的规定

根据唐律的规定,不仅国家、社会层面有关于言论犯罪方面的规定,在家庭层面也存在这样的规定。其中,突出表现为家庭成员骂人的言论犯罪,特别是卑幼骂尊长,都要被处罚。子孙骂祖父母、父母,妻妾骂夫的祖父母、父母,媵妾骂丈夫,媵妾骂妻,弟妹骂兄姊等,都是如此。③

对家庭成员骂人犯罪的用刑,以五服制为原则,分别是杖、徒与绞刑。子孙骂祖父母、父母就构成不孝罪,用刑是绞刑。唐律规定:"诸詈祖父母、父母者,绞"④。这也是此类言论犯罪中用刑最重的一种。妻妾骂丈夫的祖父母、父母的,要被处以徒三年的刑罚。唐律规定:"诸妻妾詈夫之祖父母、父母者,徒三年"⑤。弟妹骂兄姊的用刑是杖一

---

① 《唐律疏议·斗讼》"诈教诱人犯法"条"疏议"。
② 《唐律疏议·斗讼》"教令人告事虚"条"疏议"。
③ 参见[韩]任大熙:《传统中国法中关于"骂詈"相关法律规定的变迁》,载张中秋编:《中华法系国际学术研讨会文集》,中国政法大学出版社2007年版。
④ 《唐律疏议·斗讼》"殴詈祖父母父母"条。
⑤ 《唐律疏议·斗讼》"妻妾殴詈夫父母"条。

百,即"詈者,杖一百"①。媵妾骂丈夫的用刑是杖八十。唐律规定:"媵及妾詈夫者,杖八十。"②以五服制为原则的亲疏关系在其中表现得十分突出。即关系越亲,用刑越重;关系越疏,用刑越轻。

唐律中,一般主体的言论犯罪也都对官吏适用。这些在国家、社会、家庭领域里的言论犯罪的规定对官吏的言论都有约束力,违反了同样要构成犯罪并受到处罚。从中可见,唐朝的官吏既不能违反官吏作为特殊主体的言论犯罪规定,也不能违反一般主体犯罪的规定,他们的言论受唐律规制的范围比一般百姓要大,对他们的要求也更严。

2. 唐律官吏言论犯罪的规定在中国古代法制史中起着承前启后的作用

唐律关于官吏言论犯罪的规定在中国古代法制发展的长河中起着承前启后的作用。它既总结了唐前关于官吏言论犯罪的规定,起了承前的作用;又对唐后封建朝代关于官吏言论犯罪的立法产生了影响,起了启后的作用。

(1) 唐律关于官吏言论犯罪的规定起了承前的作用

关于官吏言论犯罪的规定并非唐律首创,在此前已有一些相关规定。秦朝就规定了"恶吏"的种种违法犯罪言行。其中的违法犯罪言论包括:不知羞耻,轻率地口出恶言去侮辱他人;讲各种假话来抬高自己;说违背常理的话,假装愧悔和无知,显示能约束自己等等。这些违法犯罪言论都在惩罚之列。这些在语书中都有规定。"恶吏不明法律

---

① 《唐律疏议·斗讼》"殴兄姊等"条。
② 《唐律疏议·斗讼》"妻妾殴詈夫"条。

令,不知事,不廉洁,无以佐上,偷惰疾事,易口舌,不羞辱,轻恶言而易病人,无公端之心,而有冒抵之治,是以善诉事,喜争书。争书,因佯瞋目扼腕以示力,訐询疾言以示治,誣认醜言麃斫以示险,阬闒强伉以示强,而上犹智之也。故如此者不可不为罚。"①语书是秦朝官府发布的文告,具有法律效力,其对官吏言论违法犯罪的规定,是打击秦朝官吏言论违法犯罪的法律依据。

从汉至隋朝,对官吏言论违法犯罪的规定逐渐增多,相关案例也有所显现。总的来说,这段时间涉及官吏的言论违法犯罪包括了漏泄机密、非所宜言、妖言惑众、诈疾病、教人狂告、矫诏、知非不奏、不以实陈等等。其中,漏泄机密是那时较为常见的官吏言论违法犯罪,留下的案例也多一些。

汉时就发生了一些官吏因漏泄"省中语"而被处罚或自杀的案件。比如,汉元帝建昭二年(前37年),淮阳王舅张博、魏郡太守京房,"坐窥道诸侯王以邪意,漏泄省中语,博腰斩,房弃市"。以后,陈咸在任御史中丞时,也因"漏泄省中语,下狱"。汉成帝河平三年(前26年)齐宋登在任东莱都尉时,"坐漏泄省中语,下狱自杀"等等。②到了晋时,漏泄机密言论的违法官吏也要受到惩处。何承天要被任命为吏部郎,可他受到密旨后却"宣漏之,坐免官"③。即因违法漏泄了机密而受到了处罚。在南北朝时,漏泄机密的言论犯罪官吏也要受到惩处。南陈时,张种"往来禁中,颇宣密旨,事泄,将伏诛"④。北齐时,裴泽"历位中书

---

① 睡虎地秦墓竹简整理小组编:《睡虎地秦墓竹简》,文物出版社1978年版,第19—20页。
② 参见程树德:《九朝律考》,商务印书馆1955年版,第103—104页。
③ 同上书,第264页。
④ 同上书,第336页。

侍郎兼给事黄门侍郎,以漏泄免"①。总之,从秦汉以来,因漏泄机密而构成违法犯罪的官吏不算少,只是因为各种原因,在处罚方式上有所差别,有的用免官,有的用死刑等等。

唐朝在前人关于官吏言论违法犯罪规定的基础上作了总结,形成了唐律中关于官吏言论犯罪的规定。在总结过程中,对前人的规定作了调整,主要体现在这样三个方面:

首先,废用了一些官吏言论犯罪的规定。唐朝对前朝关于官吏言论犯罪的规定调整的一个方面是废用了一些官吏言论犯罪的规定,其中最为突出的是废用了非所宜言的规定。从汉朝至魏晋南北朝,都有关于非所宜言的官吏言论犯罪。这里列举三例为证。汉时,要法办官吏非所宜言的言论犯罪。凡"非所宜言,有司案验,请逮捕"②。晋朝时,对官吏非所宜言的犯罪,适用过死刑。"吏部郎周穆与其妹夫诸葛玫共说越曰,主上之为太弟,张方意也。清河王本太子,为群凶所废,先帝暴崩;多疑东宫,公盍思伊霍之举,以宁社稷乎?言未卒,越曰:此岂宜言耶?遂叱左右斩之。"③北齐时,官吏犯有非所宜言罪,也会受到惩治。"王曰,卿何敢发非所宜言?须致卿于法。"④可见,唐朝前,关于官吏的非所宜言犯罪长期存在,而且都要被追究法律责任。唐律中则没有这一规定,对此作了调整。程树德为此还专门在按语中讲道:"非所宜言,本汉律、令,唐律已无此条,不知废于何时。考梁律仍有此条,是南北朝诸律,均相沿未改。"⑤此话不假。

其次,规范了官吏言论犯罪的罪状。唐朝以前,对于官吏言论犯罪

① 参见程树德:《九朝律考》,商务印书馆1955年版,第405页。
② 同上书,第105页。
③ 同上书,第163页。
④ 同上书,第405页。
⑤ 同上书,第405页。

罪状使用并不规范,而且现存史料显示绝大多数都通过案例来显示,不是律条中的规范化罪状。唐律总结了前人使用的这类罪状并作了调整,把其作为律条中的一个重要组成部分。"漏泄大事"条中的"诸漏泄大事应密者","受制忘误"条中"诸受制忘误及写制书误者","上书奏事犯讳"条中的"诸上书若奏事,误犯宗庙讳者"等,都是如此。这些规范的罪状为以往所不及。

最后,规范了官吏言论犯罪的法定刑。唐朝以前,对官吏言论犯罪法定刑的规定并不规范。以漏泄机密犯罪为例,有的规定"免官",有的规定"弃市",还有的没有规定具体死刑种类,只是规定"伏诛"等。唐律在总结前人规定的基础上,对官吏言论犯罪的法定刑作了调整,使这一律条中的组成部分得以规范化,并根据这一犯罪所侵犯的客体、危害程度、犯罪后果等一些因素来决定法定刑,从笞刑至斩刑,形成梯度,十分合理,也很规范。

唐律在总结前人关于官吏犯罪规定的基础上作了调整,使这一规定的内容更为完善,起到了承前的作用,也为启后打下了坚实基础。

(2) 唐律关于官吏言论犯罪的规定起了启后的作用

唐律关于官吏言论犯罪的规定还对唐后封建朝代官吏言论犯罪的立法产生过深远影响,起到了启后的作用。这里以《宋刑统》与《大清律例》为例。

《宋刑统》是宋朝的一部主要法典。它全面继承了唐律关于官吏言论犯罪的规定,只是在个别律条后增加了"准"的内容。比如,《宋刑统》"奏事及余文书误"律条的内容与唐律"上书奏事犯讳"条的内容一致,只是在律条后增加了一个"准"。其内容是:"[准]公式令,诸写经史群书及撰录旧事,其文有犯国讳者,皆为字不成。"①这为唐律所没有。不过,即使如此,《宋刑统》中关于官吏言论犯罪的内容仍是唐律的翻版,两者没有大的差别。

《大清律例》是中国古代历史上最后一部封建法典,内容上仍受到唐律的影响,包括官吏言论犯罪的规定。唐律对《大清律例》官吏言论犯罪的影响主要表现在这样三个方面:

首先,《大清例律》基本沿用唐律关于官吏言论犯罪的规定。《大清律例》基本沿用唐律中这一规定的有7条律条(见表29-2)。

表 29-2

序号	唐律的律条名与所在律	《大清律例》的律条名与所在律
1	上书奏事犯讳(《职制》)	上书奏事犯讳(《吏律·公式》)
2	事应奏不奏(《职制》)	事应奏不奏(《吏律·公式》)
3	长吏辄立碑(《职制》)	见任官辄自立碑(《礼律·仪制》)
4	兴造不言上待报(《擅兴》)	擅造作(《工律·营造》)
5	诈为制书及增减(《诈伪》)	诈为制书(《刑律·诈伪》)
6	对制上书不以实(《诈伪》)	对制上书不以实(《刑律·诈伪》)
7	诈为瑞应(《诈伪》)	诈为瑞应(《刑律·诈伪》)

在这7条律条中,唐律与《大清律例》规定的内容非常相似,差异不大。这里以"诈为瑞应"条为例。除了唐律与《大清律例》都使用相同的律条名即"诈为瑞应"外,在律条内容上也很相似。《大清律例》规定:"凡诈为瑞应者,杖六十、徒一年。若有灾祥之类,而钦天监官不以实对,加二等。"②唐律与其的主要差别在于量刑。唐律的量刑是"徒二

---

① 《宋刑统·职制》"奏事及余文书误"条。
② 《大清律例·刑律·诈伪》"诈为瑞应"条。

年",《大清律例》的量刑则是"杖六十、徒一年"。这是唐律关于官吏言论犯罪规定对《大清律例》影响的一种表现。

其次,《大清律例》拓展了唐律关于官吏言论犯罪的规定。《大清律例》以唐律中的有关官员言论犯罪规定为基础,增加了新内容,扩展了唐律的规定。具体表现为把唐律中一个规定的内容加以扩大,适用范围更广。比如,《大清律例》把唐律"指斥乘舆及对捍制使"条的内容扩展为"骂制使及本管长官"条的内容。其中,关于"凡奉制命出使而官吏骂之者"的规定与唐律的规定十分相似,而关于"吏卒骂本部五品以上长官"和"吏卒骂六品以下长官"的规定,在唐律的规定中并没显示,属于《大清律例》拓展的内容。① 不过,这种拓展是在唐律规定基础上的拓展,唐律的影响从中得到了体现。

最后,《大清律例》把唐律中有些关于官吏言论犯罪规定的内容移位到其他律条。《大清律例》仍然保持了唐律中的相关规定,只是在律条中作了调整,被挪了位置,但内容基本没变。这里以唐律的"漏泄大事"条为例。《大清律例》不设"漏泄大事"条,只是把此条中关于漏泄的言论犯罪归入"交结近侍官员"条,作为这一犯罪的组成部分。此条规定:"凡诸衙门官吏,若与内官及近侍人员,互相交结,漏泄事情,夤缘作弊,而扶同奏启者,皆斩,妻、子流二千里安置。"②可见,唐律关于官吏漏泄机密言论犯罪规定的内容依然在《大清律例》中有所保留,只是挪移到"交结近侍官员"条中去了。

从《宋刑统》《大清律例》关于官吏言论犯罪的规定来看,唐律中关于官吏言论犯罪的规定对它们都产生了影响。《宋刑统》几乎全盘接受了唐律中的这一规定,实是唐律这一规定的翻版。《大清律例》虽然

---

① 参见《大清律例·刑律·骂詈》"骂制使及本管长官"条。
② 《大清律例·吏律·职制》"交结近侍官员"条。

制定于 17 世纪,距唐律已有千年时间,可仍有不少唐律中关于官吏言论犯罪的内容得以保存。唐律关于官吏言论犯罪的规定实实在在地对唐后封建朝代的立法产生了影响,起到了启后的作用。

3. 唐律官吏言论犯罪规定所提供的借鉴

唐律官吏言论犯罪规定体现的基本精神是重视治吏。唐律把官吏作为言论犯罪的主体,对其言论作了较为全面的规定,涉及官吏言论中的方方面面。其中,既有关于侵犯皇权、国家安全、官文书管理等一些涉及皇帝、国家权益的言论犯罪,又有关于侵犯封建官德、农民经济权、人身权等一些关联臣民、群体的言论犯罪。可以说,官吏言论的一些关键领域都在唐律的规制之中。同时,唐律还对官吏言论犯罪的一些重要方面都有规定。比如,犯罪的故意与过失、作为与不作为、量刑的轻与重等等。这些都从不同侧面反映,唐朝的统治者十分重视通过使用唐律来规制官吏言论。

重视治吏是中国古代的一种传统。唐朝以前已有重视治吏的思想与相关法律。早在先秦时期,就已认识到治吏的重要性,提出明主治吏不治民的主张,同时还认识到依法治吏是一种有效手段。此后,治吏的思想不断被传承。[1] 在治吏思想的指导下,治吏的相关法律也被颁行。在秦的语书中已有关于良吏与恶吏的区分,并明示要处罚恶吏。[2] 汉朝以后,还专门对官吏的各种言论犯罪作了规定。治吏在唐朝以前就已形成了传统。

唐朝在前人重视吏治的基础上又有发展,把重视治吏推向一个新

---

[1] 参见张晋藩、杨静:《中国古代治吏之法的得失借鉴》,载《人民论坛·学术前沿》2014 年第 21 期。
[2] 参见睡虎地秦墓竹简整理小组编:《睡虎地秦墓竹简》,文物出版社 1978 年版,第 19—20 页。

的高度,特别是在贞观时期。唐太宗及其幕僚十分重视治吏,而且有一些专门的论述,尤其是在吸取隋亡的历史教训方面。唐太宗专门从隋亡为鉴的角度来论述治吏的重要性。他十分重视隋亡的教训,说:"隋主残暴,身死匹夫之手,率土苍生,罕闻嗟痛。"为了唐朝的长治久安,他要官吏牢记此教训,即"公等为朕思隋氏灭亡之事"。① 以此为出发点,唐太宗时常告诫官吏要秉公行事。比如,他告诫立法官吏一定要秉公立法,避免失误,铸成大错。他对黄门侍郎王珪说:"难违一官之小情,顿为万人之大弊。此实亡国之政,卿辈特须在意防也。"②在唐太宗的影响下,他的有些侍臣也从隋亡的教训中认识到治吏的重要性。魏徵就认为,隋炀帝施行暴政,导致君臣相蒙、道隔,根本无法治吏,最后导致隋亡。"彼炀帝岂恶天下之治安,不欲社稷之长久,故行桀虐";于是,"上下相蒙,君臣道隔,民不堪命,率土分崩"。③ 可以说,在贞观时期,从君到臣对重视治吏达成了共识。这是唐律作出官吏言论犯罪规定的重要思想基础,也是一种基本精神所在。《贞观律》是唐律的定本,它的内容为唐朝以后各律所传承,官吏言论犯罪的规定也是如此。随着对这一规定的传承,其中重视治吏的精神也在唐朝得到了传承。

今天,在全面推进依法治国的背景下,我们党制定了一系列党内法规,推进从严治党与加强干部队伍建设。其基本精神是要通过党内法规的颁行,为从严治党与加强干部队伍建设提供依据,从而加强党建工作,纯洁党的组织,形成一个从讲规矩、守住底线的氛围,进一步造就忠诚、干净、担当的干部队伍。其中,可以把重视治吏的精神融入进去,把其转化为从严治党,使干部、党员真正做到不敢腐、不想腐、不能腐、不

---

① 参见《贞观政要·政体第二》卷一。
② 同上。
③ 参见《贞观政要·君道第一》卷一。

易腐。我们党也始终能成为中国特色社会主义事业的坚强领导核心，带领全国人民实现"两个一百年"奋斗目标，把中国建设成为一个富强、民主、文明、和谐、美丽的社会主义现代化强国。

唐律是唐朝的一部刑法典，它在总结前人立法的基础上作出了较为完善的官吏言论犯罪的规定，内容涉及这一犯罪的各个方面，成为治吏的一个重要组成部分。从现存的一些案例来看，这一规定得到了一定程度的实施，从而证实其在唐朝的治吏中确实发挥过积极作用。唐律关于官吏言论犯罪的规定对唐朝以后封建朝代的立法产生过影响，以致这些朝代也在不同程度上传承了唐律的这一规定。唐律官吏言论犯罪的规定在中国古代的治吏中具有重要地位与作用。唐律这一规定的基本精神是重视治吏。这一精神可为今天的从严治党与加强干部队伍建设提供借鉴，使我们党始终成为建设中国特色社会主义事业的坚强领导核心，带领全国人民不断从一个胜利走向新的胜利，早日建成一个伟大的社会主义现代化强国。

第三十章
《寄簃文存》的唐律研究

沈家本是中国近代法律史学界的泰斗。《寄簃文存》①是他的主要著作之一，其中的内容是他在修订法律时期撰写的论文，因此在很大程度上反映了他后期的研究成果和思想。在这部文存中，有不少内容涉及唐律，本章拟就其中的一些问题加以论述。

一、用唐律论证自己的观点

《寄簃文存》中有近五十篇文章涉及唐律②，占所有文章的一半以上。在每卷中，涉及唐律的又大大超过清朝以前其他的律。笔者经过粗略的统计，以表30-1显示：

---

① 本书中的《寄簃文存》是指1982年中国书店影印的民国刊本《沈寄簃先生遗书》甲编《寄簃文存》八卷。它附于李光灿所著《评〈寄簃文存〉》一书之后，此书1985年由群众出版社出版。

② 这里所说的"唐律"是《寄簃文存》中明指的唐律。

表 30-1

	汉律	晋律	隋律	唐律	宋刑统	大元通制	明律	小计
卷一				19			10	29
卷二				46	2	1	15	64
卷三	1	1	2	18			8	30
卷四			2	8	2		4	16
卷五	1	1	1	7			1	11
卷六	5		3	17	17		7	49
卷七				7	15	3	10	35
卷八				18	6		3	27
总计	7	2	8	140	42	4	58	261

注：表中的数字是指出现过的次数。

《寄簃文存》中还出现过《泰和律》《北齐律》和《金律》等，由于出现的次数甚少，所以未在表中列出。从表 30-1 统计的数字可以发现，《寄簃文存》中涉及唐律的次数最多，有一百四十次，大大超过其他律，甚至超过其他律的总和。这从一个侧面说明了沈家本对唐律的重视和唐律在《寄簃文存》中的重要地位。

那么，唐律在《寄簃文存》中扮演了哪些角色？

首先，通过引用唐律的规定论证一个观点。

这种情况比较多，《寄簃文存》中大量引用唐律的规定都属于此类。沈家本在《虚拟死罪改为流徒折》[①]一文中专门论述了将死罪改用流徒刑的必要性，认为"将现行律内虚拟死罪数端，分别改为流徒，以省繁重，而归简易"。为了论证这一观点的可行性，他列举了唐律的例子，认为唐律对杀人犯罪的用刑也不是一概而论。"考之唐律，戏杀、误杀各按其当场情形，分别徒、流，并无死罪。擅杀分别论及徒、流、绞

---

① 载于《寄簃文存·卷一》。

四等,亦不概问死罪。"因此,现行律例要修改,没有必要"不分戏、误、擅杀,皆照斗杀拟绞监候,秋审缓决一次,即准减流;其重者,缓决三次减流"。这样"虽名为绞罪,实与流罪无殊,不过虚拟死罪之名"。所以,他主张修改法律,"嗣后戏杀,改为徒罪;因斗误杀旁人,并擅杀各项罪人,现律应拟绞候者,一律改变流罪;均按照新章,毋庸发配,归入习世所,罚令作工"。这样的论证有力地支持了沈家本将一些虚拟死罪改用流徒刑的观点。这里只是一例,类似的情况还有很多,《论故杀》《论杀死奸夫》《论诬指》《论诬证》等都是如此。①

其次,通过把唐律与中国唐前律相应的规定作比较论证一个观点。

这种情况在《寄簃文存》中不太多,《明律徒流折杖与唐律徒流加杖之法不同说》②一文是其中之一。沈家本对明律中的有些内容不满意,认为明律虽取自唐律,但不如唐律,特别是唐、明律中的徒流刑折杖与加杖问题比较突出。有人认为这两者是相同的,沈家本则认为不同。"明律诬轻为重,及增轻作重,二律皆有徒流折杖抵算之法。其算率极密。说者谓即唐律徒流增杖之法。今以唐律考之:其徒罪折杖之法,似出于唐,而亦不尽同;流罪折杖之法,与唐律流罪加杖之法,则迥然各别。"为了证实自己的这一观点,沈家本分别引用了唐、明律中的相应规定作了比较和分析,还下了结论:"流罪折杖之法,以唐与明相较,又迥然各别者也。"在文章的最后,沈家本还指出形成这一差别的原因在于,明朝的立法者只注意形式,忽视了立法本意,因此经常留下缺憾。"大抵明人采用唐法,往往不寻绎其立法的本意,而但于形式问求之。即此诬轻为重、增轻作重二律,亦但求算率之密,不爽丝毫,其折除抵算,即纡曲而难明,其情罪轻重之间,又未能折衷至当,明律之失,每在于是。"经过这样的比较,沈家本不仅驳斥了他人的错误观点,同时也

---

① 参见《寄簃文存·卷二》。
② 载于《寄簃文存·卷三》。

树立了自己的正确观点。整篇文章很有说服力。

最后,通过把唐律与外国相应的规定作比较论证一个观点。

在《寄簃文存》中,这种情况不多,《论故杀》①一文是其中之一。在此文中,沈家本认为中国以后的杀人罪应分为谋杀、故杀和斗殴杀三级,它们因情况不同而不同。"其一人独谋诸心,及临时有意欲杀者,皆以谋杀论。故殴伤者,为故殴伤人;因而致死者,以故杀论。必在互殴之状者,乃以斗殴杀论。如此分作三级,界限较为分明。"在得出这一结论前,文章曾把唐律与外国刑法相应的规定作了比较。"今若融会唐律及英、日刑法之意,明定界限,自可尽袪疑惑。"事实也是如此。在引用了唐律规定的内容后,文章认为:"唐律以有无害心为斗、故之界限,颇为分明。"同时,文章还列举了外国刑法相应的规定,认为:"俄、法、德、日等国刑法,并有故杀人之条,而英国未有明文。此二条与故杀相似,皆以谋杀论。一则以心已极恶,一则以欲伤害人,颇与唐律之意合。"可见,唐律的规定与外国刑法相应的规定一致,因此把杀人罪分为三级是合理的,而中国当时刑法中的一些规定有明显的缺陷。

《寄簃文存》通过使用以上方法,把唐律的规定作为一种有力的证据论证自己的观点,取得了较好的效果。

二、对唐律研究突破之处

综观沈家本在《寄簃文存》中对唐律的运用与研究,有许多突破之处,主要表现在以下三个方面:

---

① 载于《寄簃文存·卷二》。

1. 重视对唐律深层次问题的研究

在沈家本以前,已有一些中国学者对唐律进行过研究,也有一些成果问世,但大多仅限于一般问题,缺少对深层次问题的研究,因此研究水平受到限制,成果的局限性较大。薛允升曾对唐、明律进行过比较研究,还写成了《唐明律合编》一书,但基本上只停留在对唐、明律条文之间的简单比较上,理论深度不够,许多问题只是揭示了一种现象,没有从深层次上挖掘原因,其缺陷比较明显。沈家本则不然,他不仅注意研究唐律中的一般问题,还重视对其中的深层次问题进行探研,找到一些法律规定存在差异的原因。对"出入人罪"的比较就是如此。薛允升在《唐明律合编》的"官司出入人罪"条①中对唐、明律中"出入人罪"的规定作了比较。他在比较后发现,它们有相似的地方。"明律全出全入,与唐律大略相同,即增轻作重,减重作轻,律文亦以所增减论。"但是,它们之间也有不同之处,而且这种不同之处还十分明显。明律中"徒俱折杖,流罪俱折徒半年,与唐律不符"。此外,"唐律从杖一百入一年徒,即系全入,流罪更不待言矣。明律折杖一百二十,是只入笞二十矣,轻重大不相同"等。但是,薛允升并没有进一步研究造成这一差别的原因,也不知其中的原委,只是说:"唐律科罪为严,明律曲意从宽,未知何故。"沈家本则进一步探究造成这一差别的原因,认为这是由于刑制不同所致。他在《官司出入人罪唐明律比较说》②一文中,把唐、明律中的相关规定加以比较后说:"明法本于唐,特刑制与唐稍有不同,故此法亦不能尽同。"接着,他又指出了这一不同之处:"唐三流

---

① 参见《唐明律合编·卷三十》。
② 载于《寄簃文存·卷三》。

各有徒役一年,又加役流,加徒役二年。明徒、流并有加杖,而三流无一年之徒役;加役流但存'诬告人死罪未决'一条,不列五刑之内。"这就造成了对"出入人罪"用刑的不一致。探索了深层次问题以后,沈家本对唐律的研究更有深度,也比前人更胜一等。

2. 重视运用西方的法律知识进行研究

在沈家本以前,中国学者研究唐律没有运用西方近代的法律知识。这主要是由当时的社会条件所造成的,因为中国多处于封闭状态,不太了解外面的世界。沈家本则不然,他所处的社会具备了一些以前所没有的有利条件,中国有了更多的开放度。再加上个人的努力,故在研究唐律过程中,他运用了西方近代的法律知识。这样,他对唐律的研究就有了比前人独特的地方。在《论威逼人致死》[①]一文中,他引用了唐律的规定:"若恐迫人畏惧致死、伤者,各随其状,以故斗戏杀、伤论。"然后,他对这一规定进行了研究,其结论是:"唐律无甲自尽而乙抵命之文,盖非亲手杀人,难科以罪。"但是,他又发现这一规定在明朝发生了变化。"自明律设威逼人致死之条,嗣后条例日益加重,虽为惩豪强凶暴起见,然非古法也。"接着,他考察了英、俄、法、德等西方国家近代刑法中的相关规定,认为"至欧洲各国刑法,其用意正与中律相反"。具体来说,这些国家都没有类似中国古代刑法中的威逼人致死罪。"统观英、俄刑法及日本人之说,盖西人以生命为重,自杀悬为厉禁,英、俄皆明载律内。虽以忠臣烈妇,俄、法亦仅免罪而已。至自杀而科胁迫之者以罪,不独英、俄皆无此文,即德、法刑法亦皆不著。"经过这样的比较和分析,可使人们从古今中外的不同角度,较为全面地了解"威逼人

---

① 载于《寄簃文存·卷二》。

致死"问题,从而进一步理解中西法律之间的差异,同时也加深了对唐律的认识。

3. 重视对本朝的法律进行比较研究

在《寄簃文存》以前,中国也有比较法的著作面世,较为著名的是薛允升所著的《唐明律合编》。可是,薛允升是清人,他只是把清以前的唐、明律作了比较,没有把唐律与当朝的清律作比较。这样的比较当然有一定的学术性,但缺少现实性,局限性很突出。沈家本则不同,他在《寄簃文存》中对唐、清律进行了比较,把它们之间的渊源关系及异同之处揭示于众。他这种重视对本朝法律进行比较研究的做法比前人棋高一着。在《重刻唐律疏议序》里,他首先阐述了唐律的渊源可追溯至魏晋南北朝和隋朝。"唐律本隋,由魏而周而隋,渊源俱在。"接着,他又叙述了清律的渊源在于清以前的法律。"我朝定律,监古立法损益,归于大中。"最后,他经过对唐、清律的比较,发现了它们之间的异同之处,说清律"所载律条,与唐律大同者四百一十有奇;其异者,八十有奇耳。今之律文与唐律合者,亦十居三四"。从这一比较中,人们可以清楚地看到,唐律对清律还有很大影响,它们之间有非常密切的关系。在作了这一比较之后,沈家本继续深入分析,要求人们深求形成唐、清律之异同以及用刑世轻世重等的原因。"至由是书而深求乎古今异同之原,讲明乎世轻世重之故,晰奇阐微,律无遗蕴,庶几傅古亭疑,情罪相准,无铢黍豪发之爽,是又在善于读律者。"可见,他通过比较的方法揭示唐律与清律异同的最终目的是,提示人们进一步发掘形成差别的深层次原因,真正实现比较的价值,而非为比较而比较。

正因为有以上三个方面的突破之处,所以沈家本在研究唐律中常有新意,从而成为《寄簃文存》的一个亮点。

三、形成突破的原因

沈家本的《寄簃文存》能在研究唐律方面有突破之处,有多种原因,其中主要原因如下:

1. 沈家本比前人更充分认识到唐律在中国法律史上所具有的重要地位

唐律在中国古代立法史上占据着重要的地位,此为沈家本以前的学者所首肯。明初,参与立法的丞相李善长认为,唐律是中国古代立法的集大成者,他说:"历代之律,皆以议《九章》为宗,至唐始集其成。"① 以后,薛允升也认为,唐律是中国古代法典中的最善者。"讲求斯道者,莫不以唐律为最善者。"② 沈家本比前人更充分地认识到唐律在中国古代立法中的重要作用,也更能正视这种显赫地位。他曾说,唐律在"宋以后皆遵用,虽间有轻重,其大段固体本于唐也"③。这段话的含义十分深刻。这是由他所处的时代决定的。他生活在清末民初,可以纵观整个中国古代的立法,具有全面性和全局性,更能理解唐律的历史作用。沈家本以前的学者没有这一历史条件,在认识上达不到沈家本那样全面、完整的程度。从这种意义上说,沈家本具有比前人更懂得唐律的一个优越条件。正因为如此,他不仅于光绪十六年(1890年)与同僚

---

① 《明史·刑法志》。
② 《唐明律合编·序》。
③ 《历代刑法考·刑制总考四》。

集款重刻《唐律疏议》并为其作序,还潜心研究唐律。他懂得立法要研究天理和人情,司法要深求法律之源,精思法律之理,以期在适用法律之时,"情罪相准",而细读唐律可从中体会到它的价值。[①] 他是这样认识的,也是这样实践的。在《寄簃文存》中,唐律被作为中国古代立法的楷模,经常作为中国典型法典出现,它的规定常常被作为经典内容引用。这是唐律在该文存中被引用得最多的一个重要原因,也是沈家本比前人更深刻理解唐律的一种表现。

2. 沈家本比前人更了解西方的近代法律知识

沈家本在《寄簃文存》中对唐律的研究比前人更胜一筹的另一个原因,是他比前人更了解西方的近代法律知识,从而能在研究唐律中运用它们并加以比较和分析,得出前人不易得出的结论。他能做到这一点,与以下一些方面关系很大:

首先,清末西方的近代法律知识被大量引入中国。早在 19 世纪 60 年代,中国在成立了京师同文馆以后,就着手翻译了一些外国的法律著作,《公法会通》和《公法便览》等都是这一时期的产物。但是,那时翻译的法律著作数量不多,主要集中于公法领域。到了清末,由于修订法律馆的成立,所翻译的西方近代法律和法学著作更多了。仅在此馆成立后两年左右的时间里,译完的著作已达二十余种,涉及的国家包括德国、法国、荷兰、意大利、美国、瑞士、芬兰等,涉及的法律包括刑法、刑事诉讼法、民事诉讼法、裁判所编制法等。又过了两年,翻译的著作就更多了,几乎包括了所有的部门法领域。沈家本可通过比较全面地了解西方的法律知识,而前人则没有这一优越条件。

---

① 参见李贵连:《沈家本传》,法律出版社 2000 年版,第 60—61 页。

其次,修律工作需要沈家本了解和掌握更多西方的近代法律知识。1902年2月,清政府决定由袁世凯、刘坤一、张之洞三人慎选熟悉中西法律的人士主持修律工作。同月,此三人就上书,奏请由沈家本和伍廷芳两人负责这一工作并主持修订法律馆。"查刑部左侍郎沈家本久在秋曹,刑名精熟。出使美国大臣四品卿衔伍廷芳,练习洋务,西律专家。拟请简调该二员,饬令在京开设修律馆,即派该二员为之总纂。"①不久,这一奏请就被批准,沈家本上任,负责修订法律馆的工作。此馆的主要任务是翻译、参照西方近代法律,吸收其中适合中国的部分,制定中国新的法律草案,做到中外通行。对主持此馆工作的沈家本来说,基本要求是了解、掌握大量的西方法律知识,否则就无法完成这个任务。他努力学习和研究西方法律知识。"在花甲之年,他(沈家本)仍以极大的热情,极大的毅力,孜孜不倦地学习、研究西法。"②最终,修订法律馆的工作比较成功,成果颇丰,在清末法制改革中发挥了积极作用。

最后,沈家本推崇西方的法律。他虽然精通中国传统法律,也推誉唐律,但是在学习、了解西方近代法律以后,并不排斥这种法律,甚至还加以推崇,把它作为一种强国的手段。"接触西方法律文化以后,他对西方法律的推誉也不下于三代法律和唐律的称誉。"③沈家本推崇西方近代法律的一个重要原因是它能使国家强盛,他对此深有体会。他认为,邻国日本的强盛就与引进西方近代法律关系极大。他在《新译法规大全序》④一文中说,日本"明治以后,采用欧法","君臣上下,同心同德,发愤为雄,不惜财力,以编译西人之书,以研究西人之学,弃其糟粕,

---

① 《袁世凯奏议·卷十四》,天津古籍出版社1987年版。
② 李贵连:《沈家本与中国法律现代化》,光明日报出版社1989年版,第89页。
③ 同上书,第90页。
④ 载于《寄簃文存》。

而撷其精华,举全国之精神,胥贯注于法律之内,故国势日张,非偶然也"。然而,在这以前,中国人没有放眼世界,而是故步自封,对西方近代法律的基本态度是排斥,当时有些礼教派人物也是如此,于是就出现了激烈的礼法之争。由于沈家本比前人更了解西方的近代法律知识,所以能在对唐律的研究中开辟一条蹊径,有了一定的发展。

3. 沈家本比前人更重视研究方法的使用

研究方法在法学研究中非常重要,往往是决定研究成功与否的一个重要因素。沈家本在《寄簃文存》中对唐律的研究过程中非常重视研究方法的使用,而且有了突破,较为突出的是使用了比较方法。比较方法是一种科学方法,它善于揭示不同事物的差异和特点,便于对比较事物的认识并从中发现其规律。在沈家本以前,也有人使用过这一方法,薛允升就是如此。可是,如前所述,他只是对本朝以前的唐、明律进行比较,运用这一方法就有缺憾,局限性比较大。沈家本则不然,在对唐律的研究中,他较好地使用了比较方法,扩大了比较的面,涉及古今中外,因此经过比较而得出的结论比较科学。其中,既有唐、明律的比较,也有唐、清律的比较,甚至把唐律的有关规定与西方近代的相关法律作比较。这样,既有古今,又有中外,比较的面比较宽,比较对象也比较多,易从中发现唐律与其他法律的差别及其特点。从这种意义上讲,同样使用比较方法,沈家本比前人更为科学,也比较成功。这是他能深入研究唐律的又一个重要原因。

可见,沈家本在《寄簃文存》中对唐律的研究能取得成功绝非偶然,而是有多种原因造成的,其中以上三大原因不可忽视。正是这些原因使他的研究如虎添翼,对唐律的研究有了深化,形成了自己的特点,也为后人研究唐律和法律史树立了榜样。

第三十一章
唐律的法律与历史结合

唐律有许多成功之处,其中的一点是把法律与历史有机地融合在一起,许多内容是法制史的内容,可称是中国古代法律与历史融合的典范。从这一意义上讲,唐律还是一部法制史著作。

一、法律与历史结合的内容

唐律的内容大多围绕刑法问题展开,涉及的历史也主要是刑法史。此部法典中的有些字、罪名、罪行、刑罚、制度和篇目都有自己的历史,都与历史结合在一起。

1. 字与历史的结合

唐律中的字是其内容组成的细胞,与内容息息相关。为了准确地理解它们乃至律条的含义,唐律专门对某些相关的字作出解释,包括从历史的角度作些说明。"大不敬"罪中包含多种犯罪行为,"盗及伪造御宝"是其中之一。这里的"御宝"是犯罪对象,特别是"宝"这个字对正确理解这一对象关系重大。为此,唐律专门从历史发展的角度作了说明,从先秦一直到唐朝的开元时期。"说文云:'玺者,印也。'古者尊卑共之,左传云:'襄公自楚还,及方城,季武子取卞,使公冶问,玺书,追而予之。'是其义也。秦汉以来,天子曰'玺',诸侯曰'印'。开元岁中,改玺曰'宝'。"①另外,"夫"等字也有相似情况。

2. 罪名与历史的结合

唐律中有大量的罪名,它们是唐律的重要组成部分。其中,有许多罪名都存在历史渊源,有其历史发展的过程。唐律很注意把这种历史过程表现出来,有意识地把罪名与历史结合起来,以便人们能更全面地理解这些罪名。"十恶"就是如此。唐律从"十恶"的产生开始探源,直到它的定型,其发展脉络清清楚楚。"汉制九章,虽并湮没,其'不道''不敬'之目见存,原夫厥初,盖起诸汉。案梁陈已往,略有其条。周齐虽具十条之名,而无'十恶'之目。开皇创制,始备此科,酌于旧章,数存于十。大业有造,复更刊除,十条之内,惟存其八。自武德以来,仍遵开皇,无所损益。"②"十恶"是个大罪名,其中包含十个小罪名。唐律还对其中的一些小罪名作了溯源性阐述,探究它们的源头,使人们知晓设定这些罪名的历史原因。如"不睦"罪名的确定,可以追溯到《礼记》和《孝经》的记载。唐律明示了这一历史性的联系:"礼云:'讲信修睦。'孝经云:'民用和睦'。睦者,亲也。此条之内,皆是亲族相犯,为九族不相叶睦,故曰'不睦'。"③"十恶"中的"谋反""谋大逆""大不敬""不孝""内乱"等罪名也都是如此。

---

① 《唐律疏议·名例》"十恶"条"疏议"。
② 同上。
③ 同上。

3. 罪行与历史的结合

罪行也是唐律的重要组成部分,它与法定刑共同构成完整的律条内容。唐律中的有些罪行也与历史有联系,是历史造就了它们。例如,"不孝"罪包括多个罪行,其中的"供养有缺"和"闻祖父母父母丧,匿不举哀"两个罪行均源于《礼记》。唐律揭示了它们之间的这种渊源关系:"礼云:'孝子之养亲也,乐其心,不违其志,以其饮食而忠养之。'其有堪供而阙者,祖父母、父母告乃坐。"① 由此可确定,子孙们"供养有缺"是"不孝"罪中的一项罪行。"依礼:'闻亲丧,以哭答使者,尽哀而问故。'父母之丧,创巨尤切,闻即崩殒,擗踊号天。今乃匿不举哀,或择时日者,并是。"② 以《礼记》的这一记载为依据,唐律确定了"不孝"罪中"闻祖父母父母丧,匿不举哀"的罪行。"谋反""谋大逆""恶逆""大不敬"等一些罪名的确定也都有类似情况。

4. 刑罚与历史的结合

唐律中的制裁方式以刑罚为主,尤其是"五刑"。唐律重视描述"五刑"的历史,而且其发展脉络非常清晰。这里仅以杖刑为例。杖刑历史悠久,早在蚩尤时就已萌芽,经过汉等朝代的发展,到隋、唐时成形。"蚩尤作五虐之刑,亦用鞭扑。源其滥觞,所从来远矣。汉景帝以笞者已死而笞未毕,改三百曰二百,二百曰一百。奕代沿流,曾微增损。爰泊随室,以杖易鞭。"③ 唐律对笞、徒、流和死刑等也都有不同程度的这类描述。除此以外,有些刑罚也能体现出这种与历史的结合。加役

---

① 《唐律疏议·名例》"十恶"条"疏议"。
② 同上。
③ 《唐律疏议·名例》"杖刑五"条"疏议"。

流就是这样,它的适用对象原为犯有死罪者;武德年中曾改为断趾;出于恤刑的考虑,贞观六年(632年)改为加役流,一些过去要被适用死刑者因此被免死了。"加役流者,旧是死刑,武德年中改为断趾。国家惟刑是恤,恩弘博爱,以刑者不可复属,死者务欲生之,情矜向隅,恩覃祝纲,以贞观六年奉制改为加役流。"①

5. 制度与历史的结合

唐律中还有一些制度与历史结合在一起,并把这些制度的历史沿革情况阐述得一清二楚。"八议"制度是其中之一,它作为《唐律疏议》中的一项特权制度,源于《周礼》中的"八辟",以后逐渐演进为"八议"。到了唐朝,这一制度完备化了。唐律表述了这一渊源关系:"周礼云:'八辟丽邦法。'今之'八议',周之'八辟'也。""以此八议之人犯死罪,皆先奏请,议其所犯,故曰'八议'。"②另外,"妇人有官品邑号"等制度也有这种制度与历史结合的情况。③

6. 篇目与历史的结合

唐律共有十二篇,各篇目都有自己的历史发展过程。唐律每个篇目的开始都设有"疏议",专门介绍这一篇目的产生、变化过程。比如,卫禁律的历史发展过程大致是:晋时创立"卫宫律",宋至后周沿用,北齐改称为"禁卫律",隋朝改称为"卫禁律",唐朝沿袭隋朝的称谓。"晋太宰贾充等,酌汉魏之律,随事增损,创制此篇,名为卫宫律。自宋洎于后周,此名并无所改。至于北齐,将关禁附之,更为禁卫律。随开皇改

---

① 《唐律疏议·名例》"应议请减"条"疏议"。
② 《唐律疏议·名例》"八议"条"疏议"。
③ 参见《唐律疏议·名例》"妇人有官品邑号"条"疏议"。

为卫禁律。"①其他十一篇也都有类似的历史叙述。

二、法律与历史结合的意义

唐律中的字、罪名、罪行、刑罚、制度和篇目等与历史的结合有重要意义,主要表现在以下几个方面:

1. 有助于加深对唐律内容的认识

唐律的内容承前启后,在总结前人的立法成果和经验的基础上形成,内容以刑法为主,其中的许多字、罪名、罪行、刑罚、制度和所有篇目的内涵中都有历史含量,要深入理解它们,知晓它们的历史。唐律的制定者已考虑到这一问题,并通过在律条后增加"疏议"的办法解决,意在帮助人们正确理解律条的内容。正如沈家本在《重刻唐律疏议序》中所讲的:"名疏者,发明律及注意;云议者,申律之深义及律所不周不达",以使"律文之简质古奥者,始可得而读焉"。② 当时,决定增加"疏议"的原因主要有两个:一是为了方便科举考试,从而有"凭准";二是为了统一司法,避免"刑宪之司执行殊异"。③ 实际上,"疏议"与律文紧密结合在一起,与律条并行。唐高宗于永徽四年(653年)颁行《永徽律疏》(后世称为《唐律疏议》)以后,司法官在断狱中也"皆引疏分析

---

① 《唐律疏议·卫禁》前言"疏议"。
② 参见刘俊文点校:《唐律疏议》,中华书局1983年版,第670页。
③ 参见王立民:《唐律新探》(第二版),上海社会科学院出版社2001年版,第22页。

之"①,"疏议"具有与律条相同的法律效力。这里的"引疏分析之",包括对唐律中的字、罪名、罪行、刑罚、制度与篇目等的分析。这种分析自然少不了对它们历史的分析,这是"疏议"的重要组成部分。通过对唐律的这些分析,可以加深对其中内容的认识,这对当时的科举考试和司法实践都有不可替代的重要意义。

这种意义的关键所在是它的权威性。缺少这种权威性,科举考试和司法实践的权威性就要受到动摇,这对国家来说是一种不幸。唐律从各个方面树立这种权威,其中包括使用历史的方法,从历史中寻找权威,把律中的字、罪名、罪行、刑罚、制度和篇目等都与历史挂钩,以提高它们的权威性。提高对唐律内容的认识是必需的,因为它是唐朝的一部主要法典,也是科举考试和司法实践的重要依据。

唐律从历史角度提高其权威性的途径主要有三个:

第一个途径是从儒家经典中发现权威。唐朝的正统思想儒家思想也是一种国家权威的指导思想。从汉武帝确立其正统地位到唐朝,儒家思想已历经了几百年,其权威地位毋庸置疑。借助这一思想的权威性确立唐律的相关内容,就可使权威延伸,使它也具有权威性。所以,唐律大量使用历史上儒家经典中的经句论证、解释其中的内容。有的篇目中援引的还特别多,如名例律虽仅五十七条,但引证的经句就有四十余处。② 可见,儒家经典与唐律中的内容融合在一起了。

第二个途径是从历史上的法制中发现权威。唐律中的许多内容都有历史渊源,以前的一些朝代都在使用这些内容。唐律对此继续使用、完善并在律文中加以明示,从历史的沿用和权威的延续上提高、确立这些内容的权威性。因此,唐律中有许多这类内容。上述"十恶"、刑罚

---

① 《旧唐书·刑法志》。
② 参见王立民:《唐律新探》(第二版),上海社会科学院出版社2001年版,第58页。

和篇目等的发展历史都是如此。可见,历史上权威的法制内容演绎成唐律的内容,两者紧密结合在一起了。

第三个途径是以上两个途径的结合,即有些内容具有儒家经典和法制史的双重依据。这两者结合以后,其内容的权威性得到了进一步加强。唐律中的有些内容就采用了这一途径。例如,笞刑的条文既引用了《尚书》中"扑作教刑"的经句,又叙述了笞刑的发展历史。汉文帝十三年(前167年)进行刑制改革时,用笞刑取代劓刑,即"当劓者笞三百",以后笞刑便不断被沿革使用。"随时沿革,轻重不同。"① 类似的内容还有不少。人们对唐律内容权威性认识的提高,更有利于科举考试和司法实践正常秩序的形成。

2. 有助于增长中国法制史知识

唐律不仅是一部唐朝的法典,还是一部包括唐朝前期在内的中国法制史著作。阅读唐律,不仅可以知晓唐朝法制的内容,亦可以了解包括唐朝前期在内的中国法制史的一些内容。这是因为,在唐律的内容构成中,有些字、罪名、罪行、刑罚、制度和篇目等有历史积淀。这一积淀从夏朝前后中国法制的萌芽到最终起源和形成,至唐朝有两千余年,已经是一个时间不短的法制历史过程,可以构成一部中国法制史。通过阅知唐律的内容,有助于人们增长这一方面的知识,从而把握其中的内容。

从唐律中可以获得的中国法制史知识主要有以下三个方面:

首先,可以获得中国法典的体例产生、变化和发展方面的知识。这方面的知识的掌握对于正确认识中国古代的法律体系、法典体例及其

---

① 《唐律疏议·名例》"笞刑五"条"疏议"。

内容的组合等都具有十分重要的意义。中国的第一部律是战国时期秦国的《秦律》,它由商鞅改法为律而成,《法经》是其直接渊源。以后,又有许多法典面世。秦朝亦有《秦律》,汉朝有《九章律》,魏晋南北时期有《魏律》《晋律》《宋律》《齐律》《梁律》《陈律》《北魏律》《北齐律》《北周律》等,隋朝有《开皇律》和《大业律》,唐朝先后制定过《武德律》《贞观律》《永徽律》《永徽律疏》《开元律疏》等。这些律的体例不尽相同,而且还有一个不断演进的过程。唐律揭示了这一过程,它主要包括:一是以律为主的法典的整个发展过程,即从"周衰刑重,战国异制,魏文侯师于李悝,集诸国刑典,造法经六篇",一直到"唐因于隋"。[①] 二是每个篇目的发展过程。唐律共有十二篇,也有十二个篇目,每个篇目的变化就意味着其所含内容的变化、律的体例变化。以厩库律为例,汉朝的《九章律》中始设厩律;晋朝的《晋律》以牧事合之,便有了厩牧律;隋朝的《开皇律》以库事再附之,便有了厩库律;唐律沿用《开皇律》的厩库律,也有这一篇目的设置。[②] 人们通过这两个过程可以了解到中国法制史中法典特别是律的体例、结构变化的知识。

其次,可以获得中国重要制度建立的理论依据方面的知识。这方面的知识对于全面、正确认识中国法制中的重要制度具有指导性意义。自汉武帝决定"独尊儒术"以后,儒家思想便成了中国法制的指导思想,礼法开始结合。从此,中国古代的法制走上了礼法结合的道路,法制中重要制度的建立都离不开儒家思想。这一思想集中体现在各本儒家经典中,这些经典写成于唐朝以前,也是一种史书。其中的一些经句往往是建立一些重要制度的理论依据,对人们准确理解这些制度具有指导作用。唐律很注意揭示这些经句与制度间的联系,帮助人们更深

[①] 参见《唐律疏议·名例》前言"疏议"。
[②] 参见《唐律疏议·厩库》前言"疏议"。

刻地理解这些重要制度。除了上述"八议"制度外,还有一些重要制度的建立也是如此。以"五刑"制度为例,唐律把主要刑罚制度简称为"五刑"。"五刑"制度的确立与儒家经典的经句也有关联。《孝经》的经句决定了制定"五刑"时取"五"的原因。"圣人制五刑,以法五行。""五刑"中的具体刑罚也有儒家经句作为依据。《尚书》有"流宥五刑"的记载,于是便有了"五刑"中的流刑。"今之三流,即其义也。"①其他四刑也有相似的情况。人们可从儒家经典中看到它们对唐律中一些重要制度的影响,也可加深对这些制度的理论基础的认识。

最后,可以获得中国法制中一些内容沿革方面的知识。中国古代法律中的一些内容发展到唐朝已经成熟。唐律是中国一部内容比较完善的法典,其中的一些内容经过长期发展,达到了完备的程度。这些内容包括字、罪名、罪刑、刑罚、制度等。知晓这些内容的沿革,有利于人们正确把握其内涵。唐律注意把这些内容的沿革告诉人们,从而使人们更全面地认识它们。除了上述"宝""十恶""不睦""杖""八议"等内容外,还有其他一些内容也有其沿革史。早在春秋时期,就有在农隙出猎的国家大事,唐朝将其演变成"校阅"。"春秋之义,'春蒐,夏苗,秋弥,冬狩,皆因农隙以讲大事',即今'校阅'是也。"可见,唐律中的"校阅"起源于春秋时期的"大事",也是从这一"大事"发展而来的。② 另外,唐律打击制造假冒伪劣商品的行为,也是从先秦时打击这类行为转变而来的。那时,"物勒工名,以其考诚。功有不当,必行其罪"。唐律规定:"诸造器用之物及绢布之属,有行滥、短狭而卖者,各杖六十。"③它们之间都有一种历史的联系。

---

① 《唐律疏议·名例》"流刑三"条"疏议"。
② 参见《唐律疏议·擅兴》"校阅违期"条及其"疏议"。
③ 《唐律疏议·杂律》"器用绢布行滥短狭而卖"条及其"疏议"。

3. 有助于增强法律意识

法律意识是法律素质的重要组成部分。学习法律是增强法律意识的一个路径。学习法制史同样有利于人们增强法律意识。通过阅知唐律中法制史的内容,可以在以下几方面帮助人们增强法律意识:

首先,可以帮助人们增强王制意识。从唐律中法制史的内容可以十分清楚地认识到,中国古代的法制都由帝王确定,先是国王,后是皇帝,都与他们至高无上的地位联系在一起。正如唐律所言:"(西周时)穆王度时制法,五刑之属三千。"到了汉朝,"前主所是著为律,后主所是疏为令"。总之,历史上的帝王"莫不凭黎元而树司宰,因政教而施刑法"。① 法制作为依附于帝王的产物,基于帝王的至尊地位,也高高在上,人们必须遵守。遵守了法制,就是服从了帝王;否则,就是触犯了帝王。这与中国古代长期实行的专制统治和专制制度一脉相承。

其次,可以帮助人们增强规则意识。法制是一种规则,确立法制是为了形成一种以规则为基础的秩序。唐律中大量的法制史内容告诉人们,一个国家不能没有法制,它"譬权衡之知轻重,若规矩之得方圆"②。中国自夏朝以来就致力于制定法制,用它规范人们的行为。"不立制度,则未之前闻"③,人们必须依照法制行事,否则就要承担相应的法律责任。这一意识水平的提高,直接有助于人们遵守、实施法制,形成一个良好的社会秩序。

最后,可以帮助人们增强罪与非罪的意识。唐律以刑法为主要内容,其他部门法的内容都是附带而已。它的名例篇是总则,规定的是刑

---

① 参见《唐律疏议·名例》前言"疏议"。
② 同上。
③ 同上。

罚和一般原则;其他十一篇都是分则,规定的是具体的犯罪,其法条由罪行和法定刑两部分组成。比如,"诸有妻更娶妻者,徒一年;女家,减一等"①。人们知晓了唐律的内容,就知道了什么是犯罪,懂得了罪与非罪的界限,有了罪与非罪的意识。在这一意识中有一个重要的方面,即犯罪者都要依律受到刑罚处罚。这与唐律"刑罚不可弛于国,笞挞不得废于家"②的思想吻合。这一意识的树立有利于预防、减少犯罪,提高人们的社会安全感,维护社会稳定。

以上三大意识是中国古代法律意识中的重要组成部分。通过阅知唐律,可以增强这三大意识,同时也有助于人们增强法律意识。

三、法律与历史结合的原因

唐律能成功地把法律与历史融合起来,发挥法制史的作用,有一定的原因。同时,它的这一成功之处还对后世的立法产生了一定的影响。

唐律能把法律与历史成功结合起来,原因主要有以下五个方面:

第一,唐朝前期的社会发展为其法律与历史的结合创造了一个良好的社会环境。唐律在唐朝前期制定。《武德律》是唐朝的第一部律,《贞观律》完善了律文,《永徽律》沿用《贞观律》的内容,《永徽律疏》增加了"疏议"部分,《开元律疏》沿袭《永徽律疏》的体例和内容。在这一时期,社会不断发展,改变了隋末的萧条状况,出现了"贞观之治""开

---

① 《唐律疏议·户婚》"有妻更娶"条。
② 《唐律疏议·名例》前言"疏议"。

元盛世"等大治年代。在永徽时期,"有贞观之遗风"①。在这样一个良好的社会环境中,唐朝的统治者和唐律的制定者可以有充足的时间和精力充分考虑唐律中法律与历史的结合问题;否则,国家大乱,秩序混乱,就不会有充足的时间和精力思考法典的这一结合了。可以说,唐朝前期的社会发展为唐律的这种结合提供了一个不可多得的机遇。

第二,中国法制已有两千多年经验的积累。自夏朝开始正式确立法制以后,每个朝代都建立了自己的法制,而且不断总结经验,推进法制的发展。早在西周时,已提出了"三典"的理论,即"刑新国,用轻典;刑平国,用中典;刑乱国,用重典"②。以后,各朝又在法典的体例和内容等方面不断发展。从体例上看,自战国时《法经》的六篇,经过汉朝《九章律》等的演进,到隋朝的《开皇律》已形成十二篇,并为《武德律》以及以后的唐律所继受。从内容上看,大量礼法结合的内容融入法典,"十恶""八议""上请""五服以制罪""同居相为隐"等都是如此,而且这些内容都被纳入唐律并成熟化了。这些长年来积累的法制史内容至唐朝已经基本定型,有了可以总结的机遇。唐律的制定者抓住了这个机遇,不仅制定了一部较为完善的法典,而且写就了一部自夏朝以来的中国法制史。

第三,唐朝前期儒学进一步发展。唐律中的许多法制史内容都与儒家经典联系在一起,以儒学为基础。唐朝前期儒学的进一步发展,为唐律的制定和其中法制史内容的撰写提供了坚实的理论指导。唐太宗重视儒学,执政以后大力推崇儒学,重视儒学教育。贞观二年(628年),他"诏停周公为先圣,始立孔子庙堂于国学,稽式旧典,以仲尼为先圣,颜子为先师,两边俎豆干戚之容,始备于兹矣"。同年,他还大收

---

① 李贽:《史纲评要·唐纪》。
② 《周礼·秋官·大司寇》。

天下儒士,"赐帛给传,令诣京师,擢以不次,布在廊庙者甚众。学生通一大经已上,咸得署吏"。于是,儒学教育达到了空前的程度。"国学强筑学舍四百余间,国子、大学、四门、广文亦曾置生员,其书、算各置博士、学生,以备众艺",以至于"四方儒生负书而至者,盖以千数";"国学之内,鼓箧升讲筵者,几至万人,儒学之兴,古昔未有也"。① 贞观四年(630年),唐太宗又令儒生撰定《五经正义》,把儒家经典的内容规范化。他"诏师古与国子祭酒孔颖达等诸儒,撰定五经疏议,凡一百八十卷,名曰《五经正义》,付国学施行"②。这些都使儒学的地位进一步正统化,也使它能进一步传播,日益深入人心,并为唐律中法制史内容的最终形成奠定了理论基石。

第四,唐律的制定者具备了较高的素养。制定法典是一种人的自觉行为,与制定者的个人素养密切相关。只有具备较高素养的制定者才能制定出较高水平的法典。唐律的制定者具备了较高的素养,其中包括通晓法律和博识文史两个方面,它们对于撰写法制史不可或缺。根据《唐律疏议·进律疏表》的记载,唐律的制定者有长孙无忌、李勣、于志宁等十九人。他们都不同程度地熟悉法律和文史,具有这方面的素养。例如,律学博士司马锐,他专门从事教授、研究法律工作。"掌教文武官八品以下及庶人子为生者,以律令为专业,格式法例亦兼习之。"③又如,参加过律的制定的长孙无忌,他在贞观时就参加了《贞观律》的制定,以后又参加了《永徽律》的制定。再如,从事过地方司法工作的董雄、石士达等人,以及在中书、门下省和大理寺、刑部任职的官员段宝玄、来济、辛茂将、唐临、王怀恪等人。需要特别提及的是,唐朝的中书、门下省官员也有司法职能,因为"凡罪抵流、死,皆上刑部,复于

---

① 参见《贞观政要·崇儒学第二十七》。
② 同上。
③ 《旧唐书·职官志》。

中书、门下"①。另外,他们还熟悉文史。其中,长孙无忌被认为"博涉书史"②,褚遂良亦被认为"博涉文史"③,于志宁还撰写过《五经义疏》等等。唐律制定者具备的这些素养使他们能成功地把法律与历史结合起来,从而写就了一部法制史。

第五,唐律中的"疏议"发挥了独特的作用。唐律中的法制史内容都在"疏议"中,它为法律与历史的结合提供了一个合适的平台。唐朝以前也有对法律作解释的方法,秦有《法律答问》,《晋律》有"注"等。"疏议"在总结前人法律解释经验的基础上实现了飞跃,完善了各种功能,其中包括法律与历史的结合。它通过引用儒家经典、描述历史发展过程、揭示历史渊源等方法,把历史与律文中的字、罪名、罪行、刑罚、制度和篇目有机结合起来,展示在人们面前,使唐律也成为一部法制史。没有"疏议",就不会有这种现实。"疏议"比以前任何一种方式都要高明,功不可没。

正是以上五个方面的原因,促成了唐律中法律与历史的结合,成就了中国法制史。令人注目的是,唐律的这一做法还对后世立法产生了影响,开创了中国古代法典中法律与历史结合的先河。《宋刑统》等法典也跟随其后,采用了这一结合方式。《宋刑统》的体例与唐律不尽相同,其中不同之处很明显。它在篇下分门,使用刑统形式,还在每篇的前言部分取消了"疏议"等,但律条的"疏议"中仍保留法律史的内容,绝大多数与唐律的"疏议"相同。可以说,《宋刑统》还是效仿了唐律的基本做法,将法律与历史相结合。由此可见,唐律影响深远。

---

① 《新唐书·百官志三》。
② 《新唐书·长孙无忌传》。
③ 《旧唐书·来济传》。

第三十二章
唐律的律文解释与《中华民国新刑法判解汇编》的法条解释之比较

中国古代对律文解释的历史悠久。秦的《法律答问》中已有对《秦律》律文解释的成分。以后,《晋律》所含的"注"、唐律中的"疏议"、《宋刑统》中的"疏议"、《大明律集解附例》和《大清律集解附例》中的"集解"等,都属于此类解释。唐律是一部刑法典,由律条与"疏议"(即《律疏》)两大部分组成。"疏议"对律条作了较为全面、系统、完善的解释,这种解释还对后世的律文解释产生过影响,本章以其作为古代律文解释的标本。《中华民国新刑法判解汇编》①是对 1935 年颁布的《中华民国新刑法》法条判解的汇编,由刑法的法条与"判解"两部分构成。"判解"又由"理由"和大理院、司法院、最高法院的"判""解"合成。其中,"判"是判例,"解"是解释例。《中华民国新刑法判解汇编》是当时同类著作中的佼佼者,不仅当时的最高法院庭长叶在均、最高法院检察署检察长郑烈分别为其作了"叶序"和"郑序",而且法学家居正、覃振、焦易堂、谢冠生等均为其题词。本章以此著作为例,与唐律作一些比较,由此窥视中国古代的律文解释与近代刑法法条解释的一些情况。

---

① 郑静渠、郭燮尧编:《中华民国新刑法判解汇编》,大东书局1936年版。

一、相 似 之 处

中国近代刑法的法条解释与古代的律文解释之间有一些相似之处,并突出表现在对刑法原则、罪名和刑罚等的解释上,而它们又是刑法解释内容不可或缺的组成部分。这里以唐律与《中华民国新刑法判解汇编》为例。

1. 刑法原则解释的相似之处

中国古代的律文解释中有对刑法原则的解释,中国近代的刑法解释中也有这种解释。它们成为中国古代、近代刑法解释中的一个组成部分,而且有相似之处。

唐律对刑法原则作了充分的解释,这一解释主要分为三条途径:第一条途径是以当时反映主流思想的儒家经典为依据,对确立的刑法原则进行解释。儒家思想是当时的一种主流思想,受到国家的弘扬,以其作为解释依据很具权威性。对"老小及疾有犯"原则的解释就是如此。这一原则规定:"诸年七十以上、十五以下及废疾,犯流罪以下,收赎。"此条"疏议"引用《周礼》的经句对这一规定作了解释:"依周礼:'年七十以上及未龀者,并不为奴。'今律:年七十以上、七十九以下,十五以下、十一以上及废疾,为矜老小及疾,故流罪以下收赎。"[1]经过这样的解释,此律条原则背后的理论基础便非常明显,其制定的依据也十分

---

[1] 《唐律疏议·名例》"老小疾有犯"条及其"疏议"。

明确了。第二条途径是以成理为依据,对确立的刑法原则进行解释。这些成理已被长期的实践证明是正确的,为大家所接受,以其作为解释的依据具有一定的权威性。对"犯罪未发自首"原则的解释就是如此,这一原则规定:"诸犯罪未发而自首者,原其罪。"唐律对这一原则的解释就用了成理。"过而不改,斯成过矣。今能改过,来首其罪,皆合得原。"①其中的"过而不改,斯成过矣"就是一种成理。以这一成理为依据进行解释,这一刑法原则就易为人们所接受和理解了。第三条途径是以常识为依据,对确立的刑法原则进行解释。常识为大家所熟悉,被认为是正确的,以其解释刑法原则也具有权威性,易为大家所认可。唐律中有刑事附带行政的制裁方式"除名"等。在"除名"的规定中,有这样的内容:"诸除名者,官爵悉除,课役从本色,六载之后听叙,依出身法。"这里,"六载"的计算就与时间统计的常识相关了。于是,此条"疏议"对"六载"的起始计算、每年天数的合算作了解释:"称六载听叙者,年之与载,异代别名,假有元年犯罪,至六年之后,七年正月始有叙法,其间虽有闰月,但据载言之,不以称年,要以三百六十日为限。"②有了这样的解释,人们对"除名"这一原则规定的理解便更清晰了。可见,唐律通过多种途径解释刑法原则,使阅律者对其有正确的理解和认识。

《中华民国新刑法判解汇编》也有对刑法原则进行解释的做法,也主要通过三条途径进行解释,在"理由"部分就已有对这一内容的解释。第一条途径是用现代的刑法理论来解释刑法原则。《中华民国新刑法》是一部现代刑法典,其原则的确定与近代刑法理论直接相关,有的就是以这一理论为依据确立的。总则第一条的规定就是如此:"行为之处罚,以行为时之法律有明文规定者为限。"《中华民国新刑法判

---

① 《唐律疏议·名例》"犯罪未发自首"条及其"疏议"。
② 《唐律疏议·名例》"除免官当叙法"条及其"疏议"。

解汇编》中,此条的"理由"部分就明示其依据是罪刑法定主义:"本条为刑法之根本主义,不需比附援引,即学者所谓罪刑法定主义。凡行为受法律科罚者为罪,否则不为罪是也。"[1]这一解释把此条规定背后的近代刑法理论依据阐述得明明白白。第二条途径是用公理来解释刑法原则。这里的"公理"为国际社会所承认,同样具有权威性,以其为依据解释刑法原则,权威性就凸显出来了。《中华民国新刑法》总则第五条规定:"凡在中华民国领域外犯"内乱罪、外患罪、伪造货币罪、伪造有价证券罪、伪造文书印文罪、妨害自由罪和海盗罪的,仍适用《中华民国新刑法》。此条的"理由"对确定这一原则的公理作了解释,认为这些犯罪的社会危害性比较大,因此有些经"万国国际法学会屡经讨论";有些则是"法律上认为万国之公罪,不论何国,皆得罚之"。[2]这些理由均为国际社会所认同,是一种公理,所以这些犯罪尽管发生在国外,仍会被以《中华民国新刑法》追究。作出这样的原则规定,符合公理,人们也容易接受。第三条途径是用常识来解释刑法原则。《中华民国新刑法》总则中有关于"保安处分"的规定,这是一种"入感化教育处所"而"进行感化教育"的方式。根据总则第八十九条的规定,在一定条件下,酗酒而犯罪者要接受保安处分。"因酗酒而犯罪者,得于刑之执行完毕或赦免后,令入相当处所,施以禁戒。"之所以作出这一原则规定,主要是基于人在醉酒时往往不能完全控制自己行为的常识。此条"理由"言:"犯者往往系由酒癖,每于酩酊之状态中犯罪,实因不能以自力裁抑,故法院认为有矫正其惯癖之必要时,得于刑之执行完毕

---

[1] 郑静渠、郭夔尧编:《中华民国新刑法判解汇编》,大东书局1936年版,第10页。
[2] 同上书,第30—31页。

或赦免后,令入相当处所,施以禁戒。"①运用这一常识进行解释以后,人们就会对这类人员适用保安处分的原则规定比较明了了。

经过这一比较可以发现,唐律用主导的儒家思想、成理与常识来解释律文,《中华民国新刑法判解》用近代刑法理论、公理与常识来解释法条,解释的途径几乎可以对应起来,十分相似,只是后者更具有近代性而已。

2. 罪名解释的相似之处

中国古代有对罪名进行解释的做法,近代刑法解释中也有这种做法,而且存在很大的相似之处。在唐律中,这种解释可以分为三条路径:第一条路径是把儒家经句作为解释的根据。唐律中的有些罪名是用儒家经句来解释的,即以儒家经句为根据。儒家经句反映了当时的主流思想——儒家思想,用其来解释罪名,这类罪名的确定也就有了合理性。"十恶"中有些罪名的确定就是如此,内乱罪是其中之一。此"疏议"曰:"《左传》云:'女有家,男有室,无相渎。易此则乱。'若有禽兽其行,朋淫于家,紊乱礼经,故曰'内乱'。"②经过这一解释便可知,内乱罪所确定的依据就是《左传》中的这一经句。第二条路径是把封建情理作为解释的根据。唐律中的有些罪名是用封建情理来解释其合理性。"匿父母及夫丧"的罪名就是如此。此条"疏议"认为:"父母之恩,昊天莫报,荼毒之极,岂若闻丧。妇人以夫为天,哀类父母。闻丧即须哭泣,岂得择日待时。"因此,如果子女匿父母之丧而不举哀、妻子匿夫之丧而不举哀,都构成犯罪,罪名便是"匿父母及夫丧"罪。"诸闻父母

---

① 参见郑静渠、郭羹尧编:《中华民国新刑法判解汇编》,大东书局1936年版,第294页。
② 《唐律疏议·名例》"十恶"条及其"疏议"。

若夫之丧,匿不举哀者,流二千里。"①第三条路途是把其他法律形式中的规定作为解释的根据。在唐朝,与律相配套的还有令、格、式等其他法律形式。它们之间有密切的联系,违反了令、格、式,要以律惩处。"唐之刑书有四,曰:律、令、格、式。""其有所违及人之为恶而入于罪戾者,一断以律。"②因此,"疏议"也会引用所违反相关令、格、式等的内容,解释设立罪名的合理性,以体现它们的关联。"养子舍去"的罪名就是这样。"疏议"先引用唐令的规定:"无子者,听养同宗于昭穆相当者。"领养以后就应尽领养义务,如果不尽这一义务,就构成犯罪。"既蒙收养,而辄舍去,徒二年。"其罪名就是"养子舍去"罪。③ 违反了格、式的,也有相关罪名。违反格的"妄认良人为奴婢部曲"罪④、违反式的"烽候不警"罪⑤等都是如此。唐律通过以上三条路径,为解释罪名找到了依据,合理解释罪名,收到了良好的效果。

《中华民国新刑法判解汇编》中也有对罪名进行解释的内容,也主要选择了三条途径,并在"理由"部分有充分表现。第一条路径是把中国古代设立的罪名作为解释的根据,也就是从中国古代的刑法立法中寻找其合理成分,借鉴其立法成果,解释《中华民国新刑法》所设立罪名的合理性。"杀直系血亲尊亲属"罪是其中之一,其"理由"说:"本条规定杀直系血亲尊亲属之罪,在旧律为大逆罪之一种。其成立要件,与普通杀人罪无异。所不同者,惟在被害人之身份。以其灭弃伦理,自应严厉制裁之。"⑥这是古为今用,借鉴了中国古代律中的大逆罪,解释设

---

① 《唐律疏议·名例》"匿父母及夫等丧"条及其"疏议"。
② 《新唐书·刑法志》。
③ 参见《唐律疏议·户婚》"养子舍去"条及其"疏议"。
④ 参见《唐律疏议·诈伪》"妄认良人为奴婢部曲"条及其"疏议"。
⑤ 参见《唐律疏议·卫禁》"烽候不警"条及其"疏议"。
⑥ 郑静渠、郭夔尧编:《中华民国新刑法判解汇编》,大东书局1936年版,第281页。

立"杀直系血亲尊亲属"罪的合理性。第二条路径是把外国设立的罪名作为解释的根据。这是洋为中用,借鉴外国刑法中设置的罪名,解释自己所设立罪名的合理性。"准受贿赂"罪即是如此,其设立借鉴了一些外国刑法的做法,其"理由"说:"拟仿苏丹、印度、暹罗刑法,增入本条(即准受贿赂罪),以正官邪。"①第三条路径是把近代的刑法理论作为解释的根据。这也是一种借鉴外国刑法资源的法,不过它是从刑法理论中寻找解释的根据,而不是直接从外国的刑法法条中发现这种根据。这一途径同样可以为确认自己的罪名找到合理性。"图利办理有契储蓄或发行彩票"罪就是这样,它采用的理论基础是近代彩票的特许主义,并以此确立这一罪名。这一主义只是当时的三个主义之一,《中华民国新刑法》借以设置了这个罪名。其"理由"说:"彩票有采禁止主义之国,有采放任主义之国,有采特许主义之国。本条之规定(即图利办理有契储蓄或发行彩票罪),系采特许主义者。"②经过这一解释,人们便可以知晓这一罪名的理论基础了。

经过比较可见,《中华民国新刑法判解汇编》与唐律都有解释罪名的做法,而且很相似,只是在解释理由方面有自己的特点,前者重点从借鉴着手,采用了古为今用和洋为中用的做法,以使这一解释更具时代性,也更适合中国近代刑法解释的需要。

3. 刑罚解释的相似之处

在中国古代的律文解释中,有对刑罚的解释。这种解释在中国近代刑法解释中同样存在,而且它们还有相似之处。唐律对刑罚作了解释,《中华民国新刑法判解》同样作了这样的解释。唐律对刑罚的解释

---

① 郑静渠、郭燊尧编:《中华民国新刑法判解汇编》,大东书局1936年版,第35页。
② 同上书,第265页。

突出使用了以下两种方法:第一种方法是用儒家经句来解释"五刑"确定的依据。唐律中的主要刑罚是"五刑",它们的确定全以儒家经句为依据。这里以流刑为例。"疏议"首先引用《尚书》中的经句,然后续说流刑的确定。"书云:'流宥五刑。'谓不忍刑杀,宥之于远也。又曰:'五流有宅,五宅三居。'大罪投之四裔,或流之于海外,次九州之外,次中国之外。盖始于唐虞。今之三流,即其义也。"①经过这样的解释,人们便会认识到流刑设立的必要性了。第二种方法是从不同的犯罪主体、主观方面、犯罪客体、客观方面四个方面,解释适用不同的刑罚。首先,解释不同的犯罪主体,其用刑也不同。唐律的"疏议"在解释"在官侵夺私田"加重用刑的原因时,明确指出这是因为"民官挟势,侵夺百姓私田"②。因此,有必要对这些特殊主体加重用刑,以体现唐朝的吏治。其次,解释不同的主观方面,其用刑也不同。唐律在用刑时已考虑到主观方面因素,故意者用刑重,过失者用刑轻,甚至可以不用刑。为了区别故意与过失,唐律还专门解释了过失的各种表现,以便于人们掌握。唐律规定,故意杀死官私马、牛者,都要判徒刑。"诸故杀官私马牛者,徒一年半。"但是,过失杀伤的,只要进行民事赔偿,不追究其刑事责任。"其误杀伤者,不坐,但偿其减价。""疏议"还解释了过失的各种表现。"谓目所不见,必所不意,或非系放畜产之所而误伤杀,或欲杀猛兽而杀伤畜产者,不坐,但偿其减价。"③这样,就对故意与过失行为的用刑作了明显区分。再次,解释不同的犯罪客体,其用刑也不同。尽管犯罪行为类似,但由于侵犯客体不同,唐律的用刑也会不同。医生过失开错药就是如此。如果医生过失开错药是给皇帝吃的,那就侵犯

---

① 《唐律疏议·名例》"流刑三"条及其"疏议"。
② 《唐律疏议·户婚》"在官侵夺私田"条及其"疏议"。
③ 《唐律疏议·厩库》"故杀官私马牛"条及其"疏议"。

了皇权,构成了"大不敬"罪,要被判死刑。"诸合和御药,误不如本方及封题误者,医绞。"①"疏议"解释"大不敬"罪时,专门强调了侵犯皇权客体的严重性,说:"责其所犯既大,皆无肃敬之心。"②然而,如果医生过失开错药是给一般百姓吃的,即使致人死亡,也只是侵犯了他们的人身权,用刑要轻许多,只处徒刑。"诸医为人合药及题梳、针刺,误不如本方,杀人者,徒二年半。"③可见,侵犯的客体不同,用刑也不同,有轻重之别。最后,解释不同的客观方面,其用刑也不同。客观方面的因素较多,包括犯罪时间、地点、手段、后果等。客观方面的因素不同,用刑往往也会不同。唐律会解释一些客观方面的因素,并把它们与用刑联系起来。唐律规定:"殴子孙之妇,令废疾者,杖一百;笃疾者,加一等。"其"疏议"专门解释了用刑加重的原因,即"笃疾"的犯罪后果比"废疾"严重。"腰脊折,一支废,为废疾。""两目盲,二支废,为笃疾。"④经过这样的解释,人们就会明白用刑加重的道理了。

《中华民国新刑法判解汇编》中也有解释刑罚的内容,也突出使用了两种方法:第一种方法是用国外近代刑罚的规定来解释自己制定刑罚的依据。《中华民国新刑法》中有刑罚的规定,分为主刑和从刑。主刑有:死刑、无期徒刑、有期徒刑、拘役和罚金。从刑有:褫夺公权和没收。这一刑罚的确定主要借鉴了国外近代刑罚的规定,"理由"对此专门作了解释,认为刑罚十分重要,因此有必要借鉴国外的近代刑罚。"夫刑名及刑律之全体,所关至重,故必详细调查各国组织之法,折衷甄择,庶臻完美也。"⑤然后,"理由"在解释具体刑罚时又强调了这一

---

① 《唐律疏议·职制》"合和御药有误"条及其"疏议"。
② 《唐律疏议·名例》"十恶"条及其"疏议"。
③ 《唐律疏议·杂律》"医合药不如方"条。
④ 《唐律疏议·斗讼》"妻妾殴詈夫父母"条及其"疏议"。
⑤ 郑静渠、郭燊尧编:《中华民国新刑法判解汇编》,大东书局1936年版,第115页。

点。在解释有期徒刑的刑期时,"理由"指出:"考各国刑法,科以二年以下或六月以下之徒刑者尚多,即如日本刑法。"①洋为中用在这一解释中又体现出来了。第二种方法也是从不同的犯罪主体、主观方面、犯罪客体、客观方面四个方面,解释适用不同的刑罚。首先,解释犯罪主体不同,其用刑也会不同。渎职罪的主体是公务员,他们是特殊主体,构成渎职罪的,就要受到严厉处罚。对此,《中华民国新刑法判解汇编》的"理由"有明确表示:"公务员不仅厥职,擅弃守地,自属罪大恶极",有必要"严厉处分"。《中华民国新刑法》第一百二十条明文规定,用刑可达死刑。"公务员不尽其应尽之责,而丢弃守地者,处死刑、无期徒刑或十年以上有期徒刑。"②重判渎职公务员的原因通过这一解释而一目了然了。其次,解释犯罪的主观方面不同,其用刑也会不同。犯罪的主观方面显示的是犯罪主体的主观恶性程度,如不同,用刑也会不同。在《中华民国新刑法》关于决水浸害现供人使用之住宅或现有人所在之建筑物及交通工具罪中的故意与非故意的用刑就是这样。故意的,"处无期徒刑或五年以上有期徒刑;非故意的,则处一年以下有期徒刑、拘役或五百元以下罚金"。"理由"专门解释了这一用刑差异的原因,即有故意与非故意的不同。"本条第一项,指故意行为的用刑,指故意生起水害之行为而言,其非出于故意者,则依第二次处断(指非故意行为的用刑)。"③再次,解释犯罪客体不同,用刑也会不同。犯罪客体的不同往往会反映出社会危害性的不同,因此用刑也会不同。《中华民国新刑法》规定的内乱罪的犯罪客体是国家政权,用刑很重。它规定,只要使用暴力的,"首谋者,处死刑或无期徒刑"。"理由"解

---

① 郑静渠、郭夔尧编:《中华民国新刑法判解汇编》,大东书局1936年版,第116页。
② 同上书,第27页。
③ 同上书,第118页。

释了其中的原因:"此罪的目的,系根本推翻国家,为各罪之最重者。"①这一解释说明了构成此罪用刑重的原因。最后,解释犯罪的客观方面不同,其用刑也会不同。在《中华民国新刑法》中,重伤罪的用刑较普通伤害罪为重,其"理由"特别对此作了解释:"使人重伤者,其犯罪情节较为险恶,故处以较重之刑。"这里的"犯罪情节"就属于犯罪的客观方面因素。

通过比较可知,唐律与《中华民国新刑法判解汇编》都对刑罚作了解释,而且后者与前者之间有相似之处,都主要使用两种解释方法,只是后者在解释中能体现出近代刑罚解释的一些特色。

二、相异之处

中国近代刑法的法条解释除了与古代律文解释有相似之处以外,还有相异之处,这在《中华民国新刑法判解汇编》与唐律之中同样存在。经过比较可以发现,这种相异之处主要表现在以下一些方面:

1. 解释主体的相异之处

唐律的解释主体是国家,而《中华民国新刑法判解》的解释主体是个人,两者有明显的区别。唐律的国家解释主体通过以下几个方面得到充分体现:第一,皇帝决定撰修《律疏》。唐律中的法律解释部分"疏

---

① 详见郑静渠、郭夔尧编:《中华民国新刑法判解汇编》,大东书局1936年版,第12—14页。

议"由皇帝决定撰修,意味着是国家动议要制定法律解释,是一种国家行为,不是非国家的个人行为。《新唐书·刑法志》记载:"高宗初即位,诏律学之士撰《律疏》。"第二,皇帝决定撰修《律疏》的人员。唐高宗不仅决定撰修《律疏》,还钦定撰修人员。他们奉命从事撰修《律疏》的工作,承担了一项国家赋予的任务。这从另一个角度证实,《唐律疏议》的法律解释主体是国家,而不是个人。根据《旧唐书·刑法志》的记载,明指的撰修人员共有七位,分别是:长孙无忌、李勣、于志宁、唐临、段宝玄、刘燕客、贾敏行。他们共同"参撰《律疏》,成三十卷"①。然而,在长孙无忌所写的《进律疏表》中,撰修人员则多达十九位,另增加了十二位,分别是:褚遂良、柳奭、韩瑗、来济、辛茂将、裴弘献、王怀恪、董雄、路立、石士遂、曹惠果、司马锐。他们于永徽四年(653 年)完成了皇帝交办的任务,"撰《律疏》三十卷,笔削已了"②。不管人员多少,从事的都是国家事务,完成的都是国家任务。第三,皇帝决定《律疏》的颁行。《律疏》撰修结束以后,经皇帝审定,决定颁行全国,即"颁于天下"③。从此以后,《律疏》就与律文一样,成为全国的司法依据。这样,《律疏》就与律文紧密联系在一起,唐律便成为一部由律文与法律解释合编的法典了。从皇帝决定撰修《律疏》、钦定撰修人员到最后审定、颁行天下的过程来看,皇帝始终处于主导地位,国家是解释主体就十分明显了。

《中华民国新刑法判解汇编》中也有法律解释的内容,但解释主体却是两个人,即郑静渠和郭羹尧。他们虽都是司法官,分别在最高法院任法官和检察官,但他们对《中华民国新刑法》的解释却没有国家授

---

① 《旧唐书·刑法志》。
② 详见刘俊文点校:《唐律疏议》,中华书局1983年版,第578—579页。
③ 《旧唐书·刑法志》。

权,只是一种个人行为,不具国家解释主体的资格。这在《中华民国新刑法判解汇编》的两个序中都有明确表达。"叶序"说:"郑、郭二君夙研法学,供职最高法院。爰将历年解释判例,爬梳搜讨,详为注释成新刑法判解。"①"郑序"说,《中华民国新刑法判解汇编》"蔚成一家之言"②。这种由个人撰写的"一家之言"式的法律解释不具有国家解释的性质,其解释主体也只能是个人而非国家了。

法律解释可以分为法定解释与学理解释。唐律中,"疏议"的解释主体是国家,解释的内容被司法机关使用,是一种法定解释。《中华民国新刑法判解汇编》中,法律解释的主体是个人,解释的内容是作者自己对《中华民国新刑法》的理解与解释,是一种学理解释。

2. 解释结构的相异之处

唐律和《中华民国新刑法判解汇编》中虽都有法律解释的内容,但其结构不完全一样,有相异之处。唐律中法律解释的内容仅为"疏议",它对律文中蕴含的刑法原则、罪名、刑罚等一些重要之处进行解释。尽管在"疏议"中会引用令、格和式的有关规定以解释相关律文,但它们均在"疏议"的范围之中,属于"疏议"内容的一个组成部分,没有游离于"疏议"之外而成为一个独立的组成部分。从这种意义上讲,唐律的解释结构相对简单。

《中华民国新刑法判解汇编》的解释结构就比较复杂了,它的解释内容由"理由""判""解"组成。其中,"理由"是根据作者对法条的理解而作的解释;"判"是由大理院、最高法院根据法条所作的判例;"解"是由大理院、司法院根据法条所作的解释。它们都附在法条之后,而且

---

① 郑静渠、郭羮尧编:《中华民国新刑法判解汇编》,大东书局1936年版,第1页。
② 同上。

有先后顺序,即先是"理由",然后是"判",最后才是"解"。另外,如果大理院和最高法院都有"判",那么大理院的"判"在前,最高法院的"判"跟随其后;如果大理院和司法院都有"解",那么大理院的"解"在前,司法院的"解"紧随其后。不论是"理由"还是"判""解",都是作者根据自己的认识,把它们组合、汇编在一起。这里以普通杀人罪的解释为例。《中华民国新刑法》规定:"杀人者,处死刑、无期徒刑或十年以上有期徒刑。前项之未遂犯罚之。预备犯第一项之罪者,处二年以下有期徒刑。"跟在此法条之后的是"理由",作如下解释:"本法以为普通杀人罪,既可处至死刑。如犯罪手段及其他情形,极其可恶,法官自可审酌一切,判处极刑,毋庸另为规定。"在此"理由"之后,是大理院和最高法院的判例。引用的大理院判例有二十八个,即用已经生效的大理院判例,从不同角度解释这个法条。其中的"判一"解释的是"被告人之杀人之故意",内容是:"系因被害者图赖债务,心怀忿恨而起,其犯罪动机系有激而成,情节尚非甚重,即毋庸处以极刑。"引用的最高法院判例有二十个,也是用已经生效的最高法院判例,从不同角度解释这一法条。其中的"判一"解释的是共谋杀人的认定,内容是:"事前因为商量,临时在场招呼,事后且命人移尸,其为共同之谋杀,显无可疑。"随后是大理院和司法院的解释。引用的大理院的解释共有二十个,分别对此条中的内容作相关说明。其中的"解二"是对不构成共谋杀人奸妇的认定,内容是:"奸夫谋杀本夫,奸妇并无同谋及实施之行为,不能以杀人共犯论。"司法院的解释有三个,也都对此法条中的内容作了相关说明。其中的"解一"对"谋财害命"的用刑作了说明,内容是:"谋财害命,情节纵极残酷,亦只能适用普通刑法,分别论罪。"①

---

① 详见郑静渠、郭冀尧编:《中华民国新刑法判解汇编》,大东书局1936年版,第267—280页。

《中华民国新刑法判解汇编》中的"理由"和"判""解"虽都有法律解释的作用,但其功能各有侧重,不尽一致。"理由"侧重于作者对法条中立法理念、宗旨的理解与阐述;"判"以现存的判例为依据,并从中归纳出与法条相关联的观点,对法条展开解释;"解"则是引用以往已经生效的大理院、司法院的解释例,作必要的梳理和排列。它们都聚焦于法条,使人们对法条有正确的认识。《中华民国新刑法》有三百五十七条,每条之后均有"理由",但因为所涉及的"判""解"的数量不一样,所以每个法条后所列的"判""解"数量也不相同,有的多,有的少,甚至没有。其第五条的内容是关于国外犯罪的适用,法条之后只有"理由",而没有"判""解"。这与唐律中的"疏议"就不同了。具体而言,它没有"理由"部分的个人解释,它的解释全是国家解释;它没有判例、解释例的内容,更没有用其来解释律文的做法。从中可见,与唐律相比,《中华民国新刑法判解汇编》的结构较为复杂。

3. 解释效力的相异之处

唐律与《中华民国新刑法判解汇编》中解释的法律效力也不相同。唐律中的"疏议"是一种法定解释,在全国颁行以后,与律文具有同等的法律效力。司法官在办案过程中,也把它作为司法的依据,"自是断狱者皆引疏分析之"[①]。因此,"疏议"与律文密不可分,已成为唐律的一个组成部分。唐律实际上是一个集合产物,包括了唐朝颁行的所有律。《武德律》《贞观律》《永徽律》《永徽律疏》(即《唐律疏议》)及《开元律疏》等,都在唐律的范畴之中。律是唐朝的主要法律形式,如果违反了唐令、格、式,要依照唐律定罪量刑。司法官在办案时不依唐律适

---

① 《旧唐书·刑法志》。

用案件的,还要被追究刑事责任。诸断罪皆须具引律、令、格、式正文,违者笞三十,其"理由"是:"犯罪之人,皆有条制,断狱之法,须凭正文。"① 如果司法官没有依律断狱而出现了"出入人罪"的错判情况,那么根据错判的情节,按照反坐原则,他们将受到严厉的处罚。"诸官司入人罪者,若入全罪,以全罪论;从轻入重,以所剩论;刑名易者:从笞入杖,从徒入流亦以所剩论,从笞杖入徒流、从徒流入死罪亦以全罪论。其出罪者,各如之。"② 还因为唐律是司法依据,会对社会产生直接影响,所以当官吏发现其内容有问题时,应及时上报,不可擅自改变,否则就构成犯罪而被处罚。"诸称律、令、式,不便于事者,皆须申尚书省议定奏闻。若不申议,辄奏改行者,徒二年。"③ 另外,为了保证法律的统一性,使"疏议"起到法定解释的作用,唐高宗执政期间只颁行过一部唐律,而不是多部。

《中华民国新刑法判解汇编》就不同了,它的解释是一种学理解释,不具法律效力,司法官不会以此为依据办案。司法官办理刑事案件要依照《中华民国新刑法》、大理院和最高法院发布的判例以及大理院和司法院颁布的解释例等进行审判。《中华民国新刑法》公布以后,当时出版的有关法理解释的书籍有很多。除了《中华民国新刑法判解汇编》以外,还有陈应性的《中华民国刑法解释图表及条文》④等书籍。其中,《中华民国新刑法判解汇编》是汇编得比较成功的一部,可算是佼佼者。这正如此书"叶序"所讲:此汇编"没有所择,义无不当,均适合于立法精神。虽曰汇集,实费苦心,诸法者欲穷法理,可由斯册以会其

---

① 《唐律疏议·断狱》"断罪不具引律令格式"条及其"疏议"。
② 《唐律疏议·断狱》"官司出入人罪"条。
③ 《唐律疏议·职制》"律令式不便辄奏改行"条。
④ 陈应性编著:《中华民国刑法解释图表及条文》,商务印书馆1936年版。

通"①。也如"郑序"所言:此汇编"注释详明,推阐尽致,征引司法院、最高法院及前大理院解释、判例,材料极丰富。"②这与作者的法学基础和平日的刻苦研究分不开。"郑序"对此有介绍。关于他们的法学基础,"郑序"说:"郭、郑二君,精于法学者也。"关于他们平日的刻苦研究,"郑序"又说:"知二者终日劬劬爬罗剔抉,不辞劳瘁,编就是书。"③然而,由于没有得到国家授权,他们的这种解释还只是学理解释,没有超出这一范畴,也不可能超出这一范畴而具有法律效力,只是在学理方面做出了贡献。这与唐律中"疏议"的法定解释效力不同。

由上可见,唐律与《中华民国新刑法判解汇编》差别明显,是两部性质不同的法律解释成果。

三、形成相似、相异之处的原因

唐律与《中华民国新刑法判解汇编》的撰成时间相隔一千多年,处于两个不同的时期。它们存在相似、相异之处,其背后有一定的形成原因。

1. 形成相似之处的原因

唐律与《中华民国新刑法判解汇编》之所以存在相似之处,有其一定的原因,主要是以下两个:

---

① 郑静渠、郭燮尧编:《中华民国新刑法判解汇编》,大东书局1936年版,第1页。
② 同上。
③ 同上。

第一,它们具有相似的解释宗旨。法制只有在实施中才更能体现其价值,其中亦包括刑法。刑法的保护与打击力度均比较大,甚至可以适用死刑,剥夺犯罪者的生命。这为其他部门法所不及。因此,刑法特别需要为广大民众所知晓,以免触犯其规定,构成犯罪,受到惩罚,带来不幸。古今中国都是如此,包括唐朝与民国时期。要使广大民众准确知晓刑法的内容,首先要明确刑法的内容,特别是正确理解法条的含义,避免产生歧义。为此,法律解释便应运而生。唐律中的"疏议"与《中华民国新刑法判解汇编》中的"理由"和"判解"都具有这一功能,以便人们正确认识唐律与《中华民国新刑法》中的内容。编撰者以此作为自己的宗旨,编撰了唐律与《中华民国新刑法判解汇编》。

唐律确立"疏议"的宗旨就是让人们正确理解律文的真正含义。唐律明言:"疏之为字,本以疏阔、疏远立名。"①即通过"疏议"明确律文的意思。后人沈家本在《重刻唐律疏议序》中对"疏议"的宗旨作了更为明确的说明:"名疏者,发明律及注意;云议者,申律之深义及律所不周不达",以使"律文之简质古奥者,始可得而读焉"。② 在当时,让人们知晓唐律的内容,还有另外两个十分重要的作用:一是便于唐朝科举中明法科考试的顺利举行。由于唐律中的律文没有权威解释,所以考生与考官对律文的理解不统一,考试碰到困难。解决这一困难的途径是用"疏议"来解释律文。这在永徽三年(652年)唐高宗发布的诏令中已讲得十分清楚:"律学未有定疏,每年所举明法,遂无凭准。宜广召律人条义疏奏闻,仍使中书、门下监定。"③二是便于司法官公正司法。唐律是当时的司法官办案的主要依据,更是定罪量刑的重要根据。为

---

① 《唐律疏议》前言"疏议"。
② 参见刘俊文点校:《唐律疏议》,中华书局1983年版,第670页。
③ 《旧唐书·刑法志》。

了使司法官能正确理解唐律的内容,不出偏差,保证司法公正,也需对其作解释。这在唐律中就有明示:"今之典宪,前圣规模,章程靡大,鸿纤备举,而刑宪之司执行殊异:大理当其死坐,刑部处以流刑;一州断以徒年,一县将为杖罚。不有解释,触涂睽误。"①"疏议"可以解决这一问题,便适时出台了。

《中华民国新刑法判解汇编》的撰写宗旨也是为了让人们正确理解《中华民国新刑法》的内容。南京国民政府先于1928年颁行了《中华民国刑法》(简称"旧刑法"),后又于1935年施行了《中华民国新刑法》,而且此新刑法根据国情和外国刑事立法的经验,对旧刑法作了许多改动。"去岁(指1935年——引者注)国民政府鉴于旧刑法之多不适用,不得不远取列国成规,近参国内法官程度、监狱设备、人民教育及社会环境之实在情形,斟酌损益,期臻完善。"②这就给人们理解这一新刑法带来了困难,尤其是那些初学者和司法者。"靡独初学者苦讨之烦难,即谳狱者亦感适用之不便。"③初学者特别需要正确理解法典中的内容,避免步入歧途,影响一系列后续经历,如考试等。司法者更需正确认识法典的内容,准确理解其精神和规定,防止司法出现误判,造成司法不公。于是,《中华民国新刑法判解汇编》的两位作者就利用"在最高法院服务有年"的便利,"就其年日研求所得,著新刑法判解一帙"。④ 可见,唐律与《中华民国新刑法判解汇编》所作法律解释的宗旨十分相近。

第二,它们掌握相似的解释技术。法律解释也有技术,而且此技术

---

① 《唐律疏议》前言"疏议"。
② 郑静渠、郭羹尧编:《中华民国新刑法判解汇编》,大东书局1936年版,第1页。
③ 同上。
④ 同上。

的高低还会对解释效果产生影响。技术高,效果就好;反之,则差。同时,这一技术的运用还往往与解释者的法律素养联系在一起。素养高,运用这一技术就好;反之,则差。唐律的十九个撰修者分别具有立法、行政执法、司法、法律监督和法学教育的经历,都有丰富的法制经验。特别是其中的长孙无忌、裴弘献等参与过《贞观律》的制定,长孙无忌、李勣、于志宁、柳奭、段宝玄、刘燕客等参与过《永徽律》的制定。① 他们的法律素养都比较高。《中华民国新刑法判解汇编》的作者也有较高的法律素养。他们既有法学的功底,又有司法经验,再加上努力刻苦,正如"叶序"与"郑序"所言:"郑、郭二君夙研法学,供职最高法院。爰将历年解释判例,爬梳搜讨,详为注释成新刑法判解。在最高法院服务有年。""知二者终日劻劻爬罗剔抉,不辞劳瘁,编就是书。"他们劳有所得,都掌握了较为成熟的解释技术,并运用在自己撰写的唐律和《中华民国新刑法判解汇编》中。

  这种技术突出表现在三个方面:首先,关于解释内容排列次序的技术。他们都掌握、利用了这一技术,即把解释的内容排列在律条、法条之后。唐律中的"疏议"是对唐律律条的解释,《中华民国新刑法判解汇编》中的"判解"是对《中华民国新刑法》的解释。为了便于人们了解和学习,"疏议"和"判解"部分都分别排列在律条、法条之后,而不是相反。这样排列的好处在于,避免了喧宾夺主,即先看到律条、法条,知晓其中规定的内容,然后再查阅解释,主次分明。如果先看到解释的内容,后看到律条、法条,那就容易产生支离破碎的感觉。这是因为,解释的内容并不是律条、法条的全部内容,只是对其中部分内容所作的解释。这样,就不利于全面掌握律条、法条的规定和精神。因此,解释内

---

① 《旧唐书·刑法志》。

容的排列很重要,这一技术是这种排列次序的支撑。其次,关于解释的内容构成的技术。解释的内容是一些重要的内容,它们不经解释,人们就不能或不能正确、深刻理解甚至误判律条、法条。唐律和《中华民国新刑法》都是刑法典,以刑法为内容,其主要构成内容为刑法原则、罪名和刑罚等。唐律和《中华民国新刑法判解汇编》的作者运用这一技术,把解释重点聚焦于此,包括与其相关的一些内容。它们被解释清楚,人们就可以对这两部法典的律条、法条有正确认识,实现其解释的宗旨,解释本身的价值也就体现出来了。最后,关于解释的内容中律条、法条与其他法律形式协调的技术。唐朝的法律形式除了律以外,还有令、格、式等;民国时期的法律形式除了法典以外,还有相关法规、判例、解释例等。为了使唐律和《中华民国新刑法》的解释更为全面、精到,有必要使用这一技术,并在解释的内容中体现相关法律形式中的一些规定,以协调它们之间的内容,也使人们对刑法有一个整体认识。唐律在"疏议"中引用了令、格、式等相关规定,协调律文与令、格、式文之间的关系,对律文进行补充和说明,帮助人们全面认识律文。《中华民国新刑法判解汇编》的"判解"大量引用大理院、最高法院、司法院的判例和解释例,与法条的内容进行协调,帮助人们理解法条的内容。唐律和《中华民国新刑法判解汇编》较好地运用了这些解释技术,在法律解释中发挥了积极作用,也收到了较好的效果。

2. 形成相异之处的原因

唐律与《中华民国新刑法判解汇编》存在相异之处有其一定的形成原因,主要是以下两个:

第一,历史时期的不同。唐律出台于古代封建时期,《中华民国新刑法判解汇编》则诞生于近代时期。这两个历史时期差别很大,而且对法律解释产生了影响,以致法律解释出现相异之处,解释的主体不同就是这样。在古代封建时期,皇帝是专制君主,掌握了国家的最高权力,包括法律解释的权力。唐朝也是如此。在这种大一统的格局下,皇帝象征着国家,皇帝的法律解释也就是国家的法律解释。于是,唐律的解释主体就是国家,具体表现为:皇帝决定撰修法律、决定撰修人员、决定颁行法律;解释的内容也就直接体现了国家意志,具有法律效力,人们必须遵守,司法机关应将其作为司法的依据。因此,这是一种法定解释。

中国进入近代时期以后,社会发生了较大变化,特别是在清末"新政"以后。清政府开始立宪,推行法制改革,中国的法制开始走上了近代化的道路。封建时期的专制制度逐渐退出了历史舞台,近代时期的政治制度开始出现。到了民国时期,中国不再有封建时期那样的皇帝,也没有皇帝所作的那样的法律解释。当时,中国虽有立法、司法机关的法定解释,但只局限于某些规定,不是对整部法典的解释。对整部法典进行解释的任务便由个人来完成,解释主体不再是国家。《中华民国新刑法判解汇编》就是如此。这种解释也不再是法定解释,而成为一种学理解释。这种解释的内容不具有国家意志,也不是司法的依据,充其量只是一种参考。可见,历史时期的变迁,造成了唐律与《中华民国新刑法判解汇编》的区别。

第二,法制的不同。法律解释是法制的组成部分,法制的改变往往也会引起法律解释的变化。唐朝的封建法制与民国时期的近代法制差别不小,这是造成唐律与《中华民国新刑法判解汇编》中的法律解释存在相异之处的原因之一。唐朝法制中的法律形式除律以外,还有令、格、式等。因此,在唐律的"疏议"中引用的是令、格、式文,而没有也不可能引证判例、解释例的内容。在民国时期,法律形式除法典以外,还有相关法规、判例和解释例。因此,《中华民国新刑法判解汇编》中引用的只是判例和解释例,没有也不可能引用令、格、式文。它们的这种相异之处是由当时法制的差异所决定的,这种差异引起了它们之间相异之处的产生。

综上,经过以唐律与《中华民国新刑法判解汇编》为例所作的比较可以发现,中国古代的律文解释与近代的刑法法条解释有一定的联系,是一种同源关系,于是出现了各种相似之处。这里的"同源"是指中国古代的经学。这在"叶序"中有明示,叶在均认为中国的法律解释传承于经学。"昔日解经,凡一字一句,均旁征博引,荟萃群言,考证精详,以期能符经旨。解经如是,释法何独不然?"①唐律也认为"疏议"来自经学的"义疏"。"昔者,圣人制作谓之为经,传师所说则谓之为传,此则丘明、子夏于《春秋》《礼经》作传是也。近代以来,兼经注而明之则谓之义疏。"②唐律把经学的这一方法借鉴过来,成就了"疏议"。到了近代,经学的这种影响还在。叶在均在"叶序"中明确指出,《中华民国新刑法判解汇编》就借鉴了经学的做法,"犹之治经者欲求经训,须从注疏以解其意,道一而已"③。正因为同源,所以中国古代的经学与法律解释是一种源流关系。同时,它们毕竟是不同时期、不同法制的产物,于是出现了相异之处。从中亦可知,中国古代的经学对法律解释的影响非常深远。

---

① 郑静渠、郭羹尧编:《中华民国新刑法判解汇编》,大东书局1936年版,第1页。
② 《唐律疏议》前言"疏议"。
③ 郑静渠、郭羹尧编:《中华民国新刑法判解汇编》,大东书局1936年版,第1页。

第三十三章
唐律与犯罪学

唐律是唐朝的一部主要法典,也是中国现存第一部内容完整的法典,它与犯罪学关系密切,包含了一些犯罪学的内容。本章对其中的一些问题作些探索。

一、关于犯罪行为和犯罪原因的理论

唐律中有关于犯罪行为和犯罪原因的理论,其基本内容涉及以下几个方面:

1. 关于犯罪行为的理论

唐律中的犯罪行为理论从犯罪人、被害人、犯罪空间、犯罪时间、犯罪方式和犯罪工具等方面展开论述。

(1) 有关犯罪人的理论

唐律对犯罪人有一定的研究,而且提出了自己的理论,对犯罪人"杂户"的研究就是如此。它认为,犯罪人"杂户"的身份很低,明显低于良人,因此他们不是同一类人员。婚姻需在同一类人员之间进行,所以"杂户"不可与良人为婚。"杂户配隶诸司,不与良人同类,止可当色相娶,不合与良人为婚。"如果"杂户"与良人为婚,就构成犯罪,成为犯罪人并受到处罚。"诸杂户不得与良人为婚,违者,杖一百。"①

(2) 有关犯罪被害人的理论

经过对犯罪被害人的研究,唐律认为,在有被害人的同类犯罪中,被害人受到的伤害往往不完全相同,而且有轻重之分。伤害罪就是如此。在斗殴伤害中,有的被害人被打掉一颗牙齿,有的被害人则被打掉两颗牙齿;有的被害人被打折一根手指,有的被害人则被打折两根手指等。犯罪被害人被害的情况不同,犯罪人犯罪的后果就不同,处罚也应不同。对犯罪后果严重的犯罪人处罚应重,反之则应轻。唐律运用这一研究成果,对犯罪人的用刑作了区别,而且有轻重之分。"诸斗殴人,折齿,毁缺耳鼻,眇一目及折手足指,若破骨及汤火伤人者,徒一年;折二齿、二指以上及髡发者,徒一年半。"②

(3) 有关犯罪空间的理论

唐律对犯罪空间作了研究,认为有些犯罪只会在特定的空间中才会构成,不出现在这一特定空间中便不会构成此类犯罪,"阑入宫殿门

---

① 《唐律疏议·户婚》"杂户官户与良人为婚"条及其"疏议"。
② 《唐律疏议·斗讼》"斗殴折齿毁目鼻"条。

及上阁"就是如此。"宫殿门及上阁"是皇帝、大臣们的活动空间,也是国家的政治要地,需要得到特殊保护,不可随便出入,为此还专门设置门禁,即"皆有籍禁"。设有门禁的地方包括了宫殿门等,具体是:"嘉德等门为宫门,顺天等门为宫城门","太极等门为殿门"。进入这类空间,都需有专门的凭证。没有专门的凭证而擅自进入这些空间的,便是"阑入"。这种"阑入"行为就是犯罪行为。唐律研究的这一理论,成为其规定"阑入宫殿门及上阁"条内容的依据。它规定:"诸阑入宫门,徒二年。殿门,徒二年半。""入上阁内者,绞。"①

(4) 有关犯罪时间的理论

唐律重视对犯罪时间的研究,认为有些犯罪只能在特定的时间段内发生,"非时烧田野"的犯罪就是如此。这里的"非时"是指春夏之时,即"谓二月一日以后,十月三日以前"。在这一时间段内,到田野去放火,即构成此犯罪;在这一时间段外,到田野去放火,就不会构成犯罪。但是,中国地广、温差大,各地不可能都按这一时间段的规定去执行,于是唐律作了空间上的变通办法,即需依乡法。总之,各地在收获结束以后,才可烧田野。"北地霜早,南土晚寒,风土亦既异宜,各须收获总了,放火时节不可一准令文。"唐律对犯罪时间的这一研究成果,成为确定"非时烧田野"犯罪的一个基本依据。它规定:"诸失火及非时烧田野者,笞五十。"②

(5) 有关犯罪方式的理论

中国古代也存在犯罪方式的差异。唐律对此作了一些研究,而且

---

① 《唐律疏议·卫禁》"阑入宫殿门及上阁"条及其"疏议"。
② 《唐律疏议·杂律》"非时烧田野"条及其"疏议"。

把这一研究运用在具体规定上,成为律中的内容。医生犯罪就是这样。唐律认为,中国古代医生的犯罪有多种,包括配药、写封签、扎针灸不符合本方。医生在行医过程中,配药、写封签、扎针灸都必须符合本方,以保证病人的安全。如果出现不符合本方的行为,都是犯罪行为,只是犯罪方式不同,有配药、写封签、扎针灸的差别而已。"医师为人合和汤药,其药有君臣、分两、题疏药名,或注冷热迟驶,并针刺等,错误不如本方者,谓不如今古药方及本草。"唐律认为,尽管医生的这些犯罪方式不同,但在量刑上不应有区分,要区分的只是过失与故意而已。"诸医为人合药及题疏、针刺,误不如本方,杀人者,徒二年半。其故不如本方,杀伤人者,以故杀伤论;虽不伤人,杖六十。"①

(6) 有关犯罪工具的理论

唐律规定的许多犯罪与犯罪工具相关,"兵刃斫射人"是其中之一。这是一种用武器杀人的犯罪,其犯罪工具是兵刃。唐律对这一武器作了举例说明:"兵刃,谓弓、箭、刀、䂎、矛、矟之属。"总的来说,这是一种用金属打制的犯罪工具。"刃谓金铁,无大小之限,堪以杀人者。"使用这类犯罪工具作案,社会危害较大,对人的伤害也较大,故需严惩。"诸斗以兵刃斫射人,不著者,杖一百。若刃伤,及折人肋,眇其两目,堕人胎,徒二年。"②同时,对它的量刑要重于无兵刃的同类犯罪的量刑。如果用手、足打死了人,仅判处绞刑;而用刃杀死了人,则要处以斩刑。③ 在唐朝,斩刑重于绞刑。

---

① 《唐律疏议·杂律》"医合药不如方"条及其"疏议"。
② 《唐律疏议·斗讼》"兵刃斫射人"条。
③ 参见《唐律疏议·斗讼》"斗殴杀人"条。

2. 关于犯罪原因的理论

唐律中也有关于犯罪原因的理论,并从主观与客观两方面进行了论述。

(1) 犯罪的主观原因

唐律的制定人研究了犯罪的主观原因后认为,许多犯罪,特别是一些重大犯罪,犯罪人均有险恶用心,并把这种用心称为"逆心""恶心"等。唐律在研究了犯有"谋反"罪的主观原因后认为,犯罪人具有的"逆心"是其构成"谋反"罪的主观原因。"王者居宸极之至尊,奉上天之宝命,同二仪之覆载,作兆庶之父母。为子为臣,惟忠惟孝。乃敢包藏凶慝,将起逆心,规反天常,悖逆人理。"[1]有这一"逆心",才犯下"谋反"之罪。构成"谋大逆"罪的犯罪人则具有"恶心"。"有人获罪于天,不知纪极,潜思释憾,将图不逞,遂起恶心,谋毁宗庙、山陵及宫阙。"[2]这样,犯罪人便犯下了"谋大逆"之罪。

在犯罪原因中,还有故意与过失的区别。唐律认为,有的犯罪人只有故意才构成犯罪,不存在过失的问题,比如"谋反"和"谋大逆"罪。但是,有的犯罪只能由过失构成,即犯罪人仅有过失,没有故意,比如过失杀伤人。唐律对过失杀伤人中的"过失"作了专门研究,还作了十分规范的解释,认为这一"过失"包括这样几种情况:"谓耳目所不及,思虑所不到;共举重物,力所不制;若乘高履危足跌及因击禽兽,以致杀伤之属,皆是。"[3]对于有些重大犯罪,唐律认为,尽管犯罪人有故意与过

---

[1] 《唐律疏议・名例》"十恶"条"疏议"。
[2] 同上。
[3] 《唐律疏议・斗讼》"过失杀伤人"条。

失的主观原因之分,但在处罚上不应有区别,因为其危害性太大了,都需严惩。"诸乏军兴者斩,故、失等。"这里的"乏军兴"是指一种延误军事的犯罪行为,即"临军征讨,有所调发,而稽废者"。唐律认为,征讨是国家的大事。"兴军征讨,国之大事。"因此,尽管犯罪人属过失,但不可减轻用刑。"犯者合斩,故、失罪等,为其事大,虽失不减。"①

(2) 犯罪的客观原因

唐律还研究了犯罪的客观原因,其中包括教唆、敲诈、行贿等。有的犯罪人从事犯罪活动是受人教唆,教唆人的行为就成了教唆人犯罪的一种客观原因。唐律专门对教唆他人控告犯罪的教唆人作了论述,认为现实生活中存在这类人员,即"教令人告"的人员。如果他们教唆他人去官府控告,而控告的事实不真实,以致被教唆人犯罪,就要按诬告犯罪追究被教唆人的刑事责任。当然,教唆人同样构成诬告犯罪,只是与被教唆人有首、从之分而已。"诸教令人告,事虚应反坐,……以告者为首,教令为从。"②敲诈也是犯罪人进行犯罪活动的一种客观原因。唐律也对此进行了论述,认为这种原因的主要表现形式是"恐喝",通过"恐喝"获取非法财物。"恐喝者,谓知人有犯,欲相告诉,恐喝以取财物者。"③这样,"恐喝"就成了"被恐喝人"构成犯罪的客观原因。行贿同样是受贿犯罪人构成犯罪的客观原因。在贿赂犯罪中,有行贿与受贿两种犯罪行为,缺一不可。就受贿犯罪人而言,行贿就是一种客观原因。如果没有行贿,也就没有受贿的可能了。唐律认识到其中的这一关系,也注意到行贿的这一客观原因,同时打击行贿人和受贿

---

① 《唐律疏议·擅兴》"乏军兴"条及其"疏议"。
② 《唐律疏议·斗讼》"教令人告事虚"条。
③ 《唐律疏议·贼盗》"恐喝取人财物"条及其"疏议"。

人,只是在量刑上行贿人轻于受贿人。《唐律疏议·职制》"受所监临财物"条规定:"诸监临之官,受所监临财物者,一尺笞四十,一匹加一等;八匹徒一年,八匹加一等;五十匹流二千里。与者,减五等,罪止杖一百。"

二、关于犯罪类型和犯罪对策的理论

唐律中有关于犯罪类型和犯罪对策的理论,其基本情况如下:

1. 关于犯罪类型的理论

唐律中有一些关于犯罪类型的理论,而且在具体规定中也得到了体现,这里以"十恶""六赃"和"六杀"三种类型为例,展开论述。

(1) 关于"十恶"类型的理论

"十恶"是唐律对十种重大犯罪类型的总称。唐律对于"十恶"的阐述主要从以下三个方面展开:第一,阐述了突出"十恶"位置的原因。唐律重视打击"十恶"犯罪,把它安排在首篇"名例"的醒目位置,以引起人们的足够重视。对此,唐律还专门作了说明,认为它对社会的危害最大,所以排列在首篇,仅次于"五刑"的位置。"五刑之中,十恶尤切,亏损名教,毁裂冠冕,特标首篇,以为明诫。"因为这些犯罪正好是十个,所以称之为"十恶"。"其数甚恶者,事类有十,故称'十恶'。"[①]第

---

① 《唐律疏议·名例》"十恶"条"疏议"。

二,阐述了"十恶"的产生、发展历史。唐律从法制史的角度系统揭示了"十恶"的变化过程。早在汉朝时,已有"十恶"中的一些罪名,《北齐律》把它们综合起来,规范其内容,作出了"重罪十条"的规定;《开皇律》将其发展为"十恶";唐律沿袭了这一规定。"汉制《九章》,虽并湮没,其'不道''不敬'之目见存,原夫厥初,盖起诸汉。案梁陈已往,略有其条。周齐虽具十条之名,而无'十恶'之目。开皇创制,始备此科,酌于旧章,数存于十。大业有造,复更刊除,十条之内,惟存其八。自武德以来,仍遵开皇,无所损益。"①第三,阐述了"十恶"中具体罪名设立的依据。唐律重视对"十恶"中每个罪名设立依据的阐述,逐一作了说明,反映了立法者的立法意图。比如,关于"恶逆",唐律认为这严重违犯了伦理纲常,泯灭了人性,故需列入"十恶"之中。"父母之恩,昊天罔极。嗣续妣祖,承奉不轻。枭镜其心,爱敬同尽,五服至亲,自相屠戮,穷恶尽逆,绝弃人理,故曰恶'逆'。"②经过这三个方面的阐述,"十恶"类型犯罪的相关理论便十分清楚了。

(2) 关于"六赃"类型的理论

"六赃"是唐律对六种经济方面犯罪类型的统称,它是"盗"这一犯罪的延伸。中国古代重视打击"盗""贼"这两种基本犯罪。"盗"是一种侵犯财产权的犯罪。"贼"是一种侵害人身安全的犯罪。早在战国时期,《法经》就把它们作为重点打击对象,有"王者之政,莫急于盗贼"③的说法。以后,仍然如此,到宋时还用"立盗贼重法"④来惩治这两种犯罪。唐朝也是这样。唐律把"盗"作了延伸,扩大到"六赃",并对

---

① 《唐律疏议·名例》"十恶"条"疏议"。
② 同上。
③ 《晋书·刑法志》。
④ 《宋史·刑法一》。

其中的相关问题作了阐述。第一,阐述了"六赃"的组成。"六赃"由强盗、窃盗、贪赃枉法、贪赃不枉法、受所监临财物和坐赃组成。"在律,'正'赃惟有六色:强盗、窃盗、枉法、不枉法、受所监临及坐赃。自外诸条,皆约此六赃为罪。"①它们的共同点是都侵犯了财产权。第二,阐述了"六赃"的一些概念。唐律对"六赃"中的一些概念专门作了阐释,"窃盗"和"监临主守"都是如此。它把"窃盗"阐释为一种以秘密手段非法占有他人财物的犯罪,类似于今天的盗窃。"窃盗人财,谓潜形隐面而取。"②它也对"监临主守"作了阐释,认为这是一种统领管辖和公事运作中行使处断职能的官吏。"'监临主司',谓统摄案验及行案主典之类。"③第三,阐述了"六赃"的一些行为表现。"强盗"即是如此。唐律把"强盗"的行为表现主要设定为两种,它们是使用暴力非法占有他人财物和致人失去控制意识而非法占有他人财产的犯罪行为。"谓以威若力而取其财,先强后盗、先盗后强等。若与人药酒及食,使狂乱取财,亦是。"④通过以上三个方面的阐释,唐律中有关"六赃"类型犯罪的内涵就十分清晰了。

(3) 关于"六杀"类型的理论

"六杀"是指六种杀人类型的犯罪,它们是:谋杀、故杀、斗杀、误杀、过失杀、戏杀。这是严重侵害人身安全的犯罪,是"贼"中的核心内容,也是中国古代两种需要打击的基本犯罪之一。因此,"六杀"在唐律中同样有所反映。首先,明确相关内涵。唐律在叙述"六杀"时,首先明确其相关内涵,以便区别于其他的杀人犯罪。比如,斗杀是一种在

---

① 《唐律疏议·名例》"以赃入罪"条"疏议"。
② 《唐律疏议·贼盗》"窃盗"条"疏议"。
③ 《唐律疏议·职制》"监主受财枉法"条"疏议"。
④ 《唐律疏议·贼盗》"强盗"条"疏议"。

斗殴过程中,出于激愤,而用手、足将人杀死的犯罪。唐律对斗、殴和用手、足方法都一一作了说明,明确其内涵。"相争为斗,相击为殴。""谓以手足击人者"①经过这样的含义描述,斗杀的内涵就比较清楚了,也有利于对这一犯罪作出判断。其次,比较相似的犯罪。为了防止混淆,划分不同杀人犯罪的界限,唐律还对相似的杀人犯罪进行了明确区分。故杀与斗杀就是如此。唐律认为,故杀是指一种有杀人的故意而用刀杀死人的犯罪行为,即"谓斗而用刃,即有害心,及非因斗争,无事而杀,是名'故杀'"。故杀与斗杀有差别,其中的主要差别点在于是否用刀。仅用手、足杀人的,是斗杀;用刀杀人的,则是故杀。"本虽是斗,乃用兵刃杀人者,与故杀同。"②通过这样的叙述,人们对"六杀"这种类型的犯罪就有比较正确的认识了。

2. 关于犯罪对策的理论

唐律以控制犯罪为出发点,提出了关于犯罪对策的理论,其内容主要涉及以下几个方面:

(1) 礼法结合的对策理论

这是唐律中犯罪对策理论的顶层设计。它强调,治理犯罪必须礼法结合。其基本内容有两个方面:一方面,在治理犯罪过程中,礼法都需要,缺一不可,它们各有侧重、各有作用;另一方面,在礼法之中,以礼为主,以法为辅,它们之间有主次之分。"德礼为政教之本,刑罚为政教之用,犹昏晓阳秋相须而成者也。"③唐朝的主流思想是儒家思想,它又集中体现为礼。礼以等级名分为基本内容,用它来规范和调整社会

---

① 《唐律疏议·斗讼》"斗殴以手足他物伤"条及其"疏议"。
② 《唐律疏议·斗讼》"斗殴杀人"条"疏议"。
③ 《唐律疏议·名例》前言"疏议"。

成员的行为和关系,可起到有效的作用。唐朝的执政者非常重视对礼的运用。"礼者君之柄。"①法律在治理国家中也不可或缺,它有不可替代的作用,能够"以刑去刑,以杀止杀"。从这种意义上说,唐朝的执政者也不可忽视运用法律。"刑罚不可驰于国,笞捶不得废于家。"②从中可见,礼与法在治理社会中的功效不完全相同,礼更侧重于教化,而法则更侧重于惩罚。把这两者结合起来,即是把教化与惩罚结合起来了。治理犯罪也是如此。因此,礼法结合是治理犯罪乃至治国的一般原则,是犯罪对策理论的顶层设计。

(2) 连坐的对策理论

唐律中还有关于连坐的对策理论。连坐是一种重刑,惩罚的对象是那些本身并没有犯罪的人。它通过提高对犯罪者的威慑力和增加犯罪成本,以达到预防犯罪的目的。商鞅变法时期,连坐制度进一步发展,分为家属成员、邻居、职务和军事四种连坐,使其覆盖到所有的社会成员。③ 唐律不仅继承和发展了以往的连坐制度,④还在理论上作了进一步阐说,使它成为一种犯罪对策理论。首先,对重大犯罪适用连坐的犯罪对策理论。唐律认为,谋反等重大犯罪直接威胁国家安全和皇权,必须严惩,包括使用连坐。"人君者,与天地合德,与日月齐明,上祗宝命,下临率土。"⑤"谋反大逆,罪极诛夷,污其室宅,除恶本人。"⑥因此,"缘坐之罪者,谓谋反、大逆及谋叛已上道者,并合缘坐"⑦。唐律通过

---

① 《唐律疏议·名例》"十恶"条"疏议"。
② 《唐律疏议·名例》前言"疏议"。
③ 参见张晋藩主编:《中国法制史》,中国政法大学出版社2007年版,第65页。
④ 参见王立民:《唐律新探》(第四版),北京大学出版社2010年版,第281—284页。
⑤ 《唐律疏议·贼盗》"谋反大逆"条"疏议"。
⑥ 《唐律疏议·名例》"彼此俱罪之赃"条"疏议"。
⑦ 《唐律疏议·名例》"罪案发自首"条"疏议"。

这种家属成员的连坐即缘坐应对重大犯罪,以达到预防犯罪的目的。其次,至亲之间有一种有罪同当义务的犯罪对策理论。唐律认为,至亲之间不仅有一种有福同享的权利,也有一种有罪同当的义务。因此,一旦有至亲犯了重罪,其他亲属也应受到连坐,体现有罪同当的义务。"反逆缘坐流者,逆人至亲,义同休戚,处以缘坐,重累其心。"①唐律以此增加亲属间的责任感,互相监督,控制犯罪。最后,充分发挥邻里组织作用的犯罪对策理论。唐朝也有户籍制度,也建立了邻里组织,以应对犯罪。如果组织成员不尽相关义务,就要连坐被罚。《唐律疏议·贼盗》"有所规避执人质"条"疏议"说,当出现劫持人质情况时,"四邻伍保,或知见,皆须捕格。若避质不格者,各徒二年"。《唐律疏议·捕亡》"邻里被强盗不救助"条"疏议"也说:"邻里家庭既同邑落,邻居接续,而被盗及杀人者,皆须递告,即求助之,若告而不救助者,杖一百。"唐律以此提高邻里之间互救的意识,加强互救的功能,应付和预防犯罪。

3. 用第三人来应对犯罪的对策理论

此处的"第三人"是指除了犯罪人、被害人以外,在犯罪或追捕现场的人。他们通常是有能力协助官府,能起到见危相助作用的人员。他们参与应对犯罪人,有利于扩大与犯罪做斗争的队伍,制止犯罪,缩小或避免犯罪后果的发生。同时,这也给犯罪人警示,告诉他们犯罪的成功率会因此而降低。唐律赋予第三人应对犯罪的义务并作了一些阐述,形成了自己关于犯罪对策的理论。这一理论主要适用于两种情况:第一种情况是,在殴伤、盗窃和强奸等的犯罪现场,在场人员有义务把

---

① 《唐律疏议·名例》"老小及疾有犯"条"疏议"。

犯罪人捕获,交至官府处理。唐律认为:"诸被人殴击折伤以上,若盗及强奸,虽傍人皆得捕系,以送官司。"这里的"傍人"就是指第三人,而不是指被害人及其家属。"虽非被伤、被盗、被奸家人及所亲,但是傍人,皆得捕系以送官司。"如果犯罪人拒捕、逃跑,第三人可以合法地将其杀死。"持杖拒捍,其捕者得格杀之;持杖及空手而走者,亦得杀之。"①第二种情况是,官吏在公开场合追捕犯罪人而力量不足时,可要求道路上的行人帮助,这时行人便有了帮助的义务。唐律认为,官吏"追捕罪人而力不能制,告道路行人",此时这些行人就应该帮助官吏捕捉犯罪人。这里的"行人"就是第三人。如果"行人力能助之而不助者",就会因此而构成犯罪,受到惩罚。但是,这里有例外情况。即路上的官吏有急事、行人有救疾病或办丧事等情况的,不在其中。"官有急事,及私家救疾赴哀,情事急速,亦各无罪。"②这一理论的真谛在于,利用一切可以利用的社会资源与犯罪做斗争,以最大限度地降低犯罪的危害程度,确保一方平安。

三、与现代犯罪学相比较

把唐律中的犯罪学与现代犯罪学相比较之后,可以发现唐律中的犯罪学具有一些现代犯罪学所不具备的一些内容,它们可以说是唐律中的犯罪学的一些特点。

---

① 《唐律疏议·捕亡》"被殴击奸盗捕法"条及其"疏议"。
② 《唐律疏议·捕亡》"道路行人不助捕罪人"条及其"疏议"。

1. 关于特权的理论

在唐律的犯罪学中,有关于特权的理论。这一理论认为,官吏、贵族犯罪以后,可以享受减、免用刑的特权,而不严格依法惩处。由于这一特权的掌控者往往是君主,因此这类犯罪案件的最终处理权属于君主,一般的司法官没有处理这类案件的决定权。"八议"就是如此。包括亲、故、贤、能、功、贵、勤、宾在内的八种高官、贵族可以享用减、免刑罚的特权。他们可以享有这一特权的理由是:"犯法则在八议,轻重不在刑书也。其应议之人,或分液天潢,或宿侍旒扆,或多才多艺,或立事立功,简在帝心,勋书王府。若犯死罪,议定奏裁,皆须取决宸衷,曹司不敢与夺。此谓重亲贤,敦故旧,尊宾贵,尚功能也。"① 同时,唐律还认为,在享有特权的人员中,其地位也有高低之分,并非一模一样,因此他们的特权也应有大小之分。即身份高的,特权大;反之,则特权小。议、请、减、赎制度的设计,正好印证了这一理论。首先是"八议"者,他们享有的特权最大,犯死罪"先奏请议,议定奏裁;流罪以下,减一等"②。其次是"请"者,他们"犯死罪者上请;流罪以下,减一等"③。再次是"减"者,他们只能"犯流罪以下,各从减一等之例"④。最后是"赎"者,他们仅能"犯流罪以下,听赎"⑤。现代犯罪学以平等为前提,犯罪人在法律面前人人平等,毫无特权可享,也就没有关于特权的理论了。

---

① 《唐律疏议·名例》"八议"条"疏议"。
② 《唐律疏议·名例》"八议者"条。
③ 《唐律疏议·名例》"皇太子妃"条。
④ 《唐律疏议·名例》"七品以上之官"条。
⑤ 《唐律疏议·名例》"应议请减"条。

2. 关于等级关系的理论

如果唐律中有关特权的理论仅适用于社会成员中的官吏、贵族，那么在家庭成员中只能适用等级关系的理论，因为家庭成员之间不存在特权。在唐朝，家庭成员之间的地位也不相同，也有高低之分，可以用服制来衡量，特别是在父子、夫妻的关系中。父子关系是一种亲子关系，他们的血缘关系最近，属斩衰亲，因此地位高低相差最大。唐律用形象的说法来形容这种等级关系，即"父为子天"①。在相关的规定中，也能体现这种等级关系的理论。凡是父侵犯子的，用刑轻；子侵犯父的，用刑重。比如，子违反了教令，父杀死了子仅"徒一年半"，甚至"过失杀者，各勿论"。② 相反，子图谋杀父的，就需处以"斩"刑。③ 可见，父子等级明显。夫妻之间也存在等级差异。根据服制的安排，夫妻之间尽管不存在血缘关系，但他们之间也是一种斩衰关系。唐律明确规定："妻之言齐，与夫齐礼，义同于幼。"④用天地关系来比喻，就是"妇人以夫为天"⑤。在具体的规定中，也能表现出他们之间这种等级关系理论的存在。因为夫的地位高于妻，所以夫侵犯了妻，用刑轻；反之，因为妻的地位低于夫，所以妻侵犯了夫，用刑重。这里以殴为例。《唐律疏议·斗讼》"殴伤妻妾"条规定："诸殴伤妻者，减凡人二等。"《唐律疏议·斗讼》"妻殴詈夫"条则规定："诸妻殴夫，徒一年；若殴伤重者，加凡斗伤三等。"以此加、减刑计算，刑等就要相差五等了。由此同样可

---

① 《唐律疏议·斗讼》"告祖父母父母"条"疏议"。
② 参见《唐律疏议·斗讼》"殴詈祖父母父母"条。
③ 参见《唐律疏议·贼盗》"谋杀期亲尊长"条。
④ 《唐律疏议·斗讼》"殴伤妻妾"条"疏议"。
⑤ 《唐律疏议·职制》"匿父母及夫等丧"条"疏议"。

见,夫妻之间的等级差别非常之大。在现代犯罪学中,则以平等为原则,没有这种等级关系的理论,更不可能提出在家庭成员中存在这种父子、夫妻的不平等学说。

3. 关于相隐的理论

唐律中还有一种相隐的理论,名为"同居相为隐"。这种理论要求同居成员犯有除重大犯罪以外的罪,应该互相隐瞒而不告发、作证。在现代犯罪学中,没有这一理论。它源于儒家学说中的"父为子隐,子为父隐,直在其中矣"①。汉朝时确立了"亲亲得相首匿"原则,还作出了相应的规定。《汉书·宣帝纪》记载,地节四年(前66年)规定:"父子之亲,夫妇之道,天性也。虽有患祸,犹蒙死而存之。诚爱结于心,仁厚之至也,岂能违之哉!自今,子首匿父母、妻匿夫、孙匿大父母,皆勿坐。其父母匿子、夫匿妻、大父母匿孙,罪殊死,皆上请廷尉以闻。"在此基础上,唐律不仅发展了这一规定,还提出了自己的相隐理论。首先,提出了"同居"的特定含义。"同居"是相隐理论的适用主体,十分重要,必须明确,否则人们会无所适从。唐律认为,"同居"是指共同生活在一起的人员,无血缘关系的部曲、奴婢也属于此类人员。"'同居',谓同财共居,不限籍之同异,虽无服者,并是。"可见,"同居"与以前的"亲亲"不同。其次,提出了不适用"同居相为隐"的例外情况。这一情况是对国家危害最大的犯罪,也是重大犯罪,即"谋叛"以上犯罪。"谓谋反、谋大逆、谋叛,此等三事,并不得相隐,故不用相隐之律。"②最后,阐明了相隐的内在依据。这一依据就是"情"和"礼"。亲属间相告了,也就是忘情弃礼了。以子告父为例,"父为子天,有隐无犯。如有违失,

---

① 《论语·子路篇第十三》。
② 《唐律疏议·名例》"同居相为隐"条"疏议"。

理须谏诤,起敬起孝,无令陷罪。若有忘情弃礼而故告者",就构成犯罪了。① 根据这些理论,唐律作出了相应的规定。"诸同居,若大功以上亲及外祖父母、外孙,若孙之妇、夫之兄弟及兄弟妻,有罪相为隐;部曲、奴婢为主隐:皆勿论","若犯谋叛以上者,不用此律。"②现代犯罪学把隐瞒家人犯罪也作为一种犯罪行为,不可能容忍这一理论的存在。

4. 关于刑讯的理论

唐律不仅沿革了以往的刑讯规定,还提出了自己的刑讯理论,把它作为犯罪学的一个组成部分。首先,刑讯的直接目的是取得犯罪依据。这也是为惩治犯罪做准备。如果证据充分,即可依照证据定罪量刑,没有必要进行刑讯了。"计赃者见获真赃,杀人者检得实状,赃状明白,理不可疑,问虽不承,听据状科断。"③其次,刑讯前必须完成一定的程序。刑讯毕竟是审判中的一个重要环节,因此必须经过一定的程序,否则不能刑讯。"拷囚之义,先察其情,审其辞理,反复案状,参验是非。""事不明辨,未能断决,事须讯问者,立案,取见在长官同判,然后拷讯。"④再次,不适用刑讯的一些特殊群体。他们是一些享有特权的官吏、贵族,年龄大或小者,以及废疾人员。这主要是出于特权或生理上的考虑。保护特权人员是为了维护其尊严,保护年龄大或小者以及废疾人员是为了维护其人身安全。"诸应议、请、减,若年七十以上,十五以下及废疾者,并不合拷讯,皆据众证定罪。"⑤最后,刑讯要按规定进行。刑讯人员不能违犯这些规定。比如,关于刑讯的次数,"拷囚不得

---

① 参见《唐律疏议·斗讼》"告祖父母父母"条"疏议"。
② 《唐律疏议·名例》"同居相为隐"条。
③ 《唐律疏议·断狱》"讯囚察辞理"条"疏议"。
④ 《唐律疏议·断狱》"讯囚察辞理"条"疏议"。
⑤ 《唐律疏议·断狱》"议请减老小废疾不合拷讯"条。

过三度,杖数总不得过二百"。关于刑讯后的处理,"拷满不承,取保放之"。关于依法刑讯致人死亡的处理,"若依法拷决,而邂逅致死者,勿论;仍令长官等勘验"。① 现代犯罪学以尊重和维护人权为原则,竭力反对使用刑讯,不会有这种刑讯理论。

以上这些唐律使用的理论为现代犯罪学所不齿,也不会被使用,从中折射出中国古代犯罪学的一些特点,这些特点也反映出中国古代犯罪理论与现代犯罪学的一些差异。

四、其他一些相关问题

在唐律的犯罪学中,还有其他一些值得关注的相关问题。

1. "疏议"的窗口作用的问题

从唐律的结构来看,主要由律条与"疏议"两大部分组成。律条部分即当今的法条部分。由于唐律是一部刑法典,所以其律条便是刑事法条了。"疏议"部分紧随律条之后,起解释、补充律条的功能,以使读律者能准确、全面地理解律文的真正含义,便于它们的实施。唐律对这一功能作了说明:"疏之为字,本以疏阔、疏远立名。"②后来,沈家本在《重刻唐律疏议序》中作了更为明确的阐释:"名疏者,发明律及注意;云议者,申律之深义及律所不周不达。"③"疏议"的这一功能决定了它具有阐发犯

---

① 参见《唐律疏议·断狱》"拷囚不得过三度"条及其"疏议"。
② 《唐律疏议·名例》前言"疏议"。
③ 刘俊文点校:《唐律疏议》,中华书局1983年版,第670页。

罪学理论的窗口作用。即犯罪学的一些理论可以通过这个窗口阐述,以使明眼人一目了然。事实也是如此。唐律中大量的犯罪学理论就是通过这一窗口向外阐明的。比如,有关犯罪人理论中的"杂户";有关犯罪被害人理论中的被伤害人;有关犯罪空间理论中的"阑入宫殿门及上阁";有关犯罪时间理论中的"非时烧田野";有关犯罪方式理论中的医生配药、写封签和打针灸错误等,都是如此。没有这一窗口,要阐发这一理论就比较困难,因为这些理论隐藏在律条背后,一般情况下不易被发现、理解。从这种意义上讲,"疏议"在阐发犯罪学理论方面的贡献还真不小。

2. 与刑法的内容密切相关的问题

唐律是一部中国古代的刑法典,其律条都是刑法的内容或与刑法相关的内容。《唐律疏议·名例》中,"五刑"是有关刑罚的规定;"十恶"是有关十种重大犯罪的规定;"八议"是有关八种高官、贵族犯罪以后可以享用减免刑罚的特权规定等。其中,有关"免官""免所居官"等规定虽为行政制裁方式,但却只是刑事附带行政制裁的规定而已。① 唐律除名例篇以外的其他十一篇相当于现代刑法中的分则,每个律条基本上都由罪行和法定刑两大部分内容构成。只有很少的律条中有民事等非刑事制裁方式出现,但它们只是刑事附带民事制裁等罢了。比如,"诸放官私畜产,损食官私物者,笞三十;赃重者,坐赃论。失者,减二等。各偿所损"中的"各偿所损"就是如此。② 因此,唐律中所阐发的犯罪学理论都与其刑法的内容密切联系在一起,是对这一内容的论述,其中渗透着犯罪学的理论。比如,唐律在阐发"十恶"中"谋反"的罪名

---

① 参见《唐律疏议·名例》"免官""免所居官"条。
② 参见《唐律疏议·厩库》"官私畜损食物"条。

时,论述了犯罪的主观原因"逆心""恶心"的理论;在阐发教唆、敲诈、行贿犯罪时,论述了犯罪的客观原因的理论等。这些论述都以律条规定的内容为出发点和归宿,围绕其中的内容展开,带有很强的针对性和实用性。可见,唐律本身不是一部纯粹的犯罪学著作,而是一部有犯罪学内容的刑法典。这也是唐律中犯罪学的一个重要特点。

3. 主流犯罪学理论的问题

唐律阐明的犯罪学理论是唐朝主流的犯罪学理论,它反映了唐朝前期执政者的一些基本思想,是这些思想在犯罪学中的体现。比如,在唐律的定本《贞观律》制定时期,唐太宗就十分重视礼在治国中的重要地位和作用。他认为礼的地位十分重要,说:"礼乐之作,是圣人缘物设教,以为撙节,治政善恶。"礼的作用不可轻视。"礼所以决嫌疑,定犹豫,别同异,明是非者也。"因此,他坚决主张治理国家要"齐之以礼典"。对于那些违礼行为,他深恶痛绝,严令改禁,说:"有紊礼经。既轻重失宜,理须改革。""悖乱礼经,宜即禁断。"①唐太宗不仅在思想上重视礼的重要地位和作用,还付诸实施,大力弘扬儒家学说,以此推进礼的建设进程。首先,从机构和师资方面弘扬儒家学说。唐太宗执政以后,便建立了具有从事研究和教育儒家学说职能的弘文馆,还招募了一批儒士、学生,弘扬儒家学说。"(唐)太宗践阼,即于正殿之左置弘文馆,精选天下文儒,令以本官兼署学士,给以五品珍膳,更日宿直,以听朝之隙引入内殿,讨论坟典,商略政事,或至夜分乃罢。又诏勋贤三品以上子孙为弘文学生。"②其次,从人才培养方面弘扬儒家学说。唐太宗还通过培养大量儒学人才弘扬儒家学说。他们来自四面八方,甚

---

① 参见《贞观政要·礼乐第二十九》。
② 《贞观政要·崇儒学第二十七》。

至是周边国家,人数很多。学成以后,他们中的有些人还可以得到提拔,入仕做官。《贞观政要》记载,贞观二年(628年),"国学增筑学舍四百余间,国子、太学、四门、广文亦增置生员,其书、算各置博士、学生,以备众艺"。"四方儒生负书而至者,盖以千数。俄而吐蕃及高昌、高丽、新罗等诸夷酋长,亦遣子弟请入于学。于是国学之内,鼓箧升讲筵者,几至万人,儒学之兴,古昔未有也。""学生,通一大经已上,咸得署吏。"[1]最后,从审定儒家经典方面规范儒家学说的内容。为了规范儒家学说的内容,纠正混乱局面,唐太宗组织审定了儒家经典的内容。为了解决"经籍去圣久远,文字讹谬"的问题,他命前中书侍郎颜师古"于秘书省考定《五经》",完成后"颁其所定书于天下,令学者习焉"。后来,他又发现"文学多门,章句繁杂"。为了避免产生歧义,统一对《五经》内容的认识,他又"诏师古与国子祭酒孔颖达等诸儒,撰定《五经》疏义,凡一百八十卷,名曰《五经正义》,付国学施行"[2]。可见,在唐朝前期,儒家学说得到了前所未有的弘扬,礼的建设有了进一步的推进。弘扬礼成了当时国家的主流思想。这一思想在犯罪学中同样得到了体现,礼法结合的对策即是如此。

综上所述,唐律中有大量中国古代犯罪学的理论,学习唐律可帮助人们了解、掌握中国古代犯罪学的知识。从这种意义上讲,可把唐律作为中国古代具有刑法内容的犯罪学教科书予以认识。同时,人们要了解中国古代的犯罪学,也可从阅读唐律着手,以便在学习中国古代刑法的同时,了解中国古代的犯罪学。这可谓一举两得。

---

[1] 《贞观政要·崇儒学第二十七》。
[2] 参见同上。

第三十四章
唐律与唐律研究

唐律与唐律研究密不可分。有了唐律才有唐律研究,通过唐律研究才能深刻理解唐律。笔者通过三个视角来反映唐律与唐律研究间的关系。

一、唐律、中华法系与丝绸之路如何联动

唐朝是中国古代的鼎盛朝代,也是当时亚洲最强大的国家。唐朝在政治、经济、社会、文化等方面都取得了非凡的成就,其中就包含了唐律、中华法系与丝绸之路。同时,它们之间还有互动,相得益彰。唐律为丝绸之路保驾护航,还是中华法系的代表作;中华法系依托唐律而建立起来;丝绸之路是联系唐律与中华法系的纽带,使唐律能够为朝鲜、日本、越南[①]等东亚国家所接受、移植,最终形成中华法系。它们融为一

---

① 越南虽在地理上属于东南亚,但由于文化上属于东亚文化圈,也可视为广义的东亚范围。

体,密不可分。

1. 唐律为丝绸之路保驾护航,还是中华法系的代表作

唐律是中国现存第一部内容完整、系统的律典,也是唐朝的主要法典、一部刑法典。它共有 12 篇、502 条。其中,第 1 篇名例是总则,规定了刑法的指导思想、原则和刑罚制度;其他 11 篇则是分则,规定了需要打击的各种犯罪,其律条由罪状与法定刑构成,比如"诸故杀官私马牛者,徒一年半"①。唐律的结构与内容都十分完善,在中国古代律典中,被认为"唐律为最善"②。

中国的丝绸之路最晚起源于汉朝,唐朝又有大发展,不仅扩大了陆上丝绸之路,还开辟了海上丝绸之路。丝绸之路是一条以经贸为主的综合性之路。在经贸的带动下,人员、文化等也都在交流之列。唐朝的丝绸之路也是如此,为了保证丝绸之路的安全与繁荣,法律保护不可或缺。唐律在这其中发挥了重要的作用。

唐律通过打击损害人身、财产、交易的犯罪,来维护人身、财产、交易安全,保证丝绸之路的畅通。唐律打击损害人身的犯罪。它规定,对杀人、伤人的犯罪,都要按照犯罪后果的不同分别量刑。比如,图谋杀人者,要被"徒三年";杀人既遂者,要被判斩刑。③ 伤人犯罪也是如此。比如,打落受害人一颗牙齿者,要被"徒一年";打落两颗牙齿者,要被"徒一年半"。④ 唐律也打击损害财产的犯罪。它规定,强盗即以暴力

---

① 《唐律疏议·厩库》"故杀官私牛马"条。
② 《四库全书总目·唐律疏议提要》。
③ 参见《唐律疏议·贼盗》"谋杀人"条。
④ 参见《唐律疏议·斗讼》"斗殴以手足他物伤"条。

或暴力相威胁方法而获得他人财产者,即便未遂也要被"徒二年";既遂的最重用刑为斩刑。① 交通工具是唐律重点保护的财产,如果杀死他人的一匹马,犯罪人要被"徒一年半"。② 唐律还特别重视保护交易安全。债务人不履行合同,就要被认作是犯罪行为,最重的用刑是"杖六十"。③ 唐律的这些规定都十分有利于丝绸之路的安全,保证其畅通无阻。

唐律是一部刑法典,使用的是最严厉的制裁方式即刑罚,最重的刑罚还可剥夺犯罪者的生命,即死刑。因此,唐律与唐朝其他法律相比较,更具有强制性、规范性、权威性等优势。这就决定了唐律在唐朝丝绸之路中能够发挥特别重要的作用。

事实也证明,唐律确实在丝绸之路中发挥了重要的作用,尤其是在打击外国人在唐朝犯罪方面。据《旧唐书·北狄传》记载,唐玄宗开元二十年(732年),唐朝周边的黑水靺鞨国的武艺派人去诛杀身在唐朝的门艺,但刺杀未遂。为了保证门艺的人身安全,河南府派人抓捕武艺派来的刺客,结果刺客全部落网。即"河南府捕获其贼"。这一抓捕的依据就是唐律。

法系是依据世界各国法律的特点与历史传统,从外部对法律进行分类时使用的一种术语。中华法系是世界上的著名法系,列入世界"五大法系"。这"五大法系"是大陆法系、英美法系、印度法系、伊斯兰法系和中华法系。④ 中华法系的母国是中国,成员国是东亚的朝鲜、日本、越南等一些国家。中华法系建成于唐朝,代表作是唐律。唐律的大

---

① 参见《唐律疏议·贼盗》"强盗"条。
② 参见《唐律疏议·厩库》"故杀官私马牛"条。
③ 参见《唐律疏议·杂律》"负债违契不偿"条。
④ 参见张晋藩、林中:《法史钩沉话智库》,中国法制出版社2016年版,第3页。

量内容被这些成员国所接受、移植。在朝鲜,其刑法就是模仿唐律而制定。《高丽史·刑法志》记载:"高丽一代之制,大抵皆仿乎唐,至于刑法,亦采唐律,参酌时宜而用之。"在日本,《大宝律》堪称"日本封建立法的典范",但它却是唐律的翻版。在越南,李太尊、陈太尊执政时,制定的重要法典《刑书》和《国朝刑律》也都把唐律作为楷模,只是"时而斟酌"而已。①可见,唐律作为中华法系的代表作名副其实。

2. 中华法系依托唐律而建立起来

世界上的法系大致可以分为两大类,即世俗法法系与宗教法法系。宗教法法系因为法律与宗教融为一体,法律内容嵌入在宗教经典之中,没有专门的法典,也不以世俗法典为代表作。世俗法法系则不同,特别是在制定法国家中,一般都制定有独立的法典,也有世俗法典作为代表作。世界五大法系中,大陆法系的代表是《法国民法典》《德国民法典》,中华法系的代表作则是唐律。没有唐律,中华法系也不复存在了。

中华法系能依托唐律而建立起来,是因为唐律被中华法系的母国唐朝制定出来,而且还非常优秀,成为中国古代法典的典范。唐律并非一蹴而就,而是中国法律长期发展的结晶。中国在夏朝就有名为"禹刑"的法律,商朝的法律成为"汤刑",西周时则有"九刑""吕刑"等。以后,每个朝代仍然都制定自己的成文法。秦有秦律,汉有汉律,魏晋有魏律、晋律……到了唐朝,集以往立法之大成,终成唐律。唐律在结构与内容方面都远超以前立法的水准,达到中国古代立法的顶峰。唐朝以后的宋、元、明、清等封建朝代制定的法典,也都以唐律为范本,大量吸取唐律的内容。唐律在很大程度上影响了唐后封建朝代的立法。

---

① 参见朱勇主编:《中国法制史》(第二版),高等教育出版社2019年版,第115—116页。

同时，唐律在世界法制史上也具有重要地位。如果说，罗马法是世界奴隶制时代法律的代表作，《法国民法典》是世界资本主义时代的代表作，那么唐律便是世界封建时代法律的代表作了。[①] 正因为如此，唐律才会受到一些东亚国家的青睐。

唐律中包含了中华法系的一般内容，特别体现在法制指导思想、法律内容与司法等一些方面。在法制指导思想方面，唐律强调礼法并用，以礼为主。用唐律自己的话说，就是："德礼为政教之本，刑罚为政教之用，犹昏晓阳秋相须而成者也。"[②]这一思想传承了西周"明德慎罚"与西汉"德主刑辅"的思想，主张治理国家以教化为主，法制为辅。这正是德治思想的集中体现。在法律内容方面，法律突出维护等级特权制度。它用刑法的规定来规范等级特权制度，尤其是保护君权、父权与夫权。唐律用这种等级特权制度来形成一个有利于推行专制、人治的社会秩序。在司法方面，唐律竭力维护司法与行政合一的体制。皇帝掌握着国家的最高司法权，集立法、行政与司法权于一身。地方的司法长官亦由行政长官兼任。这种集权体制为唐朝推行专制统治打下了基础。唐律的这些内容正是中华法系的主要内容与集中体现，其作为中华法系的代表作也就顺理成章了。

一个法系的形成除了有母国还不行，还需有成员国的拱卫。唐律成为中华法系母国的典范性法典外，还需被成员国所接受、移植，成为它们国家立法的楷模，大量吸收唐律的内容，以致唐律能成为中华法系母国、成员国共同认可的法典。唐律做到了它就是这样的法典。中华法系也就依托唐律而建立起来了。

为什么一些东亚国家会移植唐律呢？原因是多方面的，但其中最

---

① 参见曹漫之主编：《唐律疏议译注》，吉林人民出版社1989年版，"序言"第7页。
② 《唐律疏议·名例》前言"疏议"。

重要的有三个方面。①

第一个方面,唐律是农业国家的产物。中国古代是一个农业国家,中华民族主要是一个农耕民族,唐律就是在这样的国度里诞生。这就决定了,它的内容十分适合农业国家,而不是游牧、工商业国家。那时的一些东亚国家也都是农业国家,朝鲜、日本、越南无一不是如此。它们与唐朝具有相似的经济背景,采用唐律会比较顺手一些。

第二个方面,唐律的水平比较高。唐律的水平要明显高于这些东亚国家,它们移植唐律以后,可以使本国的法律水平得到很快提升。这也是它们所期望的,何乐而不为呢?

第三个方面,唐律的移植有了一定的文化基础。这些东亚国家在唐朝以前,就受到中国文化的影响。中国的文字、风俗、习惯等在汉朝以后,就已大量渗透到这些国家。它们的文化有许多方面与唐朝类似。有了这一文化为基础,唐律的移植也就十分方便了。

总之,一些东亚国家采用唐律是多因一果,具有一定的必然性,而非完全偶然。一旦这些东亚国家接受、移植了唐律,母国与成员国都已具备,代表作已经到位,中华法系也就自然而然地形成了。可见,唐律在形成中华法系中举足轻重。

3. 丝绸之路是联系唐律与中华法系的纽带

唐律产生于唐朝,中华法系则由唐朝与朝鲜、日本、越南等国家共同构成。要把唐律与这些东亚国家联系起来,没有纽带不行。这根纽带就是丝绸之路。通过丝绸之路,唐朝与这些东亚国家加强联系,相互交流;唐律能够走出国门,输出到这些东亚国家,使它们了解、认识,然

---

① 参见王立民:《也论中华法系》,载《华东政法学院学报》2001 年第 5 期。

后接受、移植。没有丝绸之路这根纽带,这一切都不能实现,中华法系也就无法诞生。

在输出唐律与建立中华法系的过程中,唐朝的陆上、海上丝绸之路都发挥了积极作用。这里以唐朝通往日本的丝绸之路为例。从唐朝前往日本,先走陆上丝绸之路到朝鲜,然后再利用季风乘船到日本。从日本到唐朝也利用这一季风。这一丝绸之路不仅承载着商人,还带来了大量遣唐使等人员。据统计,从贞观五年(631年)至乾宁元年(894年),日本先后派出遣唐使19批,最多一次达到651人。①

在日本的遣唐使中,还有人专门到唐朝的高等学府国子监就学,专门学习中国文化。"太学诸生三千员,新罗、日本诸国,皆遣子入朝学习。"②这些日本人员中,就有一些学习过唐律。学成后,便把唐律带到了日本。丝绸之路也就把唐律输出到了日本。

从制定《大宝律》的人员来看,许多人都是通过丝绸之路,从唐朝到达日本。其中既有留唐学生,也有唐人、唐朝移民的后代。日本学者石田琢智在《日本移植唐朝法律考述》一文中对此有过阐述。"参与撰写《大宝律令》的人当中,伊吉博德、土部生男、白猪男曾在唐留学,萨弘格本身就是唐人,调老人、黄文备、锻大角、山口大麻吕都是大陆移民的后代,都有研读唐法的有利条件。"③他们带着从唐朝学到的唐律知识,利用丝绸之路回到日本,通过移植使日本的法律有了飞跃发展。这正如日本学者撰写的《日本法制史》一书中所讲的,日本法律继承了唐律并一下子跃上像唐律那样的高水平。④日本从丝绸之路中受益,并成

---

① 参见郑显文:《律令时代中国的法律与社会》,知识产权出版社2007年版,第327页。
② 〔日〕石田琢智:《日本移植唐朝法律考述》,载《法学》1999年第5期。
③ 同上。
④ 参见王立民:《古代东方法研究》(第三版),北京大学出版社2019年版,第81页。

了中华法系的成员国。朝鲜、越南也是如此,也都成了中华法系的成员国。中华法系借助丝绸之路建立起来了。

可见,在唐律与中华法系之间,不能没有丝绸之路这根纽带。缺少了这根纽带,唐律无法输入到中华法系的成员国,也无法被成员国所接受、移植,中华法系也就成了空中楼阁,无法实现了。

唐律、中华法系与丝绸之路都是唐朝的成就。它们不同程度地与唐律有关,是以唐律为中心,然后加以延伸,闯出了一片新天地。其中,唐朝造就了唐律,唐律是唐朝一部土生土长的法典;唐律凭借丝绸之路,被移植到朝鲜、日本、越南等一些东亚国家;中华法系因为有了这些东亚国家组成的成员国而建立起来。在这三大成就中,唐律始终存在。先产生在唐朝,后转移在丝绸之路上,再到这些东亚国家,最后形成中华法系。它们之间的联动,造就了唐朝的这三大成就,还闻名于世。

二、沈家本的疏忽

沈家本是中国近代的法学泰斗,不仅熟知西方法律,还精通中国传统法律,故称其"融会中西法学"[①],十分贴切。他的《历代刑法考》《寄簃文存》等著作堪称经典,至今都有很大影响。然而,人无完人,有时也会有所疏忽,沈家本就是如此。

---

① 李贵连:《沈家本与中国法律现代化》,光明日报出版社1989年版,"前言"第5页。

1. 沈家本奏折中涉及缘坐的六种犯罪

近日,在查阅《清史稿·刑法二》时发现,光绪三十一年(1905年),在"修订法律大臣沈家本等奏请删除重法数端"文中,专门提到了唐律中关于缘坐适用的犯罪。文中说:"缘坐之制,起于秦之参夷及收司连坐法。汉高后除三族令,文帝除收孥相坐律,当时以为盛德。惜夷族之诛,犹间用之。晋以下仍有家属连坐法,唐律惟反叛、恶逆、不道,律有缘坐,他无有也。"唐律是唐朝的一部主要法典,也是一部刑法典。缘坐是中国古代连坐制度中的一种,专指家庭成员的连坐。缘坐要惩罚的是那些本人没有犯罪,但因家庭成员犯了重罪而受牵连也被处罚的成员。因此,缘坐是中国古代重刑的一种表现。对照唐律的相关规定,沈家本的疏忽便一目了然了。唐律中适用缘坐的犯罪共有六种,分别是:"谋反""谋大逆""谋叛""恶逆""不道"和"征讨告贼消息"。

2. "谋反"与"谋大逆"的犯罪

"谋反"是一种图谋危害国家安全的犯罪,即"谋危社稷"①。各种图谋危害国家安全的犯罪行为都包括在内。"谋大逆"是一种图谋严重损害皇权的犯罪。这一犯罪的具体表现是:"谋毁宗庙、山陵及宫阙。"②即图谋毁坏象征皇权的皇族宗庙、陵墓和宫殿等建筑。唐律对这两种犯罪的打击力度最大,缘坐范围也最广。对缘坐的用刑分别是:绞刑、没收为官奴婢、流放到3000里外的地方专做劳役等。唐律规定:"诸谋反及大逆者,皆斩;父子年十六以上皆绞,十五以下及母女、妻

---

① 《唐律疏议·名例》"十恶"条。
② 同上。

妾、祖孙、兄弟、姊妹若部曲、资财、田宅并没官,男夫年八十及笃疾、妇人年六十及废疾者并免;伯叔父、兄弟之子皆流三千里,不限籍之同异。即虽谋反,词理不能动众,威力不足率人者,亦皆斩;父子、母女、妻妾并流三千里,资财不在没限。其谋大逆者,绞。"①从唐律的这一规定可见,缘坐的范围非常广泛,包括了犯罪人的父子、母女、妻妾、祖孙、兄弟、姊妹、叔伯父、兄弟之子等,几乎涵盖了所有家庭成员。这充分说明,对这两种犯罪的用刑十分严厉。

唐律对"谋反""谋大逆"的犯罪适用包括缘坐在内的重刑作了解释,认为国君、皇权的地位独尊,侵犯国君与皇权就是危害国家安全,用刑就得重,连图谋者也是如此。"人君者,与天地合德,与日月齐明,上祇宝命,下临率土。而有狡坚凶徒,谋危社稷,始与狂计,其事未行,将而必诛,即同真反。"②一句话,因为这两种犯罪从根本上危害了国家安全,所以用刑就要重,缘坐范围也就很广泛了。

3. "谋叛"的犯罪

这是一种图谋叛国的犯罪,即"谋背国从伪",具体的犯罪行为是:"谋背本朝,将投蕃国,或欲翻城从伪,或欲以地外奔。"③即图谋叛国投敌、投靠伪政权等犯罪行为。这一犯罪排列在唐律规定的"十恶"犯罪中的第三位,在"谋反""谋大逆"之后,缘坐范围也小于这两种犯罪,仅为父母、妻子与儿子。缘坐的用刑分别是流放到2000里、3000里外的地方,去做劳役。唐律规定:"诸谋叛者,绞。已上道者皆斩,妻、子流二千里;若率部众百人以上,父母、妻、子流三千里;所率虽不满百人,以

---

① 《唐律疏议·贼盗》"谋反大逆"条。
② 《唐律疏议·贼盗》"谋反大逆"条"疏议"。
③ 《唐律疏议·名例》"十恶"条"疏议"。

故为害者,以百人以上论。"①

唐对谋叛犯罪的缘坐有专门的说明,其基本精神是:对妻子与儿子、女儿缘坐而流的处理要作区分;如果只有妻子和15岁以下的儿子,就应适用赎刑,以铜来赎刑罚;妻子因是妇女,不可以单独被流放,而要依唐律原则的规定,在实施杖刑后,留在本地做劳役;16岁以上的儿子则要被遣送到流放地,去做劳役,其母也被流放,但在流放地免做劳役;没出嫁的女儿不在流放之列。"叛者,身得斩罪,妻、子仍流二千里。若唯有妻及子年十五以下合赎,妇人不可独流,须依留住之法,加杖、居作。若子年十六以上,依式流配,其母至配所免居作。在室之女,不在配限"②。

4. "恶逆"犯罪

这是一种严重违反封建家庭伦理,殴打、谋杀尊亲属的犯罪。这一犯罪在"十恶"犯罪中排列第四,在"谋叛"犯罪之后,其具体表现为:"殴及谋杀祖父母、父母,杀伯叔父母、姑、兄姊、外祖父母、夫、夫之祖父母、父母。"③唐对"恶逆"犯罪的用刑作了明文规定,而且是按两种情况区别对待。

第一种情况是仅处罚犯罪者本人,没有缘坐家庭成员。唐律规定:"诸谋杀期亲尊长、外祖父母、夫、夫之祖父母、父母者,皆斩。"④这一规定只要求处死图谋杀害尊亲属的犯罪者本人,没有要求要缘坐家庭成员。

第二种情况是不仅要处罚犯罪者本人,还要缘坐或连坐到"所奸

---

① 《唐律疏议·贼盗》"谋叛"条。
② 《唐律疏议·贼盗》"谋叛"条"疏议"。
③ 《唐律疏议·名例》"十恶"条。
④ 《唐律疏议·贼盗》"谋杀期亲尊长"条。

妻妾",即与奸夫犯奸的被害人妻妾。即便她们不知情,也要被处罚。她们的缘坐用刑是绞刑。唐律规定:"犯奸而奸人杀其夫,所奸妻妾虽不知情,与同罪。"①唐律在作出这规定时,还作了解释。"妻妾与人奸通,而奸人杀其夫,谋而已杀、故杀、斗杀者,所奸妻妾虽不知情,与杀者同罪,谓所奸妻妾亦合绞。"②在这里,特别要注意奸夫的身份。如果奸夫与被害人妻妾有亲属关系,她们受到处罚,属于缘坐;如果奸夫与被害人妻妾无亲属关系,那她们受到处罚,就属于连坐,而不是缘坐了。

从唐律对"恶逆"犯罪的规定可见,并不是所有的"恶逆"犯罪都适用缘坐。也就是说,缘坐没有全覆盖整个"恶逆"犯罪,只是在第二种情况中的奸夫与被害人妻妾具有亲属关系时才适用缘坐。

5. "不道"的犯罪

这是一种严重违反封建伦理,残忍杀人、害人的犯罪。这一犯罪排列在"十恶"犯罪中的第五位,在"恶逆"犯罪之后,其具体表现是:"杀一家非死罪三人,支解人,造畜蛊毒、厌魅"。③ 唐律把"不道"犯罪的用刑分为三种情况,区别对待。

第一种情况是对"杀一家非死罪三人,支解人"犯罪的用刑。这是一种残忍杀害没犯死罪的一家三口人后碎尸的犯罪。唐律对这一犯罪,不仅要处罚犯罪者本人,还要适用缘坐。缘坐对象是妻子与儿子,缘坐的用刑是被流放到3000里外的地方去做劳役。它规定:"诸杀一家非死罪三人,及支解人者,皆斩;妻、子流二千里。"④

第二种情况是对"造畜蛊毒"犯罪的用刑。这是一种配制动物的

---

① 《唐律疏议·贼盗》"谋杀期亲尊长"条。
② 《唐律疏议·贼盗》"谋杀期亲尊长"条"疏议"。
③ 《唐律疏议·名例》"十恶"条。
④ 《唐律疏议·贼盗》"杀一家三人支解人"条。

毒物去害人的犯罪。唐律也规定除了要处罚犯罪者本人以外,还要适用缘坐。缘坐对象是同居家庭成员与教唆人,缘坐的用刑是流放到3000里外的地方去做劳役。它规定:"诸造畜蛊毒及教令者,绞;造畜者同居家口虽不知情,若里正知而不纠者,皆流三千里。造畜者虽会赦,并同居家口及教令人,亦流三千里。"①

第三种情况是对"厌魅"犯罪的用刑。这是一种怀有憎恶而利用邪俗左道妄图害人的犯罪。这里的邪俗左道有多种表现,其中包括:巫术、咒诅、刺戳人像中的要害部位等。唐律也惩治这一犯罪,但没有适用缘坐。即仅处罚犯罪者本人,不缘坐其家庭成员。唐律规定:"诸有所憎恶,而造厌魅及造符书咒诅,欲以杀人者,各以谋杀论减二等;以故致死者,各依本杀法。欲以疾苦人者,又减二等。即于祖父母、父母及主,直求爱媚而厌咒者,流二千里。若涉乘舆者,皆斩。"②

在唐律所规定的"不道"犯罪的三种情况中,只有第一、二种情况适用了缘坐,第三种情况则没有适用缘坐。因此,对"不道"犯罪要作具体分析,不可一概而论。

6. "征讨告贼消息"的犯罪

这是一种泄露国家重大信息的犯罪。这一犯罪没有列入"十恶"犯罪,其具体表现为:"密有征讨,而告贼消息。"唐律不仅要打击犯罪者本人,还要缘坐其家庭成员中的妻子与儿子。他们的缘坐用刑是被流放到2000里外的地方去做劳役。"诸密有征讨,而告贼消息者,斩;妻、子流二千里。"③中国古代所称的盗与贼与今天所称的含义有所不

---

① 《唐律疏议·贼盗》"造畜蛊毒"条。
② 《唐律疏议·贼盗》"憎恶造厌魅"条。
③ 《唐律疏议·擅兴》"征讨告贼消息"条。

同。那时盗是指侵犯财产权的犯罪,即"窃货曰盗";贼则是指侵犯人身权、健康权的犯罪,即"害良曰贼"。① 密有征讨而告贼消息,即泄露了国家的重大信息,会导致征讨贼的行为流产,对国家利益造成严重损失,故用刑不得不重,甚至不惜适用缘坐。

7. 沈家本的两个疏忽

从唐律对"谋反""谋大逆""谋叛""恶逆""不道"和"征讨告贼消息"六种犯罪所规定的缘坐来看,沈家本的疏忽主要是两个。

第一个疏忽是遗漏了唐律中的"征讨告贼消息"的犯罪。唐律明文规定,不仅要用死刑来严惩"征讨告贼消息"犯罪者本人,还要缘坐其家庭成员中的妻子与儿子,即"妻、子流二千里。"可是,沈家本在罗列唐律适用缘坐的犯罪中,没有把其纳入其中,遗漏了这一犯罪及其缘坐。

第二个疏忽是没有对"恶逆""不道"犯罪适用的缘坐作具体分析。唐律中"恶逆"与"不道"犯罪的情况相对复杂,其犯罪行为多样,对社会、家庭的危害也不尽相同,所以唐律是分情况进行处罚,而不是统而化之。其中,有的适用缘坐,有的则没有适用缘坐。例如,"恶逆"犯罪分为两种情况,只有第二种情况才适用缘坐,第一种情况却没有适用缘坐。"不道"犯罪分为三种情况,只有第一、二种情况适用了缘坐,第三种情况则没有适用缘坐。可是,沈家本在文中都没有作区别,而是全部归入缘坐之列,显得有些粗糙,也是一种疏忽。

《清史稿·刑法二》所载的"修订法律大臣沈家本等奏请删除重法数端"文,使用的主体是"沈家本等"。也就是说,此文的撰写人除了沈

---

① 参见《荀子·修身》。

家本外,还有其他人。文中关于缘坐的疏忽,与他们也有关,或许是他们所为。但是,沈家本是领衔人,应该对此文负责,说他有疏忽,也在情理之中。

　　沈家本的这一疏忽不算大,只是整个奏文中的一小部分。此文以奏请在修律时,废除凌迟、枭首、戮尸、缘坐与刺字等刑罚为内容。在缘坐部分中,提到了唐律的缘坐,总共只有 17 个字,此文总字数则有 793 个字,其所占比例仅为 0.21%,不算高。同时,此文奏上以后,大部分内容得到首肯。"奏上,诏令凌迟、枭首、戮尸三项永远删除。"在此以后颁行的法律中也确实没有了这三种死刑。"所有现行律例内凌迟、斩、枭各条,俱改为斩决。"[①]然而,作为一种正式公文,其中运用的史料有疏忽,总是一种遗憾。

　　对唐律中缘坐规定疏忽的根子在于学术研究上的疏忽。唐律颁行的时间早于沈家本等人撰写此文千余年,他们要在文中运用唐律缘坐的内容,首先要对其进行研究,至少要进行梳理与概括,否则是无法得出唐律中具有多少缘坐规定的结论。从另一种角度来反观,没有研究过唐律的人,不会也不可能贸然得出这样的结论。沈家本等人敢于在国家的正式公文中运用唐律缘坐的规定,前提是对唐律已有研究。可惜的是,这种研究留有疏忽,导致了这一公文表述也有了疏忽。

　　沈家本的这一疏忽告诉人们,对于中国法制史甚至是中国传统法律文化的研究,一定要全面、精到;对其运用,一定要谨慎、准确,切忌疏忽。否则,难免要误人子弟,甚至以讹传讹,造成文化的扭曲。这是大家都不想看到的,也应避免。

[①]《清史稿·刑法二》。

三、世界级的唐律与世界性的唐律研究①

1. 唐律作为世界级法典的两大表现

唐律不仅是中国古代的一部楷模性法典,还是一部世界级法典。这种世界级突出表现在这样两个方面。第一方面,唐律是世界五大法系之一中华法系的代表作。这五大法系是世界的主要法系,都代表着世界水平,无论是大陆法系、英美法系,还是印度法系、伊斯兰法系、中华法系,无一不是如此。② 这五大法系的重要区别之一是它们所处的地域不同。比如,印度法系地处南亚;伊斯兰法系从西亚开始,然后再扩展到世界其他一些地区;中华法系则地处东亚等。这五大法系虽然所处地域不同,但都代表着本地域法制的最高水平,都跻身于世界级法系行列。它们的代表作也都是如此,都具有世界级水准。唐律就是这样的法典,是名副其实的中华法系代表作、中国制定的世界级法典。

第二个方面,唐律是世界中世纪的代表性法典。唐律初定于中国的武德七年(624年),当时正值世界中世纪。③ 中世纪的欧洲曾被认为是黑暗时期,天主教与教会法盛行,世俗力量受到抑制,科学、民主受到打击。那时,虽制定了一些世俗法典,但不仅时间晚于唐律,而且内容也比唐律简单。《罗得海法》是那时较早制定的法典,由拜占庭帝国于

---

① 本部分内容为刘晓林教授所著《唐律立法语言、立法技术及法典体例研究》(商务印书馆2020年版)一书所作的序。
② 参见张晋藩、林中:《法史钩沉话智库》,中国法制出版社2016年版,第3页。
③ 《旧唐书·刑法志》。

公元600年至800年间颁行,时间上晚于唐律。① 其他法典的制定时间更晚于唐律,《阿马尔菲法典》(11世纪)②、《奥列隆法典》(12世纪)、《康梭拉多法典》(13世纪)等,都是如此。③ 颁行较早法典的内容又比较简单,《阿马尔菲法典》仅66个条文。这与唐律具有12篇的体例与502条律条相比,相距甚远。在中世纪的亚洲,印度法与伊斯兰法都是宗教法,主要的法律内容都在宗教经典之中,世俗法典难以生存,根本不可能制定出像唐律那样水平的法典。④ 唐律理所当然地成了世界中世纪的代表性法典,与罗马法、《法国民法典》(又称《拿破仑法典》)齐名,代表了世界三大时期的法制文明。"罗马法代表了古代奴隶制文明、唐律疏议代表了古代封建制文明、拿破仑法典代表了近代资本主义制文明。"⑤此话是真。

2. 外国学者关注、研究唐律

作为中华法系的代表作与世界中世纪的代表性法典,唐律是一部世界级法典。唐律的世界级决定了唐律研究的世界性。包括中国在内的世界上一些学者关注与研究唐律。有外国学者关注、研究唐律,日本学者首当其冲。早在古代,日本的遣唐使中就有擅长法律者,他们到唐朝后,就潜心研究唐律、令、格、式,回国后,还参与制定《大宝律令》。"参与撰写《大宝律令》的人当中,伊吉博德、土部生男、白猪男曾在唐留学"⑥。进入近、当代以后,日本学者研究唐律的成果较多,著作、论

---

① 参见何勤华主编:《法律文明史》(第6卷),商务印书馆2014年版,第634页。
② 同上书,第635页。
③ 同上书,第646—648页。
④ 参见王立民:《古代东方法研究》(第三版),北京大学出版社2019年版,第71—72页。
⑤ 曹漫之主编:《唐律疏议译注》,吉林人民出版社1989年版,"序言"第7页。
⑥ 〔日〕石田琢智:《日本移植唐朝法律考述》,载《法学》1999年第5期。

文都是如此。其中,著作有:唐律研究会的《唐律索引稿》(1945年)、会田范治的《唐律及养老律的名例律梗概》(1960年)、中谷英雄的《唐律疏议索引、释亲考索引》(1979年)、律令研究会的《唐律疏议译注篇》(1980年)等。论文有:会田范治的《唐律及养老律中名例律研究》(1945年),滋贺秀三的《译注唐律疏议(1、2)》(1945年),仁井田陞的《唐律疏议的现存最古刊本及其刊年》(1945年),小竹文夫的《唐、明、清律比较》(1954年),石尾芳久的《日唐律比较》(1958年),岩桥小弥太的《唐律和日本律——律令制度诸问题》(1960年),泷川政次郎的《日唐律玄象器物条考》(1981年),岗野诚的《唐律研究和西域出土资料》(1982年)、《日本的唐律研究——以文献学的研究为中心》(1983年)和《唐律疏议中"例"字的用法》(1995年),坂上康俊的《敦煌发现唐律断简(P.3068、P.3252)和〈大宝律〉》(1991年)等。[①] 这些只是日本学者研究唐律的部分成果,从中亦可见,他们的研究成果已经不少。

除了日本学者以外,韩、英、美国学者也有一些关于唐律研究的成果。近四十年来,就有不少。比如,韩国学者任大熙在《传统中国法中关于"骂詈"相关法律规定的变迁》(2007年)一文中,重点对唐律中的骂詈规定作了研究与分析,内容涉及唐律规定的犯罪主体、对象、处罚等;[②]英国学者崔瑞德(Denis C. Twitchett)发表过《初唐法律论》(1976年)一文,对唐律的刑法性质、法律的实施等一些方面作了论述;[③]美国学者马伯良(Brian E. McKnight)发表过《〈唐律〉与后世的律:连续性的

[①] 参见俞荣根等:《中国法律史研究在日本》,重庆出版社2002年版,第307—323页。

[②] 参见张中秋编:《中华法系国际学术研讨会文集》,中国政法大学出版社2007年版,第234—249页。

[③] 参见张中秋编:《中国法律形象的一面——外国人眼中的中国法》,中国政法大学出版社2012年版,第233—250页。

根基》(2004年)一文,对唐律规定的犯罪、唐律的影响与实施等一些方面都作了论述。① 有些外国学者在研究中国古代其他朝代的律典中也会提及唐律的规定。美国学者德克·博德(Derk Bodde)在《清律的恤刑制度》(1987年)一文中就提及了唐律。他认为《大清律例》中"老小废疾收赎"与"犯罪时未老疾"规定的内容"可追溯到唐律,二者仅有点文字变动"②。可见,唐律已为世界上多个国家的学者关注、研究。

3. 中国古代学者研究唐律

唐律作为中国本土制定的世界级古代法典,责无旁贷地备受中国人士的重视,参与研究的人数、研究成果都更多。在古代,中国的立法、司法人员、学者都加入了唐律研究的队伍,从不同视角研究唐律。唐律颁行之后,立法者根据司法中出现的问题,研究唐律,改进律文。据《旧唐书·刑法志》记载,唐太宗即位后,就"命长孙无忌、房玄龄与学士法官"对《武德律》,"更加厘改"。以后,戴胄、魏徵研究了《武德律》,"又言旧律令重,于是议绞刑之属五十条,免死罪,断其右趾。应死者多蒙全活"。往后,唐太宗又认为对反逆罪的连坐应作区分,即"一为兴师动众,一为恶言犯法。轻重有差,而连坐皆死,岂朕情之所安哉?"于是,"更令百僚详议",结果是对反逆的连坐作了区分。"今定律,祖孙与兄弟缘坐,俱配没。其以恶言犯法不能为害者,情状稍轻,兄弟免死,配流为允。"在不断研究与修改的基础上,《贞观律》于贞观十一年(637年)颁行。唐高宗即位后,不仅颁行了《永徽律》,还要求"广召解律人条义疏奏闻,仍使中书、门下监定"。永徽四年(653

---

① 参见高道蕴、高鸿均、贺卫方编:《美国学者论中国法律传统》(增订版),清华大学出版社2004年版,第287—309页。
② 转引自张中秋编:《外国法律形象的一面——外国人眼中的中国法》,中国政法大学出版社2012年版,第268页。

年),《永徽律疏》"颁于天下"。正因为有立法者的研究与修改,唐律才不断趋于完善。

司法人员在实施唐律的过程中,也需对其研究,以免误判。这在一些司法人员的判词中能够得到反映。据《龙筋凤髓判》记载,司法官在一些案件的审定中,不同程度地对唐律有过思考与研究。在令史王隆受贿案中,他在职权范围内,对路州文书,"每受一状,皆取百文"。司法官依据唐律的规定而认为:"因事受财,实非通理,枉法科罪,颇涉深文。"最后决定:"宜据六赃,式明三典。"①在杜俊对仗时遗箭案中,他因在对仗时遗箭而被立案。但是,司法官根据唐律中"或遗弓无箭,或遗箭无弓,俱不得罪"②的规定,对其作了判定。③ 对唐律进行过思考与研究的司法官,在判案中一般比较靠谱,不会太离谱。

根据现有资料,中国古代学者的唐律研究成果大量集中于清朝以后。其中,有些综合性研究律的著作中有关于研究唐律的内容。清王明德所撰的《读律佩觿》一书就是如此。此书的"本序"中专门论及了《贞观律》,而且还指出它对《武德律》的修改之处。"减大辟九十二,省流入徒七十,加居作以宽绞刑五十余,变重为轻,削烦去蠹"④。在正文里,此书同样有一些与唐律相关的内容。在谈论"例"时,此书作者先引用唐律中对"名例"的解释,即"名者,五刑之罪名;例者,五刑之体例"。然后提出自己的观点,认为"名例"应该这样解释为妥:"名者,五刑正体变体,及律例中,人所犯该,以及致罪各别之统名。而例,则律例

---

① 参见张鷟:《龙筋凤髓判》,田涛、郭成伟校注,中国政法大学出版社1996年版,第18页。
② 《唐律疏议·卫禁律》"宫殿作罢不出"条"疏议"。
③ 参见张鷟:《龙筋凤髓判》,田涛、郭成伟校注,中国政法大学出版社1996年版,第110页。
④ 王明德:《读律佩觿》,何勤华等点校,法律出版社2001年版,"本序"第3页。

中,运行之活法,于至一中,寓至不一之妙,更于至不一之处,复返至一之体。"①作者是在研究唐律的基础上提出自己的观点,言之有据。

有些比较研究的著作中,有关于研究唐律的内容。清薛允升所著的《唐明律合编》就是如此。他先引用唐律与《大明律》的律条进行比较,然后作出评论。比如,在把唐律"漏泄大事"条与《大明律》的"漏泄军情大事"条比较后,作者作出了评论:"漏泄一层,唐律指漏泄于贼及番国而言,明律漏泄事于人,即拟斩罪,未免太重。"②有些唐律没有的律条而《大明律》有的,作者也会明示。比如《大明律》有"禁止迎送"条而唐律没有,作者就评说:"此条唐律无文,盖谓不必禁止也。"③经过这样的比较,作者就对唐律的律条作了较为全面、系统的梳理与研究。这样的情况在中国古代极为罕见,是一种唐律研究方法的创新。

有些专题研究的著作中,也有研究唐律的内容。明丘浚所作的《慎刑宪》就是这样。《慎刑宪》除了总论以外,还对定律令之制、制刑狱之具、明流赎之意、详听断之法、议当原之辟、顺天时之命、谨详谳之议、申冤抑之情等13个专题进行了专门研究,其中就有涉及唐律的内容。比如,在论及唐律规定的五刑时,作者就认为,这五刑"始于隋而用唐以至于今日;万世之下,不可易也"④。研究了唐律的流刑之后,作者认为,此流刑"既流而又居作,则是兼徒矣"⑤。唐律的内容是此著作中一个不可或缺的组成部分,而且还是唐律研究的成果。

中国在清朝以前,大多把唐律研究融入整个中国法制研究之中,而且只是把其作为一个朝代的律典进行研究。到清朝,这种状况有所改

---

① 王明德:《读律佩觽》,何勤华等点校,法律出版社2001年版,第20页。
② 薛允升:《唐明律合编》,怀效锋、李鸣点校,法律出版社1999年版,第209页。
③ 同上书,第183页。
④ 鲁嵩岳:《慎刑宪点评》,法律出版社1998年版,第109页。
⑤ 同上书,第158页。

变,开始逐渐突出唐律的地位,对唐律的研究也比以往更为关注与重视。究其原因是,把唐律与清前各朝代的律典相比较后,其优越性逐步凸现,因此研究力度也有所加大。《唐明律合编》就是其中的代表性著作。中国古代对唐律的研究为近、当代的唐律研究打下了基础,也提供了借鉴。

4. 中国近代学者研究唐律

近代以来,中国学者对唐律的研究更为重视,沈家本、杨鸿烈、瞿同祖等学者都在自己的论著中融入唐律研究的内容。沈家本对唐律有较为深入的研究,成果也很多。在他的《寄簃文存》中,有近五十篇文章涉及唐律研究,占其中所有文章的一半以上,大大超过对中国古代其他律典的研究。他通过引用唐律的规定,把唐律与唐前律典进行比较,把唐律与国外相关规定进行比较等途径,对唐律进行研究。比如,在《论威逼人致死》一文中,他先引用了唐律中的相关规定,然后再比较英、俄、法、德等西方国家的法律,得出了这些国家都没有类似于唐律中规定的威逼人致死的犯罪。① 沈家本取得了前人所没有的研究成果。

杨鸿烈在著作《中国法律发达史》中用专章来论述唐朝法律,唐律是重点论述的对象,其中包括了《武德律》《贞观律》《永徽律》与《永徽律疏》《垂拱律》《开元律》等。② 唐律是此著作中不可或缺的组成部分,也是对唐律有所研究的体现。杨鸿烈的另一部著作则是专论中国法律对外国立法的影响,名为《中国法律在东亚诸国之影响》。在此著作中,作者不仅引用《高丽志》《日本国志》《历朝宪章类志》等史料来证

---

① 参见王立民:《〈寄簃文存〉的唐律研究》,载《浙江社会科学》2003 年第 6 期。
② 参见杨鸿烈:《中国法律发达史》,中国政法大学出版社 2009 年版,第 225—237 页。

明中国古代法律对朝鲜、日本、越南等国家立法总体上的影响,而且还引证具体法典对这些国家的影响,其中包括唐律。在第五章中国法律对越南立法的影响的"摹仿唐宋元明律时代——黎太祖(利)一朝"部分中,把越南法律与唐律的规定作比较,然后得出比较的结论。比如,在比较了黎朝法条与唐律律条关于阑入太庙、阑入宫殿、犯跸、失仪、向宫殿射规定后,作者下的结论是:"大体同《唐律》"①,以此来说明唐律对当时越南立法的影响。

《中国法律与中国社会》是瞿同祖的代表作。在此著作中,他论述了家族、婚姻、阶级、巫术与宗教、儒家思想与法家思想等问题。在每一个问题中都大量引用了中国古代法律的内容,其中涉及唐律的有很多。比如,在第一章"家族"的第二节"父权"中,引用唐律的内容就达十处之多。② 唐律的内容是此著作中常用的史料,而运用这一史料的前提则是对唐律有了一定程度的研究。

中国近代研究唐律的论文就更多了。其中,20 世纪三四十年代就有:董康的《唐律并合罪说》(1930 年)、贺圣鼐的《未遂罪在〈唐律〉及〈刑法〉之比较观》(1930 年)和《妇女在唐律上之地位》(1930 年)③、袁仲灿的《〈故唐律疏议〉非永徽律考》(1940 年)、徐道邻的《开元律考》(1948 年)等。④ 这些论文都以唐律的某个方面为研究对象,运用近代的研究方法,研究的深度有所加深,为前人所无法比拟。

---

① 杨鸿烈:《中国法律在东亚诸国之影响》,商务印书馆 2015 年版,第 499 页。
② 参见瞿同祖:《中国法律与中国社会》,中华书局 2003 年版,第 5—28 页。
③ 参见方潇主编:《东吴法学先贤文录》(法律史卷),中国政法大学出版社 2015 年版,第 257—276 页。
④ 参见赵九燕、杨一凡编:《百年中国法律史学论文著作目录》(上册),社会科学文献出版社 2014 年版,第 275 页。

5. 中国当代学者研究唐律

中华人民共和国成立之后,中国进入了当代社会。由于各种原因,改革开放前的中国唐律研究还是处在低迷状态。改革开放以后,中国的唐律研究迅速崛起,专门研究唐律的著作与论文井喷般地产生,研究唐律的队伍也很快形成,唐律研究达到史无前例的水准。这又突出表现在以下一些方面:

首先,一批专门研究唐律的著作诞生。自古以来,虽在有些著作中有研究唐律的内容,但鲜有单独成书,唐律研究只是这些著作中的一个组成部分,而不是全部。改革开放以后,诞生了一批专门研究唐律的著作。其中包括了乔伟的《唐律概说》(1982年)[1]和《唐律研究》(1985年)[2]、杨廷福的《唐律初探》(1982年)[3]和《唐律研究》(2012年)[4]、钱大群的《唐律译注》(1988年)[5]、《唐律与唐代法律体系研究》(1996年)[6]、《唐律研究》(2000年)[7]、《唐律疏义新注》(2007年)[8]、《唐律与唐代法制考辨》(2013年)[9]、曹漫之主编的《唐律疏议译注》(1989年)[10]、钱大群与钱元凯的《唐律论析》(1989年)[11]、钱大群与夏锦文的

---

[1] 乔伟:《唐律概说》,吉林大学出版社1982年版。
[2] 乔伟:《唐律研究》,山东人民出版社1985年版。
[3] 杨廷福:《唐律初探》,天津人民出版社1982年版。
[4] 杨廷福:《唐律研究》,上海古籍出版社2012年版。
[5] 钱大群:《唐律译注》,江苏古籍出版社1988年版。
[6] 钱大群:《唐律与唐代法律体系研究》,南京大学出版社1996年版。
[7] 钱大群:《唐律研究》,法律出版社2000年版。
[8] 钱大群:《唐律疏义新注》,南京师范大学出版社2007年版。
[9] 钱大群:《唐律与唐代法制考辨》,社会科学文献出版社2013年版。
[10] 曹漫之主编:《唐律疏议译注》,吉林人民出版社1989年版。
[11] 钱大群、钱元凯:《唐律论析》,南京大学出版社1989年版。

《唐律与中国现行刑法比较论》(1991年)①,王立民的《唐律新探》(1993、2001、2007、2010、2016年)②,钱大群与郭成伟的《唐律与唐代吏治》(1994年)③,刘俊文的《唐律疏议笺解》(1996年)④,徐永康、吉霁光、郑取的《法典之王——〈唐律疏议〉与中国文化》(2005年)⑤,王东海的《古代法律词汇语义系统研究——以〈唐律疏议〉为例》(2007年)⑥,刘晓林的《唐律"七杀"研究》(2012年)⑦,赵晓耕主编的《古今之平:唐律与当代刑法》(2012年)⑧等。这些著作都以唐律研究为主题,从不同角度对其进行深入研究。同时,出版的频率很高,平均两年不到就有一部出版,改变了以往鲜有专门研究唐律著作的状态。

其次,一大批专门研究唐律的论文发表。中国在古、近代时期,虽有一些专门研究唐律的论文,但研究面不宽,论文数量也不多。改革开放以后,专门研究唐律的论文大量发表,数量非常多,达七百余篇。⑨其中包括了何勤华的《〈唐律〉债法初探》(1984年)⑩,徐显明的《唐律中官吏犯罪初探》(1985年)⑪,俞荣根、王祖志的《试论〈唐律疏议〉的

---

① 钱大群、夏锦文:《唐律与中国现行刑法比较论》,江苏人民出版社1991年版。
② 王立民的《唐律新探》共有五版,第一、二版由上海社会科学院出版社分别于1993、2001年出版,第三、四、五版由北京大学出版社分别于2007、2010、2016年出版。
③ 钱大群、郭成伟:《唐律与唐代吏治》,中国政法大学出版社1994年版。
④ 刘俊文:《唐律疏议笺解》,中华书局1996年版。
⑤ 徐永康、吉霁光、郑取:《法典之王——〈唐律疏议〉与中国文化》,河南大学出版社2005年版。
⑥ 王东海:《古代法律词汇语义系统研究——以〈唐律疏议〉为例》,中国社会科学出版社2007年版。
⑦ 刘晓林:《唐律"七杀"研究》,商务印书馆2012年版。
⑧ 赵晓耕主编:《古今之平:唐律与当代刑法》,社会科学文献出版社2012年版。
⑨ 2019年2月11日访问了"中国知网",以"唐律"为篇名的搜索中,显示的论文有776篇,其中改革开放以后发表的是773篇(含少量学位论文)。
⑩ 何勤华:《〈唐律〉债法初探》,载《江海学刊》1984年第6期。
⑪ 徐显明:《唐律中官吏犯罪初探》,载《东岳论丛》1985年第1期。

伦理法思想》(1986年)①,霍存福的《论〈唐律〉"义疏"的法律功能》(1987年)②,侯欣一的《唐律与明律立法技术比较研究》(1996年)③,高绍先的《〈唐律疏议〉与中国古代法律文化》(1997年)④,郑显文、于鹏翔的《试论唐律对唐前期寺院经济的制约》(1999年)⑤,闫晓君的《竹简秦汉律与唐律》(2005年)⑥,苏亦工的《唐律"一准乎礼"辨正》(2006年)⑦,马小红的《唐律所体现的古代立法经验》(2008年)⑧,艾永明、郭寅枫的《〈唐律〉别籍异财之禁探析》(2010年)⑨,岳纯之的《论〈唐律疏议〉的形成、结构和影响》(2013年)⑩,张生的《"唐律五百条":规范技术、法律体系与治平理念的融贯统一》(2016年)⑪,蒋楠楠的《传统法典中的法理及其现代价值——以〈唐律疏议〉为研究中心》(2018年)⑫,周萍的《从〈唐律疏议〉看唐代文书档案制度》(2019年)⑬等。可见,自改革开放以来,中国发表的唐律论文不仅量大,而且涉及的研究面宽,也为以往任何时期的唐律研究所不及。

---

① 俞荣根、王祖志:《试论〈唐律疏议〉的伦理法思想》,载《现代法学》1986年第4期。
② 霍存福:《论〈唐律〉"义疏"的法律功能》,载《吉林大学社会科学学报》1987年第4期。
③ 侯欣一:《唐律与明律立法技术比较研究》,载《法律科学》1996年第2期。
④ 高绍先:《〈唐律疏议〉与中国古代法律文化》,载《现代法学》1997年第2期。
⑤ 郑显文、于鹏翔:《试论唐律对唐前期寺院经济的制约》,载《中国经济史研究》1999年第3期。
⑥ 闫晓君:《竹简秦汉律与唐律》,载《学术月刊》2005年第9期。
⑦ 苏亦工:《唐律"一准乎礼"辨正》,载《政法论坛》2006年第3期。
⑧ 马小红:《唐律所体现的古代立法经验》,载《南京大学法律评论》2008年春秋合卷。
⑨ 艾永明、郭寅枫:《〈唐律〉别籍异财之禁探析》,载《法学研究》2010年第5期。
⑩ 岳纯之:《论〈唐律疏议〉的形成、结构和影响》,载《政法论丛》2013年第2期。
⑪ 张生:《"唐律五百条":规范技术、法律体系与治平理念的融贯统一》,载《中国社会科学院研究生院学报》2016年第2期。
⑫ 蒋楠楠:《传统法典中的法理及其现代价值——以〈唐律疏议〉为研究中心》,载《法制与社会发展》2018年第5期。
⑬ 周萍:《从〈唐律疏议〉看唐代文书档案制度》,载《档案管理》2019年第1期。

最后,一支唐律研究的队伍已经形成。唐律研究是一种学术研究,研究主体是人。在当今中国,这一研究主体已形成一支队伍。这支队伍中大致可分为两个部分。一部分是在一段时间内,研究过唐律的学者。他们出版、发表过唐律的成果,但没有持续,成果不多。另一部分是一些长期从事唐律研究的学者。他们把唐律作为进行长期研究的对象,连续出版、发表唐律研究的成果,数量也相对多一些。这两部分学者结合在一起,唐律研究队伍就比较强大了。同时,这些队伍中还是老、中、青相结合,特别是青年学者,他们研究潜力大,学术生命力旺盛,钻研干劲足,是唐律研究不可多得的新兴力量。这也预示着中国唐律研究后继有人,也可持续发展。

这三个方面的综合,反映了中国唐律研究在改革开放以后的实际状况,也是一种现实。这种现实告诉人们,改革开放以后,中国的唐律研究已为世界上其他国家所不及,中国已成为世界唐律研究的中心,中国唐律研究的学者功不可没。

6. 刘晓林教授研究唐律成绩斐然

当前,从事唐律研究的年轻人中,刘晓林教授脱颖而出。在近十年时间里,他不仅出版了个人专著《唐律"七杀"研究》,还在《法学研究》《法学家》《政法论坛》《法律科学》《当代法学》等期刊上发表了专门研究唐律的论文十余篇,有些已在学术界引起了不小的反响。当前,在唐律研究人才辈出,唐律研究成果如林的情况下,晓林能够成为一颗新星,实属不易。这是他坚持不懈,十年寒窗的奋斗结果,也是他运用正确的研究方法,逐渐探索唐律研究规律的结果。目前,晓林在唐律研究中已游刃有余,成为一位名副其实的新秀,可喜可贺。

现又欣悉,晓林的唐律研究新作《唐律立法语言、立法技术及法典体例研究》一书即将问世,十分高兴。此书与《唐律"七杀"研究》相比,在学术上又有较大提升,特别是在唐律研究的体系化、理论化方面更加成熟,有些问题的探讨已上升至传统法制与法律文化的领域,如书中对唐律"情"与"理"的探讨。同时,此书还对以往学界通行的观点提出了深刻的反思,为认识传统法的观念指向了新的路径。这些都是他的学术创新与贡献。

唐律的内容有限,而唐律的研究无限。期望晓林能不断学习、借鉴前人研究唐律的经验,进一步形成自己的研究特色,与大家一起,把世界级的唐律进一步发扬光大,使世界性唐律研究在中国再创辉煌。

第三十五章
唐律与《法国民法典》比较

唐律是中华法系的代表作,对中国唐以后封建朝代的立法产生过深远影响。《四库全书总目·唐律疏议提要》载:"宋世多采用之,元时断狱,亦每引为据,明洪武初,命儒臣同刑官进讲唐律,后命刘惟谦等详定明律,其篇目一准于唐……及于有清,则一准明。"唐律还对当时一些东亚国家的立法产生过很大影响。日本学者池田温在《唐令拾遗·后跋》中称唐律"被誉为东方法制史枢轴"。《法国民法典》又称《拿破仑法典》,是大陆法系的代表作。它在拿破仑主持下,于1803年2月5日至1804年3月15日陆续由立法院通过,并在1804年3月21日正式公布实施。它是法国唯一的一部民法典,自颁行至今已有两百多年,虽然有些内容已经增损,但是结构、体例和序目仍无变化,多数法条仍有法律效力。同时,它对西欧、拉美等一些国家立法的影响也是巨大的,德国和其他一些欧洲国家以及拉美国家对其产生了浓厚的兴趣,普遍推崇并广为抄袭。①

下面对这两大法系的代表作作简要的比较,从一个侧面对这两大法系作个对照。

---

① 参见〔美〕约翰·亨利·梅利曼:《大陆法系》,顾培东等译,西南政法学院1983年印行,第33页。

一、唐律与《法国民法典》的相似点

唐律与《法国民法典》都是剥削阶级意志的表现,又都为剥削阶级的统治服务,因此在内容上必有一些相似点,主要表现在以下一些方面:

1. 都竭力维护集权统治

唐地主阶级实行的是封建专制的集权统治,以拿破仑为代表的法兰西大资产阶级实行的是军事集权统治。集权统治是唐地主阶级和法兰西大资产阶级的"命根子",没有它,他们将丧失一切。因此,唐律作为唐地主阶级意志的表现,《法国民法典》作为法兰西大资产阶级意志的表现,必然都竭力维护集权统治。

唐律与《法国民法典》都从各自的角度出发,确认以维护集权统治为己首任。唐律视集权统治的象征——皇权为神圣不可侵犯的。《唐律疏议·名例》"十恶"条明言:"王者居宸极之至尊,奉上天之宝命,同二仪之覆载,作兆庶之父母。为子为臣,惟忠惟孝",如有人"将有逆心,而害于君父者,则必诛之"。《法国民法典》极力维护维持集权统治的重要手段——国王颁行的法律的尊严。此法典第一条规定:"经国王公布的法律,在法国全境内有强行力。在王国各部分,自公布可为公众所知悉之时起,法律发生强行力。"第三条规定:"有关警察与公共治安的法律,对于居住于法国境内的居民均有强行力。""关于个人身份与法律上能力的法律,适用于全体法国人,即使其居住于国外时亦同。"第六条规定:"个人不得以特别约定违反有关公共秩序和善良风俗的法律。"

唐律与《法国民法典》都以国家的强制手段严惩触犯集权统治的行为。唐律把对封建专制集权统治危害最大的谋反、谋大逆、谋叛等行为作为主要打击对象,施以最严厉的刑罚,不仅犯罪者本人要被处死,还要株连无辜的家庭成员。《法国民法典》不仅严究因违反本法典的规定而危害拿破仑军事集权统治的行为,还对司法官在司法审判中违反责任的制裁问题作了规定。此法典第四条规定:"审判员借口没有法律或法律不明确、不完备而拒绝受理的,得依拒绝审判罪追诉之。"

2. 都竭力维护剥削阶级的私有利益

私有利益是剥削阶级赖以生存的经济基础,没有它,剥削阶级将一无所有。法律是统治阶级意志的表现。因此,唐律与《法国民法典》必定竭力维护唐地主阶级与法兰西大资产阶级的私有利益。

第一,保护剥削阶级的生产资料私有权。唐律与《法国民法典》保护唐地主阶级和法兰西大资产阶级进行剥削的先决条件——生产资料私有权。封建土地的私有是地主阶级生产资料私有权中的主要成分。唐律确认封建土地私有的合法性,并严惩有损于土地私有权的行为。《唐律疏议·户婚》"盗耕种公私田"条规定:"诸盗耕种公私田者,一亩以下笞三十,五亩加一等;过杖一百,十亩加一等,罪止徒一年半。荒田,减一等。强者,各加一等。苗子归官、主。"《法国民法典》把多数生产资料归为"不动产",并确认物主(主要是大资产阶级)对其有完全的支配权。此法典第五一八条规定:"土地及建筑物依其性质为不动产。"第五二四条规定:"下列各物如所有人为不动产的便益及利用而设置时,依其用途为不动产:耕作用家畜、农业用具、供给佃农或小佃农的种子……"对于这些生产资料,第五三七条规定:"除法律规定的除外,私人得自由处分属其所有的财产。"

第二,保护剥削阶级除生产资料以外的其他财产的私有权。除生产资料以外的其他财产是剥削阶级生产或腐化生活的必要条件,所以唐律与《法国民法典》同样竭力保护。唐律通过打击各种偷盗行为保护唐地主阶级的这类财产。《唐律疏议·贼盗》"强盗"条规定:"诸强盗,不得财徒二年;一尺徒三年,二匹加一等;十匹及伤人者,绞;杀人者,斩。""窃盗"条规定:"诸窃盗,不得财笞五十;一尺杖六十,一匹加一等;五匹徒一年,五匹加一等,五十匹加役流。"《法国民法典》把多数除生产资料以外的财产归为"动产",这种"动产"包括股份和持份、动产物件和动产家具等。① 对于这些私有财产,《法国民法典》竭力进行保护。此法典第五四五条规定:"任何人不得被强制出让其所有权。"

第三,保护剥削阶级的债权。大量债的关系存在于剥削阶级和被剥削阶级之间,剥削阶级的法律保护债权人即剥削阶级的利益。唐律与《法国民法典》同样如此。唐律用刑事手段保护债权。《唐律疏议·户婚》"输课税物违期"条规定:"诸部内输课税之物,违期不充者,以十分论,一分笞四十,一分加一等。户主不充者,笞四十。"《唐律疏议·杂律》"负债违契不偿"条规定:"诸负债违契不偿,一匹以上,违二十日笞二十,二十日加一等,罪止杖六十;三十匹,加二等;百匹,又加三等。各令备偿。"《法国民法典》用民事手段保护债权。此法典第二二〇七条规定:"在成年人与未成年人或禁治产人共同负担债务的情形,或在债权人先对成年人提起诉讼或在禁治产人未宣布禁治产前向其提起诉讼的情形,债权人即得对此等人共有的不动产请求执行,无须先就其动产取偿。"第二二一六条规定:"债务人不得以债权人请求的债额超过

---

① 参见《法国民法典》第五二九、五三三、五三四条。

其应负的数额为理由,而请求驳回执行之诉。"

3. 都竭力维护家庭等级特权

家庭等级特权是剥削阶级进行统治的社会基础。因此,唐律与《法国民法典》当然都竭力维护这种等级特权。

第一,在家庭成员之间,唐律与《法国民法典》都维护父权。唐律与《法国民法典》对父权的维护表现在以下三个方面:首先,在家庭财产问题上,父有支配权。《唐律疏议·户婚》"子孙别籍异财"条规定,祖父母、父母在,子孙不可别籍、异财,否则要被"徒三年"。《法国民法典》第三八四条规定,父"对十八岁以下未经解除亲权或未满十八岁子女的财产,有用益权"。其次,在亲子关系问题上,父有亲权、教令权、处分权。唐律认为,在亲子关系中,父的地位是独尊的,即所谓"父为子天"[①];甚至还规定父有"教令权",子孙违犯了教令构成犯罪。《唐律疏议·斗讼》"子孙违犯教令"条规定,子孙违犯教令的,要被"徒二年"。《法国民法典》第三七三条规定:"父母关系存续中,亲权由父单独行使之。"第三七五、三七六条还规定:"父对子女的行为有重大不满的原因时","如子女的年龄在十六岁开始以前时,父得在一个月以下的期间内拘留之;且为此目的,当地法院院长应基于父的请求交付逮捕令"。最后,在子女婚姻问题上,父有决定权。《唐律疏议·户婚》"卑幼自娶妻"条规定:"诸卑幼在外,尊长后为定婚,而卑幼自娶妻,已成者,婚如法;未成者,从尊长。违者,杖一百。"此处的"尊长",主要指祖父母、父母。《法国民法典》第一四八条规定:"子未满二十五周岁,女未满二十一周岁,非经父母的同意不得结婚;如果父母意见不一致时,

---

① 《唐律疏议·斗讼》"告祖父母父母"条。

有父的同意即可。"唐律虽把祖父母、父母同称,但由于祖母与母的地位低于祖父与父,所以实际上是祖父、父拥有以上各项权利。

第二,在夫妻之间,唐律与《法国民法典》都维护夫权。唐律和《法国民法典》对夫权的维护表现在以下两个方面:一方面,在夫妻地位方面,夫的地位高于妻。《唐律疏议·名例》"十恶"条直言不讳地说:"夫者,妻之天也。""妻者,齐也。"《法国民法典》第二一三条规定:"夫应保护其妻,妻应顺从其夫。"另一方面,在夫妻婚姻方面,夫有离婚的决定权。《唐律疏议·户婚》"妻无七出而出之"条规定,妻犯"七出"(即"一,无子;二,淫泆;三,不事舅姑;四,口舌;五,盗窃;六,妒忌;七,恶疾"),夫可与妻离婚,其中虽受"三不去"(即"一,经持舅姑之丧;二,娶时贱后贵;三,有所受无所归")等限制,但夫仍有弃妻的决定权,而妻则无夫的那些权利,处于单方承担被抛弃义务的地位。《法国民法典》第二二九条规定:"夫得以妻通奸为由,诉请离婚。"同时,妻还要承担单方不平等的离婚责任。第二九八条规定:"通奸之妻基于检察官的请求,在离婚判决内处不少于三个月不超过二年的轻惩役。"夫则无须承担这种责任。

第三,在嫡、庶子和非婚生子之间,唐律与《法国民法典》都竭力维护嫡子的继承权。唐律确立的是嫡长继承制,即只有正妻所生的长子才有继承权。只有在以下情况下,才可立他人为嫡而取得继承权:"无嫡子及有罪疾,立嫡孙;无嫡孙,以次立嫡子同母弟;无母弟,立庶子;无庶子,立嫡孙同母弟;无母弟;立庶孙。曾、玄以下准此。"[①]如果违反此规定,则构成犯罪。《唐律疏议·户婚》"立嫡违法"条规定:"立嫡者,本拟承袭。嫡妻之长子为嫡子,不依此立,是名'违法',合徒一年。"《法国民法典》第七三一条规定,遗产"归属于死者的子女及其直系卑

---

① 《唐律疏议·户婚》"立嫡违法"条。

血亲、直系尊血亲及旁系血亲"。第七五六条规定:"非婚生子女决不得为继承人。"

二、唐律与《法国民法典》的不同点

唐律与《法国民法典》是不同历史时期、不同法系的法典,所以它们之间还有许多不同点,其中主要有:

1. 指导思想不同

唐律是中国封建社会的法典,而《法国民法典》是典型的资本主义社会的法典,它们有不同的指导思想。

唐律的指导思想是儒家思想,其内容无不留有礼的足迹。儒家经句成为确定律中一般原则、罪名和刑罚的主要依据。由于此内容已在前文有述,故不再展开多涉。

《法国民法典》以资产阶级的自由、平等思想为指导,具体表现在以下三个方面:

第一,法律面前人人平等的思想。《法国民法典》以法律面前人人平等的思想为指导,确认人人都享有平等的民事权利和行为能力。此法典第八条规定:"所有法国人都享有民事权利。"第四八八条规定:"满二十一岁为成年人,到达年龄后,除结婚章规定的例外,有能力为一切民事生活上的行为。"

第二,所有权无限的思想。《法国民法典》以所有权无限的思想为指导,确认凡所有权都具有极其广泛的范围。此法典第五四四条规定:

"所有权是对于物有绝对无限制地使用、收益及处分的权利,但法令禁止的使用不在此限。"此条中的"所有权"涵盖的范围是极广的。第五四六条规定:"物之所有权,不问其为动产或不动产,得扩张至该物由于天然或人工而产生或附加之物。"

第三,契约自由的思想。《法国民法典》以契约自由的思想为指导,确认公民都有自由订立契约的权利。此法典第一一二三条规定:"凡未被法律宣告为无能力之人均得订立契约。"第一一三四条规定:"依法成立的契约,在缔结契约的当事人间有相当于法律的效力。"

儒家思想是中国封建地主阶级的思想,以封建纲常、等级名分为主要特征,以巩固封建的经济基础和专制集权统治为目的;资产阶级自由平等的思想是法国资产阶级上升时期的思想,以所谓的"自由、平等"为主要特征,以巩固法国资本主义的经济基础和军事集权统治为目的,两者相去甚远。

2. 编制体例不同

唐律与《法国民法典》在编制体例上也大相径庭,主要表现在以下两个方面:

第一,从篇章结构看。唐律分篇、卷、条,共有十二篇、三十卷、五百条。每一篇即是一种律,故十二篇即是十二律,依次为名例律、卫禁律、职制律、户婚律、厩库律、擅兴律等。其中,名例律是关于整个法典中一般原则的规定,其他十一律都是关于制裁数类犯罪行为的规定,如卫禁律是制裁有关危害皇帝的人身安全和国家主权等方面犯罪行为的规定。唐律中除诈伪和捕亡两律是一卷含一律外,其他都是几卷含一律,如名例律有六卷,卫禁律有两卷。每一律中又有若干条,如职制律有二十三条,户婚律有十四条。每一条都是对制裁一种或几种犯罪行为的规定,如《唐律疏议·户婚》"占田过限"条是对制裁占田过限行为的规定,《唐律疏议·卫禁》"烽候不警"条是对制裁"烽候不警"和"应放多烽而放少烽"等行为的规定。《法国民法典》的篇章结构是另一种情况,它分为编、章、节、目、条、款。《法国民法典》由总则和一、二、三编组成,共三十五章、二千二百八十一条。总则是关于法律的公布、效力及适用的规定,第一编是关于人的规定,第二编是关于财产及对于所有权的各种限制的规定,第三编是关于取得财产的各种方法的规定。编下分章,第一编有十一章,第二编有四章,第三编有二十章。章下分节,节下有的分目,目下再分条。例如,第一编第一章第二节下就分二目,其中第一目下有五条,第二目下有十二条。有的不分目,直接分条,如第一编第一章第一节下就直接分条,共十六条,不再分目。条下分款,多数条下是一款,也有一条多款的,如第一编第一章第二节第二目中的第二十五条下就分七款。每条都是对某种民事法律关系问题的规定,如第十七条是对法国人丧失其资格原因的规定,第一六二条是对禁止旁系血亲兄弟姊妹结婚的规定。

　　第二,从对法条的解释部分看。在唐律每一法条后,都有"疏议"部分。"疏议"的作用在于"申明律及注意"①,即具有解释法条的功效。"疏议"部分的内容同样具有法律效力,故当时的"断狱者,皆引疏分析之"②。《法国民法典》则全为法条,在法条外无专门解释法条的部分,对法典内容解释的任务也由法条本身完成,即有的法条具有解释的职能。例如,第二○四四条对"和解"一词作了如下解释:"和解为当事人以终止已发生的争执或防止将发生的争执为目的之契约。"

　　唐律具有中国古代法典编制体例的特点,而《法国民法典》则具有

---

① 《唐六典·卷六》。
② 《旧唐书·刑法志》。

现代资本主义民法典编制体例的特点,两者差异甚大。

3. 具体内容不同

唐律与《法国民法典》相比,除了指导思想和编制体例不同外,具体内容也有区别,表现为:

第一,调整的社会关系不同。唐律是一部刑法典,它所调整的社会关系广泛,大致可以分为以下几类:有关皇帝和国家、人身权利、公共安全、公私财产、渎职、军事和司法审判等方面,几乎涉及当时所有的社会关系。《法国民法典》是一部民法典,调整的社会关系只是财产关系和人身关系,范围比较狭窄。

第二,法条的内容不同。唐律的法条通常由罪状和法定刑两大部分组成。《法国民法典》的法条则主要是规定民事法律关系主体的权利和义务。例如,此法典第五八二至五九九条是关于用益权人权利的规定,第六〇〇至六一六条是关于用益权人义务的规定。

第三,制裁的方式不同。唐律中的制裁方式主要是刑罚,其中又主要是"五刑"。根据犯罪者的犯罪性质和情节,轻则笞、杖,重则徒、流、死。《法国民法典》中的制裁方式则是民事制裁方法,如赔偿损害、民事拘留等。此法典第五五四条规定:"土地所有人以不属于自己的材料从事建筑、种植及施设时,应支付其代价;如有必要,所有人并得被判令赔偿损害。"第二〇五九条规定:"在民事上有假冒情形时,得处以民事拘留。"

唐律规定的是刑法的内容,《法国民法典》规定的是民法的内容,两者相距千里。

三、形成唐律与《法国民法典》似异点的原因

形成唐律与《法国民法典》似异点有一定的历史原因。

1. 形成唐律与《法国民法典》相似点的主要原因

第一,两者都有类似的政治基础——集权政治。唐律与《法国民法典》都是集权统治的产物,有类似的政治基础。唐律的政治基础是唐封建专制的集权统治。唐朝是中国封建社会充分发展的时期,也是封建专制集权统治进一步发展的时期,当时的皇帝掌握了国家立法、司法和行政等各项最高权力。唐朝的中央中枢机关为中书、门下和尚书三省,分别负责议政、决政和执行,它们集中于皇帝,受皇帝的控制。《法国民法典》的政治基础是法兰西大资产阶级的军事集权统治。1799年11月9日拿破仑发动政变并取得政权后不久,就成为第一执政,享有全权;1802年,大资产阶级又进一步规定,拿破仑的第一执政地位不仅可终身任职,还有权任命后继人,资产阶级的帝制开始了;1804年,拿破仑进一步宣布法兰西为帝国,并在巴黎圣母院举行了加冕典礼,成为资产阶级的皇帝。这一切又都是在拿破仑的武力下取得的,并依靠他的军队维持,实行的是军事集权统治。可见,唐律与《法国民法典》的政治基础是类似的,如果说有区别,那就是封建专制的集权统治与资产阶级帝国的军事集权统治的差别。法律由国家制定或认可,为统治阶级的统治服务。因此,唐律与《法国民法典》必然都极力维护集权统治,在内容上也就有了相似之处。

第二,两者都有类似的经济基础——私有制。唐律与《法国民法典》都根植于生产资料私有制,有类似的经济基础。唐初进一步完善和推行了均田制,这是一种封建土地大私有制形式。均田制规定,国家根据公民的身份等因素授给一定的土地。与均田制同时推行的还有租庸调制,这是唐地主阶级剥削农民的一种手段。法国在1789年以前已有资本主义私有制存在。当时,资本主义私有手工工场发展迅速,在一些新兴的工业部门,如冶金、煤矿、纺织等部门已开始使用先进的机器生产。全国最新的英国式的炼铁炉已有三百五十八座,年生产铁十万六千多吨;里昂、奥尔良等地的纺纱工场中装置了英国式的纺纱机,一天可纺棉花五百多公斤。此外,资本主义的商业和银行发展也很快。资本主义私有制的发展,促进了生产关系的变革和资产阶级革命的爆发。拿破仑上台后,进一步发展了资本主义私有制。唐律与《法国民法典》都以私有制为基础,如果说有所区别,那只是封建制私有制与资本主义私有制的不同而已。法律属于上层建筑,由经济基础决定,并反作用于经济基础。因此,唐律与《法国民法典》都尽力维护私有制和私有利益绝非偶然。

第三,两者都受到类似的思想意识——封建等级特权思想的影响。唐律与《法国民法典》都受到以公开的不平等为标志的封建思想意识的影响,有类似的思想基础。中国自汉武帝"罢黜百家,独尊儒术"以后,儒家思想即成为统治思想。儒家思想的一个主要表现就是封建等级特权,即在社会成员中君与臣、臣与民,在家庭成员中父与子、夫与妻,都有森严的等级和特权,也就是君君、臣臣、父父、子子,以后被归纳为"三纲五常"。儒家思想确立后,逐渐与法结合。唐律是儒法结合的结晶。因此,在唐律中定会反映出各种人不平等的法律地位。法国在资产阶级革命以前,也处在封建时期。当时的封建等级特权思想也占社会统治地位,认为国王是最高权力的象征。法学家曾公然宣称:"国王的权力不受任何人和任何事物的限制。"除此再依次划分为僧侣、贵族和平民三大等级。这种等级特权思想反映在家庭关系中,就表现为以父权、夫权为中心。封建等级特权思想在资产阶级革命中遭到沉重打击,但却"是不能一下子消灭的"①,在一定范围内还会留有痕迹。这种痕迹在《法国民法典》中同样存在,其中家庭成员之间的不平等就是突出一例。《法国民法典》中有关家庭成员之间不平等的规定与资产阶级鼓吹的平等、自由思想不一致。从这里也可看到,此法典中的一些内容具有两重性,既有贯彻资产阶级平等、自由思想的一面,也有保留封建等级特权思想残余的一面。

2. 形成唐律与《法国民法典》不同点的主要原因

第一,两者是不同国家、不同历史时期的法典。统治阶级的指导思想是决定法典内容的直接原因,又因不同国家和不同历史时期而不同。唐律是中国封建时期的法典,《法国民法典》是法国资产阶级的法典,它们是不同国家、不同历史时期的法典,故指导思想也不同:唐律以中国地主阶级的儒家思想为指导,《法国民法典》以法国资产阶级的平等、自由思想为指导。

第二,两者是不同法系的法典。法系依据法的历史传统和形式划分,因此不同法系的法典必有差异。唐律是中华法系的典型法典,《法国民法典》是大陆法系的典型法典,两者存在差异在所难免。就其编制体例而言,唐律的篇章结构是篇、卷、条,《法国民法典》的篇章结构是编、章、节、目、条、款;《唐律疏议》有"疏议"部分专门解释法条,《法

---

① 《列宁全集》第29卷,人民出版社1959年版,第10页。

国民法典》则无这一部分,解释法条的任务由法条本身完成。

　　第三,两者是不同部门法的法典。根据法律的不同性质和调整对象,可把法律分为不同的部门。不同部门法的法典,其内容也不同。唐律是刑法典,《法国民法典》则是民法典。这两部法典分属两个不同的法律部门,所以具体内容也不同。唐律所调整的社会关系广泛,几乎涉及当时所有的社会关系,《法国民法典》则只涉及社会关系中的财产关系和与人身有关的财产关系;唐律的法条由罪状和法定刑两大部分组成,《法国民法典》的法条则主要由权利、义务组成;唐律的制裁方式主要是刑事制裁方式,《法国民法典》的制裁方式则是民事制裁方式。

　　唐律与《法国民法典》是世界两大法系的典型法典,在世界法制史上都占有很重要的地位。通过这两部法典的比较,有助于进一步了解中华法系与大陆法系,了解中西法律文化,从而促进中西文化的比较研究。

第三十六章
唐律在发展唐前期经济中的作用与特点

唐前期的统治者从巩固自己的封建统治出发,以隋亡为教训,注意用法律手段发展社会经济。由于统治者的暴政,隋后期法制严酷,徭役繁重,人民处在水深火热之中。很快,社会经济崩溃,人民揭竿而起,隋王朝结束。唐前期的统治者目睹这一惊心动魄的事实,并以此为鉴。他们认为,要使唐王朝长治久安,就需大力发展社会经济,满足人民最基本的生活需要,即所谓"使民衣食有余,则自不盗"[①]。要发展经济,不使用法律不行。唐前期的统治者把一些较为重要的发展经济的手段规定在唐律内,充分发挥唐律在发展经济中的作用,并形成了一些特点。

一、作　　用

唐律在发展唐前期经济中发挥了很重要的作用,总结起来主要表现在以下几个方面:

---

① 《唐鉴·卷三》。

1. 保护土地所有权和使用权

唐前期的土地分为永业田和口分田两种,农民对前者拥有所有权和使用权,对后者只拥有使用权。唐律从保护这些土地的所有权和使用权出发,对分田、卖田、占田、盗耕田和侵夺田等犯罪行为都作了明确规定。《唐律疏议·户婚》"里正授田课农桑违法"条规定,里正应依令"授人田",如有违反,"应受而不授"的,要被"笞四十"。"卖口分田"条规定,农民对口分田只有使用权,没有所有权,故不可买卖,否则要被追究刑事责任。"卖口分田者,一亩笞十,二十亩加一等,罪止杖一百。"此外,"盗耕种公私田"条规定,凡盗耕公私田者,"一亩以下笞三十,五亩加一等;过杖一百,十亩加一等,罪止徒一年半"。"在官侵夺私田"条规定,官吏以强凌弱,侵夺私田的,"一亩以下杖六十,三亩加一等;过杖一百,五亩加一等,罪止二年半"。这些规定都使农民保有土地,有了生活和生产的依靠,也有利于提高他们的生产积极性。

2. 严究诈欺和毁坏公、私财物的行为

诈欺和毁坏公、私财物的行为直接危害国、民的合法经济利益,有损社会生产力的正常发展,故唐律严究这类行为。《唐律疏议·诈伪》"诈欺官私财物"条规定,凡通过诈欺手段非法侵占公、私财物的,要"准盗论",即盗价值相当于一尺绢的要被杖六十,一匹加一等,五十匹加役流。《唐律疏议·杂律》"弃毁器物稼穑"条规定,凡故意"弃毁官私器物及毁伐树木、稼穑者,准盗论",过失的"减三等"。这些规定直接保护了包括生产工具、生产对象在内的公、私财物,有助于社会生产有秩序地进行。

3. 维护国家的税、赋和徭役制度

税、赋和徭役是封建国家剥削农民的主要形式,也是国家生存和发展的主要经济来源,唐律竭力维护这类制度。《唐律疏议·户婚》"输课税物违期"条规定,凡违期不交国家规定应交课税之物的,"以十分论,一分笞四十,一分加一等"。"差科赋役违法"条规定,地方官吏应依法收赋派役,违者"杖六十"。《唐律疏议·擅兴》"丁夫杂匠稽留"条规定,被役者都要按期赴役,不赴者"一日笞三十,三日加一等,罪止杖一百"。这些规定都有利于国家税、赋和徭役制度的贯彻和执行,从而保证国家重点经济建设项目的资金和劳力来源。

4. 重罚赃罪

唐朝的赃罪包括受财枉法、受财不枉法、受所监临、窃盗、强盗和坐赃,简称"六赃"。赃罪既有直接有损国、民经济利益的一面,如窃盗、强盗和坐赃;又有因为官吏违法而损害国、民经济利益的一面,如受财枉法、受财不枉法和受所监临。这些都严重危害了国家的经济秩序,不惩治将有碍于社会经济的发展,故唐律重罚赃罪。《唐律疏议·职制》"监主受财枉法"条规定,监临官接受所监人财物而枉法的,"一尺杖一百,一匹加一等,十五匹绞"。《唐律疏议·贼盗》"强盗"条规定,用暴力手段强取他人财物的,"不得财徒二年,一尺徒三年,二匹加一等;十匹及伤人者,绞;杀人者,斩"。《唐律疏议·杂律》"坐赃致罪"条规定,坐赃者,"一尺笞二十,一匹加一等;十匹徒一年,十匹加一等,罪止徒三年"。这些规定有助于减少、杜绝利用非法手段侵害他人财物和利用职务所进行的经济犯罪活动,保护唐朝的生产方式。

5. 保护债权人权益

债务关系在唐前期已很广泛,它是社会经济发展的必然产物,也促进了社会商品的流通与交换。唐律对债的问题也有规定,其中主要是保护债权人的权益。《唐律疏议·杂律》"负债违契不偿"条规定,负债不还者,"一匹以上,违二十日笞二十,二十日加一等,罪止杖六十;三十匹,加二等;百匹,又加三等",并"各令备偿"。"负债强牵财物"条"疏议"规定,国家保护债权人权益,由官司负责解决债务问题,"公私债负,违契不偿,应牵掣者,皆告官司听断"。这些规定中的受益人无疑主要是那些剥削阶级成员,同时也可促使债的履行和促进正常的经济交往。

6. 严禁非法兴造

唐前期的统治者出于集中人力和物力进行大规模经济建设的需要,严禁非法兴造各种工程,制裁非法兴造行为。《唐律疏议·擅兴》"兴造不言上待报"条规定,兴造较大的工程项目都须上报,违者,在动工前的要"笞五十",在动工后的要按"坐赃论减一等"处罚。"工作不如法"条规定,兴造的工程都须依法进行,违者要被"笞四十"。这些内容有助于保证国家重点经济建设项目的顺利进行。

7. 打击其他扰乱经济秩序的犯罪

唐律还打击私铸钱币、短斤缺两、价格不公和走私等扰乱社会经济秩序的犯罪。《唐律疏议·杂律》"私铸钱"条严惩私自制造钱币的行为,规定有私造工具而未铸成币的,"徒二年";已铸成币的,"流三千里"。"私作斛计秤度"条规定,凡私造量衡工具而造成短斤缺两的,要

"计所增减准盗论"。"市司秤物不平"条规定,在公私交易中,市场管理人员必须持平,违反此规定的,要"计所贵贱,坐赃论;入己者,以盗论"。《唐律疏议·卫禁》"携禁物私度"条规定,凡走私的,均按"坐赃论"。以上规定都有利于稳定社会经济秩序,促进经济发展。

二、特　　点

总汇唐律的以上规定,与以往的法典相比较,唐律在促进社会经济发展方面的作用有以下特点:

1. 唐律规定的内容与当时的经济制度和状况相吻合

唐前期的主要经济制度是均田制和租庸调制。唐律中有关分田、卖田、占田、盗耕田和侵夺田的规定是为了保证均田制的贯彻,有关税、赋和徭役的规定是为了保障租庸调制的施行。这就使唐律的有关规定与当时的经济制度和状况相适应,起到促进经济发展的作用,发挥法律应有的效能。

2. 唐律规定的内容比较完整和协调

唐律通过两种方法对唐前期的一些主要经济关系作了规定:一是在律内明确规定一些较为重要的经济法律关系,制裁经济犯罪。上文归纳的七类均属此种情况。二是把违反令、式中规定的具体经济措施而律中无明文规定的内容,也确认为犯罪,并按违令、式处罚。根据

《唐律疏议·杂律》"违令"条的规定,违令的笞五十,违式的笞四十。这样,唐律就使生产、流通、交换和消费等各环节都有章可循,各种经济关系都受到法律保护,内容比较完整。另外,唐律中规定的内容也较协调。以量刑为例,它对每一犯罪中的故意与过失、既遂与未遂、危害性大小等都作了区别,处罚合理。《唐律疏议·杂律》"校斛斗秤度不平"条根据监校者故意和过失两种不同的主观因素,规定故意者杖七十,过失者杖六十。"私铸钱"条根据既遂与未遂、危害程度,分别作出处罚。内容协调,有助于增强法律的力量,从而更有力地打击各种经济犯罪。

3. 唐律的制裁比较严厉

唐律在制定过程中虽大量削烦去蠹,变重为轻,但对于经济犯罪的处罚仍重于一般犯罪。下面列举官、民两例为证。《唐律疏议·职制》"上书奏事有误"和"事应奏不奏"两条规定,官吏渎职以致上书奏事有误或事应奏不奏的,最高处刑为"杖八十";而《唐律疏议·职制》"事后受财"条规定,官吏在收受他人财物后,即使不违法,也构成犯罪,最高处刑是"流二千里",用刑明显重于前者。《唐律疏议·斗讼》"斗殴以手足他物伤"条规定,在斗殴中致使对方"血从耳目出及内损吐血"的,只"杖一百";而《唐律疏议·贼盗》"强盗"条规定,强盗不得财的,也要"徒二年",用刑亦重于前者。这也从一个侧面说明,唐前期的统治者很重视用严厉的制裁手段为发展社会经济服务。

4. 唐律通过治吏打击经济犯罪

唐律重视通过打击犯罪官吏维护国家的经济法制,这可从规定内容的多少和量刑幅度两个方面理解。唐律中规定的经济犯罪大多与治吏有关。以"六赃"为例,受财枉法、受财不枉法和受所监临三赃纯属职务犯罪,直接用于治吏;其他三赃针对一般公民,亦含官吏。此外,在近似或相同的犯罪中,对官吏的处罚严于百姓。以侵占私田行为为例,《唐律疏议·户婚》"妄认盗卖公私田"条规定,公民侵占私田的,"一亩以下笞五十,五亩加一等;过杖一百,十亩加一等,罪止徒二年"。"官侵夺私田"条则规定,官吏侵占私田的,"一亩以下杖六十,三亩加一等;过杖一百,五亩加一等,罪止徒二年半"。可见,后者重于前者。这一规定告诉人们,唐初统治者开始重视治吏在发展社会经济中的特殊作用。

唐律在发展唐前期的经济中发挥了很重要的作用,也收到了较好的效果。当时,经济秩序良好,"弘舸巨舰,千舳万艘,交贸往还,昧旦永日"①。社会经济也持续发展,物价平允。唐太宗时,"天下大稔,流散者咸归乡里,斗米不过三四钱"②。唐高宗时,人们可以一匹细绢换一匹马,就是连"秦汉之盛,未始闻也"③。唐玄宗开元、天宝年间,经济发展达到了顶峰。此时,"耕者益力,四海之内,高山绝壑,耒耜亦满"④。国家财政收入情况也令人满意,以致在"安史之乱"以前,唐玄宗平均每隔六年就有一次减免全年的租庸,在中国历史上也属罕见。经济的繁荣促进了社会的昌盛,人口、户数都有长足的增长。以户数为例,全国户数在唐高祖时为二百余万,唐太宗时上升到三百万,唐高宗时增加到三百八十万,唐玄宗时猛增到八百九十一万四千七百零七。由此可见,唐不愧为盛世。

唐律作为唐前期统治者发展封建经济的一种强有力手段,的确起

---

① 《唐鉴·卷三》。
② 《旧唐书·卷九十四》。
③ 《张说之文集·卷十二》。
④ 《元次正集·卷七》。

过积极作用。但是,唐律中的有关规定过于分散,十二篇目中有七篇都有内容,不易掌握。另外,唐律是唐前期的产物,只适用于唐前期的经济状况。到了唐后期,社会情况发生了较大的变化,以格敕补律、代律、破律的情况普遍存在,唐律的作用也就黯然失色了。

第三十七章
唐律的实施

唐律的内容的实施情况如何？本章从两个方面作一窥视。

一、以 格 断 狱

唐格是唐皇帝制敕的汇编,亦是司法官判案的依据。自唐高祖受禅颁行"五十三条格"[①]后,唐朝的修格活动连续不断,先后撰订过贞观格、垂拱格、开元格等。

《新唐书·刑法志》载,违反格要依唐律的规定制裁,即"一断以律"。其实不尽然。在司法实践中,依格断狱的情况从未间断过。这与格自身的条件有直接关系。与令、式不同,有些格条由罪名和法定刑两大部分组成,完全可以单独适用。《神龙散颁刑部格》中有这么一个规定:"流外行署、州县杂任,于监主犯赃一匹以上,先决杖六十;满五

---

① 《旧唐书·刑法志》。

十匹以上,先决一百;并配入军。"①这一格条是完整的刑法法条,根本不需要再依唐律科断。另外,其他格也有类似情况。《开元户部格》中有这样的规定:"其孝义人如中间有声实乖违,不依格文者,随事举正。若容隐不言,或检复失实,并妄有申请者,里正、村正、坊正及同检人等各决杖六十。"②格的这一有利条件为司法官以格断狱打开了方便之门。

从现存唐格的残卷文看,它有补充唐律的作用,归纳起来表现在以下三个方面:首先,唐格规定了唐律所没有规定的罪名。唐统治者根据自己的需要,在格中设定律中所没有的罪名,以此弥补律之不足。神龙散颁刑部格规定了"訹诱官私奴婢"罪,凡构成此罪者,"先决杖一百",再"依法与罪"③,即按《唐律疏议·贼盗》的"略和诱奴婢"行为处罚。《唐律疏议·贼盗》"略和诱奴婢"条只规定"略"和"和诱"奴婢这两种行为都是犯罪行为,要被处罚。此条规定:"略奴婢者,以强盗论;和诱者,以窃盗论。虽罪止流二千里。"但是,此条没有言及"訹诱"。以上刑部格中所涉"訹诱官私奴婢"罪不同于唐律中的"略和诱奴婢"罪,属新设罪名。其次,唐格规定了唐律所没有规定的刑罚。唐统治者还突破唐律规定的范围,在格中使用了新刑种。唐律明确规定,刑罚主要为笞、杖、徒、流和死"五刑",而且在一般情况下是一罪一刑。格却不然。在上述刑部格的一条规定中,出现了"配入军"的刑罚。它不是流刑,流刑不需入军,却有点像以后的充军。此条还规定,须"先决一百",后再"并配入军",变成了一罪两刑。格所规定的这一刑罚与唐律中规定的"五刑"相去甚远,实是标新立异。最后,唐格扩大了受罚范围。有

---

① 刘俊文:《敦煌吐鲁番唐朝法制文书考释》,中华书局1989年版,第247页。
② 同上书,第277页。
③ 同上书,第249页。

些罪名,唐格和唐律虽皆有,但处罚不同,前者规定的受罚范围比后者大。神龙散颁刑部格还规定,凡"私铸钱"的,除了本人要受罚外,"其家民资财并没","邻保处徒一年","里正、坊正各决杖一百"。① 唐律中也有关于私铸钱的内容。《唐律疏议·杂律》"私铸钱"条规定,私铸钱者,"流三千里"。此条未言及要处罚其他人。可是,唐格的规定却株连至邻保人、里正、坊正,受罚人员数量大大超过唐律的规定。唐格能弥补唐律的缺陷,自然受到唐统治者和司法官的偏爱,故不断被撰修,一直使用。

唐格除了补律外,还破律。神龙散颁刑部格规定,犯有"伪造官文书印若转将行用""盗用官文书印及亡印而行用"和"伪造前代官文书印若将行用,因得成官,假与人官,情受假"三种行为的,都"先决杖一百",然后流配,并"不在会赦之限"。② 这与唐律的规定不同。唐律在诈伪律中也对此三种行为作了规定,用刑分别是"流二千里"和"徒二年",而且没有"不在会赦之限"。在唐格与唐律规定不一致的情况下,司法官依格断处,因为格的法律地位比律高。这在唐律中已有先例。《唐律疏议·名例》"彼此俱罪之赃"条"疏议"明确规定:"其铸钱见有别格,从格断。余条有别格见行破律者,并准此。"这一规定告诉司法官以格破律和以格断狱都是合法的,其前提只能是格的地位高于律。

以唐格补律、破律是为了满足唐统治者的需要,因为唐格比唐律更灵活,能随时应变,而这正是唐律的不足之处。但是,这又易造成司法混乱,破坏法制。唐统治者似乎也注意到了这一点,故不断修格,可仍无济于事,至后期还是免不了厄运。

---

① 参见刘俊文:《敦煌吐鲁番唐朝法制文书考释》,中华书局1989年版,第249页。
② 同上书,第247页。

二、唐前、后期实施唐律的概况

以"安史之乱"为界限,此前为唐前期,此后为唐后期。新、旧唐书《刑法志》的记载已基本能反映唐律在这两个时期的实施概貌,故此处以它们为依据阐述此问题。

1. 唐前期唐律的实施情况

唐前期,除个别时期外(如武则天执政的一段时期),唐律的实施情况是较好的,具体表现在以下几个方面[①]:

第一,撰修唐律的情况正常。自唐高祖的《武德律》颁行以后,修撰唐律的活动不断,《贞观律》《永徽律》《永徽律疏》《开元律》和《开元律疏》等先后问世。唐律经不断撰修,更适合各时期的需要,尽管在《贞观律》后改动很少。这从一个侧面说明,唐律始终在被使用,因在使用过程中发现了问题,故不断改进,以更好地发挥其作用。如果弃而不用,那就无撰修的必要了。

第二,依唐律断狱。唐前期,唐律实施情况较好的另一个表现是司法官能依唐律断狱。贞观时,"曹司断狱,多据律文,虽情在可矜,而不敢违法,守文定罪,或恐有冤"。当时,他"以宽仁治天下,而于刑法尤慎"。唐高宗时,也注意用唐律科刑,他"遵贞观故事,务在恤刑",继承太宗之法。唐玄宗在位前期,唐律的执行情况也令人满意。"开元之

[①] 以下引述部分如无特别说明,均引自《旧唐书·刑法志》和《新唐书·刑法志》。

际,刑政赏罚,断于宸极,四十余年,可谓太平矣。"对于那些违律用峻刑者,他严惩不贷。"执事者务欲峻刑以取威,尽诛其族,以令天下。"在这里,还需注意的是,当时出现违律情况后,立即就有补救措施。大理卿刘德威曾对唐太宗说:"律,失入减三等,失出减五等。今失入无辜,而失出为大罪,故吏皆深文。"唐太宗听后就采取了措施,"遂命失出入者皆如律,自此吏亦持平"。就是唐太宗本人用律错误后,也自觉采取了弥补方法。贞观五年(631年),大理丞张蕴古"阿纵"狱中李好德,"太宗怒,遂斩蕴古,既而大悔",于是下诏"死刑虽令即决,皆三复奏",以此避免错案。

第三,平反冤狱。武则天执政时期曾一度是唐前期唐律实施情况较差的一段时期。她启用酷吏周兴、来俊臣等人滥用酷刑,违律断狱,故杀无辜。当时,"周兴、来俊臣等,相次受制,推究大狱。乃于都城丽景门内,别置推事使院,时人谓之'新开狱'"。来俊臣又与侍御史侯思止、王弘义等人"招集告事数百人,共为罗织,以陷良善。前后枉遭杀害者,不可胜数"。不仅如此,他们还违律用酷刑逼供。"俊臣每鞫囚,无问轻重,多以醋灌鼻",惨不忍睹,被认为"其毒虐所被,自古未之有也"。但是,在正直大臣的谏诤之下,武则天最终省悟并为受冤者昭雪。"时司刑少卿徐有功常驳酷吏所奏,每日与之廷争得失,以雪冤滥,因此全济者亦不可胜数,语在《有功传》。及俊臣、弘义等伏诛,刑狱稍息。前后宰相王及善、姚元崇、朱敬则等,皆言垂拱已来身死破家者,皆是枉滥。则天颇亦觉悟。"于是,武则天下制:"令录来俊臣、丘神勋等所推鞫人身死籍没者,令三司重推勘,有冤滥者,并皆雪免。"在同一时期内,出现了冤狱,又能进行平反,亡羊补牢,恢复了法律的尊严。这也可以说是执法情况较好的一个表现。

第四,治安情况较好。唐律是一部刑法典,其实施与社会治安有直接关系。唐律执行得好,治安情况也相应较好;反之,则较差。因此,唐前期的治安情况可从另一个角度反映唐律的实施状况。总体来说,唐前期的治安情况良好。唐太宗时,"虽存宽典,而犯者渐少"。贞观四年(630年),"天下断死罪二十九人",实为奇迹。唐玄宗即位后,励精政事,"二十年间,号称治平,衣食富足,人罕犯法。是岁刑部所断天下死罪五十八人,往时大理狱,相传鸟雀不栖,至是有鹊巢其庭树,群臣称贺,以为几致刑措",确为太平盛世。这些事实都为唐律在唐前期的较好实施打上了注脚。

唐律在唐前期的较好实施与当时的皇帝注重法制建设关系甚大。唐高祖不仅"爰命群才,修定科律","斟酌繁省,取合时宜,矫正差遗,务从体要",还特别强调依律司法。他在颁行《武德律》时下诏说:"吏曹简肃,无取悬石之多;奏谳平允,靡竞锥刀之末。"唐太宗非常重视唐律的制定,组织了一个专门的修律班子,花了十一年时间才挂笔定稿。此律内容比较完备,故"自房玄龄等更定律、令、格、式,讫太宗世,用之无所变改"。同时,他还重视唐律的实施,定制"在京见禁囚,刑部每月一奏","京师决死,莅以御史、金吾,在外则上佐,余皆判官莅之"。唐高宗时,颁行《永徽律》《永徽律疏》,"自是断狱者皆引疏分析"。武则天在位时,立法工作仍照例进行,"其律令惟改二十四条,又有不便者,大抵依旧"。唐玄宗即位后,除颁行《开元律疏》外,还非常重视司法官吏的选任。他"常自选太守、县令,告戒以言,而良吏布州县,民获安乐",通过任用良吏保证包括唐律在内的法律的正常实施。他们重视法制,是较好地实施唐律的重要原因。

2. 唐后期唐律的实施情况

"安史之乱"以后,唐律的实施情况每况愈下,大不如前。

第一,停止撰修唐律。唐后期,撰修唐律工作不再进行,取而代之的是大量制定格、敕和刑统的活动。宪宗时,"删天宝以后敕为开元格后敕"。文宗时,"命尚书省郎官各删本司敕",取名为"大和格后敕"。开成三年(838年),他又"采开元二十六年以后至于开成制敕,删其繁者",定名为"开成详定格"。宣宗时,"以刑律分类为门,而附以格敕",此为"大中刑律统类"。唐后期的立法活动已与唐律无缘。这告诉人们,唐律的作用已不同于唐前期,已不为统治者所重视,也不再是司法官断狱的主要依据。同时,格、敕和刑统等一些在唐前期不是主要的断狱依据或未曾有过的法律形式却大显身手,深受当时统治者的欢迎,一再修订,多次颁行。

第二,不依唐律用刑的情况频见。按唐律实施,就须按唐律的规定定罪用刑。唐后期,不依唐律用刑的情况较多。肃宗时,达奚挚、李有孚等二十一人"于京兆府门决重杖死"。另外,"达奚珣、韦恒乃至腰斩"。德宗时,除谋反、谋大逆、谋叛、恶逆四者外,"其余当斩、绞刑者,决重杖一顿处死,以代极法"。杖死并非唐律所规定的刑罚。唐律规定死刑分二等,即绞和斩,未及杖死。故杖死属律外之刑。此刑比绞、斩更残酷,也不符合唐律的恤刑原则。宪宗时是另一种情况,他"用刑喜宽仁"。当时,"两京、关内、河东、河北、淮南、山南东西道死罪十恶,杀人、铸钱、造印,若强盗持仗劫京兆界中及它盗赃逾三匹者,论如故。其余死罪皆流天德五城,父祖子孙欲随者,勿禁"。这又明显不同于唐律的规定。大量犯死罪者免死,其结果是"民未知德,而徒以为幸也"。故实是"弛民之禁,启其奸,由积水而决其防"。用刑畸重畸轻的情况在唐后期已不鲜见。

第三,滥刑不足为奇。唐后期还屡更大狱,滥刑情况不足为奇。肃宗"喜刑名",他当政时"屡起大狱"。文宗虽好治,但"诛杀大臣,夷灭其族,滥及者不可胜数"。武宗执职时,"大刑举矣,而性严刻"。因滥刑而受害的人之中,有的是无辜者被罚,有的是轻罪者受重罚。肃宗时,"河南尹达奚珣等三十九人,以为罪重,与从共弃。珣等十一人,于子城西伏诛","陈希烈等赐自尽于狱中者七人,其余决重杖死者二十一人"。文宗滥杀以后,"心知其冤,为之饮恨流涕,而莫能救止"。以上只是举例证之,其实唐后期的滥刑情况已不罕见,绝非肃宗、文宗时仅有。

唐律在唐后期的实施情况不如唐前期的原因是多方面的。当时,社会不安定,"兵革遂兴,国家多故"。社会情况大变,使在唐前期制定的唐律力不从心,有些犯罪在律中无规定,有些犯罪用刑过轻等,而修律又非易事。于是,制敕和格等一些较为灵活的法律形式占了重要位置,唐律自然退至次要地位。此外,这还与当时的统治者有极大关系。唐后期的皇帝不是无大志,就是不能致力于法制建设。当时的"人主规规,无复太宗之志。其虽有心于治者,亦不能讲考大法,而性有宽猛,凡所更革,一切临时苟且,或重或轻,徒为繁文"。在这样的情况下,唐律的实施自然不如唐前期理想。

司法不能以唐律为准则,唐律的地位下降,其结果必然是使唐律成为具文,对"高祖、太宗之法,仅守而存"。同时,制敕与格的大量出现,又使它们之间以及它们与唐律之间的内容互相冲突,以致一罪几罚,最终导致整个法制的崩溃。

从唐前、后期唐律的不同实施状况可见司法的重要性,正如韩愈在上书中所言:"夫律虽本于圣人,然执而行之者,有司也。"唐律再好,若不按其实施,不仅不足以周事,相反还会败事。唐后期的法制情况就是实证。

还有一些与唐律实施有关的问题,如唐律与制敕、"上请""不应为"、依礼科刑等,在本书中另有阐述,故在此不再续述。

第三十八章
唐律在唐后的变革

唐律内容虽被唐后各代大量沿用,但也有所变革。此处以《宋刑统》《大明律》和《大清律例》为比较对象,探索它们对唐律的主要变革之处及其原因。

一、体例的变革

《宋刑统》《大明律》和《大清律例》均在体例方面作了不同程度的变革。

1. 卷条的变革

卷条是中国古代法典的一个组成部分,卷条数的多少可从一个侧面反映法典内容的繁简。一般来说,多易繁,少则简。唐律在唐太宗贞观定本时为五百条、十二卷。《旧唐书·刑法志》载:"玄龄等遂与法司定律五百条,分为十二卷。"这一卷条数比以往的律大为减损,故《旧唐书·刑法志》说,凡削烦去蠹者,"不可胜纪"。唐高宗永徽三年(652

年),诏长孙无忌等撰编律疏,《唐律疏议》即为三十卷,条数依旧。《旧唐书·刑法志》又载,长孙无忌等"参撰律疏,成三十卷"。

《宋刑统》为五百零二条、三十卷。《宋史·刑法志》载,宋太祖诏窦仪等"新定刑统三十卷并颁天下"。《宋刑统》的五百零二条是把唐律的职制律与斗讼律中各一条分为二条,这与现传《唐律疏议》一致。《宋刑统》在卷条安排上与唐律的主要区别是变动了一些卷中的条目数。变条数的有五卷,占总数的六分之一。变动情况有三:一是移唐律上卷中的条目至下卷。"唐律卷一凡七条,刑统移末条入第二卷。"①二是移唐律下卷中的条目至上卷。"唐律卷三凡一十条,刑统移前四条入上卷。"②卷九、十也有类似情况。三是移唐律同一卷中的条目至上、下卷兼有。"唐律卷二凡十一条,刑统前移入上卷一条,后移入下卷四条。"③卷条的移位说明卷中的内容有变,《宋刑统》就是如此,下文会涉及此问题。

《大明律》虽仍为三十卷,但仅有四百六十条,比唐律少四十条。《明史·刑法志》载,《大明律》"为卷凡三十,为条四百有六十"。不仅如此,在卷条的分布上,《大明律》也与唐律有较大的区别。《大明律》的名例律为一卷,四十七条;唐律则为五卷,五十七条。《大明律》的其他二十九卷、四百一十三条由六律分割;唐律的其他二十五卷、四百四十三条则被十一律"分享"。从这一区别也可见,《大明律》在体例上与唐律有明显区别。

《大清律例》的卷条情况与大明律相似,它有四十七卷、四百三十六条。这四十七卷除增加了律目、图、服制、总例、比引条例等共十一卷

---

① 吴翊如点校:《宋刑统》,中华书局1984年版,第514页。
② 同上。
③ 同上书,第515页。

外,还把《大明律》中的一些卷一分为二。例如,名例律在《大明律》中为一卷,而在《大清律例》中则为二卷。《大清律例》的条数比《大明律》少二十四条。其中,吏律少四条,户律少十六条,兵律少四条。

从以上三部法典的卷条状况看,《宋刑统》与唐律的差异很小;《大明律》和《大清律例》比较接近,但与唐律有一定距离。

2. 篇目结构的变革

唐律的篇目结构比较简单,仅分为十二篇,分别是名例、卫禁、职制、户婚、厩库、擅兴、贼盗、斗讼、诈伪、杂律、捕亡和断狱。《旧唐书·刑法志》载,房玄龄等与法司撰定《贞观律》,分为十二篇:"一曰名例,二曰卫禁,三曰职制,四曰户婚,五曰厩库,六曰擅兴,七曰贼盗,八曰斗讼,九曰诈伪,十曰杂律,十一曰捕亡,十二曰断狱。"唐高宗时撰修的《永徽律疏》即《唐律疏议》只是在律条后附以"疏议",明确、阐发律意,无更大的变化。

《宋刑统》的篇目结构与唐律有异,主要表现在以下三个方面:首先,在篇中分门,共有二百十三门,每一门中含有数条律条。《玉海·卷六十六》载,《宋刑统》有"二百十三门,律十二篇,五百零二条"。门的具体分布情况是:名例律有二十四门,卫禁律有十四门,职制律有二十二门,户婚律有二十五门,厩库律有十一门,擅兴律有九门,贼盗律有二十四门,斗讼律有二十六门,诈伪律有十门,杂律有二十六门,捕亡律有五门,断狱律有十七门。其次,在律条后附以令、格、式、敕条和起请等法条。《宋刑统》是宋代刑律统类的简称,故除律条外,还附有上述一些法律形式中的相应条款。《玉海·卷六十六》载,《宋刑统》有"疏令格式敕条一百七十七,起请条三十二"。唐律则无,只是在"疏议"中引用令、格和式的某些条文,说明律条的内容,与《宋刑统》另附在后并成为一种综合性法典的形式不同。最后，唐律中的"疏"与"议"总是连在一起，不单独存在。《宋刑统》则常把"疏"与"议"分列，使其分别阐述自己的内容。其中，"疏"的内容为律条文，"议"的内容为解释文，后者更近似于唐律中的"疏议"。《宋刑统·擅兴律》"私有禁兵器"门的"疏"说："诸私有禁兵器者，徒一年半。""议"说："私有禁兵器，谓甲弩、矛矟、具装等，依令私家不合有。"这是对"禁兵器"的解释。尽管《宋刑统》的篇目结构与唐律有异，但总体结构无重大变化，仍为十二篇，连篇名和排列顺序也与唐律同。

《大明律》篇目结构的变化较《宋刑统》要大。它打破了唐律十二篇目的框架，仿效《元典章》，改用七篇，除首篇仍为名例外，其余六篇均按中央六部官制编目，分别为吏、户、礼、兵、刑、工。故近代学者沈家本评说，《大明律》"以六曹分类，遂一变古律之面目矣"①。此外，《大明律》还模仿《宋刑统》篇下分门的做法，在除名例以外的其他六篇中皆设若干目，在每一目中又含若干律条。目的分布情况是：吏律中有职制和公式两目，户律中有户役、田宅、婚姻、仓库、课程、钱债和市廛七目，礼律中有祭祀和仪制两目，兵律中有宫卫、军政、关律、厩牧和邮驿五目，刑律中有贼盗、人命、斗殴、骂詈、诉讼、受赃、诈伪、犯奸、杂犯、捕亡和断狱十一目，工律中有营造和河防两目。一目为一卷，每目中的律条不等，如吏律职制目中有十五条，而公式目中却有十八条。

尽管《大清律例》比《大明律》少了二十四条律条，但篇目结构仍袭《大明律》而成，变化甚微，主要有：一是在律条后附了例条，有的数量还较多，甚至超过律条。如《大清律例·名例律》"五刑"条，律条仅为六条，而附例文十八条，大大多于律条。二是在律条中附有注。此注的

---

① 沈家本：《历代刑法考》，中华书局1985年版，第1129页。

作用类似于唐律中的"疏议"。例如,"五刑"条规定:"赎刑:纳赎,收赎,赎罪。"在"纳赎"后有注:"无力依律决配,有力照律纳赎。"在"收赎"后有注:"老幼废疾、天文生及妇人折杖,照律收赎。"在"赎罪"后亦有注:"官员正妻及例难的决并妇人有力者,照律赎罪。"经过"注"的说明,把纳赎、收赎和赎罪都区别开了。

以上三部法典的篇目结构显示,《宋刑统》虽有改变之处,但与唐律差别不大;《大明律》和《大清律例》相似,但均与唐律和《宋刑统》差别较大。

体例虽只是法典的外在表现形式,但却与法典的内容息息相关,可呈现内容的轮廓。《宋刑统》《大明律》和《大清律例》对唐律体例的改动程度,与它们对唐律内容的改动程度一致。

二、一般原则的变革

《宋刑统》《大明律》和《大清律例》与唐律一样,都把一般原则规定在名例律中,但它们又对其中的一些内容作了改革,主要表现在以下四个方面:

1. 取消一些原则

《大明律》和《大清律例》取消了唐律规定的一些原则。《唐律疏议·名例》"皇太子妃""官当""除免比徒"等条规定的一些原则均被废除。其中,有的是因为被其他规定取代,如"皇太子妃"条中确定的"上请"被"取自上裁"等规定代替,已没有存在的必要;有的是因为它们的存在易起反作用,如"官当"条规定的以官品代罚的原则不利于治吏,故弃而不用;有的是因为不适时,如"除免比徒"条规定的以除名、免官比照徒刑的原则已不适应明、清的情况,故也在废除之例。

2. 合并一些原则

《宋刑统》《大明律》与《大清律例》还合并了唐律规定的一些原则。《宋刑统·名例律》"老幼疾及妇人犯罪"条把《唐律疏议·名例》"老小及疾有犯"和"犯时未老疾"两条中规定的原则归并在一起,既规定了各种老、小和疾人员犯罪可享受赎、上请、不加刑等特殊处理方法以及不适用这些方法的附加条件,又规定了老、疾人员犯罪时年龄、条件的折算方法。《大明律》与《大清律例》都把《唐律疏议·名例》中"笞刑五""杖刑五""徒刑五""流刑三"和"死刑二"五条合并为"五刑"一条,内容基本相同,都规定了唐律中"五刑"的刑种、刑等等。经过合并,唐律中一些较为相近的内容都集中在一起了,这样既避免了条目内容分散的情况,又可使阅律者便于查找。

3. 修改一些原则

唐律在名例律中规定的有些原则还被《大明律》《大清律例》作了不同程度的修改。首先,续用原律条名,但改动了其中的某些内容。《大明律》和《大清律例》都在名例律中设立了"无官犯罪"条,与唐律同,但内容有别。《唐律疏议·名例》"无官犯罪"条规定:"诸无官犯罪,有官事,流罪以下以赎论。卑官犯罪,迁官事发;在官犯罪,去官事发;或事发去官:犯公罪流以下各勿论,余罪论如律。其有官犯罪,无官事发;有荫犯罪,无荫事发;无荫犯罪,有荫事发:并从官荫之法。"由于明代不用官荫法,故《大明律·名例律》"无官犯罪"条删去有关官荫的规定。薛允升对此有过评价,他说:《大明律》的"无官犯罪"条"与唐律略同,惟明代并无用荫之法,故律无文"①。《大清律例》除接续《大明律》的修改外,又作了进一步改动。《大清律例·名例律》"无官犯罪"条规定:"凡无官犯罪,有官事发",犯公罪要处笞、杖以上的,才可"依律纳赎";"在任犯罪,去任事发",犯公罪须处笞、杖以下的,也要"依律降罚"等,均与《大明律》有异。"以理去官"等条也属此种情况。其次,律条名与内容均有变更。《大明律》和《大清律例》皆在名例律中设有"亲属相为容隐"条,与此条对应的是唐律中的"同居相为隐"条,除条名有异外,内容也有所变动。《唐律疏议·名例》"同居相为隐"条规定:"诸同居,若大功以上亲及外祖父母、外孙,若孙之妇、夫之兄弟及兄弟妻,有罪相为隐;部曲、奴婢为主隐:皆勿论。""其小功以下相隐,减凡人三等。若犯谋叛以上者,不用此律。"《大明律·名例律》"亲属相为容隐"条扩大相隐范围,把"妻之父母、女婿"也列入功可相隐之内。薛允升对此也有评说:《大明律》的规定"与唐律大略相同,惟妻之父母与女婿缌麻服也,而与大功以上同律,唐律本无此层"②。《大清律例》的规定与《大明律》同。《大明律》与《大清律例》中"立嫡子违法""赋役不均"等条也属此类情况。

4. 增加一些原则

《宋刑统》《大明律》和《大清律例》除取消、合并、修改了唐律规定的一些原则外,还增加了一些新原则。《宋刑统》通过"议"的形式,把原来唐律所没有规定的内容穿插在法典中。这种情况在《宋刑统》的名例律中不是个别的,在此仅举例说明。《唐律疏议·名例》"称反坐罪之等"条规定:"诸称'反坐'及'罪之''坐之''与同罪'者,止坐其

---

① 《唐明律合编·名例律》"无官犯罪"条。
② 《唐明律合编·名例律》"亲属相为容隐"条。

罪;称'准枉法论''准盗论'之类,罪止流三千里,但准其罪:并不在除、免、倍赃、监主加罪、加役流之例。称'以枉法论'及'以盗论'之类,皆与真犯同。"《宋刑统·名例律》"杂条"门不仅照用唐律的规定,还用"议"规定了新内容:"反坐、罪之、坐之、与同罪,流以下止是杂犯,不在除免、加役之例。若至绞,即依例除名。""七品以上犯在枉法,仍合减科。男夫犯准盗,仍合用荫收赎。""称以盗、以斗减一等,处同真犯。"吴兴、刘承干在校勘《宋刑统》与唐律以后也认为,以上内容"唐律无"①,实属新增而为。《大明律》和《大清律例》在名例律中增加专条,增添了新原则。两律均新设"职官有犯"和"天文生有犯"条,对文职官和天文生的犯罪作了新规定,采用特殊处理方法,皆为唐律所无。"文武官犯公罪""文武官犯私罪""犯罪得累减"等条也是如此。

法典中一般原则的规定至关重要。一方面,它是国情变化和立法指导思想的直接反映,它的改变意味着国家形势和统治阶级的治国政策也随之有变。另一方面,它是法典内容的核心,它的改变也必然会导致法典内容的变化。《宋刑统》《大明律》与《大清律例》在不同程度上对唐律一般原则的改变,不仅告诉人们宋、明、清与唐的情况和国策不同,也预示它们会在内容上有不同程度的变革。

三、罪名的变革

《宋刑统》《大明律》《大清律例》与唐律一样,罪名是其中的重要内

---

① 吴翊如点校:《宋刑统》,中华书局1984年版,第518页。

容。它们除了大量袭用唐律规定的罪名外,还对其中的一些内容作了变动。变动情况主要有以下四大类:

1. 改变罪名

这是指改变唐律设定的一些罪名。这主要包括两种情况:一是原罪名的内容基本没变,但称谓有变;二是原罪名的称谓没变,但内容有变。《宋刑统》在名例律的"十恶"中把唐律的"大不敬"罪名改为"大不恭",是为了避讳。"宋避翼祖讳,易'敬'字作'恭'。"[1]但是,内容依旧。《宋刑统》还扩大了"恶逆"罪的范围,把道士、女冠和僧、尼杀师主行为也归入此罪。《宋刑统·名例律》"杂条"门的"议"规定:"杀师主入恶逆。"这被认为是"唐律无"[2],纯属《宋刑统》之为。《大明律》与《大清律例》也有上述情况。《大明律》与《大清律例》同唐律一样,都设有"诈为制书"罪,但内容有别。《唐律疏议·诈伪》"诈为制书"条规定:"诸诈为制书,及增减者,绞。口诈传及口增减,亦是。"《大明律》与《大清律例》在刑律的"诈为制书"条中却规定:"凡诈为制书及增减者,皆斩。"区别有二:一是后者的用刑重于前者,用斩代绞;二是后者无"口诈传"的内容(前者有),故仅指制书诈传,"口诈传"的内容被纳入新罪"诈传诏旨"之中。《大明律》与《大清律例》还都设定"不应为"罪,虽与唐律的"不应得为"有一字之差,但内容无别。《大明律》与《大清律例》在刑律的"不应为"条中规定:"凡不应得为而为之者,笞四十;事理重者,杖八十。"《唐律疏议·杂律》"不应得为"条规定:"诸不应得为而为之者,笞四十;事理重者,杖八十。"两者如出一辙。

---

[1] 吴翊如点校:《宋刑统》,中华书局1984年版,第514页。
[2] 同上书,第519页。

2. 归并罪名

这是指把唐律中两个或两个以上罪名归并为一个罪名。这种情况在《宋刑统》《大明律》和《大清律例》中都有。《宋刑统》由于采取了篇下分门的形式,一门中往往由数条律条组成,罪名也随之合几为一。归并罪名的情况在《宋刑统》中不属个别,在此仅举一例证之。《宋刑统·户婚律》"脱漏增减户口"门中规定的脱漏增减户口罪是把《唐律疏议·户婚》"里正不觉脱漏增减""州县不觉脱漏增减"和"里正官司妄脱漏增减"三条中规定的里正、州县不觉脱漏或妄脱漏增减户口三罪合为一体而成,内容基本没变,都把里正、州县官脱漏或增减户口的行为作为惩治对象。《大明律》与《大清律例》的律条皆少于唐律,其中有一部分也是采取归并方式,故也存在归并罪名的情况。例如,《大明律·刑律》"弃毁制书印信"条规定的弃毁制书印信罪是《唐律疏议·杂律》"弃毁亡失符节印""弃毁亡失制书官文书""主守官物亡失簿书"和"亡失符节求访"四条中规定的弃毁符节印罪、弃毁制书官文书罪、官物亡失簿书罪和亡失符节求访罪组合而成,内容相差不大。对此,沈家本说:"唐目'弃毁符节印''弃毁制书官文书''官物亡失簿书''亡失符印求访'四条,并在杂律中,明并为一条,改入此律。"[①]罪名也因此相应合并。《大清律例》的此条情况同《大明律》。归并以后,《宋刑统》《大明律》和《大清律例》中一些罪名的外延扩大,内容也相应增加,罪名数量随之减少。

---

① 沈家本:《历代刑法考》,中华书局1985年版,第1830页。

3. 增加罪名

这是指增加了一些唐律所没有的罪名。《宋刑统》《大明律》和《大清律例》都根据本朝代的统治需要,增加了一些唐律中所没有的罪名。从这些罪名的内容看,主要有调整经济、民事法律关系和打击有损专制统治的行为两大类。《宋刑统·户婚律》的"户绝资产""死商钱物"和"典卖指当论竞物业"门皆是新增。《刑统赋》说:"这些门都属'唐律无'。"[①]其中的内容均与经济、民事法律关系有关。例如,"户绝资产"门对户绝者财产的处理作了明确规定:"今后户绝者,所有店宅、畜产、资财,营葬功德之外,有出嫁女者,三分给与一分,其余并入官。如有庄田,均与近亲承佃,如有出嫁亲女被出,及夫亡无子,并不曾分割得夫家财产入己,还归父母家,后户绝者,并同在室女例。"对这些内容,唐律无规定。《大明律》与《大清律例》一方面增加了一些有关调整经济、民事法律关系的内容,如它们均在户律中新增了"盐法""私茶""匿税"等条,严禁私营盐、茶和匿税不纳等行为,违者都要受到处罚,以此保证国家对盐、茶的专营和税收的收入;另一方面还特别增添了一些有关打击有损专制统治行为的内容,仅在刑律中就设有"大臣专擅选官""文官不许封公侯""擅勾属官""奸党""交结近侍官员"等条,对官吏的活动作出新的限制,并惩治违犯者,如凡大臣专擅选用官吏的,要"斩",以此强化专制统治,维护皇帝对国家的绝对控制权。经过增加罪名,《宋刑统》《大明律》和《大清律例》的内容得到了更新。

---

① 吴翊如点校:《宋刑统》,中华书局1984年版,第508页。

4. 弃去罪名

这是指弃去唐律规定的一些罪名。《宋刑统》的内容基本与唐律同,弃去唐律的罪名属于个别情况。例如,《宋刑统·诈伪律》"诈欺官私取财"门把《唐律疏议·诈伪》"诈取官私财物""妄认良人为奴婢部曲"和"诈除去死免官户奴婢"条中规定的罪名集于一体,独不见"诈为官私文书及增减"条中规定的罪名。《大明律》与《大清律例》弃去唐律的罪名较《宋刑统》为多,仅在户婚律中就有不少。《唐律疏议·户婚》"卖口分田""妄认盗卖公私田""资耕人墓田""里正授田课农桑违法"和"应复除不给"等条中规定的一些罪名,《大明律》和《大清律例》都已删去不用。

罪名是唐律和《宋刑统》《大明律》《大清律例》的一个重要组成部分,罪名的变化标志着这些法典内容的变化,而且罪名变化得越多,内容也就变化得越大,这是一种正比关系。《宋刑统》《大明律》和《大清律例》通过改变、归并、增加和弃去唐律罪名的方式,变革自身的内容。其中,《宋刑统》的变革幅度不大,《大明律》和《大清律例》的变革幅度较《宋刑统》为大,变革的罪名较《宋刑统》为多。这从另一个侧面反映出《大明律》和《大清律例》在改革唐律内容方面,步子迈得比《宋刑统》要大。

四、法定刑的变革

法定刑亦是以上这些法典的一个重要组成部分,因为刑法法条皆由罪状和法定刑两大部分构成。《宋刑统》《大明律》和《大清律例》在变革唐律罪名的同时，还变革了其中的一些法定刑，主要表现在以下三个方面：

1. 换刑

换刑就是用唐律规定的"五刑"中的某种刑罚取代其他刑罚，或用其他制裁方式换代"五刑"。《宋刑统》与《大清律例》中都有换刑的规定。《宋刑统》有关于折杖法的规定，即用杖刑代替除死刑以外刑罚的执行。《宋刑统·名例律》"五刑"门对折杖法作了以下规定："加役流决脊杖二十，配役三年。流三千里决脊杖二十，配役一年。流二千五百里决脊杖十八，配役一年。流二千里决脊杖十七，配役一年。""徒三年决脊杖二十放。徒二年半决脊杖十八放。徒二年决脊杖十七放。徒一年半决脊杖十五放。徒一年决脊杖十三放。""杖一百决臀杖二十放。杖九十决臀杖十八放。杖八十决臀杖十七放。杖七十决臀杖十五放。杖六十决臀杖十三放。""笞五十决臀杖十下放。笞四十、三十决臀杖八下放。笞二十、一十决臀杖七下放。"与此同时，适用折杖法也不乏其例。《宋刑统·厩库律》"故杀误杀官私马牛并杂畜"门规定，故杀官私马牛者，"决脊杖二十，随处配役一年放"；故杀官私骡驴者，"决脊杖十七放"等。《大清律例》中有用罚俸代笞的规定。《大清律例·名例律》"文武官犯公罪"条规定："凡内外大小文武官犯公罪该笞者，一十罚俸一个月，二十、三十各递加一月，四十、五十各递加三月。该杖者，六十罚俸一年。""文武官犯私罪"条也有类似规定。此外，《大清律例》中还有用鞭责代笞杖的，条件是旗人犯罪。《大清律例·名例律》"犯罪免发遣"条规定："凡旗人犯罪，笞杖各照数，鞭责。"唐律中无这些换刑的规定。《宋刑统》和《大清律例》通过换刑，把原"五刑"的执行灵活化,尽管有一定的条件限制。从某种意义上说,这种灵活化也是对"五刑"制度的一种变革。

2. 两刑同罚

两刑同罚就是把两种刑罚同时适用于一种犯罪。唐律仅在个别情况下使用两刑同罚。《大明律》与《大清律例》则广泛使用两刑同罚,其中最为常见的是在徒、流中加杖。《清史稿·刑法志》载,《大明律》规定:"徒自杖六十徒一年起,每等加杖十,刑期半年,致杖一百徒三年,为徒五等。流以二千里、二千五百里、三千里为三等,而皆加杖一百。"《大明律·名列律》"五刑"条规定,徒刑"一年杖六十。一年半杖七十。二年杖八十。二年半杖九十。三年杖一百"。流刑"二千里杖一百。二千五百里杖一百。三千里杖一百"。此规定适用的犯罪很多,在此仅举一例。《大明律·刑律》"诬告"条规定:"若因已决配,而自妄诉冤枉,摭拾原问官吏者,加所诬罪三等。罪止杖一百,流三千里。"《大清律例》中有关徒、流加杖的规定与《大明律》同,其适用的犯罪也不少,在此也举一例。《大清律例·刑律》"略人略卖人"条规定:"凡设方略而诱良人,及略卖良人为奴婢者,皆杖一百,流三千里;为妻妾子孙者,杖一百,徒三年。"此外,还有刺字与徒、流并用的。《大明律》与《大清律例》都在刑律的"白昼抢夺"条中规定:"凡白昼抢夺人财物者,杖一百,徒三年。计赃重者,加窃盗罪二等。伤人者,斩。为从各减一等。并于右小臂膊上刺'抢夺'二字。"两刑同罚的广泛使用,改变了唐律一罪一刑的定制,亦是对唐律法定刑的一种变革。

3. 增加新刑种

唐律的刑罚以"五刑"为主,另辅以没官、连坐等。唐后在此以外

另增加了一些新刑种,主要有以下几种:

第一,杖死。这是一种用杖处死罪犯的行刑方式。唐律规定死刑为二,即绞和斩。《宋刑统》认可杖死也为死刑。《宋刑统·名例律》"五刑"门规定:"十恶中恶逆以上四等罪,请准律用刑,其余应合处绞、斩刑,自今以后,并决重杖一顿处死,以代极法。"

第二,刺字。刺字近似于过去的墨刑,唐律废而不用。《大明律》与《大清律例》中皆有关于使用刺字的规定,主要适用于一些与盗有关的犯罪。《大明律》与《大清律例》均在刑律的"窃盗"条规定,窃盗"得财以一主为重,并赃论罪。为从者,各减一等。初犯并于右小臂膊上刺'窃盗'二字。再犯刺左小臂膊"。

第三,充军。这是一种将重犯押至边远地区服苦役的刑罚,常适用于一些死罪减等者,用刑很严。《明史·刑法志》载:"明制充军之律最严,犯者亦最苦。"《大明律》与《大清律例》中都有关于充军的规定。《大明律·名例律》"杀害军人"条规定:"凡杀死军人者,依律处死,仍将正犯人余丁抵数充军。"充军还有与杖并用的。《大明律·兵律》"宫殿门擅入"条规定:"入皇城门内者,杖一百,发边远充军。"《大清律例》对充军作了规范的规定,内容包括充军的里程、发遣部门等。《大清律例·名例律》"充军地方"条规定:"凡问该充军者,附近发二千里,近边发二千五百里,边远发三千里,极边烟瘴俱发四千里。定地发遣充军人犯,在京兵部定地,在外巡抚定地,仍抄招知会兵部。"律中多处使用充军。《大清律列·户律》规定:"诈称各卫军人不当军民差役者,杖一百,发边远充军。"其他的不再赘列。

第四,凌迟。这是一种用刀脔割罪犯,使其慢慢痛苦死去的酷刑。此刑在辽时入律,明、清都沿用,适用于一些最严重的犯罪。《大明律·刑律》"谋反大逆"条规定:"凡谋反及大逆,但共谋者,不分首从皆凌迟处死。""杀一家三人"条规定:"凡杀一家非死罪三个及支解人者,凌迟处死。"《大清律例》的规定与此同。

此外,还有枭首等,在此不一一罗列。以上这些刑罚皆为唐律无,也未列入"五刑"范围,成为"五刑"之外的律中之刑。对此,薛允升很不满意,他说:"唐律无凌迟及刺字之法,故不载于五刑律中,明律内言凌迟、刺字者指不胜屈,而名例律并未言及,未知其故。""复枭首、凌迟之刑,虽曰惩恶,独不虑其涉于残刻乎。死刑过严,而生刑过宽,已属失平。"①

《宋刑统》《大明律》和《大清律例》对唐律刑制的改革,不仅在某些方面突破了唐律的框框,还有用刑渐重之势。除折杖法外,无论是两刑同罚还是增设新刑种,均酷于唐律规定的"五刑"。用刑是用法的测量计,用刑渐重直接反映用法的加重,它可帮助人们从一个侧面知晓宋、明和清刑事立法的概要和趋势。

五、变革的原因

法律既属上层建筑,又是国家意志,其变革必有多种原因。唐后对唐律的变革也是如此。究其原因,主要有:

1. 社会情况的变化

法律是一种应时性很强的统治工具,社会情况的变化是对其进行

---

① 《唐明律合编·名例律》"五刑"条。

变革的主要原因之一。如果法律不适时,就会变成具文,失去它应有的作用,这是任何统治阶级都不会袖手旁观的。唐律的内容虽然很周全,集古者立法之大成,但是唐后的社会情况发生了变化,其中有些内容不同程度地落后于现实,有的甚至已无存在的意义。因此,当时的统治者便本能地运用自己手中掌握的立法权,删改损益唐律的内容,制定新律,以满足自己的统治需要。在这方面,有关经济、民事的内容十分典型。唐律定本于唐前期,其中有关经济、民事的规定以当时施行的均田制和租庸调制为出发点,并以维护、执行这些制度为目的。但是,到了宋、明、清,一方面,均田制和租庸调制早已被废除;另一方面,商品经济有了很大发展,资本主义萌芽也已露头,唐律中原有的一些规定显然已经过时。因此,《大明律》与《大清律例》都删去了唐律规定的"卖口分田""妄认盗卖公私田""盗耕人墓田""里正授田课农桑违法"和"应复除不给"等条目,废弃其中无用的内容。同时,根据当时商品经济发展的需要,《宋刑统》《大明律》和《大清律例》还新增了一些调整经济、民事法律关系的内容,以打击破坏经济秩序和有损正常民事活动的犯罪行为。《宋刑统》增设"户绝资产""死商钱物"和"典卖指当论竞物业"门,其中的一些内容直接有助于调整公民的财产关系,以适应当时日益发展的继承和典卖等关系的需要。《大明律》与《大清律例》还特别设立"盐法""私茶"和"匿税"等条,确立国家对盐、茶等的专管和对税收的严格控制,严惩违反盐、茶法和税收规定的犯罪行为,维护当时的经济秩序。这些都是唐后社会发展的必然产物。唐律制定时,还没有这样的历史条件,也不可能有这样的内容。《宋刑统》《大明律》和《大清律例》对唐律其他一些内容的变革也都与社会情况有极大关系,在此不逐一列举。

2. 立法经验的积累

立法是一种国家职能。法律由统治者主持制定,因此他们的立法经验对立法内容的影响极大。这也是法律变革的一个重要原因。宋、明和清前期的统治者注意总结前人立法之得失,并根据本朝代的特点,变更唐律的一些内容,使之更好地为己所用。中国早在西周时就有"三典"之说。《汉书·刑法志》载:"昔周之法,建三典以刑邦国,诘四方:一曰,刑新邦用轻典;二曰,刑平邦用中典;三曰,刑乱邦用重典。"但是,以后的立法实践所产生的效果却各不相同。商鞅用重法,秦国大振。秦朝用重法,结果二世而亡。汉、唐初用轻法,得人心,国兴民安。南朝梁武帝用轻法,"每年数赦,卒至倾败"[1]。宋、明和清前期的统治者总结前人的经验和教训,并正视自己所处的历史条件,认为虽是"新邦",仍需用重典。《宋史·刑法志》载:"宋兴,承五季之乱,太祖、太宗颇用重典,以绳奸贼。"这在《宋刑统》中亦有反映,用杖死这一酷刑就是其中的一个方面。朱元璋执政后,也主张用重典,他曾说:"建国之初,当先正纲纪"[2];"吾治乱世,刑不得不重"[3]。《大明律》正是这一思想的体现,故新增之刑无一轻于"五刑",且全为酷刑。《大清律例》与《大明律》相差无几。因此,薛允升在比较了唐、明律后认为,《大明律》有重其所重之处。其实,这一"重"正是明初的统治需要,因为任何法律都是特定历史环境的产物。不妨设想,如果没有《大明律》重典治国,明初的政权会得到巩固吗?社会在以后一段时间里会有较大发展吗?从这种意义上说,《大明律》相对当时的社会条件而言,不能被简单

---

[1] 《贞观政要·赦令第三十二》。
[2] 《明史纪事本末·卷十四》。
[3] 《明史·刑法志》。

理解为"重",这是一种历史的必然;否则,历史将会被改写。当初用重典,既是统治者的一种策略,也是他们总结和借鉴前人立法经验的结果。

3. 立法技术的提高

立法是一个把统治阶级意志和愿望上升为法律的过程。在这一过程中,立法技术很重要。较高的立法技术,可使制定的法律准确地反映统治阶级的要求,符合时代的需求,并为司法提供正确的依据;反之,则会歪曲统治者的意志,甚至破坏法制的协调,造成法制混乱,这是任何统治者都不愿看到的。中国古代的立法者大多重视立法技术,立法技术也因此不断提高。从唐律到《宋刑统》《大明律》和《大清律例》体例的发展和变革过程,可以看出立法技术不断提高。唐律十二篇,内容简要明了,而且将名例列于篇首,集中了前朝立法之精华,立法技术高于以往。宋朝的立法者并未停滞不前,他们制定的《宋刑统》在篇下分门,分门别类,还在律条后附以其他法律形式的相关内容,以类相聚,这给查律者带来了方便。《宋刑统》在立法技术上确有高于唐律之处。《大明律》与《大清律例》不仅一改唐律的篇目结构,还减少律条,使用较少的律条规定一样需要的内容。另外,它们还在篇目下分条,既有唐律篇下分条的长处,又有《宋刑统》篇下分门的优点,使这一体例更接近于近、现代刑法典章、节、条的体例结构。明、清又在立法技术方面向前跨了一大步。立法技术的提高同样成为唐后变革唐律的一个原因。

《宋刑统》《大明律》和《大清律例》虽对唐律进行了变革,但仍保留着唐律的指导思想、立法精神、内容分类的原则和大量的内容,唐律的影响仍处处可见。另外,它们的变革也是以唐律为基础的变革。若没有唐律,就不可能有《宋刑统》《大明律》和《大清律例》。这从另一个角度证明了唐律的深远影响和它在中国古代立法中的重要地位。

附 录
王立民发表的主要唐律研究论文

1	论《唐律疏议》中的法律协调关系	《法学》1986 年增刊(2)
2	略论《唐律疏议》中"疏议"的作用	《西北政法学院学报》1987 年第 3 期
3	略论唐律在发展唐前期经济中的作用	《法学》1988 年第 10 期
4	《唐律疏议》与《法国民法典》	《世界法学》1989 年第 1 期
5	论唐律令格式都是刑法	《法学研究》1989 年第 4 期
6	唐律对青少年犯罪及保护青少年的若干规定	《青少年犯罪问题》1989 年第 5 期
7	唐律实施问题探究	《法学》1990 年第 10 期
8	论唐律与专制统治	《比较法研究》1991 年第 1 期
9	唐律与佛道教	《政法论丛》1991 年第 3 期
10	论唐后对唐律的变革	《华东师范大学学报》1991 年第 6 期
11	论唐律与制敕	《历史教学问题》1993 年第 2 期
12	论《论语》对唐律的影响	《孔孟月刊》1993 年第 11 期
13	《唐律疏议》的灵魂 ——儒家思想	《法学新问题探论》 (华东政法学院法律系编,上海社会科学院出版社 1997 年版)
14	唐律内容疏而不漏的质疑	《南京大学法律评论》1998 年第 2 期
15	唐律条标探析	《法律史论集》(第 2 卷) (韩延龙主编,法律出版社 1999 年版)

16	论唐律的礼法关系	《浙江学刊》2002 年第 2 期
17	唐律与唐朝的身份等级关系	《走向二十一世纪的中国法文化》(陈鹏生等主编,上海社会科学院出版社 2002 年版)
18	《寄簃文存》的唐律研究	《浙江社会科学》2003 年第 6 期
19	"化外人相犯"与领事裁判权	《法学家茶座》(第 7 辑)(宫本欣主编,山东人民出版社 2005 年版)
20	The Tang Code and the Early Social Development of the Tang Dynasty	US-China Law Review, Vol. 2, No. 7, Jul. 2005
21	《唐律疏议》——中国古代法律与历史融合的典范	《浙江工商大学学报》2005 年第 6 期
22	中国古代防范犯罪的一个法定诀窍——以唐律的规定为例	《法学家茶座》(第 10 辑)(张士宝主编,山东人民出版社 2006 年版)
23	唐律的四个问题述评	《中国文化与法治》(中国法律史学会编,社会科学文献出版社 2007 年版)
24	唐律、人本思想与"反恐"	《法制日报》2008 年 8 月 31 日
25	唐律与唐朝的刑事司法制度	《社会科学》2008 年第 11 期
26	唐律与中国传统法制论纲	《华东政法大学学报》2009 年第 5 期
27	唐朝刑法化的司法制度	《法学家茶座》(第 32 辑)(张士宝主编,山东人民出版社 2010 年版)
28	唐律的疑罪与有罪推定原则	《法制日报》2010 年 11 月 17 日
29	论唐律的补充条款	《现代法学》2011 年第 1 期
30	唐律与《贞观政要》的吏治——一个以吏治为结合点的视角	《政法论坛》2011 年第 5 期
31	《唐律疏议》与犯罪学	《犯罪研究》2012 年第 3 期

32	略论中国古代的法律伦理——以《唐律疏议》为中心	《法制与社会发展》2012 年第 3 期
33	《唐律疏议》的刑事附带离婚制度研究	《法学杂志》2014 年第 7 期
34	中国唐律研究三十年	《法学研究》2014 年第 5 期
35	中国古代的律文解释与近代的刑法法条解释之比较——以《唐律疏议》与《中华民国新刑法判解汇编》为例	《现代法学》2014 年第 5 期
36	唐律涉外犯罪之研究	《政治与法律》2016 年第 3 期
37	《唐律疏议》前言"疏议"透视	《江海学刊》2017 年第 3 期
38	唐律"化外人相犯"条属于国际私法的质疑——兼论唐律的唐朝刑法典性质	《法学》2017 年第 8 期
39	沈家本的疏忽	《文汇报》2018 年 6 月 1 日
40	唐律与丝绸之路	《江海学刊》2019 年第 1 期
41	唐律为何堪称封建法典代表作	《解放日报》2019 年 3 月 19 日
42	中国唐律研究 70 年的三个重要问题	《浙江学刊》2020 年第 1 期
43	世界级的唐律与世界性的唐律研究	《唐律立法语言、立法技术及法典体例研究》（刘晓林著，商务印书馆 2020 年版）
44	论唐律规定的官吏言论犯罪	《当代法学》2021 年第 3 期

后 记 一

十年前,我有幸考入华东政法学院,成为中国法制史学的硕士研究生,有了学习和研究法制史的良好条件。此后,我集中探研唐律,毕业论文也以唐律为主题。毕业后,我仍没有放弃对唐律的研究,陆续发表了一些论文,但是由于行政事务缠身,实在无暇完成整本专著。一九九〇年,我考入华东师范大学史学所,攻读博士学位,重新获得了"自由",于是便在课余时间争分夺秒,总结并扩展了过去的研究成果,终成此书,还了夙愿,真是"砚田无荒年"。

此书是在我硕士论文的基础上发展而来的,多数内容已在《法学研究》《法学》《比较法研究》《世界法学》以及《华东师范大学学报》等刊物上公开发表。不过,在撰写成书时,出于对总体结构的考虑,我又对它们作了必要的调整,使其更具整体效应。由于每章原为一篇独立论文,故个别史料在运用时仍有所交叉,实属难免。

虽是小书一本,却来之不易,它凝聚了很多人的心血。我的硕士生导师王召棠教授和陈鹏生教授不厌其烦,指导我一步步走进探索中国法制史和研究唐律的大门;我的博士生导师吴泽教授诲人不倦,深造我的理论和史学知识,加固了我探究唐律的基础。你们那种"诲尔谆谆"的形象,我永远不会忘怀。出版社的查建国先生鼎力相助,使我多年的愿望终能成真。胞弟王立行在百忙之中抽时间题写书名,使书生辉。

还有一些朋友也曾为此书的问世作出过富有成效的努力。在此,我要对你们表示最衷心的感谢!

  小书即将面世了。但是,由于我学识谫陋,愿弘力薄,书中不免有偏颇舛错之处,还望各位老师和学仁匡正、赐教。

王立民

一九九二年十一月于上海

后 记 二

《唐律新探》一书于一九九三年由上海社会科学院出版社出版。这是我的第一本个人学术专著。随后,我的另两本个人学术专著《古代东方法研究》和《上海法制史》又相继问世。这三本专著奠定了我的学术研究基础,使我基本形成了自己的学术研究体系。这就是从地方法制史到中央法制史、东方法制史,由低到高三个层次的体系。它们分别以《上海法制史》《唐律新探》和《古代东方法研究》为代表作。

《唐律新探》一书出版后,向国内外发行,反响较好。几年前,韩国庆北大学历史教育科的任大熙先生还带着从韩国买来的《唐律新探》一书到上海,专程与我谈及把此书翻译成韩文在韩国公开出版并把它作为研究生教材的问题。目前,此书已经售罄。同时,我对唐律的探研仍没有停止,还有一些论文先后面世。经与上海社会科学院出版社联系,该社有意出版《唐律新探》第二版,并增加一些新内容。因此,眼前的这本《唐律新探》已从原来的十七余万字扩展到了二十余万字。

与我以往的专著一样,此书的再版得到了多方的支持和帮助。我院的领导、科研处和学术委员会都大力支持此书的扩容重版。上海社会科学院出版社的领导和周河先生积极帮助,使此书的第二版能及时与大家见面。在此,对他们的大力支持和积极帮助一并表示最衷心的感谢!

考虑到这是《唐律新探》的第二版,所以封面有所改变,以区别于第一版。但是,胞弟王立行的题词仍作保留,因为我特别钟爱这几个已成自己风格的字。

虽然这是《唐律新探》的第二版,但仍会留下遗憾与不足,还望各位同仁继续给予指教、匡正。

王立民

二〇〇一年四月于上海

后 记 三

《唐律新探》(第二版)于二〇〇一年六月问世以后,还是受到了社会的欢迎,目前已售完脱销。同时,一些热衷于中国法制史、唐律学习和研究的学者仍希望购得此书,不断有人向我询问此书的再版问题。于是,我便萌动了出版第三版之心。另外,第二版面世以后,我对唐律的研究并未终止,还在继续,且又有论文公开发表,正好可乘此次机会编入第三版,以充实、丰富其中的内容。

我的愿望得到了北京大学出版社王业龙先生的热情支持,于是愿望便有了成真的可能。在此,对北京大学出版社和王业龙先生的鼎力相助表示衷心的感谢!

我校的法律史学科属于"上海市重点学科建设项目"(项目编号:T1001),本书的出版也算是这一建设项目的一个成果吧。虽然这已是《唐律新探》的第三版了,可难免还会留下遗憾与不足,还望各位同仁、读者指正。

王立民

二〇〇七年二月于上海

后 记 四

《唐律新探》(第三版)自二〇〇七年上市后,销路还算可以,目前已基本无库存了。这大概也得益于此书是我校法律史专业博士考生的参考书之一。他们不得不关注此书,或买一本看看,准备考试用。这也难怪,因为我这个博士生导师自己的研究领域主要集中在上海地方法制史、唐律和古代东方法三个领域。考生不知导师的专长,生怕以后的考试、学习会带来麻烦,好在这本书也不贵,常备一本也无妨。同样是这一原因,使我不得不关注此书的销售情况,一旦断档,就要考虑尽快出版,以免考生埋怨。

我的难处得到了北京大学出版社王业龙先生的充分理解,并给予了大力支持。现在,《唐律新探》第四版的出版快要变成现实了,我十分高兴。在此,我衷心地感谢北京大学出版社和王业龙先生的鼎力相助。

我校的法律史学科已是国家重点学科、上海市重点学科建设项目(项目编号:T1001),"中国法制史"又是国家精品课程,本书的出版也是它们建设的一个直接成果。

虽然这已是《唐律新探》的第四版了,可还是难免会留有不足,也难逃学术著作往往是遗憾作品的结果,真诚希望读者、同仁教正。

王立民
二〇一〇年一月于华东政法大学

后 记 五

自二〇一〇年出版第四版以后,《唐律新探》又将销售完毕。北京大学出版社的王业龙先生表达了可以考虑出版第五版的意愿,我感到十分高兴,因为又有了再版此书的机会。二〇一一年以后,我又发表了一些关于唐律研究的论文,研究成果有了积累,字数也达十万左右,再出版新版不成问题,可以变成现实。

曾有好心人劝我,有新内容加入此书,可以把书名改了,用个新书名,多算一部著作。我觉得还是不改为好。一是此书名用了二十多年,大家习惯了,知道是我的作品,改了以后反而有陌生感。二是虽然增加了十万字左右的内容,但仍是《唐律新探》的延伸作品,主题、风格都没变,用原书名更妥当一些,使其再次获得新生也不错。

《唐律新探》的再版凝聚了很多人的帮助和支持,对北京大学出版社王业龙先生的热情帮忙,表示衷心感谢!对各位编辑的辛勤劳动,表示衷心感谢!我们法律史研究中心的孙晓鸣秘书多年来帮助我打字、发邮件,也付出了辛勤劳动,表示衷心感谢!我的硕士研究生王哲华承担了目录、后记等的打字、修改工作,为书稿的最终完成出了力,也表示衷心感谢!胞弟王立行一九九三年为此书的题字,至今已用了二十余年,不断为书增辉,同样表示衷心感谢!

我长年来的学术研究始终得到太太陈瑞君和女儿王胤颖的理解和

支持,使我没有后顾之忧,增强研究信心,在此也表示衷心感谢!

  此书的出版得到了国家重点学科华东政法大学法律史学科建设项目(学科代码:030102)、上海市人文社科基地华东政法大学外国法与比较法研究院项目(基地编号:SJ0709)的支持,在此对各支持单位也表示衷心感谢!

  《唐律新探》(第五版)面世后,希望仍然能得到大家的关心和呵护,多谢大家!

王立民

二〇一六年元旦于华东政法大学

后 记 六

二〇一六年出版的《唐律新探》(第五版)现已售罄,只能从网上购买旧书。恰逢学校今年有出版资助,《唐律新探》(第六版)有望出版,我心里十分高兴。这五年来,我还是耕耘在唐律研究的园地里,先后在《法学》《政治与法律》《当代法学》《江海学刊》《浙江学刊》这些CSSCI期刊上发表了有关唐律研究的论文六篇,在《解放日报》《文汇报》上发表了小论文两篇,为刘晓林教授《唐律立法语言、立法技术及法典体例研究》(商务印书馆二〇二〇年版)一书所作的序一篇,加起来超过十万字。把这些论文加入《唐律新探》,升级为第六版,也说得过去。今年,我算是赶上了好时间,值得高兴。

《唐律新探》(第六版)与前一版相比,最大的差别是新增了七章。这七章就是在CSSCI期刊上新发表的六篇论文,另一章则是在报纸上发表的两篇小论文和为刘晓林大作所作的序的合成。不过,在编入本书时,对这些论文都作了不同程度的调整,使其符合著作的要求,保持原有的风格。

《唐律新探》(第六版)的出版,再次得到北京大学出版社领导与王业龙、朱梅全两位先生等的大力支持,得到校领导与科研处同事的全力帮助,得到家人的悉心关怀,在此一并表示衷心的感谢!我的胞弟为书的题词继续使用,以便保持《唐律新探》一书的原来面貌,避免有异样的感觉。

《唐律新探》自第一版于一九九三年面世以来,至今已有近三十年历史,篇幅也从十七万字增加至现在的近六十万字。一般来说,字数越多,出错的机会也会随之增加。希望读者不吝赐正,提出宝贵意见,以便修正。多谢多谢!

王立民

二〇二二年七月于华东政法大学

图书在版编目(CIP)数据

唐律新探/王立民著. —6 版. —北京:北京大学出版社,2022.11
ISBN 978-7-301-33676-2

Ⅰ. ①唐⋯ Ⅱ. ①王⋯ Ⅲ. ①唐律—研究 Ⅳ. ①D929.42

中国版本图书馆 CIP 数据核字(2022)第 252781 号

书　　　名	唐律新探(第六版)
	TANGLÜ XINTAN(DI-LIU BAN)
著作责任者	王立民　著
责 任 编 辑	朱梅全
标 准 书 号	ISBN 978-7-301-33676-2
出 版 发 行	北京大学出版社
地　　　址	北京市海淀区成府路 205 号　100871
网　　　址	http://www.pup.cn　新浪微博:@北京大学出版社
电 子 信 箱	sdyy_2005@126.com
电　　　话	邮购部 010-62752015　发行部 010-62750672
	编辑部 021-62071998
印 刷 者	三河市博文印刷有限公司
经 销 者	新华书店
	890 毫米×1240 毫米　A5　23.625 印张　590 千字
	1993 年 6 月第 1 版　2001 年 6 月第 2 版
	2007 年 7 月第 3 版　2010 年 5 月第 4 版
	2016 年 1 月第 5 版
	2022 年 11 月第 6 版　2022 年 11 月第 1 次印刷
定　　　价	98.00 元

未经许可,不得以任何方式复制或抄袭本书之部分或全部内容。
版权所有,侵权必究
举报电话: 010-62752024　电子信箱: fd@pup.pku.edu.cn
图书如有印装质量问题,请与出版部联系,电话: 010-62756370